EXECUÇÃO TRABALHISTA

UMA HOMENAGEM AO PROFESSOR WAGNER GIGLIO

Colaboradores

Adriane Barbosa Oliveira
Amanda Tirapelli
Anna Maria de Toledo Coelho
Ana Paula Sefrin Saladini
Anaximandro Oliveira Santos Amorim
Ben-Hur Silveira Claus
Carlos Eduardo Oliveira Dias
Carlos Henrique Bezerra Leite
Cássio Ariel Moro
Cassio Colombo Filho
Eduardo Torres Caprara
Guilherme Guimarães Feliciano
Hermes Zaneti Júnior
Janete Aparecida Deste
João Humberto Cesário
José Affonso Dallegrave Neto
José Eduardo de Resende Chaves Júnior
José Lucio Munhoz
Júlio César Bebber
Laís Durval Leite
Lorena de Mello Rezende Colnago
Luciano Augusto de Toledo Coelho
Luiz Alberto de Vargas
Luiz Alberto Pereira Ribeiro
Luiz Eduardo Gunther
Manoel Antonio Teixeira Filho
Manuel Martín Pino Estrada
Marcelo José Ferlin D'Ambroso
Marco Antônio César Villatore
Marcus de Oliveira Kaufmann
Mauro Vasni Paroski
Maximiliano Pereira de Carvalho
Ney Maranhão
Paula Wagner de Mattos
Rodolfo Pamplona Filho
Rodrigo Mazzei
Tércio Roberto Peixoto Souza
Tiago Figueiredo Gonçalves
Vania Cunha Mattos

CARLOS HENRIQUE BEZERRA LEITE
LORENA DE MELLO REZENDE COLNAGO
LUIZ EDUARDO GUNTHER
Coordenadores

LORENA DE MELLO REZENDE COLNAGO
Organizadora

EXECUÇÃO TRABALHISTA
UMA HOMENAGEM AO PROFESSOR WAGNER GIGLIO

LTr

LTr EDITORA LTDA.
© Todos os direitos reservados

Rua Jaguaribe, 571
CEP 01224-001
São Paulo, SP — Brasil
Fone (11) 2167-1101
www.ltr.com.br
Abril, 2015

Produção Gráfica e Editoração Eletrônica: R. P. TIEZZI
Projeto de Capa: FABIO GIGLIO
Impressão: PAYM

Versão impressa: LTr 5212.0 — ISBN: 978-85-361-8382-4
Versão digital: LTr 8681.0 — ISBN: 978-85-361-8366-4

Dados Internacionais de Catalogação na Publicação (CIP)
(Câmara Brasileira do Livro, SP, Brasil)

Execução trabalhista : uma homenagem ao professor Wagner Giglio / Carlos Henrique Bezerra Leite, Lorena de Mello Rezende Colnago, Luiz Eduardo Gunther, coordenadores ; Lorena de Mello Rezende Colnago, organizadora. — São Paulo : LTr, 2015.

Vários autores.

Bibliografia

1. Direito processual do trabalho — Brasil 2. Execução (Direito do trabalho) — Brasil 3. Execução (Direito do trabalho) — Formulários — Brasil I. Leite, Carlos Henrique Bezerra. II. Colnago, Lorena de Mello Rezende. III. Gunther, Luiz Eduardo. IV. Giglio, Wagner.

15-01600   CDU-347.952:331(81)

Índices para catálogo sistemático:

1. Brasil : Execução trabalhista : Processo trabalhista 347.952:331(81)
2. Brasil : Processo de execução : Direito do trabalho 347.952:331(81)

COLABORADORES

ADRIANE BARBOSA OLIVEIRA — Advogada, Pós-Graduada em Processo e Direito do Trabalho pela UNIVALI/SC, Mestre em Teoria Geral da Jurisdição e Processo pela PUC-RS e pesquisadora pela FAPEMA.

AMANDA TIRAPELLI — Analista judiciária, lotada na 17ª Vara do Trabalho de Curitiba — Tribunal Regional do Trabalho da 9ª Região. Bacharel em Ciências Jurídicas pela Pontifícia Universidade Católica de Campinas, especialista em Direito do Trabalho e Processo do Trabalho pela Universidade Presbiteriana Mackenzie e especialista em Sociologia Política pela Universidade Federal do Paraná — UFPR.

ANNA MARIA DE TOLEDO COELHO — Mestre em Direito pela USP. Professora Aposentada de Direito do Trabalho da UFPR. Ex-assessora do então Juiz do Tribunal Regional do Trabalho do Paraná, Professor Wagner Giglio.

ANA PAULA SEFRIN SALADINI — Juíza do Trabalho Titular da 1ª VT de Apucarana-PR. Mestre em Ciências Jurídicas pela Universidade Estadual do Norte do Paraná — UENP (Jacarezinho-PR). Professora Universitária. E-mail: anapaulasefrin@hotmail.com

ANAXIMANDRO OLIVEIRA SANTOS AMORIM — Advogado de carreira do BANDES (Banco de Desenvolvimento do Espírito Santo S.A.), pós-graduado em Direito do Trabalho pela Escola da Magistratura do Trabalho — EMATRA/17ª Região. Professor, escritor, membro da Academia Espírito-Santense de Letras e do Instituto Histórico e Geográfico do Espírito Santo.

BEN-HUR SILVEIRA CLAUS — Juiz do trabalho titular da Vara do trabalho de Carazinho-RS, 4ª Região. Mestre em Direito pela Unisinos.

CARLOS EDUARDO OLIVEIRA DIAS — Juiz Titular da 1ª Vara do Trabalho de Campinas. Mestre em Direito do Trabalho pela PUC-SP e Doutor em Direito do Trabalho pela USP. Membro da Associação Juízes para a Democracia (AJD) e do IPEATRA.

CARLOS HENRIQUE BEZERRA LEITE — Doutor e Mestre em Direito das Relações Sociais (PUC-SP). Professor Associado I do Departamento de Direito (UFES), onde leciona Direito Processual do Trabalho e Direitos Humanos. Professor de Direitos Humanos Sociais e Metaindividuais do Mestrado (FDV). Desembargador Federal do TRT da 17ª Região/ES. Ex-Procurador Regional do Ministério Público do Trabalho/ES. Vice-Presidente do TRT da 17ª Região. Ex-Diretor da Escola Judicial do TRT/ES (biênio 2009/2011). Membro da Academia Nacional de Direito do Trabalho. Autor de Livros e Artigos Jurídicos.

CÁSSIO ARIEL MORO — Mestre em Direito Processual Civil pela Universidade Federal do Espírito Santo — Vitória (2011), graduado em Direito pela Pontifícia Universidade Católica do Paraná — Curitiba (2001), Especialista em Direito Aplicado pela Escola da Magistratura do Paraná — Curitiba (2002) e Especialista em Direito do Trabalho pela UNIBRASIL-PR (2004). É Juiz do Trabalho do Tribunal Regional do Trabalho da 17ª Região — Espírito Santo, ex-Juiz do Trabalho da 23ª Região — Mato Grosso e leciona Direito Material e Processual do Trabalho para faculdades, pós--graduação e cursinhos preparatórios para concursos.

CASSIO COLOMBO FILHO — Desembargador Federal do Trabalho do Tribunal Regional do Trabalho da 9ª Região. Mestre em Direitos Fundamentais e Democracia, pela UNIBRASIL-PR. Especialista em Teoria Crítica dos Direitos Humanos pela Universidade Pablo de Olavide (Sevilla/Espanha). Especialista em Direito do Trabalho pela Faculdade de Direito da Universidade de São Paulo — USP. Professor dos cursos de Especialização em Direito do Trabalho e Previdenciário e Preparatório da Amatra IX e Professor convidado do Curso de Especialização em Direito do Trabalho da Unicuritiba.

Eduardo Torres Caprara — Advogado. Professor Universitário e de Cursos Preparatórios para concursos e OAB. Pós-Graduado em Processo Civil pela PUC-RS. Mestre e Doutorando pela Universidade Pablo de Olavide, Servilha-Espanha.

Guilherme Guimarães Feliciano — O autor, Doutor e Livre-Docente em Direito pela Universidade de São Paulo, é Juiz Titular da 1ª Vara do Trabalho de Taubaté/SP. Professor Associado do Departamento de Direito do Trabalho e de Seguridade Social da Faculdade de Direito da Universidade de São Paulo (USP). Professor-Assistente Doutor do Departamento de Ciências Jurídicas da Universidade de Taubaté (UNITAU). Diretor de Prerrogativas e Assuntos Jurídicos da Associação Nacional dos Magistrados da Justiça do Trabalho.

Hermes Zaneti Júnior — Mestre e Doutor (UFRGS), com orientação do Prof. Dr. Titular de Direito Processual Civil Carlos Alberto Alvaro de Oliveira. Doutorando em Direito Penal, Processo Penal e Filosofia do Direito na Università degli Studi di Roma Tre (UNIROMA3), com orientação do Prof. Ordinário de Filosofia do Direito Luigi Ferrajoli. Pós-doutorando em Processos Coletivos na Università degli Studi di Torino, com supervisão da pesquisa pelo Prof. Ordinário de Direito Processual Civil Sergio Chiarloni. Professor do Programa de Pós-Graduação *Stricto Sensu* da UFES (Mestrado). Professor do Curso de Pós-Graduação *Lato Sensu* Processo e Constituição da Faculdade de Direito da UFRGS. Professor do Curso de Direito Processual Civil da JusPodivm e *Praetorium* Telepresencial. Promotor de Justiça no Estado do Espírito Santo. Membro do Instituto Brasileiro de Direito Processual (IBDP). Membro do Instituto Ibero-Americano de Direito Processual (IIDP). Membro da ABRAMPA (Associação Brasileira do Ministério Público de Meio Ambiente) e do MPCon (Associação Nacional do Ministério Público do Consumidor). Tem experiência na área de Direito, com ênfase em Direito Processual, atuando principalmente nos seguintes temas: constitucionalização do processo, direito processual e política, processo e constituição, alterações na legislação processual (CPC, CPP e Processos Coletivos) e direito processual coletivo.

Janete Aparecida Deste — Mestre em Direito pela PUC-RS, Juíza do Trabalho Aposentada, Professora de Direito Processual do Trabalho e de Direito do Trabalho, Titular do Juris Jad, espaço destinado à preparação para o concurso à Magistratura do Trabalho.

João Humberto Cesário — Mestre em Direito Agroambiental pela Universidade Federal de Mato Grosso (Técnica Processual e Tutela Coletiva de Interesses Ambientais Trabalhistas). Coordenador da Pós-graduação em Direito e Processo do Trabalho da Escola Superior da Magistratura do Trabalho da 23ª Região. Professor de Teoria Geral do Processo, Direito Processual do Trabalho e Direito Ambiental do Trabalho em cursos de pós-graduação *lato sensu*. Juiz Titular de Vara no Tribunal Regional do Trabalho da 23ª Região. Autor de livros jurídicos. Os termos mais frequentes na sua produção acadêmica são: Redução dos Riscos Inerentes ao Trabalho, Tutelas de Urgência, Tutela Inibitória, Tutela de Remoção do Ilícito e Tutela Ressarcitória na Forma Específica.

José Affonso Dallegrave Neto — Advogado, Mestre e Doutor pela UFPR, Professor da Ematra-IX, Membro do Instituto dos Advogados Brasileiros; da Associação Luso-brasileira de Juristas do Trabalho e da Academia Nacional de Direito do Trabalho.

José Eduardo de Resende Chaves Júnior — Doutorado em Direitos Fundamentais — *Universidad Carlos III de Madrid* (2006), reconhecido pela UFMG (2014). Professor de Direito e Processo do Trabalho e Processo Eletrônico nos cursos de pós-graduação *lato sensu* da Pontifícia Universidade Católica de Minas Gerais — PUC-Minas. Desembargador Federal do Trabalho do Tribunal Regional do Trabalho de Minas Gerais. Professor-colaborador nos cursos de formação de juízes da Escola Judicial do TRT-MG, do Consejo General del Poder Judicial — CGPJ do Reino da Espanha, da Escola Nacional de Formação e Aperfeiçoamento dos Magistrados do Trabalho — ENAMAT e da Academia de la Magistratura/Suprema Corte do Peru. Membro do Grupo de Trabalho sobre Cooperação Jurídica Nacional e Internacional do Conselho Nacional de Justiça — CNJ. Juiz Auxiliar da Presidência do Conselho Nacional de Justiça — CNJ (2010/2012). Presidente do Conselho Deliberativo da Escola Judicial da América Latina — EJAL. Vice-Presidente de Relações Institucionais da Rede Latino-americano de Juízes — <www.REDLAJ.net>. Coordenador do GEDEL — Grupo de Estudos Justiça e Direito Eletrônicos da Escola Judicial do TRT-MG. Experiência em Direito do Trabalho, Direito Processual do Trabalho, Direito Processual Eletrônico e Cooperação Judiciária. Participação em várias obras individuais e coletivas e em dezenas de artigos publicados em revistas especializadas em Direito e Processo do Trabalho. Membro do Instituto Brasileiro de Direito Eletrônico — IBDE. Conferencista convidado na Argentina, Brasil, Colômbia, Espanha, México e Peru.

José Lucio Munhoz — Juiz Titular da 3ª Vara do Trabalho de Blumenau. Ex-Conselheiro do CNJ. Mestre em Direito pela Universidade de Lisboa. Ex-Presidente da Amatra-SP e Ex-Vice-Presidente da AMB.

Júlio César Bebber — Juiz do Trabalho Titular da 2ª Vara do Trabalho de Campo Grande — MS. Doutor em Direito do Trabalho pela Universidade de São Paulo. Acadêmico Fundador da Academia de Letras Jurídicas de Estado de Mato Grosso do Sul. Professor de Direito Processual do Trabalho da Escola da Magistratura do Trabalho de Mato Grosso do Sul, da Faculdade de Direito da Universidade Estácio de Sá e de cursos de Pós-Graduação.

Laís Durval Leite — Professora Assistente de Direito Processual do Trabalho e Direitos Fundamentais Sociais (FDV). Foi Estagiária de Direito do Tribunal Regional do Trabalho da 17ª Região, da Justiça Federal e do Ministério Público Federal no Estado do Espírito Santo. Advogada. *E-mail:* laisdleite@hotmail.com

Lorena de Mello Rezende Colnago — Mestre em Direito Processual pela UFES. Pós-Graduada em Direito do Trabalho, Individual e Coletivo, Processo do Trabalho e Direito Previdenciário pela UNIVES. Professora de Direito Processual do Trabalho, Direito do Trabalho e Direito Penal do Trabalho. Juíza do Trabalho na 9ª Região — Tribunal Regional do Trabalho do Paraná. Membro da Rede Latino Americana de Juízes — RedLaj e do Instituto de Pesquisas e Estudos Avançados da Magistratura e do Ministério Público do Trabalho — IPEATRA. Autora de Livros e Artigos Jurídicos. *E-mail:* lor.colnago@gmail.com

Luciano Augusto de Toledo Coelho — Juiz do Trabalho em Curitiba — Tribunal Regional do Trabalho da 9ª Região. Mestre em Direito pela PUC-Paraná, Diretor Cultural da Amatra — IX (Paraná).

Luiz Alberto de Vargas — Desembargador do Tribunal Regional do Trabalho da 4ª Região.

Luiz Alberto Pereira Ribeiro — Doutorando em Direito pela Pontifícia Universidade Católica do Paraná (PUC-PR) e Mestre em Direito pela Universidade Estadual de Londrina (UEL). Coordenador da Especialização em Direito do Trabalho e de Processo do Trabalho da PUC-PR, campus Londrina. Professor Adjunto da PUC-PR. Professor da UEL. Advogado.

Luiz Eduardo Gunther — Desembargador do Trabalho junto ao TRT da 9ª Região, Professor do Centro Universitário Curitiba — Unicuritiba, Doutor em Direito do Estado pela UFPR, Membro da Academia Nacional de Direito do Trabalho, da Academia Paranaense de Direito do Trabalho, do Instituto Histórico e Geográfico do Paraná e do Centro de Letras do Paraná, filiado à Associação Latino-Americana de Juízes do Trabalho — ALJT.

Manoel Antonio Teixeira Filho — Advogado. Juiz do Trabalho aposentado. Professor do curso de Pós-Graduação na Faculdade de Direito de Curitiba. Membro do Instituto Latinoamericano de *Derecho del Trabajo y de la Seguridad Social; da Société Internacionale de Droit du Travail et de la Sécurité Sociale*; do Instituto dos Advogados do Paraná; da Academia Nacional de Direito do Trabalho e da Academia Paranaense de Letras Jurídicas. Autor de 21 livros sobre Processo do Trabalho, de uma coleção de opúsculos sobre Processo do Trabalho, de um Curso completo sobre Processo do Trabalho e de uma coleção de cadernos sobre Processo Civil, além de diversos artigos publicados em revistas especializadas.

Manuel Martín Pino Estrada — Formado em Direito na Universidade de São Paulo (USP), Mestre em Direito pela Universidade Federal do Rio Grande do Sul (UFRGS), Doutorando em Direito pela Faculdade Autônoma de Direito de São Paulo (FADISP), pesquisador na área de Direito da Informática, dando ênfase à área do Direito do Trabalho, especificamente no estudo das relações trabalhistas na internet, mundos virtuais, robótica, convergência tecnológica, redes sociais virtuais, computação em nuvem e no teletrabalho.

Marcelo José Ferlin D'Ambroso — Desembargador do Trabalho (TRT4 — RS), ex-Procurador do Trabalho, Diretor Legislativo do Ipeatra — Instituto de Estudos e Pesquisas Avançadas da Magistratura e do Ministério Público do Trabalho, Bacharel em Direito pela Universidade Federal de Santa Catarina, Pós-graduado em Trabalho Escravo pela Faculdade de Ciência e Tecnologia da Bahia, especialista em Relações Laborais (OIT, Università di Bologna, Universidad Castilla-La Mancha), especialista em Direitos Humanos (Universidad Pablo de Olavide e Colégio de América), especialista em Jurisdição Social (Consejo General del Poder Judicial de España — Aula Iberoamericana).

Marco Antônio César Villatore — Pós-Doutorando em Direito pela Universidade de Roma II, "Tor Vergata", Doutor pela Universidade de Roma I, "La Sapienza", revalidado pela Universidade Federal de Santa Catarina (UFSC) e Mestre pela PUC-SP. Professor Adjunto da UFSC, do UNINTER e Titular do Curso de Mestrado e do Doutorado em Direito da Pontifícia Universidade Católica do Paraná. Coordenador da Especialização em Direito do Trabalho e de Processo do Trabalho da PUC-PR, *campus* Curitiba. Líder do Grupo de Pesquisa "Desregulamentação do Direito, do Estado e Atividade Econômica: Enfoque Laboral". Advogado (disponível em: <http://www.villatore.com.br>).

Marcus de Oliveira Kaufmann — Doutor e Mestre em Direito das Relações Sociais (Direito do Trabalho) pela Pontifícia Universidade Católica de São Paulo (PUC-SP). Bacharel em Direito pela Faculdade de Direito da Universidade de Brasília (FD-UnB). Membro Efetivo e Secretário do Instituto Brasileiro de Direito Social Cesarino Júnior (IBDSCJ). Advogado em Brasília.

Mauro Vasni Paroski — Juiz do Trabalho desde 10.3.1995. Titular da Vara do Trabalho de Porecatu — Tribunal Regional do Trabalho da 9ª Região (Paraná). Especialista e Mestre em Direito pela Universidade Estadual de Londrina — PR.

Maximiliano Pereira de Carvalho — Juiz do Trabalho em Porto Velho — RO (TRT14).

Ney Maranhão — Juiz do Trabalho (TRT da 8ª Região — PA/AP). Doutorando em Direito do Trabalho e da Seguridade Social pela Universidade de São Paulo (USP). Mestre em Direitos Humanos pela Universidade Federal do Pará (UFPA).

Especialista em Direito Material e Processual do Trabalho pela Università di Roma — La Sapienza (Itália). Professor Mestre (licenciado) do Curso de Direito da Faculdade do Pará (FAP) (em nível de graduação). Professor convidado da Universidade da Amazônia (UNAMA) e do Centro Universitário do Estado do Pará (CESUPA) (em nível de pós--graduação). Professor convidado das Escolas Judiciais dos Tribunais Regionais do Trabalho da 8ª (PA/AP), 14ª (RO/AC) e 19ª Regiões (AL). Membro do Instituto Goiano de Direito do Trabalho (IGT), do Instituto de Pesquisas e Estudos Avançados da Magistratura e do Ministério Público do Trabalho (IPEATRA) e do Instituto Brasileiro de Direito Social Cesarino Junior (IBDSCJ). *E-mail:* ney.maranhao@gmail.com

Paula Wagner de Mattos — Graduada em Ciências Jurídicas e Sociais pela Universidade Federal do Rio Grande do Sul. Pós-graduanda em Direito e Processo do Trabalho pela Escola Superior Verbo Jurídico. Chefe de Gabinete do Desembargador Marcelo José Ferlin D'Ambroso. Técnica Judiciária (TRT4 — RS).

Rodolfo Pamplona Filho — Juiz Titular da 1ª Vara do Trabalho de Salvador. Coordenador dos Cursos de Especialização em Direito Civil e em Direito e Processo do Trabalho da Faculdade Baiana de Direito. Mestre e Doutor em Direito das Relações Sociais pela PUC-SP — Pontifícia Universidade Católica de São Paulo. Máster em Estudios en Derechos Sociales para Magistrados de Trabajo de Brasil pela UCLM — Universidad de Castilla-La Mancha/Espanha. Especialista em Direito Civil pela Fundação Faculdade de Direito da Bahia. Professor Adjunto da graduação e pós-graduação (Mestrado e Doutorado) em Direito da UFBA — Universidade Federal da Bahia. Professor Titular de Direito Civil e Direito Processual do Trabalho da UNIFACS — Universidade Salvador. Membro da Academia Nacional de Direito do Trabalho, da Academia de Letras Jurídicas da Bahia e da Academia Brasileira de Direito Civil.

Rodrigo Mazzei — Mestre (PUC-SP) e Doutor (FADISP). Pós-doutorando (UFES — bolsa CAPES-REUNI). Professor da graduação e do mestrado da Universidade Federal do Espírito Santo (UFES). Vice-presidente do Instituto dos Advogados do Estado do Espírito Santo (IAEES). Presidente da Escola Superior da Advocacia (ESA-OAB/ES).

Tércio Roberto Peixoto Souza — Procurador do Município de Salvador. Advogado. Sócio de M. Sampaio & Souza Advogados. Pós-Graduado em Direito pela UNIFACS — Universidade Salvador e Mestre em Direito pela UFBA — Universidade Federal da Bahia.

Tiago Figueiredo Gonçalves — Mestre e Doutor em Direito pela PUC-SP. Professor do UNESC e da FUNCAB. Diretor da Escola Superior da Advocacia (ESA-OAB/ES).

Vania Cunha Mattos — Desembargadora do Tribunal Regional do Trabalho da 4ª Região.

SUMÁRIO

Currículo do Dr. Wagner Dordla Giglio...13

Professor Wagner Giglio...15
Claudia Giglio Veltri Corrêa

Apresentação..17
Ricardo Tadeu Marques da Fonseca

Prefácio..19
Jorge Luiz Souto Maior

Capítulo 1 — Exceções de Incompetência, Suspeição e Impedimento no Processo do Trabalho............23
Carlos Henrique Bezerra Leite

Capítulo 2 — A Execução Simbiótica: Impactos do Princípio da Cooperação na Efetiva Entrega da Prestação Jurisdicional...............................30
Maximiliano Pereira de Carvalho

Capítulo 3 — A Execução Trabalhista não se Submete ao Princípio da Execução Menos Gravosa — um Olhar Contemporâneo para a Execução Trabalhista Efetiva...............40
Ben-Hur Silveira Claus

Capítulo 4 — O Processo do Trabalho e a Execução Trabalhista com o Auxílio dos Mecanismos Tecnológicos...............52
Adriane Barbosa Oliveira

Capítulo 5 — O Art. 557 do CPC e a Celeridade da Execução Trabalhista.....................76
Marcelo José Ferlin D'Ambroso; Paula Wagner de Mattos

Capítulo 6 — Alternativas para a Efetividade no Processo do Trabalho: *Contempt of Court* e Outros Instrumentos...............84
Guilherme Guimarães Feliciano

Capítulo 7 — Reunião de Execuções na Justiça do Trabalho...101
Lorena de Mello Rezende Colnago

Capítulo 8 — A Desconsideração da Personalidade Jurídica do Empregador na Execução Trabalhista....110
Carlos Eduardo Oliveira Dias

Capítulo 9 — Execução dos Bens dos Sócios em Face da *Disregard Doctrine* 125
José Affonso Dallegrave Neto

Capítulo 10 — O Adquirente de Imóvel e a Execução Trabalhista em Especial na Desconsideração da Personalidade Jurídica 142
José Lucio Munhoz

Capítulo 11 — Penhora de Salário e os Postulados da Razoabilidade e da Proporcionalidade: Breve Análise da Jurisprudência Brasileira à Luz de Aportes Críticos Pós-Positivistas 152
Ney Maranhão

Capítulo 12 — Os Títulos Extrajudiciais e o Processo do Trabalho: a Permanente Necessidade de Revisão 163
Cassio Colombo Filho

Capítulo 13 — Execução de Títulos Extrajudiciais no Processo do Trabalho após a Ampliação da Competência decorrente da Emenda Constitucional n. 45/04 171
Ana Paula Sefrin Saladini

Capítulo 14 — Liquidação por Artigos em Contraposição à Prestação Jurisdicional Célere e Efetiva .. 177
Janete Aparecida Deste

Capítulo 15 — Liquidação de Sentença (Individual e Coletiva): seus Aspectos Nucleares no Processo Comum e do Trabalho 185
Rodrigo Mazzei; Tiago Figueiredo Gonçalves

Capítulo 16 — Execução nos Processos Coletivos: Necessidade de Disciplina Própria e Interpretação Flexível 202
Hermes Zaneti Júnior

Capítulo 17 — Despedida Coletiva: Preocupações a Partir do "Precedente Embraer" 212
Marcus de Oliveira Kaufmann

Capítulo 18 — A Aplicação da Prescrição Intercorrente no Processo do Trabalho 229
Anna Maria de Toledo Coelho; Luciano Augusto de Toledo Coelho

Capítulo 19 — Execução em Contratos com Cumulação de Garantias Reais e Fidejussórias: uma Construção Pretoriana 235
Anaximandro Oliveira Santos Amorim

Capítulo 20 — Ensaio sobre a Execução Provisória em Contraposição às Tutelas Cautelares 243
Cássio Ariel Moro

Capítulo 21 — Alguns Problemas da Execução: Pensão Decorrente de Acidente de Trabalho ou Doença de Trabalho — Constituição de Capital 254
Luiz Alberto de Vargas; Vania Cunha Mattos

Capítulo 22 — A Súmula n. 375 do STJ e a Fraude à Execução — a Visão Crítica do Processo do Trabalho 263
Manoel Antonio Teixeira Filho

Capítulo 23 — Fraude de execução (CPC, art. 593, II) no Processo do Trabalho e a Súmula n. 375 do STJ 273
Júlio César Bebber

Capítulo 24 — Frustração da Execução Trabalhista em Razão da Alienação de Bens pelo Depositário..................279
Eduardo Torres Caprara

Capítulo 25 — Reflexões sobre a Morosidade e Assédio Processual na Justiça do Trabalho..........284
Mauro Vasni Paroski

Capítulo 26 — Natureza do Título que Funda a Execução Previdenciária na Justiça do Trabalho 299
José Eduardo de Resende Chaves Júnior

Capítulo 27 — Execução *Ex Ofício* das Contribuições Previdenciárias na Justiça do Trabalho: Questões Polêmicas..................306
Laís Durval Leite

Capítulo 28 — A Proteção do Crédito Trabalhista na Lei de Falências e Recuperação Judicial: Alguns Pontos Polêmicos..................316
Amanda Tirapelli

Capítulo 29 — Hipoteca Judiciária: a (Re)Descoberta do Instituto diante da Súmula n. 375 do STJ — Execução Efetiva e Atualidade da Hipoteca Judiciária..................330
Ben-Hur Silveira Claus

Capítulo 30 — A Ação de Consignação em Pagamento no Processo do Trabalho..................341
Tiago Figueiredo Gonçalves

Capítulo 31 — O Recurso de Agravo de Petição nas Execuções Trabalhistas: Cabimento, Prazo e Preparo, Pressupostos Específicos, Efeitos e Processamento..................349
João Humberto Cesário

Capítulo 32 — Sobre o (Não) Dever de Delimitação dos Valores, pelo Recorrente, no Agravo de Petição..................355
Rodolfo Pamplona Filho; Tércio Roberto Peixoto Souza

Capítulo 33 — A Arrematação na Justiça do Trabalho: Necessidade de um Debate Maior em Razão da Alegada "Indústria" e suas Consequências Sociais e Econômicas..................364
Luiz Alberto Pereira Ribeiro; Marco Antônio César Villatore

Capítulo 34 — A Penhora *On-Line* e a sua (In)Constitucionalidade..................377
Manuel Martín Pino Estrada

WAGNER DRDLA GIGLIO

Filho de Odette Costa Amorim Giglio e Reynaldo Giglio, nasceu em 27 de maio de 1930 na cidade de São José do Rio Preto, Estado de São Paulo. Mudou-se logo depois para a capital, onde fez o curso primário no Instituto de Educação Modelo Caetano Campos, conhecido, na época, como Escola da Praça (da República), de 1938 a 1941, cursando o ginásio e o científico no Colégio Rio Branco, de 1942 a 1948. Ingressou na Faculdade de Direito da Universidade de São Paulo em 1950, formando-se bacharel na turma de 1954. Casado com Odila Jahyr de Oliveira Giglio desde 15 de janeiro de 1955, frequentou, com aproveitamento, diversos cursos jurídicos, entre eles: "Classificação das Ações e das Sentenças", ministrado pelo jurista Pontes de Miranda, em 1959; "Especialização em Teoria Geral do Estado, Filosofia do Direito, História do Direito Nacional, História das Doutrinas Políticas, Econômicas e Legislação Social", na Faculdade de Direito da USP, de 1962 a 1963; "Salubridade dos Locais de Trabalho", promovido pela Associação Brasileira para Prevenção de Acidentes, em março e abril de 1965; "Direito Coletivo do Trabalho", na Faculdade de Direito da Universidade de Paris, de 1965 a 1966; "Orientação para a Função Internacional", de março a junho de 1966, em Paris; "Direito Comparado do Trabalho (1º ciclo)", na Faculdade Internacional para o Ensino de Direito Comparado de Trieste, Itália, em julho de 1972. Foi professor de Direito do Trabalho na Faculdade de Direito da Universidade Mackenzie, no ano letivo de 1961; na Faculdade Braz Cubas, de Mogi das Cruzes, de 1968 a 1971; na Faculdade de Direito da Universidade de São Paulo, de 1974 a 1996; e dos II, III, V e VI, Cursos de Direito Comparado do Trabalho em México, Lima, Peru, Santo Domingo, República Dominicana e Caracas, Venezuela, respectivamente, nos anos de 1986, 1987, 1989 e 1990, sempre com duração de duas semanas e 60 horas de aulas.

Foi advogado, de 1955 a 1957, Juiz do Trabalho Substituto na 2ª Região (São Paulo), de 1957 a 1962, Juiz Presidente da Junta de Conciliação e Julgamento de Americana, de 1962 a 1965, e da 14ª JCJ de São Paulo, de 1965 a 1976. Em 1976, foi promovido por merecimento a Juiz do TRT da 9ª Região (Curitiba), tendo sido eleito vice-presidente daquela Corte, e, em 1978, convocado para substituir Ministro no Tribunal Superior do Trabalho durante nove meses. Aposentou-se em 1981, voltando a exercer a advocacia. Além de cerca de uma centena de artigos e quinze colaborações em obras publicadas no Brasil, no México, no Peru, na Argentina, na Espanha e na Itália, escreveu os seguintes livros: Justa Causa, com 4 edições, *Direito do Trabalho para Estudantes*, com Boris Grinberg, anteprojeto de *Código Judiciário do Trabalho*, com José Luiz Vasconcelos, *Direito Processual do Trabalho*, com 16 edições, *OIT e Convenções Internacionais do Trabalho Ratificadas pelo Brasil, Natureza Jurídica da Indenização de Antiguidade e Férias e Descansos Remunerados*, com duas edições. Traduziu as obras *Solución de los Conflictos Laborales* e *Los Principios del Derecho del Trabajo*, de Américo Plá Rodriguez. É membro fundador da Academia Nacional de Direito do Trabalho, do Instituto Pernambucano de Direito do Trabalho, da Academia Internacional de Jurisprudência e Direito Comparado e da Academia Latinoamericana de Derecho Procesal del Trabajo; Comendador da Ordem do Mérito Judiciário do Trabalho e da Ordem do Mérito do Trabalho.

Professor Wagner Giglio

Nasceu o homenageado em São José do Rio Preto, Estado de São Paulo, em 27 de maio de 1930. Mudou-se, ainda em tenra idade, para a capital do Estado, cidade em que reside até os dias atuais.

Era um garoto franzino que sempre gostou muito de estudar. Fez o "grupo" na Escola Caetano de Campos e, depois de uma pesquisa entre pais de colegas, escolheu o Colégio Rio Branco para cursar o "ginásio" e o "científico". Durante a adolescência, dedicou-se intensamente ao esporte. Frequentava diariamente a ACM (Associação Cristã de Moços), onde criou laços de amizade que perduram até hoje. Chegou a competir e ganhar medalhas em voleibol, pela ACM, e natação, como aluno do Colégio Rio Branco. Outras paixões dessa fase foram marcantes, como a música norte-americana, representada pelas orquestras de Glenn Miller, Tommy Dorsey e Artie Shaw e intérpretes como Frank Sinatra, Bing Crosby, Dick Hames. Tinha uma predileção especial por cinema. Por meio dessas duas formas de arte, tornou-se autodidata em Inglês.

Ingressou na Faculdade de Direito do Largo São Francisco em 1950. Durante o curso, com o intuito de conquistar a própria independência econômica, começou a ministrar aulas de Português para estrangeiros e Inglês na União Cultural Brasil-Estados Unidos. Foi na Faculdade que conheceu Odila Jahyr, secretária da diretoria, com quem se casou em 15.1.1955. No último ano, começou como solicitador acadêmico, no escritório Souza Neto, onde trabalhou até 1956, quando foi admitido como advogado da Votorantim. Em 1957, após aprovação em concurso, tomou posse como Juiz Substituto no Tribunal Regional do Trabalho da 2ª Região, cuja jurisdição abrangia os Estados de São Paulo, Paraná e Mato Grosso.

A Justiça do Trabalho, como órgão do Poder Judiciário, era ainda incipiente e muito carente de normatização processual. Foi com a prática diária e estudo de Processo Civil que, juntamente com Antonio Lamarca, iniciaram-se os procedimentos no processo trabalhista com a necessária estruturação inicial.

Foi promovido a Juiz Presidente de Junta de Conciliação e Julgamento em 1962, ocasião em que foi inaugurada a Junta de Conciliação e Julgamento de Americana. Em 1965, assumiu a 14ª JCJ de São Paulo e, neste mesmo ano, foi estudar na Europa. Realizou os cursos de Direito Coletivo do Trabalho, de 1965 a 1966, e de Orientação para a Função Internacional, de março a junho de 1966, ambos na Faculdade de Direito da Universidade de Paris.

Em 1972, foi aluno do curso de Direito Comparado do Trabalho (1º ciclo), na Faculdade Internacional para o Ensino de Direito Comparado de Trieste, Itália. Em 1976, com a criação da 9ª Região, foi promovido por merecimento a Juiz do Tribunal Regional do Trabalho, em Curitiba-PR. No ano de 1978, foi convocado para atuar no Tribunal Superior do Trabalho e retornou para o TRT da 9ª Região em 1979, quando foi eleito Vice-Presidente. Aposentou-se em 29.5.1981 e voltou a se dedicar à advocacia.

Foi indicado pela Câmara dos Deputados para, juntamente com José Luiz Vasconcelos, apresentar um anteprojeto de Código Judiciário do Trabalho que, infelizmente, não chegou sequer a ser votado.

Advogados venezuelanos, em 1984, realizaram uma reunião internacional, oportunidade em que convidaram Rafael Albuquerque (República Dominicana), Mario Pasco (Peru) e Néstor de Buen (México) para conferências sobre temas trabalhistas. Surgiu entre eles a ideia de escrever um livro monotemático, "partindo da perspectiva de cada país, reunindo legislação e direito comparado, isto é, a letra da lei e sua experiência". Logo pensaram nos outros integrantes do grupo: Alfredo Montoya Melgar (Espanha), Rolando Murgas Torraza (Panamá) e Wagner Giglio (Brasil). Para a apresentação, no primeiro livro, foi escolhido

Américo Plá Rodriguez (Uruguai), que passou a integrar o grupo que, formado por amigos irreverentes, sou a autodenominá-lo "A Patota". Entretanto, o nome deixou de ser mencionado para pessoas estranhas ao grupo, pois o significado do termo não era apropriado para um seleto grupo de juristas. O grupo, que pretendia ser fechado, recebeu Mario Ackerman (Argentina), a partir do terceiro livro, e Emílio Morgado Valenzuela (Chile). Todos dispunham de algo em comum: o amor ao Direito do Trabalho e, sobretudo, o culto à amizade dos integrantes.

Com espírito inovador, tomou posturas ousadas, em várias ocasiões, como em 1985, criar um Curso Internacional de Direito do Trabalho no Brasil, sem nenhum patrocínio financeiro, apenas a colaboração da Faculdade de Direito de Passo Fundo, que cedeu suas instalações, e a de um amigo, Alcione Niederauer Corrêa. Investiu muito tempo e esforço, apostando que as inscrições dos interessados cobririam as despesas. Convidou professores do Uruguai, Peru, Paraguai, Colômbia e México. Foi professor das edições subsequentes na cidade do México, em Lima, novamente em Passo Fundo, em Santo Domingo e em Caracas, respectivamente nos anos de 1986, 1987, 1988, 1989 e 1990, sempre com duração de duas semanas e 60 horas de aulas. Todos os cursos foram muito bem sucedidos.

É membro fundador da Academia Nacional de Direito do Trabalho, do Instituto Pernambucano de Direito do Trabalho, da Academia Internacional de Jurisprudência e Direito Comparado e da Academia Latinoamericana de Derecho Procesal del Trabajo, além de Comendador da Ordem do Mérito Judiciário do Trabalho e da Ordem do Mérito do Trabalho.

Escreveu cerca de uma centena de artigos, publicou cinco livros e participou de outros quinze, publicados no Brasil, México, Peru, Argentina e Itália, sempre conferindo ao estudo uma enorme importância. Do casamento com Odila Jahyr nasceram duas filhas. Segundo ele foi para proporcionar a elas uma educação de qualidade, incluindo cursos extracurriculares, que se tornou professor e escritor, únicas fontes de renda de que dispunha para melhorar o próprio orçamento, enquanto magistrado.

Há muitas lembranças significativas que marcaram a infância de suas filhas. De repente, sem aviso, ele dizia: "Eu lembro como se fosse ontem". Daí para frente era só aproveitar. Ele começava com alguma passagem histórica e se colocava como personagem, conversando com figuras célebres como Napoleão, Nero, Churchil e, assim, transmitia muitas informações sobre aquela época, os costumes e os fatos históricos envolvidos, que eram sequiosamente absorvidos pelas duas garotas.

Exerceu sempre com mestria a magistratura. Apresentou um trabalho produtivo como escritor. Os livros publicados tornaram-se clássicos da literatura jurídica. Exerceu a advocacia com competência e esmero transmitindo, a sua filha, como colega de profissão, no decorrer de 10 anos em que batalharam juntos nas lides trabalhistas, o vasto cabedal de conhecimentos jurídicos de que dispõe. Entretanto, analisando-se a sua atuação como mestre, é possível constatar que sua vocação era mesmo para o magistério. Suas aulas, cursos, palestras, intervenções em Congresso sempre foram marcados pelo dinamismo e grande interesse que despertava nos alunos, ouvintes ou congressistas presentes. A forma de expor as ideias tornava muito mais fácil o aprendizado, e nas aulas de pós-graduação, além do conteúdo, ensinava os alunos a serem bons professores. Corrigia postura, dicção, empostação de voz. Mostrava como evitar alguns cacoetes físicos (arrumar os óculos, colocar o cabelo atrás da orelha, bater com a caneta na mesa) e orais (repetir muitas vezes a mesma palavra, produzir algum som incompreensível entre uma frase e outra). Enfim, dava todas as ferramentas para que o aluno soubesse transmitir com precisão o conteúdo jurídico que dominava.

Professor. Advogado. Magistrado. Escritor. Um ser humano marcado pela inteligência e simplicidade. Existência dedicada aos alunos, às lides trabalhistas, aos jurisdicionados e, sobretudo, à expressão dos conhecimentos jurídicos com inigualável didática e praticidade. Devoto à família e aos amigos. Personalidade marcante. Inquebrantável retidão de caráter. Um exemplo de homem e profissional.

Posso declarar como aluna, advogada, magistrada e filha que é um privilégio e um orgulho fazer parte da vida de Wagner Giglio.

Claudia Giglio Veltri Corrêa
Juíza Titular de Vara do Trabalho. Diretora do Fórum Trabalhista de São Carlos-SP.

Apresentação

O que dizer sobre o mestre?

Melhor deixar falar o coração primeiro porque as sementes lançadas pelo professor são aquelas que florescem justamente ali. É claro que, antes disso, a razão já se encantou com a inteligência do professor, que já cativou a nossa, a dos alunos que, embevecidos, auriram informações precisas e completas.

Também, quem poderia resistir aos argumentos que firmaram de uma vez por todas a autonomia do processo do trabalho, em razão da função social do direito do trabalho que carece de um instrumento adequado aos seus fins?

Essa mesma lição nos impulsiona a todos que lemos as palavras indeléveis projetadas pelo mestre. Instigam-nos essas palavras para que busquemos a renovação desse direito processual que tem estado, em verdade, a formar o novo processo civil. O processo do trabalho encontra-se no cerne da Ação Civil Coletiva e da Ação Civil Pública, do Código do Consumidor, da responsabilidade dos sócios pelas dívidas da empresa, da boa-fé objetiva, da ênfase à conciliação, entre tantas outras ideias renovadoras. O velho processo do trabalho permanece novo.

Essa obra discute temas da maior relevância e consolida as bases tradicionais do processo do trabalho a partir de uma perspectiva inovadora, em direção às demandas progressivamente mais complexas que percorrem os caminhos da Justiça do Trabalho. Ninguém melhor que o professor Wagner Giglio para nos inspirar a todos. Suas linhas teóricas são raízes profundamente lançadas nas mentes e corações de todos nós para que possamos enfrentar com coragem os desafios com os quais lidam os juslaboralistas.

Receba, professor Giglio, um abraço respeitoso e carinhoso,

Do seu aluno,

Ricardo Tadeu Marques da Fonseca

Prefácio

O que dizer no prefácio de um livro em homenagem ao professor Wagner Drdla Giglio?

Há, por certo, muito a dizer, e tentarei me expressar à altura, mas há uma obviedade da qual não se pode escapar: a de que a realização de um livro sobre processo do trabalho no Brasil em homenagem ao professor Giglio é o reconhecimento mínimo àquele que se dedicou de fato ao estudo do Direito Processual do Trabalho, podendo-se dizer, sem exagero, que terá sido, juntamente com Christovão Piragibe Tostes Malta e Wilson de Souza Campos Batalha, o responsável pela consagração dessa matéria na enciclopédia jurídica brasileira.

Esse livro representa, portanto, o modo mínimo que os que se aventuram a escrever sobre o tema têm para agradecer ao professor Giglio por ter deixado o legado de um conhecimento que é a base de todas as obras que se produzem na seara processual trabalhista.

Tive a imensa honra de ser aluno do professor Wagner Giglio no curso de especialização da Universidade de São Paulo, em 1989. As aulas do professor impressionavam a todos pelo conteúdo e pela competência. Sobretudo, era de admirar a sua postura de incentivar os alunos à produção acadêmica e mais ainda à atuação criativa. Giglio não se apegava ao conhecimento adquirido como forma de manter uma relação de predomínio sobre os alunos, como, aliás, é comum em muitos "professores". Bem ao contrário, Giglio desafia os estudantes à superação.

Mesmo que mantivesse uma postura séria, no sentido de ser compenetrada, Wagner Giglio descia do pedestal e permitia uma aproximação amistosa com os alunos, que gerou inesquecíveis conversas "filosóficas" em alguns restaurantes da cidade.

Na sequência, em 1990, fui admitido como orientando do professor Wagner Giglio no curso de mestrado. Foram anos de muita intensidade, pois Giglio era um professor intenso. Intenso nos ensinamentos, intenso nas cobranças, intenso nas críticas, intenso nos elogios, ainda que estes fossem raros, ao menos no meu caso... Na primeira conversa com o orientador, quando não conseguia disfarçar a soberba de me achar dono do mundo por ter entrado no mestrado da mais afamada Faculdade de Direito do Brasil, Giglio com poucas palavras me colocou no prumo: "Jorge, você ainda não tem a noção do tamanho da sua ignorância!". E continuou a orientação...

As aulas do mestrado — e depois do doutorado — com o professor Giglio marcaram toda uma geração de então iniciantes no Direito do Trabalho e no Direito Processual do Trabalho, à qual se integravam, entre outros: Luís Carlos Moro, Cássio Colombo Filho, Maria Raquel Ferraz Zagari Valentim, Flávio Bellini de Oliveira Salles, Marilu Freitas, Kyong Me Lee, Paulo Eduardo Vieira de Oliveira, Estêvão Mallet, Sandra Lia Simón, Raimundo Simão de Melo, Silvana Valadares de Oliveira, Marisa Marcondes Monteiro, Luiz Carlos Gomes Godói, Regina Célia Marques Fonseca, Antônio Carlos Aguiar, Walter Rodrigo da Silva, Gisela da Silva Freire, Ricardo Tadeu Fonseca, Jorge Luiz Souto Maior, Fernando César Thomazine.

Nos seminários, Giglio ficava atento a cada erro de forma e de conteúdo que o palestrante incorresse e depois explicitava como superar o problema de modo tão convincente, que ainda hoje é impossível cometer aqueles erros.

E assim a gente foi literalmente se formando, passando a ter compreensões mais precisas tanto da profissão de professor quanto da relevância do processo do trabalho.

Mas o relato desse contato direto com o professor Giglio serve apenas para realçar as suas qualidades na docência: competente, humano e amigo. Seu contributo para a ciência jurídica é muito maior, vez que as obras de Wagner Drdla Giglio foram, e ainda são, leituras obrigatórias para quem queira atuar profissionalmente na Justiça do Trabalho e dedicar-se aos estudos acadêmicos.

O presente livro, escrito por grandes autores do processo do trabalho, com profundidade teórica e cuidados metodológicos, é uma prova absoluta de que o esforço empreendido por Giglio não foi em vão.

Parabéns, por conseguinte, aos organizadores, pela iniciativa, e aos autores, pelos textos produzidos, que constituem uma justa homenagem ao professor Wagner Giglio, extensiva ao processo do trabalho.

E muito obrigado, professor, por todos os seus ensinamentos e por todos os exemplos!

A propósito, a título de contribuir com as reflexões trazidas no presente livro, instigadas pelas próprias características intelectuais do homenageado, parece oportuno deixar uma contribuição à reflexão a respeito do papel a ser cumprido pelo processo do trabalho na realidade atual.

Cumpre destacar que na perspectiva do método do Direito Social é plenamente despropositada a discussão que se costuma travar em torno de saber se os princípios do Direito do Trabalho incidem sobre o Direito Processual do Trabalho, vez que ambos estão vinculados à mesma raiz do Direito Social, não sendo, pois, de modo algum, o Direito Processual um ramo de raiz liberal, que pudesse possuir uma lógica interna específica, desvinculada do direito material e muito menos desvinculada da preocupação com a efetivação dos postulados do Direito Social.

Se o Direito Processual do Trabalho serve de instrumento à concretização dos direitos trabalhistas, e estes são, na essência, direitos dos trabalhadores (cf. art. 7º da CF), é evidente que o sentido da proteção jurídica se insere no direito processual, não como forma de conferir ao trabalhador mais do que aquilo que tenha o direito de receber, mas como método necessário para que não haja uma consagração institucional da eficácia de seus direitos pela via do processo, que serve, assim, aos propósitos do agressor da ordem jurídica, protegendo-o.

Pelo método tradicional da "ciência" processual, que é pensada na perspectiva liberal no sentido de preservar o interesse do homem em face das arbitrariedades do Estado, a visão é sempre do réu. Esse método choca-se, no entanto, com o método do Direito Social, no qual o processo se apresenta como instrumento importante de efetivação dos direitos declarados, para que a ideia de um Estado de Direito Social não seja apenas uma promessa vazia, incapaz, portanto, de pacificar, com justiça, os conflitos sociais.

Veja-se, por exemplo, a imensa diferença de um e outro método no contexto das relações de trabalho. Se pensado o processo na visão liberal, este, em verdade, servirá unicamente para tornar ineficaz o Direito do Trabalho. Senão vejamos.

Pensando a questão na perspectiva da realidade, que não pode nunca ser afastada do método do Direito Social, há de se reconhecer que o empregador detém aquilo que em linguagem jurídica se denomina "autotutela", ou seja, a força, ou poder, para impor ao empregado a solução de eventual conflito na perspectiva exclusiva de seu interesse. O empregado, submetido ao estado de dependência, submete-se às situações na forma entendida pelo empregador. Além disso, se o empregado comete algum ato de desrespeito ao direito, atingindo a esfera do interesse do empregador, este, no uso de seu poder, atribui, sem intermediários, o efeito jurídico consequente: por exemplo, promove o desconto no salário em caso de atraso ou falta, com repercussão no descanso semanal remunerado e, eventualmente, nas férias etc. Se o empregado, ao ver do empregador, comete uma falta grave, este faz cessar o vínculo, pagando apenas as verbas rescisórias que entende devidas, e assim por diante.

Reconhecida essa situação, o processo do trabalho só pode ser visto como o instrumento a favor do empregado que considera que seus direitos não foram respeitados. Raras vezes o processo se presta à satisfação de uma pretensão resistida do empregador. Essa é a visualização necessária do processo do trabalho, que vai influenciar em todos os seus institutos. Tomemos como exemplo o recurso e a execução.

A que serve o recurso? Na leitura clássica, vai se dizer que o recurso serve às partes numa perspectiva psicológica do inconformismo com uma única decisão desfavorável, que se destina a proporcionar maior possibilidade de acerto das decisões, e que permite limitar os anseios arbitrários do juiz. Mas, abstraídos esses fundamentos, que são altamente discutíveis, o fato é que o recurso, na forma como se o tem concebido, cujo efeito concreto é o de inibir que a sentença profira efeito imediato, com base na noção de que o duplo grau é uma espécie de direito fundamental do cidadão. Mas, pensemos bem, o fato de se negar efeito imediato à sentença, ou seja, o fato de se recusar que a sentença produza resultados concretos na realidade, independente de ser confirmada por uma decisão de segundo grau, serve apenas ao empregador, pois como este detém, como visto, a autotutela, a realidade posta ao juiz para discussão já é realidade que fora alterada por ato unilateral do empregador. A realidade, tal qual posta, é que atende ao seu interesse e foi assim concretizada por atuação advinda de sua única vontade (p. ex.: não pagou as horas extras porque considerou que a situação fática, vivida na relação de emprego, não dá ensejo a tal pagamento, ou cessou o vínculo considerando a culpa do empregado e não lhe pagou, por consequência, a integralidade das tais "verbas rescisórias").

Assim, se a sentença diz que o empregado não tem razão, ou, inversamente, que o empregador está correto, a sentença está, de fato, interferindo na realidade, no sentido de manter os fatos na forma como foram estabelecidos pelo empregador. A pretensão do empregado de alterar a realidade está obstada pela sentença, a qual, portanto, está a serviço do interesse do empregador. O empregado pode recorrer, mas o efeito do recurso não obsta esse efeito da sentença.

Se a sentença, ao contrário, diz que o empregado tem razão, ou, inversamente, que o empregador não está correto na prática adotada, o recurso, com efeito suspensivo da eficácia da sentença, novamente beneficia o empregador e constitui, no método do Direito Social, a segunda violência que se comete com relação ao trabalhador, sendo a primeira, exatamente, da realidade pelo ato unilateral de poder exercido pelo empregador, poder este, ademais, que se preserva mesmo diante de uma declaração do Estado em sentido contrário. É como se o empregador tivesse o direito de reafirmar o seu poder perante o empregado mesmo depois de o Estado declarar a ilegalidade de seu ato. Assim, o que se apresenta aos olhos do empregador como um direito em face do Estado representa para o empregado a reafirmação da sua submissão frente ao empregador, mesmo após o Estado lhe dar razão.

Alguém, ainda carregado do método tipicamente liberal, dirá que a produção do resultado na realidade deve ser sacrificada pela preservação da ideia do duplo grau, mas, vale repetir, a produção de resultado na realidade já se deu, antes do processo, pelo ato unilateral do empregador, repercutindo de forma muitas vezes irreparável na vida do empregado, que nenhum efeito de incidência de juros e correção monetária pode superar. Vide, por exemplo, a situação já clássica do empregado "dispensado" por justa causa, mas que, de fato, não tenha cometido uma falta que pudesse motivar o ato do empregador. Enquanto a questão se discute com o requisito do duplo grau de jurisdição, o empregado, concretamente, está desempregado e não recebeu, junto com as verbas rescisórias, seguro-desemprego e mesmo não resgatou o valor constante de seu Fundo de Garantia. Esse estado de necessidade do empregado pode conduzi-lo a efeitos irreparáveis. Mas, mais que isso. Até a definição da questão restará valendo a pecha que lhe fora imprimida pelo empregador. Ou seja, para todos os efeitos das relações sociais, aquele empregador foi um culpado, até que consiga, pelo processo transitado em julgado, provar sua inocência, com nítida inversão da lógica da própria cláusula do "devido processo legal", na qual se assenta o preceito do duplo grau de jurisdição, invocado pelo empregador para conduzir o empregado àquela situação. Os efeitos provocados na vida do empregado, "dispensado" por justa causa já não poderão ser revertidos quando, após vários anos, uma decisão que lhe seja favorável possa ser, enfim, executada[1].

O poder da "dispensa" por justa causa, que se reforça processualmente, além disso, fragiliza não só o trabalhador individualmente atingido, mas toda a categoria, potencializando o estado de subordinação dos trabalhadores e a confiança do empregador com relação à sua posição de superioridade.

E o problema não acaba aí. Chegada a hora da execução da condenação, opera-se a terceira violência, pois o método do processo, inspirado na concepção liberal, vai estabelecer dois pressupostos extremante

---

(1) Vide, neste aspecto, a história verdadeira relatada no filme Beijo 2.348/72. Direção: Walter Rogério, Elenco: Chiquinho Brandão, Maitê Proença, Fernanda Torres, Antônio Fagundes, Gerson de Abreu, Cláudio Mamberti e Miguel Falabella. Participações especiais: Walmor Chagas, Gianfrancesco Guarnieri, Ankito e Joel Barcelos. Estúdio CPU Filmes/Superfilmes. Produção Beto Mainieri. Brasil, 1990.

ruinosos aos interesses do trabalhador: o de que a execução é um dever do Estado e o de que a execução deve se operar pelo modo menos gravoso ao executado.

Novamente, a perspectiva de análise é posta a partir do interesse do executado, como se o direito processual fosse estabelecido para protegê-lo, ainda que traga o nome "execução forçada". O exequente, assim, é praticamente posto de lado no pressuposto mental estabelecido, devendo, pois, suportar, de forma passiva, os efeitos da eventual demora da relação que se estabelece entre o Estado e o executado, com os limites impostos à atuação daquele em favor dos interesses deste.

Bem verdade que muito se discute hoje acerca das iniciativas que possam ser adotadas para que a execução seja mais efetiva, isto é, menos demorada, mas toda discussão se fica no mesmo método preestabelecido. De fato, alterando-se o método, ou seja, vislumbrando o interesse do trabalhador, que já foi alvo de duas violências antes de se chegar ao momento em questão, as coisas mudam completamente. A decisão judicial em favor do trabalhador representa a declaração de que um — ou vários — direito fundamental, como devem ser vistos os direitos trabalhistas, foi desrespeitado, sendo urgente a reconstituição da autoridade do direito, até para não legitimar o ato ilegítimo do empregador. Mas cumpre considerar que não é dever do Estado, unicamente, essa tarefa, pois que os direitos fundamentais, como se sabe, possuem efeito horizontal. A tarefa implica, portanto, primeiramente, a responsabilidade do executado em cumprir o direito que se pretende resgatar. O advento da necessidade de uma atuação do Estado para suprir a inércia do executado só pode ser vista, assim, como mais um ato de ilegalidade, e não como o exercício regular de um direito, já que estaria em uma cômoda posição de passividade, vez que apenas ao Estado cumpre fazer valer suas decisões.

Na lógica atual, o executado se opõe o quanto pode à execução, oferecendo discussões vazias de conteúdo, escondendo-se, escamoteando bens etc., e tudo parece estar regular. Aos olhos de todos, a execução não é mais rápida pela ineficiência do Estado em cumprir o seu dever.

Mas a objeção injustificada da execução, quando percebida, deve representar que o executado cometeu nova ilegalidade com duplo efeito, um em face do próprio Estado, em razão do custo financeiro provocado e do volume de trabalho que o Estado teve que direcionar para essa atividade, e outro em face do exequente, em razão de que a demora para a satisfação de seus direitos, sendo provocada por ato voluntário e injustificado do executado, visou, novamente, a lhe agredir enquanto cidadão dotado de direitos.

Desse modo, quando o Estado consiga, enfim, chegar ao resultado útil do processo, entregando o bem da vida ao exequente, mas só o faz depois de suplantar todas as artimanhas do executado, sendo mesmo forçado a realizar um autêntico trabalho de detetive, o completo resgate da autoridade do direito só se dará com a reparação específica, de caráter punitivo e didático, das ilegalidades cometidas no curso da execução pelo executado. Sem a real alteração do método, nenhuma mudança legislativa pode trazer real melhora na prestação jurisdicional.

O método do Direito Social, portanto, deve incidir no Direito Processual, para que o próprio Direito Social tenha valor real, e ao mesmo tempo para conferir ao Direito Processual uma instrumentalidade efetiva. Assim, o problema da efetivação do direito fundamental à duração razoável do processo é um problema de método, e não de construção legislativa. Essa não é, ademais, uma proposição sequer inovadora, pois como há muito destacava Mauro Cappelletti[2], o acesso à justiça pressupõe um novo método de analisar o direito, em outras palavras, uma nova maneira de pensar o próprio direito. Nesse novo método, o direito é analisado sob a perspectiva do "consumidor", ou seja, daqueles que são o alvo da norma, e não sob o ponto de vista dos "produtores" do direito. O acesso à justiça, nesse contexto, aparece como a garantia de que o sujeito poderá, efetivamente, consumir o direito que lhe fora direcionado.

São Paulo, 7 de outubro de 2014.

JORGE LUIZ SOUTO MAIOR

---

(2) Accesso alla giustizia come programma di riforma e como metodo di pensiero. *Revista da Universidade Federal de Uberlândia*, n. 12, p. 320, 1983.

Capítulo 1

Exceções de Incompetência, Suspeição e Impedimento no Processo do Trabalho

Carlos Henrique Bezerra Leite(*)

1. Introdução

Antes de tudo, gostaria de dedicar estas modestas linhas ao colega, amigo e confrade Wagner D. Giglio, que é, sem dúvida, um dos mais notáveis juslaboralistas do nosso tempo, sendo ele, inegavelmente, um dos principais precursores da afirmação do Direito Processual do Trabalho como ramo autônomo da árvore jurídica, contribuindo, assim, para a sedimentação desse segmento científico nos foros da academia brasileira.

Em linguagem coloquial, o termo "exceção" significa aquilo que não constitui a regra geral. Do ponto de vista jurídico, o vocábulo "exceção" comporta multifários significados. Ora significa simplesmente defesa, ora quer dizer defesa indireta contra o mérito, ora traduz a ideia de defesa indireta contra o processo, visando a estendê-lo ou a extingui-lo.

Em suma, a palavra "exceção", à luz da ciência do direito, significa, em sentido lato, defesa. Nas palavras de Moacyr Amaral Santos:

> O próprio vocábulo exceção, em processo, é usado em várias acepções. Num sentido amplíssimo, por exceção se entende qualquer defesa do Réu, de natureza processual ou de mérito. Exceção é sinônimo de defesa. Direito de defesa ou direito de exceção são expressões equivalentes. Assim consideradas, as exceções podem ser classificadas quanto ao rito e quanto ao mérito. Num sentido menos amplo, chama-se exceção a defesa indireta de mérito, a objeção sob as duas modalidades, exceção e objeção ou contestação indireta do mérito. Sob esse critério, fala-se em exceção de pagamento, de novação, em exceção de compensação ou de prescrição. Num sentido restrito, ou técnico, por exceção se entende a defesa de mérito indireta consistente na alegação de fatos geradores do direito de impedir os efeitos da ação, sem negar o fato jurídico constitutivo da pretensão do Autor. A essa modalidade de defesa dá-se o nome de exceção substancial, ou *exceptio stricti juris*, que consiste na alegação de fatos que, por si mesmos, não excluem a ação, mas conferem ao réu o poder jurídico de anular-lhe os efeitos [...]. Processuais seriam defesas contra o processo, visando a trancá-lo ou dilatá-lo; substanciais

---

(*) Doutor e Mestre em Direito das Relações Sociais (PUC-SP). Professor Associado I do Departamento de Direito (UFES), onde leciona Direito Processual do Trabalho e Direitos Humanos. Professor de Direitos Humanos Sociais e Metaindividuais do Mestrado (FDV). Desembargador Federal do TRT da 17ª Região/ES. Ex-Procurador Regional do Ministério Público do Trabalho/ES. Vice-Presidente do TRT da 17ª Região. Ex-Diretor da Escola Judicial do TRT/ES (biênio 2009/2011). Membro da Academia Nacional de Direito do Trabalho. Autor de Livros e Artigos Jurídicos.

seriam apenas as exceções materiais no sentido restrito (*exceptio stricti juris*).[1]

O CPC em vigor, todavia, deu tratamento metodologicamente restrito ao instituto da exceção. Vale dizer, a palavra "exceção" passou a ter sentido técnico e específico de defesa indireta do processo, na medida em que seu único objetivo repousa no afastamento do processo do juiz suspeito, impedido ou relativamente incompetente. É o que se infere do art. 304 do CPC, que só prevê as exceções de suspeição, de impedimento e de incompetência relativa.

Disso resulta, por exclusão, que questões relativas à litispendência, coisa julgada e incompetência absoluta devem ser alegadas em contestação como preliminares, e não como exceções.

São três, portanto, as exceções previstas no direito processual civil: a exceção de incompetência (relativa), a exceção de suspeição e a exceção de impedimento.

A CLT, em seu art. 799, dispõe literalmente que, nas "causas da jurisdição da Justiça do Trabalho, somente podem ser opostas, com suspensão do feito, as exceções de suspeição ou incompetência". Logo em seguida, no § 1º do dispositivo em causa, salienta que as "demais exceções serão alegadas como matéria de defesa".

Vê-se, sem maior esforço, que a CLT emprega o vocábulo "exceção" no sentido amplo, descurando, assim, da metodologia adotada pelo CPC de 1973 e silenciando, inclusive, quanto à exceção de impedimento.

2. Exceções e suspensão do processo

As exceções de suspeição (e de impedimento, segundo pensamos) e de incompetência (relativa), não obstante suspendam o processo, deverão ser apresentadas juntamente com a contestação, isto é, na audiência para a qual fora notificado o reclamado.

Em outras palavras, os arts. 799 e 847 da CLT devem ser interpretados sistematicamente, de maneira que, em homenagem ao princípio da concentração dos atos processuais, as exceções, a contestação e a reconvenção devem ser apresentadas na mesma audiência inaugural (ou una).

Colhe-se, por oportuno, a lição de Emílio Gonçalves, para quem:

> o fato de haver o reclamado oferecido exceção não lhe enseja o direito de pretender lhe seja devolvido o prazo para contestar. A suspensão do curso do processo ocorre apenas e tão somente para que se aprecie a exceção, não implicando restituição do prazo para nova defesa, a qual, repita-se, deve ser apresentada juntamente com a exceção. Se o reclamado limitar-se, em sua resposta, a arguir apenas a exceção, deixando de contestar o feito, ocorre a preclusão do direito de apresentar contestação, reputando-se verdadeiros os fatos afirmados pelo reclamante, como consequência da revelia [...] salvo se expressamente constar da ata da audiência a concessão do direito de apresentar a defesa, após o julgamento da exceção.[2]

A questão não é pacífica, como se infere dos seguintes arestos:

> PRELIMINAR DE NULIDADE. EXCEÇÃO DE INCOMPETÊNCIA *RATIONE LOCI*. MOMENTO DE APRESENTAÇÃO DA DEFESA. O oferecimento da exceção de incompetência em razão do lugar, a teor do disposto no art. 799 da CLT, suspende o processo, não tornando preclusa a oportunidade para a apresentação de defesa, que poderá ser ofertada diretamente ao juízo competente, após decidida a exceção. A imputação de revelia e confissão ficta, por ausência da defesa na audiência em que foi oferecida a exceção, importa em cerceamento de defesa e ofensa ao devido processo legal, em violação do art. 5º, XXXV e LV, da Constituição Federal. Recurso conhecido e provido. Processo. (TST-RR 816548-16.2001.5.15.5555, j. 11.4.2007, Relª Juíza Convocada Dora Costa, 1ª T., DJU 4.5.2007)

> EXCEÇÃO DE INCOMPETÊNCIA EM RAZÃO DO LUGAR. SUSPENSÃO DO FEITO. REVELIA. ELISÃO. O regular processamento da exceção de incompetência em razão do lugar, nos termos previstos no art. 799 da CLT c/c o art. 306 do CPC, de aplicação subsidiária, determina a imediata suspensão do processo e, consequentemente, a suspensão do prazo para a contestação do feito. O fato, portanto, das reclamadas não terem contestado a ação na oportunidade em que arguiram a exceção de incompetência em razão do lugar, não induz na revelia reconhecida na primeira instância. (TRT 5ª R., RO 00110-2008-122-05-00-5, 3ª T., Rel. Des. Lourdes Linhares, DJ 15.4.2009)

---

(1) *Primeiras linhas de direito processual civil*. São Paulo: Saraiva, 1977. p. 165.
(2) *Manual de prática processual trabalhista*. 6. ed. São Paulo: LTr, 2001. p. 124-125.

3. Exceções de suspeição e impedimento

As mesmas razões de ordem lógica, jurídica e ética que empolgam a exceção de suspeição devem ser estendidas à de impedimento, qual seja, incompatibilizar o juiz para o exercício da função jurisdicional em determinado processo, a fim de evitar que ele aja com parcialidade, seja por motivos intrínsecos (suspeição), seja por motivos extrínsecos (impedimento). Tanto a suspeição quanto o impedimento constituem, pois, matérias de relevante interesse público, porque dizem respeito à imparcialidade do juiz e à credibilidade do próprio Poder Judiciário perante a sociedade.

Justifica-se a omissão da CLT a respeito da exceção de impedimento porque quando da sua promulgação, em 1943, era o CPC de 1939 o diploma subsidiário, e não o CPC de 1973. Esse diploma legal, como já vimos, alargou o espectro da exceção de suspeição, que passou a abarcar a de impedimento. Nesse passo, parece-nos que obrou com inteiro acerto o legislador de 1973, sendo, pois, factível, diante da lacuna normativa da CLT, a aplicação subsidiária do CPC, no particular.

As hipóteses de suspeição e impedimento dos juízes estão reguladas no CPC (arts. 134 a 138), sendo igualmente aplicáveis, no que couber, ao órgão do Ministério Público, ao serventuário da justiça e ao perito (art. 138).

De acordo com o art. 801 da CLT, o juiz, titular ou substituto, é obrigado a dar-se por suspeito, e pode ser recusado, por alguns dos seguintes motivos, em relação à pessoa dos litigantes:

a) inimizade pessoal;

b) amizade íntima;

c) parentesco por consanguinidade ou afinidade até o terceiro grau civil;

d) interesse particular na causa.

Mesmo havendo suspeição do juiz, o parágrafo único do art. 801 da CLT, todavia, considera suprida a irregularidade se:

a) o recusante houver praticado algum ato pelo qual haja consentido na pessoa do juiz, não mais podendo alegar exceção de suspeição, salvo sobrevindo novo motivo;

b) constar do processo que o recusante deixou de alegá-la anteriormente, quando já a conhecia, ou que, depois de conhecida, aceitou o juiz recusado ou, finalmente, se procurou de propósito o motivo de que ela se originou.

3.1. Procedimento das exceções de suspeição e impedimento

O procedimento da exceção de suspeição (e, segundo pensamos, de impedimento) está regulado no art. 802 e seus §§ 1º e 2º, da CLT, *in verbis*:

Art. 802. Apresentada a exceção de suspeição, o juiz ou Tribunal designará audiência dentro de 48 (quarenta e oito) horas, para instrução e julgamento da exceção.

§ 1º Nas Juntas de Conciliação e Julgamento (atualmente Varas do Trabalho) e nos Tribunais Regionais, julgada procedente a exceção de suspeição, será logo convocado para a mesma audiência ou sessão, ou para a seguinte, o suplente do membro suspeito, o qual continuará a funcionar no feito até decisão final. Proceder-se-á da mesma maneira quando algum dos membros se declarar suspeito.

§ 2º Se se tratar de suspeição de Juiz de Direito, será este substituído na forma da organização judiciária local.

Parece-nos, todavia, que o § 1º do art. 802 da CLT se atrita parcialmente com a Emenda Constitucional n. 24, na medida em que não faz sentido o próprio juiz peitado (ou impedido) instruir e julgar a exceção de suspeição contra si oposta. A rigor, o julgamento deveria ser feito por um órgão colegiado, dele não participando o juiz "interessado".

O § 1º do art. 802 da CLT, portanto, compatibilizava-se, na primeira instância, quando o órgão julgador era a Junta de Conciliação e Julgamento, isto é, um órgão colegiado.

A partir do instante em que a Vara do Trabalho passa a funcionar apenas com juiz singular, pensamos que o julgamento da exceção de suspeição ou impedimento deveria ser da competência do juízo *ad quem*[3], aplicando-se, nesse caso, as regras dos arts. 313 e 314 do CPC:

Art. 313. Despachando a petição, o juiz, se reconhecer o impedimento ou a suspeição, ordenará a remessa

---

(3) No mesmo sentido: SCHIAVI, Mauro. *Manual de direito processual do trabalho*. 2. ed. São Paulo: LTr, 2009. p. 495. Diz esse autor que "quem deve julgar as exceções de impedimento e suspeição arguidas em face de Juiz do Trabalho é o TRT e não o Juiz monocrático da Vara do Trabalho, estando revogado o art. 802 da CLT".

dos autos ao seu substituto legal; em caso contrário, dentro de 10 (dez) dias, dará as suas razões, acompanhadas de documentos e de rol de testemunhas, se houver, ordenando a remessa dos autos ao tribunal.

Art. 314. Verificando que a exceção não tem fundamento legal, o tribunal determinará o seu arquivamento; no caso contrário condenará o juiz nas custas, mandando remeter os autos ao seu substituto legal.

Na verdade, tanto a exceção de impedimento quanto a de suspeição, por dizerem respeito à credibilidade do próprio Poder Judiciário perante a sociedade e à segurança jurídica dos jurisdicionados, deveriam ter os mesmos critérios de procedimento, seja no processo civil, seja no processo do trabalho, mormente em função da extinção do órgão colegiado na primeira instância da Justiça do Trabalho. Nesse sentido, adotamos os seguintes julgados:

RECURSO ORDINÁRIO. EXCEÇÃO DE SUSPEIÇÃO. ATRIBUIÇÃO DA COMPETÊNCIA À MM VARA. EXTINÇÃO DA FIGURA DO JUIZ CLASSISTA. APLICABILIDADE DO ART. 769 DA CLT. DISPOSIÇÃO EXPRESSA NO CPC: ARTS. 313 E 314. COMPETÊNCIA DO TRIBUNAL REGIONAL PARA DIRIMIR O INCIDENTE. É de se atribuir a competência do Tribunal Regional para julgamento de incidente em exceção de suspeição de Juiz do Trabalho, por força do que dispõem os arts. 313 e 314 do CPC. Em face da extinção da representação classista na Justiça do Trabalho, não há mais se falar na aplicação do art. 802 da CLT, para o exame dos procedimentos das exceções de suspeição. Por outro lado, não há previsão legal que viabilize atribuir a juiz substituto o julgamento do incidente, a determinar o respeito ao princípio insculpido no art. 5º, II, da Carta Magna. Por sua vez, O STJ, no julgamento do RE 704.600-RJ, assinalou: "O Juiz a quem se atribui suspeição não pode julgar a exceção, princípio que se aplica também aos Magistrados que atuam no segundo grau de jurisdição". Isso porque incumbe ao judiciário proporcionar segurança jurídica às partes, focando nos princípios que traduzem as garantias processuais constitucionais, em especial a imparcialidade do julgador. É certo que ao regular a exceção de suspeição, o Regimento Interno da eg. Corte não levou em consideração as alterações constitucionais relacionadas às Varas do Trabalho, conforme a EC n. 24, de 9.12.1999, que extinguiu a representação classista. Incumbe, portanto, que se aplique o rito previsto na legislação processual ordinária, com o fim de se atribuir competência ao Tribunal Regional do Trabalho para o julgamento do incidente. Nesse sentido orientação contida no Ato 002/2009 da Corregedoria da Justiça do Trabalho. Recurso ordinário provido. (TST-RO 2220-75.2010.5.08.0000, Rel. Min. Aloysio Corrêa da Veiga, Orgão Especial, DEJT 24.6.2011)

Impossível conceber que o juiz monocrático, inquinado de suspeito, julgue a exceção de suspeição contra ele levantada, sob pena de nulidade da decisão por faltar a imparcialidade. Designado juiz do trabalho substituto para instruir e julgar a indigitada exceção, devem ser remetidos os autos à vara de origem, cumprindo-se a exegese dos arts. 453, 'c', e 802, *caput*, da CLT, à luz da Emenda Constitucional n. 24/99. (TRT 21ª R., AP 1438/01, DJRN 2.7.2003, Red. Juíza Maria de Lourdes Alves Leite)

EXCEÇÃO DE SUSPEIÇÃO. JUIZ DE PRIMEIRO GRAU. COMPETÊNCIA. A extinção da representação classista na Justiça do Trabalho impôs alterações no rito da exceção de suspeição arguida em face de Juiz de Primeiro Grau, que atua monocraticamente, em Vara do Trabalho não mais integrada por juízes classistas. Nesses casos a competência originária para apreciar a exceção de suspeição é do Tribunal Regional do Trabalho, posto que não seria ético o Juiz de Primeiro Grau julgar a si mesmo. Decisão: Por unanimidade, conhecer da exceção de suspeição para, no mérito, rejeitá-la. (TRT 18ª R., ES n. 2/2001, Relª. Juíza Kathia Maria Bomtempo de Albuquerque, DJE-GO de 15.2.2002, p. 81)

EXCEÇÃO DE SUSPEIÇÃO: INOBSERVÂNCIA DO PROCEDIMENTO LEGAL: PROSSEGUIMENTO DO FEITO: NULIDADE. Indeferindo de plano a exceção de suspeição apresentada, deve o Juízo determinar a imediata suspensão do feito e a instrução da exceção de suspeição, para posterior remessa ao Tribunal Regional para regular processamento e decisão, na forma regimental. Não observado o procedimento legal, os atos posteriormente praticados pelo Magistrado arguido como suspeito são nulos. Recurso ordinário patronal conhecido e preliminar de nulidade reconhecida [...]. (TRT-10ª R., RO 00817-2011-111-10-00-6, Rel. Des. Elke Doris Just, 2ª T., DEJT 11.10.2012)

Nesse passo, é importante ressaltar que o art. 12 e seu parágrafo único da Consolidação dos Provimentos da Corregedoria-Geral da Justiça do Trabalho (DEJT 17.8.2012) dispõem sobre o procedimento das exceções de suspeição e impedimento nas Varas do Trabalho, nos seguintes termos:

Art. 12. Se o juiz de primeiro grau não reconhecer o impedimento ou a suspeição alegada, será aplicado o procedimento previsto nos arts. 313 e 314 do CPC, exceto, quanto a este último, na parte relativa à condenação às custas ao magistrado.

Parágrafo único. Acolhido o impedimento ou a suspeição do juiz, será designado outro magistrado para dar prosseguimento ao processo, incluindo-o em pauta de julgamento, se for o caso, no prazo máximo de 10 (dez) dias.

A não observância, portanto, da regra supratranscrita poderá ensejar a apresentação de reclamação correicional.

Nos Tribunais, o procedimento da exceção de suspeição deverá observar subsidiariamente o que dispuser o seu respectivo regimento interno. O art. 13 da Consolidação dos Provimentos da CGJT (DEJT de 17.8.2012) dispõe que:

> Na hipótese de impedimento ou suspeição de desembargador do trabalho, contemporânea ao julgamento do processo, este será mantido em pauta com a convocação de outro desembargador para compor o *quorum* do julgamento.

O réu poderá oferecer mais de uma exceção ao mesmo tempo. Por razões lógicas, a exceção de suspeição (ou impedimento) precede à de incompetência, pois o juiz suspeito (ou impedido) sequer poderá declarar-se incompetente.

Se o fato que ocasionou a suspeição ou o impedimento for posterior à audiência, a parte (autor ou réu) deverá alegar a nulidade na primeira vez em que tiver de falar em audiência ou nos autos, sob pena de preclusão (CLT, art. 795), sendo, portanto, inaplicável a regra do art. 305 do CPC, no particular. Nesse sentido:

> EXCEÇÃO DE SUSPEIÇÃO. PRECLUSÃO. Configura-se preclusa a exceção se a parte, no prazo previsto na lei processual comum, não arguiu a suspeição do julgador de primeiro grau, só vindo a fazê-lo na fase recursal e sem lastro em fato superveniente. (TRT 5ª R., RO 00751-2007-201-05-00-6, 1ª T., Rel. Des. Ivana Mércia Nilo de Magaldi, DJ 13.2.2009)

Também não se aplica no processo do trabalho a regra do art. 299, parte final, do CPC, uma vez que a exceção será processada nos próprios autos da reclamação trabalhista. Ademais, a decisão que julga exceção, por ser interlocutória, não desafia, em princípio, nenhum recurso de imediato, o que reforça a desnecessidade da autuação da exceção em separado. Nesse sentido:

> AGRAVO DE INSTRUMENTO. RECURSO ORDINÁRIO. CABIMENTO. EXCEÇÃO DE SUSPEIÇÃO. SÚMULA N. 214. A decisão mediante a qual se rejeita exceção de suspeição é interlocutória. Recurso ordinário incabível, de imediato. Agravo de instrumento a que se nega provimento. (TST-AIRO 164/1998-023-09-40, SBDI-2, Rel. Min. Gelson de Azevedo, j. 24.4.2007, DJU 11.5.2007)

> AGRAVO DE INSTRUMENTO EM RECURSO ORDINÁRIO. EXCEÇÃO DE SUSPEIÇÃO DE MAGISTRADO JULGADA IMPROCEDENTE. DECISÃO INTERLOCUTÓRIA. IRRECORRIBILIDADE IMEDIATA. Nos termos do art. 799, § 2º, da CLT, as decisões sobre exceções de suspeição não desafiam recurso imediato, facultado às partes alegá-las novamente no recurso que couber da decisão final. Logo, não merece reparos a decisão que não admite recurso ordinário contra acórdão regional que julgou improcedente a exceção de suspeição, porquanto não se cuida de decisão terminativa do feito (Súmula n. 214 do TST). Nega-se provimento ao Agravo de Instrumento. (TST-AIRO 1428/2004-109-03-41.8, 8ª T., Rel. Min. Márcio Eurico Vitral Amaro, DEJT 3.9.2009)

4. Exceção de incompetência

Diz o art. 799, § 2º, da CLT que "das decisões sobre exceções de suspeição e incompetência, salvo, quanto a estas, se terminativas do feito, não caberá recurso, podendo, no entanto, as partes alegá-las novamente no recurso que couber da decisão final".

O procedimento da exceção de incompetência está regulado no art. 800 da CLT, *in verbis*:

> Apresentada a exceção de incompetência, abrir-se-á vista dos autos ao exceto, por 24 horas improrrogáveis, devendo a decisão ser proferida na primeira audiência ou sessão que se seguir.

A expressão "exceção de incompetência terminativa do feito" significa que se o juiz acolhê-la, deverá remeter os autos para outro órgão jurisdicional diverso da Justiça do Trabalho. Noutro falar, a decisão que acolhe a "exceção terminativa do feito", embora interlocutória, implica a "terminação" (saída) do processo na Justiça do Trabalho e sua remessa a outro ramo do Judiciário.

Na verdade, a decisão "terminativa do feito" concerne à declaração judicial de incompetência absoluta, isto é, incompetência em razão da matéria, da pessoa ou da função, as quais, a rigor, não deveriam ser objeto de exceção, e sim de preliminar apresentada na própria contestação. Tanto é assim que o art. 795, § 1º, determina que a incompetência de "foro" deverá ser declarada de ofício pelo juiz.

A incompetência de foro diz respeito ao "foro trabalhista", isto é, concerne à incompetência absoluta em razão da matéria ou da pessoa, e não à incompetência territorial, como pode parecer à primeira vista.

Tratando-se de incompetência relativa, isto é, incompetência territorial, o processo continua tramitando no âmbito da Justiça do Trabalho, uma vez que o juiz de uma Vara do Trabalho, ao acolher a exceção de incompetência oposta pelo réu e declarar-se incompetente territorialmente, simplesmente remeterá os autos do processo a outra Vara do Trabalho que entender competente para processar e julgar a demanda.

Cabe ressalvar, contudo, que a letra *c* da Súmula n. 214 do TST, com nova redação dada pela Resolução n. 127/05 (DJU 16.3.2005), passou a admitir recurso ordinário da decisão interlocutória que, acolhendo exceção de incompetência em razão do lugar, portanto relativa, remete os autos para Tribunal Regional distinto daquele a que se vincula o juízo trabalhista prolator da decisão interlocutória.

Se ambos os juízes se derem por competentes, haverá conflito positivo de competência. Se ambos se declararem incompetentes, haverá conflito negativo de competência (CLT, arts. 803 a 812).

4.1. Exceção de incompetência relativa apresentada no domicílio do réu

É importante destacar que o novel parágrafo único do art. 305 do CPC, incluído pela Lei n. 11.280/06, dispõe que, na "exceção de incompetência (art. 112 desta Lei), a petição pode ser protocolizada no juízo de domicílio do réu, com requerimento de sua imediata remessa ao juízo que determinou a citação". Trata-se de uma faculdade conferida ao réu, propiciando-lhe facilitação do seu acesso à justiça.

Embora haja lacuna normativa da CLT, no particular, cremos que o novel parágrafo único do art. 305 do CPC se mostra incompatível com o processo do trabalho, uma vez que neste, a nosso ver, a resposta do réu, que pode abranger exceção, contestação e reconvenção, deve ser apresentada em audiência, com a presença obrigatória das partes (CLT, arts. 843 e 844). Nada impede que o juiz, ainda que territorialmente incompetente, possa promover a conciliação, sendo certo, ainda, que, por determinação imperativa do art. 800 da CLT, depois de apresentada a exceção de incompetência, o exceto terá vista dos autos por apenas 24 (vinte e quatro) horas improrrogáveis, devendo a decisão ser proferida na primeira audiência ou sessão que se seguir.

Ademais, não podemos nos esquecer de que a imensa maioria das ações trabalhistas é proposta pelo trabalhador (autor) e a norma em apreço visa a beneficiar justamente o réu (em regra, empregador), o que pode, na prática, retardar a prestação jurisdicional. Em suma, a nova regra do CPC revela-se incompatível com o procedimento do texto consolidado e com os princípios da conciliação, da concentração e da celeridade que norteiam o processo laboral[4].

5. Conclusão

Além das considerações tópicas lançadas ao longo do desenvolvimento, podemos apresentar algumas conclusões importantes a respeito das exceções no processo do trabalho.

A CLT emprega o vocábulo "exceção" no sentido amplo, o que exige a sua interpretação evolutiva para adequar-se, com algumas ressalvas específicas para evitar maltrato aos princípios do processo laboral, aos parâmetros científicos do CPC de 1973.

Não obstante as exceções de suspeição e de impedimento suspendam o processo, deverão ser apresentadas em audiência juntamente com a contestação.

O § 1º do art. 802 da CLT não foi recepcionado pela EC n. 24, devendo a exceção de suspeição (ou de impedimento) ser julgada pelo Tribunal, e não pelo próprio juiz de primeiro grau, observando-se, no que couber, as regras dos arts. 313 e 314 do CPC.

As exceções de suspeição e impedimento deverão ser processadas nos próprios autos da reclamação trabalhista, sendo inaplicável a regra do art. 299, parte final, do CPC.

A decisão que julga a exceção de suspeição e impedimento, por ser interlocutória, não desafia recurso imediato.

A chamada "incompetência de foro" prevista no § 1º do art. 795 da CLT é de natureza absoluta e diz

---

(4) Em sentido contrário: HERKENHOFF FILHO, Hélio Estellita. *Reformas no código de processo civil e implicações no processo trabalhista*. Rio de Janeiro: Lumen Juris, 2006. p. 37-38; CHAVES, Luciano Athayde. *A recente reforma no processo comum e seus reflexos no direito judiciário do trabalho*. São Paulo: LTr, 2006. p. 145-147. Esse último autor chega a admitir que, "para que a nova medida seja efetivamente compatibilizada, é fundamental que se estabeleça ao recebê-la, a suspensão do feito (art. 799 da CLT) para os fins de recebimento da defesa de mérito" (*Op. cit.*, p. 147).

respeito à matéria ou à pessoa, não se confundindo com a incompetência em razão do lugar. Aquela deve ser declarada de ofício pelo juiz; esta depende de apresentação de exceção de incompetência pela parte.

A decisão que declara a incompetência em razão da matéria ou da pessoa e remete os autos para fora da Justiça do Trabalho, embora interlocutória, é terminativa do feito e desafia a interposição de recurso ordinário.

Já a decisão que acolhe exceção de incompetência em razão do lugar também é interlocutória, mas é irrecorrível de imediato, salvo se remeter os autos para Vara do Trabalho vinculada a Tribunal do Trabalho diverso daquele ao qual se vincula o juízo prolator da decisão.

O novel parágrafo único do art. 305 do CPC é incompatível com o processo do trabalho.

6. Referências bibliográficas

CHAVES, Luciano Athayde. *A recente reforma no processo comum e seus reflexos no direito judiciário do trabalho*. São Paulo: LTr, 2006.

GONÇALVES, Emílio. *Manual de prática processual trabalhista*. 6. ed. São Paulo: LTr, 2001.

HERKENHOFF FILHO, Hélio Estellita. *Reformas no código de processo civil e implicações no processo trabalhista*. Rio de Janeiro: Lumen Juris, 2006.

LEITE, Carlos Henrique Bezerra. *Curso de direito processual do trabalho*. 11. ed. São Paulo: LTr, 2013.

SANTOS, Moacir Amaral. *Primeiras linhas de direito processual civil*. São Paulo: Saraiva, 1977.

SCHIAVI, Mauro. *Manual de direito processual do trabalho*. 2. ed. São Paulo: LTr, 2009.

Capítulo 2

A Execução Simbiótica: Impactos do Princípio da Cooperação na Efetiva Entrega da Prestação Jurisdicional

MAXIMILIANO PEREIRA DE CARVALHO[*]

1. Introdução — taxa de congestionamento das execuções: uma solução possível

A taxa de congestionamento na fase de execução remonta a um dado estatístico calcado na fórmula (para o 1º grau de jurisdição): TCE x 1º = 1 - (TBaixEx1º / (CnEx1º + CpEx1º))[1]. Nesse sentido, o índice se refere à quantidade de execuções arquivadas definitivamente no primeiro grau, dividida pelo número de casos novos de execução, somada ao valor nominal de cumprimentos pendentes.

Conforme divulgado pelo Ministro Ives Gandra Martins Filho em inspeção ordinária ao TRT8, a taxa média nacional remonta a 69,1%. Aquele Tribunal do Trabalho possui o melhor indicador do país: 53,9%[2]. Isso significa dizer — aproximadamente — que para cada duas execuções iniciadas no Pará e Amapá, uma é solucionada.

Tal percentagem, mesmo na Região de resultados mais expressivos, é preocupante. Em especial por se tratar de crédito de natureza alimentar, em que a parte busca o Poder Judiciário já com o revés de não obter a pacificação social sem disputa. E, ainda, em fase de cumprimento de sentença, cujo ônus do tempo processual é fardo carregado pelo trabalhador.

Quanto ao ponto, soluções inovadoras miram a redução do mencionado percentual. Busca-se desde os meios alternativos de resolução das disputas[3], passando pela revisão legislativa[4] e novos instrumentos de entrega da prestação jurisdicional (e. g., PJe)[5].

De todo modo, nos parece, há caminho singelo baseado em teorias gerenciais (e. g., princípio de Pareto)[6] aptas a, sem embargo das ideias mencionadas, entretanto visando resultados mais imediatos e livres de burocracia, alcançar a efetiva entrega da prestação jurisdicional (art. 5º, XXXV e LXXVIII, CF).

(*) Juiz do Trabalho em Porto Velho — RO (TRT14).
(1) CNJ. Disponível em: <http://www.cnj.jus.br/gestao-e-planejamento/gestao-e-planejamento-do-judiciario/indicadores/486-rodape/gestao-planejamento-e-pesquisa/indicadores/13683-17-taxa-de-congestionamento-na-fase-de-execuçao>. Acesso em: 14.10.2013.
(2) TRT8. Disponível em: <http://www.trt8.jus.br/index.php?option=com_content&view=article&id=3278:230813-trt-8-tem-o-melhor-desempenho-do-pais-em-execucao-trabalhista&catid=360:noticias&Itemid=229>. Acesso em: 14.10.2013.
(3) LORENCINI, Marco Antonio. *A contribuição dos meios alternativos para a solução das controvérsias*. São Paulo: Quartier Latin do Brasil, 2009.
(4) FREIRE, Alexandre. *Novas tendências do processo civil* — estudos sobre o projeto do novo CPC. Salvador: Juspodivm, 2013.
(5) CNJ. Disponível em: <http://www.cnj.jus.br/programas-de-a-a-z/sistemas/processo-judicial-eletronico-pje>. Acesso em: 14.10.2013.
(6) KOCH, Richard. *Princípio 80/20* — o segredo de se realizar mais com menos. Rio de Janeiro: Rocco, 2009.

Assim, e adiante, as proposições sugeridas. Afinal, desde a Teoria da Relatividade[7], a menor distância entre dois pontos deixou de ser uma reta.

2. Evolução histórica da satisfação forçada da tutela

No Império Romano visava-se a punição pessoal pelo descumprimento de qualquer compromisso. Fornece-nos um bom testemunho a Lei das XII Tábuas, quando estabeleceu como garantia da obrigação o próprio corpo do devedor.

Tertius nundinus partes secuntur si plus minusce secuerunt se fraude esto constava na Tábula III, estabelecendo concurso de credores mediante o qual se realizava a divisão do corpo do devedor insolvente. Isso para o pagamento com as partes em que os membros eram fracionados[8].

Um grande giro conceitual promoveu a *Lex Poetelia Papiria* (428 a.C.), que substituiu a responsabilidade pessoal, para incidir sobre os seus bens — *pecuniae creditae bona debitoris, non corpus obnoxium esse*[9].

Mais tarde, a partir do século III, inicia-se a derrocada do Império Romano do Ocidente. Tal se deu como consequência da invasão de tribos germânicas (francos, visigodos, ostrogodos, longobardos, saxônicos e vândalos). Estes, por sua vez, juridicamente praticavam a execução privada, bárbara. Ou seja, não existia o contraditório: a execução era forçada pelo credor em face do patrimônio do devedor[10].

A partir dessa premissa há o choque de mentalidades. Os que se atinham à ideia de respeito ao devido processo; e os que defendiam a justiça com as próprias mãos. Nesta fase[11], há a inversão do tradicional processamento romano. Primeiro se executava; depois discutia-se se havia ou não razão do devedor frente à pretensão do credor. De modo singelo, nesse estágio a atividade executiva antecedia a cognitiva.

Em contrapartida, no Ordenamento nacional e em espécie de "volta do pêndulo", o CPC de 1939 previa duas espécies de execução para a maior parte dos procedimentos. Uma para títulos executivos extrajudiciais, outra voltada aos judiciais.

Já o atual CPC não rompeu completamente com o processo de execução autônomo, este ainda se aplicando para alguns títulos executivos judiciais (*e. g.* execução contra a Fazenda Pública). De todo modo, há procedimentos dignos de destaque como avanço na busca da satisfação do crédito, como a inauguração da "fase de cumprimento da sentença" (Lei n. 11.232/05).

Aqui há clara finalidade de se praticar atividades cognitivas e executivas em idêntica relação jurídica processual, sem a necessidade de nova citação. Instaura-se a conceito de processo sincrético[12].

Hodiernamente, sequer se pune o responsável por dívida com restrição de liberdade, caminho que o STF decidiu trilhar levando em consideração a recepção ao Pacto de San Jose da Costa Rica[13].

Não à toa, a recepção do Tratado Internacional no Ordenamento Jurídico Pátrio representa evolução em matéria de direitos humanos. Isso, arrematando, na medida em que o texto busca consagrar instrumentos eficazes na garantia da dignidade humana.

3. Devido processo legal e princípio da cooperação

De se ver, assim, que também o Judiciário não escapa às idiossincrasias contemporâneas.

Nesse sentido, o mais importante axioma, cujo texto normativo constitucional existe há mais de 800 anos (Inglaterra), o "Devido processo legal" — tradução literal do texto normativo em inglês *due process of law* — é, conforme ensina Bauman, fluído[14].

Afinal, *law* significa "Direito" (e não "lei"); ou seja, significa conjunto de normas, ainda que não positivadas. Ainda, há quem traduza o termo *due* como "justo" (*giusto*, na Itália).

---

(7) EINSTEIN, Albert. *A teoria da relatividade especial e geral.* 15. ed. Rio de Janeiro: Contraponto, 1952.
(8) LEITE, Gisele. Pequena história da contratualidade civil. *Portal Jurídico Investidura*, Florianópolis, 12 set. 2012. Disponível em: <www.investidura.com.br/biblioteca-juridica/artigos/direito-civil/contratos/270548>. Acesso em: 15.10.2013.
(9) PEREIRA DA SILVA, Caio Mario. *Responsabilidade civil.* Rio de Janeiro: GZ, 2012.
(10) CARNEIRO, Athos Gusmão. Novas reformas do código de processo civil. *Revista do Advogado*, n. 85, 2006.
(11) JUNIOR, Humberto Theodoro. *As novas reformas do código de processo civil.* 2. ed. Rio de Janeiro: Forense, 2007.
(12) DIDIER, Fredie. *Curso de direito processual civil.* 15. ed. Salvador: Juspodivm, 2013.
(13) STF, julgamento do RE 466343, com o cancelamento da Súmula n. 619 e edição da Súmula Vinculante n. 25.
(14) BAUMAN, Zygmunt. *A modernidade líquida.* 1. ed. Rio de Janeiro: Zahar, 2001.

Ademais, o devido processo é uma cláusula geral, texto vago, aberto em suas pontas. Não se sabe o conteúdo completo daquilo que é "devido", ou "legal", ou "processo".

Portanto, embora o texto normativo exista há 8 séculos, sua compreensão varia conforme a história. O acúmulo histórico do que seja processo devido é o mínimo garantido que não pode ser usurpado (*e. g.*, contraditório, Juiz natural, entre outros)[15].

Lembre-se, outrossim, que referido princípio não se esvazia. Caso surja um comportamento não previsto e que mereça reprimenda, o devido processo atuará.

O *due process* é uma cláusula antitirania[16].

Importante, nessa toada, infirmar que — se de um lado — o devido processo formal remonta ao conjunto das garantias processuais (cumprimento formal do rito estabelecido discricionariamente pelo legislador); de outro, materialmente (e segundo o STF), garante-se a proporcionalidade e razoabilidade dos atos normativos.

Não se olvida, aqui, que há quem compreenda que o aspecto substantivo do *due process* é, como nos EUA, forma de garantir direitos fundamentais implícitos. Tal entendimento também nos auxilia na ilação que se está a traçar[17].

Insta salientar, em sequência, que a partir do devido processo legal dois modelos processuais se evidenciam: a) dispositivo (às partes cabe impulsionar o processo); e b) inquisitivo (o Judiciário conduz o processo).

Obviamente nenhum é completamente puro, podendo-se afirmar que o Ordenamento Jurídico pátrio adota classificação preponderantemente inquisitiva. Tal tendência é adotada no NCPC e PL n. 2.214/11, que altera a CLT, além da Resolução n. 94, CSJT, que "estabelece os parâmetros para implementação e funcionamento" do Processo Judicial Eletrônico (PJe).

Entretanto, existe uma terceira via — processo cooperativo. Nessa acepção, processo devido não é nem dispositivo nem inquisitivo e forma uma comunidade de trabalho. Aqui não há protagonismo na condução do processo.

Juiz e partes devem conduzir o processo com equilíbrio, em diálogo, sem assimetria entre atores processuais. É pensamento de doutrinadores como Carlos Alberto Alvaro de Oliveira[18], Daniel Mitidieiro, Dierle Nunes e Hermes Zaneti Jr.[19].

Reitera-se: o processo cooperativo é o devido processo imposto pela Constituição Federal, diante da democracia, solidariedade e o próprio *due process*.

Havendo, então, cooperação entre as partes, extrai-se da norma — art. 5º, LIV, CF — que é adequado sobrepor à cognição o cumprimento da decisão. Tal premissa atende ao axioma líquido de Bauman, bem como à relatividade de Einstein, para quem o *continuum* espaço-tempo é encurvado pela gravidade.

Juridicamente, encontra escopo na adequação formal importada do Direito Português[20] e expressamente consignada no art. 117 do NCPC.

Pode-se afirmar, assim, que a menor distância entre dois pontos é uma dobradura[21].

4. Fase de cumprimento sobreposta ao conhecimento

Mutatis mutandis, extrai-se do exposto que fase de cumprimento e conhecimento existe em relação simbiótica, de complementariedade cíclica. A cognição existe com o objetivo de certificar o direito, declarando o *quis debeat*, além do *an, quantum, quid* e *cui "debeatur"*[22].

No mesmo sentido, o cumprimento almeja extrair da abstração o conteúdo do título executivo. Não há este sem aquele; e ambos visam, afinal, a entrega da prestação jurisdicional célere, efetiva, justa e com

---

(15) DIDIER, Fredie. *Curso de direito processual civil*. 15. ed. Salvador: Juspodivm, 2013.
(16) DIDIER, Fredie. *Curso de direito processual civil*. 15. ed. Salvador: Juspodivm, 2013.
(17) Afinal, o que se propõe é garantir a primazia do credor, sem suprimir a menor onerosidade ao devedor (art. 620, CPC).
(18) OLIVEIRA, Carlos Alberto Alvaro de. O formalismo-valorativo no confronto com o formalismo excessivo. *Portal da UFRGS*, Porto Alegre, 29 ago. 2008. Disponível em: <http://www.ufrgs.br/ppgd/doutrina/CAO_O_Formalismo-valorativo_no_confronto_com_o_Formalismo_excessivo_290808.htm>. Acesso em: 15.10.2013.
(19) MITIDIERO, Daniel et al. *Bases para a construção de um processo civil cooperativo*: o direito processual civil no marco teórico do formalismo-valorativo. Porto Alegre: UFRGS, 2007.
(20) MOREIRA, Rui. *Os princípios estruturantes do processo civil português e o projecto de uma nova reforma do processo civil*. Porto: Tribunal da relação do Porto, 2013.
(21) BRYANTON, Robert. *Imagining the 10th dimension*: a new way of thinking about time and space. Victoria: Trafford, 2013.
(22) DIDIER, Fredie. *Curso de direito processual civil*. 15. ed. Salvador: Juspodivm, 2013.

a afirmação da dignidade humana (de credor, com primazia; e devedor, do modo mais oneroso — art. 620, CPC).

Daí se depreender a sobreposição das fases processuais, migrando o processo do sincretismo à simbiose. Construído o título em cooperação, deve necessariamente o ser a entrega do bem da vida. Tudo, independente de alteração legislativa, inovação tecnológica ou meios alternativos de resolução da disputa.

Fortalece o argumento o quanto consignado no acórdão proferido no HC n. 101.132/MA (julgamento em maio de 2012), cujo relator é o Ministro Luiz Fux:

> 4. O formalismo desmesurado ignora a boa-fé processual que se exige de todos os sujeitos do processo, inclusive, e com maior razão, do Estado-Juiz, bem como se afasta da visão neoconstitucionalista do direito, cuja teoria proscreve o legicentrismo e o formalismo interpretativo na análise do sistema jurídico, desenvolvendo mecanismos para a efetividade dos princípios constitucionais que abarcam os valores mais caros à nossa sociedade. (COMANDUCCI, Paolo. Formas de (neo)constitucionalismo: un análisis metateórico. Trad. Miguel Carbonell. *Isonomía. Revista de Teoría y Filosofía del Derecho*, n. 16, 2002)

Portanto, a proposta é gerencial, pautada na simplicidade e economicidade; com foco na adequação da lógica tradicional a dados concretos (adiante demonstrados). Ora, para o demandado contumaz vale a pena judicializar o conflito. Afinal, enquanto agente econômico, computa no risco do negócio (art. 2º, CLT) inclusive as perdas com ações judiciais.

Trata-se de uma situação que não pode ser ignorada pelo Judiciário, oriunda do exponencial crescimento da população. Ainda, do gigantismo das corporações privadas. Outrossim, do próprio Estado na ausência de fiscalização suficiente.

Reitere-se, as práticas nocivas, seja na seara consumerista, ambiental ou trabalhista, gera dano que ultrapassa os limites da lide posta. Demonstram situação patológica e desagregadora, extremamente maléfica à sociedade. Há interferência não só nas relações de massa como também na prestação de serviços essenciais, como a Justiça.

Se, na espécie, for aplicada apenas a função reparatória da responsabilidade civil (art. 949, CC), o custo para mover a máquina judiciária seria incomparavelmente maior do que o resultado útil das demandas. Até porque tal montante eventualmente arbitrado simplesmente servirá para aumentar o grau de congestionamento da execução.

Com isso, os maus pagadores comemoram resultados: suprimem direitos trabalhistas, acumulam milhões, se apropriam ilicitamente do "lucro" da "operação", enquanto não for coibida.

Nesse sentido, reservam parte do numerário para pagar advogados, levando o processo às instâncias mais elevadas. Ou, pior, contam com a semana de conciliação em execução, pagamentos com abatimentos, parcelamentos e exploração da insuficiência financeira do credor[23].

Esta não é a proteção que a sociedade espera do Ordenamento Jurídico. Este não é o papel a ser desempenhado pelo Poder Judiciário[24].

Somem-se a isso resultados contidos no relatório da pesquisa "Justiça em Números"[25], o qual assevera:

> Os magistrados julgaram mais processos em 2012 que nos anos anteriores. Cada magistrado sentenciou em média 1.450 processos no ano de 2012, 1,4% a mais que em 2011.
>
> A cada ano, os magistrados julgam mais processos.
>
> Ainda assim, o aumento do total de sentenças (1 milhão — 4,7%) foi inferior ao aumento dos casos novos (2,2 milhões — 8,4%), o que resultou em julgamento de 12% processos a menos que o total ingressado.
>
> Proporcionalmente ao número de magistrados, os baixados aumentaram ainda mais que as sentenças, e a relação de baixados por magistrado atingiu 1.628 processos, o que resultou em aumento de 4,1% em relação a 2011.
>
> Esse aumento da produtividade foi um dos principais motivos para a redução em 1 ponto

---

(23) NEGREIROS, Teresa. *Teoria do contrato*: novos paradigmas. 2. ed. Rio De Janeiro: Renovar, 2006.
(24) CARVALHO, Maximiliano Pereira de. O papel social do Poder Judiciário na pós-modernidade. In: *Direitos humanos e direito do trabalho*. 1. ed. São Paulo: LTr, 2013.
(25) CNJ. *Relatório da Pesquisa Justiça em números 2013*. Disponível em: <http://www.cnj.jus.br/noticias/cnj/26625-numero-de-processos-em-tramite-no-judiciario-cresce-10-em-quatro-anos>. Acesso em: 15.10.2013.

percentual (p. p.) da taxa de congestionamento em relação ao ano de 2011.

A taxa de congestionamento total do Poder Judiciário no ano de 2012 foi de aproximadamente 70%, ou seja, de 100 processos que tramitaram no ano, cerca de 30 foram baixados no período.

A alta taxa de congestionamento é causada pela grande quantidade de processos pendentes na fase de execução da primeira instância.

Nessa fase, a taxa de congestionamento é de aproximadamente 85%, enquanto na fase de conhecimento, o percentual cai para 60%.

[...] A principal questão que os dados revelam é que o ingresso de novas ações judiciais cresce mais significativamente (14,8%) que a resolução desses processos, tanto em termos do quantitativo de processos baixados (10%) quanto de sentenças proferidas (4,7%).

Assim, além do constante aumento do estoque, houve queda de 4,3 pontos percentuais no índice de baixados por caso novo — que, desde 2011, tem registrado índice abaixo de 100% —, o que indica que os tribunais não estão conseguindo baixar nem mesmo o quantitativo de processos que ingressaram no Judiciário nesse período.

Após algumas oscilações, a taxa de congestionamento de 2012 foi de 69,9%, voltando a se aproximar do patamar registrado em 2009.

Contraponto interessante é proposto em dissertação para obtenção de grau de mestre em história da Universidade de Passo Fundo — RS[26]. De 500 reclamações trabalhistas julgadas em 2008, 446 tiveram algum pedido condenatório deferido.

Estatisticamente, portanto, 89% das demandas ajuizadas possuem algum crédito a ser satisfeito.

Some-se a isso dado pessoal extraído da atividade jurisdicional na 4ª Vara do Trabalho de Porto Velho em 2013. De janeiro a 10 de outubro de 2013 proferi — com análise de mérito — 140 sentenças em processos físicos.

Destas, 110 foram ao menos procedentes em parte, com alguma condenação a pagamento em pecúnia. Portanto, praticamente 80% das demandas físicas resolvidas meritoriamente possuem crédito a ser satisfeito.

Dessa forma, em média, de cada 10 ações ajuizadas na Justiça do Trabalho, cerca de oito ou nove irão além da fase de conhecimento, para o cumprimento. Destas, cerca de seis não terão o bem da vida entregues ao titular.

Significa dizer, no mínimo, que há risco estatisticamente evidente de lesão difícil de ser reparada — art. 798, CPC; receio de ineficácia do provimento final — art. 461, § 3º, CPC; e indícios de verossimilhança das alegações, com ao menos um pleito se mostrando incontroverso (art. 273, *caput*; e § 6º, CPC)[27].

Nada obstante, tais normas-regras impõem observância a rito predeterminado e fulcrado no espaço-tempo linear. Olvidam-se, em especial os intérpretes, que a partir da Segunda Guerra Mundial, com força normativa da Constituição e constitucionalização dos direitos, a Lei Maior deixa o ápice da pirâmide de Kelsen[28] para habitar no centro de sistema orbital[29]. Irradia, assim, efeitos[30].

Portanto, sua força gravitacional é hábil a alterar a lineariedade mencionada. Permite-se, à luz da CF, que a fase de cumprimento se sobreponha ao conhecimento.

5. A execução simbiótica — primeiras linhas

"Simbiose" é a associação de dois seres vivos, em benefício mútuo; influência ou ação recíproca entre duas espécies que vivem juntas; no sentido figurado, a ligação muito íntima e interativa de duas pessoas[31].

Por sua vez, há execução sempre que se pretender efetivar materialmente uma sentença que imponha uma prestação[32]. De se ver, assim, que a sentença de conhecimento tem por objetivo certificar

---

(26) MARANGON, Elizete Gonçalves. *A caracterização do vínculo empregatício na justiça do trabalho da região de Passo Fundo*: aspectos jurídicos e históricos no período de 1998 a 2008. Passo Fundo: UFPF, 2009.
(27) BEDAQUE, José Roberto dos S. *Tutela cautelar e tutela antecipada* — tutelas sumárias e de urgência. 5. ed. São Paulo: Malheiros, 2009.
(28) KELSEN, Hans. *Reine rechtslehre*: einleitung in die rechtswissenschaftliche Problematik. Tübingen: Mohr Siebeck.
(29) BARROSO, Luís Roberto. *Interpretação e aplicação da constituição*. São Paulo: Saraiva, 2009.
(30) SARLET, Ingo W. *Eficácia dos direitos fundamentais*. Porto Alegre: Livraria do Advogado, 2012.
(31) *Didicionário Caldas Aulete*. Disponível em: <http://aulete.uol.com.br/simbiose>. Acesso em: 18.10.2013.
(32) DIDIER, Fredie. *Curso de direito processual civil*. 15. ed. Salvador: Juspodivm, 2013.

a existência (ou não) do Direito à prestação retromencionada.

Depreende-se, daí, que a fase de cognição é instrumento que confirma — com previsibilidade e segurança — o Direito. Mas é a execução que torna efetiva — observado o procedimento legal — a entrega da prestação jurisdicional. Aquela serve a esta, embora o conhecimento preceda ao cumprimento.

Reitere-se, do mesmo modo que a ordem econômica existe e é eriçada a garantia fundamental para que a ordem social se confirme e seja efetiva; de idêntica forma que o direito processual é mero meio de tornar concreto o direito material perseguido em juízo; também a fase de cognição é a ferramenta da qual se vale o Estado para assegurar ao credor o direito à entrega do bem da vida que persegue.

Um serve ao outro; não o contrário[33].

Ao Juiz é dado certificar tal direito por meio da persuasão racional (art. 93, IX, CF), observando-se o devido processo legal (art. 5º, LIV). A lei adjetiva brasileira prevê expressamente a repetição de uma situação jurídica como fato hábil à certificação do direito (art. 285-A, CPC).

Do mesmo modo, o Ordenamento Jurídico nacional — buscando acesso à Justiça dos carentes econômicos, sociais e a simplificação de procedimentos[34] — previu expressamente a molecularização da demanda (CDC, LACP, LMS, LAP, entre outras), com antecipação de efeitos da tutela (art. 273, CPC). Inclusive, de ofício (art. 461, CPC), e com fulcro no poder geral de cautela do magistrado (art. 798, CPC).

Saliente-se que tais medidas buscam efetivar direitos (art. 5º, XXXV e LXXVIII, CF), reforçando a fase cognitiva como mero instrumento à serviço do cumprimento. Enrobustece, ainda, o ônus do tempo processual como óbice à entrega da prestação[35].

E denota, claramente, o imperativo de adequação formal do procedimento aos aspectos particulares de cada caso concreto[36].

Nessa toada, e tendo ainda em consideração a audiência trabalhista una (com concentração de atos na assentada — art. 845, CLT), somando-se a isto os dados estatísticos de procedência de pedidos e taxa de congestionamento da execução, propõe-se que medidas hábeis a efetiva execução do julgado sejam tomadas diretamente na audiência inaugural.

Dessa forma, havendo conciliação entre as partes, a ata de audiência deve — além das cláusulas e condições naturalmente constantes do pacto — trazer em seu bojo todo o procedimento de cumprimento da obrigação.

Deve o devedor sair citado para pagamento em 48h (em caso de inadimplemento), sob pena de penhora. O termo já prevê a desconsideração da personalidade jurídica da empresa. E, estando o sócio em audiência, no acordo já concorda com a constrição de percentual de parcela de natureza alimentar.

Ainda, não sendo o caso da pacificação social, o Juiz tem o poder-dever de perquirir a capacidade econômica da empresa e seus sócios.

É encargo do magistrado desvendar e consignar em ata se — sendo o caso de eventual condenação em sentença — reclamado e sócios possuem bens hábeis à nomeação à penhora; quem são seus clientes; de que modo normalmente é gerada a receita do negócio (pagamentos em dinheiro, cartão, permutas).

Some-se a isso que, havendo contra a empresa outras demandas semelhantes (no mesmo Juízo ou não), este dado — bem como os resultados de julgamentos em face da tal reclamada — também deve ser tomado em consideração para a antecipação do cumprimento da sentença.

Não se olvide, tal mister não é encargo exclusivo do Estado-Juiz. É construção em cooperação, observando-se o devido processo legal e assegurando-se a previsibilidade do sistema.

Noutro giro, com o levantamento de tais dados, ao Juiz cabe adequar formalmente o procedimento, promovendo a dobra do cumprimento sobre a cognição, garantindo a efetiva entrega da prestação jurisdicional.

6. A execução simbiótica na prática

Veja-se, exemplificando, três casos para estudo:

---

[33] ZANETI JÚNIOR, Hermes. A teoria circular dos planos: direito material e direito processual. In: Leituras complementares de processo civil. Salvador: Juspodivm, 2007.
[34] CAPPELLETTI, Mauro. GARTH, Bryant. Acesso à justiça. Trad. e rev. Ellen Gracie Northfleet. Porto Alegre: Sergio Antonio Fabris, 1988.
[35] TREPAT, Cristina Riba. La eficacia temporal del proceso — el juicio sin dilaciones indebidas. Barcelona: Bosch, 1997.
[36] MOREIRA, Rui. Os princípios estruturantes do processo civil português e o projecto de uma nova reforma do processo civil. Porto: Tribunal da Relação do Porto, 2013.

a) Autos 0000068-06.2012.5.14.0004, tendo como partes Jairo Rodrigues Santos e Proteção Máxima Vigilância e Segurança Ltda. Presentes à audiência o reclamante, acompanhado; e a reclamada, por seu sócio, firmou-se acordo cuja ata de audiência fez constar:

[...] Com o recebimento, o reclamante dá geral e plena quitação pelo objeto da inicial e extinto contrato de trabalho, ficando estipulada multa de 50% sobre o valor eventualmente inadimplido, com **vencimento antecipado** das parcelas remanescentes, **o que deverá ser informado nos autos no prazo de cinco dias**, valendo o silêncio como presunção de quitação.

A parte **Reclamada está ciente e citada** que, em caso de inadimplemento, terá 48h para pagamento ou nomeação de bens à penhora, determinando-se e ficando desde já autorizada a Secretaria a incluir o nome da devedora no BNDT, procedendo-se marcação distintiva dos autos (carimbo ou aposição de marcação visível) de que existe inclusão da devedora no referido cadastro, na forma da Resolução Administrativa n. 1.470/11, do c. Tribunal Superior do Trabalho **e que se proceda ao bloqueio das contas da Executada, via BacenJud, além de multa por ato atentatório à dignidade da Justiça.**

Ainda, fica autorizada e determina-se à Secretaria, por seu Diretor, que proceda à pesquisa de bens do devedor por meio dos sistemas RenaJud e InfoJud (Ofício-Circular n. 32/GP/12, CNJ), juntando-se aos autos apenas o extrato simplificado das pesquisas, salvo em caso de resposta positiva, hipótese em que deverão ser acostados ao feito o documento completo.

Infrutíferas as pesquisas, **desconsiderar-se-á a personalidade jurídica do devedor**, ficando o sócio presente em audiência citado para que integralize o Juízo em 48h, sob pena de penhora, **o qual desde já autoriza e concorda com a constrição sobre percentual de parcela de natureza alimentar**, com preferência ao bloqueio *online*, RenaJud e InfoJud, após, observando-se os §§ 2º e 3º do art. 26 da Ordem de Serviço n. 1/13 desta 4ª Vara do Trabalho de PVH.

Sendo frutífero o bloqueio em dinheiro, **fica desde já convolado em penhora**, e ciente a Executada de que, querendo, poderá opor embargos à Execução. Sobrevindo embargos, intime-se a parte contrária para manifestação e venham os autos conclusos para decisão.

Caso infrutífero o bloqueio em dinheiro; ou frutífera a constrição via RenaJud; ou, ainda, havendo bem identificado no Infojud, **VALE O PRESENTE COMO MANDADO DE PENHORA e AVALIAÇÃO, a ser cumprido em face do Proteção Máxima Vigilância e Segurança LTDA — CNPJ 07.719.705/0001-02, Endereço à Rua Pio XII, n. 1244, São João Bosco — Porto Velho/RO**, ficando autorizado(a) o(a) Sr.(a) Oficial(a) de Justiça, se necessário for, requisitar às autoridades competentes a força que se tornar indispensável, a fim de que seja realizada a diligência, na forma do art. 172, § 2º, do Código do Processo Civil, **podendo ser cumprida em domingos e feriados ou nos dias úteis após às 20 (vinte) horas**. Cumpra-se, na forma da lei. [...]. (negritei)

b) Autos 0000014-06.2013.5.14.0004, em que é reclamante Willian Silvestre Pimenta; e reclamado Arcon Construções Ltda. Em audiência, o reclamado reconhece o direito do reclamante, procede à baixa da CTPS e requer que a se atribua à ata o valor de Alvará para saque do FGTS depositado e habilitação do reclamante no seguro-desemprego.

Ainda, reconhece a demissão injusta e não pagamento de verbas rescisórias, sob alegação de dificuldades financeiras. Não há acordo. O reclamante não pede antecipação de efeitos da tutela; nem, em caso de procedência de pedidos, a execução provisória do julgado.

Em sentença, o Juízo, considerando haver crédito incontroverso a ser percebido pelo reclamante, com fulcro no art. 273, § 6º, CPC, antecipa os efeitos da tutela e procede ao imediato bloqueio *on-line* de créditos apurados em sentença líquida.

Ainda, tem o reclamado por litigante de má-fé, ao argumento de que a empresa apenas se valeu do Judiciário como órgão homologador de rescisão de contrato de trabalho. Consequentemente, aplica multas de 1% sobre o valor da causa, sem prejuízo de multa de 20% sobre o valor da causa.

Em grau de recurso, compreende o e. TRT-14 que o reclamado apenas se valeu de seu direito de ação, reformando a sentença no que diz respeito às multas por litigância de má-fé. E entende não ser possível a antecipação de tutela de ofício, ainda que incontroversas as parcelas. Ademais, aduz que o bloqueio *on-line* das contas da reclamada viola a Súmula n. 417, III, TST — dever-se-ia ter dado à chance ao reclamado de nomear bens à penhora.

Tendo havido a delimitação das restrições jurídicas à adequação formal implementada, o Juízo — resiliente — se adapta, levando ao terceiro caso em análise.

c) Autos 0000190-82.2013.5.14.0004, em que são partes Cosmo Roque de Lima e Dival Pré-Moldados (e outro). Em audiência, o reclamado confessa a existência da dívida, não havendo proposta de acordo e consignando dificuldade financeira para acerto do crédito do reclamante.

Indagado, respondeu ao Juízo que em caso de eventual condenação a pagamento pecuniário, não possui bens a nomear a penhora. Em razões finais, a parte reclamante requer a antecipação dos efeitos da tutela e imediato bloqueio das contas da reclamada.

Em sentença, o Juízo, considerando haver crédito incontroverso a ser percebido pelo reclamante, com fulcro nos arts. 273, § 6º e 798, CPC, por poder geral de cautela e considerando pedido expresso, antecipa os efeitos da tutela e procede ao imediato bloqueio *on-line* de créditos apurados em sentença líquida.

Adequa, ainda, a aplicação de multa, ao argumento de que foram rompidas as balizas éticas do processo, já que o reclamado apenas se valeu do Judiciário como órgão homologador de rescisão de contrato de trabalho. Consequentemente, aplica multas de 1% sobre o valor da causa, sem prejuízo de multa de 20% sobre o valor da causa. Esta, sob fundamento no ônus do tempo processual suportado pelo reclamante.

Em grau de recurso, o e. TRT-14 confirma a sentença, exceto quanto à litigância de má-fé, reputando que — conquanto questionável a conduta patronal — esta apenas se valeu de seu direito constitucional a ação.

Depreende-se da leitura dos excertos, a latente preocupação e contínuo diálogo mantido não apenas entre magistrado e partes.

Também, há provocação do segundo grau de jurisdição, de modo a ratificar ou retificar a implementação proposta, fulcrada na flexibilização procedimental em cooperação. E, ainda, com o objetivo de reduzir o déficit procedimental constatado pelo CNJ em sua pesquisa "Justiça em números".

Estabeleceu-se, assim, uma comunidade de trabalho. Isso, enfim, sem protagonismos na condução do processo.

7. Conclusão

Dessa forma, o Poder Judiciário passa a adotar medidas que previnem o conflito intersubjetivo de interesses. Atua como lumiar do contemporâneo conceito de Justiça — a Justiça Social — mediante a implementação, respeito e progresso dos direitos e garantias fundamentais.

Para que tenhamos uma sociedade realmente livre, justa e solidária, é necessário que o Estado tome frente e determine os rumos da nação. O ser humano, sendo fim em si mesmo[37], deve lutar sem esmorecer.

A hierarquização dos valores, assim considerada a expressão superestrutural da centralidade do valor no nível econômico, não deve nos levar à perda da sabedoria de que apenas objetos possuem valor; seres humanos têm dignidade[38].

Importa salientar que não se está propondo o desvirtuamento do Estado Democrático de Direito; ao contrário, quer-se interpretar os dispositivos adjetivos passados por filtragem constitucional.

Nesse sentir, *e. g.*, do mesmo modo que há autorização no art. 285-A, CPC para o julgamento "antecipadíssimo" (de improcedência) da lide[39], deve-se perquirir — no mínimo — a imediata garantia do crédito trabalhista.

Tudo considerando não apenas o princípio de Pareto ou a cooperação extraída do devido processo legal. Mais ainda, com fulcro na concentração dos atos em audiência, que é una — inclusive para a satisfação da tutela (art. 845, CLT).

---

(37) KANT, Immanuel. *Fundamentação da metafísica dos costumes*. São Paulo: Barcarolla, 2010.
(38) SCHMITT, Carl. *La tirania de los valores*. Albolote: Comares, 2010.
(39) GAJARDONI, Fernando da Fonseca. O princípio constitucional da tutela jurisdicional sem dilações indevidas e o julgamento antecipadíssimo da lide. *Revista IOB de Direito Civil e Processual Civil*, v. 45, p. 102-131, 2007.

Ora, tal acepção segue a linha do próprio NPC e PL n. 2.214/11. Aquele, conforme exposição de motivos, deixa:

> clara a possibilidade de concessão de tutela de urgência e de tutela à evidência. Considerou-se conveniente esclarecer de forma expressa que a resposta do Poder Judiciário deve ser rápida não só em situações em que a urgência decorre do risco de eficácia do processo e do eventual perecimento do próprio direito. Também em hipóteses em que as alegações da parte se revelam de juridicidade ostensiva, deve a tutela ser antecipadamente (total ou parcialmente) concedida, independentemente de periculum in mora, por não haver razão relevante para a espera, até porque, em regra, a demora do processo gera agravamento do dano.[40]

Ainda, é calcado no princípio da adequação formal, expressamente consignado no art. 107 do NCPC e contrabalanceado pela disposição do art. 151, § 1º da lei adjetiva[41].

Portanto, flexibiliza-se a rigidez do procedimento, sem perder a previsibilidade e segurança do sistema. Isso, deixando de lado meios alternativos de resolução das disputas, revisão legislativa ou novos instrumentos de entrega da prestação jurisdicional.

O que se propõe é o uso criativo das ferramentas já disponíveis. A disrupção como meio de inovar e entregar efetivamente a tutela jurisdicional. Em suma, o uso do que já está à disposição, de forma simples (e rearranjada), ainda que os operadores do Direito considerem complicado[42].

Lembro, em arremate, Heitor Villa Lobos: "a massa é vertical; o público é horizontal; mas o povo, pelo menos o povo brasileiro, é diagonal"[43].

Cabe a nós, em nossas imensas capacidades criativa, inovadora e adaptativa, definir a nossa ascensão.

Vamos à luta!

Referências bibliográficas

BAUMAN, Zygmunt. *A modernidade líquida*. Rio de Janeiro: Zahar, 2001.

BARROSO, Luís Roberto. *Interpretação e aplicação da constituição*. São Paulo: Saraiva, 2009.

BEDAQUE, José Roberto dos S. *Tutela cautelar e tutela antecipada* — tutelas sumárias e de urgência. 5. ed. São Paulo: Malheiros, 2009.

BRYANTON, Robert. *Imagining the 10th dimension:* a new way of thinking about time and space. Victoria: Trafford, 2013.

CAPPELLETTI, Mauro; GARTH, Bryant. *Acesso à justiça.* Trad. e rev. Ellen Gracie Northfleet. Porto Alegre: Sergio Antonio Fabris, 1988.

CARNEIRO, Athos Gusmão. Novas reformas do código de processo civil. *Revista do Advogado*, São Paulo, n. 85, 2006.

CARVALHO, Maximiliano Pereira de. O papel social do poder judiciário na pós-modernidade. In: *Direitos humanos e direito do trabalho*. 1. ed. São Paulo: LTr, 2013.

CHRISTENSEN, Clayton M.; RAYNOR, Michael E. *The innovator's solution*. Boston: Harvard, 2003.

DIDIER, Fredie. *Curso de direito processual civil*. 15. ed. Salvador: Juspodivm, 2013.

EINSTEIN, Albert. *A teoria da relatividade especial e geral*. 15. ed. Rio de Janeiro: Contraponto, 1952.

FREIRE, Alexandre. *Novas tendências do processo civil* — estudos sobre o projeto do novo CPC. Salvador: Juspodivm, 2013.

GAJARDONI, Fernando da Fonseca. O princípio constitucional da tutela jurisdicional sem dilações indevidas e o julgamento antecipadíssimo da lide. *Revista IOB de Direito Civil e Processual Civil*, v. 45, p. 102-131, 2007.

JUNIOR, Humberto Theodoro. *As novas reformas do código de processo civil*. 2. ed. Rio de Janeiro: Forense, 2007.

KANT, Immanuel. *Fundamentação da metafísica dos costumes*. São Paulo: Barcarolla, 2010.

KELSEN, Hans. *Reine rechtslehre:* einleitung in die rechtswissenschaftliche problematik. Tübingen: Mohr Siebeck, 2008.

KOCH, Richard. *Princípio n. 80/20* — o segredo de se realizar mais com menos. Rio de Janeiro: Rocco, 2009.

LORENCINI, Marco Antonio. *A contribuição dos meios alternativos para a solução das controvérsias*. São Paulo: Quartier Latin do Brasil, 2009.

LEITE, Gisele. Pequena história da contratualidade civil. *Portal Jurídico Investidura*, Florianópolis, 12 set. 2012.

---

(40) Senado Federal. Disponível em: <http://www.senado.gov.br/senado/novocpc/pdf/anteprojeto.pdf>. Acesso em: 16.10.2013.
(41) Art. 107, NCPC — "o juiz dirigirá o processo conforme as disposições da lei, incumbindo-lhe adequar as fases e os atos processuais às especificações do conflito, de modo a conferir maior efetividade à tutela do bem jurídico, respeitando sempre o contraditório e a ampla defesa".
(42) Art. 151, § 1º, NCPC — "quando o procedimento ou os atos a serem realizados se revelarem inadequados às peculiaridades da causa, deverá o juiz, ouvidas as partes e observados o contraditório e a ampla defesa, promover o necessário ajuste".
(43) CHRISTENSEN, Clayton M.; RAYNOR, Michael E. *The innovator's solution*. Boston: Harvard, 2003.
(44) VILLA-LOBOS, Heitor. *Villa-Lobos* — uma vida de paixão, de Zelito Vianna. Mapa Filmes do Brasil, 2000.

Disponível em: <www.investidura.com.br/biblioteca-juridica/artigos/direito-civil/contratos/270548>. Acesso em: 15.10.2013.

MARANGON, Elizete Gonçalves. *A caracterização do vínculo empregatício na justiça do trabalho da região de Passo Fundo*: aspectos jurídicos e históricos no período de 1998 a 2008. Passo Fundo: UFPF, 2009.

MITIDIERO, Daniel et al. *Bases para a construção de um processo civil cooperativo:* o direito processual civil no marco teórico do formalismo-valorativo. Porto Alegre: UFRGS, 2007.

MOREIRA, Rui. *Os princípios estruturantes do processo civil português e o projecto de uma nova reforma do processo civil.* Porto: Tribunal da Relação do Porto, 2013.

NEGREIROS, Teresa. *Teoria do contrato:* novos paradigmas. 2. ed. Rio de Janeiro: Renovar, 2006.

OLIVEIRA, Carlos Alberto Alvaro de. O formalismo-valorativo no confronto com o formalismo excessivo. *Portal da UFRGS*, Porto Alegre, 29 ago. 2008. Disponível em: <http://www.ufrgs.br/ppgd/doutrina/CAO_O_Formalismo-valorativo_no_confronto_com_o_Formalismo_excessivo_290808.htm>. Acesso em: 15.10.2013.

PEREIRA DA SILVA, Caio Mario. *Responsabilidade civil.* Rio de Janeiro: GZ, 2012.

SARLET, Ingo W. *Eficácia dos direitos fundamentais.* Porto Alegre: Livraria do Advogado, 2012.

SCHMITT, Carl. *La tirania de los valores.* Albolote: Comares, 2010.

TREPAT, Cristina Riba. *La eficacia temporal del proceso* — el juicio sin dilaciones indebidas. Barcelona: Bosch, 1997.

ZANETI JÚNIOR, Hermes. A teoria circular dos planos: direito material e direito processual. *In: Leituras complementares de processo civil.* Salvador: Juspodivm, 2007.

CAPÍTULO 3

A Execução Trabalhista não se Submete ao Princípio da Execução Menos Gravosa — um Olhar Contemporâneo para a Execução Trabalhista Efetiva

BEN-HUR SILVEIRA CLAUS[*]

"[...] prevalece até hoje, herdado do processo civil, o princípio da execução menos onerosa: protege-se o devedor, que comprovadamente não tem direito (tanto assim que foi condenado) em detrimento de quem, reconhecidamente, está amparado por ele."

Wagner D. Giglio

1. Introdução

Uma das mais nocivas influências do Direito Processual Civil no Direito Processual do Trabalho decorre da aplicação do princípio da execução menos gravosa no âmbito da execução trabalhista.

A invocação desse princípio tem servido para justificar diversas restrições que costumam ser opostas ao cumprimento das decisões judiciais; como se as decisões judiciais pudessem ter o seu cumprimento adiado por sucessivos argumentos vinculados ao invocado direito a uma execução menos onerosa para o devedor. Um estudo consequente sobre o déficit de efetividade na execução não pode ser realizado senão mediante o reconhecimento das deformações que esse princípio acarretou à cultura jurídica da execução da sentença, em especial no processo do trabalho, mas também no processo civil.

Essa questão estava presente nas cogitações de Wagner D. Giglio quando, em 2003, o autor identificava as causas da falta de efetividade da execução trabalhista. Depois de referir que Luigi de Litala já alertava, no início da década de 1940, que o processo de execução era feito mais para a tutela do devedor do que do credor, o processualista paulista constata que o princípio da execução menos onerosa é uma herança do processo civil que compromete a eficácia do processo do trabalho: "[...] protege-se o devedor, que comprovadamente não tem direito (tanto assim que foi condenado), em detrimento de quem, reconhecidamente, está amparado por ele"[1].

(*) Juiz do Trabalho titular da Vara do Trabalho de Carazinho — RS, 4ª Região. Mestre em Direito pela Unisinos.
(1) GIGLIO, Wagner D. Efetividade da execução trabalhista. *Revista Síntese Trabalhista*, n. 172, p. 146, out. 2003.

Na afirmação de que a execução trabalhista não se submete ao princípio da menor gravosidade previsto no art. 620 do CPC está pressuposta uma doutrina comprometida com a efetividade da execução trabalhista, sob inspiração da garantia constitucional da jurisdição efetiva (CF, art. 5º, XXXV) e da garantia constitucional da duração razoável do processo do trabalho (CF, art. 5º, LXXVIII), ambas qualificadas pelo conteúdo ético que o princípio da proteção irradia para o direito material do trabalho numa sociedade marcada por severa desigualdade social.

Não se trata de uma postulação teórica original.

Se diversos doutrinadores sustentam seja mitigada a aplicação do princípio da execução menos onerosa, vários juristas já passaram a sustentar a própria inaplicabilidade do art. 620 do CPC à execução trabalhista. Essa última doutrina encontra-se, por exemplo, na obra de José Augusto Rodrigues Pinto[2]. Ao lado do jurista baiano estão juristas de expressão: Antônio Álvares da Silva, Sergio Pinto Martins, Carlos Henrique Bezerra Leite, Cláudio Armando Couce de Menezes e José Carlos Külzer, entre outros.

O presente artigo constitui um modesto aporte teórico para que façamos a execução trabalhista de forma mais eficaz. Essa preocupação sempre motivou a obra de Wagner D. Giglio: "Uma reforma ideal do processo trabalhista abandonaria o dogma da igualdade das partes e adotaria, na execução, o princípio da execução mais eficaz, em substituição ao da execução menos onerosa"[3].

A preocupação de Wagner D. Giglio é a nossa inspiração.

2. A execução perdeu eficácia quando passou a ser patrimonial

A execução humanizou-se quando deixou de ser corporal e passou a ser patrimonial. A legislação viria a consagrar a exigência da nova consciência jurídica que se formara sob a inspiração do cristianismo: já não era mais possível admitir a crueldade da execução corporal do executado, que permitia aos credores escravizar o executado, repartir seu corpo e até exigir a morte do devedor. A *Lex Poetelia*[4] é um símbolo dessa viragem hermenêutica humanizadora.

Contudo, é inegável que a eficácia da execução diminuiu com o advento de seu novo perfil, de natureza patrimonial. Isso porque o êxito da execução passou a depender da existência de patrimônio do executado. Porém, não só da existência de patrimônio, mas também do registro desse patrimônio em nome do executado e da própria localização dos respectivos bens. Se era difícil a ocultação da pessoa de executado à época da execução corporal, bem mais fácil tornar-se-ia a ocultação de patrimônio com o advento da execução patrimonial, dando ensejo a simulações e fraudes, que ainda hoje caracterizam a execução, sobretudo nos países de sistema jurídico de *civil law*. Aliás, quando se trata de efetividade da jurisdição, é inevitável dirigir o olhar à experiência dos países do sistema jurídico de *commom law* no que respeita à eficácia lá alcançada no cumprimento das decisões judiciais[5].

É fácil perceber que determinada perda de eficácia seria inevitável com o advento da execução de natureza patrimonial. As execuções mais eficazes sempre foram aquelas que autorizam a prisão do executado, como é o caso clássico da execução da obrigação de prestar alimentos devidos em face do direito de família. A cultura que se criou na sociedade é a de que não se pode dever alimentos. É por isto que o executado dá um jeito de pagar: para evitar a persuasiva sanção da prisão civil.

É a natureza corporal da sanção que confere eficácia à execução de alimentos. Nesses casos, a iminência da prisão civil do obrigado opera como fator de eficaz persuasão. O mesmo ocorria no caso de depositário infiel até o advento da Súmula Vinculante n. 25 do STF[6]. A referida súmula veio a fragilizar a autoridade jurisdicional na relação com o depositário que desrespeita o encargo de direito público que, para permanecer na posse do bem penhorado, assume perante o Poder Judiciário ao ser nomeado

---

(2) RODRIGUES PINTO, José Augusto. *Execução trabalhista*. 11. ed. São Paulo: LTr, 2006. p. 213.
(3) GIGLIO, Wagner D. Efetividade da execução trabalhista. *Revista Síntese Trabalhista*, n. 172, p. 147, out. 2003.
(4) Antes da *Lex Poetelia* (século V), a Lei das XII Tábuas autorizava o credor a escravizar e até matar o devedor.
(5) "Convém salientar a extraordinária e temível eficácia das decisões da justiça inglesa que não podem ser ridicularizadas, não havendo nenhuma exceção a esse princípio. Os tribunais recorrem para a execução das suas decisões a verdadeiras ordens que, se não são respeitadas, são passíveis de sanções muito severas (*contempt of court*), podendo chegar até a prisão." (SÉROUSSI, Roland. *Introdução ao direito inglês e norte-americano*. São Paulo: Landy, 2006. p. 24, sem grifos no original).
(6) Súmula Vinculante n. 25 do STF: "É ILÍCITA A PRISÃO CIVIL DE DEPOSITÁRIO INFIEL, QUALQUER QUE SEJA A MODALIDADE DO DEPÓSITO".

depositário[7]. Se faltava argumento para remover de imediato o bem móvel penhorado ao depósito do leiloeiro judicial, a Súmula Vinculante n. 25 do STF tornou induvidosa a necessidade da remoção do bem móvel penhorado, sob pena de placitar-se a conduta ilícita do depositário infiel que não apresenta o bem penhorado ao juízo.

A crueldade com a qual o credor podia tratar o devedor não encontra qualquer possibilidade de repristinação diante da consagração dos direitos fundamentais. Contudo, uma reflexão consequente acerca da baixa efetividade da execução passa pelo reconhecimento de que o potencial de coerção na execução aumenta quando se combina a execução de natureza patrimonial com aquela de natureza pessoal, em determinadas situações, caracterizadas quando o crédito goza de privilégio jurídico especial, como é o caso da pensão alimentícia do direito de família e como parece deva ser compreendido também o caso do crédito trabalhista, cuja natureza alimentar é reconhecida de forma pacífica (CF, art. 100, § 1º)[8].

Neste particular, a sempre corajosa doutrina de Ovídio A. Baptista da Silva deve ser trazida à colação. Ao criticar a monetarização das sentenças mandamentais através da multa como único instrumento de persuasão para induzir o obrigado ao cumprimento de sua obrigação, o processualista propõe o resgate da *categoria dos deveres* como forma de recuperação da autoridade de nosso sistema judiciário, identificando na ameaça de prisão do obrigado um meio próprio para exigir o cumprimento da obrigação mandamental: "A sociedade humana em que a ameaça de prisão perde a condição de meio coercitivo, capaz de induzir ao cumprimento da ordem contida na sentença, obrigando a que se recorra à multa, como único instrumento capaz de dobrar a resistência de obrigado, é uma comunidade humana individualista e mercantilizada que perdeu o respeito pelos valores mais fundamentais da convivência social, como o autorespeito e a dignidade pessoal, transformada, afinal na 'grande sociedade', em que o único dispositivo capaz de assegurar a observância das regras jurídicas é a sua monetarização. Submeter-se à prisão poderá, quem sabe, ser até um fato jornalístico que acabará glorificando o gesto de heroísmo e rebeldia"[9].

Nada obstante o tema do presente artigo seja a inaplicabilidade do princípio da execução menos gravosa ao processo do trabalho, a reflexão agora proposta serve de aporte crítico para o debate que se propõe, porquanto a aplicação do princípio da execução menos onerosa ao processo do trabalho tem contribuído para o enfraquecimento da execução trabalhista, quando o resgate da efetividade da execução reclama crescente poder de coerção jurisdicional na exigência do cumprimento das decisões judiciais trabalhistas.

3. Um princípio sob questionamento no próprio processo civil

O princípio da execução menos gravosa encontra-se sob interrogação no próprio processo civil, tamanhos são os prejuízos que causa à efetividade da execução. Neste particular, a eloquente crítica que Cândido Rangel Dinamarco desenvolve acerca das distorções que a aplicação do art. 620 do CPC provoca na execução civil faz lembrar a afirmação do magistrado trabalhista Marcelo Neves Fava no sentido de que o art. 620 do CPC não pode ser lido como uma carta aberta de alforria do devedor[10]. Não pode, mas tem sido assim, especialmente no processo civil, mas muitas vezes também no processo do trabalho.

O ilustre processualista civil, escrevendo após mais de trinta anos de vigência do CPC, Buzaid e sob o peso da ineficácia da maior obra da Escola Processual Paulista, reconhece os prejuízos que a referida a

---

(7) Entre os enunciados propositivos da Jornada Nacional sobre Execução na Justiça do Trabalho realizada em novembro de 2010, em Cuiabá — MT, está a proposta de revisão parcial da Súmula Vinculante n. 25 do STF, nos seguintes termos: "PRISÃO POR *CONTEMPT OF COURT* NO PROCESSO DO TRABALHO. PRISÃO DO DEPOSITÁRIO JUDICIAL INFIEL ECONOMICAMENTE CAPAZ. POSSIBILIDADE JURÍDICA. NECESSIDADE DE REVISÃO PARCIAL DA SÚMULA VINCULANTE N. 25 DO SUPREMO TRIBUNAL FEDERAL (STF). A prisão civil do depositário judicial economicamente capaz, por estar autorizada pela norma do art. 5º, LXVI, parte final, da Constituição Federal, não se resume à mera 'prisão civil por dívidas'. Tem natureza bifronte, consubstanciando também medida de defesa da autoridade pública e da dignidade do Poder Judiciário, à maneira de *contempt of court*, o que não está vedado pelo Pacto de San José da Costa Rica".
(8) CF, "Art. 100. Os pagamentos devidos pelas Fazendas Públicas Federal, Estaduais, Distrital e Municipais, em virtude de sentença judiciária, far-se-ão exclusivamente na ordem cronológica de apresentação dos precatórios e à conta dos créditos respectivos, proibida a designação de casos ou de pessoas nas dotações orçamentárias e nos créditos adicionais abertos para este fim.
§ 1º Os débitos de natureza alimentícia compreendem aqueles decorrentes de salários, vencimentos, proventos, pensões e suas complementações, benefícios previdenciários e indenizações por morte ou por invalidez, fundadas em responsabilidade civil, em virtude de sentença judicial transitada em julgado, e serão pagos com preferência sobre todos os demais débitos, exceto aqueles referidos no § 2º deste artigo".
(9) SILVA, Ovídio A. Baptista da. *Processo e ideologia* — o paradigma racionalista. 1. ed. Rio de Janeiro: Forense, 2004. p. 200.
(10) FAVA, Marcos Neves. *Execução trabalhista efetiva*. São Paulo: LTr, 2009. p. 156.

norma do art. 620 do CPC tem causado à efetividade da execução civil, postulando a revisão da forma abusiva com que se tem invocado, compreendido e aplicado o princípio da execução menos gravosa no processo civil: "[...] as generosidades em face do executado não devem mascarar um descaso em relação ao dever de oferecer tutela jurisdicional a quem tiver um direito insatisfeito, sob pena de afrouxamento do sistema executivo. É preciso distinguir entre o *devedor infeliz e de boa-fé*, que vai ao desastre patrimonial em razão de involuntárias circunstâncias da vida ou dos negócios (REQUIÃO), e o caloteiro *chicanista*, que se vale das formas do processo executivo e da benevolência dos juízes como instrumento a serviço de suas falcatruas. Infelizmente, essas práticas são cada vez mais frequentes nos dias de hoje, quando raramente se vê uma execução civil chegar ao fim, com a satisfação do credor"[11].

Dinamarco é enfático quanto à necessidade de alterar a cultura de descumprimento das decisões judiciais no processo civil, propondo que se utilize o método mais eficaz para realizar a execução. Isso sob pena de inviabilizar-se o próprio sistema judiciário e de frustrar o compromisso constitucional de acesso à jurisdição efetiva — porquanto jurisdição efetiva pressupõe execução efetiva: "Quando não houver meios mais amenos para o executado, capazes de conduzir à satisfação do credor, que se apliquem os mais severos. A regra do art. 620 não pode ser manipulada como um escudo a serviço dos maus pagadores nem como um modo de renunciar o Estado-juiz a cumprir seu dever de oferecer tutelas jurisdicionais adequadas e integrais sempre que possível. A triste realidade da execução burocrática e condescendente, que ao longo dos tempos se apresenta como um verdadeiro paraíso dos maus pagadores, impõe que o disposto no art. 620 do Código de Processo Civil seja interpretado à luz da garantia do acesso à justiça, sob pena de fadar o sistema à ineficiência e por em risco a efetividade dessa solene promessa constitucional (CF, art. 5º, inciso XXXV)"[12].

As distorções produzidas pela equivocada concepção de execução menos gravosa não podem ser compreendidas senão no âmbito da ineficácia geral da jurisdição executiva, isso porque já não há mais igualdade entre as partes quando o processo está na fase de execução. Amparada nos ensinamentos de Liebman, a doutrina de Manoel Antonio Teixeira Filho está assentada na precisa consideração de que a situação de igualdade das partes só se verifica no processo de conhecimento, porquanto o princípio do contraditório lhe é essencial. No processo de execução, não há mais equilíbrio entre as partes, caracterizando-se uma situação de regular preeminência do credor[13] e de simétrica sujeição do devedor ao comando do título executivo judicial. Ao devedor resta suportar a execução que se realiza em seu desfavor, podendo pretender, unicamente, seja observada a lei na execução forçada a que deu causa pela omissão em cumprir a obrigação espontaneamente[14].

Nada obstante reste ao executado unicamente a pretensão de que execução observe os termos da lei, o fato é que a execução, regra geral, não é levada a sério pelo executado. Mais do que pretender que a execução observe os termos da lei, tem sido reconhecido ao executado, na prática, opor-se à execução de forma contumaz. Não há preocupação do executado em cumprir a obrigação. Esse dever desnaturou-se. Parece que há apenas o direito de resistir à execução. Para isso, utilizam-se todos os meios procedimentais disponíveis. E esses meios procedimentais são demasiados. É cada vez mais restrito o espaço para falar do dever do executado de cumprir a obrigação. Se ele tem direito de cumprir a obrigação nos termos legais, ele também tem o simétrico dever de cumprir a obrigação nos termos legais. Mas a nossa cultura parece ter deformado o direito de resistir à execução, quase que anulando a força moral do dever de cumprir a obrigação, conforme a precitada manifestação de Cândido Rangel Dinamarco.

Porém, é preciso compreender que a ineficácia da execução é herdeira da congênita baixa eficácia a que o sistema jurídico nacional tem relegado a sentença condenatória. A pesquisa de Paulo Henrique Conti tem a virtude de trazer luz a essa questão, permitindo identificar um antecedente histórico fundamental para a compreensão desse problema central do sistema jurídico brasileiro: "A resistência do devedor tornou-se regra, e não exceção! Na prática forense, a presunção que prevalece não é a de que a sentença deve ser cumprida pronta e imediatamente após proferida, em toda sua extensão,

---

(11) DINAMARCO, Cândido Rangel. *Instituições de direito processual civil.* 3. ed. São Paulo: Malheiros, 2009. v. IV, p. 63.
(12) *Op. cit.*, p. 63.
(13) Para Cláudio Armando Couce de Menezes, o princípio da preeminência do exequente também é conhecido como princípio do resultado, doutrina que realça a superioridade em que se encontra o credor sobre o devedor (*Teoria geral do processo e a execução trabalhista.* São Paulo: LTr, 2003. p. 170).
(14) TEIXEIRA FILHO, Manoel Antonio. *Execução no processo do trabalho.* 11. ed. São Paulo: LTr, 2013. p. 96.

mas sim de que as obrigações nela contidas devem ser satisfeitas apenas após sua 'lapidação' pelas vias de resistência do devedor, incidentais à execução ou endoexecutivas, típicas ou atípicas"[15]. O autor identifica no CPC de 1973 uma das fontes do enfraquecimento da autoridade da sentença. É que o CPC de 1973, a pretexto de conferir tratamento uniforme às execuções — tanto àquelas fundadas em sentença, quanto àquelas fundadas em títulos extrajudiciais —, acabou retirando eficácia da sentença condenatória, rebaixando o grau de certeza do título executivo judicial ao nível inferior de certeza reconhecido aos títulos extrajudiciais. Esse quadro de desprestígio à sentença condenatória no processo civil é confirmado pela decisiva circunstância de que a regra no processo civil é o duplo efeito conferido ao recurso de apelação (CPC, art. 520, *caput*, primeira parte). Neste contexto, o dever de colaboração das partes na execução é uma quimera, sobretudo no que diz respeito ao executado, que costuma resistir por todos os meios ao cumprimento da decisão judicial[16].

As reais distorções que a aplicação do art. 620 do CPC tem causado ao direito processual do trabalho foram objeto da reflexão científica de um dos juristas que mais tem se notabilizado pela preocupação com a efetividade da jurisdição trabalhista. Antônio Álvares da Silva observa que "o art. 620 do CPC não pode ser uma porta aberta à fraude e à ineficácia do comando sentencial. A lei fala que, na hipótese de existência de 'vários modos' pelos quais o credor possa executar a sentença, o juiz escolherá o menos gravoso. Mas é necessário que existam estes 'vários modos' e que eles não importem na diminuição de nenhuma medida prevista em lei para a entrega da prestação jurisdicional. Por exemplo, se a penhora tem uma ordem preferencial, e o credor deseja a penhora em dinheiro cuja existência ficou comprovada, não se há de romper com a preferência legal, porque o executado alega prejuízo pessoal, comercial ou de qualquer espécie. Ao aplicar a regra do art. 620, há que se considerar o que dispõe a regra do art. 612, de que 'a execução se realiza no interesse do credor'. Este é que é o verdadeiro norte da execução e vale como orientação geral dos atos que nela se devam praticar. Quem ganhou deve executar com êxito"[17].

Ao lado de Antônio Álvares da Silva, alinha-se a doutrina Francisco Antonio de Oliveira. Para o jurista paulista, a reflexão que se impõe é pensar sobre os efeitos deletérios que o art. 620 do CPC produziu no âmbito do processo civil: "O processo civil extrapolou em cuidados, exigindo que a execução seja feita da forma menos gravosa, quando a execução puder ser feita por vários meios (art. 620, CPC), princípio que vem sendo deturpado por interpretações incoerentes, desmerecendo o credor"[18]. Daí a procedência da advertência de Radson Rangel Ferreira Duarte, sem a qual perde-se a verdadeira razão de ser da execução e mergulha-se na paralisante concepção de execução menos gravosa: "[...] só se deve falar em adoção de meios menos graves desde que isso não signifique abdicação do direito do credor de ver satisfeita de forma eficiente a obrigação da qual é titular"[19].

4. Compreendendo o princípio da execução menos gravosa no âmbito do processo civil

Quando se examina o tema da execução menos gravosa para o executado no âmbito do processo civil, a primeira questão que se impõe considerar diz respeito à hierarquia dos princípios reitores da execução.

Para o objetivo do presente estudo, trata-se de cotejar o princípio da execução mais eficaz com o princípio da execução menos gravosa. Neste particular, é preciso resgatar a consideração básica de que o princípio da execução mais eficaz prevalece sobre o princípio da execução menos gravosa. Essa consideração decorre tanto de fundamento lógico quanto de fundamento axiológico. O fundamento lógico está em que a execução forçada constitui o sucedâneo do não cumprimento espontâneo da sentença: a execução forçada somente se faz necessária porque o executado não cumpre sua obrigação espontaneamente; citado para pagar, o executado omite-se. O fundamento axiológico está em que o equilíbrio da ordem jurídica

---

(15) CONTI, Paulo Henrique. A nova sentença condenatória — uma abordagem ideológica. *In*: SANTOS, José Aparecido dos (coord.). *Execução trabalhista* — Amatra X. 2. ed. São Paulo: LTr, 2010. p. 77.
(16) FAVA, Marcos Neves. *Execução trabalhista efetiva*. São Paulo: LTr, 2009. p. 156. Pondera o autor: "No plano da principiologia, mais comum do que os deveres de cooperação do executado, faz-se presente a evocação do art. 620 do Código de Processo Civil, que dá ao devedor o *direito* de ter contra si a execução *menos gravosa*. Ora, o advérbio de comparação — menos — tem por pressuposto a existência de dois modos igualmente suficientes e eficazes para a realização concreta do título executivo".
(17) SILVA, Antônio Álvares da. *Execução provisória trabalhista depois da Reforma do CPC*. São Paulo: LTr, 2007. p. 65/66.
(18) OLIVEIRA, Francisco Antonio de. *Execução na justiça do trabalho*. 6. ed. São Paulo: Revista dos Tribunais, 2007. p. 40.
(19) DUARTE, Radson Rangel Ferreira. *Execução trabalhista célere e efetiva* — um sonho possível. São Paulo: LTr, 2002. p. 87.

somente se restaura mediante a reparação do direito violado pelo cumprimento da obrigação estabelecida na sentença; cumprimento coercitivo, regra geral.

A superioridade hierárquica do princípio da execução mais eficaz sobre o princípio da execução menos gravosa, além de decorrer de fundamento lógico e axiológico, encontra confirmação na dimensão tópico-sistemática do ordenamento jurídico, porquanto as fontes normativas desses princípios estão localizadas em dispositivos legais hierarquizados em uma determinada estrutura normativo-sistemática, típica das codificações. Examinemos esse aspecto topológico-sistemático.

Enquanto o princípio da execução mais eficaz está implícito no preceito do art. 612 do CPC, que fixa a diretriz de que a execução realiza-se no interesse do credor, o princípio da execução menos onerosa está previsto no art. 620 do CPC. Ambos os preceitos estão localizados no capítulo que trata das disposições gerais sobre a execução. Porém, o art. 612 *precede* ao art. 620. Essa precedência tópica expressa a preeminência que o sistema normativo outorga ao credor na execução, ao estabelecer que "[...] realiza-se a execução no interesse do credor" (CPC, art. 612). Além disso, o art. 612 *abre* o respectivo capítulo do CPC, fixando a *regra geral* da execução: a execução realiza-se no interesse do credor[20]. Já o art. 620 do CPC *encerra* o capítulo estabelecendo uma *exceção* àquela regra geral: a execução será feita pelo modo menos gravoso para o devedor, *quando* por vários meios o credor puder promover a execução. A interpretação proposta é uma decorrência da previsão legal de que, nos termos do art. 612 do CPC, é o interesse do credor que deve presidir a execução. Consoante observa Radson Rangel Ferreira Duarte, a norma do art. 612 do CPC decorre do princípio da efetividade da tutela jurisdicional, que por sua vez é haurido do princípio constitucional da inafastabilidade da jurisdição (CF, art. 5º, XXXV)[21].

A natureza excepcional da regra do art. 620 do CPC torna-se ainda mais evidente quando se atenta à diretriz hermenêutica de que o preceito exceptivo deve ser examinado à luz da regra geral. Em segundo lugar, o advérbio de tempo *quando* indica que a regra de exceção terá cabimento somente em determinada situação específica (e em concreto), o que exige exame casuístico para aferir a configuração da hipótese exceptiva. É preciso que seja possível, no caso concreto, realizar a execução por vários modos. E isso constitui exceção na prática, pois geralmente a execução não pode ser realizada por vários meios. Mas também é necessário que a execução seja igualmente eficaz pelos diversos modos viáveis para a sua realização, a fim de que tenha incidência o preceito excepcional do art. 620 do CPC. E isso constitui exceção na prática; é que a adoção de um determinado meio costuma tornar a execução mais eficaz. O art. 612 do CPC recomenda que se opte por esse meio mais eficaz de concretizar a execução.

Vale dizer, a incidência da regra excepcional do art. 620 do CPC tem por pressuposto a observância à regra geral da execução mais eficaz. Não se trata, portanto, de uma norma para neutralizar a regra geral da execução mais eficaz: a exceção confirma a regra, não podendo sobrepujá-la. Trata-se de uma regra que, desde que esteja assegurada a execução mais eficaz, permite que a execução seja feita por modo que seja menos gravoso para o executado no caso concreto. De acordo com a doutrina de Francisco Antonio de Oliveira, é necessário compreender que a execução trabalhista deve ser realizada no interesse do credor e não no interesse do devedor. O jurista paulista explica: "Menos gravoso não significa que, se houver duas possibilidades de cumprimento da obrigação que satisfaçam da mesma forma o credor, escolher-se-á aquela mais benéfica ao devedor. Se existirem duas formas de cumprimento, mas uma delas prejudica o credor, escolher-se-á aquela que beneficia o credor"[22].

Se houver vários modos de promover a execução e todos forem eficazes na mesma medida, somente então a execução deve ser realizada pelo modo menos gravoso para o executado. Contudo, se a execução for mais eficaz quando realizada pelo modo mais gravoso para o executado, tem aplicação a regra geral do art. 612 do CPC: adota-se a execução desse modo não porque seja o mais gravoso, mas porque é o mais eficaz no caso concreto. Da mesma forma, adota-se o modo menos gravoso quando for ele o mais eficaz para a execução, não porque seja o menos gravoso, mas por ser o mais eficaz no caso concreto.

Por conseguinte, é necessário compreender de outro modo a regra excepcional da execução menos gravosa, para que sua pontual aplicação não neutrali-

---

(20) É intuitivo que a regra geral de que a execução realiza-se no interesse do credor deve ganhar maior densidade em se tratando de execução de título executivo judicial.
(21) DUARTE, Radson Rangel Ferreira. *Execução trabalhista célere e efetiva* — um sonho possível. São Paulo: LTr, 2002. p. 83.
(22) OLIVEIRA, Francisco Antonio de. *Execução na justiça do trabalho*. 6. ed. São Paulo: Revista dos Tribunais, 2007. p. 93.

ze a força normativa da regra geral de que a execução realiza-se no interesse do credor (CPC, art. 612). Se mesmo no processo civil está normativamente assentado que o princípio da menor gravosidade está subordinado ao princípio de que a execução realiza-se no interesse do credor, no processo do trabalho, por maior razão, não se pode mais superestimar o princípio da menor gravosidade da execução. A conclusão torna-se ainda mais imperativa quando a matéria é examinada no contexto das minirreformas do CPC, que foram introduzidas com o deliberado objetivo de tornar mais efetiva a jurisdição, sobretudo no âmbito da execução. É importante lembrar que tais minirreformas decorreram da percepção generalizada de que o processo comum apresentava baixo índice de efetividade, acarretando o descrédito da própria jurisdição. O próprio sistema facilitava o não cumprimento das decisões judiciais, fazendo lembrar corajosa observação feita por Mauro Cappelletti à época da reforma do processo civil italiano na década de 1970. Na ocasião, por ocasião da reforma do CPC italiano de 1942, o jurista criticava a amplitude do sistema recursal italiano, tendo afirmado que "o excesso de garantias volta-se contra o sistema"[23].

5. A interpretação restritiva do princípio da execução menos gravosa no processo do trabalho — a evolução da doutrina justrabalhista

A baixa eficácia da execução atenta contra a garantia constitucional da jurisdição efetiva (CF, art. 5º, XXXV). A Justiça do Trabalho — a observação é de Ari Pedro Lorenzetti — tem-se mostrado eficiente em apresentar uma resposta decisória (solução formal). Todavia, a conversão de tal solução em resultados concretos tem esbarrado em dificuldades de toda sorte[24]. Daí a doutrina ter evoluído para postular uma nova interpretação para o princípio da execução menos gravosa. Isso porque a aplicação do art. 620 do CPC dificulta o êxito das execuções, quadro que coloca em questão a própria eficiência do Poder Judiciário[25].

No processo civil, a execução tem o executado em situação de inferioridade econômica em relação ao exequente, ao passo que, no processo do trabalho, é o exequente a parte que se encontra em situação de hipossuficiência econômica em relação ao executado. A situação inverte-se. E a hermenêutica não pode desconhecer os fatos em relação aos quais o direito será aplicado: pergunta-se pelos fins sociais na aplicação da lei (LINDB, art. 5º). A parte hipossuficiente não tem condições econômicas para resistir à demora processual. Vai se tornando cada vez mais vulnerável a acordos prejudiciais. De fato, o trabalhador apresenta-se em situação de necessidade e sua condição de inferioridade econômica não lhe permite aguardar por longos anos o trâmite normal do processo[26]. É nesse contexto que ganha densidade a observação de Mauro Schiavi, no sentido de que o princípio da primazia do credor trabalhista deve orientar a execução: "[...] no conflito entre normas que disciplinam o procedimento executivo, deve-se preferir a interpretação que favoreça o exequente"[27].

Sendo o executado a parte hipossuficiente no processo civil, compreende-se que o princípio da menor gravosidade possa socorrer-lhe eventualmente (CPC, art. 620). Porém, mesmo aí esse socorro somente se faz viável depois de assegurada a prevalência do princípio de que a execução realiza-se no interesse do credor (CPC, art. 612). Vale dizer, esse socorro está condicionado à preeminência da eficácia da execução. Nesse particular, a execução civil será realizada da forma menos gravosa somente depois de garantida a maior eficácia na sua consumação. Em outras palavras, mesmo no processo civil, sobretudo depois das referidas minirreformas legislativas, a execução realiza-se pela forma mais eficaz, independentemente de ser a forma mais ou menos gravosa. Não é a maior ou a menor gravosidade que define o modo pelo qual a execução civil realizar-se-á. A execução civil realizar-se-á pelo modo mais eficaz. Essa é a interpretação que se impõe à leitura do art. 620 do CPC após as minirreformas legislativas realizadas no processo civil. Isso porque as minirreformas legislativas reforçaram o compromisso com a efetividade da execução, o que realça a ideia de que o preceito exceptivo do art. 620 do CPC subordina-se ao princípio geral do art. 612 do CPC. A execução civil realiza-se no interesse do credor. Esse princípio preside a execução. De modo que, para a consecução

---

(23) CAPPELLETTI, Mauro. *Proceso, ideologías e sociedad*. Buenos Aires: Jurídicas Europa-América, 1973. p. 279.
(24) LORENZETTI, Ari Pedro. *A responsabilidade pelos créditos trabalhistas*. São Paulo: LTr, 2003. p. 15.
(25) CF: "Art. 37. A administração pública direta e indireta de qualquer dos Poderes da União, dos Estados, do Distrito Federal e dos Municípios obedecerá aos princípios da legalidade, impessoalidade, moralidade, publicidade e **eficiência**...".
(26) MENEZES, Cláudio Armando Couce de. *Teoria geral do processo e a execução trabalhista*. São Paulo: LTr, 2003. p. 171.
(27) SCHIAVI, Mauro. *Execução no processo do trabalho*. 2. ed. São Paulo: LTr, 2010. p. 28.

da execução, o magistrado orientar-se-á pela maior eficácia do procedimento executivo.

A não aplicação do princípio da execução menos gravosa no processo do trabalho decorre de um fundamento socioeconômico específico à relação jurídica de direito material do trabalho. Trata-se da natureza alimentar do crédito trabalhista. Esse elemento é decisivo, pois se cuida da tutela jurídica da própria subsistência da pessoa do trabalhador. Não se precisa sequer recordar que o interesse econômico do empregador subordina-se ao interesse de sobrevivência digna do trabalhador. Basta pensar que a execução trabalhista visa recompor, e *a posteriori*, o equilíbrio decorrente do descumprimento da legislação do trabalho já ocorrido há muito tempo: "na balança em que credor e devedor trabalhista se colocam, os interesses deste devem se sujeitar aos daquele" —, conforme a precisa assertiva de Radson Rangel Ferreira Duarte[28]. Se no processo civil o executado costuma ostentar situação econômica de inferioridade em relação ao exequente, no processo do trabalho a situação é oposta — o exequente é a parte hipossuficiente. Daí a necessidade de tutela jurídica efetiva, sem demora. Por isso, está certo Radson Rangel Ferreira Duarte na observação de que "a necessidade de um novo ângulo para se observar o princípio da menor gravosidade decorre justamente da essência do processo de execução, que visa à recomposição de uma situação anterior ao inadimplemento, buscando unicamente cumprir o comando inserto no título executivo"[29].

No cotejo entre as normas dos arts. 612 e 620 do CPC, Mauro Schiavi resolve tal disputa em favor da preeminência do credor na execução assentando o entendimento de que "somente quando a execução puder ser realizada por mais de uma modalidade, com a mesma efetividade para o credor, se preferirá o meio menos oneroso para o devedor"[30]. A mesma trilha tem sido seguida pela jurisprudência: é necessário que a execução seja igualmente eficaz pelos diversos modos possíveis para a sua realização para que se apresente a concreta possibilidade de opção pela execução pelo modo menos gravoso ao devedor. A consequência dessa diretriz jurisprudencial é a fixação da premissa de que o modo mais eficaz para realizar a execução prevalece sobre o modo menos gravoso para o devedor.

6. É o resultado social negativo que muda o paradigma teórico

Os modelos teóricos não costumam progredir por força de *insights* dos cientistas. Se a aplicação de determinado modelo teórico produz resultado social negativo, aí então o paradigma ingressa num ambiente de questionamento teórico, com vistas à produção de um resultado social aceitável. Em outras palavras, é o resultado social alcançado pelo modelo teórico adotado que interroga o paradigma científico. Boaventura de Sousa Santos sintetiza assim a influência decisiva que o resultado social tem na ruptura do paradigma científico: "Só a concepção pragmática da ciência permite romper a circularidade da teoria"[31].

A aplicação do princípio da execução menos onerosa para o devedor é um dos fundamentos que entravam a execução trabalhista. Vale dizer, o resultado social da aplicação desse princípio tem sido manifestamente negativo para a efetividade da execução na Justiça do Trabalho. Isso porque o referido princípio tem sido invocado para justificar as principais medidas de resistência à execução trabalhista e tem sido muitas vezes acolhido em detrimento ao princípio da execução mais eficaz. O prejuízo à efetividade da jurisdição trabalhista é evidente (CLT, art. 765). Como lembra Hermann de Araújo Hackradt, "nenhum dano se torna maior do que o próprio desvirtuamento do conceito de Justiça Social através de um procedimento ineficaz e demorado, principalmente quando se tem em contraposição uma correlação de forças absolutamente desigual"[32].

Esse aspecto não escapou à percepção de Leonardo Dias Borges. Examinando os efeitos

---

(28) DUARTE, Radson Rangel Ferreira. *Execução trabalhista célere e efetiva* — um sonho possível. São Paulo: LTr, 2002. p. 87.
(29) DUARTE, Radson Rangel Ferreira. *Execução trabalhista célere e efetiva* — um sonho possível. São Paulo: LTr, 2002. p. 87.
(30) SCHIAVI, Mauro. *Execução no processo do trabalho*. 2. ed. São Paulo: LTr, 2010. p. 29.
(31) SANTOS, Boaventura de Sousa. *Introdução a uma ciência pós-moderna*. 2. ed. Porto: Afrontamento, 1990. p. 170: "A concepção pragmática da ciência e, portanto, da verdade do conhecimento científico parte da prática científica enquanto processo intersubjetivo que tem eficácia específica de se justificar teórica e sociologicamente pelas consequências que produz na comunidade científica e na sociedade em geral. Por isso, existe uma pertença mútua estrutural entre a verdade epistemológica e a verdade sociológica da ciência e as duas não podem ser obtidas, ou sequer pensadas, em separado. Porque só são aferíveis pela sua eficácia produtiva, são indiretas e prospectivas. Só a concepção pragmática da ciência permite romper com a circularidade da teoria".
(32) HACKRADT, Hermann de Araújo. Princípios da execução e o art. 620 do CPC. In: *Processo de execução* — homenagem ao ministro Francisco Fausto. São Paulo: LTr, 2002. p. 24.

nocivos decorrentes da aplicação do princípio da execução menos gravosa no âmbito da execução trabalhista, o jurista identifica no art. 620 do CPC uma das causas da ineficácia da jurisdição trabalhista: "Procrastinar desnecessariamente o processo, sob o falacioso argumento da ampla defesa e dos demais institutos que norteiam a execução civil, por vezes incompatíveis, em sua totalidade, com a execução trabalhista, é desumanizar o direito, bem como desconhecer-lhe a origem e a finalidade"[33].

Também Carlos Eduardo Oliveira Dias e Ana Paula Alvarenga Martins perceberam os concretos efeitos deletérios que a aplicação do art. 620 do CPC no processo do trabalho tem causado à efetividade da execução trabalhista, conforme revela a realista observação respectiva: "[...] o objetivo principal da execução é a satisfação do crédito, não podendo ser invocado o art. 620 do CPC como forma de suprimir a verdadeira efetividade do processo, transformando a execução, que seria um direito do credor, em um verdadeiro suplício"[34]. A distorcida cultura jurídica criada a partir do art. 620 do CPC tem deturpado a ideia de respeito às decisões judiciais, justificando infundados atos de resistência a tal cumprimento de modo que resistir ao cumprimento da sentença tem se tornado um rito necessário, capaz de legitimar inúmeros incidentes — a maioria, protelatórios — destinados a eternizar as demandas. Francisco Antonio de Oliveira, sempre atento às consequências práticas da aplicação da legislação, observa que atualmente, na vigência do art. 620 do CPC, "em vez de honrar a obrigação, a empresa procrastina a execução com o uso de inúmeros expedientes processuais e aplica o dinheiro em seu capital de giro, cujo rendimento servirá para saldar a execução de forma vantajosa. Isso quando não vence o exequente pela demora e acaba por fazer um acordo vantajoso, com o pagamento de valor irrisório, depois de ganhar a ação e esperar vários anos"[35].

Assim compreendida a questão, a não aplicação do princípio da execução menos gravosa no processo do trabalho é uma condição científica e social para a realização das garantias constitucionais da efetividade da jurisdição e da duração razoável do processo. Essa conclusão se torna ainda mais consistente diante da doutrina processual contemporânea que extrai da ordem constitucional a existência de uma garantia fundamental à tutela executiva efetiva. Para Luiz Guilherme Marinoni, o direito fundamental à tutela jurisdicional efetiva obriga o juiz a garantir todos os seus corolários, como o direito ao meio executivo capaz de permitir a tutela do direito, além de obrigar o legislador a desenhar os procedimentos e as técnicas processuais adequadas às diferentes situações de direito substancial[36]. Como decorrência dessa concepção de direito fundamental à tutela efetiva, cabe ao juiz conformar o procedimento executório de forma a dotar a execução de efetividade, isso porque "as omissões que invalidam direitos fundamentais não podem ser vistas como simples opções do legislador"[37]. Foi essa a inspiração que conduziu a proposta de um novo processo do trabalho, apresentada pela 15ª Região, na perspectiva de que também a execução seja conformada à efetividade da jurisdição[38].

Mas haveria fundamento para acolher tal conclusão? Diversos juristas vem afirmando que sim.

7. A doutrina pela não aplicação do princípio da execução menos gravosa ao processo do trabalho

Se alguns juristas limitam-se a mitigar a aplicação do princípio da execução menos gravosa no processo do trabalho, outros são categóricos em sustentar a inaplicabilidade desse princípio na execução trabalhista.

Enquanto Francisco Meton Marques de Lima pondera que a execução "deve ser econômica, da forma menos gravosa para o executado, desde que satisfaça, de maneira mais efetiva possível, o direito do exequente"[39], Carlos Henrique Bezerra Leite faz um resgate autêntico da autonomia científica do direito processual do trabalho e propõe "inverter a regra do art. 620 do CPC para construir uma nova base própria

---

(33) BORGES, Leonardo Dias. *O moderno processo do trabalho*. São Paulo: LTr, 1997. p. 80.
(34) DIAS, Carlos Eduardo Oliveira; MARTINS, Ana Paula Alvarenga. Os abusos do devedor na execução trabalhista. *In: Estudos de processo de execução*. São Paulo: LTr, 2001. p. 182.
(35) OLIVEIRA, Francisco Antonio de. *Execução na justiça do trabalho*. 6. ed. São Paulo: Revista dos Tribunais, 2007. p. 133.
(36) MARINONI, Luiz Guilherme. *Teoria geral do processo*. 3. ed. Rio de Janeiro: Forense, 2008. v. I, p. 285.
(37) MARINONI, Luiz Guilherme. A jurisdição no estado contemporâneo. *In:* MARINONI, Luiz Guilherme (coord.). *Estudos de direito processual civil*. São Paulo: RT, 2005. p. 33.
(38) FELICIANO, Guilherme Guimarães (coord.). *Fênix* — por um novo processo do trabalho. São Paulo: LTr, 2011. p. 79.
(39) LIMA, Francisco Meton Marques de. *Manual sintético de processo e execução do trabalho*. São Paulo: LTr, 2004. p. 142.

e específica do processo laboral: a execução deve ser processada de maneira menos gravosa ao credor"[40].

A posição de Cláudio Armando Couce de Menezes é semelhante àquela defendida por Carlos Henrique Bezerra Leite. Depois de fundamentar seu posicionamento na condição de inferioridade econômica do trabalhador, Couce de Menezes sustenta que "[...] não cabe perquirir se a execução pode ser feita de forma menos onerosa ao empregador executado. Mas, sim, como fazê-lo de maneira a torná-la mais rápida, célere e efetiva, evitando manobras de devedor destinadas a impedir ou protelar a satisfação do crédito obreiro"[41].

Para José Augusto Rodrigues Pinto, a aplicação do princípio da execução menos gravosa ao processo do trabalho não passa pelo crivo do art. 769 da CLT. Entende o jurista que não se faz presente no caso o requisito da compatibilidade do art. 620 do CPC com os princípios do direito processual do trabalho.

A consistência da fundamentação justifica a reprodução integral do argumento: "Reflita-se imediatamente sobre o pressuposto da *compatibilidade*, fixado no art. 769 da CLT para autorizar a aplicação supletiva da norma de processo comum ao sistema processual trabalhista. O art. 620 do CPC é, evidentemente, *tutelar do interesse do devedor*, exposto à violência da constrição. A tutela é bastante compreensível dentro de um sistema processual que navega em águas de interesse processuais caracteristicamente privados, porque oriundos de relação de direito material subordinada à ideia da *igualdade jurídica e da autonomia da vontade*. O sistema processual trabalhista flutua num universo dominado pela prevalência da *tutela do hipossuficiente econômico*, que se apresenta como *credor da execução trabalhista*. Em face da evidente *oposição de pressupostos*, sustentamos que, *em princípio, o art. 620 do CPC não pode suprir a omissão legal trabalhista*, por ser incompatível com a filosofia tutelar do economicamente fraco, que lhe dá caráter. Sua aplicação coloca em confronto a proteção do interesse econômico do devedor (a empresa) e o direito alimentar do credor (o empregado), a cujo respeito não pode haver hesitação de posicionamento do juiz do trabalho ao lado do empregado"[42].

A lição de Hermann de Araújo Hackdart alinha-se na mesma perspectiva. O jurista contextualiza o conceito de execução menos gravosa no ambiente de um mercado de trabalho caracterizado pela precarização das relações laborais. Destaca que "não mais se torna perceptível, viável, ou mesmo disponível, o conceito de *gravoso* sob o ângulo do devedor no processo laboral, principalmente quando vivemos a era da desafirmação no campo econômico e social para a grande massa de trabalhadores, banidos de sua identidade profissional pela era tecnológica e informacional"[43]. Para o autor, nestes novos paradigmas, necessário seja realçada a urgência de satisfação do crédito do trabalhador, cuja especificidade deve nortear uma interpretação restritiva, senão incompatível, do que se tenha por menos gravoso pelo art. 620 do Estatuto Processual[44]. E conclui, afirmando que "nenhum dano se torna maior do que o próprio desvirtuamento do conceito de Justiça Social através de um procedimento ineficaz e demorado, principalmente quando se tem em contraposição uma correlação de forças absolutamente desigual"[45].

A incompatibilidade do art. 620 do CPC com o direito processual do trabalho também é identificada por José Carlos Külzer. Para o autor, o princípio da proteção deve ser aplicado também na fase de execução, "[...] não podendo assim ser transposta para o Processo do Trabalho, pura e simplesmente, a recomendação do art. 620 do Código de Processo Civil de que a execução se processa pelo modo menos gravoso ao devedor, sem ser considerado que tal regra tem como pressuposto a igualdade das partes na fase de conhecimento, o que não acontece, no entanto, no Direito do Trabalho"[46].

O aperfeiçoamento do processo do trabalho postulado por Wagner D. Giglio tem em Sergio Pinto Martins um de seus mais lúcidos defensores: "Na execução trabalhista deveria ser abandonado o princípio

---

(40) LEITE, Carlos Henrique Bezerra. *Curso de direito processual do trabalho*. 8. ed. São Paulo: LTr, 2010. p. 977.
(41) MENEZES, Cláudio Armando Couce de. *Teoria geral do processo e a execução trabalhista*. São Paulo: LTr, 2003. p. 171.
(42) RODRIGUES PINTO, José Augusto. *Execução trabalhista*. 11. ed. São Paulo: LTr, 2006. p. 213.
(43) HACKRADT, Hermann de Araújo. Princípios da execução e o art. 620 do CPC. In: *Processo de execução* — homenagem ao ministro Francisco Fausto. São Paulo: LTr, 2002. p. 23.
(44) HACKRADT, Hermann de Araújo. Princípios da execução e o art. 620 do CPC. In: *Processo de execução* — homenagem ao ministro Francisco Fausto. São Paulo: LTr, 2002. p. 24.
(45) HACKRADT, Hermann de Araújo. Princípios da execução e o art. 620 do CPC. In: *Processo de execução* — homenagem ao ministro Francisco Fausto. São Paulo: LTr, 2002. p. 24.
(46) KÜLZER, José Carlos. *A contribuição dos princípios para a efetividade do processo de execução na justiça do trabalho no Brasil*. São Paulo: LTr, 2008. p. 39-40.

da execução menos onerosa para o devedor (art. 620 do CPC), para a mais eficiente e rápida, mas sempre prestigiando o contraditório e a ampla defesa"[47].

Nesse contexto, pode-se considerar que, na prática e como regra geral, a menor gravosidade na execução trabalhista não será observada, porquanto sua observância pressupõe que a execução possa ser executada por vários modos igualmente eficazes. Somente quando a execução puder ser realizada com a mesma eficácia por modos diversos é que se poderá optar pelo modo menos gravoso. Contudo, é rara a ocorrência de execução que possa ser realizada com a mesma eficácia por modos diversos. Geralmente, um determinado modo de execução será mais eficaz do que o outro. E aí não haverá espaço para a aplicação da execução pelo modo menos gravoso, pois que, no interesse do credor, adota-se o modo mais eficaz para realizar a execução mesmo no processo civil (CPC, art. 612); muito mais, no processo do trabalho.

À luz do princípio constitucional de acesso a uma ordem jurídica justa e eficaz (CF, art. 5º, XXXV), a doutrina contemporânea evoluiu para o reconhecimento da existência do direito fundamental à tutela executiva. Esse direito fundamental pressupõe a interpretação jurídica que confira maior efetividade à execução e a adoção dos meios executivos que assegurem a satisfação integral do credor.

8. Conclusão

Uma adequada hermenêutica para a execução trabalhista tem como primeira fonte de direito a Constituição Federal. Mais precisamente, o ponto de partida está na garantia constitucional da inafastabilidade da jurisdição (CF, art. 5º, XXXV), aqui compreendida como a concreta garantia de alcançar o pagamento do crédito trabalhista previsto na sentença. Além disso, tal pagamento deve ser realizado em prazo razoável (CF, art. 5º, LXXVIII). A imperatividade desses comandos constitucionais ganha ainda maior densidade sob o influxo do princípio jurídico da proteção, que inspira o direito material do trabalho, mas também se comunica ao direito processual do trabalho, porquanto se trata de execução de crédito de natureza alimentar a que a ordem legal confere privilégio diante de créditos de outra natureza jurídica (CTN, art. 186); mais do que isso,

se trata de crédito representativo de direito fundamental (CF, art. 7º).

No esforço hermenêutico desenvolvido para dotar a jurisdição trabalhista de maior efetividade, a jurisprudência trabalhista evoluiu para afirmar que a existência de previsão legal de que a arrematação realizar-se-á pelo maior lanço (CLT, art. 888, § 1º) é suficiente para afastar a aplicação subsidiária do conceito de preço vil previsto no art. 692 do CPC na execução trabalhista, por inexistência de omissão do processo do trabalho (CLT, art. 769).

Assim como a execução trabalhista ganhou efetividade ao rejeitar a aplicação subsidiária do art. 692 do CPC, é chegado o momento de evoluir para, por incompatibilidade (CLT, art. 769), rejeitar a aplicação subsidiária do art. 620 do CPC na execução trabalhista, para o resgate da vocação do processo do trabalho como processo de resultado.

A propósito de efetividade da execução, é interessante recordar a consideração com a qual Wagner D. Giglio inicia o texto — histórico — que fornece a epígrafe do presente artigo: "Um hipotético observador, nos últimos anos deste século, provavelmente consideraria nosso atual processo, em geral, e o trabalhista, em particular, com o espanto e a incredulidade que, hoje, nos despertam os 'juízos de Deus' e a Justiça Medieval. E perguntaria a si mesmo como teriam os jurisdicionados de nossos dias suportado o suplício de aguardar a solução de sua demanda por anos e anos, sem desespero ou revolta"[48].

O recente anteprojeto de lei apresentado pelo TST ao Congresso Nacional, para aperfeiçoar a execução trabalhista, parece ter buscado inspiração na doutrina de Wagner D. Giglio. Conforme inicialmente mencionado, o erudito processualista paulista afirmara: "Uma reforma ideal do processo trabalhista abandonaria o dogma da igualdade das partes e adotaria, na execução, o princípio da execução mais eficaz, em substituição ao da execução menos onerosas"[49]. Desde então se passaram quase dez anos. Nesse período, sobreveio a Emenda Constitucional n. 45/04, que eleva a duração razoável do processo à condição de garantia fundamental do cidadão. O CPC foi dinamizado, para recuperar efetividade. O art. 878-D do anteprojeto de lei do TST propõe: "Art. 878-D. Havendo mais de uma forma de cumprimento da sentença ou da execução do título extrajudicial, o

---

(47) MARTINS, Sergio Pinto. Novos rumos do processo do trabalho. *Revista Justiça do Trabalho*, São Paulo: HS, n. 325, p. 74, jan. 2011.
(48) GIGLIO, Wagner D. Efetividade da execução trabalhista. *Revista Síntese Trabalhista*, n. 172, p. 146, out. 2003.
(49) GIGLIO, Wagner D. Efetividade da execução trabalhista. *Revista Síntese Trabalhista*, n. 172, p. 147, out. 2003.

juiz adotará sempre a que atenda à especificidade da tutela, à duração razoável do processo e ao interesse do credor"[50].

São ventos benfazejos.

Referências

BAPTISTA DA SILVA, Ovídio Araújo. *Processo e ideologia — o paradigma racionalista*. 1. ed. Rio de Janeiro: Forense, 2004.

BORGES, Leonardo Dias. *O moderno processo do trabalho*. São Paulo: LTr, 1997.

CAPPELLETTI, Mauro. *Proceso, ideologías e sociedad*. Buenos Aires: Jurídicas Europa-América, 1973.

CONTI, Paulo Henrique. A nova sentença condenatória — uma abordagem ideológica. In: SANTOS, José Aparecido dos (coord.). *Execução trabalhista — Amatra X*. 2. ed. São Paulo: LTr, 2010.

DIAS, Carlos Eduardo Oliveira; MARTINS, Ana Paula Alvarenga. Os abusos do devedor na execução trabalhista. *Estudos de processo de execução*. São Paulo: LTr, 2001.

DINAMARCO, Cândido Rangel. *Instituições de direito processual civil*. 3. ed. São Paulo: Malheiros, 2009. v. IV.

DUARTE, Radson Rangel Ferreira. *Execução trabalhista célere e efetiva — um sonho possível*. São Paulo: LTr, 2002.

FAVA, Marcos Neves. *Execução trabalhista efetiva*. São Paulo: LTr, 2009.

FELICIANO, Guilherme Guimarães (coord.). *Fênix — por um novo processo do trabalho*. São Paulo: LTr, 2011.

GIGLIO, Wagner D. Efetividade da execução trabalhista. *Revista Síntese Trabalhista*, n. 172, out. 2003.

HACKRADT, Hermann de Araújo. Princípios da execução e o art. 620 do CPC. In: *Processo de execução — homenagem ao ministro Francisco Fausto*. São Paulo: LTr, 2002.

LEITE, Carlos Henrique Bezerra. *Curso de direito processual do trabalho*. 8. ed. São Paulo: LTr, 2010.

LIMA, Francisco Meton Marques de. *Manual sintético de processo e execução do trabalho*. São Paulo: LTr, 2004.

LORENZETTI, Ari Pedro. *A responsabilidade pelos créditos trabalhistas*. São Paulo: LTr, 2003.

KÜLZER, José Carlos. *A contribuição dos princípios para a efetividade do processo de execução na justiça do trabalho no Brasil*. São Paulo: LTr, 2008.

MARINONI, Luiz Guilherme. *Teoria geral do processo*. 3. ed. Rio de Janeiro: Forense, 2008.

_____. A jurisdição no estado contemporâneo In: MARINONI, Luiz Guilherme (coord.). *Estudos de direito processual civil*. São Paulo: RT, 2005.

MARTINS, Sergio Pinto. Novos rumos do processo do trabalho. *Revista Justiça do Trabalho*, HS, n. 325, jan. 2011.

MENEZES, Cláudio Armando Couce de. *Teoria geral do processo e a execução trabalhista*. São Paulo: LTr, 2003.

OLIVEIRA, Francisco Antonio de. *Execução na justiça do trabalho*. 6. ed. São Paulo: Revista dos Tribunais, 2007.

PINTO, José Augusto Rodrigues. *Execução trabalhista*. 11. ed. São Paulo: LTr, 2006.

SANTOS. Boaventura de Sousa. *Introdução a uma ciência pós-moderna*. 2. ed. Porto: Afrontamento, 1990.

SCHIAVI, Mauro. *Execução no processo do trabalho*. 2. ed. São Paulo: LTr, 2010.

SÉROUSSI, Roland. *Introdução ao direito inglês e norte-americano*. São Paulo: Landy, 2006.

SILVA, Antônio Álvares da. *Execução provisória trabalhista depois da reforma do CPC*. São Paulo: LTr, 2007.

TEIXEIRA FILHO, Manoel Antonio. *Execução no processo do trabalho*. 11. ed. São Paulo: LTr, 2013.

---

(50) O anteprojeto de lei do TST foi concluído em maio de 2011. Prevê alterações na CLT, com a finalidade de dotar a execução trabalhista de maior efetividade e celeridade.

CAPÍTULO 4

O Processo do Trabalho e a Execução Trabalhista com o Auxílio dos Mecanismos Tecnológicos

Adriane Barbosa Oliveira[(*)]

1. Introdução

O presente artigo dedica-se à análise sucinta da efetividade da execução no âmbito da Justiça do Trabalho, e dos mecanismos utilizados, calcados nas novas ferramentas tecnológicas.

Se por um lado as medidas já existentes empregam certa celeridade ao processo trabalhista, por outro o sobrecarregam, desafiando a efetividade da execução da Justiça Laboral. A efetividade da execução exposta nos *Relatórios da Justiça do Trabalho* não é um fim em si mesmo. Pelo contrário, à morosidade explicitada e o congestionamento dos processos não resolvidos são graves entraves a efetividade da justiça. Doravante, centrando-se nos volumes de casos em que os relatórios apontam para a resolução do processo, os Tribunais nada falam do direito alcançado. Significa dizer que, mesmo aparentemente crescente, a quantidade de processos que já esgotaram toda prestação jurisdicional, passando pela fase de conhecimento e execução da Justiça do Trabalho, não representa com exatidão que a parte vencedora tenha acesso aos direitos e valores garantidos pela Lei.

O pior obstáculo à efetivação da prestação jurisdicional pode ser notado quando os valores garantidos pela decisão judicial não são devidamente quitados pela falta de meios mais agudos e coercitivos de ação. Nesse sentido, observam-se os princípios norteadores da ciência processual, na dimensão geral e específica do processo laboral e de execução, intentando apontar tanto as questões de caráter teórico quanto as de cunho evidentemente prático, a fim de demonstrar hipóteses inerentes à satisfação do crédito laboral, dando maior efetividade à Justiça do Trabalho.

Em uma tentativa de buscar novos meios para aperfeiçoar a execução nessa Justiça Especializada, os Tribunais Regionais vêm adotando variadas ferramentas tecnológicas para acelerar a efetivação na obtenção do crédito trabalhista, diminuindo, com isso, o índice de execuções paralisadas no Tribunal, muitas vezes causadas por falta de patrimônio da empresa reclamada, bem como a burla empresarial de tentar fugir da responsabilidade, com os artifícios de esvair-se dos seus patrimônios. Embora esses meios modernos e informatizados tenham por fim tornar mais efetiva sua execução, as mais diversas controvérsias surgiram desde o momento em que foram implementados.

(*) Advogada, especialista em Processo e Direito do Trabalho pela UNIVALI-SC, Mestre em Teoria Geral da Jurisdição e Processo pela PUC-RS e pesquisadora pela FAPEMA.

Por mais eficazes que sejam os métodos utilizados na execução trabalhista, estes, porém, em certos casos, não são suficientes para satisfazer seu crédito, uma vez que, esgotadas as possibilidades de obtenção do crédito e terminadas as tentativas de localização do patrimônio, a execução se torna frustrada, visto que não atingiu a efetividade esperada pelo jurisdicionado.

O processo de execução, frequentemente, é alvo escolhido para debater a efetividade processual. De nada importa para o credor o sucesso na fase cognitiva do feito se não houver a célere adimplência da obrigação a que foi condenado o devedor, quadro que se agrava quando se fala de execução trabalhista, hipótese em que o credor persegue a satisfação de prestação de natureza alimentícia.

Uma das formas de assegurar a efetividade na cobrança de um direito do trabalhador é a utilização do processo do trabalho, que, diferente dos outros ramos do Direito, adapta-se a diversos mecanismos para a incansável busca do crédito do trabalhador.

2. O processo do trabalho

O processo do trabalho pode ser definido como o ramo do direito processual que tem por objetivo solucionar os conflitos trabalhistas[1]. Em outras palavras, o Processo do Trabalho se desenvolve a partir da identificação das "linhas particulares dos conflitos do trabalho"[2]; dessa forma, se torna viável a determinação do caminho a ser percorrido até a solução satisfatória para a parte que o requer.

O sistema processual trabalhista possui extensões nobres, por isso ele não pode ser analisado isoladamente, uma vez que se compõe por um conjunto de "normas, princípios, regras e instituições próprias"[3], capaz de solucionar os conflitos coletivos, difusos e individuais decorrente das relações de trabalho e emprego. Esse sistema processual é transmitido através do funcionamento dos órgãos que compõem a Justiça do Trabalho, que seguem as diretrizes recebidas pela Constituição Federal Brasileira, Consolidação das Leis Trabalhistas e Leis Específicas do ramo do Direito do Trabalho.

É pacífico que a principal doutrina sobre o assunto[4] entende o direito processual do trabalho como sendo o ramo do direito processual que possui um conjunto de normas e princípios que regulam a atividade jurisdicional dos órgãos competentes para a solução dos litígios individuais e coletivos, que envolve trabalhadores e empregadores. Porém, dentre estes doutrinadores estudados, apenas Schiavi[5] ressaltou em seu conceito a efetividade como sendo um objetivo do processo do trabalho em efetivar a legislação trabalhista e social, assegurando o acesso do trabalhador aos Tribunais Trabalhistas em busca dos seus direitos.

De outra forma, Mascaro Nascimento[6] possui uma visão diferente do comportamento do Direito Processual do Trabalho como meio de solução de conflitos trabalhistas. Para ele, esse ramo do Direito serve de "espaço experimental para novas construções jurídicas aproveitadas pelo direito processual civil".

Giglio[7] afirma que o processo do trabalho abarca uma série de novos instrumentos não utilizados pelo processo tradicional. Esse autor afirma que as mais significativas inovações processuais advêm da processualística trabalhista. Como exemplo dessas inovações processuais têm-se a valorização da oralidade; o *jus postulandi*, que é o direito que o litigante possui em processar sem atuação de um advogado; a simplificação dos atos (concentração de atos em audiência); facilidade e rapidez, na fase de execução, em chegar ao patrimônio dos devedores; utilização de ferramentas tecnológicas auxiliares na execução; entre outros.

De qualquer forma, o desenrolar do processo do trabalho possui uma série de peculiaridades, que valoriza cada princípio e regra e ele pertinente. Diferente do que ocorre nas demais controvérsias, que "se presume igualdade entre os opositores, nos conflitos trabalhistas o confronto se dá, basicamente,

---

(1) NASCIMENTO, Amauri Mascaro. *Curso de direito processual do trabalho*. 27. ed. São Paulo: Saraiva, 2012. p. 91.
(2) GIGLIO, Wagner D.; CORREA, Cláudia Giglio Veltri. *Direito processual do trabalho*. 16. ed. São Paulo: Saraiva, 2007. p. 76.
(3) LEITE, Carlos Henrique Bezerra. *Curso de direito processual do trabalho*. 7. ed. São Paulo: LTr, 2009. p. 880.
(4) SCHIAVI, Mauro. *Manual de direito do trabalho*. 4. ed. São Paulo: LTr, 2011. p. 98; LEITE, Carlos Henrique Bezerra. *Curso de direito processual do trabalho*. 7. ed. São Paulo: LTr, 2009. p. 88; SARAIVA, Renato. *Curso de direito processual do trabalho*. 8. ed. São Paulo: Método, 2011. p. 26; MARTINS, Sergio Pinto. *Fundamentos de direito processual do trabalho*. 5. ed. São Paulo: Atlas, 2012. p. 3; OLIVEIRA, Francisco Antonio de. *Manual de processo do trabalho*. 4. ed. São Paulo: LTr, 2011. p. 39.
(5) SCHIAVI, Mauro. *Manual de direito do trabalho*. 4. ed. São Paulo: LTr, 2011. p. 98.
(6) NASCIMENTO, Amauri Mascaro. *Curso de direito processual do trabalho*. 27. ed. São Paulo: Saraiva, 2012. p. 91-92.
(7) GIGLIO, Wagner D.; CORREA, Cláudia Giglio Veltri. *Direito processual do trabalho*. 16. ed. São Paulo: Saraiva, 2007. p. 78.

entre litigantes desiguais"[8], ou seja, ao empregado é assegurada a superioridade jurídica em face do empregador, pelo simples fato de aquele possuir inferioridade econômica[9].

3. Autonomia do processo do trabalho

No que diz respeito à autonomia do processo do trabalho, ainda existem discussões na doutrina entre o Direito Processual Civil e o Direito Processual do Trabalho, cuja divergência é se constituem espécie de um mesmo processo ou se o Processo do Trabalho seria espécie do Processo Civil; inclusive, alguns autores entendem que todos os ramos do processo seriam espécies de um único processo, que seriam comportados pelo gênero do "Direito Processual"[10].

Com o impasse da autonomia surgiram três teorias denominadas de monista, dualista e intermediária ou eclética. De acordo com os adeptos da teoria monista, o direito processual do trabalho não possui princípios e institutos próprios[11]; para eles, o que existe é um único direito processual regido por normas e regramentos de conteúdo iguais, sem que a especialidade de cada ramo do direito justifique a autonomia de qualquer um destes ramos[12].

Bezerra Leite, um dos adeptos dessa teoria, apesar de reconhecer que o Direito Processual do Trabalho possui ampla matéria legislativa, afirma que "o direito processual do trabalho não desfruta de métodos tipicamente próprios"[13], uma vez que os regramentos que o institui são os mesmos da teoria geral do processo. Na mesma linha, Antônio de Oliveira[14] entende que o processo do trabalho não possui condições de ser sustentado com regras próprias, e qualquer tentativa de formular um código de processo do trabalho sem os regramentos do CPC seria frustrada, pois se repetiriam, praticamente, todas as regras do Processo Civil.

Carrion[15], ao explicar os fundamentos do art. 769[16] da CLT, não faz uma discussão entre as teorias; ele explica que as doutrinas, normas e institutos do processo geral são aplicados no processo do trabalho, desde que não contrariem os princípios e as peculiaridades do processo do trabalho. Ele afirma que "o direito processual do trabalho não é autônomo com referência ao Processo Civil e não surge do direito material laboral". Apesar de essa explicação parecer pertinente, Carrion se contraria nessa obra ao dizer e desdizer que existem princípios do processo do trabalho e logo na outra página afirmar que "o direito processual do trabalho não possui princípio próprio algum, pois todos os que o norteiam são do Processo Civil". O autor deixa dúvida quanto ao seu posicionamento em relação à existência dos princípios peculiares ao processo do trabalho.

Contrariando os monistas e com grande ascensão na doutrina processual do trabalho, a teoria dualista consagra a existência de autonomia do direito processual do trabalho em relação ao direito processual civil. Gabriel Saad[17] entende que é comum ter simpatia pelo monismo quando se acredita que o direito processual do trabalho é um ramo do direito processual comum. Antes de se posicionar, este autor aduz que para ser considerado autônomo, um ramo do Direito deve conter os seguintes requisitos:

a) se submeter a princípios que não se confundam com quaisquer outros;

b) ter objeto individualizado e bem nítido, capaz de distinguir-se dos demais ramos da frondosa árvore do direito processual; e

c) ter procedimentos próprios e diferenciados.

De acordo o autor, partindo desse ponto de vista, seria difícil sustentar que o direito do processo do trabalho é um ramo autônomo do direito processual comum, uma vez que os princípios, objetos e procedimentos desses dois quase que se igualam[18]. Mesmo

---

(8) GIGLIO, Wagner D.; CORREA, Cláudia Giglio Veltri. *Direito processual do trabalho*. 16. ed. São Paulo: Saraiva, 2007. p. 77.
(9) FOLCH, Alejandro Gallart apud MARTINS, Sergio Pinto. *Fundamentos de direito processual do trabalho*. 5. ed. São Paulo: Atlas, 2012. p. 3.
(10) OLIVEIRA, Francisco Antonio de. *Manual de processo do trabalho*. 4. ed. São Paulo: LTr, 2011. p. 40.
(11) LEITE, Carlos Henrique Bezerra. *Curso de direito processual do trabalho*. 7. ed. São Paulo: LTr, 2009. p. 85.
(12) OLIVEIRA, Francisco Antonio de. *Manual de processo do trabalho*. 4. ed. São Paulo: LTr, 2011. p. 41.
(13) LEITE, Carlos Henrique Bezerra. *Curso de direito processual do trabalho*. 7. ed. São Paulo: LTr, 2009. p. 87.
(14) OLIVEIRA, Francisco Antonio de. *Manual de processo do trabalho*. 4. ed. São Paulo: LTr, 2011. p. 42.
(15) CARRION, Valetin. *Comentários à consolidação da lei do trabalho*. 33. ed. atual. por Eduardo Carrion. São Paulo: Saraiva, 2008. p. 769.
(16) Art. 769. Nos casos omissos, o direito processual comum será fonte subsidiária do direito processual do trabalho, exceto naquilo em que for incompatível com as normas deste título.
(17) SAAD, Eduardo Gabriel. *Direito processual do trabalho*. 4. ed. rev. atual. eampl. por Eduardo Saad e Ana Maria Saad Castello Branco. São Paulo: LTr, 2004. p. 45-46.
(18) SAAD, Eduardo Gabriel. *Direito processual do trabalho*. 4. ed. rev. atual. eampl. por Eduardo Saad e Ana Maria Saad Castello Branco. São Paulo: LTr, 2004. p. 46.

com toda esta explanação, Saad entende que o Direito Processual do Trabalho está bem definido na Consolidação das Leis do Trabalho, porém ele suspeita que tal autonomia ainda não foi materializada no Brasil[19]. Adepto da mesma teoria, Saraiva[20] acrescenta que a própria CLT delimitou a aplicação do Código de Processo Civil apenas de forma subsidiária, no caso de haver lacuna na processualística trabalhista, com a condição de essa aplicação não ir contra os preceitos da legislação trabalhista.

Para Martins[21], o direito processual do trabalho é ligado com as normas do direito material. Esse autor justifica a autonomia do processo do trabalho pelo viés científico e afirma que "as instituições do processo do trabalho são diversas das demais áreas do direito". Um exemplo explicitado por ele é a própria Justiça do Trabalho, como um órgão especializado integrante do Poder Judiciário que possui legitimidade, em seus tribunais, para julgar originariamente os dissídios coletivos, que produzem decisões normativas de validade para toda uma categoria de trabalhadores. Algumas outras peculiaridades do processo do trabalho são citadas por Martins[22], tais como o *ius postulandi* e o princípio da proteção, o que leva ao entendimento de que não há nenhuma comparação do processo do trabalho com o processo comum. Inclusive, arrisca-se em expor que o processo comum busca subsídios no processo do trabalho, como é o exemplo da simplificação dos procedimentos e dos limites objetivos da coisa julgada.

No mesmo sentido, porém com algumas observações em relação ao direito material e ao direito processual do trabalho, Schiavi[23] reconhece que alguns princípios do direito material do trabalho — tais como o da primazia da realidade, razoabilidade e boa-fé — são aplicáveis ao direito processual do trabalho, porém os princípios dos dois ramos se diferem. Com o propósito de esclarecer, ele anota o seguinte entendimento:

[...] o processo tem caráter instrumental e os princípios constitucionais da isonomia e imparcialidade, aplicáveis ao Processo do Trabalho, impedem que o Direito Processual do Trabalho tenha a mesma intensidade de proteção do trabalhador própria do Direito Material do Trabalho.[24]

Não obstante a esse entendimento, Schiavi[25] adota a ideia de que o direito processual do trabalho é dotado de características inerentes à do princípio da proteção, que é imprescindível para assegurar o acesso efetivo ao trabalhador em pleitear seus direitos perante o órgão judiciário trabalhista.

Ao explicar a autonomia, Giglio[26] afirma que o Direito Material do Trabalho não é limitado em regulamentar o cotidiano da sociedade; ele tem o condão de auxiliar na transformação desta, na busca da distribuição de renda justa e da melhoria na qualidade de vida dos trabalhadores. Essa busca pela justiça repercute nos meios sociais, econômicos e políticos, que pode ser alcançada através dos litígios trabalhistas, afastando os de outra natureza. Diferente dos outros ramos, o Direito do Trabalho concede "superioridade jurídica ao trabalhador", uma vez que as partes que litigam são desiguais[27], ou seja, no intuito de compensar a inferioridade econômica do trabalhador com relação ao empregador ou beneficiário dos seus serviços, é conferido ao trabalhador litigante o benefício da superioridade jurídica.

Sob o enfoque científico, esse autor explica que, pelo fato de a sociedade evoluir lentamente, há certa dificuldade de se aproveitar as conquistas científicas[28], e, como auxílio para o caos na sociedade, para com as leis existentes, tem-se a morosidade do processo legislativo. Giglio entende que a não existência de um Código próprio ao processo do trabalho se dá por conta desse atraso e lamenta por isso. Mascaro Nascimento[29], também favorável à corrente dualista, enfatiza as tentativas frustradas de adotar um Código de Processo do Trabalho no Brasil.

---

(19) SAAD, Eduardo Gabriel. *Direito processual do trabalho*. 4. ed. rev. atual. eampl. por Eduardo Saad e Ana Maria Saad Castello Branco. São Paulo: LTr, 2004. p. 46.
(20) SARAIVA, Renato. *Curso de direito processual do trabalho*. 8. ed. São Paulo: Método, 2011. p. 28.
(21) MARTINS, Sergio Pinto. *Fundamentos de direito processual do trabalho*. 5. ed. São Paulo: Atlas, 2012. p. 23.
(22) MARTINS, Sergio Pinto. *Fundamentos de direito processual do trabalho*. 5. ed. São Paulo: Atlas, 2012. p. 23.
(23) SCHIAVI, Mauro. *Manual de direito do trabalho*. 4. ed. São Paulo: LTr, 2011. p. 104.
(24) SCHIAVI, Mauro. *Manual de direito do trabalho*. 4. ed. São Paulo: LTr, 2011. p. 104.
(25) SCHIAVI, Mauro. *Manual de direito do trabalho*. 4. ed. São Paulo: LTr, 2011. p. 104.
(26) GIGLIO, Wagner D.; CORREA, Cláudia Giglio Veltri. *Direito processual do trabalho*. 16. ed. São Paulo: Saraiva, 2007. p. 79.
(27) GIGLIO, Wagner D.; CORREA, Cláudia Giglio Veltri. *Direito processual do trabalho*. 16. ed. São Paulo: Saraiva, 2007. p. 84.
(28) GIGLIO, Wagner D.; CORREA, Cláudia Giglio Veltri. *Direito processual do trabalho*. 16. ed. São Paulo: Saraiva, 2007. p. 81.
(29) NASCIMENTO, Amauri Mascaro. *Curso de direito processual do trabalho*. 27. ed. São Paulo: Saraiva, 2012. p. 96-98.

A última teoria apontada é a relativa, que é sustentada em razão da abertura ocasionada pelo art. 769 da CLT, em possibilitar a aplicação subsidiária ao Processo Comum na fase de conhecimento e dar entrada para a aplicação da Lei dos Executivos Fiscais na fase de execução, conforme preceitua o art. 889 da CLT[30]. Batalha[31], adepto dessa teoria, entende que "bastaria uma referência ao art. 769 da nossa Consolidação das Leis do Trabalho para tornar fora de dúvida a relatividade da autonomia do Direito Processual do Trabalho". Ao dissertar sobre o assunto, Santos Junior[32] expõe seu entendimento a partir da interpretação dos arts. 769 e 889[33] e do parágrafo único[34] do art. 8º da CLT como sendo regras supletivas que o legislador criou para suprir as necessidades do processo do trabalho.

As teorias expostas reafirmam ainda mais a autonomia do Direito Processual do Trabalho em relação ao processo comum, inclusive quanto ao fechamento que a Consolidação das Leis do Trabalho impõe no seu corpo textual, ao limitar a aplicação subsidiária de outros dispositivos no caso de omissão da norma trabalhista. Atualmente, a aplicação ou não dos institutos processuais do direito comum ainda é alvo de discussões, inclusive entre as decisões de juízes de primeiro grau dos mesmos tribunais, que entendem ser aplicável o dispositivo como instituto de coerção do devedor. Um exemplo dessas controvérsias é o art. 475-J do CPC, que, segundo a jurisprudência[35] do TST, é inaplicável, visto que o processo do trabalho possui disciplina própria[36] que prevê o prazo e a garantia da dívida por depósito ou a penhora de bens quantos bastem ao pagamento da importância da condenação, acrescido das despesas processuais, custas e juros de mora.

4. A execução no processo do trabalho

O conceito de execução no sentido jurídico do vocabulário[37] reporta-se como sendo "uma das atividades jurisdicionais, desenvolvida mediante procedimento próprio, que tem o objetivo de assegurar ao detentor de título executivo, judicial ou extrajudicial, a satisfação de seu direito". A doutrina processual civil de Dinamarco[38] entende que a execução consiste em uma série de atos que objetivam sancionar a sentença condenatória, que se desenvolve pela ação do exequente. Para Barbosa Moreira[39], "a execução segue um processo que deve estabelecer a perfeita conexão entre uma situação real entre devedor e credor e a norma jurídica concreta". Assis[40] explica que na execução de um processo judicial, o Poder Judiciário recebe a outorga de efetivar a tutela da prestação jurisdicional alcançada pelo exequente, utilizando-se de meios coercitivos para obtenção do crédito quando este é inadimplido no processo. Se não houvesse a execução, a sentença condenatória seria rechaçada, esquecida, "seria como sino sem badalo ou o trovão sem a chuva"[41]. O final da obra chamada de "processo" necessita da "completa tutela jurídica", pois a sentença dada em favor do ator principal da obra garante a efetivação do seu direito a ser cumprida pela execução[42].

Taruffo[43], ao explicar a execução forçada, entende que esta possui duplo significado, sendo que o primeiro relaciona-se à realização de uma atividade e de um propósito que consiste na realização coerciva do direito para que o devedor pague a prestação devida que não foi realizada com espontaneidade. Já o segundo significado tende a representar o com-

---

(30) SCHIAVI, Mauro. *Manual de direito do trabalho*. 4. ed. São Paulo: LTr, 2011. p. 103.
(31) BATALHA, Wilson de Sousa Campos. *Tratado de direito judiciário do trabalho*. São Paulo: LTr, 1977. p. 141.
(32) SANTOS JUNIOR, Rubens Fernando Clamer dos. *Processo do trabalho*: uma interpretação constitucional contemporânea a partir da teoria dos direitos fundamentais. Porto Alegre: PUCRS, 2011. Dissertação (Mestrado em Direito), Faculdade de Direito, Pontifícia Universidade Católica do Rio Grande do Sul, 2011. p. 120-121.
(33) Art. 889. Aos trâmites e incidentes do processo da execução são aplicáveis, naquilo em que não contravierem ao presente Título, os preceitos que regem o processo dos executivos fiscais para a cobrança judicial da dívida ativa da Fazenda Pública Federal.
(34) Art. 8º [...] Parágrafo único. O direito comum será fonte subsidiária do direito do trabalho, naquilo em que não for incompatível com os princípios fundamentais deste.
(35) RR 830-32.2011.5.04.0005; RR 60300-26.2011.5.21.0003; RR 1154-56.2010.5.04.0005; RR 174000-44.1999.5.16.0001; RR 48000-25.1994.5.15.0058; RR 17500-56.2008.5.13.0020; RR 1223900-86.2009.5.09.0012; RR 894-64.2010.5.03.0018; RR 139-65.2011.5.03.0160; RR 286500-54.2005.5.09.0513; RR-72400-74.2009.5.03.0038; RR 464-43.2010.5.05.0023.
(36) Arts. 880, 882 e 883 da Consolidação das Leis do Trabalho.
(37) *Dicionário eletrônico Houaiss da língua portuguesa*. Versão 3.0, Rio de Janeiro: Objetiva, jun. 2009.
(38) DINAMARCO, Cândido Rangel. *Execução civil*. 6. ed. São Paulo: Malheiros, 1998. p. 115.
(39) MOREIRA, José Carlos Barbosa. *O novo processo civil brasileiro*. 28. ed. Rio de Janeiro: Forense, 2010. p. 206.
(40) ASSIS, Araken de. *Cumprimento da sentença*. 3. ed. Rio de Janeiro: Forense, 2009. p. 24.
(41) REZENDE FILHO, Gabriel José Rodrigues de. *Curso de direito processual civil*. 8. ed. São Paulo: Saraiva, 1968. v. 3, p. 169.
(42) REZENDE FILHO, Gabriel José Rodrigues de. *Curso de direito processual civil*. 8. ed. São Paulo: Saraiva, 1968. v. 3, p. 169.
(43) TARUFFO, Michele; CAMOGLIO, Luigi Paolo; FERRI, Corrado. *Lezioni sul processo civile*. 2. ed. Bologna: Il Mulino, 1995. p. 878.

plexo de atividades processuais preparatórias para o alcance do processo executivo.

Na esfera processual trabalhista, a doutrina não encontra divergência quanto ao conceito de execução dado pelos processualistas cíveis. Batalha[44] explica que a execução forçada deve realizar-se mediante "os processos e formas estabelecidas pela lei"; em se tratando de execução, a vontade da lei é transmitida através da coação para que seja efetivado o direito. Esse autor afirma, ainda, que "a sentença sem execução redundaria em consagração puramente teórica de um direito e a vontade da lei não atuaria na realidade da vida"[45]. Giglio[46] não se posiciona quanto a um conceito próprio, todavia explana a doutrina de Rezende Filho e acompanha o entendimento de Batalha, conforme já explicitado anteriormente. Com uma interpretação mais simples, Saraiva[47] e Martins[48] partem de uma mesma ideia, e entendem que a execução satisfaz o direito do credor que foi garantido através da sentença. Sem muitas alterações, quanto ao entendimento dos demais autores, Schiavi[49] entende a execução trabalhista como sendo um "conjunto de atos praticados pela Justiça do Trabalho destinados à satisfação de uma obrigação consagrada num título executivo judicial e extrajudicial, não satisfeita pelo devedor, contra a vontade deste último".

Duas correntes são apresentadas por Bezerra Leite[50], sendo que a primeira entende que a execução da sentença trabalhista é um processo novo e autônomo, que se insurge através da expedição do mandado de citação do executado. A segunda corrente defende a execução como sendo uma "simples fase do processo trabalhista de conhecimento". Diferente da primeira corrente, nesta não se sustenta a existência de um processo autônomo de execução trabalhista. A argumentação utilizada é explicada pelo fato de a execução poder ser realizada de ofício pelo Juízo trabalhista. Bezerra Leite defendia a existência de um processo autônomo na execução trabalhista; porém, diante das reformas na Constituição Federal[51] e, principalmente, no Processo Civil[52], esse autor passou a entender que a execução na Justiça do Trabalho é apenas uma fase procedimental posterior a sentença.

4.1. Princípios da execução da justiça do trabalho

A execução no processo trabalhista, apesar de possuir um rito peculiar, compartilha de alguns princípios do processo civil comum. Assis[53] enumera os princípios da execução do processo civil que entende como fundamentais: princípio da autonomia; princípio do título; princípio da responsabilidade; princípio do resultado; princípio da disponibilidade e princípio da adequação. Silva[54] caracteriza os princípios da execução civil em dois grupos, sendo o primeiro denominado de *megaprincípios*, e o segundo, de princípios caracterizadores do processo executivo. Por abranger os mesmos princípios expostos por Araken de Assis e pela completude de informações, serão expostos, no presente trabalho, os princípios abordados por Silva.

Iniciando-se pelos *megaprincípios*, a autora analisa esses princípios como sendo os norteadores gerais para o desenvolvimento de qualquer raciocínio atrelado à execução[55]. Com esse pensamento, pode-se afirmar que também é utilizado para pautar a execução do processo do trabalho. Tais princípios possuem a seguinte denominação:

a) Princípio da efetividade da execução

A efetividade é um princípio inerente ao processo em geral em qualquer fase que ele se encontre.

---

(44) BATALHA, Wilson de Souza Campos. *Tratado de direito judiciário do trabalho*. São Paulo: LTr, 1977. p. 835.
(45) BATALHA, Wilson de Souza Campos. *Tratado de direito judiciário do trabalho*. São Paulo: LTr, 1977. p. 835.
(46) GIGLIO, Wagner D.; CORREA, Cláudia Giglio Veltri. *Direito processual do trabalho*. 16. ed. São Paulo: Saraiva, 2007. p. 521.
(47) SARAIVA, Renato. *Curso de direito processual do trabalho*. 8. ed. São Paulo: Método, 2011. p. 527.
(48) MARTINS, Sergio Pinto. *Direito processual do trabalho*. 28. ed. São Paulo: Atlas, 2008. p. 697.
(49) SCHIAVI, Mauro. *Manual de direito do trabalho*. 4. ed. São Paulo: LTr, 2011. p. 869.
(50) LEITE, Carlos Henrique Bezerra. *Curso de direito processual do trabalho*. 7. ed. São Paulo: LTr, 2009. p. 804-805.
(51) Art. 114, § 3º, da CF. Redação dada pela Emenda n. 45/04.
(52) Lei n. 11.232/05. O processo de executar o dispositivo de sentença tornou-se uma fase de cumprimento de sentença, ou seja, um simples procedimento posterior à sentença, sem necessidade de instauração de um novo processo de execução.
(53) ASSIS, Araken de. *Cumprimento da sentença*. 4. ed. Rio de Janeiro: Forense, 2010. p. 27-31.
(54) SILVA, Jaqueline Mielke; XAVIER, José Tadeu Neves. *Curso de processo civil*. Rio de Janeiro: Forense, 2008. p. 9-19. v. 2: Processo de execução e cumprimento das sentenças.
(55) SILVA, Jaqueline Mielke; XAVIER, José Tadeu Neves. *Curso de processo civil*. Rio de Janeiro: Forense, 2008. p. 9. v. 2: Processo de execução e cumprimento das sentenças.

O desejo de produzir um resultado satisfatório é perseguido com mais ênfase na execução. Ocorre que para que esse resultado seja transposto a realidade processual é necessário consolidar outros valores importantes ao processo, a começar pelo exercício da função jurisdicional em consonância com os valores e princípios normativos formadores do processo justo[56]. Álvaro Nascimento[57] entende que dois aspectos são indispensáveis para que o encontro do processo com a justiça efetiva, sendo eles "a necessidade de um maior informalismo e a acentuação do princípio fundamental da cooperação entre o órgão judicial e as partes".

Na fase de execução, seja no processo civil ou no processo do trabalho, o princípio da efetividade "encontra o seu ponto máximo de atuação"[58]; portanto, todos os esforços possíveis deverão ser concentrados nessa etapa, para que seja alcançado o máximo de resultado possível, buscado pelo jurisdicionado.

b) Princípio de que a execução é realizada em benefício do credor

Esse princípio está intimamente ligado ao princípio da efetividade, pois ele explicita que o crédito do executado é uma prioridade a ser perseguida e obtida na execução. Nesse sentido, o Código de Processo Civil dispõe no art. 612 que a execução é realizada no interesse do credor. Silva[59] entende que esse princípio serve para orientar qualquer tipo de "prestação jurisdicional a ser prestada".

No processo do trabalho, o crédito pretendido, em sua maioria, é oriundo de uma relação de trabalho; portanto, conforme visto no decorrer do trabalho, essa relação possui caráter protetivo na relação jurisdicional. Dessa forma, esse princípio merece destaque, pois é premente a celeridade na execução do crédito trabalhista, por se tratar de crédito de natureza alimentar[60]. Schiavi denomina esse princípio como sendo da "primazia do credor trabalhista"[61].

Tal princípio, quando aplicado ao processo do trabalho, deve ser tratado com um pouco de cautela no anseio de acelerar o recebimento do crédito. O exemplo disso é a praxe atual de utilizar, de forma concomitante, as ferramentas auxiliares da execução, dando prioridade para as penhoras e restrições eletrônicas, que são de fácil acesso e manuseio para emissão de ordem jurídica pelo Juízo. Quando realizadas de forma equivocada ou excessiva, essas penhoras ou restrições podem prejudicar o executado ou um terceiro, sendo mais moroso e burocrático o desfazimento do equivoco. Assim, a execução se torna mais gravosa ao devedor da ação.

c) Princípio da menor onerosidade possível

O princípio da execução menos onerosa para o devedor é disposto no art. 620 do Código de Processo Civil. De acordo com o entendimento de Silva[62], esse princípio representa a necessidade de moderação dos meios utilizados na execução. Dinamarco[63] preceitua que a execução deve se enquadrar em um sistema sistemático de limites, que são subdivididos em *naturais* e *políticos*.

O primeiro limite proposto por Dinamarco[64] é o natural, que ocorre quando não há mais possibilidade de atuação da lei perante o objeto da execução, ou seja, quando se perde ou foi destruído o objeto da execução. Nesse caso, a atuação da lei será adstrita para as perdas e os danos, que possibilitarão o saneamento do direito material pleiteado.

No caso das limitações políticas, estas podem ser impostas levando-se em consideração o direito da personalidade, que está interligado ao próprio modo de ser da pessoa[65]. Esse tipo de limitação também se expressa na execução forçada, quando o interesse público for atingido. A limitação disposta no art. 620 do CPC também é política.

---

(56) OLIVEIRA, Carlos Alberto Álvaro de. Efetividade e processo de conhecimento. *Revista da Ajuris*, ano XXVI, n. 75, p. 122-123, set. 1999.
(57) OLIVEIRA, Carlos Alberto Álvaro de. Efetividade e processo de conhecimento. *Revista da Ajuris*, ano XXVI, n. 75, p. 123, set. 1999.
(58) SILVA, Jaqueline Mielke; XAVIER, José Tadeu Neves. *Curso de processo civil*. Rio de Janeiro: Forense, 2008. p. 10. v. 2: Processo de execução e cumprimento das sentenças.
(59) SILVA, Jaqueline Mielke; XAVIER, José Tadeu Neves. *Curso de processo civil*. Rio de Janeiro: Forense, 2008. p. 10. v. 2: Processo de execução e cumprimento das sentenças.
(60) SCHIAVI, Mauro. *Manual de Direito do Trabalho*. 4. ed. São Paulo: LTr, 2011. p. 870.
(61) SCHIAVI, Mauro. *Manual de Direito do Trabalho*. 4. ed. São Paulo: LTr, 2011. p. 869.
(62) SILVA, Jaqueline Mielke; XAVIER, José Tadeu Neves. *Curso de Processo Civil*. Rio de Janeiro: Forense, 2008. p. 11. v. 2: Processo de execução e cumprimento das sentenças.
(63) DINAMARCO, Cândido Rangel. *A instrumentalidade do processo*. 13. ed. São Paulo: Malheiros, 2008. p. 306-307.
(64) DINAMARCO, Cândido Rangel. *A instrumentalidade do processo*. 13. ed. São Paulo: Malheiros, 2008. p. 297.
(65) DINAMARCO, Cândido Rangel. *A instrumentalidade do processo*. 13. ed. São Paulo: Malheiros, 2008. p. 299.

Dinamarco[66] entende esse artigo como o *substrato ético* para tornar uma execução equilibrada, sem demasias ou afrontas processuais que ultrapassam as barreiras do bom senso processual, no intuito único de suprir o crédito pretendido. Esse autor expressa, quase que de forma poética[67], que a lei busca o equilíbrio dos conflitos processuais se pautando "nos valores éticos, políticos e econômicos alojados à base do sistema executivo"[68]. Tudo isso para que a execução seja eficiente e não abale cruelmente a estrutura patrimonial do devedor.

Todavia, mesmo com a existência das limitações da execução quanto aos excessos que esta pode vir a cometer, isso pode ser um fator intrigante para a efetividade da execução. O princípio da menor onerosidade possui uma linha tênue entre o crédito não recebido e a invasão do patrimônio do devedor. Isso pode ser explicado com início no art. 655 do CPC que dispõe sobre a ordem de penhora da execução. No caso concreto, quando há o esgotamento das vias previstas no artigo citado, ocorre uma insegurança quanto à efetividade da execução. Porém, quando não há utilização da ordem de penhora, e há o excesso pela aplicação concomitante dos incisos desse artigo (art. 573 do CPC), a execução se torna demasiadamente onerosa ao devedor. De outro lado, caso a preferência quanto à aplicação dos incisos seja obedecida, poderá haver abertura para a evasão do patrimônio do devedor de má-fé. Esses casos são fatores conflitantes quanto à aplicação do princípio da menor onerosidade.

A execução no processo do trabalho, além da busca pelo crédito, se depara com o protecionismo do direito fundamental pleiteado pelo trabalhador. Seguindo esse raciocínio, os magistrados e doutrinadores do âmbito do processo do trabalho, ao contrário do que ocorre no processo civil, comumente, invertem o princípio da menor onerosidade ao devedor e determinam que a execução trabalhista "seja processada pelo modo menos gravoso ao credor (trabalhador hipossuficiente)"[69].

Tal afirmativa pode ser deduzida da análise dos processos pesquisados. A maioria deles prioriza somente a condição do reclamante, ou seja, a condição do trabalhador que pleiteia seus direitos suprimidos pelo empresário, perante o Poder Judiciário. Nota-se, ainda, o excesso de comandos de penhora em um único ato pelo magistrado. Isso pode ser compreendido após a modernização da Justiça, principalmente no que se refere às ferramentas auxiliares da execução. Essas ferramentas aumentaram as possibilidades de efetivar, de forma mais célere, o crédito pretendido na fase de execução, e, por outro lado, tornaram a observância do art. 620 do CPC menos nítida perante o processo trabalhista.

Após esta explanação, resta saber se o esquecimento do princípio da menor onerosidade na execução, perante um processo trabalhista, condiz com os preceitos instituídos pela Constituição Federal, pois, no caso de expropriação do patrimônio do devedor, existem algumas limitações a serem respeitadas. Como exemplo, tem-se a impenhorabilidade do bem de família, com fundamentos na Lei Federal n. 8.009/90. O processo do trabalho se preocupa com a celeridade em decorrência da pressa do trabalhador em ver efetivado um direito que lhe foi suprimido, porém é imprescindível o cuidado ao analisar um caso concreto, para que não haja também a supressão de um direito fundamental do devedor.

d) Princípio do respeito à dignidade humana

Como em qualquer relação processual, a execução deve respeitar os preceitos básicos constitucionais, pois ela é o cerne "de orientação do jurista"[70]. Sarlet[71] destaca que os tribunais possuem o dever de "interpretarem e aplicarem as leis em conformidade com os direitos fundamentais". Silva[72] salienta que o princípio da dignidade da pessoa humana pode ser indicado como o valor principal a ser observado em todos os meios jurídicos.

---

(66) DINAMARCO, Cândido Rangel. *A instrumentalidade do processo.* 13. ed. São Paulo: Malheiros, 2008. p. 306.
(67) Com todo respeito ao autor, a presente pesquisa menciona este termo, pois Dinamarco se ilude com o sentimento de equilíbrio na execução buscado pela lei, ainda mais quando cita os valores éticos. Essa fala não retrata a realidade processual executiva.
(68) DINAMARCO, Cândido Rangel. *A instrumentalidade do processo.* 13. ed. São Paulo: Malheiros, 2008. p. 307.
(69) SARAIVA, Renato. *Curso de direito processual do trabalho.* 8. ed. São Paulo: Método, 2011. p. 531.
(70) SILVA, Jaqueline Mielke; XAVIER, José Tadeu Neves. *Curso de processo civil.* Rio de Janeiro: Forense, 2008. p. 12. v. 2: Processo de execução e cumprimento das sentenças.
(71) SARLET, Ingo Wolfgang. *A eficácia dos direitos fundamentais:* uma teoria geral dos direitos fundamentais na perspectiva constitucional. 10. ed. Porto Alegre: Livraria do Advogado, 2011. p. 373.
(72) SILVA, Jaqueline Mielke; XAVIER, José Tadeu Neves. *Curso de processo civil.* Rio de Janeiro: Forense, 2008. p. 12. v. 2: Processo de execução e cumprimento das sentenças.

Mais uma vez a execução se depara com as delimitações impostas pela legislação e doutrina, neste caso, pelo regimento maior, ou seja, a Constituição Federal. No processo de execução, a aplicação do princípio da dignidade da pessoa humana está adstrita aos limites que são aplicados nos atos de expropriação do patrimônio do devedor. Esse princípio, apresentado pela professora Mielke Silva, está intimamente interligado com o princípio da menor onerosidade, e, como já mencionado anteriormente, deve ser observado os cuidados quando da aplicação na execução. Neste sentido, Theodoro Junior[73] leciona que a execução não pode ser utilizada como um recurso que visa causar "ruína, fome e o desabrigo do devedor e da sua família, gerando situações incompatíveis com a dignidade da pessoa humana".

Quanto ao processo do trabalho supervalorizar o crédito do trabalhador, ao ponto de ultrapassar os limites e ordens de penhora impostos pela legislação, até pode ser justificável pela corriqueira utilização de meios fraudulentos pelos devedores, como forma de fugir com as obrigações processuais. Porém, os princípios fundamentais devem ser colocados a postos quando do surgimento da real necessidade do devedor em não ter seu patrimônio expropriado a ponto de afetar as próprias necessidades vitais e da sua família.

Este último princípio finaliza o rol dos *megaprincípios* apresentados por Mielke Silva, e, assim como a autora afirmou serem princípios aplicáveis a todo processo judicial, estes 4 (quatro) princípios possuem plena aplicabilidade processo do trabalho.

Observados os princípios gerais do processo e a peculiaridade do processo do trabalho em cada um deles, é importante ressaltar outros princípios ditos aplicáveis à execução no processo do trabalho.

Poucos são os doutrinadores do direito processual do trabalho que detalham os princípios específicos da execução trabalhista, ou seja, os denominados princípios informativos. Schiavi[74] enumera 12 (doze) princípios, sendo eles: a primazia do credor trabalhista; o meio menos oneroso para o executado; do título; redução do contraditório; patrimonialidade; efetividade; utilidade; disponibilidade; função social da execução trabalhista; subsidiariedade; procedimento sincrético e impulso oficial.

Saraiva e Teixeira Filho abordam 9 (nove) princípios informativos, que consistem na igualdade de tratamento das partes; natureza real; limitação expropriatória; utilidade para o credor; não prejudicialidade do devedor; da especificidade; da responsabilidade pelas despesas processuais e da livre disponibilidade do processo pelo credor. Diferente dos três doutrinadores citados, Saad[75] se restringe em citar apenas 5 (cinco), constituindo no de título; patrimonialidade; disponibilidade da ação; limitação expropriatória e não onerosidade.

Conforme já verificado em todo o processo de formação da Justiça do Trabalho, entende-se que ela é um ramo diferenciado por visar à proteção dos direitos dos trabalhadores. Dessa forma, o seu processo de execução não poderia ser diferente, como foi explicitado nos princípios peculiares ao processo do trabalho. Assim, a execução no processo trabalhista, também segue os mesmos preceitos peculiares do processo do trabalho.

5. A visão da efetividade na execução do processo do trabalho

Dentro da celeuma processual da Justiça do Trabalho, a efetividade é enfatizada na materialização da obrigação na fase de execução, no momento em que o credor busca num menor prazo possível a concretização do direito pretendido, não suportando "nenhum ato inútil" que torne a execução incapaz de satisfazer o crédito[76].

As reformas na legislação do Direito Processual Civil sugerem a alteração no comportamento processual na Justiça do Trabalho. Apesar de o processo do trabalho ser autônomo e considerado "simples, rápido e de baixo custo para seus atores sociais"[77], em alguns momentos ele recorre ao processo civil como fonte subsidiária. Assim, no caso de haver a existência de uma lacuna no Direito Processual do Trabalho, o Direito Processual Comum será utilizado como

---

(73) THEODORO JUNIOR, Humberto. *Curso de direito processual civil*. Rio de Janeiro: Forense, 2003. v. 2, p. 13.
(74) SCHIAVI, Mauro. *Manual de direito do trabalho*. 4. ed. São Paulo: LTr, 2011. p. 869-876.
(75) SAAD, Eduardo Gabriel. *Direito processual do trabalho*. 4. ed. rev. atual. e ampl. por Eduardo Saad e Ana Maria Saad Castello Branco. São Paulo: LTr, 2004. p. 866-868.
(76) SCHIAVI, Mauro. *Execução no processo do trabalho*. 2. ed. rev. e ampl. São Paulo: LTr, 2010. p. 33.
(77) LEITE, Carlos Henrique Bezerra. As recentes reformas do CPC e as lacunas ontológicas e axiológicas do processo do trabalho: necessidade de heterointegração do sistema processual não-penal brasileiro. *Revista do Tribunal Superior do Trabalho*, Porto Alegre: Síntese, v. 73/1, p. 139-140, s. d.

fonte subsidiária[78]. Mesmo havendo normas reguladoras específicas, o direito processual do trabalho pode socorrer-se dos outros ramos do Direito para tentar buscar maior efetividade nas suas demandas processuais.

Athayde Chaves delimita o estudo da ideia da utilização do processo comum no processo do trabalho, mantendo as garantias dessa justiça especializada, preservando sua efetividade e permitindo sua revitalização, "a partir do influxo de novos valores, princípios, técnicas, institutos e ferramentas que lhe conservem a celeridade e lhe viabilizem o atingimento de seus escopos"[79]. O alcance da omissão do art. 769 da CLT não pode ser reduzido apenas ao nível das lacunas da lei, pois o ponto principal a ser observado é que estas surgem pelo efeito próprio do tempo sobre o sistema normativo processual[80]. Há quem acredite que o problema da efetividade executiva será solucionado através da provocação do sistema Legislativo, a fim de gerar novos regramentos, mais atualizados[81].

A maior concentração na busca da efetividade no Direito Processual do Trabalho está na fase de execução. E, mesmo encontrando empecilhos para obtenção do crédito trabalhista efetivo, a execução na Justiça do Trabalho demanda de um arsenal de mecanismos para auxiliar na eficácia da prestação jurisdicional.

É bem verdade que as ferramentas existentes no sistema processual trabalhista não causam mais o efeito pretendido pelo legislador quando da aplicação isolada da norma existente, uma vez que os mecanismos processuais utilizados na prática, quando bem utilizados, podem ser mais eficazes. Existem outras dificuldades encontradas pelo magistrado trabalhista, tais como: prioridade de recursos voltado para a fase de conhecimento; apego demasiado do Juiz às formalidades; baixa utilização da execução provisória e de cautelares; política da celeridade voltada apenas para o 1º grau; política de uniformização dos procedimentos na execução desvinculada dos resultados; política de uniformização dos procedimentos na execução desvinculada dos resultados; sobrecarga decorrente dos créditos previdenciários; ausência de uniformização de jurisprudência nos Regionais; tolerância dos Juízes e advogados com atos atentatórios à dignidade da Justiça; facilidade do devedor em ocultar bens; a prática de sentenças ilíquidas; não informatização dos cartórios extrajudiciais; a extinção da prisão do depositário fiel pelo STF.

A Justiça do Trabalho, em face ao caráter alimentar dos créditos trabalhistas que são pleiteados em seu seio, tende a tratar dos processos com a máxima celeridade processual[82], como se o direito individual ou coletivo do trabalhador transpusesse qualquer outro direito. Há de se observar que as ferramentas utilizadas para auxiliar a eficiência do resultado da demanda trabalhista são variadas. A Justiça especializada é famosa por buscar meios que aumentem a efetividade das execuções, concretizando os princípios constitucionais.

Apesar das dificuldades, os instrumentos auxiliares, próprios da Justiça do Trabalho, utilizados para facilitar a execução, mesmo que não explícitos em lei, ainda são eficazes. A tecnologia da informação tem produzido ferramentas surpreendentes. Citam-se: convênios Bacenjud[83]; Renajud[84];

---

(78) CARRION, Valetin. *Comentários à consolidação da lei do trabalho*. 33. ed. atual. por Eduardo Carrion. São Paulo: Saraiva, 2008. p. 768.
(79) CHAVES, Luciano Athayde. As lacunas no direito processual do trabalho. *In:* CHAVES, L. A. (org.). *Direito processual do trabalho*: reforma e efetividade. São Paulo: LTr, 2007. p. 84.
(80) CHAVES, Luciano Athayde. As lacunas no direito processual do trabalho. *In:* CHAVES, L. A. (org.). *Direito processual do trabalho*: reforma e efetividade. São Paulo: LTr, 2007. p. 80.
(81) FELTEN, Márcia Silvana. Considerações sobre efetividade executiva. *Repertório de Jurisprudência IOB, Civil, Processual, Penal e Comercial*, n. 1, p. 30, 2012.
(82) SIMÕES, José Ivanildo. *Processo virtual trabalhista*. São Paulo: LTr, 2010. p. 41.
(83) Bacenjud — é um instrumento de comunicação eletrônica entre o Poder Judiciário e instituições financeiras bancárias, com intermediação, gestão técnica e serviço de suporte a cargo do Banco Central. Por meio dele, os magistrados protocolizam ordens judiciais de requisição de informações, bloqueio, desbloqueio e transferência de valores bloqueados, que serão transmitidas às instituições bancárias para cumprimento e resposta. O tratamento eletrônico do envio de ordens judiciais pelo sistema possibilita a visualização das respostas na tela e oferece recursos úteis para a tomada de decisão da autoridade judiciária, a exemplo das estatísticas de inadimplência de respostas. A padronização e a automação dos procedimentos envolvidos, no âmbito das varas ou juízos e das instituições financeiras, reduzem significativamente o intervalo entre a emissão das ordens e o seu cumprimento (incluindo-se eventuais ações subsequentes), comparativamente à prática de ofícios em papel. Destaca-se, ainda, a segurança das operações e informações do sistema, eliminando-se, ao máximo, a participação manual nas diversas etapas, especialmente na troca de arquivos entre os participantes. Os dados das ordens judiciais são transmitidos com a utilização de sofisticada tecnologia de criptografia, em perfeita consonância com os padrões de qualidade do Banco Central.
(84) O sistema Renajud é uma ferramenta eletrônica que interliga o Judiciário e o Departamento Nacional de Trânsito — Denatran, possibilitando a efetivação de ordens judiciais de restrição de veículos cadastrados no Registro Nacional de Veículos Automotores — Renavam em tempo real. Foi desenvolvido mediante acordo de Cooperação Técnica entre o Conselho Nacional de Justiça, o Ministério das Cidades e o Ministério da Justiça. Por

Infojud[85]; Serpro[86]; Junta Comercial[87]; convênios com cartórios imobiliários onde são possibilitadas penhoras *on-line* em matrículas de bens imóveis[88]; convênio com empresas fornecedoras de Energia Elétrica para possibilitar o acesso ao cadastro de consumidores; convênios com Cartórios para se obter informações por *e-mail*, inclusive quanto à existência de procurações em favor do executado; expedição de certidões para fins de protesto ou registro no SPC; sentenças líquidas; liberação do depósito recursal; cadastro de penhoras; alvará eletrônico; fixação e liberação da parte incontroversa; atualização do débito previdenciário via Internet; execução simultânea (definitiva, total ou parcial, e provisória); reunião de processos para fins de execução; penhora de direitos; penhora da empresa; leilão eletrônico e a Lei n. 12.440/11[89] que alterou a CLT e a Lei das Licitações (n. 8.666/93), para criar a Certidão Negativa de Débitos Trabalhistas — CNDT[90], entre tantos.

Giglio discorre que o Código de Processo Civil revigorou a autoridade do Poder Judiciário, armando-o de poderes para prevenir ou reprimir qualquer ato atentatório à dignidade da Justiça, na fase de execução, porque esta se presta a manobras protelatórias[91].

A redação do art. 600 do código de Processo Civil, dada pela Lei n. 11.383/06, considera atentatório à dignidade da justiça ato do executado que I — frauda a execução; II — se opõe maliciosamente à execução, empregando ardis e meios artificiosos; III — resiste injustificadamente às ordens judiciais; IV — intimado, não indica ao juiz, em 5 (cinco) dias, quais são e onde se encontram os bens sujeitos à penhora e seus respectivos valores.

À guisa de exemplo, Souza Júnior[92] lembra que a legislação proíbe qualquer órgão da administração federal, estadual, distrital ou municipal, inclusive as autarquias, de contratar ou acatar proposta em licitação com contratante ou proponente sem a prova da quitação tributária e previdenciária[93]. As diversas restrições legais e contratuais que sofrem os inadimplentes da Fazenda Pública e/ou dos cofres da Previdência Social geram, sem dúvida, uma eficaz consequência no sentido de compelir, reflexamente, o devedor a quitar seus débitos. Desse instrumento invulgar não dispõem os trabalhadores brasileiros nem a Justiça do Trabalho.

Contudo, se na escala dos privilégios creditícios o pagamento laboral goza de prioridade, o mesmo não ocorre na prática, pois o que se opera é uma

---

meio deste novo sistema, os magistrados e servidores do Judiciário procedem à inserção e retirada de restrições judiciais de veículos na Base Índice Nacional (BIN) do Sistema RENAVAM, e essas informações são repassadas aos Detrans onde estão registrados os veículos, para registro em suas bases de dados. O tratamento eletrônico de ordens judiciais pelo sistema possibilita a visualização das respostas na tela e oferece recursos úteis para a tomada de decisão da autoridade judiciária (Disponível em: <http://www.tst.jus.br/corregedoria_2009/documentos/Manual_do_Sistema_Renajud_final%2025_08_08.pdf>. Acesso em: 18.11.2011).
(85) Por meio do sistema Infojud (Informações ao Poder Judiciário), com apenas um clique, os magistrados poderão ter acesso aos dados cadastrais de pessoas físicas e jurídicas envolvidas em processos. Implantado pela Receita em junho de 2006, o sistema, inicialmente, atendia apenas os Tribunais Regionais Federais, fornecendo essas informações a um número reduzido de juízes (Disponível em: <http://www.serpro.gov.br/imprensa/publicacoes/tema-1/antigas%20temas/tema_192/materias/infojud-o-judiciario-na-era-digital>. Acesso em: 18.11.2011).
(86) O Serviço Federal de Processamento de Dados, mais conhecido como SERPRO, é uma empresa pública vinculada ao Ministério da Fazenda, criada em 1º de dezembro de 1964 através da Lei n. 4.516, com o objetivo de modernizar e dar agilidade a setores estratégicos da Administração Pública brasileira. Essa empresa pública presta serviços em tecnologia da informação e comunicação para o setor público, desenvolvendo programas e serviços que permitem o controle sobre a receita e os gastos públicos (Disponível em: <www.serpro.gov.br>. Acesso em: 17.5.2012).
(87) No caso do Tribunal Regional do Trabalho da 4ª Região, foi constatado um convênio com a Junta Comercial do Estado do Rio Grande do Sul para o acesso do Juízo das Varas *online* com o banco de dados da JUCERGS.
(88) Os TRTs das 15ª e 21ª Regiões aderem a este mecanismo com parceria de alguns cartórios de registros de imóveis da região.
(89) BRASIL. *Lei n. 12.440, de 17 de julho de 2011* — Certidão de Débitos Trabalhistas. Brasília, DOU, 2011. Esta lei exige que o interessado em participar de qualquer licitação apresente uma Certidão Negativa de Débitos Trabalhistas, expedida gratuitamente pela Justiça do Trabalho, ou seja, caso haja débito em processo trabalhista, a empresa ficará impossibilitada de participar de licitações.
(90) A Certidão Negativa de Débitos da Justiça do Trabalho foi idealizada tendo como parâmetro os atestados de idoneidade fiscal e previdenciária. Há muito tempo vem se buscando a criação dessa legislação no âmbito da Justiça do Trabalho, que tinha como objetivo instituir que o Estado somente contrate com empresários que cumpram a mais elementar de suas obrigações sociais, qual seja, a de manter relações justas de trabalho. E acrescenta: uma das formas de se garantir o cumprimento desse dever é que a exigência proposta seja inserida no Estatuto das Licitações e Contratos Administrativos, de modo a estimular o cumprimento de decisões judiciais que reconhece o direito dos trabalhadores, o que certamente ocorrerá em relação ao universo das empresas que vendem bens, realizam obras ou prestam serviços à Administração Pública, direta e indireta, nas diversas esferas da União. Esse tom foi dado pelo ex-deputado e então senador da República Paulo Paim. O Projeto de Lei n. 1.454/96 tinha como propósito modificar o art. 29 da Lei n. 8.666/93 (Lei das Licitações), a fim de exigir, quando da apresentação da documentação relativa à regularidade fiscal e trabalhista, certidão negativa da existência de débitos para com os empregados ou ex-empregados, decorrentes de sentenças trabalhistas transitadas em julgado, expedida pelo setor competente da Justiça do Trabalho. A proposta foi incorporada de forma similar a esta pesquisa.
(91) GIGLIO, Wagner D.; CORREA, Cláudia Giglio Veltri. *Direito processual do trabalho*. 16. ed. São Paulo: Saraiva, 2007. p. 516.
(92) SOUZA JUNIOR, Antonio Umberto. *Por uma execução trabalhista mais eficaz*. Disponível em: <www.trt21.gov.br>. Acesso em: 20.11.2012.
(93) CTN, art. 193 e Lei n. 8.666/93, arts. 27, IV, e 29, III; Lei n. 6.830/80, art. 4º, § 4º; Lei n. 8.212/91, art. 51, *caput*.

inversão. Provavelmente, uma empresa, pela imposição de tais restrições e negativações, seja obrigada a resolver suas pendências à Fazenda Pública ou à Previdência Social, ao invés de quitar, junto à Justiça do Trabalho, o mais privilegiado dos créditos: o trabalhista[94].

Os meios utilizados para obter a efetividade na execução trabalhista, em que pese no seu processamento, quando utilizado de forma célere, garantem certa eficácia, chegando, por vezes, à satisfação total do crédito. Portanto, conforme demonstrado nos dados do próprio TST[95], essa efetividade está longe de ser alcançada, podendo-se, ainda, criar outros mecanismos para auxiliar na diminuição do percentual de processos pendentes de término na execução.

Alguns dos instrumentos processuais citados garantem certa celeridade, porém os dados da Justiça do Trabalho indicam que ainda é preciso utilizar outros mecanismos para viabilizar sua efetividade. Faz-se necessário descobrir os entraves do processo de execução e instituir os meios extraprocessuais de coação ao devedor nas obrigações trabalhistas. Para isso, o presente trabalho realizou uma pesquisa nos processos arquivados com dívida no TRT da 4ª Região, que permitiu ter uma visão mais detalhada da eficácia das ferramentas tecnológicas existentes no processo de execução na Justiça do Trabalho. Essa pesquisa possibilitou, ainda, vivenciar a funcionalidade dos sistemas aplicados em conjunto, em busca de um único objetivo: a satisfação da demanda trabalhista.

6. As ferramentas tecnológicas e sua efetividade na execução trabalhista

A tecnologia institui modos de agir e fazer as coisas, com eficiência e rapidez, tendo o auxílio da informação científica. E, nos dias atuais, a maioria dos objetos que a sociedade consome é produto de atividades tecnológicas[96]. É difícil medir o impacto da tecnologia nas culturas tradicionais e a proporção da transformação tecnológica que "aos poucos" invade o cotidiano de uma sociedade. E essa mesma sociedade acaba absorvendo a ideia de que o conhecimento é informação, um tipo de banco de dados. Há ainda uma mudança na percepção e valoração da temporalidade: o futuro passa a ser mais importante que o passado, e, de algum modo, que o presente.

O professor e filósofo Alberto Cupani afirma que:

> A personalidade humana se transforma: a espontaneidade é substituída pela sujeição a regras; a vivência própria cede à experiência comum, possibilitada pelos recursos técnicos; o sentimento se curva à escolha racional e o indivíduo se desenraiza cada vez mais do seu passado social para inserir-se no mundo abstrato da tecnologia, válida em qualquer contexto. As morais ancestrais são substituídas pelo "imperativo tecnológico".[97]

Essa ideia abarcada pelo professor remete o ser humano a se envolver em um mundo tecnológico por sistemas padronizados, desumanizando o próprio homem, que passa a viver em um mundo "abstrato da tecnologia". Os mecanismos tecnológicos utilizados pelo homem, cada vez mais, se tornam imprescindíveis para sua sobrevivência, o que o torna escravo da tecnologia pela própria necessidade.

Alguns autores, como Borgmann e Jean Ladrière, apontam o impacto da tecnologia como uma ameaça para a existência humana, diferentemente de outros pensadores, como Bunge, Fernand Broncano e Pierre Lévy, que veem na tecnologia recursos favoráveis e libertadores para o ser humano[98]. Wiener[99] entende que as facilidades de comunicação, principalmente no que se refere às mensagens transmitidas entre o homem e a máquina, desempenham um papel fundamental para a compreensão da sociedade, fazendo "parte da essência da vida interior do homem, mesmo que pertençam à sua vida em sociedade"[100].

Nos dias atuais, quando o ser humano se depara com algum problema, desafio ou descoberta, ele se utiliza da tecnologia para obter as respostas ou

---

(94) CHAVES, Luciano Athayde. *A recente reforma no processo comum e seus reflexos no direito judiciário do trabalho:* Leis ns. 11.187/05, 11.232/05, 11.276/06, 11.277/06 e 11.280/06 e outros estudos de Direito Processual do Trabalho. São Paulo: LTr, 2006. p. 175-197.
(95) BRASIL. Tribunal Superior do Trabalho. *Relatório TST 2011*. Elaborado pela Coordenadoria de Estatística do Tribunal Superior do Trabalho. Brasília: TST, 2011. p. 9.
(96) CUPANI, Alberto. Filosofia da tecnologia. *Filosofia*. São Paulo: Escala, ano VI, n. 63, p. 14, set. 2011.
(97) CUPANI, Alberto. Filosofia da tecnologia. *Filosofia*. São Paulo: Escala, ano VI, n. 63, p. 21, set. 2011.
(98) CUPANI, Alberto. Filosofia da tecnologia. *Filosofia*. São Paulo: Escala, ano VI, n. 63, p. 22, set. 2011.
(99) WIENER, Norbert. *Cibernética e sociedade:* o uso dos seres humanos. São Paulo: Cultrix, 1948. p. 16.
(10) WIENER, Norbert. *Cibernética e sociedade:* o uso dos seres humanos. São Paulo: Cultrix, 1948. p. 18.

soluções para suas necessidades[101]. Cada vez mais a tecnologia se torna um requisito indispensável na vida da sociedade, e quem estiver ignorando essa realidade pode se considerar fora do contexto da sociedade atual.

A evolução tecnológica atingiu diversas atividades, tais como a administração, a arquitetura, medicina, agronomia, pedagogia, esporte[102], o direito, bem como a forma de desenvolver o trabalho nessas e em outras áreas. Atualmente, se vive mediante notórios sistemas tecnológicos e cada vez mais em razão das suas funcionalidades, ou seja, com mentalidades e atitudes que se diferem do mundo real, mas que este efetiva a vontade que é refletida no mecanismo tecnológico. O computador é a principal ferramenta que possibilita o desenvolvimento de programas tecnológicos visando à facilitação de comunicação, informação e organização de dados dentro de uma estrutura organizacional e social. Porém, os *softwares* e *hardwares* aprimoram e possibilitam a utilização concreta dessa tecnologia.

O Poder Judiciário tem tomado como base, para a efetivação da prestação jurisdicional processual, os mecanismos que a tecnologia oferece, uma vez que esta constrói um rosto mais célere e eficaz à Justiça. A tecnologia informática está provocando mudanças estruturais na organização judiciária. Nesse contexto inserem-se as ferramentas tecnológicas que auxiliam a execução trabalhista. Tais mecanismos foram pensados no intuito de promover uma comunicação mais célere e eficaz do Poder Judiciário com algumas instituições que são buscadas comumente no processo judicial para fornecer informações que auxiliam no desenrolar das demandas judiciais. Para isso, o Conselho Nacional de Justiça, em parceria com os Tribunais Brasileiros, pensou no desenvolvimento de alguns *softwares* que auxiliam a comunicação, basicamente, entre as instituições financeiras, órgãos do trânsito, Receita Federal, denominados de Bacenjud, Renajud e Infojud, respectivamente. Ressalte-se que outros softwares foram e estão sendo experimentados pelo Poder Judiciário, inclusive na fase de execução do processo judicial, conforme demonstração posterior.

6.1. Bacenjud, uma ferramenta em prol da efetividade

O sistema Bacenjud surgiu a partir de um Convênio firmado em março de 2002 entre o Banco Central e o Tribunal Superior do Trabalho, que tornou possível o bloqueio eletrônico de ativos financeiros do empregador. Posteriormente, foi editado o Provimento n. 1/03 pela Corregedoria-Geral, que trouxe instruções de utilização do referido sistema, priorizando a sua utilização em relação aos demais meios de satisfação dos créditos trabalhistas. Após a criação do Bacenjud, houve alguns ajustes no sistema, sendo criada, inclusive, a versão 2.0, que atualmente é a utilizada por toda a extensão do Poder Judiciário. Esse sistema trouxe, principalmente à fase de execução, outra roupagem quanto à celeridade, uma vez que se torna mais rápida a prestação jurisdicional quando se consegue alcançar de forma real e rápida no patrimônio do devedor, vindo a ser normatizada somente a edição da Lei n. 11.382/06, que permitiu a inserção do art. 655-A no Código de Processo Civil.

O sistema Bacenjud 2.0 é uma ferramenta que interliga o Poder Judiciário e as instituições financeiras, tendo por intermediador o Banco Central do Brasil[103]. Por meio desse sistema é possível que os magistrados consultem a base de dados de relacionamentos do Cadastro de Clientes do Sistema Financeiro Nacional (CCS); dessa forma, é possível identificar as instituições que serão destinatárias da ordem de bloqueio judicial[104] e ter acesso às informações financeiras dos correntistas, permitindo a emissão de ordens para bloqueio, desbloqueio e transferência dos valores bloqueados[105].

Segundo os dados[106] do Banco Central do Brasil, constatou-se que houve uma diminuição abrupta do ano de 1998 até março de 2012, quanto à solicitação das penhoras por ofício de papel. Atualmente a solicitação de penhora ao Banco Central por esse meio foi reduzida ao percentual de 5%, sendo quase inutilizada pelo Judiciário.

---

(101) RODRÍGUEZ-MAGARIÑOS, Faustino Gudin. *Administración de justicia digitalizada, una necesidad inaplazable*. Barcelona: Experiencia, 2008. p. 25.
(102) CUPANI, Alberto. Filosofia da tecnologia. *Filosofia*. São Paulo: Escala, ano VI, n. 63, p. 16, set. 2011.
(103) BRASIL. Banco Central do Brasil. Bacenjud 2.0. *Sistema de atendimento ao poder judiciário. Manual básico*, p. 1.
(104) BRASIL. Banco Central do Brasil. Conselho Nacional de Justiça. *Regulamento Bacenjud 2.0*. Art. 4º.
(105) BRASIL. Banco Central do Brasil. Bacenjud 2.0. *Sistema de atendimento ao poder judiciário. Manual básico*, p. 1.
(106) BRASIL. Banco Central do Brasil. *Estatísticas do Sistema Bacenjud 2.0*, 2012. Dados fornecidos pelo Departamento de Prevenção a Ilícitos Financeiros e de Atendimento de Demandas de Informações do Sistema Financeiro.

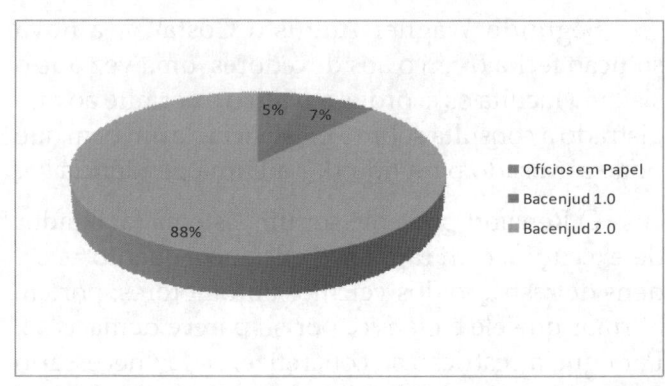

* Informações obtidas no site <www.bacen.gov.br>. Acesso em: 8.5.2012.

Além da economia de papel, a penhora eletrônica é considerada o mecanismo mais utilizado como forma de efetivação da penhora no processo de execução trabalhista, conforme demonstram as estatísticas da Anamatra (Associação Nacional dos Magistrados da Justiça do Trabalho)[107]. Não obstante essa estatística, foi constatado[108] que a Justiça Estadual atingiu até março de 2012 o patamar de 52% nas solicitações do Poder Judiciário via Bacenjud 2.0, enquanto a Justiça do Trabalho atingiu 41%, e a Justiça Federal, 7%.

O interessante desse dado é observar que a Justiça Estadual, quando do surgimento do sistema Bacenjud, não tinha uma boa aceitação para sua utilização como meio prioritário de penhora. O uso desse sistema era possível somente após esgotar todos os meios possíveis de localização de bens do executado. A prova dessa afirmativa são as jurisprudências do STJ[109], que transmitem, claramente, o entendimento de que somente era possível a aplicação do Bacenjud depois de exauridas todas as buscas de bens do devedor. As jurisprudências informam, ainda, que somente após o advento da Lei n. 11.382/06 se permitiu a priorização da penhora eletrônica como meio de obtenção do crédito da execução.

De qualquer forma, a Justiça do Trabalho sempre foi a que apostou com mais ênfase na efetividade desse sistema, sendo que, desde a sua implantação, foi a primeira a experimentar a funcionalidade da penhora eletrônica no processo judicial. Por ser pioneira é que seus processos podem ser utilizados como objeto de estudo para demonstrar o desenvolvimento do seu sistema.

Muitos fatores podem influenciar na efetividade do processo do trabalho pelo Bacenjud. Talvez, auxiliado por outro sistema, ele se torne mais eficiente; a exemplo, tem-se o Infojud, que torna as informações do executado mais claras ao processo e permite que a penhora eletrônica seja mais acessível ao processo de solicitação de informações dos magistrados junto ao sistema financeiro nacional[110]. Assim, a constrição realizada por meio eletrônico traz efetividade e celeridade ao aparato judicial, em vista de evitar que o devedor tente ludibriar o pagamento do crédito trabalhista disfarçando sua disponibilidade em saldar a dívida. Destarte, a penhora em muito auxilia tanto o credor na satisfação de seu crédito como o sistema judiciário, no tocante à tramitação do processo, porém ela deve estar guiada com as informações que estão disponíveis para efetivar o processo.

6.2. Renajud, uma ferramenta com aparente efetividade

No caso de insucesso da penhora em dinheiro, o Juiz pode requerer de ofício ou através de requerimento do reclamante a penhora dos veículos existentes em nome do devedor. Para tanto, antes do ano de 2006 utilizava-se da expedição de ofício ao Detran regional, solicitando as informações acerca dos veículos existentes em nome do devedor trabalhista. Com a necessidade de melhorar a eficiência e a efetividade dos processos judiciais e combater a morosidade processual, o Ministério das Cidades, o Ministério da Justiça e o Conselho Nacional de Justiça celebraram o Acordo de Coope-

---

(107) "[...] no que se refere às medidas processuais adotadas para agilização das causas já existentes e efetividade do processo trabalhista, as opiniões são mais convergentes. Mais de 70% dos magistrados indicam a chamada penhora *on-line* como a medida de maior importância entre as introduzidas recentemente. Outras medidas bastante votadas referem-se à concentração de atos processuais e à oralidade; à antecipação de tutela (que corresponde à liminar da justiça comum); à implementação de ações coletivas, ou seja, ações civis públicas do Ministério Público do Trabalho, nas varas. Além disso, há o procedimento sumaríssimo, para causas envolvendo menores recursos financeiros" (Disponível em: <http://ww1.anamatra.org.br>. Acesso em: 10.2.2012).
(108) BRASIL. Banco Central do Brasil. *Estatísticas do Sistema Bacenjud*, 1998 a mar. 2012. Consolidado. Dados fornecidos pela Diretoria de Fiscalização do Banco Central e pelo Departamento de Prevenção a Ilícitos Financeiros e de Atendimento de Demandas de Informações do Sistema Financeiro.
(109) BRASIL. *Superior Tribunal de Justiça*. STJ — EDcl no REsp 1074407/MG; AGRG no RESP 806064-PE; AGRG no AG 992590-BA, RESP 1066091-RS; RESP 1066091-RS; RESP 1056246-RS; AGRG no AG 944358-SC; AGRG no RESP 806064-PE; AGRG no AG 992590-BA.
(110) SILVA, Valter F. Simioni. *Cumprimento da sentença:* de acordo com as alterações processuais das Leis ns. 11.232/06, 11.418/06 e 11.441/07. São Paulo: Universitária de Direito, 2008. p. 84.

ração Técnica[111], realizado em novembro de 2006, no qual instituíram mais uma ferramenta eletrônica em prol da efetividade judicial, o denominado Renajud.

O Renajud é um sistema que interliga o Poder Judiciário e o Departamento Nacional de Trânsito — Denatran, possibilitando a concretização, em tempo real e em todo território brasileiro, de ordens judiciais dos veículos cadastrados no Registro Nacional de Veículos Automotores — Renavam. Através desse sistema, os magistrados e servidores do Poder Judiciário têm o condão de proceder "à inserção e a retirada de restrições judiciais dos veículos na Base Índice Nacional (BIN) do Sistema Renavam"[112]; desta forma, as informações são repassadas aos Detrans, que são possuidores do registro do veículo em nome do executado.

Esse sistema eletrônico possibilita que a autoridade judiciária visualize respostas rápidas em tempo real e oferece recursos que influenciam na tomada de decisão do Magistrado para comando da penhora dos veículos. Além da utilidade descrita, o Renajud, na mesma linha do Bacenjud, tem por objetivo a redução do intervalo entre a emissão das ordens e o seu cumprimento. Antes da implantação do Renajud, as ordens judiciais de restrição eram realizadas através de ofício de papel, encaminhados diretamente ao Detran regional. Na atual sistemática, o ofício de papel tornou-se desnecessário, pois foi substituído pela ordem eletrônica emitida pelo próprio Judiciário. Ressalte-se que, neste ponto, a pesquisa ainda encontrou, nos processos trabalhistas, uma grande quantidade de utilização dos ofícios, seja pela falta de conhecimento quanto ao sistema Renajud, seja pela escassez de informações no sistema, que não permite detalhamentos sobre o veículo a ser restrito.

Segundo Wagner Augusto Costa[113], a nova solução fecha o cerco aos devedores, uma vez que o sistema facilita os acordos em juízo e permite ao magistrado a consulta sobre a existência de um bem que pode ser usado para liquidar alguma pendência[114].

O Renajud pode até ser um sistema facilitador da execução, com rapidez e eficiência quanto às ordens de restrição dos veículos automotores, porém, afirmar que ele é efetivo, por si, parece demasiado. Para que a restrição se concretize, se faz necessário a presença de um Oficial de Justiça, que, após a indicação da localização do veículo, terá que avaliar, penhorar e nomear o depositário do bem, conforme as diretrizes impostas pelo Código de Processo Civil.

O sistema Renajud foi projetado para suprir todas as carências de informações acerca do veículo que está sendo objeto da penhora. Assim, nele deveriam constar todos os dados veiculares[115], inclusive qualquer tipo de restrições existentes no veículo consultado[116]. Essa ferramenta possui o poder de realizar várias restrições em um único veículo, ou seja, caso o devedor possua apenas um veículo (ou mais) e vários processos em fase de execução, esse veículo poderá ser a garantia de todos os processos. Segundo as diretrizes do sistema Renajud 1.0, não há óbice para esse tipo de penhora múltipla.

Neste ponto paira uma problemática a ser discutida e analisada. Trata-se da organização executiva quanto à restrição do Renajud sob o aspecto processual. As diretrizes do sistema permitem que em um processo de restrição, "caso haja mais de um veículo na lista, as restrições selecionadas são para todos esses veículos"[117]. Assim, todos os veículos existentes em nome do devedor serão vinculados ao processo

---

(111) BRASIL. Conselho Nacional de Justiça. *Processo n. 332.581*, p. 4. Disponível em: <www.cnj.jus.br/campanhas-do-judiciario/conciliacao/2012>. Acesso em: 4.11.2012. O Acordo de Cooperação Técnica constitui objeto a implementação do sistema Renajud, que "consiste em ordens judiciais para o Ministério das Cidades, determinando a restrição e o bloqueio de registro de veículos cadastrados no Registro Nacional de Veículos Automotores — Renavam, visando o acesso às determinações e respostas judiciais por meio eletrônico".

(112) Informação retirada de: *Manual do usuário do Renajud*, versão 1.0. Disponível em: <http://www.cnj.jus.br/programas-de-a-a-z/sistemas/renajud/documentos-renajud>. Acesso em: 19.4.2012.

(113) Secretário de Modernização do Judiciário do Ministério da Justiça.

(114) COSTA, Wagner Augusto. *Renajud em tempo real*. Disponível em: <http://www.serpro.gov.br/imprensa/publicacoes/Tema/tema/materias/renajud/?searchterm=renajud>. Acesso em: 10.2.2012.

(115) Placa e *link* com as informações detalhadas do veículo; UF; marca e modelo; ano de fabricação; ano do modelo; proprietário do veículo e as restrições existentes (*Manual do usuário do Renajud*, versão 1.0, p. 10. Disponível em: <http://www.cnj.jus.br/programas-de-a-a-z/sistemas/renajud/documentos-renajud>. Acesso em: 19.4.2012).

(116) Informações do Renavam com as seguintes restrições: se o veículo foi roubado ou furtado; baixado, ou seja, retirado de circulação, pois se trata de bem irrecuperável, desmontado, sinistrado, vendido ou leiloado como sucata; se foi arrendado; se há reserva de domínio; alienação fiduciária; restrição judiciária, administrativa ou restrição de benefício tributário; baixa de alienação por ordem judiciária; penhor de veículo; e, por último, alguma informação não disponibilizada pelo órgão do Detran (caso de existir restrição não comunicada pelo Detran ao sistema Renavam) (*Manual do usuário do Renajud*, versão 1.0, p. 12. Disponível em: <http://www.cnj.jus.br/programas-de-a-a-z/sistemas/renajud/documentos-renajud>. Acesso em: 19.4.2012).

(117) *Manual do usuário do Renajud*, versão 1.0, p. 13. Disponível em: <http://www.cnj.jus.br/programas-de-a-a-z/sistemas/renajud/documentos--renajud>. Acesso em: 19.4.2012.

em que está sendo emitida a restrição via Renajud e, caso haja outro processo com o mesmo devedor, será feita a restrição dos mesmos veículos que tutelaram o crédito do outro processo. Ora, neste caso, não há nenhuma regulamentação acerca da quantidade de restrições a serem realizadas dentro do processo, tampouco há uma limitação de restrições pelo valor do crédito pretendido. Ora, como é possível que os mesmos bens possam proteger os créditos de processos diferentes? No caso de determinação de penhora, qual seria a ordem de preferência, no caso de restrição de um veículo em múltiplos processos?

No campo da teoria, o *Registro da penhora* do sistema Renajud serve para armazenar as informações atinentes ao valor da avaliação do veículo, data da penhora, valor da execução e data da atualização do valor da execução. Esse campo serve para esclarecer ao Magistrado em quais processos judiciais e administrativos o veículo está envolvido e quais são os Juízos competentes pela restrição. Porém, caso essa informação não seja utilizada, o Renajud se torna um meio de difícil manuseio. Até porque, se não há informação no sistema, não haverá como determinar qual será a garantia real da execução. Nesse sentido, se torna essencial a comunicação entre os Tribunais e as Comarcas, não somente no âmbito estadual, mas de todo território nacional.

O problema quanto à efetividade do Renajud, além da funcionalidade e manuseio do sistema, pode ter influência na forma de operacionalização pelas partes, ou seja, o momento em que ele é utilizado.

Observa-se que esta ferramenta possui uma característica suplementar pela falta de sucesso da penhora eletrônica. A consolidação dos provimentos da Corregedoria-Geral do Trabalho não possui nenhuma determinação quanto à ordem dos acontecimentos quanto à utilização das ferramentas eletrônicas na fase de execução. Porém, o inciso III do art. 66 dispõe que o juiz do trabalho, na fase de execução, deve determinar periodicamente a revisão dos processos que se encontram arquivados com dívida, no intuito de renovar as providências de coerção contra o executado. Para isso, o juiz deve utilizar-se dos sistemas Bacenjud, Infojud e Renajud[118]. O artigo da Consolidação de Provimentos da Corregedoria não impõe uma ordem; todavia, a prática dos Juízes é a utilização do sistema Bacenjud anterior ao sistema Renajud.

Essa prática não determina a efetividade do processo, mas pode influenciar quando há a desconsideração da personalidade jurídica. Nesses casos, quando o executado é pessoa jurídica e ocorre a desconsideração da sua personalidade, essa pessoa física pode sofrer consequências drásticas quando há um equívoco em relação a legitimidade do executado em figurar no polo passivo da demanda. Esses casos ocorrem, principalmente, com terceiros que são envolvidos na execução por constar em algum histórico do contrato social da pessoa jurídica. O sistema Renajud é comandado pelo Juízo, por isso é necessário, antes de ser efetivado nos casos de desconsideração, que o terceiro que está sendo envolvido passe por uma análise quanto a sua legitimidade de figurar como parte na execução.

A expectativa principal do sistema Renajud é a de dar celeridade às penhoras dos veículos nas ações judiciais, possibilitando a inserção e a retirada, em âmbito nacional, das restrições dos veículos automotores, bem como dificultar a ocorrência de "fraudes de execução e a venda de veículo penhorado"[119]. Para que não haja frustrações das expectativas é necessário que o sistema Renajud seja reformulado de acordo com as necessidades das práticas diárias vivenciadas pelos operadores do Judiciário, podendo-se pensar, inclusive, em uma lei específica para regulamentação[120] desse sistema, facilitando e padronizando, a todos os Tribunais, o manuseio do Renajud. Assim, o processo poderá transpor a efetividade sonhada pelos pensadores do sistema.

6.3. Infojud, uma ferramenta em prol da efetividade

O Infojud é mais um instrumento de auxílio aos processos judiciais em busca da efetividade para obtenção do crédito pretendido. Em regra este sis-

---

(118) BRASIL. Tribunal Superior do Trabalho. *Consolidação dos provimentos da Corregedoria-Geral da justiça do trabalho*. Art. 66.
(119) REDONDO, Bruno Garcia. A penhora de veículos e o Sistema Renajud. *Revista Dialética de Direito Processual*, n. 68, p. 20, nov. 2008.
(120) Neste caso não se entende como regulamentação somente o que dispõe o art. 185-A do Código Tributário Nacional, que, na hipótese de o devedor tributário, devidamente citado, não pagar nem apresentar bens à penhora no prazo legal e não forem encontrados bens penhoráveis, o juiz determinará a indisponibilidade de seus bens e direitos, comunicando a decisão, preferencialmente por meio eletrônico, aos órgãos e entidades que promovem registros de transferência de bens, especialmente ao registro público de imóveis e às autoridades supervisoras do mercado bancário e do mercado de capitais, a fim de que, no âmbito de suas atribuições, façam cumprir a ordem judicial. O artigo supracitado pode ser utilizado por analogia no processo de execução na Justiça do Trabalho, mas a interpretação não pode ser de dada de forma isolada. Até porque o sistema Renajud é um campo minado que precisa ser maturado por uma legislação federal específica.

tema é utilizado quando as buscas do crédito junto ao sistema Bacenjud e Renajud são infrutíferas[121], obedecendo à previsão do art. 198, § 1º, inciso I, da Lei n. 5.172, de 25 de outubro de 1966 — Código Tributário Nacional.

Assim como o Bacenjud e o Renajud são ferramentas auxiliares no processo que substituíram, de certa forma, o ofício de papel pelos comandos de um programa eletrônico, o Infojud também objetiva substituir os ofícios de papel para a obtenção de Informações ao Poder Judiciário no Centro Virtual de Atendimento do Contribuinte, denominado *e-CAC* da Receita Federal do Brasil[122].

Inicialmente, esse sistema foi implantado somente nos Tribunais Federais, atendendo a um número reduzido de juízes[123]. Com o objetivo de facilitar o acesso de todos os Tribunais do Poder Judiciário às informações pertinentes à Receita Federal do Brasil, no dia 26 junho de 2007, o Conselho Nacional de Justiça e a Secretaria da Receita Federal do Brasil assinaram o Convênio n. 1/07, que tem por objeto o "fornecimento de informações cadastrais e econômico-fiscais nas bases de dados da Receita Federal do Brasil"[124]. De acordo com a determinação imposta pelo Convênio, todos os Tribunais poderão aderir ao sistema Infojud mediante a assinatura de um Termo de Adesão, sendo condicionados às formas e as condições impostas pelo Convênio[125].

Por ser um sistema que possibilita que o magistrado requisite informações, da Receita Federal, que são protegidas por sigilo fiscal[126], o Infojud pode ser utilizado somente por meio da certificação digital. Diferente de como acontece nos demais sistemas, somente o Magistrado pode receber e acessar as informações fornecidas pela Receita Federal do Brasil, salvo quando, de forma expressa, o Magistrado designar e se responsabilizar pessoalmente por, no máximo, 3 (três) servidores, "devidamente certificados pela Autoridade Certificadora Integrante do ICP — Brasil"[127].

A operacionalização do sistema Infojud pouco se difere dos demais sistemas utilizados no auxílio do Poder Judiciário, ressalvada a utilização da certificação digital. Contudo, a funcionalidade do sistema Infojud depende da base de dados existente na Receita Federal do Brasil sobre o contribuinte, devedor do processo judicial. Nesse viés, o sistema permite que o magistrado solicite *os dados cadastrais* tanto de pessoa física quanto de pessoa jurídica. Em relação às pessoas físicas, é possível obter informações acerca das Declarações do Imposto de Renda sobre a Pessoa Física e da Declaração do Imposto sobre a Propriedade Territorial. No caso das pessoas jurídicas, é possível o acesso à Declaração de Informações Econômico-fiscais da Pessoa Jurídica; PJ Simplificada e da Declaração do Imposto sobre a Propriedade Territorial Rural[128]. Possivelmente o leque de informações poderá ser aumentado, sendo incluída a possibilidade de acesso à Contribuição Provisória Financeira e a Declaração de Operações Imobiliárias[129].

Outra diferença deste sistema em relação aos aos demais é que o resultado das solicitações efetuadas somente poderá ser enviado para a caixa de mensagens do magistrado que é responsável pela referida solicitação, e isso acontece, inclusive, com as solicitações realizadas pelos serventuários[130]. O magistrado responsável por sua jurisdição somente poderá ter acesso ao sistema mediante uma senha sigilosa, que é de uso pessoal e intransferível[131]. Ademais, sobre esse tema, é importante ressaltar que,

---

(121) GALVÃO, Januário Cicco Wanderley; SEIXAS, Luiz Felipe Monteiro. Princípio da eficiência: desdobramentos dos procedimentos digitais adotados pela Justiça do Trabalho no âmbito da 21ª Região. *Revista TRT 21ª Região*, p. 7, 2008. Disponível em: <www.trt21.jus.br/ej/revista/2008/paginas/doutrina/principio.html>. Acesso em: 19.4.2012.
(122) GALVÃO, Januário Cicco Wanderley; SEIXAS, Luiz Felipe Monteiro. Princípio da eficiência: desdobramentos dos procedimentos digitais adotados pela Justiça do Trabalho no âmbito da 21ª Região. *Revista TRT 21ª Região*, p. 7, 2008. Disponível em: <www.trt21.jus.br/ej/revista/2008/paginas/doutrina/principio.html>. Acesso em: 19.4.2012.
(123) BRASIL. Secretaria da Receita Federal (SRF). Sistema de informação. Infojud: O judiciário na era digital. *Revista dos Empregados do Serpro*, v. 31, n. 192, jul./ago. 2007. As mesmas considerações aparecem em: SIMÕES, José Ivanildo. *Processo virtual trabalhista*. São Paulo: LTr, 2010. p. 77.
(124) INFOJUD. *Convênio n. 1/07*. Processo CNJ n. 328.999, p. 23.
(125) INFOJUD. *Convênio n. 1/07*. Processo CNJ n. 328.999, p. 24.
(126) Ao refletir sobre a possibilidade do magistrado obter informações que são protegidas pelo sigilo fiscal, paira a dúvida sobre a legalidade desse ato. Todavia, o art. 198 do Código Tributário Nacional permite que a Fazenda Pública disponibilize à autoridade judiciária informações "sobre a situação econômica ou financeira do sujeito passivo ou de terceiros e sobre a natureza e o estado de seus negócios ou atividades".
(127) INFOJUD. *Convênio n. 1/07*. Processo CNJ n. 328.999, p. 23.
(128) BRASIL. Infojud. *Manual do usuário*. Conselho Nacional de Justiça. Receita Federal do Brasil, p. 2.
(129) SIMÕES, José Ivanildo. *Processo virtual trabalhista*. São Paulo: LTr, 2010. p. 78.
(130) BRASIL. Infojud. *Manual do usuário*. Conselho Nacional de Justiça. Receita Federal do Brasil, p. 3.
(131) SIMÕES, José Ivanildo. *Processo virtual trabalhista*. São Paulo: LTr, 2010. p. 78.

cada vez que o sistema é acessado, fica registrado o horário da consulta, o tipo de informação solicitada, o número do processo que originou a consulta e, principalmente, o nome do magistrado responsável pela solicitação[132]. Dessa forma, o sistema garante a *máxima confiabilidade ao processo*[133], protegendo o banco de dados da Receita de possíveis consultas não autorizadas no sistema.

Embora a autorização judicial permita o acesso às informações fiscais e aos dados pessoais da pessoa física ou jurídica no processo judicial, esses dados pertencem à intimidade desses sujeitos. Então, seria razoável se essa intimidade fosse preservada de forma que não expusesse as informações fiscais no bojo dos autos processuais, e, caso essa informação fosse imprescindível constar no processo, que este tramitasse em segredo de justiça. Tornar acessível essas informações no processo, sem qualquer restrição que seja, pode expor informações pessoais que não fazem parte do interesse da demanda e pode causar algum tipo de constrangimento ou danos para a parte que foi exposta no processo.

A efetividade da execução trabalhista também depende do tipo de informação que o processo possui do executado. O Infojud, embora seja considerado um sistema seguro, ainda é uma ferramenta de auxílio da execução processual pouco utilizada pelos juízes: atualmente "cerca de 20% deles ainda não possuem acesso à ferramenta". *Os motivos* mais reclamados pelos magistrados são a complexidade para o manuseio do sistema e a centralização das informações, que ficam a cargo do juiz, que não poderá "delegar o trabalho ao assistente", como acontece nos demais sistemas eletrônicos[134].

É lamentável a banalização de uma ferramenta considerada importante, que possibilita a obtenção rápida e segura de informações *econômico-fiscais* das pessoas jurídicas e físicas[135]. O sistema Infojud deveria ser utilizado primeiramente e concomitantemente aos demais procedimentos de execução, mesmo porque essa ferramenta somente é utilizada para obtenção de informações acerca de bens ou créditos existentes em nome do devedor trabalhista. Sendo assim, é possível afirmar que não haverá a quebra na ordem de preferência de penhora determinada pelo art. 655 do Código de Processo Civil.

6.4. Cartórios de registro de imóveis: as adequações tecnológicas em prol da celeridade

Antes da existência dos sistemas tecnológicos de facilitação de restrição e penhora de dinheiro e bens do executado, a penhora comumente realizada era a de imóveis, seguindo à risca a disposição no art. 883 da CLT, pois caso o executado não pague, nem garanta a execução, a penhora dos bens será realizada até satisfazer o valor da importância da condenação[136]. Nos dias atuais, é comum que esse tipo de penhora seja suscitada somente após o esgotamento das vias tecnológicas auxiliares da execução. Todavia, um sistema atual, importante para o norteamento da penhora de imóveis, é o Infojud, pois ele pode conter todas as informações que se referem aos bens existentes do devedor da demanda processual.

O sistema de penhora na Justiça do Trabalho ainda não possui muitos métodos tecnológicos que auxiliam na obtenção rápida das informações nos Cartórios de Registro de Imóveis, o que dificulta o desenvolvimento célere da execução. Isso ocorre, pois grande parte dos Cartórios de Registro de Imóveis existentes no território brasileiro não possui o cadastro dos imóveis em um banco de dados informatizado, sendo que as informações pertinentes aos registros estão ainda em arquivos de papel.

Com o intuito de preservar e facilitar o acesso às informações nos Cartórios de Registro de Imóveis, o Poder Legislativo interveio e aprovou a Lei n. 11.977/09, que estabeleceu em seu texto que os Cartórios de Registros Públicos de que trata a Lei n. 6.015/73 deverão instituir o sistema de registro eletrônico, obedecendo "os requisitos da Infraestrutura de Chaves Públicas Brasileira — ICP e à arquitetura e-PING (Padrões de Interoperabilidade de Governo Eletrônico)"[137]. A partir da publicação da Lei n. 11.977/09 passou-se a contar o prazo de 5 (cinco) anos para os Cartórios se informatizarem e organizarem

---

(132) SIMÕES, José Ivanildo. *Processo virtual trabalhista*. São Paulo: LTr, 2010. p. 78.
(133) SIMÕES, José Ivanildo. *Processo virtual trabalhista*. São Paulo: LTr, 2010. p. 78.
(134) ROSA, Arthur. CNJ impede fraudes em penhora. *Jornal Valor Econômico*, São Paulo, 26 abr. 2011.
(135) ROSA, Arthur. CNJ impede fraudes em penhora. *Jornal Valor Econômico*, São Paulo, 26 abr. 2011.
(136) BATALHA, Wilson de Sousa Campos. *Tratado de direito judiciário do trabalho*. São Paulo: LTr, 1977. p. 872.
(137) BRASIL. Casa Civil. *Lei n. 11.977/09*. Disponível em: <http://www.planalto.gov.br/ccivil_03/_ato2007-2010/2009/lei/l11977.htm>. Acesso em: 26.11.2012.

seus arquivos em registros eletrônicos[138]. Dessa forma, o acesso à informação será facilitado para os órgãos públicos e privados, que dependem das informações fornecidas pelos Cartórios de Registro de Imóveis para saber da existência de imóveis existentes em nome do devedor.

Ao obedecer a regramentos da lei anteriormente especificada, e atendendo as demandas que surgem do Poder Judiciário, alguns Cartórios de Registro de Imóveis, que já estão informatizados, firmaram com alguns órgãos do Poder Judiciário convênios que possibilitam o acesso *online* aos dados existentes no cadastro dos respectivos Cartórios de Registro de Imóveis.

Um dos Tribunais pioneiros em execução da Justiça do Trabalho é o Tribunal Regional do Trabalho da 15ª Região, cuja jurisdição é Campinas, sendo esse Tribunal o precursor do acesso *online* aos Cartórios de Registro de Imóveis em comparação com qualquer jurisdição. Dessa forma, em fevereiro de 2009, o TRT da 15ª Região firmou um convênio com a Associação dos Notários e Registradores do Estado de São Paulo (ANOREG/SP) e a Associação dos Registradores Imobiliários do Estado de São Paulo (ARISP). O objetivo desse convênio foi o de possibilitar que o servidor ou magistrado do TRT da 15ª Região obtivesse informações, através de um ofício eletrônico, acerca dos imóveis averbados ou registrados nos Cartórios de Registro de Imóveis que agregam o sistema integrado dos Cartórios de São Paulo[139].

Assim como nos demais sistemas eletrônicos, esse sistema também possui um alto nível de segurança, pois se utiliza da criptografia ou codificação dos dados armazenados, e só podem acessar esse sistema os servidores ou magistrados que possuam o Certificado ICP-Brasil[140]. Mediante a autenticação desse certificado, pode-se utilizar o Ofício Eletrônico, que possibilita o acesso ao banco de dados que contém "os nomes, CPFs e CNPJs dos proprietários, ex-proprietários e de outros titulares de direitos sobre imóveis registrados a partir de 1º de janeiro de 1976 e/ou 1º de janeiro de 1991"[141]. O resultado da pesquisa desejada é obtido *online*, sendo gerado automaticamente um ofício, em tempo real, aos cartórios requeridos[142]. Feita essa solicitação, os cartórios remetem a pesquisa requerida aos Magistrados ou servidores responsáveis pela solicitação. A consulta a esse recurso tende "a simplificar e tornar ágil o trabalho de requisição e expedição das informações registrais"[143]. E, para dar maior efetividade às execuções desse tipo de ordem, o Tribunal da 15ª Região abrangeu a competência dos Analistas Judiciários na Especialidade de Execuções de Mandados, sendo que estes podem manusear as ferramentas eletrônicas auxiliares na execução trabalhista, tais como o Bacenjud; Renajud; Infojud e a Arisp[144]. Desta forma, o Oficial de Execução de Mandados, além das diligências externas e internas de cumprimento dos mandados, também poderá manusear as ferramentas eletrônicas; dessa forma, poderá auxiliar a efetividade da prestação jurisdicional.

Depois de instituído esse convênio, o Conselho Nacional de Justiça formalizou um Acordo de Cooperação Técnica n. 83/10, com a Associação dos Registradores Imobiliários do Estado de São Paulo e o Instituto do Registro Imobiliário do Brasil. Esse acordo permite o acesso ao Sistema de Penhora Eletrônica de Imóveis, que foi desenvolvido para dar maior rapidez nos seguintes atos[145]: "[...] ordens judiciais e certidões para averbações de penhoras, bem como atender requisições de pesquisas para localização de imóveis e emissão de Certidões Digitais pelas Serventias Extrajudiciais de Imóveis".

O citado Acordo de Cooperação pode ser aderido por qualquer órgão do Poder Judiciário; porém,

---

(138) BRASIL. Casa Civil. *Lei n. 11.977/29*. Disponível em: <http://www.planalto.gov.br/ccivil_03/_ato2007-2010/2009/lei/l11977.htm>. Acesso em: 26.11.2012.
(139) ANOREG/SP. Informações patrimoniais *online*: ARISP, ANOREG/SP e TRT/15ª Região-SP firmam convênio para o acesso do tribunal ao Ofício Eletrônico. *Boletim Anoreg/SP on-line*, São Paulo, n. 103, 3 mar. 2009.
(140) ANOREG/SP. Informações patrimoniais *online*: ARISP, ANOREG/SP e TRT/15ª Região-SP firmam convênio para o acesso do tribunal ao Ofício Eletrônico. *Boletim Anoreg/SP on-line*, São Paulo, n. 103, 3 mar. 2009.
(141) OFÍCIO ELETRÔNICO. *Manual do ofício eletrônico*. Disponível em: <www.oficioeletronico.com.br/ManualOficioEletronico/conteudo/1_completasegura.htm>. Acesso em: 26.11.2012.
(142) OFÍCIO ELETRÔNICO. *Manual do ofício eletrônico*. Disponível em: <www.oficioeletronico.com.br/ManualOficioEletronico/conteudo/1_completasegura.htm>. Acesso em: 26.11.2012.
(143) ANOREG/SP. Informações patrimoniais *online*: ARISP, ANOREG/SP e TRT/15ª Região-SP firmam convênio para o acesso do tribunal ao Ofício Eletrônico. *Boletim Anoreg/SP on-line*, São Paulo, n. 103, 3 mar. 2009.
(144) BRASIL. Tribunal Regional do Trabalho da 15ª Região. *Provimento GP-CR n. 8/10*. Disponível em: <http://portal.trt15.jus.br/web/guest/493>. Acesso em: 26.11.2012.
(145) BRASIL. Conselho Nacional de Justiça. *Acordo de Cooperação Técnica n. 83/10*. Disponível em: <www.cnj.jus.br/images/acordos_termos/ACOT_083_2010.pdf>. Acesso em: 26.11.2012.

segundo as informações obtidas no site do Conselho Nacional de Justiça, apenas o Tribunal Regional do Trabalho da 8ª Região aderiu a esse sistema.

Em dezembro de 2012, o Tribunal de Justiça do Distrito Federal apresentou o projeto para iniciar a utilização da Penhora de Imóveis, com o escopo de unificar a pesquisa de imóveis no Distrito Federal e dar celeridade às penhoras judiciais. Dessa forma, foi firmado um Convênio entre o Tribunal de Justiça de Brasília e a Associação dos Notários e Registradores do Distrito Federal. O sistema deste Convênio não se difere muito do TRT da 15ª Região, uma vez que também permite a realização de consulta *on-line* de imóveis pelo Magistrado, auxiliando, dessa forma, no levantamento dos bens imóveis existentes em nome dos devedores, que servirão como a garantia da execução processual. A diferença desse sistema é que o magistrado, ao receber a resposta *on-line* da consulta, emite uma ordem judicial de constrição para o Cartório de Registro de imóveis, visando que este seja objeto de negociação. De posse dessa ordem, o Cartório de Registro de Imóveis tem 15 (quinze) dias para realizar o bloqueio e cumprir a ordem judicial.

Qualquer que seja o sistema eletrônico utilizado, a penhora *on-line* dos imóveis pertencentes ao executado é o principal ato para se efetivar um futuro leilão, tendo como objetivo principal a satisfação do crédito do exequente. Esse tipo de garantia ainda é muito utilizado pelos Tribunais de todo o país pelo meio convencional, sendo ainda efetivo. Porém, pelos experimentos que alguns Tribunais estão vivenciando, a penhora eletrônica de imóveis aparenta ser uma ferramenta importante para a efetividade do processo de execução. Ainda mais pela enorme dificuldade de penhora eletrônica de dinheiro na conta dos executados, quando estes não possuem mais fluxo nas suas contas bancárias, ou já se desfizeram dos seus veículos e não declaram na Receita os bens que possuem.

Esse tipo de recurso ainda é pouco explorado pelo Poder Judiciário Brasileiro, não pela falta de vontade em modernizar as informações, mesmo porque a própria lei institui um prazo para modernização dos Cartórios. O problema enfrentado para se instituir Convênios e Acordos de Cooperação dos Cartórios de Registro de Imóveis com os órgãos do Poder Judiciário é muito maior do que se imagina. Os Oficiais dos Cartórios de Registro de imóveis enfrentam a dificuldade de informatizar os registros dos imóveis, que se estende tanto pela falta de normas técnicas sobre esse assunto quanto pela inexistência de um sistema unificado[146]. Houve um temor de que os Registros Imobiliários se "transformassem em meros arquivos de documentos"[147]; isso poderia ocorrer pela falta de uma referência básica quanto à informatização que pudesse guiar os profissionais de registro no *modus operandi* quanto a essa modernização.

De acordo com o entendimento de Jacomino[148], para que não haja riscos no próprio sistema de registro de imóveis, a regra deveria ser a utilização de um sistema unificado em todo território nacional, tendo como agente regulador a União. Os cartórios que ainda não se informatizaram por temor da falta de segurança nos sistemas a serem implantados em seus cartórios[149], por enquanto, podem utilizar como referência os sistemas existentes, como é o caso do sistema implantado pela Associação dos Registradores Imobiliários do Estado de São Paulo (ARISP). Partindo dessa experiência é que o Conselho Nacional de Justiça tem ajudado a promover os esclarecimentos necessários quanto à adesão dos Cartórios ao sistema de modernização dos seus registros, com a implantação de sistemas tecnológicos que tenham validade, segurança jurídica e operacional.

No 4º Curso de Iniciação na Atividade Registral e Notarial, realizado pela Corregedoria-Geral da Justiça do Estado de São Paulo em junho de 2013, o Juiz do Conselho Nacional de Justiça declarou sobre a dificuldade na escolha do tipo de ferramenta tecnológica que poderá ser utilizada para organizar os registros imobiliários[150]. Apesar de o Estado de São Paulo ser uma referência positiva em relação à utilização dessa tecnologia, com uma estrutura

---

(146) JACOMINO, Sergio. Quinto Cartório de Registro de Imóveis. *A matrícula digital:* horizontes tecnológicos para o registro predial brasileiro. Disponível em: <www.quinto.com.br/artigos_26.htm>. Acesso em: 20.5.2013.
(147) JACOMINO, Sergio. Quinto Cartório de Registro de Imóveis. *A matrícula digital:* horizontes tecnológicos para o registro predial brasileiro. Disponível em: <www.quinto.com.br/artigos_26.htm>. Acesso em: 20.5.2013.
(148) JACOMINO, Sergio. Quinto Cartório de Registro de Imóveis. *A matrícula digital:* horizontes tecnológicos para o registro predial brasileiro. Disponível em: <www.quinto.com.br/artigos_26.htm>. Acesso em: 20.5.2013.
(149) JACOMINO, Sergio. Quinto Cartório de Registro de Imóveis. *A matrícula digital:* horizontes tecnológicos para o registro predial brasileiro. Disponível em: <www.quinto.com.br/artigos_26.htm>. Acesso em: 20.5.2013.
(150) OBSERVATÓRIO DO REGISTRO. SREI — Serviço de Registro Eletrônico de Imóveis. *Extrato de exposições do 4º Curso de Iniciação na Atividade Registral e Notarial de São Paulo.* Disponível em: <cartorios.org/2013/06/27/srei-servico-de-registro-eletronico-de-imoveis>. Acesso em: 27.6.2013.

normativa e uma infraestrutura de sistema sólida, os outros Estados Brasileiros ainda têm que avançar quanto à informatização exigida pela Lei n. 11.977/09.

Sobre esse ponto, o Juiz Auxiliar do Conselho Nacional de Justiça sugeriu as etapas da virtualização dos Cartórios de Registro de Imóveis, iniciando pela informatização dos registros do cartório no sistema eletrônico, com o emprego do certificado digital[151]. Após essa informatização, será necessária a integração dos cartórios através de centrais; dessa forma, pode-se obter, com mais facilidade, o compartilhamento de informações entre os Cartórios, conforme o exemplo de São Paulo (Provimento n. 42/12 do Tribunal de Justiça de São Paulo), que instituiu a Central de Serviços Eletrônicos, que é composta por *software* e *hardware* controlado pela ARISP com parceria da Corregedoria-Geral da Justiça[152].

A ideia é criar um sistema integrado com todos os Cartórios de Registro de Imóveis no âmbito nacional, como um único organismo formado por células que representam os cartórios, possibilitando a troca de informações entre os Cartórios[153]. É importante ressaltar que a criação dessa central apenas modifica a forma como as informações serão disponibilizadas, mas não altera em nada a essência da informação a ser disponibilizada tanto para a prestação do serviço ao público quanto para as informações prestadas ao Poder Judiciário.

Para que esta prática seja efetivada em todo território nacional, primeiramente se faz necessária a regulamentação legal de todos os atos programados. A ideia da unificação dos sistemas entre os Cartórios de Registro de Imóveis parece ser uma forma adequada para diminuir a demora e ineficácia quanto à busca de informações perante esse prestador de serviço. Se isso ocorrer de fato, o Poder Judiciário poderá acessar com maior facilidade as informações de imóveis dos executados e, dessa forma, tornar mais célere o processo judicial. O rápido fornecimento da informação no processo pode tornar a execução mais célere e eficaz, pois a falta de uma informação adequada e no tempo certo pode fazer com que este durma durante muitos anos nos arquivos judiciais.

7. Conclusão

A efetividade do direito processual do trabalho ainda é debatida pela doutrina e jurisprudência, sendo que na fase de execução concentra-se a maior atividade na busca da concretização do direito pretendido pelo jurisdicionado. O Poder Judiciário encontra-se em constante pressão para aderir às mudanças da sociedade com o passar tempo, tanto pela necessidade de aceleração dos meios processuais, em busca da efetividade de forma célere, quanto pela aderência mundial aos meios tecnológicos. Dessa forma, o Judiciário tende a acompanhar essas transformações alterando o formato dos atos processuais. Atualmente a tecnologia é, aparentemente, uma das soluções para os desentraves do processo. Porém, o presente estudo demonstra que tais ferramentas ainda necessitam ser conhecidas melhor e exploradas plenamente tanto pelo magistrado quanto pela parte autora.

Com a análise do artigo do Código de Processo Civil e da Consolidação de Provimentos da Corregedoria-Geral da Justiça do Trabalho, entende-se que Bacenjud possui preferência sobre qualquer outra modalidade de penhora judicial, pois se trata de penhora em dinheiro e se encontra no topo da ordem de penhora no artigo do CPC. Percebe-se que o Bacenjud pode ser mais eficiente quando auxiliado pelo sistema Infojud, uma vez que este permite o acesso às informações do devedor no processo do trabalho. Dessa forma, as informações obtidas pelo sistema Infojud tendem a beneficiar os instrumentos processuais de execução, sejam tecnológicos ou não. A informação, vindo em primeiro lugar, diminui os entraves causados pelas penhoras equivocadas realizadas no processo de execução via Bacenjud.

O Infojud é um sistema de informação importante para a efetividade da execução, porém ele não é a chave que serve de abertura para todas as informações dos executados no processo. A pesquisa demonstra que nem todas as informações buscadas constam no sistema Infojud. Infelizmente a Receita Federal do Brasil ainda não possui um mecanismo que obriga todos os órgãos e instituições a compartilhar as informações e os bens dos executados. O

---

(151) OBSERVATÓRIO DO REGISTRO. SREI — Serviço de Registro Eletrônico de Imóveis. *Extrato de exposições do 4º Curso de Iniciação na Atividade Registral e Notarial de São Paulo.* Disponível em: <cartorios.org/2013/06/27/srei-servico-de-registro-eletronico-de-imoveis>. Acesso em: 27.6.2013.
(152) OBSERVATÓRIO DO REGISTRO. SREI — Serviço de Registro Eletrônico de Imóveis. *Extrato de exposições do 4º Curso de Iniciação na Atividade Registral e Notarial de São Paulo.* Disponível em: <cartorios.org/2013/06/27/srei-servico-de-registro-eletronico-de-imoveis>. Acesso em: 27.6.2013.
(153) OBSERVATÓRIO DO REGISTRO. SREI — Serviço de Registro Eletrônico de Imóveis. *Extrato de exposições do 4º Curso de Iniciação na Atividade Registral e Notarial de São Paulo.* Disponível em: <cartorios.org/2013/06/27/srei-servico-de-registro-eletronico-de-imoveis>. Acesso em: 27.6.2013.

Infojud pode até ser efetivo em relação ao acesso das informações em nível nacional, porém estas são originadas através das declarações dos contribuintes, que comumente não são fiéis à real situação fiscal dessa pessoa jurídica ou física.

A Junta Comercial e os Cartórios de Registro de Imóveis também são instituições que sempre auxiliaram o processo Judicial na busca de informações sobre o executado. Os dois estabelecimentos recebem constantes solicitações do Poder Judiciário para o fornecimento de informações e certidões acerca das empresas, dos sócios e dos bens do executado. Desta forma, estes são instrumentos que devem caminhar junto com as ferramentas tecnológicas da execução no processo do trabalho, principalmente em conjunto com o Infojud. Porém, o problema de efetivar o cruzamento das informações desses órgãos no processo é que eles são órgãos locais. Ocorre que, por uma necessidade premente do momento em que se encontra a sociedade, e também por obediência a uma determinação legal, alguns desses estabelecimentos estão sendo modernizados.

Em relação aos Registros de Imóveis, o Conselho Nacional de Justiça tem adotado uma atitude louvável na tentativa de ver unificado um único sistema que poderá cruzar informações com todos os Cartórios de Registro de Imóveis existentes no âmbito nacional, concentrados em uma Central. Essa atitude daria maior celeridade ao processo judicial quanto à rapidez da informação sobre a existência do bem executado e a penhora a ser realizada. O problema reclamado pelos Registradores Imobiliários é a falta de uma legislação específica sobre o tema que aclare os pormenores dessa centralização de informações, bem como a existência de um sistema único utilizado por todos os cartórios. Para este caso, pode-se utilizar como exemplo positivo o Convênio realizado pelo Tribunal Regional do Trabalho da 15ª Região junto com a Associação dos Notários e Registradores do Estado de São Paulo (ANOREG/SP) e a Associação dos Registradores Imobiliários do Estado de São Paulo (ARISP). Este convênio possui um resultado efetivo, podendo ser utilizado como base estrutural para iniciar os preparatórios ao sistema unificado.

A ferramenta tecnológica que possui o maior número de falhas quanto à sua efetiva utilização é o Renajud. Essa ferramenta pode acarretar inúmeros problemas para o processo do trabalho. O veículo é um bem móvel de difícil localização, ainda mais quando esse é objeto uma futura penhora judicial. Uma sugestão apresentada seria uma versão 2.0 do sistema Renajud; porém, até que seja idealizada uma solução similar, o ideal é que os operadores do sistema possuam melhor conhecimento quanto às funções existentes nessa ferramenta. Caso contrário, esse sistema irá continuar travando as demandas processuais com relação aos veículos. Por ser uma ferramenta de restrição que possibilita inúmeras restrições em uma única placa veicular, já foi provado que esta multiplicidade não beneficia em nada a efetividade da execução.

O problema da efetividade pode ser ainda compreendido como uma falha na comunicação processual dos próprios sujeitos interessados no recebimento do crédito, pois, comumente, os autores das demandas trabalhistas não conhecem essas ferramentas auxiliares da execução. Isto é agravado com a acomodação do credor, visto que o impulso oficial permite que o magistrado atue sem a necessidade de o exequente mover-se. Igualmente, o abarrotamento dos processos paralisados na Justiça do Trabalho não possui somente o trabalhador como principal prejudicado, sendo que outros fatores contribuem para que as prateleiras dos Tribunais ainda possuam processos pendentes de um fim.

A tão sonhada efetividade buscada pelo Poder Judiciário não pode ser solucionada apenas com a criação de meios tecnológicos que possuem o objetivo de auxiliar a execução processual. A pesquisa realizada comprovou as falhas e as funcionalidades dos sistemas tecnológicos, porém eles só se tornam efetivos a partir do momento que são utilizados de forma adequada. Ou seja, se faz necessário o conhecimento sobre a funcionalidade de cada sistema em seu formato peculiar. A união de todas estas ferramentas tecnológicas em um único sistema que auxiliasse na execução dos processos judiciais seria um alvo a ser alcançado; contudo, ainda seria necessário o preparo do operador do direito no manuseio desses mecanismos tecnológicos concentrados.

Referências

ANOREG/SP. Informações patrimoniais *on-line*: ARISP, ANOREG/SP e TRT/15ª Região-SP firmam convênio para o acesso do tribunal ao Ofício Eletrônico. *Boletim Anoreg/SP on-line*, São Paulo, n. 103, 3 mar. 2009.

ASSIS, Araken de. *Cumprimento da sentença*. 3. ed. Rio de Janeiro: Forense, 2009.

BATALHA, Wilson de Souza Campos. *Tratado de direito judiciário do trabalho*. São Paulo: LTr, 1977.

BRASIL. Banco Central do Brasil. Bacenjud 2.0. *Sistema de Atendimento ao Poder Judiciário. Manual básico.*

_____. Banco Central do Brasil. Conselho Nacional de Justiça. *Regulamento Bacenjud 2.0.*

_____. Banco Central do Brasil. *Estatísticas do Sistema Bacenjud 2.0*, 2012.

_____. Banco Central do Brasil. *Estatísticas do Sistema Bacenjud*, 1998 a mar. 2012.

_____. Banco Central do Brasil. *Sistema Bacenjud* – Introdução. Disponível em: <http://www.bcb.gov.br/?BCJUDINTRO>. Acesso em: 16.11.2011.

_____. Infojud. *Manual do usuário.* Conselho Nacional de Justiça. Receita Federal do

_____. *Lei n. 12.440, de 17 de julho de 2011* — Certidão de Débitos Trabalhistas. Brasília: DOU, 2011.

_____. Secretaria da Receita Federal (SRF). Sistema de informação. Infojud: O judiciário na era digital. *Revista dos Empregados do Serpro,* v. 31, n. 192, jul.-ago. 2007.

_____. Superior Tribunal de Justiça. STJ – EDcl no REsp 1074407/MG; AGRG NO RESP 806064-PE; AGRG NO AG 992590-BA, RESP 1066091-RS; RESP 1066091-RS; RESP 1056246-RS; AGRG NO AG 944358-SC; AGRG NO RESP 806064-PE; AGRG NO AG 992590-BA.

_____. Tribunal Regional do Trabalho da 15ª Região. *Provimento GP-CR n. 8/10.* Disponível em: <http://portal.trt15.jus.br/web/guest/493>. Acesso em: 26.11.2012.

_____. Tribunal Superior do Trabalho. *Consolidação dos Provimentos da Corregedoria-Geral da Justiça do Trabalho.*

_____. Tribunal Superior do Trabalho. *Relatório de Prestação de Contas*: Justiça do Trabalho, exercício 2011. Brasília: TST, 2011.

_____. Tribunal Superior do Trabalho. *Relatório TST 2011.* Elaborado pela Coordenadoria de Estatística do Tribunal Superior do Trabalho. Brasília: TST, 2011.

CARRION, Valetin. *Comentários à consolidação da lei do trabalho.* 33. ed. atual. por Eduardo Carrion. São Paulo: Saraiva, 2008.

CHAVES, Luciano Athayde. *A recente reforma no processo comum e seus reflexos no direito judiciário do trabalho*: Leis ns. 11.187/05, 11.232/05, 11.276/06, 11.277/06 e 11.280/06 e outros estudos de direito processual do trabalho. São Paulo: LTr, 2006.

COSTA, Wagner Augusto. *Renajud em tempo real.* Disponível em: <http://www.serpro.gov.br/imprensa/publicacoes/Tema/tema/materias/renajud/?searchterm=renajud>. Acesso em: 10.2.2012.

DINAMARCO, Cândido Rangel. *A instrumentalidade do processo.* 13. ed. São Paulo: Malheiros, 2008.

_____. *Execução civil.* 6. ed. São Paulo: Malheiros, 1998.

GALVÃO, Januário Cicco Wanderley; SEIXAS, Luiz Felipe Monteiro. Princípio da eficiência: desdobramentos dos procedimentos digitais adotados pela Justiça do Trabalho no âmbito da 21ª Região. *Revista TRT 21ª Região*, 2008. Disponível em: <www.trt21.jus.br/ej/revista/2008/paginas/doutrina/principio.html>. Acesso em: 19.4.2012.

GIGLIO, Wagner D.; CORREA, Cláudia Giglio Veltri. *Direito processual do trabalho.* 16. ed. São Paulo: Saraiva, 2007.

HOUAISS, Antônio. *Dicionário eletrônico Houaiss da língua portuguesa.* Versão 3.0. Rio de Janeiro: Objetiva, jun. 2009.

JACOMINO, Sergio. Quinto Cartório de Registro de Imóveis. *A matrícula digital*: horizontes tecnológicos para o registro predial brasileiro. Disponível em: <www.quinto.com.br/artigos_26.htm>. Acesso em: 20.5.2013.

LEITE, Carlos Henrique Bezerra. As recentes reformas do CPC e as lacunas ontológicas e axiológicas do processo do trabalho: necessidade de heterointegração do sistema processual não penal brasileiro. *Revista do Tribunal Superior do Trabalho*, Porto Alegre: Síntese, v. 73/1, s.d.

LEVY, Pierre. *Cibercultura.* Trad. de Carlos Irineu da Costa. São Paulo: Ed. 34, 2000.

_____. *O que é virtual?* Trad. de Paulo Neves. São Paulo: Ed. 34, 1996.

NASCIMENTO, Amauri Mascaro. *Curso de direito processual do trabalho.* 27. ed. São Paulo: Saraiva, 2012.

OLIVEIRA, Carlos Alberto Álvaro de. Efetividade e processo de conhecimento. *Revista da Ajuris,* ano XXVI, n. 75, set. 1999.

OLIVEIRA, Francisco Antonio de. *Manual de processo do trabalho.* 4. ed. São Paulo: LTr, 2011.

REDONDO, Bruno Garcia. A penhora de veículos e o sistema Renajud. *Revista Dialética de Direito Processual*, n. 68, nov. 2008.

REZENDE FILHO, Gabriel José Rodrigues de. *Curso de direito processual civil.* 8. ed. São Paulo: Saraiva, 1968. v. 3.

RODRÍGUEZ-MAGARIÑOS, Faustino Gudin. *Administración de justicia digitalizada, una necesidad inaplazable.* Barcelona: Experiencia, 2008.

ROSA, Arthur. CNJ impede fraudes em penhora. *Jornal Valor Econômico*, São Paulo, 26 abr. 2011.

SARAIVA, Renato. *Curso de direito processual do trabalho.* 8. ed. São Paulo: Método, 2011.

SARLET, Ingo Wolfgang. *A eficácia dos direitos fundamentais*: uma teoria geral dos direitos fundamentais na perspectiva constitucional. 10. ed. Porto Alegre: Livraria do Advogado, 2011.

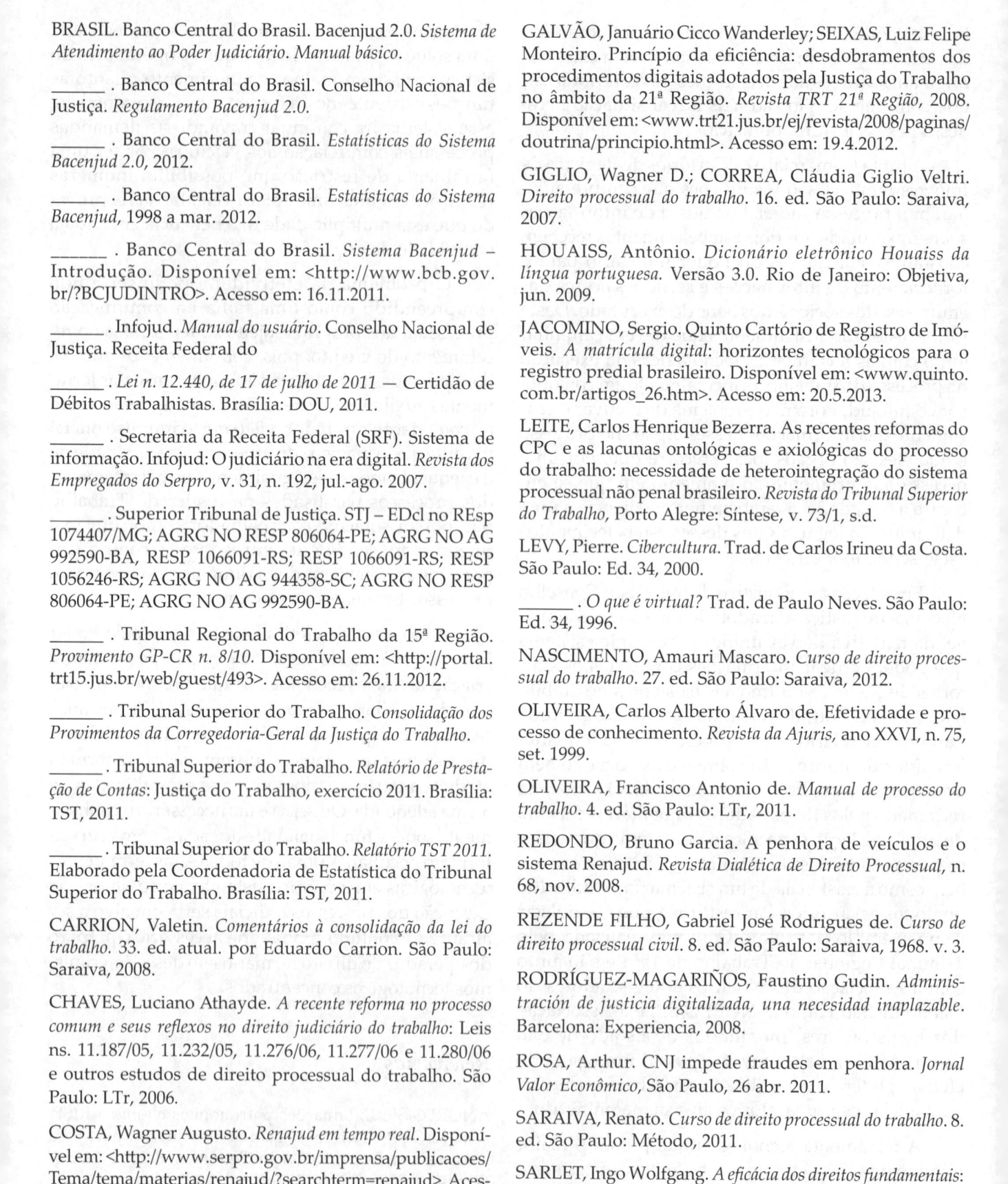

SCHIAVI, Mauro. *Execução no processo do trabalho.* 2. ed. rev. e ampl. São Paulo: LTr, 2010.

_____. *Manual de direito do trabalho*. 4. ed. São Paulo: LTr, 2011.

SILVA, Jaqueline Mielke; XAVIER, José Tadeu Neves. *Curso de processo civil*. Rio de Janeiro: Forense, 2008. v. 2: Processo de execução e cumprimento das sentenças.

SILVA, Valter F. Simioni. *Cumprimento da sentença*: de acordo com as alterações processuais das Leis ns. 11.232/06, 11.418/06 e 11.441/07. São Paulo: Universitária de Direito, 2008.

SIMÕES, José Ivanildo. *Processo virtual trabalhista*. São Paulo: LTr, 2010.

TARUFFO, Michele; CAMOGLIO, Luigi Paolo; FERRI, Corrado. *Lezioni sul processo civile*. 2. ed. Bologna: Il Mulino, 1995.

THEODORO JUNIOR, Humberto. *Curso de direito processual civil*. Rio de Janeiro: Forense, 2003. v. 2.

WIENER, Norbert. *Cibernética e sociedade*: o uso dos seres humanos. São Paulo: Cultrix, 1968.

Sites

<http://ww1.anamatra.org.br>. Acesso em: 10.2.2012.

<http://www.certisign.com.br/certificacao-digital/por--dentro-da-certificacao-digital>. Acesso em: 25.4.2012.

<http://www.cnj.jus.br/4f6c>. Acesso em: 28.4.2012.

<http://www.serpro.gov.br/imprensa/publicacoes/tema-1/antigas%20temas/tema_192/materias/infojud-o-judiciario-na-era-digital>. Acesso em: 18.11.2011.

<http://www.serpro.gov.br>. Acesso em: 17.5.2012.

<http://www.trt13.jus.br/engine/interna/2566>. Acesso em: 28.4.2012.

<http://www.tst.jus.br/corregedoria_2009/documentos/Manual_do_Sistema_Renajud_final%2025_08_08.pdf>. Acesso em: 18.11.2011.

<http://www2.stf.jus.br/portalStfInternacional/cms/verConteudo.php?sigla=portalStfCooperacao_ptbr&idConteudo=159813>. Acesso em: 26.4.2012.

CAPÍTULO 5

O Art. 557 do CPC e a Celeridade da Execução Trabalhista

Marcelo José Ferlin D'Ambroso[*]
Paula Wagner de Mattos[**]

1. Introdução

Desenvolver novas técnicas para garantia da celeridade da execução trabalhista é um desafio com o qual todo operador do Direito do Trabalho se depara no cotidiano da atividade judiciária.

Com efeito, a ampliação dos poderes do Relator, consagrada na Lei n. 9.756/98, consolida no CPC a praxe dos Tribunais quanto à confiança do Colegiado para que seus Membros procedessem à triagem e exame monocrático dos processos a si distribuídos, quanto à aplicação do entendimento majoritário da Corte e das Superiores, além das hipóteses que comportassem inequívoca inadmissibilidade ou improcedência, como forma de proporcionar maior agilidade ao andamento do feito.

O presente texto tem por objetivo apresentar uma experiência de aplicação do art. 557 do CPC na Seção Especializada em Execução do Tribunal Regional do Trabalho da 4ª Região, como forma de imprimir celeridade ao processo de execução trabalhista.

2. A lógica do art. 557 do CPC

Desnecessário falar acerca do cabimento da ampliação dos poderes do Relator atribuída pelo art. 557 do CPC no processo do trabalho, vez que se trata de matéria já pacífica, conforme entendimento do c. TST, consubstanciado na Súmula n. 435 e na Instrução Normativa n. 17/99:

> Súmula n. 435 do TST: ART. 557 DO CPC. APLICAÇÃO SUBSIDIÁRIA AO PROCESSO DO TRABALHO. Aplica-se subsidiariamente ao processo do trabalho o art. 557 do Código de Processo Civil.

> IN n. 17/99: Outrossim, aplicam-se ao processo do trabalho os §§ 1º-A e 1º e 2º do art. 557 do Código de Processo Civil, adequando-se o prazo do agravo à sistemática do processo do trabalho (oito dias).

Desse modo, se a decisão recorrida estiver em manifesto confronto com súmula ou com jurisprudência dominante do Supremo Tribunal Federal ou de Tribunal Superior, o relator poderá dar provimento ao recurso, cabendo agravo, no prazo de oito dias, ao órgão competente para o julgamento do recurso.

(*) Desembargador do Trabalho (TRT4 — RS), ex-Procurador do Trabalho, Diretor Legislativo do IPEATRA — Instituto de Estudos e Pesquisas Avançadas da Magistratura e do Ministério Público do Trabalho, Bacharel em Direito pela Universidade Federal de Santa Catarina, Pós-graduado em Trabalho Escravo pela Faculdade de Ciência e Tecnologia da Bahia, especialista em Relações Laborais (OIT, *Università di Bologna*, *Universidad Castilla-La Mancha*), especialista em Direitos Humanos (Universidade Pablo de Olavide e Colégio de América), especialista em Jurisdição Social (*Consejo General del Poder Judicial de España* — Aula Iberoamericana).

(**) Graduada em Ciências Jurídicas e Sociais pela Universidade Federal do Rio Grande do Sul. Pós-graduanda em Direito e Processo do Trabalho pela Escola Superior Verbo Jurídico. Chefe de Gabinete do Desembargador Marcelo José Ferlin D'Ambroso. Técnica Judiciária (TRT4 — RS).

Se não houver retratação, o relator, após incluir o processo em pauta, proferirá o voto. Provido o agravo, o recurso terá seguimento.

Pois bem. A gênese do instituto visa a assegurar tríplice enfoque de celeridade, no sentido de racionalizar o funcionamento dos Tribunais, desafogar as sessões de julgamento e conferir maior presteza à prestação jurisdicional, conforme se pode conferir da exposição de motivos do PL n. 4.070/98 posteriormente convertido na Lei n. 9.756/98, que alterou o CPC[1]:

1. A realidade vivenciada atualmente pelas Cortes Superiores é de verdadeira incapacidade material de enfrentar a enxurrada de recursos que lhes são, diariamente, submetidos à apreciação. O ponto fulcral do problema não se encontra na ausência de aparelhamento material ou humano, mas na intrincada sistemática recursal existente, que permite, na prática, que qualquer demanda judicial alcance o Supremo Tribunal Federal e os tribunais superiores, abarrotando de processos essas Cortes, muito acima da capacidade humana de dar vazão a tal volume de processos.

O Supremo Tribunal Federal, no ano de 1997, julgou 40.815 processos, o que representa uma média de 4.000 processos apreciados por cada um de seus Ministros. No entanto, tal esforço, que superou todas as marcas anteriores (já que em 1996 haviam sido julgados 31.662 processos), não conseguiu reduzir significativamente o estoque acumulado de recursos pendentes de julgamento, uma vez que a Suprema Corte findou o ano com um acervo de 96.875 processos (em 1996 entraram 24.947 e em 1997, 35.077).

A situação do Superior Tribunal de Justiça não é diferente. Dos 3.711 processos julgados no ano de 1989, quando de sua instalação, chegou, no ano de 1997 (até o mês de novembro) à cifra recorde de 94.140 processos julgados (quase alcançando os 100.000 até o final de dezembro). No entanto, já começa o ano de 1998 com um estoque superior a 40.000 processos. O crescimento assustador dos recursos, no entanto, diz respeito a matérias praticamente idênticas, mormente nas áreas tributária, previdenciária e administrativa, que representam mais de 60% dos processos apreciados pelo STJ. Como, nessas matérias, a Corte já firmou jurisprudência, sumulada ou não, a sobrecarga de processos em relação aos quais não seria necessário que o Colegiado voltasse a se manifestar é desumana em termos de dispêndio de trabalho, com a agravante de que, em cada processo, pode haver a arguição de preliminares (intempestividade, deserção, irregularidade de representação, prequestionamento, especificidade da divergência etc.) que o tornam, nesse aspecto, distinto dos demais, obrigando o magistrado a apreciar um a um.

Para desafogar ao menos as sessões de julgamento, a solução adotada, tanto pelo STJ quanto pelo STF, tem sido a de organizar pautas dirigidas, em que se elencam os processos que, por sua identidade de matéria, terão o mesmo desfecho decisório, já estando pacificada a questão nessas Cortes.

A melhor solução para a questão da sobrecarga de trabalho repetitivo nas Cortes Superiores seria a adoção da súmula vinculante, objeto do PEC n. 96/92, que ora tramita na Câmara dos Deputados, relatado pelo Deputado Jairo Carneiro. No entanto, enquanto tal medida não é aprovada, busca-se solução que resolva em parte o problema.

No caso do Tribunal Superior do Trabalho, onde se tentou solucionar o problema na base de aumentar o numero de juízes atuando na Corte, através da convocação extraordinária, por um ano, de 10 juízes dos TRTs, o que elevou para 37 o número de magistrados operando naquela Corte Superior, chegou-se à cifra recorde de 87.323 processos julgados no ano de 1997. Recorde notável, tendo em vista que no ano anterior, que já havia superado todas as marcas, haviam sido julgados apenas 57.863 processos. Ora, o ano de 1997 findou para o TST com o estoque remanescente de 126.225 processos para serem apreciados, dos quais 94.969 sequer foram distribuídos, ou seja, se o TST não recebesse nenhum processo novo no ano de 1998, ainda assim, mesmo com novas convocações de juízes, não seria capaz de dar vazão a tal volume de recursos.

A própria experiência de fracionamento interno da Seção de Dissídios Individuais do TST (que promove, entre outros misteres, a uniformização de jurisprudência entre as 5 Turmas do Tribunal) em duas subseções, para diminuir o colegiado, duplicando a capacidade de julgamento dos processos (uma se dedicando às ações rescisórias e mandados de segurança, enquanto a outra apreciava os embargos de divergência), demonstrou que há questões que podem requerer a uniformização entre as duas subseções, mormente no que diz respeito à interpretação

---

[1] Exposição de Motivos n. 3-MJ/CC-PR, de 12.01.1998, dos Ministros de Estado da Justiça e Chefe da Casa Civil. Assinam Iris Rezende e Clóvis de Barro Carvalho, respectivamente. Disponível em: <http://www.camara.gov.br/proposicoesWeb/prop_mostrarintegra;jsessionid=2536078D79F7EFAED0674BD290F9F8F2.proposicoesWeb2?codteor=1131505&filename=Avulso+-PL+4070/1998>. Acesso em: 1.2010.

de normas processuais, criando-se, dessarte, mais uma instância interna no TST, o que vem a complicar ainda mais a sistemática recursal.

Finalmente, devido à tão esgrimida independência do magistrado na interpretação da lei, está sendo vivenciando pelo Judiciário Trabalhista o fenômeno da avalanche inusitada de recursos e ações rescisórias em matéria de planos econômicos (Bresser, Verão, Collor e URPs de abril e maio 1988), em que as JCJs e TRTs insistem em garantir aos trabalhadores os resíduos inflacionários suprimidos pelos referidos planos, quando o Supremo Tribunal Federal decidiu no sentido da inexistência de direito adquirido aos referidos resíduos, tendo o Tribunal Superior do Trabalho revisto seus verbetes sumulados que os deferiam. O que se tem verificado na prática, diante dessa realidade, é a realização de sessões diárias de julgamento no TST, com as pautas abarrotadas de processos versando sobre planos econômicos, representando mais de 80% dos processos julgados.

Há, portanto, uma crise estrutural do modelo existente, que exige reformas estruturais, visando à diminuição do número de causas submetidas a julgamento nas Cortes Superiores, de modo a que possam ser mais bem debatidas aquelas que efetivamente dependem de um pronunciamento inovador dessas Cortes. A continuarem funcionando com o volume de processos ora existentes, estão ameaçadas de entrarem num colapso operacional sem precedentes, pois já se torna fisicamente impossível para um número limitado de magistrados apreciar tantas causas.

Diante de tal quadro apresentado atualmente pelos Tribunais Superiores, é de suma importância que se dê, com a máxima urgência possível, uma solução para o problema do abarrotamento de recursos que chegam a essas Cortes. E a solução, como visto, não passa pelo aumento do número de juízes ou tribunais, mas por uma reformulação de pontos básicos da sistemática decisória e recursal, em relação ao modelo ora vigente.

> 2. Nesse sentido, as alterações e acréscimos propostos no presente projeto de lei em relação ao CPC, CLT e Lei n. 8.038/90 se fazem necessárias para desafogar as pautas de julgamento dos tribunais superiores — Supremo Tribunal Federal, Superior Tribunal de Justiça e Tribunal Superior do Trabalho —, em que a avalanche de recursos sobre matérias já sumuladas ou pacificadas tem desafiado a capacidade de julgamento colegiado nas sessões que são precisas para apreciar o elevado número de recursos sobre matérias idênticas.

A praxe que as Cortes Superiores têm adotado é a do julgamento em conjunto de tais matérias, declinando-se apenas o número dos processos para os quais o relator dá a mesma decisão, com o *referendum* do colegiado, sem que este tenha ouvido relatório circunstanciado ou discutido o processo. Assim, na prática, as decisões nesses processos já têm sido adotadas de forma monocrática, baseadas na confiança que o colegiado atribui ao relator no enquadramento da matéria como pacificada.

A vantagem da alteração legal seria a de racionalizar o funcionamento dos Tribunais Superiores, desafogando as sessões de julgamento, uma vez que, muitas vezes, o processo já teria condições de ser decidido, mas fica aguardando pauta para julgamento. Haveria, portanto, sensíveis vantagens para o jurisdicionado, pela maior presteza na prestação jurisdicional. Nesse sentido, a jurisprudência contemporânea à época da edição da Lei n. 9.756/98:

> 1. **O "novo" art. 557 do CPC tem como escopo desobstruir as pautas dos tribunais, a fim de que as ações e os recursos que realmente precisam ser julgados por órgão colegiado possam ser apreciados o quanto antes possível.** Por essa razão, os recursos intempestivos, incabíveis, desertos e contrários à jurisprudência consolidada no tribunal de segundo grau ou nos tribunais superiores deverão ser julgados imediatamente pelo próprio relator, através de decisão singular, acarretando o tão desejado esvaziamento das pautas. **Prestigiou-se, portanto, o princípio da economia processual e o princípio da celeridade processual, que norteiam direito processual moderno.**
>
> 2. O "novo" art. 557 do CPC alcança os recursos arrolados no art. 496 do CPC, bem como a remessa necessária prevista no art. 475 do CPC. Por isso, se a sentença estiver em consonância com a jurisprudência do tribunal de segundo grau ou dos tribunais superiores, pode o próprio relator efetuar o reexame obrigatório por meio de decisão monocrática. (REsp 156.311/Adhemar). (STJ — 1ª Turma. REsp 232025/RJ. Relator Min. Garcia Vieira. Julgado em 18.11.1999) (destaques nossos)

Portanto, a ampliação dos poderes do Relator expressa no art. 557 do CPC está jungida diretamente à racionalização dos julgamentos colegiados, a fim de que a Corte se dedique mais atentamente e com mais qualidade apenas aos processos que não possam ser decididos antecipadamente de forma monocrática.

A lógica de celeridade do instituto é de perfeita adequação e aplicabilidade ao processo trabalhista, quando mais em sede de execução.

3. Aplicação prática: denegação de seguimento

Na letra do art. 557 do CPC[2], são quatro as hipóteses em que cabe a denegação de seguimento:

I – recurso manifestamente inadmissível: na execução trabalhista, corresponde ao agravo de petição que não atende aos pressupostos recursais objetivos ou subjetivos, tais como a falta de legitimidade ou interesse recursal, intempestividade, falta de preparo, entre outras causas;

II – recurso manifestamente improcedente: nas palavras de Nagib Slaibi Filho, corresponde ao apelo que não tem chance de êxito no Órgão Colegiado[3]; Tania Fakiani Haluli[4], por sua vez, refere o recurso em desacordo com a postura do Colegiado;

III – recurso prejudicado: é o atingido por fato superveniente que acarreta a perda de objeto da pretensão recursal, tornando o provimento jurisdicional revisor inócuo, como, por exemplo, no caso de retratação da decisão por parte do magistrado singular, conciliação ocorrida após a sentença, inadmissibilidade ao apelo principal e consequente prejuízo ao adesivo etc.;

IV – recurso em contrariedade com súmula ou com jurisprudência dominante do respectivo Tribunal, do Supremo Tribunal Federal, ou de Tribunal Superior: no particular, especial destaque merece a edição de Orientações Jurisprudenciais pela c. Seção Especializada em Execução do TRT4, atualmente em número de 43, porquanto, ao proporcionarem maior uniformização do entendimento da Corte Regional, ampliam significativamente as matérias passíveis de serem solucionadas de forma monocrática pelo Relator, além das hipóteses supra.

Valem, ainda, algumas considerações extras acerca do que é manifestamente improcedente: aprofundando os ensinamentos de Nagib Slaibi Filho, para quem o Relator funciona como Delegado do Colegiado, presentando-o, significa dizer que não há limites de matéria, prova ou direito a serem restringidos ao alcance do art. 557. Basta que o Membro do Órgão Fracionário da Corte tenha o cuidado de ser fiel à visão coletiva de seus pares.

Por outras palavras, o art. 557 do CPC funciona como uma ferramenta de inteligência coletiva: o Relator abre mão de sua vontade, de seu pensamento individual, como julgador, deixando de levar ao Colegiado não só aquilo que é conforme ao que entende em consonância dos demais Membros, como também as questões em que sabidamente fica vencido frente ao pensamento coletivo da Corte (no que pode fazer ressalva de sua opinião, na decisão monocrática, ao aplicar o entendimento majoritário).

E quando nos referimos ao entendimento majoritário, é bom frisar que a hipótese de manifesta improcedência não se vincula à contrariedade com súmula ou com jurisprudência dominante do respectivo Tribunal, do Supremo Tribunal Federal, ou de Tribunal Superior. Obviamente, resgatando o conceito de que improcede o que não tem chance de êxito no Órgão Fracionário, estamos falando de pretensões recursais com prova explícita contrária, teses vencidas no Colegiado (ainda que por jurisprudência não dominante da respectiva Corte) e tudo aquilo que, na ótica do Relator, não subsista ao crivo da Turma, Câmara, Seção ou Pleno de que faça parte.

O importante, ressalva-se, é que o Relator seja fiel ao entendimento coletivo, assim, na análise de manifesta improcedência por questão de prova, atentará a precedentes similares e àquilo que a experiência no Colegiado lhe indica, com clareza, ser inviável de acolhimento perante os pares, no sentido de que não haja dúvida de interpretação da maioria vencedora (e não, necessariamente, unanimidade).

De outra parte, aprofundando o que é jurisprudência dominante, já em exame da quarta possibilidade elencada no CPC, é emblemático destacar que o art. 557 se refere, em mais de uma ocasião, a duas

---

(2) Art. 557. O relator negará seguimento a recurso manifestamente inadmissível, improcedente, prejudicado ou em confronto com súmula ou com jurisprudência dominante do respectivo tribunal, do Supremo Tribunal Federal, ou de Tribunal Superior.
§ 1º-A Se a decisão recorrida estiver em manifesto confronto com súmula ou com jurisprudência dominante do Supremo Tribunal Federal, ou de Tribunal Superior, o relator poderá dar provimento ao recurso.
§ 1º Da decisão caberá agravo, no prazo de cinco dias, ao órgão competente para o julgamento do recurso, e, se não houver retratação, o relator apresentará o processo em mesa, proferindo voto; provido o agravo, o recurso terá seguimento.
§ 2º Quando manifestamente inadmissível ou infundado o agravo, o tribunal condenará o agravante a pagar ao agravado multa entre um e dez por cento do valor corrigido da causa, ficando a interposição de qualquer outro recurso condicionada ao depósito do respectivo valor.
(3) "O recurso improcedente é o que desde logo se verifica que, no seu ponto principal, não terá sucesso. Neste caso, exige o art. 557 que o relator aprecie, inclusive, o mérito do recurso. Note-se que a expressão 'manifestamente improcedente' exige do relator proceder à cognição que seria dada pela turma julgadora, em antevisão do que esta decidiria, e não em atenção ao entendimento próprio do relator que é, no caso, como antes referido, delegado do colegiado, cujo poder 'presenta'." SLAIBI FILHO, Nagib. *Notas sobre o art. 557 do CPC. Competência do relator de prover e de negar seguimento a recurso*. Disponível em: <http://jus.com.br/artigos/3792/notas-sobre-o-art-557-do-cpc>. Acesso em: 4.2014.
(4) FAQIANI, Tania Haluli. *A ampliação dos poderes do relator no processo civil brasileiro*. Disponível em: <http://semanaacademica.org.br/system/files/artigos/artigo_cientifico_quarto.pdf>. Acesso em: 5.4.2014.

situações — súmula (quando trata do provimento monocrático, no § 1º), **ou** jurisprudência dominante, como coisas distintas — ou seja, sem nenhuma dúvida o dispositivo não iguala os conceitos, porque se assim desejasse o legislador, teria adotado a expressão "súmula **de** jurisprudência dominante", enquanto positivou a conjunção alternativa "**ou**", a indicar uma ou outra coisa, alternativamente. Jurisprudência dominante, sabemos, é a majoritária, ou seja, a que expressa o pensamento da maioria dos integrantes da Corte. Se o Tribunal se divide em Turmas ou Câmaras, dominante será a linha de precedentes que expressa o que entender mais da metade das suas Turmas ou Câmaras, em cotejo daquela que o próprio Relator integra, já que não haverá o menor sentido na denegação de seguimento monocrático adotada para uma linha majoritária na Corte mas que não é referendada pelo Órgão Colegiado do Relator. E se este integrar Órgão Fracionário de competência exclusiva, por matéria, dentro do Tribunal, dominante será o que pensa a unanimidade ou mais da metade de seus pares, observada, nessa hipótese, a multiplicidade de composições possíveis.

Vale dizer, a ferramenta de inteligência coletiva está ligada à disciplina judiciária do julgador monocrático — fiel Delegado da Corte/Órgão Fracionário que presenta, expressará em sua decisão individual o que pensam seus pares sobre o caso. Sem violentar seu entendimento, caso pense de forma distinta, oporá a cabível ressalva, já que a parte que não se contentar interporá o agravo previsto no § 2º do art. 557 para obter a indispensável ratificação colegiada necessária para possibilitar o acesso às instâncias superiores.

Claro que se alguma matéria for de importância diferenciada ao Relator, este poderá naturalmente insistir em levar à apreciação colegiada para sensibilizar seus pares em sentido contrário, todavia, no que reiteradamente já insistiu e sem êxito, não fará sentido algum em continuar a tomar tempo do Colegiado para obtenção do costumeiro resultado contrário, melhor será, então, ressalvar entendimento pessoal e decidir, de plano, monocraticamente. Esta a inteligência do multicitado dispositivo legal.

Sem adentrar a discussão do que seja "denegação de seguimento", já que alguns doutrinadores discutem que a expressão é válida apenas para as situações de inadmissibilidade ou prejudicialidade do apelo, e as demais mérito, negativa de provimento (manifesta improcedência ou contrariedade de súmula ou jurisprudência dominante), certo é que a lei assim refere e, pela lógica do art. 557, *a ultima ratio* do instituto é de propriamente obstar a recorribilidade de situações sem chance de êxito nos Tribunais. Por tal motivo, independentemente da decisão monocrática adentrar ou não o mérito do apelo, entendemos que o Relator, qualquer que seja a hipótese de enquadramento (inadmissibilidade, improcedência etc.), a ele denega seguimento porque obsta a sujeição ao Colegiado.

4. Provimento monocrático

De outra parte, restando a decisão recorrida (agravada) em desconformidade com súmula ou com jurisprudência dominante do Supremo Tribunal Federal, ou de Tribunal Superior, poderá o Relator dar provimento monocraticamente ao recurso. Nesse contexto, nos exatos termos da lei, resta imprescindível a existência de súmula ou jurisprudência majoritária do STF ou de Tribunal Superior, revelando-se descabido o provimento com base apenas na jurisprudência do Órgão Regional.

Diversamente, então, da denegação de seguimento, que comporta um elenco maior de possibilidades, a reforma monocrática do julgado da origem pressupõe exclusivamente a dissonância do primeiro grau com tribunais superiores.

Sem sombra de dúvidas, a diferença de tratamento legal entre a denegação de seguimento e o provimento monocrático autoriza concluir que o legislador buscou prestigiar o entendimento do primeiro grau de jurisdição, quando mais considerando-se que o Relator ou a Corte poderão ter entendimentos contrários ao sumulado ou dominante em tribunais superiores, à similitude da origem, e provocando maior oxigenação e atualização das jurisprudências superiores.

Isto porque o Relator não deverá dar provimento monocrático quando o entendimento contrariado de instâncias superiores não seja o da sua Corte, ainda que com ele concorde. Por outro lado, quando o próprio Relator entender de forma diversa à jurisprudência dominante de tribunais superiores, com muito mais razão deverá levar o caso à apreciação colegiada, salvo se, já o tendo feito em diversas ocasiões, invariavelmente seus pares acompanharem o entendimento superior, situação em que deverá ressalvar sua opinião e efetuar o provimento monocrático.

5. Multa

Conforme a dicção do § 2º do art. 557 do CPC, "quando manifestamente inadmissível ou infundado o agravo, o tribunal condenará o agravante a pagar ao agravado multa entre um e dez por cento do valor corrigido da causa, ficando a interposição de qualquer outro recurso condicionada ao depósito do respectivo valor".

Tendo em consideração que, de forma oposta à disciplina judiciária, a busca do acesso às instâncias superiores pelas partes e Ministério Público representa a garantia de evolução jurisprudencial no decurso do tempo, a aplicação da multa referida no dispositivo em estudo cinge-se, nos estritos termos legais, à manifesta inadmissibilidade (pressupostos intrínsecos e extrínsecos), e a estar infundado o agravo, ou seja, destituído de elementos que autorizem a reforma da decisão monocrática. Nesses casos, em nome da celeridade e efetividade da ferramenta, deve a Corte aplicar a multa de forma proporcional à conduta, ponderando o tempo de retardo da prestação jurisdicional pela interposição do agravo e o prejuízo do *ex adverso* com a medida — maior o atraso na baixa dos autos, maior a multa cabível.

Em sede de execução trabalhista, o Relator, que é quem examinará o agravo, de forma mais sensível e contundente deverá proceder a essa análise, com a isenção devida, ponderando o prejuízo que a parte contrária terá pelo tempo consumido entre a publicação da decisão monocrática e a do Colegiado, em vista do valor do crédito em execução, e o erro ou dolo do agravante, sua boa ou má-fé na interposição, propondo ou não ao Colegiado a aplicação e gradação da penalidade.

Aplicada a multa, o desestímulo ao agravo infundado ou de recurso manifestamente inadmissível reforça sobremaneira o instituto do art. 557, já que é significativa a quantia revertida em favor do *ex adverso*, que pode chegar até 10% do valor corrigido da causa.

6. Estatística de comprovação: a prática voltada à execução trabalhista

A partir da experiência desenvolvida junto à Seção Especializada em Execução do eg. Tribunal Regional do Trabalho da 4ª Região, colheram-se as seguintes estatísticas, a comprovar o potencial de presteza que pode conferir o art. 557 do CPC na execução trabalhista: das 234 decisões monocráticas proferidas em sede de agravo de petição, no período de maio de 2013 a abril de 2014, foram interpostos apenas 41 agravos pretendendo a modificação da decisão singular, o que representa um percentual de **recorribilidade interna de cerca de apenas 17,52%.**

Ademais, dos 41 agravos interpostos, apenas 1 foi provido pelo Órgão Colegiado, circunstância que confere às decisões monocráticas proferidas e recorridas o percentual ínfimo de 2,44% de reforma. No entanto, se considerarmos 234 monocráticas (total, dentre as recorridas e não recorridas) proferidas, esta única reforma somada a mais uma reconsideração procedida no interregno dará um índice de 0,85% de reforma.

E, no mesmo período (entre maio de 2013 a abril de 2014), 413 processos de execução foram solucionados através de decisões colegiadas e 234 por meio de monocráticas, representando o instituto do art. 557 do CPC expressivo índice de 67,43% de agravos de petições julgados.

Portanto, nessa experiência prática citada para exemplo de uso da ferramenta voltada à execução trabalhista, saltam aos olhos três dados que indicam a segurança e potencial do art. 557 para a celeridade: a baixa recorribilidade, o alto percentual de julgados monocráticos que pode ser atingido e a ínfima taxa de reforma. Na medida em que todos os Membros da Corte priorizem a triagem de processos e sua análise sob a perspectiva do art. 557 (denegação de seguimento ou provimento monocrático), estima-se que a sessão de julgamento seja aliviada de 30% a 40% da pauta, o que permite discussão de maior qualidade aos processos remanescentes e alta celeridade à execução trabalhista, considerando que o acesso às instâncias superiores só será admitido caso haja perspectiva de ofensa de norma constitucional, na dicção do art. 896, § 2º, da CLT, hipótese bastante restrita em sede de execução.

7. Conclusões

Com o volume e fluxo constantes de execuções trabalhistas que chegam aos Tribunais Regionais do Trabalho pátrios, via agravo de petição, não há dúvida de que o uso do art. 557 do CPC para denegar seguimento aos recursos que se enquadram na literalidade do dispositivo legal é um instrumento relevante e importantíssimo para garantia da celeridade do processo. Por outro lado, destoando a decisão da origem da jurisprudência sumulada dos Tribunais Superiores, enquanto, conforme com a orientação do Relator, o provimento monocrático é uma forma de resolutividade ágil para a demanda.

A estatística *supra*, baseada na experiência junto à c. Seção Especializada em Execução do eg. Tribunal Regional do Trabalho da 4ª Região, serve para comprovação prática de que o uso do art. 557 do CPC — desde que baseado na manifestação monocrática da vontade colegiada, como ferramenta de inteligência coletiva, é seguro, pois a taxa de reforma é praticamente zerada (especialmente considerando a linha do tempo entre a prolação e a ocorrência de reforma). Do ponto de vista da segurança jurídica, trata-se, inegavelmente, de poderosa ferramenta.

Considerando, ainda, as limitações que o acesso às instâncias superiores sofre no agravo de petição, a teor do art. 896, § 2º, da CLT[5], a decisão monocrática se afigura como mais um empecilho aos recursos com nítido intuito protelatório, a depender da provocação da reanálise colegiada e sujeito à aplicação da multa do § 2º do art. 557 do CPC, a desencorajar a aventura processual. Nessa linha, o ensinamento de José Carlos Barbosa Moreira, o qual afirma que a eficácia prática da inovação, bem se compreende, naturalmente variará de acordo com a disposição que tenha(m) o(s) prejudicado(s) para aceitar sem reação uma derrota imposta por ato exclusivo do relator[6].

Em suma, a análise monocrática da lide viabiliza a celeridade jurisdicional, sem, contudo, prejudicar a apreciação pelo Órgão Colegiado, caso haja a inconformidade das partes através da interposição de agravo. O instituto do art. 557 do CPC, quando vertido à execução trabalhista, permite imprimir forte celeridade ao rito, abreviando vários meses que seriam gastos entre a distribuição do processo e a pauta para o julgamento colegiado, significando para o exequente a satisfação mais rápida do bem da vida vindicado, e para o devedor, o ponto final da demanda. Dessa forma, processos que já têm condições de serem decididos o são imediatamente, ao invés de ficarem aguardando pauta.

Resgatando a exposição de motivos do PL que originou a atual dicção do art. 557 do CPC, é inegável que se deve buscar diminuir o número de causas submetidas a julgamento nas Cortes, quando mais em sede de execução, quando já vencido o processo de conhecimento, restringindo-se a análise colegiada estritamente ao debate das matérias que efetivamente dependem de um pronunciamento inovatório e particular.

O tríplice enfoque de celeridade, no sentido de racionalizar o funcionamento dos Tribunais, desafogar as sessões de julgamento e conferir maior presteza na entrega da prestação jurisdicional, referido no início deste estudo, permite ainda asseverar que, da ótica de uma realidade de agigantamento crescente da litigiosidade, avalanche de recursos, numa sociedade que convive com demandas de massa e lesões massivas, a decisão monocrática é uma ferramenta de inteligência coletiva que pode fulminar, rápida e massivamente, recursos que não merecem a atenção dedicada da Corte.

Para essa dinâmica inteligente funcionar, frise-se, é crucial que o Relator abdique de seu entendimento individual, como julgador, encarnando o espírito colegiado e deixando de levar aos seus pares não só aquilo que é conforme ao que entende em consonância dos demais, como também as questões em que fica vencido frente ao pensamento coletivo da Corte ou do Órgão Fracionário.

A lógica é reverter o congestionamento dos Tribunais mediante a decisão antecipada monocrática, que tria adequadamente os casos que merecem análise profunda e particular, daqueles que repetem o que já está consolidado ou que não tem a menor chance de êxito.

Não é demasia dizer, pois, que o uso crescente do art. 557 nos Tribunais, especialmente em sede de execução, não só é medida célere como também pedagógica, ensinando a todos, juízes e jurisdicionados, a como usufruir de forma inteligente e racional da jurisdição, ao invés de congestioná-la.

8. Referências

CAETANO, Livia Regina Maciel; GOMES, Magno Federici. Das decisões monocráticas de mérito nos agravos de instrumento: interpretação conforme a constituição. *Lex Magister*, São Paulo. Disponível em: <http://www.lex.com.br/doutrina_23297421_DAS_DECISOES_MONOCRATICAS_DE_ MERITO_NOS_AGRAVOS_DE_INSTRUMENTO_INTER PRETACAO_CONFORME_A_CONSTITUICAO.aspx>.

---

(5) § 2º Das decisões proferidas pelos Tribunais Regionais do Trabalho ou por suas Turmas, em execução de sentença, inclusive em processo incidente de embargos de terceiro, não caberá Recurso de Revista, salvo na hipótese de ofensa direta e literal de norma da Constituição Federal.
(6) MOREIRA, José Carlos Barbosa. *Comentários ao código de processo civil*. 12. ed. Rio de Janeiro: Forense, 2005. p. 665.

FAQIANI, Tania Haluli. *A ampliação dos poderes do relator no processo civil brasileiro*. Disponível em: <http://semanaacademica.org.br/system/files/artigos/artigo_cientifico_quarto.pdf>. Acesso em: 4.2014.

MOREIRA, José Carlos Barbosa. *Comentários ao código de processo civil*. 12 ed. Rio de Janeiro: Forense, 2005.

SANTOS, Renan Segura dos. *Decisão monocrática do art. 557 do código de processo civil conforme os princípios fundamentais do processo*. Disponível em: <http://www3.pucrs.br/pucrs/files/uni/poa/direito/graduacao/tcc/tcc2/trabalhos2012_2/renan_santos.pdf>. Acesso em: 3.2014.

SARDAS, Vitor Greijal. Os poderes do relator da causa sob a perspectiva histórica — subsídios sobre a ampliação e restrição dos poderes do relator da causa como fator de celeridade processual. *Revista Digital*, Rio de Janeiro: IAB, ano II, n. 9, p. 79-88, jan. a mar. 2011. Disponível em: <http://www.academia.edu/515791/Os_poderes_do_relator_sob_a_perspectiva_historica>.

SLAIBI FILHO, Nagib. *A nova redação do art. 557 do código de processo civil*, dez. 2011. Disponível em: <http:// www.nagib.net/index.php/publicacoes/artigos/civil-processo-civil-consumidor/884-a-nova-redacao-do-art557-do-codigo-de-processo-civil>. Acesso em: 4.2014.

_____. *Notas sobre o art. 557 do CPC. Competência do relator de prover e de negar seguimento a recurso*. Disponível em: <http://jus.com.br/artigos/3792/notas-sobre-o-art-557-do-cpc>. Acesso em: 4.2014.

VALENTE, Fabiano Augusto. A decisão monocrática do relator. *Âmbito Jurídico*, Rio Grande, XIII, n. 75, abr. 2010. Disponível em: <http://www.ambito-juridico.com.br/site/index.php?n_link=revista_artigos_leitura&artigo_id=7599>. Acesso em: 4.2014.

VIANNA, Guilherme Borba. A efetividade do processo pelo julgamento monocrático no tribunal. *Jus Navigandi*, Teresina, ano 6, n. 52, 1º nov. 2001. Disponível em: <http://jus.com.br/artigos/2335>. Acesso em: 4.2014.

VIOLIN, Jordão. Julgamento monocrático pelo relator: o art. 557 do CPC e o reconhecimento dos precedentes pelo direito brasileiro. *Processos Coletivos*, Porto Alegre, v. 2, n. 2, 1º abr. 2011. Disponível em: <http://www.processoscoletivos.net/revista-eletronica/24-volume-2-numero-2-trimestre-01-04-2011-a-30-06-2011/123-julgamento-monocratico-pelo-relator-o-artigo-557-do-cpc-e-o-reconhecimento-dos-precedentes-pelo-direito-brasileiro>. Acesso em: 4.2014.

Links *de consulta:*

Tribunal Regional do Trabalho da 4ª Região. Disponível em: <www.trt4.jus.br>.

Orientações Jurisprudenciais da Seção Especializada em Execução (SEEx) do Tribunal Regional do Trabalho da 4ª Região. Disponível em: <http://www.trt4.jus.br/portal/portal/trt4/consultas/jurisprudencia/orientacoesSeex>.

Estatística do Tribunal Regional do Trabalho da 4ª Região. Disponível em: <http://www.trt4.jus.br/portal/portal/trt4/institucional/estatistica/LinksWindow?action=2>.

Câmara dos Deputados. Disponível em: <http://www.camara.gov.br/proposicoesWeb/prop_mostrarintegra;jsessionid=2536078D79F7EFAED0674BD290F9F8F2.proposicoesWeb2?codteor=1131505&filename=Avulso+-PL+4070/1998>.

CAPÍTULO 6

ALTERNATIVAS PARA A EFETIVIDADE NO PROCESSO DO TRABALHO: *CONTEMPT OF COURT* E OUTROS INSTRUMENTOS

GUILHERME GUIMARÃES FELICIANO[*]

1. Introdução

Não é de hoje que juízes do Trabalho, advogados trabalhistas e cidadãos em geral queixam-se da efetividade do processo trabalhista. É certo que, de acordo com os números do Conselho Nacional de Justiça, a Justiça do Trabalho constitui-se no mais célere e produtivo ramo do Poder Judiciário brasileiro[1]. Mas, ainda assim, fatores como a mora processual, a resistência maliciosa e a impunidade processual representam importantes gargalos para a pronta e plena satisfação dos direitos subjetivos reconhecidos em sentença trabalhista — o que ganha cores especialmente fortes quando se toma em consideração o fato de que os créditos exequendos, nesse caso, geralmente têm natureza alimentar.

Com efeito, a questão da efetividade da jurisdição não perfaz, a rigor, um drama circunscrito à Justiça do Trabalho. No plano internacional, o art. 25 da Convenção Interamericana sobre Direitos Humanos consagra, para todos os casos, o direito de acesso à jurisdição ou à tutela judicial **efetiva**[2]. Isso significa que não basta aos Estados Democráticos de Direito organizarem sistemas judiciários que formalmente distribuam justiça. É preciso mais: é preciso prover **jurisdição efetiva**. Na dicção de Gomes e Mazzuoli,

O acesso à jurisdição, na visão da Corte Interamericana de Direitos Humanos, constitui um dos pilares básicos do Estado de Direito democrático. Mas não basta que os recursos existam formalmente, ao contrário, devem ser efetivos (*Caso Canto*, Sentença de 28.11.2002, § 52). Não se

---

(*) O autor, Doutor e Livre-Docente em Direito pela Universidade de São Paulo é Juiz Titular da 1ª Vara do Trabalho de Taubaté/SP. Professor Associado do Departamento de Direito do Trabalho e de Seguridade Social da Faculdade de Direito da Universidade de São Paulo (USP). Professor-Assistente Doutor do Departamento de Ciências Jurídicas da Universidade de Taubaté (UNITAU). Diretor de Prerrogativas e Assuntos Jurídicos da Associação Nacional dos Magistrados da Justiça do Trabalho.

(1) Taxa de congestionamento no 1º grau de jurisdição, para 2008, em **47,5%**, contra 76,1% na Justiça Federal comum e 79,6% nas Justiças Estaduais (cfr. *Justiça em números 2008*: variáveis e indicadores do poder judiciário. Brasília: CNJ, 2009. Disponível em: <http://www.cnj.jus.br/images/imprensa/justica_em_numeros_2008.pdf>. Acesso em: 15.7.2010). No 2º grau, a vantagem é igualmente impressionante: **25,2%** (JT) contra 59,8% (JF) e 42,5% (JE).

(2) *In verbis*: "**Art. 25. Proteção judicial. 1.** Toda pessoa tem direito a um recurso simples e rápido ou a qualquer outro recurso efetivo, perante os juízes ou tribunais competentes, que a proteja contra atos que violem seus direitos fundamentais reconhecidos pela constituição, pela lei ou pela presente Convenção, mesmo quando tal violação seja cometida por pessoas que estejam atuando no exercício de suas funções oficiais. **2.** Os Estados-partes comprometem-se: **a)** a assegurar que a autoridade competente prevista pelo sistema legal do Estado decida sobre os direitos de toda pessoa que interpuser tal recurso; **b)** a desenvolver as possibilidades de recurso judicial; e **c)** a assegurar o cumprimento, pelas autoridades competentes, de toda decisão em que se tenha considerado procedente o recurso".

trata de um direito absoluto, de qualquer modo é certo que as restrições devem ser razoáveis. No *Caso Las Palmeiras* (Sentença de 6.12.2001, da Corte Interamericana) sublinhou-se que não é suficiente a existência formal dos recursos, senão que eles devem ser eficazes, ou seja, devem dar resultados ou respostas às violações dos direitos humanos.[3]

Adiante:

As decisões judiciais, uma vez que conquistem firmeza (ou seja: o efeito da imodificabilidade definitiva), não constituem, evidentemente, "meras declarações de intenções". Logo, a tutela judicial somente se efetiva concretamente com a real execução da decisão que transitou em julgado. Somente assim, aliás, resulta satisfeita a pretensão deduzida em juízo, pondo-se fim ao conflito de interesses que foi objeto da decisão.[4]

Nada obstante, quando estão em causa créditos de natureza potencialmente alimentar — como em regra se dá no processo laboral —, a satisfação da pretensão diz com a própria subsistência do trabalhador e de sua família; logo, com o valor maior da República Federativa do Brasil, que é a dignidade da pessoa humana (arts. 1º, III, e 4º, II, da CRFB), em seu núcleo irredutível[5]. Naturalmente, potencializa-se a relevância do binômio celeridade-efetividade na satisfação desses interesses, considerando-se os danos possíveis que a mora ou a própria inadimplência representam para o titular do direito subjetivo. Daí se inferir, até mesmo intuitivamente, que o "tempo razoável" do processo comum geralmente será excessivo no processo do trabalho.

Justificada, portanto, a grita. O processo do trabalho é, de fato, o mais célere no binômio jurisdição/satisfação; mas nem sempre isso basta. Resta buscar saídas.

2. A autoridade do julgado e a chicana. Soluções de lege lata e de lege ferenda

Já sustentei, ao dissecar o conteúdo semântico da cláusula constitucional do *devido processo legal procedimental* (art. 5º, LIV, da CRFB), que o intérprete deve reconhecer, ao lado de ideias-força como as de ampla defesa, de contraditório ou de publicidade dos atos, a de **tutela jurisdicional efetiva** (que se liga diretamente à **fase executiva** do processo). Reproduzindo Marinoni,

a norma constitucional que afirma a ação institui o direito fundamental à tutela jurisdicional efetiva, e, dessa forma, confere a devida oportunidade da prática de atos capazes de influir sobre o convencimento judicial, assim como a possibilidade do uso das técnicas processuais adequadas à situação conflitiva concreta. [...] O direito fundamental à tutela jurisdicional efetiva obriga o juiz a garantir todos os seus corolários, como o direito ao meio executivo capaz de permitir a tutela do direito, além de obrigar o legislador a desenhar os procedimentos e as técnicas processuais adequadas às diferentes situações de direito substancial. [...] *As novas técnicas processuais, partindo do pressuposto de que o direito de ação não pode ficar na dependência de técnicas processuais ditadas de maneira uniforme para todos os casos ou para alguns casos específicos, incorporam normas abertas, isto é, normas voltadas para a realidade, deixando claro que a ação pode ser construída conforme as necessidades do caso conflitivo*.[6]

Nesse encalço, temos concluído que **(a)** o binômio processo/procedimento deve se adequar às necessidades de satisfação do direito material *in concreto* (em especial quando dotado de jusfundamentalidade), não o contrário; e **(b)** o conceito de **jurisdição** passa a se erguer sobre três pilares:

(b.1) revalorização do sentido de *função de tutela* da atividade jurisdicional (especialmente em relação aos *direitos fundamentais* do cidadão e à respectiva dimensão da *eficácia*, em sentido vertical e horizontal);

(b.2) reconhecimento do *princípio da efetividade da jurisdição* como corolário do devido processo legal (art. 5º, LIV, *in fine*, CRFB);

(b.3) reconhecimento da jurisdição como espaço público legítimo para o *diálogo social legitima-*

---

(3) Cfr. GOMES, Luiz Flávio; MAZZUOLI, Valerio de Oliveira. *Comentários à convenção americana sobre direitos humanos*: pacto de San José da Costa Rica. 2. ed. São Paulo: Revista dos Tribunais, 2009. p. 172 (g. n.). A expressão "recursos", aqui, não é utilizada em acepção estrita (= meio processual de impugnação de decisões judiciais não transitadas), mas em acepção lata (i. e., como qualquer mecanismo de acesso ao Poder Judiciário, em qualquer grau de jurisdição).
(4) GOMES, Luiz Flávio; MAZZUOLI, Valerio de Oliveira. *Op. cit.*, p. 176 (grifos nossos).
(5) Ideia tributária do art. 19, 2, da Lei Fundamental alemã (Grundgesetz für die bundesrepublik deutschland. *In keinem falle darf ein grundrecht in seinem wesensgehalt angetastet werden*. ("Em nenhum caso se pode atentar contra um direito fundamental em sua essência") (grifos nossos).
(6) MARINONI, Guilherme. *Teoria geral do processo*. 3. ed. São Paulo: Malheiros, 2008. v. I, p. 285-291 (grifos nossos).

dor do fenômeno jurídico (transigindo — como já é inevitável na pós-modernidade — com a ideia habermasiana de *Direito como agir comunicativo*).[7]

Assim compreendida a função mesma da técnica processual (na dimensão sistêmico-teleológica), e sendo certo que tal compreensão tanto deve informar a atividade do juiz como também a atividade do legislador, resulta indiscutível que as relações processuais não podem ser instrumentalizadas para *obstar* a própria consecução do bem da vida, como amiúde se vê. O processo não pode ser inimigo dos seus próprios escopos, nem suas funções podem simplesmente se neutralizar (*i. e.*, o escopo formal de segurança jurídica não pode induzir soma zero com o escopo material de tutela).

Atento a isso, o legislador pátrio municiou os magistrados com alguns recursos de força tendentes a reprimir a chicana e reconduzir o processo ao seu curso natural. Pode-se atualmente reconhecer, no plano da legislação processual civil (subsidiariamente aplicável ao processo do trabalho, *ex vi* do art. 769 da CLT), três hipóteses fundamentais:

(1) as sanções por **ato atentatório ao exercício da jurisdição** (art. 14, parágrafo único, do CPC);

(2) as sanções por **litigância de má-fé** (no processo de conhecimento — arts. 17 a 18 do CPC);

(3) as sanções por **ato atentatório à dignidade da Justiça** (no processo de execução — arts. 600 e 601 do CPC).

Na verdade, todas essas sanções reduzem-se a um único tipo de reprimenda (aquela de natureza *econômica*), perfazendo *multas* e/ou *indenizações* que serão suportadas por partes ou terceiros que violarem os deveres processuais descritos nos preceitos primários ou incorrerem em algumas das condutas ali proibidas.

No primeiro caso, a multa deve variar de acordo com a gravidade da conduta, mas não pode ser superior a 20% (vinte por cento) do valor da causa.

Aplica-se às partes e a terceiros auxiliares ou intervenientes no processo — *i. e.*, a "todos aqueles que de qualquer forma participam do processo" (art. 14, *caput*) —, caso violem sensivelmente quaisquer dos deveres processuais positivados no próprio *caput* do art. 14, em geral associados ao chamado *princípio da cooperação processual*[8]. A ver:

— o dever de expor os fatos em juízo conforme a verdade (não se aplicando ao processo civil e trabalhista o brocardo **nemo tenetur** *se detegere*, exceto naquilo que possa consubstanciar infração típico-penal);

— o dever de lealdade e boa-fé processual (que se espraia, ainda, por todo o art. 17);

— o dever de não formular pretensões e de não alegar defesa sabidamente destituída de fundamento (outro traço deontológico inerente ao princípio da cooperação processual);

— o dever de não produzir provas e de não praticar atos inúteis ou desnecessários à declaração ou defesa do direito (o que tem a ver com o princípio da cooperação, mas também com o próprio princípio da instrumentalidade processual);

— o dever de cumprir com exatidão os provimentos mandamentais e de não criar embaraços à efetivação de provimentos judiciais, sejam eles de natureza antecipatória ou final.

Violados quaisquer desses deveres, o "responsável" pode ser diretamente sancionado com a multa sobredita, até o valor de 20% do valor da causa, independentemente de sumário de culpa ou contraditório prévio ou autonomizado. Mas o texto legal estatui dois limites, um *subjetivo* e outro *objetivo*. Quanto ao *sujeito passivo* da multa, exclui-se o advogado, "que se sujeitam exclusivamente aos estatutos da OAB" (o que significa que eventual sanção deve ser objeto de procedimento administrativo disciplinar[9], no âmbito dos conselhos disciplinares, ou de processo judicial próprio). A restrição estende-se, ademais, aos *advogados públicos* sujeitos a regime estatutário próprio (*e. g.*, procuradores de Estado e da Procuradoria Geral

---

(7) Cfr., por todos, HABERMAS, Jürgen. *Direito e democracia:* entre facticidade e validade. Trad. Flávio Beno Siebeneichler. Rio de Janeiro: Tempo Brasileiro, 1997. v. I, *passim* (em especial na contraposição entre as concepções "procedimentalista" e "substancialista" do Direito). Ainda: HABERMAS, Jürgen. *Era das transições*. Trad. Flávio Beno Siebeneichler. Rio de Janeiro: Tempo Brasileiro, 2003. p. 53 (quanto às "práticas interssubjetivas de entendimento" legitimadoras do processo de criação normativa).

(8) Sobre isso, cfr., de nossa lavra, *Direito à prova e dignidade humana:* cooperação e proporcionalidade em provas condicionadas à disposição física da pessoa humana (abordagem comparativa). São Paulo: LTr, 2007. *passim*.

(9) Para esse fim, juízes expedem ofícios, comunicando às seções e subseções da OAB as faltas ético-disciplinares praticadas nos processos que presidem. São raras, todavia, as sanções efetivamente aplicadas a advogados, no âmbito das comissões de ética e disciplina da Ordem dos Advogados do Brasil, por conta de reclamações judiciais. Ocorrem, mas dependem da insistência e da multiplicidade das comunicações judiciais no decurso do tempo. São mais raras, aliás, do que aquelas aplicadas, p. ex., a servidores e juízes no âmbito das corregedorias dos tribunais e, mais recentemente, no âmbito do próprio Conselho Nacional de Justiça (no qual, aliás têm assento e voto dois advogados, indicados pelo Conselho Federal da OAB, além de dois representantes da sociedade civil, indicados pelo Senado e pela Câmara Federal, geralmente oriundos igualmente dos quadros da OAB; para mais — e não bastasse —, hoje ainda tem assento e voz, no mesmo CNJ, o próprio Presidente do Conselho Federal da OAB).

Federal), consoante interpretação conforme que o Excelso Pretório deu ao parágrafo único do art. 14 do CPC, sem redução de texto, por conta dos princípios da isonomia e da inviolabilidade no exercício da profissão (ADI n. 2.652, rel. Min. Maurício Corrêa, TP, j. 8.5.2003, *in* DJ 14.11.2003, p. 12, e RF 372/24). Quanto ao *modo de execução*, por outro lado, estatui-se que "a multa será inscrita sempre como dívida ativa da União ou do Estado" (art. 14, parágrafo único), o que significa que, em tese e princípio, não poderia ser executada nos próprios autos em que foi aplicada. Não é incomum, todavia, que os julgados flexibilizem esses limites, sobretudo no primeiro grau de jurisdição, para impor penalidades pessoais a advogados e/ou executá-la nos próprios autos, quando a peculiaridade do caso concreto assim parece exigir (v., *e. g.*, 2ª VF/RJ, Proc. n. 2004.02.01.008155-1).

No segundo caso (arts. 17 e 18 do CPC), discriminam-se atos que indicam "má-fé objetiva"[10] de uma das partes (*i. e.*, atos que *objetivamente* permitem reconhecer a deslealdade processual ou a disposição anticooperativa da parte). Uma vez identificada, a litigância de má-fé pode gerar uma *multa*, fixada pelo juiz em montante não excedente de 1% (um por cento) sobre o valor da causa, e também uma *indenização*, fixada pelo juiz em favor da parte contrária (para fazer frente aos prejuízos sofridos pelo abuso processual e também para abater os honorários advocatícios e despesas que efetuou), em montante preestabelecido não excedente de 20% sobre o valor da causa (exceto se o *quantum debeatur* for liquidado *a posteriori*, por arbitramento). Não se requer necessariamente o pedido, pois as penas por litigância de má-fé admitem imposição judicial *ex officio* (art. 18, *caput*). Admite-se, ademais, a sua imposição em regime de condenação *parciária*, "na proporção do respectivo interesse na causa", ou de condenação solidária, em relação àqueles "que se coligaram para lesar a parte contrária" (art. 18, § 1º, do CPC; v., ainda, a hipótese do art. 87, parágrafo único, do CDC).

Nos termos do art. 17 do CPC, configura litigância de má-fé todo ato processual que implicar:

— dedução de pretensão ou defesa contra texto expresso de lei ou fato incontroverso (*e. g.*, no processo laboral, negar horas extras confessadas pelo preposto — art. 17, inciso I);

— alteração dolosa da verdade dos fatos (*e. g.*, no processo laboral, declarar falsamente o não pagamento de prêmios ou gratificações que foram sabidamente depositados em conta-salário — art. 17, inciso II);

— uso do processo para conseguir objetivo ilegal (*e. g.*, no processo laboral, o ajuizamento de ação "casada" para obter homologação de acordo que permita a liberação de parcelas de seguro-desemprego em favor de empregado incontroversamente demissionário — art. 17, inciso III);

— oposição injustificada ao andamento do processo (*e. g.*, no processo laboral, as sucessivas petições "atravessadas" para pedir diligências inúteis e impedir a prolação de sentença após a colheita de provas orais desfavoráveis em audiência com razões finais orais ou remissivas — art. 17, inciso IV);

— conduta temerária em qualquer incidente ou ato do processo (*e. g.*, no processo laboral, a alteração de estado de fato anterior à perícia técnica de periculosidade designada[11] — art. 17, inciso V);

— provocação de incidentes manifestamente infundados (*e. g.*, no processo laboral, a arguição de falsidade material de anotação de CTPS, constatando-se depois que a assinatura era de preposto autorizado da empresa — art. 17, inciso VI).

Em todas as hipóteses do art. 17, dispensa-se mais uma vez qualquer sumário de culpa, diferindo-se o contraditório (normalmente para um eventual pedido de reconsideração ou para a instância recursal). Nessas situações, porém, a doutrina dominante compreende que a norma processual alcança apenas *as partes litigantes* (e não os terceiros), nos estritos lindes do *processo de conhecimento* (o que atualmente incluiria também a fase de *cumprimento de sentença*, mercê das modificações introduzidas pela Lei n. 11.232/05)[12]. É certo, ademais, tratar-se de norma de natureza *sancionatória*, a desafiar interpretação restritiva; por isso mesmo, doutrina e jurisprudência têm sido parcimoniosas na sua aplicação. Leia-se, por todos:

---

(10) Na verdade, a expressão "má-fé objetiva", que extraímos de Nery Jr.; Andrade Nery (*Código de processo civil comentado*. 2. ed. São Paulo: Revista dos Tribunais, 1996. p. 363), não é muito feliz. Isso porque, no plano do Direito Civil, cria dificuldades na distinção entre *boa-fé subjetiva* (à qual se contrapõe a noção civilista de *má-fé*) e *boa-fé objetiva* (tratada no art. 422 do NCC e vinculada a *comportamentos* e *expectativas sociais*, para a qual não existe uma antípoda conceitual). De todo modo, parece-nos que o esclarecimento subsequente, no texto principal (*supra*), resolve essa questão.
(11) O que autoriza, ademais, o manejo da **ação cautelar de atentado** no âmbito da Justiça do Trabalho (arts. 879 a 881 do CPC c.c. art. 769 da CLT).
(12) O que não afasta, porém, a sua aplicação na fase de excussão patrimonial ou mesmo nas ações executivas de títulos extrajudiciais, em caráter subsidiário-sistemático, nos termos do próprio art. 598 do CPC ("Aplicam-se subsidiariamente à execução as disposições que regem o processo de conhecimento"). A esse respeito, aliás, veja-se, adiante, o escólio de Vicente Greco Filho.

A litigância de má-fé prevista pelo presente art. 17 se expressa por atitudes ilícitas diferentes, mas todas demandam do juiz extremo cuidado no que concerne à sua caracterização e reconhecimento para que não se comprometa o direito que as partes têm de sustentar sem temor suas razões em juízo.[13]

Por fim, emerge dos arts. 600 e 601 do CPC o último elemento do "tripé" que atualmente reprime, na ordem jurídico-processual civil, a conduta processual desleal e anticooperativa. Tais preceitos também cuidam de atos de litigância de má-fé[14], mas agora em fase de execução (*i. e.*, durante os procedimentos de excussão patrimonial). Configura "ato atentatório à dignidade da Justiça" toda conduta que fraudar a execução, que a ela se opuser maliciosamente empregando ardis ou meios artificiosos e, bem assim, a que resistir injustificadamente às ordens judiciais ali emanadas (art. 600, incisos I a III). Além disso, a Lei n. 11.382/06 incluiu no rol de atos atentatórios mais uma hipótese, a saber, a do executado que, "intimado, não indica ao juiz, em 5 (cinco) dias, quais são e onde se encontram os bens sujeitos à penhora e seus respectivos valores" (inciso IV). Incorrendo em tais faltas, o devedor responde por multa que o juiz fixará em montante não superior a 20% (vinte por cento) do valor atualizado do débito em execução, em favor do credor, sem prejuízo de outras sanções de natureza processual ou material que acaso sejam cabíveis (art. 601, *caput*). Mas a pena pode ser relevada, a critério do juiz (= discricionariedade judicial), "se o devedor se comprometer a não mais praticar qualquer dos atos definidos no artigo antecedente e der fiador idôneo, que responda ao credor pela dívida principal, juros, despesas e honorários advocatícios" (art. 601, parágrafo único).

Originalmente, o diploma processual civil ainda previa, além das tradicionais sanções de natureza patrimonial, a súbita **perda da palavra nos autos**[15]. A Lei n. 8.953/94 afastou semelhante restrição, recebendo os encômios de Cândido Rangel Dinamarco[16] e de praticamente toda a doutrina de antanho, mercê da otimização do princípio constitucional do contraditório e da ampla defesa (art. 5º, LV, da CRFB). Apesar disso, questiona-se ainda hoje a equaniminidade das regras dos arts. 600 e 601 do CPC, na medida em que apenas o *devedor* — ou melhor, o "executado" (redação da Lei n. 11.382/06) — sujeitar-se-ia àquelas penas (quase como se apenas ele, devedor, pudesse perpetrar atos "atentatórios à dignidade da Justiça")[17]. Entretanto, a aparente desigualdade bem se resolve com uma interpretação sistemática e integrativa do Código de Processo Civil, como tem sugerido Vicente Greco Filho:

> Tais atos [os do art. 600], por serem maliciosos e fraudulentos, são considerados pela lei como antiéticos e antijurídicos, não se aceitando sua prática pelo devedor. Não são eles considerados como resistência justificável à pretensão executiva do credor que tem a seu favor o título. O Código refere-se, na execução, apenas a atos atentatórios à dignidade da justiça do devedor, nada cominando ao credor. Este, porém, não está livre de ser considerado também litigante de má-fé se vier a praticar uma das condutas relacionadas no art. 17, como, por exemplo, se deduzir pretensão cuja falta de fundamento não possa razoavelmente desconhecer. [...] Além disso, o credor ressarcirá ao devedor os danos que este sofreu, quando sentença passada em julgado, declarar inexistente, no todo ou em parte, a obrigação que deu lugar à execução (art. 574).[18]

Ademais, a nosso sentir, justifica-se em sede executiva a positivação de uma casuística inspirada na figura do *executado*, já que nessa fase interessará essencialmente a ele — o executado — opor resistências ao andamento célere do processo (muitas vezes de modo desleal e fraudulento).

Está claro, por outro lado, que a sanção de natureza econômica não raro será inútil. Pense-se, por exemplo, na nova hipótese do inciso IV do art.

---

(13) COSTA MACHADO, Antônio Cláudio da. *Código de processo civil interpretado e anotado*: artigo por artigo, parágrafo por parágrafo. 2. ed. Barueri: Manole, 2008. p. 276 (grifos nossos).
(14) COSTA MACHADO, Antônio Cláudio da. *Op. cit.*, p.17.
(15) *In verbis*: "[...] o juiz, por decisão, lhe proibirá que daí por diante fale nos autos. Preclusa esta decisão, é defeso ao executado requerer, reclamar, recorrer, ou praticar no processo quaisquer atos, enquanto não lhe for relevada a pena" (grifos nossos). Draconiana, de fato. Em sentido contrário (entendendo, à época, que "a gravidade dos fatos justifica o rigor da pena"), cfr. GRECO FILHO, Vicente. *Direito processual civil brasileiro*. 8. ed. São Paulo: Saraiva, 1994. v. 3, p. 15.
(16) Cfr. DINAMARCO, Cândido Rangel. *A reforma do código de processo civil*. 5. ed. São Paulo: Malheiros, 2001. *passim*.
(17) Nesse sentido, Costa Machado: "Malgrado a completa modificação do presente dispositivo [art. 601] pela Reforma de 1994, este art. 601 continua significando exceção ao princípio da igualdade, posto que institui pesada sanção econômica aplicável ao executado que pratique quaisquer dos atos definidos pelo artigo anterior [art. 600] como atentatório à dignidade da justiça" (*Op. cit.*, p. 1088) (grifos nossos).
(18) *Op. cit.*, v. 3, p. 14 (grifos nossos).

600 (introduzida pela Lei n. 11.382/06): se o devedor executado consegue esquivar-se do Estado-juiz, ocultando seu patrimônio de modo tão eficiente que nem o credor e nem os oficiais de justiça conseguem localizá-lo, de que adiantará multá-lo por não indicar, em cinco dias, quais são e onde se encontram os seus bens sujeitos à penhora? Acaso adiantará acrescer em 20% um montante exequendo que o devedor sabe de antemão inexequível, por conta de suas manobras de desvio e ocultação patrimonial? Evidentemente que não. Da mesma forma, se um depositário judicial desvia, aliena ou perde os bens penhorados que lhe foram confiados sob compromisso, e já não tendo mais bens ou dinheiros localizáveis, de que valerá aplicar-lhe a multa por ato atentatório à dignidade da Justiça (que de fato houve, mercê do art. 600, II, do CPC, ante o emprego de ardil para resistir maliciosamente à execução), se nem mesmo o *quantum debeatur* principal poderá ser satisfeito?

Por essas e outras, a realidade forense brasileira nos autoriza dizer que, para a prevenção e a repressão das condutas desleais e anticooperativas no processo civil e trabalhista, aquele "tripé" legal-positivo (art. 14 e parágrafos, arts. 17/18 e 600/601) não é suficiente. O emprego de "laranjas" e interpostas pessoas na movimentação de recursos financeiros e nos esquemas de destinação e fruição patrimonial é cada vez mais encontradiço, como resposta sociológica de um estrato social de sonegadores convictos às potentes ferramentas da "família JUD" (em especial o Bacenjud, o Infojud e o Renajud[19]). A pessoa jurídica — em especial nas sociedades por ações — segue funcionando como escudo defensivo contra a *longa manus* do Estado-juiz, ocultando as ações e o patrimônio de pessoas que enriquecem às custas da subtração dos direitos alheio (notadamente os chamados *direitos sociais* stricto sensu, como são os do art. 7º da CRFB, porque a condição média de vulnerabilidade do trabalhador brasileiro não lhe tem permitido uma reação judicial imediata[20]). Enfim, parece claro que o nível de chicana e de resistência identificável nos processos judiciais (em especial nas fases de cumprimento de sentença e de execução), aliado à constatação de que muitas vezes o efeito-sanção é insuficiente ou não alcança a esfera patrimonial do verdadeiro responsável, revela a embaraçosa tibieza daqueles remédios. E, pelas mesmas razões antes expostas na introdução, esse quadro torna-se particularmente nefasto no âmbito da Justiça do Trabalho.

O que fazer então? O que se pode alvitrar *de lege lata*?

Alternativa incensada em alguns nichos de doutrina tem sido a **regulamentação do inciso LXXVIII do art. 5º da CRFB** (= *princípio da duração razoável do processo*), positivado recentemente pela EC n. 45/04[21]. Cumpriria, porém, concretizar o princípio não apenas em relação ao Estado (como fez a Itália com a *Legge Pinto*[22]), mas também em relação aos **particulares** — partes e terceiros — que se valem de ardis e meios artificiosos para obstar a satisfação judicial dos créditos reconhecidos por sentença transitada em julgado.

---

(19) Em apertada síntese, o BacenJud permite bloquear contas bancárias em qualquer ponto do Brasil, por intermédio do Banco Central, transferindo-se depois os valores bloqueados para contas judiciais, até o limite dos créditos exequendos (embora a atual versão — 2.0 — permita efetuar o bloqueio num único dia, conforme a data da requisição eletrônica, e já não indefinidamente, como ocorria na versão 1.0). O Infojud permite a quebra controlada do sigilo fiscal do devedor, dando ao magistrado acesso às respectivas declarações de patrimônio para efeito de ajuste anual de imposto de renda. O Renajud permite ao juiz bloquear a transferência e a própria circulação de veículos automotores por intermédio dos respectivos números de Renavam. Todos são acionáveis unicamente pela via remota (eletrônica), mediante senhas pessoais oferecidas aos juízes após os competentes convênios interinstitucionais. Com isso, simplificam-se intensamente os trâmites da execução, a ponto de tornar *obsoletas* algumas medidas judiciais que ainda hoje são referidas pela doutrina. Assim, *e. g.*, a expedição de ofícios aos órgãos da Receita Federal — referida, *e. g.*, por Costa Machado (*op. cit.*, p. 1089), *ex art.* 399, I, CPC —, que perde a razão de ser diante do Infojud. O mesmo se aplica aos ofícios ao Bacen e ao Detran (AASP 2.253/2.158), diante do Bacenjud e do Renajud. Restam apenas, de úteis, os ofícios aos cartórios de registro de imóveis e às empresas concessionárias de telefonia, para identificação de eventuais imóveis ou linhas telefônicas em nome dos executados, respectivamente. E mesmo esses tendem a ser abolidos, no futuro, por conta daqueles mesmos convênios interinstitucionais (assim, p. ex., quanto aos registros imobiliários, veja-se notícia de *Termo de Cooperação para penhora on-line, no âmbito da 15ª Região do Trabalho.* Disponível em: <http://www.trt15.jus.br/noticias/noticias/not_20100503_02.html>. Acesso em: 15.7.2010).
(20) As estatísticas demonstram que a Justiça do Trabalho é acionada sobretudo por trabalhadores *desempregados*, o que sugere uma litigiosidade fortemente reprimida entre os trabalhadores empregados (sobretudo por medo do desemprego, à mercê de intempestivas demissões sem justa causa — uma vez que a garantia de emprego do art. 7º, I, da CRFB ainda não foi regulamentada, passados já vinte anos da promulgação da Constituição de 1988 —, mas também por temor reverencial, esperança em "acertos" finais, receio de comprometimento da imagem no mercado de trabalho etc.). Sobre esse tema, v., de nossa coordenação, a obra coletiva *Fênix:* por um novo processo do trabalho (São Paulo: LTr, 2010 — no prelo), no capítulo em que desenvolvemos a proposta da **ação promocional trabalhista**.
(21) *In verbis*: "a todos, no âmbito judicial e administrativo, são assegurados a razoável duração do processo e os meios que garantam a celeridade de sua tramitação".
(22) Trata-se da *Legge* n. 89/01 assim batizada em homenagem ao senador Michele Pinto —, que regula o direito de o cidadão haver uma *reparação equânime* (*equa riparazione*) pelos danos patrimoniais e/ou extrapatrimoniais sofridos em razão da duração não razoável de um processo judicial (por contrariar o disposto no art. 6º, 1, da Convenção Europeia para a Salvaguarda dos Direitos do Homem e das Liberdades Fundamentais Roma, 1950).

Para isso já se anteveem, todavia, dois obstáculos. O primeiro, vamos encontrá-lo no plano da *efetividade*. Se a matéria for regulada nos termos da *Legge Pinto*, retornaríamos ao gargalo inicial: tratando-se de executado que logre desviar ou ocultar eficientemente seus dinheiros e bens, de que adiantaria impor-lhe, por isso, uma indenização adicional para reparar danos materiais e/ou extrapatrimoniais sofridos pelo credor em razão da demora processual? A mesma dificuldade em se conseguir a satisfação do crédito principal comunicar-se-ia para a indenização adicional, sem quaisquer ganhos em termos de efetividade da jurisdição. O segundo obstáculo, podemos vê-lo já no plano da *política legislativa*: a exemplo de outros tantos direitos individuais e sociais que ainda pendem de regulamentação legal (*vide, supra*, a nota n. 21), é possível que se passem décadas sem que o Poder Legislativo federal (art. 22, I, da CRFB) decida regulamentar o preceito. Isso é ainda mais verdadeiro se considerarmos que a positivação de mais uma fonte de despesas para a Fazenda da União e dos Estados — por conta da *equa riparazione* que haveriam de pagar nos casos de excessiva mora processual não imputável a atos de partes ou terceiros — não interessa, em absoluto, nem ao Poder Executivo federal, nem aos governadores de Estado. E, por fim, a matéria sequer admite judicialização (quanto à sua *regulamentação legislativa*, entenda-se bem), ao menos no entender do Excelso Pretório. A judicialização, com efeito, foi a bom tempo tentada (2005), mas depois rechaçada pelo Supremo Tribunal Federal, a partir de voto da lavra do Min. Celso de Mello, que não entendeu de pronto necessária uma lei *específica* para a prevenção, a repressão e a reparação civil em tema de mora processual injustificada ou proposital. A emenda foi exarada nos seguintes termos:

> Mandado de injunção. Alegação (inconsistente) de inércia da União Federal na regulação normativa do direito à celeridade no julgamento dos processos, sem indevidas dilações (CF, art. 5º, inciso LXXVIII). Emenda Constitucional n. 45/04. Pressupostos constitucionais do mandado de injunção (RTJ 131/963 — RTJ 186/20-21). Direito subjetivo à legislação/dever estatal de legislar (RTJ 183/818-819). Necessidade de ocorrência de mora legislativa (RTJ 180/442). <u>Critério de configuração do estado de inércia legiferante: superação excessiva de prazo razoável</u> (RTJ 158/375). <u>Situação inocorrente no caso em exame</u>. Ausência de *inertia agendi vel deliberandi* do Congresso Nacional. *Pacto de Estado em favor de um Poder Judiciário mais rápido e republicano*. O direito individual do cidadão ao julgamento dos litígios sem demora excessiva ou dilações indevidas: uma prerrogativa que deve ser preservada (RTJ 187/933-934). Doutrina. <u>Projetos de lei já remetidos ao congresso nacional, objetivando a adoção dos meios necessários à implementação do inciso LXXVIII do art. 5º da Constituição</u> (EC n. 45/04). Consequente inviabilidade do presente mandado de injunção.[23]

Outra solução usualmente alvitrada diz com a criação de uma cultura judiciária de rigorosa repressão à deslealdade processual, substituindo o pendor hermenêutico restritivo (*supra*) por uma leitura mais abrangente dos dispositivos legais em vigor (arts. 14, 17, 18, 600 e 601, entre outros), para engendrar uma espécie de "política judicial de tolerância zero" no âmbito do processo. Por essa caminho passaria, inclusive, o uso mais frequente da *antecipação dos efeitos da tutela de mérito* na hipótese do art. 273, II, do CPC ("antecipação-sanção"), intensificando-se as constrições preparatórias (= cautelares) e mesmo as satisfações antecipadas de crédito (pela via do art. 475-O, III e § 2º, do CPC) antes mesmo da prolação da sentença, isso nos casos de verossimilhança do direito associada à *prática de atos de litigância de má-fé* por parte dos réus[24]. Outra vez, porém, apresentam-se os limites do possível: de que vale antecipar ou intensificar constrições, liberações ou reprimendas, se a dificuldade está em localizar patrimônio exequível? Para além do peso institucional e moral da decisão judicial que reprime, nada mais se cria em prol da efetividade da jurisdição. Além disso, lançar

---

(23) STF, MI n. 715, rel. Min. Celso de Mello, in DJ 4.3.2005 (grifos nossos). Entre os argumentos expendidos, o i. Ministro considerou que o Poder Legislativo federal já estava fazendo a sua parte, em vista dos inúmeros projetos de lei que então tramitavam com vistas à otimização de um processo mais célere (alguns dos quais já foram, de fato, convertidos em lei): o PL n. 4.723/04 (sobre a uniformização de jurisprudência no âmbito dos Juizados Especiais Cíveis e Criminais), o PL n. 4.724/04 (sobre a forma de interposição de recursos), o PL n. 4.725/04 (a possibilitar a realização de inventário, partilha, separação consensual e divórcio consensual por via administrativa), o PL n. 4.726/04 (sobre incompetência relativa, meios eletrônicos, prescrição, distribuição por dependência, exceção de incompetência, revelia, carta precatória e rogatória, ação rescisória e vista dos autos), o PL n. 4.727/04 (sobre agravo de instrumento e agravo retido), o PL n. 4.728/04 (sobre a racionalização do julgamento de processos repetitivos), o PL 4.729/04 (sobre o julgamento de agravos) e os Projetos de Lei ns. 4.730/04, 4.731/04, 4.732/04, 4.733/04, 4.734/04 e 4.735/04 (que haveriam de conferir celeridade à tramitação dos processos trabalhistas).

(24) Porque, com efeito, "os ilícitos aqui previstos [art. 17] podem dar ensejo à aplicação da tutela antecipada do art. 273, II, deste Código" (COSTA MACHADO. *Op. cit.*, p. 276).

mão de uma ética de resultados para flexibilizar interpretações que se naturalmente plantam no plano dos princípios (cooperação e lealdade processual) é algo que atenta contra a boa Hermenêutica: *benigna amplianda*, **odiosa restringenda**.

Há, porém, uma terceira alternativa, amiúde lembrada pela doutrina e vez por outra tangida pelo legislador brasileiro: a introdução, no Brasil, do instituto do *contempt of court*; ou a sua introdução em moldes mais próximos aos do modelo anglo-saxão (já que alguns autores identificam a figura do *contempt* nas hipóteses mesmas dos arts. 14, 17 e/ou 600 do CPC, tal como anteriormente descritas).

A essa alternativa — que acreditamos *preferir* às outras todas — dedicamos o presente estudo. Examinemo-la a partir da consideração daquele que é o *mais grave* entre todos os atos atentatórios à dignidade da Justiça no ambiente jurídico-forense nacional: o **desvio, ocultação** e/ou **perdimento de bens** confiados ao executado, na condição de **depositário judicial**[25].

3. Prisão civil do depositário infiel economicamente capaz: contempt of court no direito brasileiro? Origens, conceito, tipologia e contextualização nacional do contempt

Talvez o melhor exemplo disponível para ilustrar a necessidade e a conveniência de se lançar mão do instituto do *contempt of court* — em moldes superiores, para além da mera imposição de sanções econômicas — com vistas à garantia da autoridade do julgado e do binômio lealdade/cooperação seja mesmo o do **depositário infiel economicamente capaz.**

É que nos casos de depositários *judiciais* (*i. e.*, daqueles que consensualmente aceitam bens ou dinheiros em depósito, no curso de processo judicial e na forma do art. 665, IV, do CPC), a infidelidade não configura *apenas* a inadimplência creditícia. Consubstancia também — e sobretudo — **ato atentatório à autoridade do juiz e à dignidade do Poder Judiciário**, desafiando, a par da prisão civil chancelada pelo art. 5º, LXVII, da CRFB[26], a sanção processual do art. 601 do CPC (multa não superior a 20% do débito atualizado em execução), "sem prejuízo de outras sanções de natureza processual ou material", como há pouco estudado. A isso realmente corresponde, no direito anglo-saxônico, a figura do *contempt of court*.

Daí porque sustentamos, alhures[27], que a prisão civil do depositário infiel, tal como prevista no art. 5º, LXVII, *in fine*, **não é**, no caso de depósitos judiciais assumidos consensualmente por sujeito economicamente capaz, uma *mera* prisão civil por dívidas. Tutela também a *autoridade do magistrado* e a *dignidade do Poder Judiciário*, que dizem com o próprio *princípio da segurança jurídica* (art. 5º, *caput*, CRFB). Afinal, não é à toa que a **autoridade dos julgados** é um dos *princípios sensíveis* da Carta Constitucional de 1988 e de todo e qualquer *Estado de Direito* (a ponto de *autorizar*, entre nós, a *intervenção federal* e *estadual*, nos termos dos arts. 34, VI, e 35, IV, da CRFB).

Noutras palavras — e sem cogitar dos méritos e deméritos da SV n. 25 —, parece-nos possível, razoável e necessário entrever, na prisão civil do depositário judicial infiel economicamente capaz, **hipótese assemelhada à prisão por** *contempt of court*, assim como admitida, com grande liberalidade, pela pátria-mãe das democracias republicanas (os Estados Unidos da América) e por vários outros Estados Democráticos de Direito (como adiante demonstraremos) — que, sobre serem democráticos (e antes mesmo disso), são também **de Direito.** Isso nos obriga a um breve olhar sobre o instituto do *contempt*, para melhor entendimento[28].

A origem mais remota do *contempt of court* radica no direito romano, possivelmente entre os institutos que ganharam força durante a *cognitio extraordinaria*. Mais tarde, a partir do próprio direito romano, o instituto migrou para o direito inglês medieval. Na Inglaterra do século XIII, a ciência

---

(25) Sobre isso, a propósito, já nos pronunciamos em outro texto doutrinário. Confira-se: FELICIANO, G. G. A prisão civil do depositário judicial infiel economicamente capaz: um outro olhar. *Revista do Tribunal Regional do Trabalho da 15ª Região*, Campinas: Escola Judicial, n. 35, p. 109-135, jul./dez. 2009. Ali criticávamos a amplitude do enunciado que viria a compor a Súmula Vinculante n. 25 do C. STF ("**É Ilícita a prisão civil do depositário** infiel, qualquer que seja a modalidade de depósito"). Já no presente texto, resgatamos os elementos daquele primeiro estudo para desenvolver a tese da *compatibilidade* e da *conveniência* do instituto do *contempt of court* nos moldes anglo-saxônicos em plagas brasileiras.

(26) E agora *desautorizada* pela SV n. 25 do STF.

(27) *A prisão civil...*, passim.

(28) Cfr., no particular, BORTOLUZZI, Roger Guardiola. Anção por descumprimento de ordem judicial. *In:* TESHEINER, José Maria; MILHORANZA, Mariângela (org.). *Páginas de direito*. Porto Alegre, [s.e.], 2009. Disponível em: <http://www.tex.pro.br/wwwroot/06de2003/sancaopordescumprimentodeordemjudicial_roger.htm>. Acesso em: 23.7.2009.. Cfr. ainda, ASSIS, Araken de. O *contempt of court* no direito brasileiro. *Revista Jurídica*, Porto Alegre: Notadez, v. 318, p. 7-23, 2004.

jurídica ainda incipiente e empírica engendrava um *writ* para cada espécie de violação de direitos dos súditos, seguindo de perto o modelo romano das *legis actiones*. Por esse caminho, chegar-se-ia em 1679 ao *Habeas Corpus Amendment Act*, que influenciaria todo o direito moderno e contemporâneo, tanto nas famílias jurídicas de tradição anglo-saxônica como nas famílias jurídicas de tradição romano-germânica (veja-se, *e. g.*, o art. 5º, LXVIII, da CRFB). Entretanto, quando não havia um *writ* para determinado caso, não restava ao súdito senão reclamar a clemência do rei, fazendo-o perante os órgãos da *Chancery* (que, segundo Lima Guerra, atuavam como "cortes de consciência"[29]). Provia-se rudimentarmente, por esse meio, a **tutela específica das obrigações**, podendo-se mesmo conduzir o réu à prisão caso se recusasse a cumprir o que lhe determinava o *chancellor* (estando o réu, nesse caso, *in contempt of court*, na condição de *contemnor*[30]); e ali permaneceria, sob a autoridade do rei, até que resolvesse obedecer à ordem emanada. Pode-se bem dizer que essas ações de afirmação de autoridade das cortes desempenharam um papel relevante, senão *vital*, na construção, entre os ingleses medievais, da ideia germinal de um genuíno "poder" judiciário (que, no futuro, viria a amealhar garantias de independência em face da própria Coroa: *Act of Settlement*, 1701).

Em Portugal — e, por extensão, no Brasil —, as *Ordenações Filipinas* já previam, entre nós, instituto com efeitos semelhantes (Livro V, Título 128). Eram as famosas "cartas de segurança", a ensaiar entre nós os primeiros laivos de uma *jurisdição mandamental*: se acaso desobedecidas, o destinatário sujeitava-se à prisão. Mas o legislador republicano abdicou da tradição das "cartas de segurança" sob pena de prisão, sobretudo por influência do direito francês. O que não significa que a prisão por *contempt of court* possa ser considerada absolutamente *estranha* ao nosso sistema processual hodierno: não é, nem historicamente, nem positivamente. Voltaremos a isso.

Antes, porém, interessa afinal *conceituar* o instituto. Seguindo Cruz e Tucci[31], que se reporta a Hozard e M. Taruffo,

a expressão *contempt of court* designa em termos gerais a <u>recusa em acatar a ordem emitida por uma corte de justiça</u>. Como consequência desse comportamento, o destinatário da ordem pode sofrer <u>uma sanção pecuniária ou restritiva de liberdade</u>, dependendo da gravidade do *contempt*, sempre com o intuito de constranger a parte a cumprir a determinação judicial [...].

É sanção processual que, diga-se, não se limita às partes. O próprio Cruz e Tucci esclarece que a responsabilização pelo *contempt of court* pode recair sobre o litigante "ou outro integrante do processo", razão pela qual se exige "uma ordem que imponha especificamente a quem é dirigida uma obrigação de fazer ou de abster-se de fazer"[32]. Nesse particular, a figura aproxima-se mais da sistemática do art. 14, parágrafo único, do CPC que das hipóteses anteriormente versadas pelo legislador brasileiro (arts. 17/18 e 600/601), o que talvez revele uma inflexão nos rumos da legislação nacional em tema de repressão à desobediência judicial. Mas isso o tempo dirá.

No que toca à sua *tipologia*, a doutrina norte-americana conhece duas modalidades de *contempt of court*: o *civil contempt of court* (que é praticado por litigante ou terceiro em detrimento de uma das partes no processo) e o *criminal contempt of court* (que é mais grave, praticado por litigante ou terceiro em detrimento da própria autoridade judiciária). Distingue-se ainda entre o *contempt of court* direto (praticado na presença da autoridade, durante os procedimentos judiciais) e o *contempt of court* **indireto** (a que corresponde o descumprimento de ordens judiciais fora das dependências da própria corte e/ou sem a presença da autoridade judiciária)[33].

E no Brasil hodierno, à luz da legislação em vigor e da própria Constituição de 1988, admite-se a figura da prisão por *contempt of court*? Não temos dúvidas de que **sim** — ainda que de modo casuístico.

Isso porque, do ponto de vista principiológico, há uma indiscutível compatibilidade do instituto com os **princípios estruturantes** da República Federativa do Brasil — notadamente o *princípio do Estado de*

---

(29) GUERRA, Marcelo Lima. *Execução indireta*. São Paulo: Revista dos Tribunais, 1998. p. 87-89.
(30) Para o dado histórico e a terminologia, cfr., por todos, DUDLEY JR., Earl C. *Contempt power, judicial*. Encyclopedia of the American Constitution, Woodbridge: Macmillan Reference, p. 671-672, 2000. Para uma visão menos técnica (e acidamente crítica), v. SCARCE, Rik. *Contempt of court*: a scholar's battle for free speech from behind bars. Walnut Creek: Altamira, 2005, *passim*.
(31) CRUZ E TUCCI, José Rogério. *Lineamentos da nova reforma do CPC*. 2. ed. São Paulo: Revista dos Tribunais, 2002. p. 19-20 (grifos nossos).
(32) CRUZ E TUCCI, José Rogério. *Lineamentos da nova reforma do CPC*. cit.
(33) Cfr., para a distinção, o sistema *Wex* do *Legal Information Institute* (LII) da Cornell University Law School (Disponível em: <http://topics.law.cornell.edu/wex/contempt_of_court_indirect>; <http://topics.law.cornell.edu/wex/ contempt_of_court_direct>. Acesso em: 23.7.2009).

Direito[34] (como visto) — e também com **princípios instrumentais** de seu ordenamento processual, como o *princípio da cooperação* (de que é corolário o *dever de lealdade*), referido no tópico anterior, e o próprio *princípio do acesso à justiça* (em sentido material[35]). Assim, fará bem o legislador brasileiro se transformar em ato o que já está em potência no sistema, editando **lei ordinária federal que disponha, com autonomia, sobre os atos de desobediência judicial** (*contempt of court*)[36] e as suas respectivas sanções, econômicas e não econômicas, nas três ordens processuais (cível, trabalhista e penal).

Por outro lado, é possível reconhecer *de lege lata* a pré-positivação do instituto, em versão abrandada, tanto no art. 600 do CPC (atos atentatórios à dignidade da Justiça) — notadamente em seu inciso III (resistência injustificada às ordens judiciais) —, com as sanções do art. 601[37], como também, agora mais recentemente (Lei n. 10.358/01), no art. 14, parágrafo único, do mesmo diploma, que sanciona precisamente os vários modos de se frustrar o dever de cooperação processual (por *partes* ou *terceiros*, nos termos dos arts. 340 e 341 do CPC). Tudo isso já estudamos *supra*, com vagar.

Mas não é só. Em casos muito específicos, houve mesmo a previsão legal de **restrições de liberdade** em detrimento de quantos desafiem a autoridade do juiz ou as suas obrigações legais diretas (sem que jamais se tenha arguido seriamente qualquer inconstitucionalidade a tal respeito). São (ou foram), sem dúvida, hipóteses especiais de *prisão por* contempt of court que a Constituição da República de 1988 recepcionou. Vejamos:

(i) a *prisão civil* de emitente, sacado ou aceitante que se recusar a restituir título requisitado judicialmente, desde que haja prova da efetiva entrega do título e da recusa de devolução (arts. 885[38] e 886 do CPC);

(ii) a *prisão civil por resistência à ordem de constrição vazada em mandado*, prevista no art. 662 do CPC[39];

(iii) a *prisão civil* (ou *administrativa*[40]) do falido ou do síndico resistente ao cumprimento de ordens

---

(34) Pode-se enunciar o *princípio do Estado de Direito* (*Rechtsstaat*) como o estado de *soberania das leis*, não da vontade das partes (JOÃO PAULO II. *Centesimus Annus*, n. 44); mas entre as suas dimensões essenciais geralmente se destacam os princípios da *segurança jurídica* e da *proteção da confiança dos cidadãos*, o que inclui, em relação aos atos jurisdicionais, a **estabilidade** ou **eficácia** "*ex post*" dos julgados. Ou, como decidiu o Supremo Tribunal Administrativo de Portugal em 13.11.2007 (Ac. n. 0164-A/04), "o princípio do Estado de Direito concretiza-se através de elementos retirados de outros princípios, designadamente, o da segurança jurídica e da proteção da confiança dos cidadãos, [...]. Os citados princípios da segurança jurídica e da proteção da confiança assumem-se como princípios classificadores do Estado de Direito Democrático, e que implicam um mínimo de certeza e segurança nos direitos das pessoas e nas expectativas juridicamente criadas a que está imanente uma ideia de protecção da confiança dos cidadãos e da comunidade na ordem jurídica e na atuação do Estado" (Disponível em: <http://jurisprudencia.vlex.pt/vid/29199184>; <http://www.dgsi.pt/jsta.nsf>. Acesso em: 24.7.2009 — (grifos nossos). Em suma, não há Estado de Direito onde as decisões jurisdicionais do Estado-juiz não se cumprem ou podem ser facilmente rechaçadas por expedientes extrajudiciais.
(35) Sobre as dimensões formal e material do princípio de acesso à justiça, cfr., por todos, CAPPELLETTI, Mauro; GARTH, Bryant. *Acesso à justiça*. Trad. Ellen Gracie Northfleet. Porto Alegre: Sergio Antonio Fabris, 1988. *passim*.
(36) Temos privilegiado a expressão "atos de desobediência judicial" para escapar, de um lado, dos estrangeirismos (mesmo porque a técnica legislativa brasileira tem evitado com razão recorrer a expressões características de idiomas estrangeiros, como *astreintes*, *class actions* etc.); e, por outro, da plena identificação com os casos estudados no tópico anterior (litigância de má-fé, atos atentatórios ao exercício da jurisdição e à dignidade da Justiça), já que a ideia seria inaugurar um *novo modelo*, mais próximo da tradição anglo-saxônica e por isso mesmo mais ambicioso.
(37) Nesse sentido, identificando hipótese de *contempt of court* na norma doa art. 600 do Código de Processo Civil, veja-se, por todos, DINAMARCO, Cândido Rangel. *Execução civil*. 4. ed. São Paulo: Malheiros, 1994. p. 178. Ainda, do mesmo autor, v. *A reforma...*, *passim* (comentando, à época, a alteração do art. 601 pela Lei n. 8.953/94).
(38) *In verbis:* "O juiz poderá ordenar a apreensão de título não restituído ou sonegado pelo emitente, sacado ou aceitante; mas só decretará a prisão de quem o recebeu para firmar aceite ou efetuar pagamento, se o portador provar, com justificação ou por documento, a entrega do título e a recusa da devolução" (grifos nossos). É, de todos os exemplos infraconstitucionais, o mais eloquente a fundar a tese.
(39) *In verbis*: "Sempre que necessário, o juiz requisitará força policial a fim de auxiliar os oficiais de justiça na penhora dos bens e na prisão de quem resistir à ordem" (grifos nossos). Veja-se que não se trata necessariamente de *prisão em flagrante delito* (art. 302 do CPP), até porque não se referem as demais hipóteses legais desse tipo de prisão cautelar (incisos II a IV), nem tampouco se discriminam entre pessoas capazes ou incapazes. A melhor exegese, portanto, é a de que a prisão é *civil* e tem por objetivo *permitir a penhora e/ou a apreensão dos bens*, neutralizando a ação contrária do recalcitrante (logo, seria melhor a expressão "detenção" e não "prisão"). Ao depois, lavrado o auto de resistência pelos oficiais de justiça (art. 663, 1ª parte) e feita a entrega da pessoa à autoridade policial (art. 663, *in fine*), caberá a esta proceder conforme a lei: **(a)** se houver crime que admita a prisão processual penal em flagrante delito (como, *e. g.*, no delito de coação no curso do processo, *ut* art. 344 do CP), ouvirá o detido, o condutor e as testemunhas (art. 304 do CPP), lavrará o auto de prisão em flagrante, recolherá a pessoa e encaminhará o auto à autoridade judicial (podendo arbitrar a fiança, nos delitos punidos com detenção; do contrário, aguardará que a autoridade judicial criminal o faça, *ut* art. 322, parágrafo único, CPP); **(b)** se se tratar de infração penal de menor potencial ofensivo (art. 61 da Lei n. 9.099/95) — modalidade que hoje abarca todas as *fattispecies* em que o réu se livra solto (art. 321 do CPP) —, como ocorre na desobediência (art. 330 do CP), no desacato (art. 331 do CP) e na própria resistência simples (art. 329 do CP), o delegado lavrará o termo circunstanciado, colherá o compromisso de comparecimento perante a autoridade judicial criminal e liberará o detido; **(c)** no caso de menor ou incapaz, convocará os pais ou responsáveis e lhes confiará o detido, documentando o fato.
(40) Dizia-se, antes de 1988, da "prisão administrativa" do falido, com o declarado propósito de "*compelir o paciente ao cumprimento de obrigações*" legais (cfr. STF, RHC 60142/SP, rel. Min. Rafael Mayer, j. 3.9.1982). Sob a égide da Constituição de 1967/1969, chegou-se mesmo a *afastar* uma arguição de inconstitucionalidade desse tipo de prisão (STF, RHC 54694/RJ, rel. Min. Thompson Flores, j. 27.8.1976). E, mesmo após a promulgação

judiciais (arts. 35, 37, 60, § 1º e 69, § 5º, todos do DL n. 7.661/45, em vigor até dezembro de 2004, mas abolidos com a Lei n. 11.101/05, que manteve apenas a hipótese do art. 99, VII[41]).

Nada obstava, portanto, a que se reconhecesse, para o processo judicial em geral — e, muito particularmente, para o **processo do trabalho** (dada a recorrente *natureza alimentar* dos créditos exequendos) —, a possibilidade jurídica da **prisão civil do depositário judicial infiel economicamente capaz**, *ex vi* do art. 5º, LXVII, da CRFB e do art. 666, § 3º, do CPC, pelo qual "a prisão de depositário judicial infiel será decretada no próprio processo, independentemente de ação de depósito". Houve aqui uma **opção legislativa inconteste**, ulterior à ratificação do Pacto de San José da Costa Rica (art. 7º, n. 7) e não circunscrita à hipótese de "prisão por dívida" (porque a natureza jurídica é **bifronte**, açambarcando a defesa da autoridade pública e da dignidade do Poder Judiciário). Além disso, tratava-se de uma opção formal e substancialmente **coerente** com o permissivo constitucional em vigor (art. 5º, LXVII, *in fine*). Logo, uma opção **inafastável**, à vista do próprio art. 2º da CRFB ("poderes independentes e harmônicos entre si"). Mas, como sabemos, assim não compreendeu o Supremo Tribunal Federal (SV n. 25)[42].

4. A prisão por contempt of court *no direito comparado e a sua convencionalidade (à luz da CADH e do PIDCP). A impressão do parlamento brasileiro*

Não fossem suficientes os argumentos já expendidos, o pragmatismo extrassistemático e até mesmo um olhar detido sobre a experiência alienígena podem bem demonstrar a convencionalidade, a constitucionalidade e a conveniência, em casos extremos, de curtas restrições de liberdade por *contempt of court*. Com efeito, fosse a prisão civil do depositário judicial infiel inteiramente *infensa* às normas do art. 7º, § 7º, da Convenção Americana sobre Direitos Humanos e do art. 11 do Pacto Internacional sobre Direitos Civis e Políticos, como crê o Supremo Tribunal Federal (cfr. Proc. PSV n. 31-81/827), os países signatários de tais convenções internacionais — notadamente aqueles de tradição jurídica anglo-saxônica — não admitiriam, em seus ordenamentos, a figura da prisão civil por *contempt of court* (que, diga-se de passagem, não teve igual acolhida em nenhuma outra carta constitucional, seja nessa hipótese — depositário judicial infiel —, seja em qualquer outra). Mas o fato é que a admitem. Vejamos.

No caso do **Pacto de San José da Costa Rica**, são signatários, desde 6.1.1977, os **Estados Unidos da América**. Ora, tanto a legislação (*e. g.*, art. 56, *g*, das *Federal Rules of Civil Procedure*[43]) como a jurisprudência norte-americana admitem amplamente as sanções por *contempt of court*, importando-se da sua prática judiciária a célebre dicotomia há pouco referida (*direct contempts* vs. *indirect contempts*). Os primeiros (*direct contempts*) ocorrem na presença do juiz presidente — *i. e.*, *in facie curiae* — e autorizam reação sumária: o juiz desde logo notifica a parte ou o terceiro de que a sua conduta desrespeitou o tribunal e comprometeu a administração da Justiça. Após a resposta do interessado (= contraditório sumário), na própria audiência, o juiz pode impor-lhe imediatamente a sanção processual. Já os *indirect contempt*,

---

da Carta de 1988, o Supremo seguiu admitindo-a em tese, nos termos do Decreto-lei n. 7.661/45, como se constata na seguinte ementa (julgamento de 24.5.1994): "Falência de instituição financeira precedida de liquidação extrajudicial pelo Banco Central: inadmissibilidade da prisão administrativa do ex-liquidante, com base nos arts. 35 e 34, V, da Lei de Falências, porque supostamente equiparado ao falido, por força do art. 191 daquele diploma ou do art. 25 e parágrafo da Lei n. 7.492/86. **1.** São figuras inconfundíveis o liquidante, órgão de sociedade comercial em liquidação e, por isso, equiparado ao falido pelo art. 91 da Lei de Falências, e o liquidante, órgão do Banco Central na liquidação extrajudicial de instituições financeiras, que o art. 34 da Lei n. 6.024/74 adequadamente equipara, não ao falido, mas ao síndico da falência. **2.** Também no art. 25, parágrafo único, da Lei n. 7.492/86, para o efeito de atribuir-lhes responsabilidade penal pelos crimes nela definidos, o que se contém é a assimilação, logicamente congruente, do liquidante das financeiras ao síndico, não a sua equiparação ao falido, substancialmente arbitrária; por outro lado, a regra é de incidência restrita à lei penal extravagante em que inserida e à imputação das infrações criminais nela definidas, campo normativo que não cabe estender ao problema, de todo diverso, da atribuição ao liquidante administrativo de instituição financeira de crimes falimentares próprios do falido ou a imposição de deveres e sanções processuais a ele, falido, também exclusivamente dirigida" (STF, HC 70.743/DF, Min. Sepúlveda Pertence, j. 24.5.1994 (grifos nossos). Afastou-se, pois, a constrição, porque não se tratava propriamente de falido, mas de ex-liquidante de instituição financeira; mas admitiu-se, em tese, a figura da prisão administrativa como "sanção processual", sem qualquer dúvida de recepção ou constitucionalidade.

(41) O preceito utiliza a expressão *"prisão preventiva"* e se refere a *crimes falimentares*, mas **(a)** não exige todos os requisitos do art. 312 do CPP (= prisão preventiva "típica"), pois basta que haja "provas da prática de crime definido nesta Lei"; e — mais relevante — **(b)** a prisão é decretada *pelo juiz cível* (*i. e.*, pelo juiz prolator "da sentença que decretar a falência do devedor", nos termos do art. 99, *caput*)...

(42) Basicamente escorada em tais argumentos, a Associação Nacional dos Magistrados da Justiça do Trabalho (ANAMATRA) planeja apresentar ao STF **pedido de revisão parcial** da SV n. 25, nos termos dos arts. 2º e 3º, VIII, 2ª parte, da Lei n. 11.417/06, conforme deliberado por sua Diretoria, após trabalhos realizados no âmbito de sua "Comissão de Defesa da Manutenção da Competência da Justiça do Trabalho" (de que é membro originário este Autor).

(43) *Summary judgment (Rule 56), Affidavits submitted in bad Faith ("g")*. Versão de 2008.

como visto, dão-se fora dos tribunais, configurando-se pela desobediência deliberada a uma ordem prévia da corte (como seria, no caso brasileiro, o desvio ou perdimento deliberado de coisa que o sujeito deveria preservar, em função do compromisso judicial assumido e da consequente ordem de guarda e zelo). Nesse caso, abre-se breve instrução para que a parte ou o terceiro acusado refute as acusações e apresente provas. **Tudo de acordo com as naturais exigências de contraditório e ampla defesa** (art. 5º, LV, CRFB), como bem se constata.

Atente-se a que, no sistema norte-americano, as hipóteses de *contempt of court* usualmente **não configuram infrações penais** (*criminal offences*), apesar das graves sanções que podem deflagrar (de advertências à prisão civil, passando pelas multas). Tudo a demonstrar que essa modalidade de sanção restritiva de liberdade não precisa necessariamente se inserir no campo do processo penal (prisões cautelares). A própria figura do *desacato*, nas cortes norte-americanas, resolve-se por essa via (enquanto no Brasil, hoje, o desacato perfaz *crime de menor potencial ofensivo*, consoante art. 331 do Código Penal c.c. art. 61 da Lei n. 9.099/95 — razão pela qual não admite sequer a prisão em flagrante delito, mesmo quando o desacato é perpetrado em audiência, em altos brados, contra a pessoa do juiz[44]).

A prisão civil decorrente de *contemp of court*, ainda no caso norte-americano, é reservada aos casos mais graves, de desobediência contumaz às ordens do tribunal. E — a exemplo da prisão civil do depositário judicial infiel no Brasil — a restrição termina tão logo a parte ou o terceiro dê cumprimento à ordem dimanada pelo juiz. Por isso mesmo, tendo o sujeito detido plenas condições de liberar-se por si mesmo (*hold the keys*), não se exige para essa espécie o *procedural due process* típico do processo penal. Basta, para a ordem de constrição, a evidência cabal da desobediência (*preponderance of the evidence*), a critério do juiz. Tal modelo poderia ser trasladado para o sistema processual brasileiro, nesses mesmos termos, sem maiores dificuldades (ao menos do ponto de vista constitucional-principiológico). E, para fazer frente aos consequentes riscos de abuso, os remédios de sempre: impetração de *habeas corpus* (art. 5º, LXVIII, da CRFB) e indenização à conta do Estado (arts. 5º, LXXV, e 37, § 6º, da CRFB), com possibilidade de regresso contra a autoridade judiciária em caso de dolo ou fraude (art. 133, I, do CPC).

Mas voltemos ao direito internacional e comparado. Se nos debruçarmos agora sobre o **Pacto Internacional de Direitos Civis e Políticos** (XXI Sessão da Assembleia Geral das Nações Unidas, 16.12.1966), veremos que estão sob sua égide, entre outros, os próprios **Estados Unidos da América** (que o subscreveram em 5.10.1977 e o ratificaram em 8.6.1992), o **Canadá** (que a ele acedeu em 19.5.1976), a **Austrália** (que o subscreveu em 18.12.1972 e o ratificou em 13.8.1980) e o **Reino Unido** (que o subscreveu em 16.9.1968 e o ratificou em 20.5.1976), quando ainda tinha **Hong Kong** entre os seus territórios. Em todos esses países, está em pleno vigor, sem quaisquer reservas, o art. 11 do PIDCP, segundo o qual "ninguém poderá ser preso apenas por não poder cumprir com uma obrigação contratual". E, nada obstante, **todos eles conhecem a figura da prisão civil por** *contempt of court,* sem maiores questionamentos de ordem constitucional ou convencional.

Com efeito, a par do que já se pontuou para o caso norte-americano, é certo que, também no **Canadá** — que convive inclusive com a raiz romano-germânica (província de Quebec), mesma do Brasil —, viceja largamente a figura do *contempt of court* como única *offence* de natureza civil remanescente do sistema de *common law* (paralelamente às *criminal offences*, encontradiças no *Criminal Code of Canada*). Na hipótese canadense, há previsão de sanções por *contempt of court* para comportamentos os mais diversos, de partes ou terceiros (*private individuals*) e também de agentes públicos, como adotar uma atitude desrespeitosa na corte, deixar de guardar silêncio, recusar ou negligenciar obediência a comandos de natureza probatória (*subpoena*[45]), desobedecer voluntariamente ordens do tribunal (situação símile à infidelidade depositária voluntária de devedor solvente), interferir com a administração da Justiça ou arrostar a autoridade ou a dignidade da corte, falhar de modo inescusável com seus deveres (para oficiais da corte), não dar execução ou resposta oportuna a um *writ* concedido judicialmente (para autoridades públicas, como o *sheriff* ou o *bailiff*) etc.

Nos termos do *Tax Court of Canada Act*, a pessoa que incorrer em *contempt* perante a *Tax Court* cana-

---

(44) Outra coisa, temos sustentado, é a **condução coercitiva à autoridade policial competente para lavratura de termo circunstanciado (TCO)**, inclusive como forma de garantir a segurança e a ordem em audiência (art. 445, I, II e III, do CPC).

(45) Como seria no Brasil, *mutatis mutandi*, a constrição da liberdade da testemunha que se recusa a depor (a chamada "condução coercitiva", que é objeto de expressa autorização legal e sem qualquer laivo de inconstitucionalidade, *ut* art. 412, *caput, in fine*, do CPC, art. 218 do CPP e art. 825, parágrafo único, da CLT). Não por outra razão, aliás, tem-se admitido o remédio do *habeas corpus* para combater essa medida.

dense sujeita-se a multa ou prisão civil por até dois anos (exclusive), o que supera sensivelmente o limite legal previsto no Brasil para a própria infidelidade depositária (prisão não excedente a um ano, *ut* arts. 652 do NCC e 902, § 1º, CPC). Já perante a *Federal Court of Appeal*, nos termos da seção 472 das *Federal Court Rules*, cominam-se restrições civis ainda mais severas:

> Where a person is found to be in contempt, a judge may order that:
>
> (*a*) the person be <u>imprisoned for a period of less than five years or until the person complies with the order</u>;
>
> (*b*) the person be imprisoned for a period of less than five years if the person fails to comply with the order;
>
> (*c*) the person pay a fine;
>
> (*d*) the person do or refrain from doing any act;
>
> (*e*) in respect of a person referred to in rule 429, the person's property be sequestered; and
>
> (*f*) the person pay costs.

O instituto foi recepcionado, ademais, também nos procedimentos das *provincial courts*, tal como estatui o <u>Provincial Court Act Jurisdiction of Justice</u>.

Na **Austrália**, da mesma forma, é bem conhecido o instituto do *contempt of court*, diante do qual pode o juiz impor multas, determinar a prisão do ofensor por tempo breve ou ainda colocá-lo "à disposição de Sua Majestade" (*hold a person at the pleasure of Her Majesty*[46]), quando houver de sua parte um ato sincero de contrição. A doutrina australiana encontra os fundamentos ético-jurídicos do instituto na *independência dos tribunais* (*freedom from interference*) e na *dignidade da Justiça* (*maintenance of courts' dignity*), o que nos remete outra vez às hipóteses dos arts. 14 e 600 do CPC brasileiro. De resto, nem mesmo o salutar comedimento hermenêutico que advogamos *supra* é da praxe jurídica australiana: a legislação e a jurisprudência local têm reconhecido *contempt of court* nas mais diversas hipóteses: *any publication which prejudices the course of justice, interference with witnesses or officers of the court, outrages on judges in court, insolence to the court, any publication which offends the dignity of the court*, **willful disobedience of court orders**— o que serviria bem para os casos de infidelidade depositária —, *failure to comply with court judgments, disobeying a subpoena* etc.

No **Reino Unido**, onde o instituto tem a sua origem moderna (na tradição da *common law*, como visto no tópico anterior), a matéria mereceu amplo e minucioso tratamento no *Contempt of Court Act* de 1981, admitindo-se as figuras do *civil contempt of court* e do *criminal contempt of court*, já reportadas *supra*. No último caso, a sanção processual por *contempt* pode chegar à prisão civil por um máximo de dois anos (nas cortes superiores). Assim, nos termos da *section 14* (*Penalties for contempt and kindred offences*), tem-se que

> (1) In any case where <u>a court has power to commit a person to prison for contempt of court</u> and (apart from this provision) no limitation applies to the period of committal, the committal shall (without prejudice to the power of the court to order his earlier discharge) be for a fixed term, and that term shall not on any occasion exceed <u>two years in the case of committal by a superior court</u>, or <u>one month in the case of committal by an inferior court</u>.
>
> (2) In any case where an inferior court has power to fine a person for contempt of court and (apart from this provision) no limit applies to the amount of the fine, the fine shall not on any occasion exceed. [...] (g. n.)

Reconhece-se o *direct contempt* em todo comportamento tumultuoso, desdenhoso ou insolente contra o juiz ou a sua autoridade, tendente a interromper o curso normal de uma audiência ou qualquer outro procedimento judicial em andamento. Já o *indirect contempt* abrange, mais genericamente, todas as condutas de partes e terceiros que voluntariamente descumprem ordens legais da corte (como seria, entre nós, a infidelidade do depositário judicial instado a apresentar o bem ou, podendo, a caucionar com valor equivalente em dinheiro). Como visto anteriormente, o *Contempt of Court Act* 1981 tanto dá poderes repressivos aos juízes das cortes superiores, notadamente a *Crown Court* (que compõe, juntamente com a *High Court of Justice* e a *Court of blow Appeal*, o conjunto das *Senior Courts of England and Wales*), como àqueles juízes das *Magistrates' Courts* (cortes inferiores). Em casos de publicações de qualquer natureza (falada, escrita, televisionada) que causem risco substancial de prejuízo ou obstaculização aos procedimentos judiciais em curso, o *contempt of court* rege-se pela chamada *strict liability* (= responsabilidade objetiva), *i. e.*, sanciona-se o responsável independentemente de aferição de suas intenções (*section 2*).

---

(46) Por força da tradição, o povo australiano ainda se considera "súdito" da monarquia britânica, a despeito de sua independência política, econômica e cultural.

Enfim, também em **Hong Kong** — mesmo após a sua devolução territorial à **China** (que, a propósito, é igualmente signatária do PIDCP, desde 5.10.1998) —, viceja o instituto do *contempt of court*, cujas sanções vão de multas a até seis meses de prisão civil (cfr. HK Laws, Chap. 227 — *Magistrates Ordinance* —, Section 99). O instrumento tanto serve aos juízes da Court of Final Appeal, à High Court e às District Courts, como também aos membros de tribunais menores, e, ainda, aos membros da chamada *Coroner's Court* (espécie de juízo de instrução para a investigação de mortes civis). A legislação admite a imposição imediata de sanções processuais a partes e terceiros em diversos casos, a exemplo dos seguintes: insultos dirigidos ao juiz, ao Poder Judiciário, às testemunhas ou aos oficiais da corte; interrupções em procedimentos judiciais e atos de obstrução à Justiça; mau procedimento em audiência (como, p.ex., quando durante a sessão se utilizam telefones celulares ou gravadores sem autorização judicial); ausência não autorizada de jurados; desobediência ao teor de sentenças ou ordens judiciais (outra vez o paradigma extensível ao depositário judicial infiel); violação de deveres impostos aos advogados pelos regimentos das cortes; e assim sucessivamente.

Esse estado de coisas não é desconhecido, ademais, do Parlamento e da Magistratura nacional. Com efeito, tramita no Congresso Nacional o **PLS n. 132/04**, que institucionaliza a **prisão processual civil dissuasória por ato atentatório ao exercício da jurisdição**. Tal projeto "modifica o art. 14 da Lei n. 5.869, de 11 de janeiro de 1973 — Código de Processo Civil e dá outras providências" e ousa bem mais do que a tímida previsão da parte final do inciso LXVII do art. 5º da CRFB. De autoria do Senador Pedro Simon (PMDB-RS), o projeto de lei foi originalmente elaborado pelos quadros internos da Associação dos Magistrados Brasileiros (AMB), com o propósito primeiro de aprimorar e agilizar a prestação jurisdicional, na linha da sua *Campanha pela Efetividade da Justiça*. De fato, convergindo para tudo o que foi exposto neste tópico e no anterior, lê-se na sua exposição de motivos:

> [...] a fim de alcançar o resultado pretendido pelo legislador e para dar maior eficácia à prestação jurisdicional, mormente no que diz respeito aos provimentos de natureza mandamental [tal como a ordem de exibição de bem depositado judicialmente], sugerimos a cominação de prisão como sanção para o seu descumprimento. E vale lembrar que não há incompatibilidade com a ordem constitucional vigente. O art. 5º, LXVII, da Constituição Federal, determina que "não haverá prisão civil por dívida, salvo a do responsável pelo inadimplemento voluntário e inescusável de obrigação alimentícia e a do depositário infiel" [...]. Nos termos da proposta de alteração legislativa que segue, a prisão não advém do inadimplemento de uma obrigação, mas sim do descumprimento de uma ordem judicial.
>
> Optou-se pela criação de um mecanismo próprio do processo civil para a solução do problema do descumprimento dos provimentos mandamentais, ao invés de criminalizar a conduta do desobediente, até porque a prisão sugerida apresenta-se como meio de coerção e não como pena, razão pela qual deverá cessar tão logo o provimento seja cumprido.
>
> Atentou-se para a necessidade de respeitar as garantias constitucionais do contraditório e da ampla defesa, facultando-se ao desobediente a apresentação de justificativa. Todavia, como o incidente que se instaura deve ser decidido de forma rápida, sob pena de frustrar a eficácia do novel instituto, sugere-se a fixação de prazos exíguos. [...]. (g. n.).

Pela proposta, o art. 14 do Código de Processo Civil — que já estudamos *supra* — ganharia um § 2º, pelo qual, "se as circunstâncias do caso evidenciarem que a multa prevista no parágrafo anterior será ineficaz ou, ainda, em caso de renitência e sem prejuízo da cobrança daquela, **poderá o juiz decretar a prisão das pessoas enumeradas no** *caput* **pelo prazo de até 60 (sessenta) dias**" (g. n.)[47]. Os demais parágrafos a acrescer seriam de mero procedimento.

Pois bem. O PLS n. 132/04 encontra-se desde 6.2.2008 na Comissão de Constituição, Justiça e Cidadania do Senado Federal, mas já com **voto favorável** do relator, Senador Demóstenes Torres (DEM-GO), que encaminha a sua aprovação, com emendas. Conclui-se, portanto, que

> (a) o entendimento do relator da matéria, na Comissão de Constituição do Senado da República, é pela **constitucionalidade** da prisão civil dissuasória por descumprimento de

---

(47) Atualmente, o parágrafo único do art. 14 do CPC, que passaria a ser o § 1º, reza que, "ressalvados os advogados que se sujeitam exclusivamente aos estatutos da OAB, a violação do disposto no inciso V deste artigo [deveres gerais de cooperação de partes e terceiros] constitui ato atentatório ao exercício da jurisdição, podendo o juiz, sem prejuízo das sanções criminais, civis e processuais cabíveis, aplicar ao responsável multa em montante a ser fixado de acordo com a gravidade da conduta e não superior a vinte por cento do valor da causa; não sendo paga no prazo estabelecido, contado do trânsito em julgado da decisão final da causa, a multa será inscrita sempre como dívida ativa da União ou do Estado" (redação da Lei n. 10.358/01).

ordem judicial (e, portanto, também pela sua **convencionalidade**, *ex vi* do art. 5º, § 2º, *in fine*, da CRFB); e que

(b) o projeto de lei não faz mais que **generalizar**, no campo do processo civil, uma figura que já existia setorialmente (CPC, arts. 662, 885, 886 etc.) e que já era contemplada pelo próprio ordenamento constitucional brasileiro (para o específico caso do descumprimento voluntário de ordem judicial de exibição de bem depositado judicialmente).

Nessa perspectiva, é forçoso convir, quanto à prisão civil do depositário que *sponte sua* elide a jurisdição, desfazendo-se dos bens depositados e recusando-se — podendo — a depositar o respectivo valor em substituição, não haver ali mera "prisão por dívidas"; e a tanto conviremos se entendermos que, a exemplo do direito alienígena e mercê dos argumentos aqui alinhavados, tal constrição serve primeiramente à *salvaguarda da própria autoridade judiciária*. Por isso mesmo, não há estrita colisão ou relação de prejudicialidade com as normas dos arts. 7º, § 7º, da CADH e/ou 11 do PIDCP, como revela o direito comparado. Repetindo Grinover[48], e especialmente quando estão em jogo créditos de natureza alimentar, a questão passa a ser bem outra:

> a origem do *contempt of court* está associada à ideia de que é inerente à própria existência do Poder Judiciário a utilização dos meios capazes de tornar eficazes as decisões emanadas. É inconcebível que o Poder Judiciário, destinado à solução de litígios, não tenha o condão de fazer valer os seus julgados. Nenhuma utilidade teriam as decisões, sem cumprimento ou efetividade. Negar instrumentos de força ao Judiciário é o mesmo que negar a sua existência. (g. n.)

Ao mais, se isso é verdadeiro para o caso da infidelidade depositária de réu ou terceiro economicamente capaz — como acreditamos ser —, haverá de sê-lo também para casos igualmente graves de desobediência judicial ou arrostamento da autoridade judiciária (como, *e. g.*, o desacato perpetrado contra juiz em audiência). A diferença é que, para o primeiro caso, *já tínhamos norma* (art. 5º, LXVII, CRFB; art. 666, § 3º, do CPC), até a contraordem institucional exarada, de modo tão geral e com eficácia quase legislativa (*erga omnes*), pelo Supremo Tribunal Federal (SV n. 25). Para o mais — em especial no quesito "desacato" —, exigir-se-á a edição de lei federal (quiçá o PLS n. 132/2004), por exigência da própria Constituição (art. 5º, II). Que venha a lume! E, amanhã, oxalá não se diga ser também essa uma norma inconstitucional. Porque a técnica e as boas razões demonstram precisamente o contrário.

5. À guisa de conclusão

Pelo quanto demonstrado, resta concluir este estudo. Talvez mais para exortar, menos para convencer.

Já não se pode duvidar que a *efetividade da jurisdição* — e, como seu corolário, a *efetividade da execução* — é cláusula indissociável da garantia constitucional de *procedural due process of law* nos Estados Democráticos de Direito. Não pode ser diferente no Brasil, mercê da norma do art. 5º, LIV, da CRFB. A SV n. 25, ao declarar ilícita a prisão civil do depositário infiel em todo caso, "qualquer que seja a modalidade de depósito", baseou-se em razões de decidir mais ou menos discrepantes, oriundas de arestos que se distribuíam num amplo espectro teorético (desde a mera legalidade até a supraconstitucionalidade das normas do Pacto de San José da Costa Rica). As teses ali esgrimidas não consideraram, ademais, as especificidades da prisão do depositário infiel *judicial*. E, com isso, neutralizou-se no Brasil, prematura e indevidamente, o que talvez fosse a principal manifestação de repúdio jurídico-positivo ao chamado *contempt of court*.

Com efeito, a prisão civil do depositário judicial infiel economicamente capaz, sobre estar autorizada pela norma do art. 5º, LXVII, *in fine*, da CRFB, não se resumia à mera "prisão civil por dívidas". É o que assertava, outrora, até mesmo o insuperável Pontes de Miranda, ainda sob a égide da Constituição de 1967/1969[49]. Essa restrição de liberdade tem incontestável *natureza bifronte*: protege créditos, é certo; mas, antes disso, consubstancia *medida de defesa da autoridade pública e da dignidade do Poder Judiciário*, à própria maneira do *contempt of court* de raiz anglo-

---

(48) GRINOVER, Ada Pellegrini. Ética, abuso do processo e resistência às ordens judiciárias: o *contempt of court*. *Revista de Processo*, São Paulo: Revista dos Tribunais, v. 26, n. 102, p. 219-227, abr./jun. 2001.

(49) "Sempre que se trata de dívida, no sentido estrito, e não de entrega do bem alheio, a prisão por dívida é constitucionalmente proibida. Salvo por dívida de alimentos" (PONTES DE MIRANDA, Francisco Cavalcanti. *Comentários à Constituição de 1967*: com a Emenda n. I, de 1969. 2. ed. São Paulo: Revista dos Tribunais, 1971. t. V, p. 265 (g. n.)).

-saxônica (não rechaçado como tal pelo Pacto de San José da Costa Rica ou pelo Pacto Internacional dos Direitos Civis e Políticos).

Para mais, deve-se compreender que, nas execuções e nas cautelares trabalhistas, a *natureza alimentar* de que geralmente se revestem os títulos exequendos ou acautelandos reforça a possibilidade jurídica de restrição de liberdade em caso de oposição maliciosa à satisfação dos créditos (art. 600, II, do CPC), uma vez que essa natureza alimentar goza de reconhecimento constitucional indireto (art. 100, § 1º, da CRFB), a ponto de aproximar, pela relativa identidade ontológica, a prisão do depositário infiel economicamente capaz da figura mesma da prisão civil do alimentante inadimplente (art. 7º, n. 7, do Pacto de San José da Costa Rica). Urge, pois, *rever* a Súmula Vinculante n. 25, para excetuar de seus rigores aquele primeiro caso (se não em geral, ao menos no âmbito do processo do trabalho).

A par dessa hipótese, que já contemplava uma específica figura de *contempt of court* no direito brasileiro, é imperativo reconhecer, inclusive para o efeito de generalizá-la no sistema processual civil pátrio (*de iure constituto*), que vários países signatários da Convenção Americana dos Direitos Humanos e/ou do Pacto Internacional dos Direitos Civis e Políticos regularam, nos respectivos ordenamentos jurídicos, a figura da prisão civil por *contempt of court*, que sequer se circunscreve à restrita situação do depositário infiel em juízo. Antes, espraia-se para outros diversos casos, como os desacatos, os atos de desobediência em geral, a difamação institucional etc.

Nessa linha, com cores bem menos fortes que as dos paradigmas estrangeiros, tramita no Congresso Nacional o PLS n. 132/04, que quer positivar a "prisão processual civil dissuasória por ato atentatório ao exercício da jurisdição", aumentando o rigor da sanção civil nos casos mais graves de violação aos consectários do princípio da cooperação processual (art. 14 do CPC). Virá sem dúvida em bom momento. Mas é mister atentar, a uma, para a necessidade de aparelhá-la, sempre, com algum procedimento contraditório, de caráter formal e efetivo (ainda que sumário ou diferido), a bem da norma do art. 5º, LV, da CRFB; e, a seu modo, o PLS n. 132 o prevê. A duas, conviria tornar o novel mecanismo algo mais abrangente, inclusive para alcançar os casos mais graves de litigância de má-fé (art. 17) e os supostos do próprio desacato, quando a imposição de multas for inútil ou insuficiente. Nesse ponto, o projeto ainda poderia avançar.

De todo modo, fixadas tais balizas, dar-se-á ao juiz brasileiro um novo e esplêndido instrumento para a garantia de acatamento dos seus julgados, como também para a preservação da autoridade e da dignidade judiciárias. Porque, afinal, não apenas *a razão*, mas *a razão e a autoridade* é que compõem, na tradição jurídica secular, as "luzes mais claras do mundo" (Sir. Edward Coke, 1552-1634). Guiemo-nos, a bem da Justiça, por uma *e* outra.

Referências

ASSIS, Araken de. O *contempt of court* no direito brasileiro. *Revista Jurídica*, Porto Alegre: Notadez, v. 318, p. 7-23, 2004.

BORTOLUZZI, Roger Guardiola. Sanção por descumprimento de ordem judicial. *In:* TESHEINER, José Maria; MILHORANZA, Mariângela (org.). *Páginas de direito*. Porto Alegre: [s. e.], 2009. Disponível em: <http://www.tex.pro.br/wwwroot/06de2003/sancaopordescumprimentodeordemjudicial_roger.htm>. Acesso em: 23.7.2009.

CAPPELLETTI, Mauro; GARTH, Bryant. *Acesso à justiça*. Trad. Ellen Gracie Northfleet. Porto Alegre: Sergio Antonio Fabris, 1988.

COSTA MACHADO, Antônio Cláudio da. *Código de processo civil interpretado e anotado*: artigo por artigo, parágrafo por parágrafo. 2. ed. São Paulo: Manole, 2008.

CRUZ E TUCCI, José Rogério. *Lineamentos da nova reforma do CPC*. 2. ed. São Paulo: Revista dos Tribunais, 2002.

DINAMARCO, Cândido Rangel. *A reforma do código de processo civil*. 5. ed. São Paulo: Malheiros, 2001.

_____. *Execução civil*. 4. ed. São Paulo: Malheiros, 1994.

DUDLEY JR., Earl C. Contempt power, judicial. *Encyclopedia of the American Constitution*, Woodbridge: Macmillan Reference, p. 671-672, 2000.

FELICIANO, Guilherme Guimarães. A prisão civil do depositário judicial infiel economicamente capaz: um outro olhar. *Revista do Tribunal Regional do Trabalho da 15ª Região*, Campinas: Escola Judicial, n. 35, p. 109-135, jul./dez. 2009.

_____. *Direito à prova e dignidade humana*: cooperação e proporcionalidade em provas condicionadas à disposição física da pessoa humana (abordagem comparativa). São Paulo: LTr, 2007.

GOMES, Luiz Flávio; MAZZUOLI, Valerio de Oliveira. *Comentários à convenção americana sobre direitos humanos*: Pacto de San José da Costa Rica. 2. ed. São Paulo: Revista dos Tribunais, 2009.

GRECO FILHO, Vicente. *Direito processual civil brasileiro*. 8. ed. São Paulo: Saraiva, 1994. v. 3.

GRINOVER, Ada Pellegrini. Ética, abuso do processo e resistência às ordens judiciárias: o *contempt of court*. *Revista de Processo*. São Paulo: Revista dos Tribunais, v. 26, n. 102, p. 219-227, abr./jun. 2001.

GUERRA, Marcelo Lima. *Execução indireta*. São Paulo: Revista dos Tribunais, 1998.

HABERMAS, Jürgen. *Direito e democracia*: entre facticidade e validade. Trad. Flávio Beno Siebeneichler. Rio de Janeiro: Tempo Brasileiro, 1997. v. I.

_____. *Era das transições*. Trad. Flávio Beno Siebeneichler. Rio de Janeiro: Tempo Brasileiro, 2003.

MARINONI, Guilherme. *Teoria geral do processo*. 3. ed. São Paulo: Malheiros, 2008. v. I.

NERY JR., Nelson; ANDRADE NERY, Rosa Maria. *Código de processo civil comentado*. 2. ed. São Paulo: Revista dos Tribunais, 1996.

PONTES DE MIRANDA, Francisco Cavalcanti. *Comentários à Constituição de 1967:* com a Emenda n. I, de 1969. 2. ed. São Paulo: Revista dos Tribunais, 1971. t. V.

SCARCE, Rik. *Contempt of court:* a scholar's battle for free speech from behind bars. Walnut Creek: Altamira, 2005.

CAPÍTULO 7

REUNIÃO DE EXECUÇÕES NA JUSTIÇA DO TRABALHO

LORENA DE MELLO REZENDE COLNAGO[*]

1. Evolução da jurisdição trabalhista

A ideia de criação de um espaço para resolver os conflitos capital-trabalho surgiu como forma de possibilitar uma solução mais rápida, simples e barata desses conflitos, "a par de propiciar métodos mais eficazes de composição tanto dos dissídios individuais, como, principalmente, dos coletivos"[1]. No Brasil, o protecionismo estatal foi dirigido, em um primeiro momento, aos trabalhadores do campo, em especial aos imigrantes[2]. Sob a égide da Constituição da República de 1891, foi editado o Decreto n. 979, de 6 de janeiro de 1903, que criou um espaço para que aos trabalhadores do campo, organizados em sindicatos, e os produtores rurais resolvessem seus conflitos. Os objetivos almejados com a criação desse órgão eram de caráter econômico: intermediação de crédito agrícola, aquisição de equipamento e venda da produção do pequeno agricultor[3].

Em 1907, durante o governo de Afonso Pena, foram criados em âmbito sindical os Conselhos Permanentes de Conciliação e Arbitragem pelo Decreto n. 1.637, que nunca chegaram a ser efetivados[4]. Quatro anos após a tentativa de instituição dos conselhos permanentes de arbitragem, foi criado em São Paulo, pela Lei Estadual n. 1.299-A, de 1911 (regulamentada pelo Decreto Estadual, de 15 de março de 1912), o Patronato Agrícola, órgão que prestou assistência judiciária aos trabalhadores rurais na cobrança de suas retribuições, execução dos contratos agrícolas e defesa contra o aliciamento, em especial de imigrantes[5].

Após uma década da criação do Patronato Agrícola, aproximadamente, a Assembleia Legislativa do Estado de São Paulo, sob o governo de Washington Luiz, editou a Lei Estadual n. 1.869, de 10 de outubro de 1922, criando os Tribunais Rurais para julgar os

---

(*) Mestre em Direito Processual pela UFES. Pós-graduada em Direito do Trabalho, Individual e Coletivo, Processo do Trabalho e Direito Previdenciário pela UNIVES. Professora de Direito Processual do Trabalho. Juíza do Trabalho na 9ª Região — Tribunal Regional do Trabalho do Paraná. Membro da Rede Latino Americana de Juízes — RedLaj e do Instituto de Pesquisas e Estudos Avançados da Magistratura e do Ministério Público do Trabalho — IPEATRA. Autora de Livros e Artigos Jurídicos. E-mail: lor.colnago@gmail.com.
(1) Cf. MARTINS FILHO, Ives Gandra da Silva. Breve história da justiça do trabalho. In: FERRARI, Irany; NASCIMENTO, Amauri Mascaro; MARTINS FILHO, Ives Gandra Silva. História do trabalho, do direito do trabalho e da justiça do trabalho: homenagem a Armando Casimiro Costa. São Paulo: LTr, 1998. parte III, p. 174.
(2) Ibidem, p. 178.
(3) D'AMBROSO, Marcelo José Ferlin. Competência criminal da Justiça do Trabalho e legitimidade do Ministério Público do Trabalho em matéria penal: elementos para reflexão. Jus Navigandi, Teresina, ano 10, n. 995, 23 mar. 2006. Disponível em: <http://jus2.uol.com.br/doutrina/texto.asp?id=8141>. Acesso em: 17.5.2007.
(4) Cf. MARTINS FILHO, Ives Gandra da Silva. Evolução histórica da estrutura judiciária brasileira. Revista do TST, Brasília, v. 65, n. 1, p. 85-114, p. 102, out/dez. 1999.
(5) MARTINS FILHO. Op. cit., p. 179, nota 2.

conflitos de execução e interpretação dos contratos de locação dos serviços agrícolas. A composição desses tribunais foi realizada de forma tríplice, por um juiz de direito; um representante do locador dos serviços, previamente indicado; e um representante do trabalhador, por ele conduzido à audiência[6]. O juiz de direito tinha a função de presidir as audiências, entretanto, apenas julgava um conflito quando os representantes classistas não celebravam acordo[7]. É interessante observar que o valor de alçada, para o acesso aos Tribunais Rurais, foi fixado em 500 (quinhentos) mil réis, que equivaliam a dois salários mínimos da época. Essa também foi uma tentativa que não logrou o êxito esperado, perante a dificuldade de encontrar um representante dos trabalhadores da envergadura dos representantes dos locadores de serviço[8].

No ano de 1923 foi criado, em âmbito nacional, o Conselho Nacional do Trabalho (CNT) pelo Decreto n. 16.027, como órgão administrativo colegiado vinculado ao Ministério da Agricultura, Indústria e Comércio, que teve função consultiva e recursal em matéria trabalhista, contudo, o CNT inicialmente não abrangeu a revisão das demissões dos empregados das empresas públicas[9], o que somente foi possível em 1931, com a edição da Lei n. 5.109[10].

No governo de Getúlio Vargas, o CNT foi deslocado para o Ministério do Trabalho, Indústria e Comércio, que se dissociou do Ministério da Agricultura por meio do Decreto n. 19.433, de 26 de novembro de 1930. E, em 1932, por iniciativa do primeiro Ministro do Trabalho, Lindolfo Collor, dois órgãos foram instituídos no âmbito do CNT: as Comissões Mistas de Conciliação (Decreto n. 21.396) e as Juntas de Conciliação e Julgamento (Decreto n. 22.132). As primeiras para dirimir os conflitos coletivos do trabalho, e as segundas para dirimir os conflitos individuais. Ambas as comissões foram compostas de forma paritária por representantes dos empregados e dos empregadores, e tripartite, uma vez que a presença de um agente administrativo estatal era obrigatória[11].

A constitucionalização da Justiça do Trabalho somente aconteceu com a Constituição Brasileira de 1934, art. 122[12]. Entretanto, apesar do nome "Justiça" do Trabalho, esse órgão não fez parte do Poder Judiciário, mas do Poder Executivo. Desse modo, a escolha de seus membros togados foi realizada pelo Presidente da República, dentre pessoas de notório conhecimento, com capacidade moral e intelectual, enquanto os demais representantes eram escolhidos pela classe econômica e operária. É interessante destacar que a organização da Justiça do Trabalho brasileira foi inspirada no modelo "paritário" do sistema Italiano[13].

A Constituição Brasileira de 1937 manteve a Justiça do Trabalho como órgão do Poder Executivo em seu art. 139[14], sem proceder a maiores alterações, visto que deixou a sua regulamentação para a legislação infraconstitucional. Assim, no ano de 1939, foi editado o Decreto n. 1.237, estruturando a Justiça do Trabalho em três níveis: Conselho Nacional do Trabalho, Conselho Regional do Trabalho e Junta de Conciliação e Julgamento[15]. O

---

(6) Regra que dificultou sobremaneira o funcionamento dos tribunais, em virtude da significante inferioridade econômica e social dos locatários operários. (MARTINS FILHO, Ives Gandra da Silva. Breve história da justiça do trabalho. In: FERRARI, Irany; NASCIMENTO, Amauri Mascaro; MARTINS FILHO, Ives Gandra Silva. *História do trabalho, do direito do trabalho e da justiça do trabalho:* homenagem a Armando Casimiro Costa. São Paulo: LTr, 1998. parte III, p. 180).
(7) PITAS, José. História da justiça do trabalho: competência. *Revista de Direito do Trabalho,* São Paulo, ano 31, v. 120, p. 114-134, out./dez. 2005.
(8) MARTINS FILHO. *Op. cit.,* p. 179-180.
(9) MARTINS FILHO, Ives Gandra da Silva. Evolução histórica da estrutura judiciária brasileira. *Revista do TST,* Brasília, v. 65, n. 1, p. 85-114, p. 103, out/dez. 1999.
(10) MARTINS FILHO, nota 9.
(11) Cf. CATHARINO, José Martins. Justiça do trabalho brasileira: evolução institucional, diagnóstico, terapêutica, prognósticos. *Revista do TST,* Brasília, v. 66, n. 4, p. 92-99, p. 93, out./dez. 2000.
(12) "Art. 122. Para dirimir questões entre empregadores e empregados, regidas pela legislação social, fica instituída a Justiça do Trabalho, à qual não se aplica o disposto no Capítulo IV do Título I. Parágrafo único. A constituição dos Tribunais do Trabalho e das Comissões de Conciliação obedecerá sempre ao princípio da eleição de membros, metade pelas associações representativas dos empregados, e metade pelas dos empregadores, sendo o presidente de livre nomeação do Governo, escolhido entre pessoas de experiência e notória capacidade moral e intelectual." (BRASIL. Constituição (1934). *Constituição da República dos Estados Unidos do Brasil.* Rio de Janeiro: Senado Federal, 1934. Disponível em: <http://www.planalto.gov.br/ccivil_03/Constituicao/Constitui%C3%A7ao34.htm>. Acesso em: 5.5.2007).
(13) Cf. LEITE, Carlos Henrique Bezerra. *Curso de direito processual do trabalho.* 5. ed. São Paulo: LTr, 2007. p. 129.
(14) "Art 139 — Para dirimir os conflitos oriundos das relações entre empregadores e empregados, reguladas na legislação social, é instituída a Justiça do Trabalho, que será regulada em lei e à qual não se aplicam as disposições desta Constituição relativas à competência, ao recrutamento e às prerrogativas da Justiça comum." (BRASIL. Constituição (1937). Constituição dos Estados Unidos do Brasil. Rio de Janeiro: Senado Federal, 1937. Disponível em: <http://www.planalto.gov.br/ccivil_03/Constituicao/Constitui%C3%A7ao37.htm>. Acesso em: 6.5.2007).
(15) Cf. PINTO, Almir Pazzianoto. 60º aniversário da justiça do trabalho. *Revista de Direito Trabalhista,* Brasília, ano 12, n. 10, p. 16-19, out. 2006.

efetivo funcionamento desse sistema ocorreu em 1º de maio de 1941[16].

No ano de 1942, o Presidente da República, Getúlio Vargas, instituiu uma comissão composta por juristas de renome: Luiz Augusto do Rego Monteiro; José de Segadas Viana; Arnaldo Lopes Süssekind; e Dorval de Lacerda, para elaborar a Consolidação das Leis do Trabalho (CLT), que foi publicada pelo Decreto-lei n. 5.452, de 1º de maio de 1943[17]. É interessante observar que a natureza administrativa da Justiça do Trabalho influenciou na escolha dos termos utilizados em sua regulamentação: em vez de autor, o art. 839 da CLT previu que o litigante da Justiça do Trabalho seria denominado reclamante; em vez do termo ajuizamento do dissídio coletivo, o art. 856 da CLT previu a instauração de instância; entre outras nomenclaturas inerentes ao Direito Administrativo.

No governo do Presidente da República Eurico Gaspar Dutra, uma nova constituição foi promulgada no Brasil, a Constituição da República de 1946. Dentre as inovações da lei fundamental, destacou-se na área trabalhista a inclusão da Justiça do Trabalho como órgão do Poder Judiciário, arts. 122 e 123[18], consolidando o seu caráter jurisdicional reconhecido pelo Supremo Tribunal Federal desde 1943 (RE 6.310, publicado no DJU de 30.9.1943)[19].

É interessante verificar que, antes de ser atribuído o caráter jurisdicional aos órgãos da Justiça do Trabalho, as decisões por eles proferidas tinham poder de coerção sobre os litigantes, necessitando, todavia, em caso de descumprimento da ordem, dos órgãos da Justiça Estadual para sua execução. O principal problema advindo dessa conduta era a rediscussão da matéria na esfera cível[20].

Atualmente, a Consolidação das Leis do Trabalho conta com cerca de 20 artigos sobre execução, que de forma objetiva tratam da execução trabalhista sem preocupar-se com maiores complexidades, remetendo os trâmites e incidentes da execução (art. 889) aos "preceitos que regem o processo dos executivos fiscais para a cobrança judicial da dívida ativa da Fazenda Pública Federal".

2. Apontamento sobre as omissões do texto consolidado em execução trabalhista

A execução trabalhista sempre foi uma fase do processo do trabalho, e não um procedimento autônomo, como o era no processo civil, antes da Reforma de 2005, promovida pela Lei n. 11.232[21]. O texto celetista disciplina essa fase em poucos artigos (876 a 892), tendo inicio de ofício pelo juiz ou a requerimento das partes, com aplicação subsidiária da Lei n. 5.868/1973 (Lei de Execução Fiscal), e na omissão desta, com aplicação das normas de processo civil.

Ocorre que a lei de execução fiscal atualmente possui lacunas ontológicas e normativas[22] ante a complexidade das relações processuais e materiais da pós-modernidade, sendo mais benéfico para a

---

(16) "Entretanto, estruturação meramente programática, pois o Decreto-Lei n. 1.237/1939 criou uma comissão, chefiada pelo presidente do CNT, para 'prover a instalação da Justiça do Trabalho', e elaborar seu regimento". (CATHARINO, José Martins. Justiça do trabalho brasileira: evolução institucional, diagnóstico, terapêutica, prognósticos. *Revista do TST*, Brasília, v. 66, n. 4, p. 92-99, out./dez. 2000).
(17) Cf. PINTO. *Op. cit.*, p. 19.
(18) "Art. 122. Os órgãos da Justiça do Trabalho são os seguintes: I — Tribunal Superior do Trabalho; II — Tribunais Regionais do Trabalho; III — Juntas ou Juízes de Conciliação e Julgamento. § 1º O Tribunal Superior do Trabalho tem sede na Capital federal. § 2º A lei fixará o número dos Tribunais Regionais do Trabalho e respectivas sedes. § 3º A lei instituirá as Juntas de Conciliação e Julgamento podendo, nas Comarcas onde elas não forem instituídas, atribuir as suas funções aos Juízes de Direito. § 4º Poderão ser criados por lei outros órgãos da Justiça do Trabalho. § 5º A constituição, investidura, jurisdição, competência, garantias e condições de exercício dos órgãos da Justiça do Trabalho serão reguladas por lei, ficando assegurada a paridade de representação de empregados e empregadores."
Art. 123. Compete à Justiça do Trabalho conciliar e julgar os dissídios individuais e coletivos entre empregados e empregadores, e, as demais controvérsias oriundas de relações do trabalho regidas por legislação especial. § 1º Os dissídios relativos a acidentes do trabalho são da competência da Justiça ordinária. § 2º A lei especificará os casos em que as decisões, nos dissídios coletivos, poderão estabelecer normas e condições de trabalho." (BRASIL. Constituição (1946). *Constituição dos Estados Unidos do Brasil*. Rio de Janeiro: Senado Federal, 1937. Disponível em: <http://www.planalto.gov.br/CCIVIL_03/Constituicao/Constitui%C3%A7ao46.htm>. Acesso em: 6.5.2007).
(19) Cf. MARTINS FILHO, Ives Gandra da Silva. Breve história da justiça do trabalho. *In*: FERRARI, Irany; NASCIMENTO, Amauri Mascaro; MARTINS FILHO, Ives Gandra Silva. *História do trabalho, do direito do trabalho e da justiça do trabalho*: homenagem a Armando Casimiro Costa. São Paulo: LTr, 1998. parte III, p. 190.
(20) ALBUQUERQUE, Francisca Rita Alencar. *A justiça do trabalho na ordem judiciária brasileira*. São Paulo: LTr, 1993. p. 85-87 *apud* MARTINS FILHO. *Op. cit.*, p. 182.
(21) NEVES, Daniel Amorim Assumpção. *Manual de direito processual civil*. 3. ed. rev. atual. ampl. São Paulo: GEN e Método, 2011. p. 800-801.
(22) As lacunas ontológicas são chamados os "espaços" sem normatização dentro do sistema jurídico, ocasionadas pelas alterações sociais que caminham mais rápido que o Direito, fazendo-se necessário o preenchimento por normas contidas em diplomas mais novos. Já as lacunas normativas referem-se à ausência propriamente dita de norma no sistema sobre um determinado assunto. Cf. BOBBIO, Norberto. *A teoria do ordenamento jurídico*. 10. ed. Trad. Maria Celeste C. J. Santos. Brasília: Universidade de Brasília, 1997.

execução trabalhista a aplicação subsidiária do Código de Processo Civil, que vem sendo periodicamente alterado e atualizado, em contrapartida com a legislação de execução fiscal e o vanguardista texto celetista, que há tempos não sofre uma alteração significativa em termos de execução.

O Conselho Nacional de Justiça em 2010 estipulou a criação de um núcleo de apoio à execução como uma de suas metas (Meta 5), preocupado com essa fase processual considerada a mais morosa do Processo Trabalhista[23]. A mesma meta foi repetida em 2011[24].

3. Comentários sobre as propostas de alteração da legislação trabalhista e interpretação sistemática em pró da reunião de execuções e efetividade processual

A aplicação subsidiária das normas processuais civis no processo trabalhista, em especial na fase executiva, vem sendo paulatinamente aplicada pela jurisprudência dos Tribunais Trabalhistas, sendo tese defendida pelas doutrinas pátrias[25], constituindo projeto de lei que tramita no Senado (PL n. 6.06/2011[26]), com previsão de ampliação dos títulos executivos trabalhistas — aplicação subsidiária, direta e primária do Código de Processo Civil na execução como proposta de uma normatização mais adequada à nova competência da Justiça do Trabalho, ampliada pela EC n. 45/2004.

Nesse sentido, entre outros pontos, o Projeto de Lei n. 606/2011 prevê a ampliação da competência para execução de todas as contribuições previdenciárias decorrentes do contrato de trabalho, e não apenas aquelas que decorrem das sentenças trabalhistas, pacificando a dicotomia entre o texto legal, art. 876 da CLT, e o entendimento pacificado na Súmula n. 368 do TST (contribuições apenas sobre verbas condenatórias RE 569056 do STF) decorrentes das sentenças trabalhistas — tese também defendida e aprovada em Plenária do XVII CONAMAT — Congresso Nacional dos Magistrados da Justiça do Trabalho, em abril de 2014.

Outra polêmica que será pacificada com o Projeto de Lei n. 606/2011, se aprovado, é a aplicação do art. 475-J do CPC, incidência de multa de 10% para o não cumprimento espontâneo da sentença. Nesse quesito, muito embora as decisões do Tribunal Superior do Trabalho sejam no sentido da incompatibilidade[27] de aplicação do dispositivo legal sob o fundamento de que o processo do trabalho tem regramento específico para a execução (arts. 880 e 883 da CLT: com o prazo de 48 horas para o cumprimento espontâneo da decisão e de 5 dias para ajuizamento de embargos, garantido previamente o juízo, sob pena de penhora de bens), normas mais benéficas ao exequente, alguns Tribunais Regionais, como o Tribunal Regional do Paraná e do Rio Grande do Sul, têm entendimento diverso, em pró da aplicação, como se pode observar nas Súmulas ns. 9 e 10 do TRT9:

SÚMULA N. 9 DO TRT DA 9ª REGIÃO:

Aplicação da multa do art. 475-J do CPC. Recursos Cabíveis.

1. No caso de aplicação da multa do art. 475-J do CPC na própria sentença condenatória, prolatada no processo de conhecimento, a irresignação do Réu deverá ser manifestada no Recurso Ordinário.

2. No caso de imposição da multa do art. 475-J do CPC após o trânsito em julgado da sentença condenatória, o ato judicial deverá ser impugnado por Agravo de Petição, nos termos do art. 897, a, da CLT. (Publicada no DJPR em 21.8.2007, p. 349, Ed. 7433; em 27.8.2007, p. 397, Ed. 7437; em 28.8.2007, p. 331, Ed. 7438; em 29.8.2007, p. 341, Ed. 7439).

SÚMULA N. 10. Aplicação da multa do art. 475-J do CPC. Cabimento de Mandado de Segurança.

Incabível Mandado de Segurança contra ato judicial que determina a aplicação do art. 475-J do CPC ao processo trabalhista, porquanto configura decisão passível de reforma mediante recurso próprio, na esteira da Orientação Jurisprudencial n. 92 da SDI-2 do C. TST. (Publicada no DJPR em 21.8.2007, p. 349, Ed.7433; em 27.8.2007, p. 397, Ed. 7437; em 28.8.2007, p. 331, Ed. 7438; em 29.8.2007, p. 341, Ed. 7439).[28]

---

(23) BRASIL. Conselho Nacional de Justiça. *Compromissos e metas do judiciário*. Disponível em: <http://www.cnj.jus.br/component/content/article/484-rodape/gestao-planejamento-e-pesquisa/gestao-e-planejamento/gestao-e-planejamento-do-judiciario/127-metascompromissos-e-metas-do-judiciario>. Acesso em: 4.2014.

(24) BRASIL. Conselho Nacional de Justiça. *Descrição das metas 2011*. Disponível em: <http://www.cnj.jus.br/gestao-e-planejamento/metas/metas-2011/glossario-das-metas-2011#metas_nacionais>. Acesso em: 4.2014.

(25) Por todos: LEITE, Carlos Henrique Bezerra. *Curso de direito processual do trabalho*. 5. ed. São Paulo: LTr, 2007.

(26) BRASIL. Senado Federal. *Projeto de Lei n. 606/2011*. Disponível em:<http://www.senado.gov.br/atividade/materia/getPDF.asp?t=97215&tp=1>. Acesso em: 1.2014.

(27) BRASIL. Tribunal Superior do Trabalho. *Informativo n. 3*. Disponível em: <http://www.tst.jus.br/informativo-tst>. Acesso em: 1.2014.

(28) BRASIL. Tribunal Regional do Trabalho da 9ª Região. *Súmulas*. Disponível em: <http://www.trt9.jus.br/internet_base/paginadownloadcon.do?evento=F9-Pesquisar&tipo=721#>. Acesso em: 1.2014.

Outro Tribunal Regional do Trabalho que aplica o referido dispositivo é o do Rio Grande do Sul: "OJ N. 45: MULTA DO ART. 475-J DO CPC. DEVEDOR SUBSIDIÁRIO ENTE PÚBLICO. Quando o devedor tratar-se de ente público, na condição de devedor subsidiário não é devido a cobrança da multa prevista no art. 475-J do CPC"[29], ou seja, nos demais casos a multa será aplicada.

Essa posição divergente está fundamentada no princípio da efetividade e duração razoável do processo (art. 5º, LXXVIII, CF) e da compatibilidade com o art. 652, inciso V, alínea "d", e art. 832 da CLT, permitindo a importação da norma inscrita no art. 475-J CPC por meio do art. 769 da CLT.

Adentrando especificamente o tema, o Projeto de Lei n. 606/2011 prevê expressamente a possibilidade de unificação de execuções em face do mesmo devedor sob a presidência de juiz único, e de ofício, ampliando a possibilidade existente nos arts. 573 do CPC e 28 da Lei de Execução Fiscal (Lei n. 6.830/1980), que dependem de requerimento do credor, como se pode observar na proposta de inclusão do art. 876-A no Texto Celetista:

> Art. 886-A. O juiz poderá reunir processos contra o mesmo devedor, por conveniência da execução ou do cumprimento da sentença.
>
> § 1º A execução ou o cumprimento da sentença prosseguirá nos autos da demanda mais antiga. Nas localidades com mais de uma vara, o tribunal expedirá regras disciplinando a reunião desses processos para garantir a equânime distribuição dos serviços.
>
> § 2º A reunião será realizada mediante juntada, no processo mais antigo, das certidões de crédito expedidas nos demais.[30]

É de conhecimento notório que a execução trabalhista é a fase mais difícil do Processo do Trabalho, e por vezes a mais morosa em razão da imensa dificuldade de encontrarem-se bens do devedor, por isso todos os mecanismos que potencialmente facilitem a satisfação do crédito são testados de modo vanguardista por esse ramo do Poder Judiciário.

Observe-se que o novo dispositivo pretendido pelo PL n. 606/2011 (art. 876-A), se aprovado, dirimirá ainda a competência do juízo de execução que será unificada e processada perante o juízo mais antigo, uma vez que a norma processual civil é omissa a esse respeito (art. 573 do CPC), sendo previsto na norma de execução fiscal (art. 28) a redistribuição das ações unificadas, pois essa lei foi redigida à época da autonomia da execução, que atualmente é uma fase decorrente do título judicial transitado em julgado, salvo quando houver título extrajudicial.

O Projeto de Lei n. 606/2011, que tramita no Senado Federal[31], é realmente um passo grande em direção à efetividade das execuções e legitimação dos atos judiciais referentes à reunião das execuções. Entretanto, não se pode olvidar que o projeto de novo Código de Processo Civil[32] traz um importante dispositivo sobre cooperação judicial, que poderá ser aplicado subsidiariamente ao Processo do Trabalho (art. 769 da CLT), prevendo no mesmo sentido do art. 765 da CLT uma ampla liberdade ao juiz, mas não apenas quanto a um único processo, mas referentes a um todo, ou seja, os juízes que atuam em cooperação podem decidir o melhor procedimento a ser seguido para a prática de atos de reunião de execuções sob a presidência não do juiz que atua no processo mais antigo, mas do juízo escolhido dentre os cooperados. Vejamos:

> Art. 69. O pedido de cooperação jurisdicional deve ser prontamente atendido, prescinde de forma específica e pode ser executado como:
>
> I — auxílio direto;
>
> **II — reunião ou apensamento de processos;**
>
> III — prestação de informações;
>
> IV — atos concertados entre os juízes cooperantes.
>
> § 1º As cartas de ordem, precatória e arbitral seguirão o regime previsto neste Código.
>
> **§ 2º Os atos concertados entre os juízes cooperantes poderão consistir, além de outros, no estabelecimento de procedimento para:**
>
> I — a prática de citação, intimação ou notificação de ato;

---

(29) BRASIL. Tribunal Regional do Trabalho da 4ª Região. *Orientações Jurisprudenciais*. Disponível em: <http://www.trt4.jus.br/portal/portal/trt4/comunicacao/noticia/info/NoticiaWindow;jsessionid=18AC84E608F904DFAEB361F695AD80B3.jbportal-201?cod=902070&action=2&destaque=false&filtros=>. Acesso em: 6.2014.

(30) BRASIL. Senado Federal. *Projeto de Lei n. 606/2011*. Disponível em: <http://www.senado.gov.br/atividade/materia/getPDF.asp?t=97215&tp=1>. Acesso em: 1.2014.

(31) BRASIL. Senado Federal. *Projeto de Lei n. 606/2011*. Disponível em: <http://www.senado.gov.br/atividade/materia/getPDF.asp?t=97215&tp=1>. Acesso em: 1.2014.

(32) BRASIL. Senado Federal. *Projeto de Lei n. 166/2010*. Disponível em: <http://www.senado.gov.br/atividade/materia/detalhes.asp?p_cod_mate=97249>. Acesso em: 1.2014.

II — a obtenção e apresentação de provas e a coleta de depoimentos;

III — a efetivação de tutela antecipada;

IV — a efetivação de medidas e providências para recuperação e preservação de empresas;

V — facilitar a habilitação de créditos na falência e na recuperação judicial;

VI — a centralização de processos repetitivos;

VII — a execução de decisão jurisdicional.

§ 3º O pedido de cooperação judiciária pode ser realizado entre órgãos jurisdicionais de diferentes ramos do Poder Judiciário. (g. n.)

Observe-se que esses atos ajustados entre os juízes de cooperação já vêm sendo incentivados pelo Conselho Nacional de Justiça, como se pode verificar por meio da Recomendação n. 38, de 2011, arts. 3º e 4º[33], que parecem ter inspirado o Projeto de Lei referente ao Novo Código de Processo Civil:

Art. 3º A cooperação judiciária é admissível para a prática de todos os tipos de atos, providências, medidas, incidentes, procedimentos e ritos processuais.

Parágrafo único. O juiz poderá recorrer ao pedido de cooperação antes de determinar a expedição de carta precatória ou de suscitar conflito de competência.

Art. 4º O pedido de cooperação judiciária prescinde de forma especial e compreende:

I — auxílio direto;

II — reunião ou apensamento de processos;

III — prestação de informações;

IV — cartas de ordem ou precatória;

V — atos concertados entre os juízes cooperantes.

Parágrafo único. Os atos concertados entre os juízes cooperantes poderão consistir, além de outros definidos em comum acordo, em procedimento para a prática de:

I — citação, intimação e notificação, obtenção e apresentação de provas, coleta de depoimentos, medidas cautelares e antecipação de tutelas;

II — medidas e providências para a recuperação e preservação de empresas, facilitação da habilitação de créditos na falência e recuperação judicial;

III — transferência de presos;

IV — reunião de processos repetitivos;

V — execução de decisões judiciais em geral, especialmente aquelas que versem sobre interesse transindividual.

Art. 5º O pedido de cooperação judiciária pode processar-se entre juízes de ramos judiciários distintos.

Ademais, o Conselho Superior da Justiça do Trabalho, por meio da Resolução n. 63/2010, previu no art. 9º, § 3º[34], a criação de Varas do Trabalho especializadas em execução fiscal, ou seja, há um indicativo dentro do Conselho Superior, órgão de organização em geral da Justiça do Trabalho, quanto à possibilidade de se deslocar a competência do juiz natural para outro, com especialização de matérias e focado na execução trabalhista, ainda que fiscal.

Assim, enquanto as inovações legislativas não são promulgadas, cumpre aos Tribunais ou aos juízes em cooperação a aplicação das normas processuais existentes de forma sistêmica e em pró da efetividade do processo.

Exemplos já praticados dessa interpretação sistemática do ordenamento pátrio não faltam, como se pode observar nos julgados a seguir relacionados:

AGRAVO DE PETIÇÃO. CENTRALIZAÇÃO DE EXECUÇÕES. POSSIBILIDADE. A execução trabalhista é especial, porque representa o meio de atuação de normas cogentes e é norteada pelos princípios da eficácia do julgado, da utilidade, da instrumentalidade, do impulso de ofício (art. 878 consolidado), da celeridade (art. 765 da CLT), visando a entrega da prestação alimentar. Por isso é possível que o Juízo tente imprimir-lhe um rito mais célere, e a determinação proferida pela Corregedoria atinente à reunião de processos contra o mesmo devedor em uma única vara cumpre esse objetivo, além promover a economia de atos processuais, evitando a multiplicidade de penhoras sobre o mesmo bem e possibilitando a fiel observância da ordem de precedência dos credores, não havendo que se falar em prejuízo para a União em caso da manutenção da decisão do juízo de primeiro grau.[35]

---

(33) BRASIL. Conselho Nacional de Justiça. *Recomendação n. 38, de 3 de novembro de 2011*. Disponível em: <http://www.cnj.jus.br/programas-de-a-a-z/saude-e-meio-ambiente/pj-gestao-socioambiental/322-sessao-de-julgamento/atos-administrativos-da-presidencia/recomendacoes-do-conselho/16817-recomendacao-n-38-de-novembro-de-2011>. Acesso em: 1.2014.

(34) BRASIL. Conselho Superior da Justiça do Trabalho. *Resolução n. 63, de 28 de maio de 2010*. Disponível em: <http://www.csjt.jus.br/c/document_library/get_file?uuid=e24e7cd6-bcf9-45e1-b575-66b8599a9c12&groupId=955023>. Acesso em: 4.2014.

(35) BRASIL. Tribunal Regional do Trabalho da 8ª Região *Acordão da 2ª Turma no agravo de petição n. 0001527-52.2010.5.08.0013*. Disponível em: <http://webcache.googleusercontent.com/search?q=cache:M0qq-ykIxBYJ:www2.trt8.jus.br/std/Download.aspx%3Fid%3D177511%26nome%3Dap0001527-52.2010.5.08.0013.pdf%26tipo%3Djuris2+&cd=1&hl=pt-BR&ct=clnk&gl=br&client=firefox-a>. Acesso em: 4.2014.

DIREITO PROCESSUAL CIVIL. DIREITO PROCESSUAL DO TRABALHO. AGRAVO DE PETIÇÃO — REUNIÃO DE EXECUÇÕES. ART. 573 DO CPC. POSSIBILIDADE. Sendo o mesmo o devedor, permite o art. 573 do digesto processual civil a cumulação de várias execuções, ainda que fundadas em títulos diferentes, desde que para todas elas seja competente o juiz e idêntica a forma do processo. Cumpre frisar que a referida cumulação se destina a atender ao princípio da economia do juízo (um máximo de atuação do direito, com um mínimo de atividade jurisdicional), pois, por meio dela, podem ser reunidas diversas execuções contra um mesmo devedor, evitando, desse modo, que, promovidas separadamente, exigissem uma atuação muito maior dos órgãos jurisdicionais. Não é desarrazoado afirmar, de outra parte, que essa cumulação subjetiva tem em mira acarretar menores prejuízos ao devedor, seja com custas ou emolumentos, ou mesmo com honorários advocatícios, uma vez que pode responder às diversas execuções em um só processo. Admitida como verdadeira essa afirmação, podemos dizer que o art. 573 do CPC se articula com o art. 620 do mesmo Código, a teor do qual, 'Quando por vários meios o credor puder promover a execução, o juiz mandará que se faça pelo modo menos gravoso para o devedor'. Esse é o ensinamento do consagrado doutrinador Manoel Antônio Teixeira Filho em seu livro intitulado *Execução no Processo do Trabalho* (8 ed. São Paulo: LTr, 2004. p. 226). Agravo de petição negado.[36]

EMENTA. REUNIÃO DE PROCESSOS. FACULDADE DO JUÍZO. A reunião de execuções contra um mesmo devedor constitui mera faculdade do Juízo e visa garantir tratamento igualitário aos empregados no tocante à satisfação dos seus créditos. Encontra ressonância no ordenamento jurídico, por aplicação analógica do disposto no art. 28 da Lei n. 6.830/1980, pena de multiplicação de procedimentos complexos e demorados, em prejuízo dos trabalhadores. Na hipótese não há evidência da conveniência da reunião dos feitos, por requisição do devedor, ou mesmo que o trâmite em conjunto seja capaz de melhor atender aos princípios da celeridade e efetividade, mesmo porque não se comprovou que os exequentes estejam representados pelo mesmo procurador.[37]

Ainda que as normas existentes condicionem a execução ao requerimento de um ou mais credores, art. 573 do CPC e art. 28 da Lei n. 6.830/1980, o Processo do Trabalho enseja ampla liberdade de condução ao juiz em termos de procedimento nos termos do art. 765 da CLT, que interpretado sistematicamente com os dispositivos citados e o art. 769 do Texto Celetista, permitem uma maior discricionariedade do magistrado na condução do processo em geral para a satisfação efetiva, adequada e célere do crédito trabalhista.

A parte mais interessante do projeto de lei, e da própria resolução do CNJ, é a criação do substrato legislativo como cláusula aberta. E nesse contexto os mentores das normas estão corretos, pois há inúmeras hipóteses e combinações para ensejar a reunião de execuções.

O primeiro critério pensado seria a reunião das execuções no juízo que primeiro procedeu a penhora de um bem valioso do devedor, essa é a opção escolhida com fundamento no art. 711 do CPC, que traz a ordem cronológica de pagamento, e por conseguinte, escolher-se-ia o juízo que procedeu à primeira penhora para presidir a reunião de execuções:

> [...] Concorrendo vários credores, o dinheiro ser-lhes-á distribuído e entregue consoante a ordem das respectivas prelações; não havendo título legal à preferência, receberá em primeiro lugar o credor que promoveu a execução, cabendo aos demais concorrentes direito sobre a importância restante, observada a anterioridade de cada penhora.

No entanto, essa não é a única opção, como demonstrado, em Tribunais Regionais do Trabalho que tenham um juízo especial de execução, como o Paraná — JAC — Juízo Auxiliar de Conciliação[38], que tem uma forte atuação nos processos que encontram-se na fase de execução, ou Minas Gerais que conta com Juízo Auxiliar de Conciliação e Execução[39], mas também poderá ocorrer uma reunião entre os juízos onde tramitem os processos e a escolha do magistrado da unidade da jurisdição com maior disponibilidade e instrumentos de infraestrutura e logística para efetuar os atos expropriatórios,

---

(36) BRASIL. Tribunal Regional do Trabalho da 6ª Região. Acórdão da 3ª Turma no agravo de petição n. 0061600-22.2009.5.06.0161. Disponível em: <http://webcache.googleusercontent.com/search?q=cache:1ubeeAppQgsJ:www1.trt6.jus.br/consultaAcordaos/acordao_inteiroteor.php%3FCOD_DO CUMENTO%3D281962012+&cd=6&hl=pt-BR&ct=clnk&gl=br&client=firefox-a>. Acesso em: 4.2014.
(37) BRASIL. Tribunal Regional do Trabalho da 3ª Região. *Acórdão em agravo de petição n. 00504-2011-147-03-00-6*. Disponível em: <https://as1.trt3.jus.br/juris/consultaBaseSelecionada.htm>. Acesso em: 3.2014.
(38) BRASIL. Tribunal Regional do Trabalho da 9ª Região. *Juízo Auxiliar de Conciliação*. Disponível em: <http://www.trt9.jus.br/internet_base/pagina_geral.do?secao=22&pagina=JUIZOS>. Acesso em: 6.2014.
(39) JUS BRASIL. *Notícia sobre a criação do Juízo Auxiliar de Conciliação e Execução*. Disponível em: <http://trt-3.jusbrasil.com.br/noticias/1954071/trt-cria-nucleo-de-cooperacao-para-agilizar-execucao>. Acesso em: 6.2014.

o que não fere o princípio fundamental do juízo natural.

Quanto à ordem de pagamento, essa pode ser proporcional, visando um critério equânime entre os credores, e a preferência não precisa ser necessariamente pela ordem cronológica do ajuizamento ou da penhora, mas pode observar a natureza jurídica dos créditos — à semelhança do que faz a Lei de Falências (Lei n. 11.101/2005, art. 83) — e dentre esses, sugerimos a seguinte ordem créditos referentes ao pagamento de: 1) salário; 2) verbas decorrentes da extinção contratual; 3) outras verbas trabalhistas; 4) verbas indenizatórias. E nessa ordem há necessidade de observar-se a preferência do pagamento de créditos às pessoas com mais de 60 anos de idade (art. 71 do Estatuto do Idoso, Lei n. 10.741/2003).

Há também outra forma de organizar os pagamentos, não envolvendo a proporcionalidade, mas esse critério, que tem espeque no pagamento de créditos da Fazenda Pública (art. 730 do CPC e seguintes), determinaria o pagamento em preferência dos créditos de menor valor, em gradação até o crédito de maior valor. E nesse caso, há uma necessidade de verificar-se se o montante de valores arrecadados conseguirá fazer frente ao pagamento de todos os credores.

Como se pode observar, inúmeras são as alternativas, que devem ser debatidas e acordadas com as partes a fim de buscar a maior legitimação e efetividade em prol de um processo colaborativo, nos termos previstos pela moderna teoria geral do processo, com espeque no processo colaborativo[40].

4. Considerações finais

A Consolidação das Leis do Trabalho foi escrita na década de 1940 do século passado e é até hoje um instrumento normativo atual, *status* que lhe confere o qualificativo de normatização de vanguarda. Porém, como foi elaborado numa época em que a Justiça do Trabalho era um órgão administrativo, que sequer tinha a possibilidade de executar suas próprias decisões, têm uma normatização referente à execução e expropriação bem reduzida considerando o texto como um todo, o que não impediu aos magistrados trabalhistas, ao longo de todo esse tempo, com sua criatividade e permeabilidade dos arts. 765 e 769 da CLT, criar soluções para tornar a execução trabalhista cada vez mais efetiva e pródiga.

Ainda que as inovações legislativas não venham a ser promulgadas, as soluções hermenêuticas apresentadas pelos Tribunais Pátrios encontraram fundamentos suficientes para permitir a reunião de execuções como instrumento importante de racionalização da execução de inúmeros credores em face de um mesmo devedor, o que beneficia ao mesmo tempo o exequente e o executado.

Para os exequentes, ter suas execuções unificadas significa garantir que o crédito reconhecido será adimplido, ainda que parcialmente, com celeridade e efetividade. Para os executados, a reunião de execuções sob a presidência de um único juízo evita a realização de mais de um ato expropriatório, por exemplo, facilita a comunicação com os credores não só no nível processual com a concentração de atos e economia de tempo, de recursos físicos e financeiros, mas também considerando a possibilidade de conciliação em qualquer fase do processo (art. 764 da CLT).

Eventualmente, esse benefício poderá ser ampliado para que ocorra um procedimento único envolvendo não só a Justiça Especializada, mas também a Justiça Comum, sem a necessidade do processo de falência, com suas naturais restrições, nos moldes em que propõe o PL n. 166/2010 de reforma do Código de Processo Civil em seu art. 69, supracitado.

Por fim, os meios de escolha do juízo que presidirá essa execução ou a forma de pagamento são inúmeros, como os apresentados, e dependerão da colaboração das partes e da criatividade dos evolvidos — juízes e partes.

Referências

ALBUQUERQUE, Francisca Rita Alencar. *A justiça do trabalho na ordem judiciária brasileira*. São Paulo: LTr, 1993.

BOBBIO, Norberto. *A teoria do ordenamento jurídico*. 10. ed. Trad. Maria Celeste C. J. Santos. Brasília: Universidade de Brasília, 1997.

---

(40) CF. FAZZALLARI, Elio. *Instituições de direito processual*. Trad. Elaine Nassif. Campinas: Bookseller, 2006. LUCHI, José Pedro. Propedêutica habermasiana do direito. *Revista de Filosofia da UFES*, Vitória, ano VII, n. 7, p. 175-200, jan./jun. 2001.

BRASIL. Conselho Nacional de Justiça. *Compromissos e metas do Judiciário*. Disponível em: <http://www.cnj.jus.br/component/content/article/484-rodape/gestao--planejamento-e-pesquisa/gestao-e-planejamento/gestao--e-planejamento-do-judiciario/127-metascompromissos--e-metas-do-judiciario>. Acesso em: 4.2014.

_____. Conselho Nacional de Justiça. *Descrição das metas 2011*. Disponível em: <http://www.cnj.jus.br/gestao-e--planejamento/metas/metas-2011/glossario-das-metas--2011#metas_nacionais>. Acesso em: 4.2014.

_____. Conselho Nacional de Justiça. *Recomendação n. 38, de 3 de novembro de 2011*. Disponível em: <http://www.cnj.jus.br/programas-de-a-a-z/saude-e-meio-ambiente/pj-gestao-socioambiental/322-sessao-de-julgamento/atos-administrativos-da-presidencia/recomendacoes--do-conselho/16817-recomendacao-n-38-de-novembro--de-2011>. Acesso em: 1.2014.

_____. Conselho Superior da Justiça do Trabalho. *Resolução n. 63, de 28 de maio de 2010*. Disponível em: <http://www.csjt.jus.br/c/document_library/get_file?uuid=e24e7cd6-bcf9-45e1-b575-66b8599a9c12&groupId=955023>. Acesso em: 4.2014.

_____. Constituição (1937). Constituição dos Estados Unidos do Brasil. Rio de Janeiro: Senado Federal, 1937. Disponível em: <http://www.planalto.gov.br/ccivil_03/Constituicao/Constitui%C3%A7ao37.htm>. Acesso em: 6.5.2007.

_____. Constituição (1946). *Constituição dos Estados Unidos do Brasil*. Rio de Janeiro: Senado Federal, 1937. Disponível em: <http://www.planalto.gov.br/CCIVIL_03/Constituicao/Constitui%C3%A7ao46.htm>. Acesso em: 6.5.2007.

_____. Senado Federal. *Projeto de Lei n. 166/2010*. Disponível em: <http://www.senado.gov.br/atividade/materia/detalhes.asp?p_cod_mate=97249>. Acesso em: 1.2014.

_____. Senado Federal. *Projeto de Lei n. 606/2011*. Disponível em: <http://www.senado.gov.br/atividade/materia/getPDF.asp?t=97215&tp=1>. Acesso em: 1.2014.

_____. Tribunal Superior do Trabalho. *Informativo n. 3*. Disponível em: <http://www.tst.jus.br/informativo-tst>. Acesso em: 1.2014.

_____. Tribunal Regional do Trabalho da 3ª Região. *Acórdão em agravo de petição n. 00504-2011-147-03-00-6*. Disponível em: <https://as1.trt3.jus.br/juris/consultaBaseSelecionada.htm>. Acesso em: 3.2014.

_____. Tribunal Regional do Trabalho da 4ª Região. *Orientações Jurisprudenciais*. Disponível em: <http://www.trt4.jus.br/portal/portal/trt4/comunicacao/noticia/info/NoticiaWindow;jsessionid=18AC84E608F904DFAEB361F695AD80B3.jbportal-201?cod=902070&action=2&destaque=false&filtros=>. Acesso em: 6.2014.

_____. Tribunal Regional do Trabalho da 6ª Região. Acórdão da 3ª Turma no agravo de petição n. 0061600-22.2009.5.06.0161. Disponível em: <http://webcache.googleusercontent.com/search?q=cache:1ubeeAppQgsJ:www1.trt6.jus.br/consultaAcordaos/acordao_inteiroteor.php%3FCOD_DOCUMENTO%3D281962012+&cd=6&hl=pt-BR&ct=clnk&gl=br&client=firefox-a>. Acesso em: 4.2014.

_____. Tribunal Regional do Trabalho da 8ª Região Acordão da 2ª Turma no agravo de petição n. 0001527-52.2010.5.08.0013. Disponível em: <http://webcache.googleusercontent.com/search?q=cache:M0qq--ykIxBYJ:www2.trt8.jus.br/std/Download.aspx%3Fid%3D177511%26nome%3Dap0001527-52.2010.5.08.0013.pdf%26tipo%3Djuris2+&cd=1&hl=pt-BR&ct=clnk&gl=br&client=firefox-a>. Acesso em: 4.2014.

_____. Tribunal Regional do Trabalho da 9ª Região. *Súmulas*. Disponível em: <http://www.trt9.jus.br/internet_base/paginadownloadcon.do?evento=F9-Pesquisar&tipo=721#>. Acesso em: 1.2014.

CATHARINO, José Martins. Justiça do trabalho brasileira: evolução institucional, diagnóstico, terapêutica, prognósticos. *Revista do TST*, Brasília, v. 66, n. 4, p. 92-99, out./dez. 2000.

D'AMBROSO, Marcelo José Ferlin. Competência criminal da Justiça do Trabalho e legitimidade do Ministério Público do Trabalho em matéria penal: elementos para reflexão. *Jus Navigandi*, Teresina, ano 10, n. 995, 23 mar. 2006. Disponível em: <http://jus2.uol.com.br/doutrina/texto.asp?id=8141>. Acesso em: 17.5.2007.

FAZZALLARI, Elio. *Instituições de direito processual*. Trad. Elaine Nassif. Campinas: Bookseller, 2006.

LEITE, Carlos Henrique Bezerra. *Curso de direito processual do trabalho*. 5. ed. São Paulo: LTr, 2007.

LUCHI, José Pedro. Propedêutica habermasiana do direito. *Revista de Filosofia da UFES*, Vitória, ano VII, n. 7, p. 175-200, jan./jun. 2001.

MARTINS FILHO, Ives Gandra da Silva. Breve história da justiça do trabalho. *In*: FERRARI, Irany; NASCIMENTO, Amauri Mascaro; MARTINS FILHO, Ives Gandra Silva. *História do trabalho, do direito do trabalho e da justiça do trabalho*: homenagem a Armando Casimiro Costa. São Paulo: LTr, 1998. Parte III.

_____. Evolução histórica da estrutura judiciária brasileira. *Revista do TST*, Brasília, v. 65, n. 1, p. 85-114, out./dez. 1999.

NEVES, Daniel Amorim Assumpção. *Manual de direito processual civil*. 3. ed. rev. atual. ampl. São Paulo: GEN e Método, 2011.

PITAS, José. História da justiça do trabalho: competência. *Revista de Direito do Trabalho*, São Paulo, ano 31, v. 120, p. 114-134, out./dez. 2005.

PINTO, Almir Pazzianoto. 60º aniversário da justiça do trabalho. *Revista de Direito Trabalhista*, Brasília, ano 12, n. 10, p. 16-19, out. 2006.

Capítulo 8

A Desconsideração da Personalidade Jurídica do Empregador na Execução Trabalhista

Carlos Eduardo Oliveira Dias[*]

A ciência processual moderna vive um momento que se convencionou nominar de **terceira fase**, decorrente de um complexo evolutivo em que se destaca o papel deontológico do sistema processual, com clara identificação do que pode ser chamado de **missão social do processo**. Trata-se da vertente que estabelece o seu caráter instrumental, e que tem motivado uma série de minirreformas com vistas a se assegurar a **efetividade dos meios processuais**, segundo a qual "o processo deve ser apto a cumprir integralmente toda a sua função sociopolítico-jurídica, atingindo em toda a plenitude todos os seus escopos institucionais"[1]. Com isso, o processo deve ser encarado a partir da premissa de que *todos os princípios e garantias foram concebidos e atuam no sistema, como meios coordenados entre si e destinados a oferecer um processo justo, ou seja, apto a produzir resultados justos*. Nesse contexto, o objetivo essencial dos seus operadores deve ser o reconhecimento da *efetividade como princípio motriz do processo*, visto configurar a verdadeira garantia de acesso à justiça, porquanto só se consuma a satisfação do cidadão com medida judicial proposta se ela for capaz de restaurar-lhe concretamente a pretensão tida como lesionada ou como meio atestador da ausência de sua responsabilidade. Isso corresponde, na prática, à prolação de uma decisão que seja mais próxima possível do justo, e que permita efetivamente a entrega do direito reclamado ao seu dono[2].

Essa assertiva vem a propósito da nítida mudança de enfoque que a ciência processual vem sofrendo a partir dessa indicada terceira fase, que resulta da própria superação do modelo de gestão estatal, muito presente até o final do século XX, e que, particularmente no Brasil, influenciou sobremaneira o Código ainda vigente, quando de sua elaboração. A intensificação das preocupações com as garantias e direitos fundamentais do cidadão tem sido responsável pela crescente rejeição ao modelo liberal de Estado, paulatinamente substituído por um modelo em que a abstinência antes presente dá lugar a um intervencionismo limitado, mas suficiente para assegurar direitos básicos à população. A visão instrumentalista e contemporânea do processo não penal favorece a *prevalência do interesse público*

(*) Juiz Titular da 1ª Vara do Trabalho de Campinas. Mestre em Direito do Trabalho pela PUC-SP e Doutor em Direito do Trabalho pela USP. Membro da Associação Juízes para a Democracia (AJD) e do IPEATRA.
(1) DINAMARCO, Cândido R. *A instrumentalidade do processo*. 8. ed. São Paulo: Malheiros, 2000. p. 270.
(2) Com a propriedade de sempre, Cândido Dinamarco pondera: "Nem a segurança jurídica, supostamente propiciada de modo absoluto por eles, é um valor tão elevado que legitime um fechar de olhos aos reclamos por um processo rápido, ágil e realmente capaz de eliminar conflitos, propiciando soluções válidas e invariavelmente úteis". DINAMARCO, Cândido R. *Nova era do processo civil*. São Paulo: Malheiros, 2001. p. 13.

no exercício adequado da jurisdição, em face dos meros interesses individuais em conflito. A natureza instrumental do processo faz com que todo o sistema funcione como um "instrumento do Estado para a realização de objetivos por ele traçados; com o aspecto ético do processo não se compadece o seu abandono à sorte que as partes lhe derem [...], **pois isso desvirtuaria os resultados do exercício de uma atividade puramente estatal e pública, que é a jurisdição"**[3]. Com isso, a publicização do direito processual é uma forte tendência metodológica contemporânea, fomentada pelo constitucionalismo que foi incutido nos processualistas modernos, e que tende a entender e tratar o processo como instrumento a serviço dos valores que são objeto das atenções da ordem jurídico-substancial.

Dessa maneira, tem-se claro que o exercício da cidadania pelo pleno exercício do direito de ação somente pode ser considerado se se consagrar ao cidadão uma decisão que realmente possa atender aos interesses que ele buscou na sua demanda judicial, e que permita concretamente a entrega da coisa ou do direito reclamado ao seu dono. Dito de outro modo, produzir uma *decisão que possa produzir efeitos no mundo real*. Como observa Dinamarco, a jurisdição se revela pela chamada função social do processo "que depende, sem dúvida, da efetividade deste. Já que o Estado, além de criar a ordem jurídica, assumiu também a sua manutenção, tem ele interesse em tornar realidade a disciplina das relações intersubjetivas previstas nas normas por ele mesmo editadas"[4].

Dentro dessa nova visão que o processo nos apresenta, o sistema processual tem que oferecer instrumentos para permitir uma amplitude da tutela aos direitos reconhecidos. Por isso é que encontramos no direito positivo tantas figuras que denotam essa preocupação do legislador com o alcance de meios eficientes de solução real do conflito[5]. No entanto, evidencia-se uma grande contradição quando se identifica que, a despeito dos fundamentos teóricos que resgatam a necessidade de busca da efetividade e de um processo instrumental, no plano real, o processo é utilizado como mecanismo de perenização dos conflitos e de consagração da impunidade. Ou seja, aquilo que é idealizado a partir da nova concepção da ciência processual não se vê concretizado porque o senso comum encontra formas de usar o processo para fins ilegítimos e imorais. Daí porque são construídos, de modo oportuno, movimentos pela promoção de *modificações na legislação processual*, de modo a se realizar a sua adequação às novas exigências que a terceira fase do processo estabelece.

Essa tendência metodológica do processo comum não tem produzido os mesmos efeitos no processo do trabalho, ao menos no plano da positivação jurídica. A regulação objetiva do processo trabalhista ainda é feita pela CLT, que padece substancialmente de dois males: o anacronismo de muitas de suas disposições, decorrente da sua longevidade[6], e a complexidade crescente das lides judiciais trabalhistas[7]. Como é sabido, o caráter não jurisdicional da Justiça do Trabalho[8], retirava-lhe a possibilidade de executar suas próprias decisões, o que só foi modificado a partir de sua inserção no Poder Judiciário. Desde então, a execução trabalhista vem se fixando como um instituto de características próprias, que historicamente a distinguiam, de modo acentuado, da execução tratada no processo comum. Essa distinção tinha início a partir da própria discussão sobre a autonomia ou não da execução trabalhista em face do processo cognitivo, vez que, no processo trabalhista, a tendência predominante sempre foi no sentido de se reconhecer que a execução não constitui processo autônomo, senão totalmente decorrente da fase de conhecimento, como fase complementar.

A partir disso, enquanto no processo comum era latente o reconhecimento de que o processo de execução guardava sua autonomia frente ao processo cognitivo, no processo do trabalho a maior intensidade repousava na afirmação contrária, o que, inclusive, para grande parte da doutrina, tornava inviável a execução de títulos extrajudiciais trabalhistas; afinal,

---

(3) DINAMARCO, Cândido R. *Nova era do processo civil*. São Paulo: Malheiros, 2001. p. 55.
(4) DINAMARCO, Cândido R. *Nova era do processo civil*. São Paulo: Malheiros, 2001. p. 12.
(5) Exemplificamos com a possibilidade de concessão de antecipação de tutela, regulada pelos arts. 273 e 461 do CPC. Nesses dispositivos temos conferido ao juiz o poder de deferir a tutela pretendida pela parte autora, mesmo antes do momento oportuno, fundado apenas em um juízo de verossimilhança, mas preocupado com a exequibilidade do direito perseguido.
(6) Constatação que não revela, de nossa parte, crítica estrutural ao processo trabalhista; do contrário, defendemos ardorosamente algumas das suas características essenciais como próprias de um ramo do Judiciário que tem funcionado razoavelmente bem e, não por outra razão, tem inspirado diversas alterações no plano da legislação processual comum.
(7) O que decorre não apenas da complexidade dos conflitos em geral como também do implemento progressivo de competência para a Justiça do Trabalho, desde a Constituição de 1988 e até a Emenda Constitucional n. 45/04.
(8) Desde sua criação, a Justiça do Trabalho era vinculada a órgãos do Poder Executivo, o que somente foi modificado em 1946, com o Decreto-lei n. 9.797 e com a Constituição promulgada naquele ano, que reconheceram a sua inserção no Poder Judiciário.

todo o rito da CLT a respeito da execução favorecia a interpretação de que só se referiria à execução de títulos obtidos judicialmente. Ao lado disso, salientava-se a ausência de previsão expressa na CLT a respeito dessa admissibilidade, o que eliminaria de todo a possibilidade de se proceder a uma execução de título extrajudicial[9].

Disso podemos abstrair que, ao menos nas execuções de sentenças e acordos, a execução trabalhista possui, desde sempre, uma marca característica e simplificadora, consubstanciada na própria desnecessidade de iniciativa do credor, nos termos do art. 878 da CLT, o que permite maior celeridade na entrega da prestação executiva ao interessado. Por esse dispositivo, cabe ao Juiz do Trabalho a promoção da execução *ex officio*, ou seja, os atos dessa fase processual não dependem de requerimento da parte. Sendo assim, competindo ao magistrado realizar a execução do julgado, não se pode atribuir ao credor a inércia da prática dos atos processuais relacionados à execução. Verifica-se, dessa maneira, que a inquisitoriedade do processo do trabalho ultrapassa as fronteiras principiológicas e surge em um dispositivo legal expresso autorizando o magistrado a agir mesmo sem provocação do credor. A esse respeito, vale lembrar que a doutrina assume, de forma quase uníssona, que no processo do trabalho vigora geneticamente o princípio da inquisitoriedade, a despeito de todas as fases anteriores da ciência processual, como decorrência da natureza do direito subjacente, e seu nítido caráter alimentar. Afinal, apesar de ser a ciência processual autônoma em face do direito substancial, não se deve considerá-la como um mero instrumento técnico[10], e totalmente neutro às opções valorativas da sociedade, senão deve ter reconhecida a nítida identidade ideológica entre o processo e o direito material a que está relacionada[11].

Não por outro motivo, a existência do processo do trabalho só se justificou a partir da criação da Justiça do Trabalho — mais precisamente, ainda, pela sua inserção no Poder Judiciário —, cuja função institucional era, ao menos até 2004, preponderantemente, a de julgar litígios decorrentes da relação de emprego. Dessa forma, por mais que se invoque a necessidade de tratamento isonômico entre as partes no processo, além de termos de levar em conta o conceito substancial de igualdade[12], não podemos também esquecer a natureza do direito material que é objeto dos conflitos na Justiça do Trabalho. Não elimina nem enfraquece essa análise o fato de ter sido amplamente modificada a competência material trabalhista pela Emenda Constitucional n. 45/04. O que vimos, nessa importante iniciativa legislativa, foi a intensificação da atuação da Justiça do Trabalho, trazendo para ela temas que já deveriam estar em suas atribuições em função de sua natureza — como é o caso dos litígios interssindicais e atos decorrentes da fiscalização do trabalho, entre outros —, e também outras figuras jurídicas, todas decorrentes das relações de trabalho, como medida de afirmação do já mencionado valor social do trabalho humano[13]. Isso foi apenas a certificação de que a atuação especializada de um ramo do Judiciário é elemento essencial para assegurar a celeridade e a efetividade processuais, e as novas lides trazidas para sua apreciação, ao invés de mudar a natureza da Justiça e do processo do trabalho, o que seria um completo absurdo, procuram efetivamente afirmar as diretrizes peculiares dessas instituições, para incidi-las também em outros tipos de conflitos, ainda que genericamente decorrentes de fatos comuns ou similares[14]. Por essas razões é que a condução do processo pelo juiz do trabalho admite a iniciativa oficial em diversos momentos, inclusive para o início da execução, o que leva essa noção de inquisitoriedade a um dos limites mais extremos da atuação jurisdicional processo, como apontamos anteriormente.

Assim, pode-se afirmar com segurança que o papel inquisitório do juiz na execução deveria ser uma regra geral da Teoria Geral do Processo, em vez de apenas uma exceção singelamente tratada pelo art. 878 da CLT. Registre-se que o fato de ter a Lei n.

---

(9) Tal situação foi relativamente modificada a partir da vigência da Lei n. 9.958/00, que alterou a redação do art. 876 da CLT para, expressamente, admitir a execução de títulos extrajudiciais na Justiça do Trabalho.
(10) Aliás, é comum confundir-se a instrumentalidade, como característica essencial do processo moderno, como reconhecimento meramente instrumental do processo.
(11) *Vide*, a propósito, DINAMARCO. *A instrumentalidade do processo*, cit., p. 35.
(12) Segundo o qual a dimensão da igualdade deve preservar as diferenças naturais entre os envolvidos — dar tratamento igual aos iguais e desigual aos desiguais, na proporção da sua desigualdade.
(13) Afinal, equivocada a premissa durante muitos anos tida como dogma, de que o trabalho a ser protegido é apenas o do empregado, e por isso somente ele teria uma justiça especializada. O ajuste constitucional permite que outras figuras de trabalhadores, que não empregados, se beneficiem do processamento mais eficaz de suas ações na Justiça do Trabalho.
(14) Por esses motivos nos postamos entre aqueles que defendem uma interpretação mais restrita do conceito de "relação de trabalho" inscrito no inc. I, do art. 114 da CF, de modo a atingir apenas aquelas relações de trabalho que guardam similaridade com as relações de emprego, tudo em nome da imprescindível especialidade.

5.584/70, em seu art. 4º, disciplinado a aplicação desse poder inquisitivo nas ações de alçada, não significa a revogação do art. 878 da CLT, porque o novo texto legal veio a consagrar uma hipótese até então inexistente, e por certo foi essa a razão pela qual o assunto foi novamente ali tratado, mas de forma específica para as ações que foram então reguladas.

Disso resulta, portanto, que o juiz do trabalho sempre deve ter a iniciativa de conduzir a execução trabalhista, com vistas à efetivação do comando sentencial por ele proferido, mesmo que não haja provocação específica do interessado, salvo se não dispuser de meios para que o processo possa ter seu seguimento regular. Mais do que isso, compete ao magistrado adotar todos os meios à sua disposição para dar concretude à decisão por ele proferida, vez que o provimento jurisdicional é completamente ineficaz se não estiver acompanhado de uma execução que permita a satisfação célere e efetiva do crédito reconhecido por uma sentença transitada em julgado. É certo que, se existem motivos para se buscar a celeridade no processo trabalhista de conhecimento, muito mais do que justificável é a busca por essa celeridade em se tratando de execução, quando se tem a certeza do crédito. A rigor, os próprios meios de defesa do devedor na execução são excepcionais, justamente porque já se tem, como ponto de partida, um fator institucionalmente reconhecido como capaz de gerar sua obrigação, que é a sentença transitada em julgado, que sequer por lei pode ser modificada[15]. Assim, mesmo os princípios constitucionais do processo não devem ser aplicados com o mesmo rigor usado no processo cognitivo. Nesse mesmo sentido, diz Jorge Luiz Souto Maior:

> A fase de execução se particulariza em relação à fase de conhecimento porque na execução o contraditório é limitado. [...] O objetivo precípuo, portanto, da execução é satisfazer o crédito do exequente e, por isso, o executado é visto em uma posição de submissão e não mais de igualdade com relação ao credor e o juiz é dotado de poderes de impulso processual ainda mais acentuados.[16]

Postas essas premissas essenciais, chegamos efetivamente ao objeto central deste trabalho: uma análise sobre aspectos relevantes da *desconsideração da personalidade da pessoa jurídica* e sua incidência nas relações trabalhistas. Primeiramente, cabe destacar que essa teoria, metodologicamente, situa-se no plano do direito material, pois se refere a atributos da personalidade jurídica de um dos integrantes da relação material — o empregador. Mais do que isso, abrange aspectos da responsabilidade que a sociedade empregadora e os seus integrantes podem ter em razão do descumprimento de preceitos garantidos pela legislação do trabalho. No entanto, trata-se de um instituto que tangencia o direito processual, visto que sua relevância invariavelmente aparece exatamente nos momentos em que se mostra necessária a afirmação concreta do comando judicial em favor do credor trabalhista, o que se passa em sede de execução forçada da decisão.

Nesse sentido, o art. 20 do Código Civil de 1916 já afirmava, de maneira categórica, que *as pessoas jurídicas têm existência distinta da dos seus membros*, definindo, de forma precisa, a não confusão entre a personalidade da ficção jurídica de uma sociedade com a personalidade de cada um dos seus componentes[17]. Conduzindo-se na mesma direção, o art. 596 do CPC, relativiza o postulado, mas ainda assim afirma sua prevalência, ao afirmar que "os bens particulares dos sócios não respondem pelas dívidas da sociedade senão nos casos previstos em lei". Evidencia-se, com isso, uma tendência inicial de se concluir que, mesmo se se admitir a possibilidade de as obrigações da sociedade afetarem o patrimônio dos sócios (art. 592, II, do CPC), essa prática teria sua incidência restrita aos casos admitidos pela legislação.

No entanto, essa percepção — que também é adotada em diversos sistemas jurídicos — não subsistiu integralmente quando sujeita a circunstâncias percebidas a partir da concepção realista do direito. Rubens Requião aponta que, em 1897, no julgamento do caso Salomon vs Salomon & Co., um juiz londrino reconheceu, pela primeira vez na história, o que se convencionou chamar de *disregard doctrine*, imputando a um sócio a responsabilidade pelo pagamento aos credores, por ser dono do fundo de comércio[18]. Esse caso-piloto — que acabou por não ser confirmado nas instâncias superiores — motivou a construção de outras decisões no mesmo sentido, inclusive ampliando

---

(15) Aqui falamos, obviamente, do título judicial.
(16) Teoria geral da execução forçada. *In:* NORRIS, Roberto (coord.). *Execução trabalhista:* visão atual. Rio de Janeiro: Forense, 2001. p. 38.
(17) A partir dessa consolidação normativa, a melhor doutrina reafirmou que "a consequência imediata da personificação da sociedade é distingui-la, para efeitos jurídicos, dos membros que a compõem. Pois que cada um dos sócios é uma individualidade e a sociedade outra. Não há como lhes confundir a existência" (BEVILÁQUA, Clóvis. *Código civil dos Estados Unidos do Brasil comentado*. 8. ed. Rio de Janeiro: Francisco Alves, 1953. p. 239).
(18) Abuso de direito e fraude através da personalidade jurídica (*disregard doctrine*). *Revista dos Tribunais*, 410/12-24, 1969.

sua incidência não apenas para casos de fraude, como constatado no *leading case*, mas também em hipóteses de abuso de direito[19]. A despeito do constante no Código Civil e da conformação completamente diversa do padrão jurídico brasileiro, essa teoria encontrou grande repercussão por aqui. Há quem sustente, inclusive, que a própria CLT a teria assimilado, em seu art. 2º, § 2º, como faz Rubens Requião, ao afirmar que "nada mais está admitindo senão a aplicação da doutrina, pois despreza e penetra o 'véu' que as encobre e individualiza, desconsiderando a personalidade independente de cada uma das subsidiárias"[20].

Ainda que não se possa chegar a essa mesma conclusão, é certo que as diretrizes protetivas do Direito do Trabalho desde sempre levaram a doutrina a assimilar esse instituto, fundada na preocupação inerente aos operadores justrabalhistas no sentido de assegurarem mecanismos de proteção aos créditos dos trabalhadores, em situações nas quais o empregador se mostra insolvente. A despeito de todas as críticas que normalmente são feitas ao excesso de formalidades para a constituição de empresas no Brasil, nota-se cada vez mais a disseminação de entidades sem qualquer estofo financeiro, por detrás das quais se escondem sócios que detêm verdadeiramente o patrimônio, desnecessário para a estruturação empresarial. Isso ocorre, em particular, com as empresas que promovem a intermediação de mão de obra, visto que, para elas, não há sequer necessidade de investimento em meios de produção, já que sua "matéria-prima" é a própria força de trabalho dos que são contratados e cujos serviços são disponibilizados a terceiros. Por essas razões é que se chega a afirmar que a doutrina em comento tem amparo em um fator principiológico específico do Direito do Trabalho: o *princípio da despersonalização do empregador*[21].

Nesse contexto é que o instituto em comento se mostra cada vez mais importante e relevante para assegurar a efetividade das execuções trabalhistas, com sua demarcação peculiar anteriormente acentuada. Com efeito, é evidente que a sociedade empregadora, qualquer que seja a sua designação de cunho empresarial, tem personalidade jurídica própria, que não se confunde com a personalidade de seus integrantes. A diretriz tradicional já citada- repercute no texto dos arts. 1.023 e 1.024 do atual Código Civil, que permitem essa "invasão" genérica ao patrimônio dos sócios de forma subsidiária[22]. O pressuposto, nesse caso, é que a responsabilidade é exclusiva da sociedade e, *apenas se não houver possibilidade concreta de satisfação das dívidas pelo seu patrimônio é que poderia falar na responsabilidade dos sócios*. Ainda assim, e como resulta do texto legal, somente após esgotada a execução dos bens sociais[23]. No entanto, a doutrina trabalhista vem aceitando a incidência da responsabilização direta dos sócios da empresa em qualquer hipótese, seja quando há participação ativa do sócio na gestão empresarial, seja nos casos em que isso não ocorre, mas ele efetivamente integra a entidade societária[24].

Tal interpretação se mostra predominante, mesmo à míngua de texto normativo que a autorize, de modo explícito, fundando-se, tão somente, na aplicação dos princípios do Direito do Trabalho e nas características da relação empregatícia. Não que isso diminua a importância da teoria; do contrário, é sabido que a matriz principiológica de determinados institutos tem maior relevância metodológica do que sua consagração normativa, dadas as características que têm os princípios[25]. Não por outro motivo, um

---

(19) O destaque que fizemos sobre a adoção dessa teoria por um sistema fundado na *commom law* decorre exatamente da maior possibilidade de os operadores jurídicos calcados nesse modelo transitarem pelos fatos, independentemente da conformação normativa existente. Se há uma tendência contemporânea no Direito brasileiro de se adotar uma postura menos calcada no normativismo, isso não se verificava com intensidade até o final do século XX, justamente pelas características do sistema nacional.
(20) *Op. cit.*, p. 20. O autor se refere, naturalmente, à figura da solidariedade passiva, constante do dispositivo consolidado mencionado. Reconhecemos que essa percepção é deveras curiosa, sobretudo considerando o momento histórico em que foi manifestada, mas vemos atualmente como sendo uma vertente um tanto ultrapassada. Os pressupostos desse instituto, em nosso entender, são outros, e não se confundem com a figura da *disregard doctrine*, para os fins que se pretende, inclusive da forma como defendemos neste trabalho.
(21) Isso é mencionado por Mauricio Godinho Delgado. Para ele, "em harmonia a esse princípio, o sentido funcional conferido à expressão empresa, pela CLT, ao se referir ao empregador (*caput* do art. 2º, arts. 10 e 448, por exemplo, todos da Consolidação), tudo demonstraria a intenção da ordem jurídica de sobrelevar o fato da organização empresarial, enquanto complexo de relações materiais, imateriais e de sujeitos jurídicos, independentemente do envoltório formal a presidir sua atuação no campo da economia e da sociedade" (*Curso de direito do trabalho*. 9. ed. São Paulo: LTr, 2010. p. 454).
(22) "Art. 1.023. Se os bens da sociedade não lhe cobrirem as dívidas, respondem os sócios pelo saldo, na proporção em que participem das perdas sociais, salvo cláusula de responsabilidade solidária."
(23) "Art. 1.024. Os bens particulares dos sócios não podem ser executados por dívidas da sociedade, senão depois de executados os bens sociais."
(24) Nesse sentido, DELGADO, Mauricio Godinho. *Op. cit.*, p. 454.
(25) Nos dizeres de Tércio Sampaio Ferraz Jr., princípios são "verdades fundantes de um sistema de conhecimento, como tais admitidas por serem evidentes ou por terem sido comprovadas, mas também [...] como pressupostos exigidos pelas necessidades da pesquisa e da práxis" (FERRAZ JR., Tércio Sampaio. *Introdução ao estudo do direito*: técnica, decisão, dominação. São Paulo: Atlas, 1988. p. 35).

dispositivo legal pode ser interpretado à luz de um princípio jurídico ou mesmo pode ter sua constituição condicionada à observância desses mesmos preceitos[26].

O certo é que, até a edição da Lei n. 8.078/90 (Código de Defesa do Consumidor), a questão da desconsideração da personalidade jurídica tinha sustentação preponderantemente doutrinária, o que não deixa de ser um fato peculiar, visto que o sistema brasileiro, diversamente daquele em que se fundou o instituto em sua origem, é configurado como sendo fundamentalmente normativo (*civil law*). Somente para fins tributários é que se encontrava algum tratamento normativo, como o que exsurge do art. 135 do CTN[27] e dos art. 5º, V, e § 1º, "c", do Decreto-lei 1.598/77[28]. Desse texto, o aspecto mais relevante diz respeito à nomenclatura usada na identificação da Seção II, exatamente aquela em que se insere o referido art. 5º (Responsáveis por sucessão). Tal disposição denota exatamente a ideia central da responsabilidade que pode atingir os sócios da pessoa jurídica: não se trata de responsabilidade direta pelo ato praticado, mas uma responsabilidade de caráter sucessivo, fundada em motivações que não permitem que seja atingida a plenitude da responsabilização daquele que praticou efetivamente o ato (no caso, a pessoa jurídica).

Com a Lei n. 8.078/90, passou a vigorar seu art. 28, que expressamente assimila a teoria em comento, para o fim de autorizar a desconsideração da personalidade jurídica da sociedade quando, "em detrimento do consumidor, houver abuso de direito, excesso de poder, infração da lei, fato ou ato ilícito ou violação dos estatutos ou contrato social". Da mesma maneira, permite tal providência pelo magistrado "quando houver falência, estado de insolvência, encerramento ou inatividade da pessoa jurídica provocados por má administração". Evidencia-se, com isso, o reconhecimento normativo da possibilidade de se afastar a personalidade da sociedade e, consequentemente, de se atingir diretamente os sócios, quando restar evidenciada prática de qualquer ato nitidamente dotado de ilicitude ou que resultem da má-gestão do negócio, e impliquem a inviabilização da manutenção da entidade.

Mais adiante, com o novo Código Civil, o assunto veio novamente a ser tratado, desta feita pelo art. 50 do novo texto. Por tal disposição, "em caso de abuso da personalidade jurídica, caracterizado pelo desvio de finalidade, ou pela confusão patrimonial, pode o juiz decidir, a requerimento da parte, ou do Ministério Público quando lhe couber intervir no processo, que os efeitos de certas e determinadas relações de obrigações sejam estendidos aos bens particulares dos administradores ou sócios da pessoa jurídica". Nota-se, mais uma vez, que o legislador comum estabeleceu condições precisas e bem definidas para o reconhecimento da responsabilidade pessoal dos sócios, com seus bens, pelos atos da sociedade: para tanto, relacionou essa possibilidade a atos tidos como ilícitos ou à já referida "confusão patrimonial", comumente verificada em relevante número de empreendimentos.

É inevitável reconhecer-se que a inserção desses dispositivos no ordenamento jurídico trouxe considerável avanço institucional. Afinal, é da tradição jurídica brasileira o apego ao normativismo jurídico, ainda que essa forma de percepção da ciência jurídica esteja com um grau de influência muito menor do que já teve. Embora superada metodologicamente como forma autêntica de compreensão da Ciência Jurídica, o normativismo ainda é um dado presente culturalmente na formação da maior parte dos operadores jurídicos, como resultado direto da herança romano-germânica na formação do Direito brasileiro. A positivação do instituto elimina boa parte dos argumentos detratores de sua aplicação, fundados no mais das vezes em fatores puramente formais, baseados em uma leitura rasa e descontextualizada dos fenômenos jurídicos. No entanto, especificamente em matéria trabalhista, a permanência de uma ausência regulatória não apenas recrudesce a possibilidade de questionamento do instituto como — o que, a nosso

---

(26) Referimo-nos, aqui, às funções interpretadora e informadora dos princípios, como leciona a doutrina.
(27) Por esse dispositivo, são pessoalmente responsáveis os mandatários, prepostos e empregados, os diretores, gerentes ou representantes de pessoas jurídicas de direito privado e, entre outros, referidos no art. 134, os sócios, no caso de liquidação de sociedade de pessoas, pelos créditos correspondentes a obrigações tributárias resultantes de atos praticados *com excesso de poderes ou infração de lei, contrato social ou estatutos*.
(28) "Art. 5º Respondem pelos tributos das pessoas jurídicas transformadas, extintas ou cindidas: I — a pessoa jurídica resultante da transformação de outra; II — a pessoa jurídica constituída pela fusão de outras, ou em decorrência de cisão de sociedade; III — a pessoa jurídica que incorporar outra ou parcela do patrimônio de sociedade cindida; IV — a pessoa física sócia da pessoa jurídica extinta mediante liquidação que continuar a exploração da atividade social, sob a mesma ou outra razão social, ou sob firma individual; V — os sócios com poderes de administração da pessoa jurídica que deixar de funcionar sem proceder à liquidação, ou sem apresentar a declaração de rendimentos no encerramento da liquidação.
§ 1º Respondem solidariamente pelos tributos da pessoa jurídica: a) as sociedades que receberem parcelas do patrimônio da pessoa jurídica extinta por cisão; b) a sociedade cindida e a sociedade que absorver parcela do seu patrimônio, no caso de cisão parcial; c) os sócios com poderes de administração da pessoa extinta, no caso do item V."

ver, é ainda pior — dá ensejo à aplicação indevida dessas disposições às relações trabalhistas, criando um efeito limitador para a figura ora analisada, que não compunha sua conformação original.

É certo que o art. 8º da CLT autoriza o uso supletivo das normas de Direito Comum para suprir as lacunas do Direito do Trabalho. E não apenas essas normas, mas um completo arsenal destinado ao preenchimento dos vazios normativos, que chega a contemplar a equidade — instituto de uso restrito fora do plano trabalhista — e até mesmo o Direito Comparado, como elemento referencial analógico. No entanto, isso jamais autorizará o intérprete ou o aplicador do Direito do Trabalho a fazer uso irrestrito e incondicional das disposições exógenas, sem analisar a compatibilidade ou não dessas disposições com os princípios próprios do ramo especializado. Como ensina Humberto Ávila, "os princípios consistem em normas primariamente complementares e preliminarmente parciais, na medida em que, sobre abrangerem apenas parte dos aspectos relevantes para uma tomada de decisão, não têm a pretensão de gerar uma solução específica, mas de contribuir, ao lado de outras razões, para a tomada de decisão"[29].

Sendo assim, é ilegítima qualquer interpretação que pretenda circunscrever o cabimento da desconsideração da personalidade jurídica da sociedade empregadora, em matéria trabalhista, aos casos enunciados nos dispositivos legais citados. Embora importantes para o contexto em que foram criados, mostram-se insuficientes para abranger a vasta gama de situações ocorridas em seara laboral, sobretudo para atender aos objetivos fundadores do uso dessa teoria no Direito do Trabalho. Pelos próprios princípios desse ramo especializado do Direito, tem-se que a desconsideração da personalidade jurídica da sociedade ocorrerá *sempre que o empregador não tiver meios suficientes para solver as dívidas decorrentes das relações empregatícias mantidas com seus trabalhadores, independentemente da conduta dos sócios*. Irrelevante, portanto, se houve abuso de direito, descumprimento estatutário ou excesso de poder por parte dos sócios ou administradores. Igualmente indiferente — para esse fim, frise-se — a existência ou infração à lei, a prática de fato ou ato ilícito, o desvio de finalidade, ou a confusão patrimonial. Também desnecessário que haja decreto de falência, insolvência, encerramento ou inatividade da pessoa jurídica provocados por má administração da sociedade.

Do ponto de vista hermenêutico, parece natural que, diante de qualquer dessas circunstâncias, haja o reconhecimento da possibilidade da *desconsideração legal da personalidade jurídica da sociedade empregadora*, situações assimiladas pelo Direito do Trabalho pelo uso supletivo das normas comuns anteriormente mencionadas, mas sempre de forma combinada, de maneira que possam ser respeitados os preceitos fundantes do Direito Laboral. No entanto, isso não representa a vedação a que se possa afirmar a mesma consequência em quaisquer outras hipóteses, mesmo as que não decorram da prática de ilicitudes como as ilustradas no texto legal. Tem-se, no caso, *a desconsideração jurisdicional da personalidade jurídica do empregador*, fundamentada nos princípios basilares do Direito do Trabalho, cuja implementação ao caso concreto é atribuição substancial dos magistrados.

Dito isso, indaga-se: quais seriam, pois, as hipóteses autorizadoras dessa medida? Tratando-se de prática consubstanciada na aplicação específica das diretrizes gerais ao caso examinado pelo magistrado, não há como se estabelecer qualquer paradigma exauriente das situações ensejadoras dessa providência. A rigor, o juiz do trabalho está autorizado a adotar essa medida *sempre que verificar a necessidade de sua implementação, a fim de satisfazer concretamente o crédito do trabalhador*. Isso porque o pressuposto histórico do uso dessa teoria no Direito do Trabalho não está relacionado à boa ou à má-fé dos sócios do empregador, mas sim à presunção teleológica de que foram eles que, em última análise, se beneficiaram pessoalmente da força de trabalho do obreiro, inclusive no engrandecimento patrimonial. Esse é um raciocínio extremamente oportuno, pois é natural que, havendo êxito na sociedade empresária, seus sócios são beneficiários necessários desse sucesso. Como a força de trabalho está nitidamente associada ao melhor desempenho empresarial, qualquer incremento de patrimônio dos sócios pressupõe-se decorrer do uso dessa força de trabalho em prol do empregador e de sua atividade.

De outra parte, tem-se que a força de trabalho destinada pelos empregados ao empregador é irrepetível, pois não poderia, em nenhuma hipótese, ser restituída aos trabalhadores. Assim, consumado esse fato, o que resta é a necessidade imperativa de que essa força laborativa seja devidamente recompensada com a afirmação dos preceitos legalmente previstos para os contratos de trabalho. Uma vez que a sociedade empregadora não dispõe de meios próprios para tanto, a transferência da responsabilidade para

---

(29) ÁVILA, Humberto. *Teoria dos princípios* — da definição à aplicação dos princípios jurídicos. 5. ed. São Paulo: Malheiros, 2005. p. 168.

os sócios é medida mais do que razoável, porquanto permite o equilíbrio das forças socioeconômicas que circunscrevem as relações de trabalho. Daí porque o instituto admite sua incidência, no Direito do Trabalho, *sempre que o magistrado verificar a necessidade de se investir no patrimônio dos sócios da pessoa jurídica*, exatamente pelo fato de que ela própria não dispõe de meios reais de satisfação do crédito.

Com isso, conclui-se que a prática da desconsideração da personalidade jurídica da sociedade empregadora no plano das relações trabalhistas poderá tanto ser feita nas hipóteses legais — pelo subsidiário uso dos dispositivos legais citados — *como também* em qualquer outro caso que se mostre necessário para a preservação dos princípios protetivos do Direito do Trabalho, a critério prudente do magistrado que preside a execução trabalhista. Repita-se que, para essa finalidade, é irrelevante falar-se em comprovação de atos fraudulentos ou lesivos ao patrimônio da sociedade, em razão da natureza do crédito protegido, ao contrário do que ocorre nas hipóteses em que a medida se dá por disposição legal.

Postos tais elementos iniciais, cumpre-nos especificar o *alcance subjetivo* dessa providência, quando determinada pelo juiz do trabalho. Questiona-se, com isso, quais os sócios que serão responsabilizados diretamente, em seu patrimônio, pelas dívidas sociais. Nesse sentido, a conjugação de dispositivos do Código Civil com elementos principiológicos do Direito do Trabalho nos permite uma ampla gama de implicações que envolvem tanto os *sócios contemporâneos ao contrato de trabalho como os futuros integrantes da sociedade*. Com relação à primeira classe, os fundamentos são evidentes, e decorrem da própria justificativa para a aplicação desse instituto: aqueles que foram sócios da pessoa jurídica no período em que o trabalhador ali prestou serviços têm contra si a presunção de terem obtido os benefícios da força de trabalho do obreiro, o que autoriza, de forma irresoluta, a implicação de seu patrimônio pessoal na satisfação do crédito. Destacamos, mais uma vez, que não há necessidade alguma de se fazer prova da ocorrência real desse benefício direto e pessoal a cada sócio, posto ser essa circunstância uma presunção que decorre da condição de integrante da sociedade. Da mesma sorte, irrelevante se o sócio em comento tinha efetiva participação na gestão empresarial ou era meramente cotista, pois a responsabilidade o atingirá em sua plenitude, ainda que jamais tenha praticado qualquer ato gerencial.

De outra parte, é comum vermos alegações no sentido de buscar a proporcionalização da responsabilidade dos sócios a partir de dois critérios: a) a participação societária, inclusive nas perdas sociais; b) o período de concomitância entre o contrato de trabalho e o da participação societária. Nenhuma das duas hipóteses pode ser levada em consideração, em nosso entender. Com efeito, os pressupostos da responsabilização pessoal do sócio, já enunciados exaustivamente, tornam impossível estabelecer esse tipo de proporção, mormente porque o alegado benefício indireto resultante da força de trabalho é uma simples presunção, nem sempre (ou quase nunca) mensurável. Adotar-se qualquer critério de proporcionalidade representaria o completo afastamento dos preceitos protetivos tão caros ao Direito do Trabalho, e que já foram enfatizados. Isso sem contar que um critério dessa natureza abriria uma fenda imensa para a prática de atos fraudulentos, com nítidas possibilidades de evasão patrimonial, com a "blindagem" daqueles sócios que detêm poder efetivo na direção da sociedade, mas com participações societárias ínfimas. É certo que, entre os sócios que podem a vir a ser atingidos pela desconsideração da personalidade da sociedade empregadora, a responsabilidade é *solidária*, circunstância que permite que cada devedor responda pela totalidade da dívida, cabendo-lhe, se for o caso, cobrar dos demais codevedores as respectivas cotas, em ação própria[30].

De outro lado, o sócio que se retirou da sociedade não pode se eximir da responsabilidade com o fundamento de dela não mais participar. Como dito, a principal referência temporal indutiva dessa responsabilização está na contemporaneidade entre a participação societária e o contrato de trabalho. Portanto, mesmo que o sócio já tenha se retirado da sociedade no momento do ajuizamento da reclamação trabalhista ou por ocasião do início da execução, isso não faz qualquer diferença com relação aos efeitos dessa decisão sobre seu patrimônio. Destaque-se que há uma distinção substancial entre a representação formal da sociedade no processo — que é feita por aquele que é sócio no momento da prática do ato processual — e a responsabilidade pelas dívidas

---

(30) Assim se estabeleceu há muito, na jurisprudência do próprio TST, como se vê na decisão a seguir: "Em sede de direito do trabalho, em que os créditos trabalhistas não podem ficar a descoberto, vem-se abrindo uma exceção ao princípio da responsabilidade limitada do sócio, ao se aplicar a teoria da desconsideração da personalidade jurídica (*disregard of legal entity*) para que o empregado possa, verificando a insuficiência do patrimônio societário, sujeitar à execução os bens dos sócios individualmente considerados, porém solidária e ilimitadamente, até o pagamento integral dos créditos dos empregados" (TST, ROAR n. 531680/99, SBDI-II, Rel. Min. Ronaldo José Lopes Leal, DJU 3.12.1999, p. 64).

dela. Ainda que os sócios atuais sejam legitimados para atuar na representação processual da sociedade, os sócios retirantes podem e devem responder pelas dívidas trabalhistas dela.

Coloca-se, aqui, uma questão relevante e que, igualmente, costuma frequentar os tribunais trabalhistas com recorrência. Trata-se da aplicação, ou não, do limite temporal para a responsabilidade do retirante, previsto tanto no art. 1.003, parágrafo único[31], como no art. 1.032[32], ambos do Código Civil. Não temos dúvidas em afirmar, da mesma sorte, a total *inaplicabilidade dessa limitação*, a despeito da previsão normativa indicada. É que, em primeiro lugar, conforme já registramos, o uso das disposições do Direito Comum no Direito do Trabalho tem que respeitar as características principiológicas deste, sem afetar suas diretrizes estruturais. Admitir-se tal limitação contrariaria a essência dos fundamentos protetivos dos créditos trabalhistas, consoante já expusemos, o que não se coaduna com os fins do modelo regulatório das relações laborais. De outra parte, a incidência da desconsideração da personalidade jurídica da sociedade empregadora é instituto que, como dito, é aplicável ao Direito do Trabalho muito antes da regulação sobre o tema pelo Código Civil, e não haveria justificativa ontológica para que se admitisse interpretação que levasse a um retrocesso na proteção trabalhista. Portanto, entendemos que o sócio retirante, desde que tenha participado da sociedade no período do contrato de trabalho do credor dos direitos trabalhistas não satisfeitos, responderá por essas dívidas indefinidamente, independentemente do tempo já decorrido desde sua retirada e sem nenhuma relação com sua participação societária ou não na época da cognição ou do início da execução do feito[33].

Outra hipótese de abrangência subjetiva da despersonalização da sociedade empregadora situa-se naqueles que ingressaram na sociedade após a extinção do contrato de trabalho. Nesse caso, resta inequívoca a aplicação do disposto no art. 1.025 do Código Civil, que aponta que, "o sócio, admitido em sociedade já constituída, não se exime das dívidas sociais anteriores à admissão". Não parece haver dúvidas de que esse dispositivo é totalmente compatível com o Direito do Trabalho, não apenas porque vai ao encontro de suas diretrizes de proteção ao crédito laboral, mas também tem como pressuposto o fato de que a aquisição das cotas sociais trouxe consigo a incorporação de todos os atributos emprestados à sua constituição e ao seu desenvolvimento. Nesse foco, encontram-se tanto os meios de produção que fazem parte dos ativos transferidos aos adquirentes como a inafastável força de trabalho de todos os que contribuíram para a construção da sociedade empregadora. Toda e qualquer participação laborativa em prol da empresa é um fator de incremento que, naturalmente, é levado em conta no momento da aquisição do patrimônio, de sorte que os adquirentes das cotas são totalmente responsáveis pelos créditos trabalhistas anteriores à aquisição, inclusive com seu patrimônio pessoal.

Em síntese, portanto, respondem pelos créditos trabalhistas da sociedade todos os que foram sócios no período de vigência do contrato de trabalho, independentemente do tempo dessa concomitância e sem limite temporal após sua retirada da sociedade — por qualquer motivo. Respondem, ainda, todos os adquirentes das cotas sociais, ainda que a aquisição seja posterior à extinção do contrato de trabalho, igualmente sem qualquer proporcionalidade. Eximem-se, naturalmente, de tal responsabilidade, somente os sócios que se retiraram da sociedade antes da admissão do credor trabalhista, e que, portanto, não tiveram qualquer benefício real ou presumido de sua força de trabalho.

No mesmo contexto dessa responsabilização, e com os mesmos referenciais, situam-se os administradores das sociedades, ainda que não constituam o quadro societário. Isso está explícito no art. 50 do Código Civil e, pelas razões já expendidas, tem plena incidência na execução de créditos trabalhistas, não apenas pela compatibilidade plena do dispositivo com o Direito do Trabalho, mas também porque, neste caso, há uma relação direta de causalidade dos

---

(31) "Art. 1.003. A cessão total ou parcial de quota, sem a correspondente modificação do contrato social com o consentimento dos demais sócios, não terá eficácia quanto a estes e à sociedade. Parágrafo único. Até dois anos depois de averbada a modificação do contrato, responde o cedente solidariamente com o cessionário, perante a sociedade e terceiros, pelas obrigações que tinha como sócio."
(32) "Art. 1.032. A retirada, exclusão ou morte do sócio, não o exime, ou a seus herdeiros, da responsabilidade pelas obrigações sociais anteriores, até dois anos após averbada a resolução da sociedade; nem nos dois primeiros casos, pelas posteriores e em igual prazo, enquanto não se requerer a averbação."
(33) No mesmo sentido, Mauricio Godinho Delgado: "O advento da nova regulação do Direito de Empresa pelo Código Civil, reestruturando a anterior sociedade por cotas de responsabilidade limitada (arts. 1.052 a 1.065, CCB/2002), não tem o condão de modificar o já sedimentado posicionamento jurisprudencial trabalhista. O novo CCB até mesmo explicita a incorporação da teoria da desconsideração da personalidade jurídica, há décadas já adotada, com leitura própria, no âmbito laborativo" (*Op. cit.*, p. 454).

atos de gestão com o inadimplemento das obrigações laborais. É de se notar que o fundamento primário da responsabilidade pessoal dos sócios, ainda fora do âmbito trabalhista, reside exatamente na prática de gestão fraudulenta ou irregular. Daí porque atingia, inicialmente, apenas os sócios dotados de poder de gestão, circunstância à qual se equiparam os administradores.

Registrada a abrangência subjetiva da desconsideração, passamos a enfrentar uma questão de índole puramente processual, relacionada a este tema: em que momento o sócio pode/deve ser incluído no polo passivo da execução? Tradicionalmente, a tendência é de se imaginar que a responsabilidade do sócio ou do ex-sócio só poderá ocorrer se ele vier a integrar a relação processual desde a fase cognitiva. Era essa, inclusive, a interpretação consolidada pelo TST, em casos assemelhados[34], o que trazia grandes dificuldades para a responsabilização dos sócios na execução, caso não tivessem sido inseridos na relação processual na fase de conhecimento. Isso, naturalmente, motivava os demandados pessoalmente pelas dívidas da sociedade a sustentarem o descabimento da sua inclusão em momentos posteriores do processo e, em muitos casos, essa assertiva restava acolhida, inclusive com fundamento na súmula citada. Não é despropositado compreender-se que esse entendimento era restritivo e extremamente prejudicial aos trabalhadores, pois a situação de insolvência ou incapacidade econômica da sociedade — ou mesmo dos sócios que estão à sua frente naquela oportunidade — não raro é verificada somente quando já constituída a execução do crédito, de maneira que essa interpretação praticamente inviabilizava o redirecionamento dessa execução quando necessário. Por outro lado, não é comum que o trabalhador venha a demandar, desde logo, contra a sociedade e contra todos os seus sócios e ex-sócios, inclusive porque essa prática resultaria na realização de atos processuais desnecessários e tumultuaria o fluxo do feito de maneira desnecessária.

Em bom momento, portanto, o TST reformulou seu entendimento e cancelou a súmula em comento[35], eliminado um importante entrave para que se pudesse estabelecer a possibilidade de redirecionamento da execução contra sócios e ex-sócios da empresa executada, ainda que jamais tenham participado pessoalmente do processo. E dessa forma tem entendido a jurisprudência, inclusive do próprio TST, que em incontáveis casos reconheceu a pertinência desse redirecionamento, mesmo sem participação dos sócios na fase de conhecimento. É, ainda, o que expressamente admite o art. 68 da Consolidação das Normas da Corregedoria-Geral da Justiça do Trabalho (CNC-CGJT), reconhecendo que essa possibilidade se instale no curso do processo executivo. O fundamento para isso está no fato de que a responsabilidade do sócio, a rigor, não é solidária frente à da sociedade, senão somente *subsidiária*, cabendo-lhe invocar, inclusive, o benefício de ordem se houver bens livres e desimpedidos de titularidade dela para solver a dívida (art. 596, § 1º, do CPC). De outra parte, embora supletiva, essa responsabilidade é meramente uma decorrência da condição assumida pelo sócio face à entidade empregadora, de modo que não lhe cabe debater nem discutir a situação fática ou jurídica da obrigação. É um tipo de responsabilidade que podemos nominar *derivada*, visto que decorre, pura e simplesmente, da condição de sócio da devedora principal. Em não havendo divergência quanto à condição de sócio ou ex-sócio — fatos que são demonstráveis pelo exame dos atos constitutivos do empregador —, a invocação da participação do sócio na lide executiva implica apenas a definição dos "efeitos jurídicos conferidos pela lei a essa situação em face das dívidas sociais trabalhistas"[36]. Afinal, o devedor da obrigação reconhecida é a empresa, sendo a responsabilidade do sócio um corolário legal dessa sua condição, e portanto implementa-se de pleno direito.

Dessa constatação surgem outras ramificações analíticas, que merecem ser igualmente destacadas. Partindo-se deste último aspecto colocado em relevo, não vemos justificativa para que cada sócio que venha a ser incluído na lide executiva venha a obter nova citação[37] para que se consume essa condição. Com efeito, não se está diante de um novo devedor, que deve ser chamado a responder diante de uma situação inusitada para si. Do contrário: como sua responsabilidade é derivada, o ato citatório foi consumado face à devedora principal quando da tentativa inicial de satisfação do crédito. Para o sócio ou ex-sócio

---

(34) Súmula n. 205/TST — "O responsável solidário, integrante do grupo econômico, que não participou da relação processual como reclamado e que, portanto, não consta no título executivo judicial como devedor, não pode ser sujeito passivo na execução".
(35) Resolução n. 121/03, publicada no DJ 21.11.2003.
(36) DELGADO, Mauricio Godinho. *Op. cit.*, p. 455.
(37) Isso para os que adotam de forma integral as disposições da CLT a respeito da execução. Há quem defenda, como nós, a possibilidade do uso integrativo do art. 475-J do CPC, ao processo do trabalho.

chamado a responder com seus bens particulares, resta apenas a cientificação dos atos constritivos, caso existam, para eventualmente exercer seu direito de embargos. Nesse particular, entendemos impróprias algumas das recomendações constantes do art. 68 da citada CNC-CGJT[38]. Em primeiro lugar, cabe lembrar que a função das Corregedorias é meramente administrativo-funcional, não lhes cabendo interferir na atividade jurisdicional do magistrado. Quando muito, podem estabelecer diretrizes procedimentais de gestão processual a fim de preservar a ordem de tramitação do processo. Não podem, no entanto, impor procedimentos relacionados ao exercício da jurisdição, prerrogativa exclusiva do juiz natural que preside o feito, e somente sujeita ao controle recursal pelos órgãos competentes. Dito isto, entendemos que o mencionado dispositivo faz bem ao estabelecer o constante nos seus incisos I e II — justamente porque são providências relacionadas à gestão processual, e que se mostram totalmente pertinentes, inclusive para prevenir interesses de terceiros que possam vir a adquirir bens desses mesmos sócios.

No entanto, entendemos que escapa completamente às incumbências da CGJT a determinação constante do inc. III, pois o ato é exclusivamente jurisdicional, e não se poderia, por ato normativo, criar um procedimento não previsto em lei. A par do vício de origem do ato, vemos que a providência é totalmente inócua, pelas razões já expendidas: não consideramos necessária a citação de quem é meramente um devedor derivado, cuja responsabilidade decorre de uma condição fático-jurídica inconteste. Mais equivocada ainda a determinação para que o sócio receba o comando para indicar bens da sociedade, visto que isso é uma prerrogativa que ele detém, se o quiser, não cabendo ao juiz provocá-lo nesse sentido. Note-se que o próprio CPC, ao tratar do tema, aponta que o sócio, demandado pelo pagamento da dívida, tem direito a exigir que sejam primeiro excutidos os bens da sociedade (*caput*), mas, ao mesmo tempo, assinala que cumpre a ele, sócio, ao alegar o benefício de ordem, nomear bens da sociedade, sitos na mesma comarca, livres e desembargados, quantos bastem para pagar o débito (§ 1º). Trata-se, portanto, de ônus processual exclusivo do sócio-executado, e que não pode ser transformado em providência a ser adotada pelo juiz, da maneira como lançado na referida disposição, o que induz até mesmo uma possibilidade — imprópria, igualmente, em nosso entender — de se postular a nulidade do ato judicial que não a respeita. Isso, com certeza, caminha na contracorrente da efetividade processual.

Por certo que, tratando-se de mera recomendação constante de norma da Corregedoria-Geral — cuja legalidade é questionável, como salientado —, o juiz não está obrigado a segui-la, mormente porque, conforme expusemos, é exclusivamente dele a prerrogativa de prestar a jurisdição no feito, segundo sua convicção, e a CGJT não pode interferir em ato de índole jurisdicional. De qualquer sorte, a adoção dessa medida tem implicado a criação de entraves desnecessários às já combalidas execuções trabalhistas, pois além da prática de mais atos no processo (citação de cada sócio), há uma tendência natural de indicação de bens sociais inviáveis para a execução e o uso de meios impugnativos igualmente despiciendos, que tornam mais custosa a efetividade executiva trabalhista. Por tais motivos, defendemos a desnecessidade completa de citação ao sócio ou ex-sócio, quando inserido na execução de dívida da sociedade. No entanto, ressalva-se que o juiz da execução, se assim entender, poderá determinar a realização dessa citação, o que se situa dentro do padrão de normalidade dos atos processuais — ainda que, a nosso ver, seja prática contraproducente.

Tudo o quanto aqui dito, neste particular, tem fundamento quando se trata de sócios ou ex-sócios com sua participação formalizada em contratos ou estatutos sociais ou quaisquer outros documentos constitutivos da sociedade. Não se aplica, no entanto, ao chamado sócio oculto ou sócio de fato. Este deverá, sempre, figurar formalmente na relação processual, seja cognitiva, seja executiva, mas de forma a propiciar uma apuração da sua efetiva participação societária. Tratando-se de circunstância já conhecida quando do ajuizamento da ação, é prudente que o reclamante desde logo inclua no polo passivo da reclamação trabalhista o sócio que, não estando no contrato social, efetivamente tem participação societária, segundo o juízo do autor. Ele terá, naturalmente, oportunidade de se defender, de forma autônoma, em relação à so-

---

[38] "Art. 68. Ao aplicar a teoria da desconsideração da personalidade jurídica, por meio de decisão fundamentada, cumpre ao juiz que preside a execução trabalhista adotar as seguintes providências: I — determinar a reautuação do processo, a fim de fazer constar dos registros informatizados e da capa dos autos o nome da pessoa física que responderá pelo débito trabalhista; II — comunicar imediatamente ao setor responsável pela expedição de certidões no Judiciário do Trabalho a inclusão do sócio no polo passivo da execução, para inscrição no cadastro das pessoas com reclamações ou execuções trabalhistas em curso; III — determinar a citação do sócio para que, no prazo de 48 (quarenta e oito) horas, indique bens da sociedade (art. 596 do CPC) ou, não os havendo, garanta a execução, sob pena de penhora, com o fim de habilitá-lo à via dos embargos à execução para imprimir, inclusive, discussão sobre a existência ou não da sua responsabilidade executiva secundária."

ciedade, sobretudo porque a sua participação na lide tem outros pressupostos: não se discutem, quanto a ele, a existência dos direitos trabalhistas, mas sim o fato de ser ou não ser sócio. Uma vez demonstrado o fato, e havendo procedência em algum dos pedidos, obterá em seu desfavor decisão judicial, passível de execução na forma tradicional[39].

Pode ocorrer, no entanto, de o sócio oculto passar a atuar na sociedade após o ajuizamento da ação ou mesmo já na fase executiva, o que não impede, nesse caso, que ele seja incluído no momento em que tal fato é identificado. Aqui, no entanto, ele merece ser citado (ou notificado) para que se defenda das alegações do exequente, permitindo-se, assim, uma cognição incidente a respeito desse fato, como pressuposto para o prosseguimento da execução forçada contra ele.

Outra situação que merece reflexão é a possibilidade de despersonalização do empregador quando houver decretação de falência da empresa. A rigor, a execução dos créditos junto à massa falida, inclusive os trabalhistas, deve ser feita perante o Juízo Universal, com o uso dos critérios legais de preferência e distribuição dos bens e valores arrecadados. No entanto, quando os bens pessoais dos sócios não foram atingidos pela falência, nada obsta que possa haver o processamento da execução dos créditos dos trabalhadores na Justiça do Trabalho, desde que se redirecione essa execução para o patrimônio dos sócios (ou ex-sócios), nas condições ora sustentadas. Note-se que essa é uma das hipóteses expressamente admitidas pelo art. 28 da Lei n. 8.078/90, já mencionada, e não há qualquer impedimento legal para que o sócio ou o ex-sócio de massa falida responda com seus bens perante uma execução trabalhista. Ao contrário disso, o dispositivo é perfeitamente compatível com o Direito do Trabalho, consoante os critérios já enunciados, de maneira que sua aplicação é imperativa.

Ressalvam-se, apenas, situações em que o ato falimentar afetou também o patrimônio pessoal dos sócios, arrecadando-os para integrar a massa, dentro das hipóteses expressamente reconhecidas pela Lei Falimentar. Não sendo esse o caso, todavia, a providência é plenamente admissível, inclusive para favorecer os demais credores do Juízo Universal, que deixam de concorrer com créditos trabalhistas privilegiados frente ao patrimônio societário. Nesse sentido, apenas consignamos que a opção entre a participação no Juízo Universal ou a execução do patrimônio pessoal dos sócios deve ser feita pelo credor, pois há casos em que a sociedade falida conta com patrimônio suficiente para saldar as dívidas, e com liquidez por vezes mais eficiente do que o dos sócios.

Uma vez afirmada e reconhecida a necessidade de redirecionamento da execução para o patrimônio dos sócios ou dos ex-sócios, o procedimento, como dito, é singelo: basta decisão sumária do juiz nesse sentido e a adoção das providências procedimentais já destacadas, mormente a inclusão formal do novo integrante da relação processual no polo passivo da demanda. Isso, como dito, é fundamental inclusive para que eventuais terceiros de boa-fé não sejam prejudicados. É que a alienação de bens do devedor, de modo a torná-lo insolvente, quando já pendente ação contra si, torna ineficaz o ato, pela configuração da fraude contra credores (art. 593 do CPC). Dessa forma, quem adquire qualquer bem — mormente os de valor mais significativo — deve se assegurar de que não haja qualquer demanda nessas condições em tramitação contra o vendedor. No entanto, se o bem é do sócio e a demanda é movida contra a sociedade, ele não terá como se certificar desse fato antes da aquisição, salvo se o sócio efetivamente estiver figurando na relação processual. Por isso, uma vez decretada a quebra da personalidade da sociedade empregadora, é imperativo que o juiz que assim procedeu determine a referida inserção processual do novo executado[40].

Feita a inserção do sócio ou do ex-sócio no polo passivo da execução — com a sua citação ou não —, iniciam-se contra ele todos os atos constritivos próprios da execução forçada, a começar pela penhora, que seguirá as diretrizes tradicionais dos atos dessa natureza. Com efeito, a Justiça do Trabalho encontra-se aparelhada para a consumação da penhora eletrônica de valores depositados em contas bancárias, pelo Sistema Bacen-Jud, para penhora de veículo em nome dos devedores, pelo Sistema Renajud e, ainda, para a penhora de bens imóveis usando o Sistema Arisp[41]. Superada essa fase, sem êxito, passa-se à fase

---

(39) Nesse sentido, a 9ª Turma do TRT da 3ª Região reconheceu, inclusive, que a responsabilidade do sócio de fato é solidária, e por isso seria pertinente sua participação na relação processual de conhecimento (0000719-51.2011.5.03.0110 AP).

(40) Nesse sentido, cabe observar que a Súmula n. 375, do Superior Tribunal de Justiça, estabelece que o reconhecimento da fraude de execução depende do registro da penhora do bem alienado ou da prova de má-fé do terceiro adquirente.

(41) Todos esses sistemas são oriundos de convênios firmados pelo TST e por TRTs com as instituições responsáveis pelas bases de dados respectivas, e que permite ao magistrado que promova consultas remotas sobre a situação de patrimônio do devedor e, inclusive, promova sua indisponibilização por via eletrônica.

da penhora livre de bens, inclusive os que vierem a ser indicados pelo credor ou colhidos junto às informações obtidas pelo sistema Infojud[42]. A par disso, garantida ou não a execução, os sócios e ex-sócios podem ser incluídos no Banco Nacional de Devedores Trabalhistas (BNDT), instituído pela Lei n. 12.440/11 e regulamentado pela Resolução n. 1.470/11, do TST, e que cria obstáculos à participação dos devedores em processos licitatórios. Demais disso, para os magistrados que adotam esse procedimento, os sócios e ex-sócios poderão se submeter ao protesto extrajudicial do crédito do trabalhador, o que é realizado em Tabelionatos de Protestos, de modo a comprometer a capacidade creditícia do devedor.

Ressalta-se, mais uma vez, que a aplicação desse instituto pressupõe a existência de um benefício de ordem, permitindo-se ao sócio que, tendo processada contra si a execução, aponte bens desembaraçados da sociedade para que, preferencialmente, sobre eles recaia a constrição. O procedimento está explícito no art. 596 do CPC, incidente de forma subsidiária ao processo do trabalho, por plena compatibilidade (art. 769 da CLT): uma vez inserido o sócio ou o ex-sócio no polo passivo da execução, ele pode invocar o benefício em comento, apontando os bens nas condições do § 1º do referido artigo. O juiz aceitará essa indicação, desde que atendidos tais pressupostos, podendo rejeitá-la se não forem observados ou se demonstrar a inviabilidade da execução sobre os bens ofertados[43]. Nesse caso, a execução prossegue contra o sócio, na forma já estabelecida.

Cumpre observar, por outro turno, que a desconsideração da personalidade jurídica da devedora não exige o exaurimento das tentativas executivas contra a sociedade. A rigor, o simples fato de ela ter sido citada ou notificada e não pagar nem oferecer bens em garantia já autoriza o redirecionamento da execução aos sócios, justamente porque ele possui o benefício de ordem. No máximo, admite-se que possam ocorrer tentativas de penhora eletrônica de bens da sociedade, nas formas já mencionadas, justamente porque são de fácil acesso ao Poder Judiciário. Mas não se coaduna com os fundamentos de proteção dos créditos trabalhistas qualquer exigência ao credor que tente, de forma ostensiva, encontrar patrimônio da sociedade como requisito para redirecionar a execução contra o sócio. As referidas tentativas, infrutíferas, igualmente autorizam essa prática.

Prosseguindo a execução contra o sócio, este pode fazer uso dos embargos à execução descritos no art. 884 da CLT, para, eventualmente, alegar as matérias ali descritas, se pertinentes. Esse é o instrumento com o qual, inclusive, poderá debater sua provável alegação de ilegitimidade passiva ou outros temas relacionados à sua forma de responsabilidade. Não poderá, de qualquer forma, discutir temas relacionados à cognição do processo, pela total impropriedade nesta fase do processo. No entanto, cumpre salientar que o sócio ou o ex-sócio incluído na execução trabalhista não são legitimados para o uso dos Embargos de Terceiros, justamente porque não detém essa condição, senão a de parte[44]. Da mesma maneira, o redirecionamento da execução contra sócios ou ex-sócios da executada não implica a ofensa a direito líquido e certo, de modo que não cabe mandado de segurança contra o ato. Recente decisão do TST conduziu-se nesse sentido:

RECURSO ORDINÁRIO EM MANDADO DE SEGURANÇA. REDIRECIONAMENTO DA EXECUÇÃO CONTRA OS EX-SÓCIOS. EXISTÊNCIA DE RECURSO PRÓPRIO. DESCABIMENTO DO *MANDAMUS*. O ato judicial impugnado e objeto do presente *mandamus* consistiu em despacho que redirecionou a execução contra os ex-sócios e, frente à sua não localização, determinou a expedição de certidão de créditos trabalhistas e subsequente protesto notarial. Ao realizarem as compras de final de ano, os ex-sócios deram-se conta da negativação de seus nomes e da origem da dívida, oriunda do processo trabalhista matriz. Daí opuseram exceção de pré-executividade, a qual foi conhecida e rejeitada. Em seguida, impetraram o presente *mandamus*,

---

(42) Provido pela Receita Federal do Brasil, que disponibiliza informações oriundas de declarações ao Imposto de Renda de todos os contribuintes, e outras informações fiscais relevantes.

(43) Por serem, p. ex., bens com mercado restrito ou já defasados, como computadores ou outros equipamentos tecnológicos facilmente superados em pequeno espaço de tempo.

(44) Neste sentido: "Não possuem legitimidade para o ajuizamento de embargos de terceiro os sócios da empresa/executada incluídos no polo passivo de relação processual, cabendo-lhes a oposição de sua defesa via embargos do devedor. Ainda que a lei reconheça a distinção patrimonial existente entre a pessoa jurídica e a pessoa física (art. 20, CCB), a ineficiência ou ausência de bens capazes de solver satisfatoriamente o crédito exequendo, atraem a responsabilidade para as pessoas que compõem a sociedade (art. 592, II, CPC), aplicando-se à espécie a teoria da despersonalização da pessoa jurídica, a concluir pela ineficácia de manobras perpetradas na execução com o intuito de, escorando-se o devedor na pessoa jurídica, fraudar direitos dos trabalhadores, que acabam entregues a sua própria sorte" (TRT — 15ª R. — 1ª T. — Ac. n. 4913/2001 — Relª Mª Cecília F. A. Leite — DJSP 12.2.2001 — p. 4).

objetivando o reconhecimento de sua ilegitimidade no polo passivo da execução originária e a cessação dos efeitos da negativação dos seus nomes na praça. O acórdão recorrido deferiu parcial segurança unicamente para cancelar o protesto lavrado, não admitindo o cabimento do writ para a questão do redirecionamento da execução contra ex-sócios, o que se entende acertado. No cenário dos autos, não se pode cogitar de direito líquido e certo quando o suposto terceiro ainda discute sua (i)legitimidade e (ir)responsabilização na dívida trabalhista, demandando aferição e/ou produção de provas junto ao Juízo competente. Ademais, o ato judicial impugnado era recorrível por via de da exceção de pré-executividade, efetivamente utilizada, e embargos a execução (art. 884 da CLT), cuja decisão é passível de revisão pelo recurso próprio da execução, o agravo de petição (art. 897, "a", da CLT). Assim, sobressai o descabimento do mandado de segurança, nos termos do art. 5º, II, da Lei n. 12.021/09, da Orientação Jurisprudencial n. 92 desta Subseção Especializada em Dissídios Individuais II e da SJ n. 267/STF. No mesmo sentido, inúmeros precedentes da SBDI-II do TST. Recurso ordinário dos impetrantes não provido. (PROCESSO TST-RO-1383-51.2011.5.02.0000, SBDI-II Rel. Min. Hugo Carlos Scheuermann, J. 23.4.2013)

Resta latente, dessa forma, que o único instrumento processual existente para os que vierem a ser inseridos na execução trabalhista na condição enunciada é o uso dos Embargos à Execução, de cuja decisão poderá resultar a interposição de Agravo de Petição.

Por fim, é oportuno destacar que a jurisprudência majoritária do TST não vem aceitando o uso indistinto da *disregard doctrine* para execuções fiscais que se processam na Justiça do Trabalho. É sabido que, desde a Emenda Constitucional n. 20, de 1998, o Judiciário trabalhista também tem competência para execuções fiscais, abrangendo tanto as contribuições previdenciárias como as multas impostas pela fiscalização do trabalho[45]. A tônica interpretativa, nesse caso, é a de que, a despeito de serem processadas na Justiça do Trabalho, as pretensões fundadas nas execuções de tais parcelas não compartilham das mesmas justificativas para os créditos trabalhistas[46].

Conclusões

a) A teoria da desconsideração da personalidade jurídica da sociedade empregadora é plenamente aplicável ao Direito do Trabalho, sendo um instrumento indispensável para assegurar a efetividade das execuções trabalhistas.

b) Os pressupostos dessa aplicação estão relacionados à impossibilidade de restituição da força de trabalho dos empregados que a destinaram à sociedade, e à presunção de que os sócios se beneficiaram pessoalmente dela, por derivação.

c) Sendo assim, embora aplicáveis supletivamente os arts. 28 do CDC e 50 do CC ao Direito do Trabalho, as hipóteses de cabimento da referida teoria não se resumem às situações ali descritas nem pressupõem a prática de atos de gestão pelos sócios, podendo ser implicados quaisquer dos participantes da sociedade; com esse fundamento a responsabilidade também atinge aos administradores das sociedades, ainda que não sejam sócios dela.

d) Pelos mesmos fundamentos, e considerando-se que a responsabilidade entre os sócios é solidária, não cabe qualquer proporcionalidade na sua responsabilidade ao período de concomitância da participação na sociedade com o contrato de trabalho ou com a sua cotização societária.

e) A responsabilidade pessoal dos bens dos sócios atinge todos aqueles que tiveram, em algum momento, contemporaneidade na participação da sociedade com o contrato de trabalho, atingido, ainda, todos os sócios futuros do empreendimento;

f) Não se aplicam os limites temporais de responsabilidade aos ex-sócios para fins trabalhistas previstos no Código Civil, ante à construção doutrinária anterior formulada no Direito do Trabalho e face aos fundamentos da incidência do instituto.

---

(45) Figura inserida pela EC n. 45/04.
(46) "AGRAVO DE INSTRUMENTO. EXECUÇÃO FISCAL. REDIRECIONAMENTO DA EXECUÇÃO AOS SÓCIOS DA EMPRESA EXECUTADA. ART. 135, III, DO CÓDIGO TRIBUTÁRIO NACIONAL. IMPOSSIBILIDADE. 1. A admissibilidade do recurso de revista interposto em execução fiscal de dívida ativa regulada pela Lei n. 6.830/80 não se sujeita à restrição contida no § 2º do art. 896 da Consolidação das Leis do Trabalho, porquanto não se trata de execução fundada em sentença judicial. 2. A execução fiscal de multa de natureza administrativa imposta por infração à Consolidação das Leis do Trabalho não pode ser direcionada aos sócios e representantes da pessoa jurídica. Predomina o entendimento jurisprudencial de que se aplica o disposto no art. 135 do Código Tributário Nacional tão somente aos créditos decorrentes de obrigações tributárias, hipótese diversa da dos autos — multas aplicadas pelos órgãos de fiscalização do trabalho. 3. Precedentes desta Corte Superior. 4. Agravo de instrumento a que se nega provimento." (PROCESSO TST-AIRR-91200-06.2007.5.03.014, 1ª T, Rel. Min. Lelio Bentes Corrêa, j. 8.2.2012)

g) A inclusão do sócio, do ex-sócio ou do administrador da sociedade pode ser feita em qualquer momento do processo, não havendo necessidade de sua figuração na relação processual cognitiva; da mesma forma, tratando-se de sócio ou ex-sócio formal, não é necessária sua citação para participação na relação processual. A citação — ou notificação — só é necessária após a inclusão de sócio de fato na execução, sendo que ele pode ser igualmente demandado na fase de conhecimento, para obtenção de sua responsabilidade solidária.

h) Redirecionada a execução contra sócio, ex-sócio ou administrador, deve ser feita a inclusão pessoal no polo passivo da ação, estando sujeito a todos os atos constritivos e restritivos aplicáveis pelo juiz da execução, inclusive inserção no BNDT e protesto extrajudicial da dívida.

i) O instrumento hábil para o sócio, ex-sócio ou administrador incluídos na execução é a figura dos embargos à execução, única possibilidade de debater a pertinência ou não de sua responsabilidade ou quaisquer outros eventuais defeitos na execução.

j) A teoria da despersonalização da sociedade empregadora, nos moldes enunciados, não se aplica às execuções de créditos previdenciários ou de multas administrativas.

Referências

ASSIS, Araken de. *Manual do processo de execução*. 2. ed. São Paulo: RT, 1995.

ÁVILA, Humberto. *Teoria dos princípios* — da definição à aplicação dos princípios jurídicos. 5. ed. São Paulo: Malheiros, 2005.

BERMUDES, Sérgio. *A reforma do código de processo civil*. 2. ed. São Paulo: Saraiva, 1996.

_____. MIRANDA, Pontes de. *Comentários ao código de processo civil*. 3. ed. Rio de Janeiro: Forense, 2000. t. III: Atualização legislativa do CPC.

BEVILÁQUA, Clóvis. *Código civil dos Estados Unidos do Brasil comentado*. 8. ed. Rio de Janeiro: Francisco Alves, 1953.

COUTINHO, Aldacy Rachid. Aplicação da teoria da desconsideração da personalidade jurídica no processo de execução trabalhista. *In:* NORRIS, Roberto (coord.). *Execução trabalhista:* visão atual. Rio de Janeiro: Forense, 2001.

DELGADO, Mauricio Godinho. *Curso de direito do trabalho*. 9. ed. São Paulo: LTr, 2010.

DINAMARCO, Cândido Rangel. *A instrumentalidade do processo*. 8. ed. São Paulo: Malheiros, 2000.

_____. *Execução civil*. 3. ed. São Paulo: Malheiros, 1993.

_____. *Nova era do processo civil*. São Paulo: Malheiros, 2001.

FERRAZ JR., Tércio Sampaio. *Introdução ao estudo do direito:* técnica, decisão, dominação. São Paulo: Atlas, 1988.

GONÇALVES, Marcos Vinícius Rios. *Processo de execução e cautelar*. 2. ed. São Paulo: Saraiva, 1999.

GRECO FILHO, Vicente. *Direito processual civil brasileiro*. 12. ed. São Paulo: Saraiva, 1993. v. 3.

MACHADO JR., César Pereira da Silva. *Os embargos do devedor na execução trabalhista*. São Paulo: LTr, 1996.

REQUIÃO, Rubens. Abuso de direito e fraude através da personalidade jurídica (*disregard doctrine*). *Revista dos Tribunais*, 410/12-24, 1969.

SOUTO MAIOR, Jorge Luiz. Teoria geral da execução forçada. *In:* NORRIS, Roberto (coord.). *Execução trabalhista:* visão atual. Rio de Janeiro: Forense, 2001.

WAMBIER, Luiz Rodrigues; ALMEIDA, Flávio Renato Correia de; TALAMINI, Eduardo. *Curso avançado de processo civil, processo de execução*. 2. ed. São Paulo: RT, 1999. v. 2.

ZAVASCKI, Teori Albino. *Título executivo e liquidação*. São Paulo: RT, 1999. v. 42: Coleção estudos de direito de processo.

CAPÍTULO 9

EXECUÇÃO DOS BENS DOS SÓCIOS EM FACE DA *DISREGARD DOCTRINE*

JOSÉ AFFONSO DALLEGRAVE NETO[*]

1. Introdução

Mais do que merecida a homenagem ao jurista e professor Wagner D. Giglio. Na minha opinião a sua obra *Direito Processual do Trabalho* é um clássico. Não por acaso se encontra em sua 16ª edição. Conheci o professor Giglio pessoalmente num congresso em Campinas. Eu ainda iniciando como palestrante, tive a oportunidade de travar uma longa conversa na sala do cafezinho ao lado do auditório. A sua simplicidade e o seu lado franco e crítico me fizeram reforçar a inferência de que os verdadeiros sábios são humildes e instigantes. O professor Giglio é exemplo disso. Um dos mais respeitados juristas aqui e fora do Brasil, Giglio é amável, amigo e arguto. Parabéns aos organizadores, Lorena de Mello Rezende Colnago, Luiz Eduardo Gunther e Carlos Henrique Bezerra Leite, pela iniciativa e pela lembrança de meu nome para compor esta festejada obra coletiva.

2. Denominação e conceito da disregard doctrine

São várias as denominações dadas à *disregard doctrine*, sendo as principais: "disregard of legal entity, piercing the veil, lifting of the corporate entity, durchgriff der juristichen person, il superamento della personalità giuridica delle società d'capitali, teoria da penetração, teoria da desconsideração da pessoa jurídica ou teoria da *disregard*".

Em linhas gerais, conceituamos a *disregard doctrine* como a desconsideração da pessoa jurídica, episódica e relativa, como forma de executar os bens dos sócios que a compõem, sempre que sua personalidade for de algum modo obstáculo à satisfação de seus credores.

O instituto é, pois, a contraface da máxima romana *societas distat a singulis*, prevista entre nós no art. 20 do Código Civil de 1916[1]: "as pessoas jurídicas têm existência distinta da dos seus membros". A *disregard*, na busca da efetividade do crédito judicial, ignora momentaneamente a regra da separação patrimonial, penetrando sob o véu da pessoa jurídica para executar bens de seus sócios.

3. Origem da disregard of legal entity

Se por um lado é pacífico que a teoria da desconsideração da pessoa jurídica é fruto de construção

---

(*) Advogado, Mestre e Doutor pela UFPR, Professor da Ematra-IX, Membro do Instituto dos Advogados Brasileiros, da Associação Luso-brasileira de Juristas do Trabalho e da Academia Nacional de Direito do Trabalho.
(1) Pelo novo Código Civil Brasileiro de 2002, aplica-se a regra do art. 46, V, o qual estatui que é no registro que ficará estabelecida a responsabilidade subsidiária, ou não, dos membros da sociedade em relação às obrigações sociais.

jurisprudencial, sendo posteriormente aperfeiçoada pela doutrina e, por fim, respaldada na norma legal; de outro lado, é controvertida a fixação da gênese do instituto, restando duvidoso apontar o primeiro julgado que deu origem ao *disregard of legal entity*.

Há quem registre que a primeira decisão que aplicou a desconsideração da pessoa jurídica foi prolatada em 1809 no caso envolvendo o *Bank United States* em face de Deveaux[2].

Todavia, o julgamento que efetivamente consagrou a *disregard doctrine* ocorreu quase noventa anos mais tarde, em Londres, 1897. Trata-se do caso inglês Salomon *versus* Salomon noticiado pelo professor da Universidade de Piza, Piero Verrucoli[3].

Como se vê, os dois precedentes citados, 1809 e 1897, são oriundos do sistema jurídico da *common law*. Somente a partir da tese de Rolf Serick[4], ao conquistar a cátedra da Universidade de Tübingen, a teoria da *disregard* passou a ser recepcionada no sistema romano-germânico (*civil law*). A referida tese de Serick sobre a desconsideração da pessoa jurídica foi desenvolvida a partir das obras de Maurice Wormser[5]. Tais autores inspiraram Rubens Requião a introduzir pioneiramente no Brasil a *disregard doctrine* em célebre conferência na Faculdade de Direito da Universidade Federal do Paraná[6].

No Brasil, o instituto é de utilidade ímpar, haja vista a nossa execrável cultura de sonegação, torpeza e banalização do ilícito trabalhista. Observa-se que a indústria da fraude à execução foi aperfeiçoada de tal maneira, que o desafio hodierno não é mais atingir o sócio ostensivo, mas o sócio de fato que se encontra dissimulado pela presença de outros estrategicamente escolhidos pela sua condição de insolvente, os quais são vulgarmente chamados "laranjas" ou "testas de ferro". Nesse sentido é o julgado do TRT da 8ª Região:

> EXECUÇÃO. DESCONSIDERAÇÃO DA PERSONALIDADE JURÍDICA. SÓCIO DE FATO — Se constatado nos autos, diante do conjunto fático-probatório, que a parte que se declara terceiro é sócio de fato da empresa executada, sua responsabilização está autorizada pelo art. 50 do Código Civil, não havendo sequer necessidade de integrar a lide, enquanto pessoa física, para ver seus bens expropriados, conforme a teoria da *disregard doctrine*, de modo que é o seu patrimônio que responde pela dívida trabalhista, no lugar do patrimônio da pessoa jurídica desconsiderada.[7] (TRT 8ª R.; AP 0001352-30.2011.5.08.0205; Terceira Turma; Relª Desª Fed. Odete de Almeida Alves; DEJTPA 3.11.2011, p. 25)

Em igual sentido é o caso de desconsideração inversa da personalidade jurídica, situação em que os sócios blindam os seus patrimônios pessoais através de integralizações fraudulentas em pessoas jurídicas diversas. Com base numa interpretação teleológica do instituto, que visa combater a utilização indevida

---

(2) Nesse sentido escreveu Maurice Wormser: "already at that day, courts have draw aside the veil and looked at the carácter of the individual corporators". *Disregard of corporate fiction and allied corporation problems*. New York: Baker, Voorhis, 1929. p. 46. A obra original de Wormser que introduziu o instituto foi *Piercing the veil of corporate entity*. Columbia: Columbia Law, 1912. p. 498.

(3) O comerciante Aaron Salomon constituiu uma empresa, colocando como sócios minoritários sua esposa e seus cinco filhos. As cotas foram assim distribuídas: 20.000 para Aaron e 1.000 para cada um dos demais integrantes. Em pouco mais de um ano, a companhia encontrava-se endividada e sem patrimônio suficiente para saldar as obrigações. O liquidante dos credores quirografários, ao perceber que a empresa não tinha bens para honrar suas dívidas, alegou que a atividade da empresa se confundia com a atividade pessoal de Aaron, postulando a execução dos bens do sócio majoritário. Foi verificado, contudo, que no momento da integralização do capital, o preço da transferência do fundo de comércio da pessoa física de Aaron Salomon era superior ao valor das ações da *company*. Logo, pela diferença, Aaron Salomon permanecia como principal e privilegiado credor da Salomon & Co. Ltd., estabelecendo-se um inusitado litígio entre Aaron Salomon vs Salomon & Co. Ltd. com o objetivo de frustrar os créditos de terceiros. Os julgamentos de primeira e segunda instância condenaram Aaron a pagar determinado valor aos credores da Salomon & Co. Ltd., desconsiderando o dogma da separação dos patrimônios da pessoa física e jurídica, em face da manobra fraudulenta constatada. Nascia a *lifting of the corporate entity*. VERRUCOLI, Piero. *Il superamento della personalità giuridica delle società di capitali nella "common law" e nella "civil law"*. Milano: Giuffrè, 1964. p. 91 a 103.

(4) SERICK, Rolf. *Forma e realità della persona giuridica*. Traduzione di Marco Vitale. Milão: Giuffrè, 1966. Assinala o autor: "questo lavoro è stato presentato come tesi di dottorato alla facoltà di diritto e di economia dell'Università di Tubinga nel semestre invernale 1952/1953".

(5) São elas: a) Piercing the veil of corporate entity. *Columbia Law Review*, Columbia, v. 12, 1912; b) *Disregard of corporate fiction and allied corporation problems*. New York: Baker, Voorhis, 1929.

(6) Registre-se que a exposição de Rubens Requião pautou-se sobretudo em Piero Verrucoli e Pólo Diez, além dos autores já mencionados (SERICK; WORMSER). A conferência em homenagem póstuma ao Desembargador Vieira Cavalcanti Filho foi publicada, sob o título Abuso de direito e fraude através da personalidade jurídica (*disregard doctrine*). In: *Aspectos modernos de direito comercial:* estudos e pareceres. São Paulo: Saraiva, 1977.

(7) "Desponta na atualidade a força inevitável da doutrina da desconsideração da pessoa jurídica, aplicável com muito maior razão de direito à execução trabalhista e consagrada no art. 5º da Lei n. 8.078/90, Código de Defesa do Consumidor, a qual, pela sua fascinante tese, impõe não sejam considerados os efeitos da personificação para atingir a responsabilidade dos sócios, como consequência, se a pessoa jurídica reclamada não dispõe de bens suficientes para a satisfação do crédito trabalhista do Exequente e restou evidenciado nos autos que o executado-agravante é *sócio de fato* das reclamadas, porque público e notório que sempre fez parte destas até mesmo em sua administração direta, embora não o fazendo de direito, deve nessa condição responder com seu patrimônio privado pelas dívidas trabalhistas em direta aplicação do princípio aludido." (TRT, 3ª R., 4ª T., AP 1277/96, 7.8.1996, Relatora Juíza Deoclécia Amorelli Dias, *LTr*, 61-02/264).

da autonomia patrimonial, essa situação também pode ser albergada pela teoria da *disregard*.

AGRAVO DE PETIÇÃO. DA DESCONSIDERAÇÃO INVERSA DA PERSONALIDADE JURÍDICA. A desconsideração inversa da personalidade jurídica consiste no afastamento da autonomia patrimonial da sociedade, para, ao revés do que ocorre na desconsideração da personalidade propriamente dita, atacar o patrimônio da pessoa jurídica por obrigações do sócio. Uma vez que o escopo da *disregard doctrine* é combater a utilização indevida do ente societário por seus sócios, o que pode ocorrer também nos casos em que o sócio controlador esvazia o seu patrimônio pessoal e o integraliza na pessoa jurídica, conclui-se, de uma interpretação teleológica do art. 50 do CC, art. 4º da Lei n. 9.605/98 e do art. 28 do CDC, ser possível a desconsideração inversa da personalidade jurídica, alcançando-se bens da sociedade em razão de dívidas contraídas pelo sócio controlador. Ademais, o Enunciado n. 283 da IV Jornada de Direito Civil é de clareza solar ao afirmar ser cabível a desconsideração da personalidade jurídica denominada "inversa" para alcançar bens de sócio que se valeu da pessoa jurídica para ocultar ou desviar bens pessoais, com prejuízo a terceiros. Quanto ao preenchimento dos requisitos do art. 50 do CC, tem-se por afastados, pois, pela teoria menor da desconsideração da pessoa jurídica, que deve ser adotada no direito trabalhista, o mero inadimplemento autoriza o ataque ao patrimônio do sócio ou, no caso, do ente social. Agravo de petição interposto pela terceira-embargante empresa Baziloni Ltda. a que se nega provimento. (TRT 4ª R.; AP 0000407-66.2011.5.04.0007; Seção Especializada em Execução; Rel. Des. João Alfredo Borges Antunes de Miranda; Julg. 7.8.2012; DEJTRS 13.8.2012; p. 568).

4. Contextualização e previsão legal da teoria da disregard

A origem da *disregard doctrine* pode ser compreendida à luz do modelo de Estado e de Direito subjacentes a cada época. No século XVIII e XIX viveu-se o Liberalismo Econômico burguês e o Positivismo Científico. Desejava-se o mundo da segurança jurídica, um sistema que sequer admitia a possibilidade de lacunas, cujos conceitos jurídicos permitiam "apenas apreender a superfície exterior do fenômeno; o cerne, isto é, o conteúdo significativo (do instituto jurídico, do Direito em geral) vem a ser quase completamente eliminado"[8]. Nessa época consagrou-se a separação do patrimônio da pessoa jurídica em relação a de seus sócios como verdadeiro *dogma* consubstanciado no art. 20 do Código Civil de 1916. Nessa quadra não era permitido ao intérprete, aplicador ou julgador, ir além da letra fria, abstrata, formal e absoluta da norma legal. Não havia espaço para investigar a presença de fraude ou uso abusivo do direito.

Posteriormente, a partir do modelo de Estado Social, século XX, ganhou espaço a chamada teoria crítica do direito[9]. Mais do que o aspecto formal ou morfológico, o aplicador da norma deve perquirir as circunstâncias reais que envolvem o suporte fático aplicado ao direito. Passa-se a coibir o uso abusivo e fraudulento da norma. A igualdade meramente formal cede espaço para a busca da igualdade material. A presunção expressa no brocado *pacta sunt servanda* é relativizada pela cláusula *rebus sic stantibus*. O instituto da responsabilidade civil mitiga a necessidade da prova robusta do elemento culpa e passa a priorizar a reparação da vítima. Nascem as primeiras leis tuitivas: trabalhista, do consumidor, da criança e do adolescente e das demais classes menos favorecidas.

É nesse novel cenário sociojurídico que a teoria da *disregard* encontrou terreno fértil para se consolidar e aperfeiçoar-se. Não por acaso, nesse momento histórico exsurgiu a previsão legal da teoria da desconsideração da pessoa jurídica plasmada na Lei n. 8.078/90 (o Código de Defesa ao Consumidor):

> Art. 28. O juiz poderá desconsiderar a personalidade jurídica da sociedade quando, em detrimento do consumidor, houver abuso de direito, excesso de poder, infração da lei, fato ou ato ilícito, ou violação dos estatutos ou contrato social. A desconsideração também será efetivada quando houver falência, estado de insolvência, encerramento ou inatividade da pessoa jurídica provocados por má administração.
>
> § 5º Também poderá ser desconsiderada a pessoa jurídica sempre que sua personalidade for, de alguma forma, obstáculo ao ressarcimento de prejuízos causados aos consumidores.

---

(8) LARENZ, Karl. *Metodologia da ciência do direito*. 3. ed. Tradução de José Lamego. Lisboa: Calouste Gulbenkian, 1997. p. 39.

(9) Luiz Fernando Coelho escreveu: "uma *teoria crítica do direito* deve ir além da simples denúncia das contradições sociais, da mera análise crítica da manipulação a que estão sujeitas as estruturas sociais, em proveito dos interesses de grupos privilegiados, além da desmistificação das aparências hipostasiadas que as classes e os estamentos dominantes soem incutir no inconsciente dos cidadãos, para elidir-lhes o *status* de opressão social, mas indicar o caminho da superação dessa realidade cruel do mundo contemporâneo, mediante a elaboração de categorias aptas a pensar prospectivamente, o que juridicamente é melhor para o homem e a sociedade". *Teoria crítica do direito*. 2. ed. Porto Alegre: Sergio Fabris, 1991. p. 35.

Veja-se que antes da edição dessa norma, a teoria da *disregard* não tinha expressa previsão legal. Sua aplicação pretérita era fruto de mera construção jurisprudencial e doutrinária, fundadas nos princípios gerais de direito, sobretudo o da ineficácia do ato abusivo e fraudulento.

A crítica maior a esse dispositivo reside na enumeração desordenada e sem rigor científico inserida no *caput* do art. 28, que prevê a desconsideração da pessoa jurídica nos casos de "abuso de direito, excesso de poder, infração da lei, fato ou ato ilícito, ou violação dos estatutos ou contrato social, e, ainda, em casos de falência, estado de insolvência, encerramento ou inatividade da pessoa jurídica provocados por má administração".

Da mesma forma, não é correto dizer que os casos de "falência, estado de insolvência, encerramento ou inatividade da pessoa jurídica provocados por má administração" são causas autorizadoras da teoria da desconsideração da pessoa jurídica[10]. Deveras, a *disregard* geralmente tem o seu campo de incidência nessas hipóteses, mas não que elas sejam, necessariamente "causas de arguição". Logo, houve impropriedade do legislador no particular.

Quanto à expressão "fato ou ato ilícito", apesar de genérica, não nos parece inadequada, até porque por ato ilícito temos tanto um *agere contra legem* quanto um *agere in fraudem legis*, conforme baliza Pontes de Miranda[11]. Destarte, inserem-se nessa expressão ("fato ou ato ilícito") tanto o abuso de direito quanto a fraude.

O ponto alto do CDC foi a inclusão do § 5º ao art. 28, *in verbis:* "também poderá ser desconsiderada a pessoa jurídica sempre que sua personalidade for, de alguma forma, obstáculo ao ressarcimento de prejuízos causados aos consumidores". Ficaria mais preciso se em vez de mencionar "ressarcimento de prejuízos causados" — expressão que induz equivocadamente ao instituto da responsabilidade civil — consignasse "satisfação de crédito de terceiro", esta mais ampla e precisa.

Além do Código de Defesa do Consumidor, impende registrar a expressa previsão da *disregard doctrine* no art. 50 do Código Civil Brasileiro de 2002:

> Em caso de abuso da personalidade jurídica, caracterizado pelo desvio de finalidade, ou pela confusão patrimonial, o juiz pode decidir, a requerimento da parte ou Ministério Público, quando lhe couber intervir no processo, que os efeitos de certas e determinadas relações de obrigações sejam estendidos aos bens particulares dos administradores ou sócios da pessoa jurídica.

A jurisprudência trabalhista vem aplicando a teoria da desconsideração da pessoa jurídica com base no CDC e no CC:

> DESCONSIDERAÇÃO DA PERSONALIDADE JURÍDICA. PENHORA SOBRE BEM DO SÓCIO. A desconsideração da personalidade jurídica, *disregard of legal entity doctrine*, oriunda do sistema de *common law*, consiste na constrição de bens particulares dos sócios e ex-sócios da pessoa jurídica, sempre que frustrada a execução direta nos bens dessa. No ordenamento jurídico nacional vigente, encontra guarida nos arts. 28 do Código de Defesa do Consumidor e 50 do Código Civil, de aplicação subsidiária ao processo do trabalho. Proposta a reclamatória trabalhista em face do empregador e das empresas integrantes do grupo econômico, somente os sócios que se retiraram há mais de dois anos desde o ajuizamento da ação (arts. 1.003, parágrafo único, e 1.032 do CCB) é que não poderão ter seus bens pessoais atingidos na execução. Agravos de petição conhecidos e desprovidos. (TRT-10ª 3ª T., AP 00377-2008-014-10- 00-2, Rel. Juiz conv. Grijalbo Fernandes Coutinho, DEJT 10.2.2002). Agravo de petição conhecido e provido. I — TRT 10ª R.; AP 0089400-85.2009.5.10.0008; Rel. Juiz Paulo Henrique Blair; DEJTDF 1º.2.2013, p. 250)

Observa-se mais uma vez que o legislador do Código Civil deixou de inserir a expressão "fraude" no seu conceito legal. Contudo, conforme observa Neves Xavier, a ideia de fraude está inserida de forma implícita quando o art. 50 faz menção ao "abuso da personalidade jurídica" e ao "desvio de finalidade"[12].

---

(10) "Ainda que decretada a falência da empresa-executada, podem os exequentes reclamar sobre o patrimônio dos sócios via desconsideração da personalidade jurídica da empresa. Nesse sentido o art. 28, *caput*, do Código de Defesa do Consumidor, de incidência analógica: *O juiz poderá desconsiderar a personalidade jurídica da sociedade quando, em detrimento do consumidor, houver abuso de direito, excesso de poder, infração da lei, fato ou ato ilícito ou violação dos estatutos ou contrato social. A desconsideração também será efetivada quando houver falência, estado de insolvência, encerramento ou inatividade da pessoa jurídica provocados por má administração*" (TRT, 3ª R. 00792-2005-048-03-00-9-AP, Rel. Deoclécia Amorelli Dias, julgado em 16 de julho de 2007). Na mesma direção aponta a doutrina de Carlos Henrique Bezerra Leite (*Curso de direito processual do trabalho.* 4. ed. São Paulo: LTr, p. 869): "a decretação da falência não impede que a ação trabalhista continue a tramitar na Justiça do Trabalho em face dos sócios da empresa falida, desde que o juiz adote a teoria da desconsideração da pessoa jurídica".

(11) PONTES DE MIRANDA, Francisco Cavalcante. *Tratado de direito privado.* v. 4, p. 200. "a violação da lei cogente ainda pode ter importância nulificante quando se trate de *fraude à lei*, que se dá pelo uso de outra categoria jurídica, ou de outro disfarce, se tenta alcançar o mesmo resultado jurídico que seria excluído pela regra jurídica cogente proibitiva. O *agere contra legem* não se confunde com o *agere in fraudem legis:* um infringe a lei, fere-a, viola-a, diretamente; o outro, respeitando-a, usa de maquinação, para que ela não incida; transgride a lei, com a própria lei".

A doutrina vem reconhecendo que a evolução da desconsideração da pessoa jurídica ostenta trajetória clara no sentido da caracterização subjetiva para a objetiva, sobrevindo a solução intermediária com o advento do Código Civil de 2002[13].

Entre nós operadores do Direito do Trabalho, já tínhamos, na esteira da teoria da *disregard*, o § 2º do art. 2º da CLT, o qual permite, em caso de dívida trabalhista, a penetração no patrimônio das empresas que compõem o grupo econômico para o qual o empregado prestou serviço.

Em momento posterior ao Código do Consumidor, registre-se a edição da Lei Antitruste n. 8.884/94, art. 18:

> A personalidade jurídica do responsável por infração da ordem econômica poderá ser desconsiderada quando houver da parte deste abuso de direito, excesso de poder, infração da lei, fato ou ato ilícito ou violação dos estatutos ou contrato social. A desconsideração também será efetivada quando houver falência, estado de insolvência, encerramento ou inatividade da pessoa jurídica provocados por má administração.

Após o CDC, mencione-se o art. 4º da Lei n. 9.605/98 que dispõe sobre as lesões ao meio ambiente:

> Poderá ser desconsiderada a pessoa jurídica sempre que sua personalidade for obstáculo ao ressarcimento de prejuízos causados à qualidade do meio ambiente.

Em tempos de economia globalizada de corte neoliberal (que legitima o lucro desenfreado, ainda, que em detrimento do cumprimento da legislação trabalhista), o desafio de coibir manobras patronais ultrajantes ganha outra dimensão, qual seja, a de regulamentar a formação de grandes grupos de empresas multinacionais. Não são raros os casos de aplicação do *piercing the veil* em situações próprias desse novo tempo, como, por exemplo a da contagem de tempo de serviço de empregado transferido para o Brasil, em contrato envolvendo empresas multinacionais ou mesmo na hipótese de aplicação do § 2º do art. 2º da CLT, para os casos de vínculo com um ou mais empresas do grupo econômico.

5. Pessoa jurídica e pessoa natural

A *pessoa jurídica* encontra-se ao lado da pessoa natural como espécies de sujeito de direito. Para o estudo da *disregard of legal entity* interessam apenas as pessoas jurídicas de direito privado, previstas no art. 16 do CCB, "mais especificamente as que possuem personalidade jurídica e limitação de responsabilidade, que são os requisitos básicos para a aplicação da teoria da desconsideração"[14]. Incluem-se aqui as sociedades comercial e civil, constituída para a produção de bens e serviços[15], respectivamente. Entre as inúmeras espécies existentes, as mais receptivas à incidência da teoria da penetração são: a Sociedade Anônima (S/A.) e a Sociedade por Quotas de Responsabilidade Limitada (Ltda.).

A despeito de serem frutos de mera técnica jurídica, nem por isso pode-se dizer que as pessoas jurídicas são meras *ficções* — abstrações sem existência real —, como quer corrente doutrinária encabeçada por Savigny. Em verdade, as pessoas jurídicas "existem no mundo do direito, existem como seres dotados de vida própria, de uma vida real"[16]. Frise-se que, independente da natureza jurídica que se adote, a teoria da *disregard* terá sempre sua existência justificada no mundo real. Não se perca de vista que o pressuposto da teoria da *disregard* é a existência de uma personalidade autônoma da pessoa jurídica, e isso é reconhecido por ambas as correntes (da ficção e a da realidade).

A categoria da *pessoa jurídica* só se justifica enquanto instrumento de realização do ser humano (pessoa natural), existindo "para e em função do homem"[17] na busca da consecução de valores proveitosos para *toda* a sociedade. Logo, não é possível restringi-la ao aspecto econômico, legitimando situações de desvio de finalidade em detrimento do aspecto social, a exemplo do que ocorre na frustração de crédito de terceiros.

---

(12) XAVIER, José Tadeu Neves. A teoria da desconsideração da pessoa jurídica no novo código civil. *Revista Forense*, v. 379, Rio de Janeiro: Forense, p. 148, maio/jun. 2005.
(13) BENETI, Sidnei Agostinho. Desconsideração da sociedade e legitimidade *ad causam*: esboço de sistematização. *In*: DIDIER JÚNIOR, Fredie; WAMBIER, Teresa Arruda Alvim (coords.). *Aspectos polêmicos e atuais sobre os terceiros no processo civil*. São Paulo: Revista dos Tribunais, 2004. p. 1014.
(14) SILVA, Alexandre Couto. *Aplicação da desconsideração da personalidade jurídica no direito brasileiro*. São Paulo: LTr, 1999. p. 14.
(15) "Ainda que se trate de associação sem fins lucrativos os sócios são responsáveis pelos encargos da empresa. Ao credor não cabe acionar todos os sócios, pode escolher um, na medida em que o executado poderá ressarcir-se dentro da sociedade quando da sua efetiva dissolução" (TRT — 15ª R. — 1ª T. — Ac. n. 34.839/98 — Rel. Luiz Antonio Lazarim — DJSP 19.10.98 — p. 69).
(16) PEREIRA, Caio Mário da Silva. *Instituições de direito civil*. 12. ed. v. 1, 1991. p. 210.
(17) JUSTEN FILHO, Marçal. *Desconsideração da personalidade societária no direito brasileiro*. São Paulo: RT, 1987, p. 33.

Nessa direção caminha a jurisprudência civil e trabalhista:

> O Juiz pode julgar ineficaz a personificação societária, sempre que for usada com abuso de direito, para fraudar a lei ou prejudicar terceiros. Consideradas as duas sociedades como sendo uma só pessoa jurídica, não se verifica a alegada contrariedade ao art. 460 do CPC — Recurso especial não conhecido. (STJ — RESP 63652 — SP — 4ª T. — Rel. Min. Barros Monteiro — DJU 21.8.2000 — p. 134)

> Constatada a constituição de pessoa jurídica para única e exclusivamente administrar bens dos sócios de executada falida, é legítima, com base na teoria da desconsideração da personalidade jurídica e no art. 9º da CLT, a penhora de bens desta nova empresa para satisfação de créditos trabalhistas de ex-empregado da insolvente. Não se pode admitir que créditos de natureza alimentar fiquem a descoberto enquanto os sócios, reais beneficiários, livram seus bens pessoais da execução, a pretexto de serem os patrimônios separados. (TRT, 9ª R. — AP 4148/2000 — (18347/2001-2000) — Rel. Juiz Luiz Eduardo Gunther — DJPR 13.7.2001)

Com efeito, o instituto da *disregard* autoriza "a romper-se o véu que protege a intimidade do corpo societário (*to Pierce the Corporate Veil*) para, com a visão nítida de seu interior, detectar possíveis distorções de finalidade impostas à pessoas jurídicas pelas pessoas físicas que lhe formam a substância"[18]. Nas palavras de Rolf Serick "il principio del *Disregard* aplica-se nas hipóteses "di comportamento della società in contrasto con i suoi stessi fini"[19], ou ainda naquelas ditas por Piero Verrucoli "come una reazione all'eccessivo formalismo delle construzioni teoriche tradizionali della personalità"[20].

A propósito assinala Rubens Requião:

> O que se pretende com a doutrina da desconsideração não é a anulação da personalidade jurídica em toda a sua extensão, mas apenas a declaração de sua ineficácia para determinado efeito, em virtude de seu uso ter sido desviado da sua legítima finalidade (abuso de direito), ou para prejudicar credores ou terceiros, ou ainda para frustrar a lei (fraude); mas a teoria tem sobretudo o *objetivo precípuo de combater a injustiça*.[21]

Pode-se afirmar que só se aplica a teoria da *disregard* quando existente pessoa jurídica regularmente constituída. Logo, nas chamadas sociedade de fato ou sociedade irregular, não há que se falar em personificação, nem tampouco em aplicação da teoria da desconsideração da pessoa jurídica[22].

6. Fundamentos da teoria da desconsideração da pessoa jurídica

Quanto ao seu fundamento, preferimos classificar em duas correntes doutrinárias:

— a primeira, denominada *subjetiva*, admite a *disregard* somente nos casos em que esteja comprovado o *animus* fraudulento ou de abuso de direito por parte da sociedade devedora;

— a segunda, *finalística*, aplica a teoria da penetração em sintonia com o que dispõe o § 5º do art. 28 do Código de Defesa do Consumidor, ou seja, a intenção fraudulenta é presumida com a presença do prejuízo do credor no momento da dificuldade da execução;

Alguns comentários merecem essa divisão.

O escopo da *disregard doctrine* é o de restaurar a justiça diante de situações iníquas, além de valorizar a *equidade* e a *boa-fé objetiva* em suas acepções jurídicas. A maioria da doutrina já consegue identificar que a sua essência não está no cometimento de ato ilícito da sociedade — a exemplo do que ocorre na teoria da *ultra vires* decorrente da responsabilidade civil — mas no *desvio de finalidade* que o ordenamento jurídico busca atingir através da pessoa jurídica.

A propósito, Marçal Justen Filho afirma que essencialmente a *disregard* tem "por pressuposto a ocorrência de evento que impede a consecução dos fins que conduziram à adoção da personifica-

---

(18) PINTO, José Augusto Rodrigues. Responsabilidade pessoal e patrimonial de sócio na execução contra a sociedade. *Revista da Procuradoria Regional do Trabalho da 5ª Região da Bahia*, n. 1, p. 143, 1997.
(19) SERICK, Rolf. *Op. cit.*, p. 132. O autor acrescenta: "I limiti così individutati non possono essere ampliati nè in un senso nè in un altro. Se vi è um contrasto tra lo scopo generale per il quale le persone giuridiche hanno esistenza e lo scopo particolare".
(20) VERRUCOLI, Piero. *Il superamento della personalità giuridica delle società di capitali*. Milano: Giuffrè, 1964. p. 82. Na íntegra: "quanto al suo significato, è appena il caso di relevare che il *lifting* può riguardarsi come uma reazione all'eccessivo formalismo delle construzioni teoriche tradizionali della personalità".
(21) REQUIÃO, Rubens. Abuso de direito e fraude através da personalidade jurídica (*disregard doctrine*). In: *Aspectos modernos de direito comercial: estudos e pareceres*. São Paulo: Saraiva, 1977. p. 74.
(22) Nessas hipóteses de sociedade irregular, os sócios responderão de forma solidária e ilimitada em relação às dívidas das sociedades, ainda que por fundamento diverso da teoria do *disregard*.

ção. O pressuposto consiste em circunstâncias que provocam a incompatibilidade entre o ordenamento jurídico e o resultado a que se atingiria, no caso concreto, através da utilização da pessoa jurídica"[23].

Ao nosso crivo, contudo, não basta declarar que a *disregard doctrine* está pautada num aspecto de desvio funcionalista, é preciso dizer mais. Como proclamou Piero Verrucoli, a relevância da doutrina é saber "quali siano i limiti ed i criteri del superamento della personalità"[24].

Parece-nos axiomático que a parte faltante, do que é necessário dizer pela doutrina, é que a teoria da desconsideração da pessoa jurídica se aplica quando caracterizado o desvio de sua finalidade, "o qual é manifestado quando a autonomia patrimonial da pessoa jurídica serve de obstáculo para frustrar créditos de terceiros". E nesse sentido a teoria foi aperfeiçoada e atingiu sua plenitude com a dicção do já mencionado § 5º do art. 28 do CDC.

Assim — em resposta à indagação formulada por Piero Verrucoli — os limites, o critério e mesmo a fundamentação em que se encontra calcada a teoria do *disregard* são: a boa-fé objetiva e a equidade.

É, pois, na incidência do caso concreto que se manifesta a teoria da *disregard*, quando em jogo está a frustração espúria do crédito de terceiro. Nessas circunstâncias torna-se necessário restaurar a boa-fé e a equidade. Logo, havendo prejuízo efetivo do credor em face da declaração de insuficiência de bens da sociedade, restará caracterizado o desvio de finalidade da pessoa jurídica que foi criada primordial e essencialmente para gerar proveito social e econômico aos sócios e a toda sociedade. Com outras palavras: malogrado o crédito de terceiro, autoriza-se a aplicação da teoria da penetração.

Nessas circunstâncias não há sequer necessidade de provar o desvio de função, mas apenas invocar a *disregard of legal entity* que será aplicada de forma sintomática sempre que a autonomia atribuída à personalidade do ente jurídico for de alguma forma obstáculo ao ressarcimento de prejuízos causados a terceiros (exegese do § 5º do art. 28 do CDC).

7. Aplicação da disregard *na execução trabalhista*

Por diversas razões pode-se inferir que a teoria da desconsideração da pessoa jurídica se aplica às execuções trabalhistas. Em primeiro lugar porque a CLT, em seu art. 889, remete à aplicação da Lei de Execução Fiscal em relação aos trâmites e incidentes do processo de execução trabalhista, em caso de lacuna da legislação laboral.

A Lei n. 6.830/80, por sua vez, é omissa quanto à hipótese de incidência da *disregard*. Logo, por analogia, aplica-se o art. 28 do CDC ao processo do trabalho, sobretudo porque ambas as legislações são tuitivas e, portanto, compatíveis. Da mesma forma, a regra do art. 50 do novo Código Civil aplica-se de forma subsidiária ao Direito do Trabalho. Não se ignore que a harmonização da lei supletivamente invocada com os princípios do direito do trabalho é pré-requisito expresso no parágrafo único dos arts. 8º, 769 e 889, todos da CLT.

A propósito, Amador Paes de Almeida bem observa: "nenhum ramo do direito se mostra tão adequado à aplicação da teoria da desconsideração do que o direito do trabalho, até porque os riscos da atividade econômica, na forma da lei, são exclusivos do empregador"[25].

Não se perca de vista que a CLT foi pioneira em aplicar a teoria da desconsideração em se tratando de grupo de empresas: § 2º do art. 2º. Destarte, considerando a necessidade de se examinar, em cada ramo do direito, seus pressupostos próprios[26], mister enfatizar que no processo do trabalho vigora o Princípio da *despersonalização do empregador*, o qual não se confunde com o princípio da desconsideração da pessoa jurídica.

A *disregard* não visa "despersonalizar" ou "desconstituir" a pessoa jurídica, mas apenas descon-

---

(23) JUSTEN FILHO, Marçal. *Op. cit.*, p. 95. Nesse sentido também: KOURY, Suzy Elizabeth Cavalcante. *A desconsideração da personalidade jurídica* (disregard doctrine) *e os grupos de empresas*. 2. ed. Rio de Janeiro: Forense, 2000. p. 144. COUTINHO, Aldacy Rachid. *Op. cit.*, p. 239. GRASSELI, Odete. Desconsideração da pessoa jurídica. *In: Direito do trabalho e direito processual do trabalho:* temas atuais. Curitiba: Juruá, 1999. p. 432. SILVA, Alexandre Couto. *Op. cit.*, p. 46. REQUIÃO, Rubens. *Op. cit.*, p. 74.
(24) VERRUCOLI, Piero. Il superamento della personalità giuridica delle società di capitali. Milano: Giuffrè, 1964. p. 83. Na íntegra: "il problema, allora, sara quello di vedere — o quanto meno di accenare — quali siano le ipotese che non rientrano in tale normalità: che è quanto dire, poi, quali siano i limiti ed i criteri del superamento della personalità".
(25) ALMEIDA, Amador Paes de. *Execução de bens dos sócios:* obrigações mercantis, tributárias, trabalhistas: da desconsideração da personalidade jurídica: doutrina e jurisprudência. 3. ed. São Paulo: Saraiva, 2000. p. 160.
(26) JUSTEN FILHO, Marçal. *Op. cit.*, p. 101.

siderá-la episodicamente quando a personalidade jurídica e sua autonomia patrimonial servirem de obstáculo para a satisfação de crédito trabalhista do empregado em flagrante desvio de finalidade.

> O art. 841 da CLT estabelece que, recebida e protocolada a ação trabalhista, a intimação deve ser realizada diretamente ao reclamado, o que se encontra em perfeita sintonia com os demais preceitos da Consolidação das Leis do Trabalho, pois vigora, no Direito do Trabalho, o princípio da despersonalização da figura do empregador, sendo a empresa o sujeito de direitos na relação jurídica de emprego, como estabelece expressamente o art. 2º da CLT. Não há confundir tal princípio com o instituto da desconsideração da personalidade jurídica (*disregard doctrine*), previsto nos arts. 50 do Código Civil e 28 do Código de Proteção e Defesa do Consumidor, levado a cabo, geralmente, na fase de execução, quando é levantado o véu da personalidade jurídica da empresa para serem alcançados os bens particulares dos sócios, nas hipóteses de insolvência ou fraude. (TRT 4ª R.; RO 0000062-25.2010.5.04.0011; Décima Turma; Relª Desª Denise Pacheco; Julg. 27.10.2011; DEJTRS 8.11.2011, p. 83)

Contudo, as duas teorias (*disregard* e despersonalização) estão escoradas na premissa de que o vínculo do empregado se encontra desvinculado da pessoa, física ou jurídica, do empregador, independente das mudanças na propriedade ou estrutura jurídica da empresa. Inteligência dos arts. 10 e 448 da CLT.

Sobre o *princípio da despersonalização do empregador*, consigne-se o escólio de Wagner Giglio:

> Sob sua inspiração, garante-se o trabalhador contra as alterações na estrutura jurídica ou na propriedade da empresa: são os bens materiais e imateriais componentes do empreendimento que asseguram a satisfação do julgado. A ação trabalhista visa, em concreto, atingir a empresa, muito embora endereçada, formalmente, à pessoa física ou jurídica que a dirige ou explora. Esta, na realidade, apenas "representa" a empresa. Uma das consequências processuais do instituto mal denominado "sucessão de empresas" (a rigor, a sucessão é de empresários, e não de empresas) é a *possibilidade de o julgado ser executado contra terceiros, estendendo-se os efeitos da coisa julgada a quem não foi parte no processo*.[27]

Considerando que o fundamento para despersonalizar o empregador é justamente o de proteger o contrato de trabalho e os direitos adquiridos dos empregados (arts. 448 e 10 da CLT, respectivamente), por extensão, imbuído desse mesmo espírito, deve-se aplicar a teoria do *disregard* na satisfação dos créditos trabalhistas dos empregados.

No direito do trabalho, é amplamente aceita a teoria da desconsideração da personalidade jurídica (*disregard of legal entity*) para que o empregado possa, verificada a insuficiência do patrimônio societário, sujeitar à execução os bens do sócio, visando a impedir a consumação de fraudes e abusos de direito e a proteger o hipossuficiente, sendo possível a aplicação de tal teoria mesmo após a extinção do processo de conhecimento, já na fase de execução, razão pela qual se mostra desnecessário que o sócio executado tenha participado da relação processual e conste do título executivo. (TRT 1ª R.; AP 0072900-60.2006.5.01.0052; Nona Turma; Rel. Des. Antonio Carlos de Azevedo Rodrigues; DORJ 30.4.2013)

Com acerto, Arion Romita observou: "a limitação da responsabilidade dos sócios é incompatível com a proteção que o direito do trabalho dispensa aos empregados; deve ser abolida, nas relações da sociedade com seus empregados, de tal forma que os créditos dos trabalhadores encontrem integral satisfação, mediante a execução subsidiária dos bens particulares dos sócios"[28].

Por derradeiro, é de se registrar que um dos princípios informadores da execução é justamente aquele extraído do art. 612 do CPC, de que a execução se processa no interesse do credor. Logo, considerando que a *disregard of legal entity* colima o proveito do exequente, em relação à satisfação de seu crédito judicial, não há dúvida de que em todo processo de execução que figure como executada sociedades civis ou mercantis será possível aplicar essa teoria, mormente quando a empresa em flagrante desvio de finalidade aproveita-se do véu da personalidade jurídica para acobertar fraudes contra créditos de terceiros.

8. Parâmetros de aplicação da teoria da disregard

A teoria da desconsideração é invocada em situações limítrofes. Nesse sentido o art. 592, II, do CPC

---

(27) GIGLIO, Wagner. *Direito processual do trabalho*. 11. ed. São Paulo: Saraiva, 2000. p. 68.
(28) ROMITA, Arion Sayão. Aspectos do processo de execução trabalhista à luz da Lei n. 6.830. *Revista LTr*, 45-9/1041, São Paulo, 1981.

estatui que os bens do sócio somente fiquem sujeitos à execução *"nos termos da lei"*. Logo, ressalvadas as situações especiais recepcionadas em lei, a execução segue a regra geral da separação patrimonial, recaindo sobre os bens da pessoa jurídica.

Trata-se de um procedimento que aprecia a situação fática para encontrar a solução a partir de um processo *indutivo*; ao contrário das regras jurídicas, previstas em abstrato e para o geral, a partir de um processo dedutivo. Não por outro motivo a teoria da desconsideração da pessoa jurídica nasceu da construção jurisprudencial e não da norma legal[29].

A *disregard* nem de longe visa anular a pessoa jurídica em sua essência, mas tão somente declarar a ineficácia relativa[30] de certos atos jurídicos em que a couraça da divisão patrimonial frustre a execução trabalhista. É, pois, similar ao fenômeno da fraude à execução: a venda de bens efetuada em fraude não é anulada entre as partes celebrantes (comprador e vendedor), mas apenas inoponível (ineficácia relativa) em relação ao credor-exequente que arguiu a fraude[31].

Logo, é errôneo se referir à *disregard* com as expressões "despersonalização da empresa" ou "desconstituição da pessoa jurídica", até porque "o principal benefício de que decorre da aplicação da doutrina é a não extinção ou dissolução da pessoa jurídica quando lesada por um ou mais de seus sócios, sendo que estes responderão pessoalmente pelos prejuízos causados à sociedade e terceiros, mantendo a entidade em pleno funcionamento, evitando, destarte, a dispensa em massa de empregados e não agravando a economia de mercado"[32]. Portanto, para se referir ao instituto da *disregard* está correta a denominação consagrada pela doutrina pátria: desconsideração da pessoa jurídica.

A simples insuficiência de bens da executada para saldar o crédito trabalhista aliada à solvência patrimonial dos sócios já basta para presumir o desvio de finalidade da pessoa jurídica, autorizando a execução dos bens dos sócios por meio da aplicação da *disregard*.

Neste sentido o Colendo TST já se manifestou há muito tempo e de forma acertada:

Em sede de direito do trabalho, em que os créditos trabalhistas não podem ficar a descoberto, vem-se abrindo uma exceção ao princípio da responsabilidade limitada do sócio, ao se aplicar a teoria da desconsideração da personalidade jurídica (*disregard of legal entity*) para que o empregado possa, *verificando a insuficiência do patrimônio societário, sujeitar à execução os bens dos sócios* individualmente considerados, porém solidária e ilimitadamente, até o pagamento integral dos créditos dos empregados. (TST, ROAR n. 531680/99, SBDI-II, Rel. Min. Ronaldo José Lopes Leal, DJU 3.12.1999, p. 64)

O mesmo fundamento é usado para aplicar a teoria da *disregard* para evidenciar a existência de Grupo Econômico dissimulado ou nos casos em que há dissolução da empresa sem a quitação regular dos débitos por ela contraídos:

GRUPO ECONÔMICO. COORDENAÇÃO. DESCONSIDERAÇÃO DA PERSONALIDADE JURÍDICA. A desconsideração da personalidade jurídica é instrumento para persecução de bens em execução, prestando-se à busca mais precisa em caso de não restar o que penhorar no patrimônio da executada principal. Pode servir para evidenciar a existência de grupo econômico, pela existência de sócios comuns, ou mesmo pela transferência fraudulenta de bens mediante a utilização do nome de pessoas físicas. Se a *disregard* permite que se penhore o próprio bem da pessoa física responsável pela empresa devedora, com mais razão pode ser utilizada para constatar que uma ou mais pessoas encontram-se na direção de duas ou mais empresas, constituindo grupo econômico, quer por coordenação, quer por controle. O instituto estará sendo utilizado nos limites de sua finalidade, sem qualquer violação legal, inclusive porque preservado o contraditório e a ampla defesa no processo de conhecimento e no de execução. (TRT 2ª R.; AP 0224100-27.2004.5.02.0030; Ac. 2012/1306113; Décima Quarta Turma; Rel. Des. Fed. Davi Furtado Meirelles; DJESP 4.12.2012)

O encerramento da empresa sem a quitação dos débitos contraídos, sobretudo os de natureza trabalhista, implica má administração, pelo que não podem responder os empregados, uma vez que o risco do empreendimento econômico pertence ao empregador (art. 2º da CLT), justificando a aplicação da teoria da desconsideração da personalidade jurídica da empresa. (TRT, 12ª R. — AG-PET 1191/00 — (02624/2001) — 1ª T. — Rel. Sandra Márcia Wambier — J.

---

(29) JUSTEN FILHO, Marçal. *Op. cit.*, p. 53 e 54. COUTINHO, Aldacy Rachid. *Op. cit.*, p. 231.
(30) Não se ponde confundir plano de invalidade com plano de ineficácia. Conforme asseveramos alhures, "o primeiro atine à validade do negócio jurídico e a deficiência do seu suporte fático implica nulidade absoluta ou relativa. Já a ineficácia diz respeito aos efeitos jurídicos, sendo que a deficiência do suporte fático neste plano importa ausência de qualquer efeito jurídico". *Contrato individual de trabalho*: uma visão estrutural, p. 155.
(31) Sobre o tema, consultar precioso trabalho de BEBBER, Julio César. Fraude contra credores e fraude de execução. In: *Execução trabalhista*: visão atual, cit., p. 171, 172 e 201.
(32) GRASSELI, Odete. *Desconsideração da personalidade jurídica*, cit., p. 446.

13.3.2001)

Em todas essas circunstâncias, o chamado benefício de ordem (*beneficium excussionis*) só poderá ser invocado pelo sócio na hipótese legal

8.1. Benefício de ordem

Reza o § 1º do art. 596 do Código de Processo Civil:

Art. 596. Os bens particulares dos sócios não respondem pelas dívidas da sociedade senão nos casos previstos em lei; o sócio, demandado pelo pagamento da dívida, tem direito a exigir que sejam primeiro excutidos os bens da sociedade.

§ 1º *Cumpre ao sócio, que alegar o benefício deste artigo, nomear bens da sociedade*, sitos na mesma comarca, livres e desembargados, quantos bastam para pagar o débito.

Alcides Mendonça Lima assim comenta o referido artigo que trata do *beneficium excussionis:*

A regra deste artigo tem de ser respeitada: primeiramente, excutir os bens sociais; na falta ou na insuficiência é que respondem os bens dos sócios. Quando, porém, isso acontece, então desaparece o privilégio em favor de alguns ou de todos os sócios: ao credor será lícito escolher para penhorar bens de qualquer dos sócios. O sacrificado terá, depois, ação regressiva contra a própria sociedade ou contra os demais comparsas, para cobrar-se de tudo quando pagou, na primeira hipótese, ou da parte proporcional que aos outros cabe, arcando ele com a sua própria percentagem.[33]

Em igual direção caminha a jurisprudência trabalhista:

Tendo-se em vista os termos do art. 596, § 1º, do CPC, cabível a penhora de bem particular do sócio, quando não demonstrada a existência de bens livres e desembaraçados da sociedade. (TRT — 1ª R. — 9ª T. — Ap. n. 2.250/99 — Rel. Juiz Ideraldo Cosme de B. Gonçalves — DJRJ 18.1.2000 — p. 110)

Em seara trabalhista, basta a inadimplência da empresa reclamada, enquanto devedora principal, para que a execução se volte contra os bens patrimoniais de seus sócios proprietários, inexistindo o chamado benefício de ordem ou responsabilidade de terceiro grau. O Direito, e em última instância o processo, não se poderão prender a formalismos jurídicos enquanto se discute a solução de crédito de natureza alimentar. (TRT 3ª R.; AP 00375-2004-080-03-00-3; Quarta Turma; Rel. Juiz Caio Luiz de Almeida Vieira de Mello; Julg. 1º.8.2007; DJMG 11.8.2007)

Uma vez declarada (momentaneamente) ineficaz a personalidade jurídica da empresa (*piercing the veil*), o credor poderá acionar qualquer um dos sócios. E daí advém um questionamento: — Será justo executar, por exemplo, o patrimônio do sócio minoritário que sequer participava da administração da sociedade ou mesmo os bens do sócio que já se retirou[34] da sociedade?

Para responder a estas indagações é preciso lembrar que o Direito está materializado em critérios axiológicos, sendo, pois, produto da interação *valor, norma* e *fato*[35].

No caso em apreço, o legislador do art. 28 do CDC ou mesmo do art. 50 do CC optou em defender preferencialmente o crédito do terceiro injustamente prejudicado, garantindo-lhe a oportunidade de execução do patrimônio dos sócios, ainda que para

---

(33) LIMA, Alcides Mendonça. *Comentários ao código de processo civil.* Rio de Janeiro: Forense, 1974. v. VI, t. II, p. 525-526. Em igual sentido é a ementa do TST: "Partindo da premissa de que os créditos trabalhistas, ante a natureza alimentar de que são revestidos, são privilegiados e devem ser assegurados, a moderna doutrina e a jurisprudência estão excepcionando o princípio da responsabilidade limitada do sócio, com fulcro na teoria da desconsideração da personalidade jurídica de forma que o empregado possa, verificada a insuficiência do patrimônio societário, sujeitar à execução os bens dos sócios individualmente". (TST — RR 2549-2000-012-05-00 — 4ª T. — Min. Convocada Helena Sobral Albuquerque e Mello, DJ 7.3.2003)
(34) Em relação ao sócio que se retirou da sociedade, será possível a execução de seu patrimônio desde que o contrato de trabalho do exequente tenha sido contemporâneo com a sua condição de sócio. Nos termos do art. 1.003 do novo Código Civil, a responsabilidade do sócio retirante se estende por até dois anos a contar da averbação da alteração do contrato social.
(35) Sobre o tema, consultar a teoria tridimensional de REALE, Miguel. *Filosofia do direito.* 10. ed. São Paulo: Saraiva, 1983.
(36) Silogismo similar se verifica na Sucessão de Empregadores: o sucessor (ainda que de boa-fé) sempre responderá pelos créditos trabalhistas, ainda que referente ao período anterior à alienação da empresa de responsabilidade do sucedido. Nada obsta, contudo, que o sucessor acione regressivamente o sucedido, na esfera da Justiça Comum, acerca do que foi acordado na celebração da venda da empresa. Nesse sentido é a ementa: "O propósito do legislador, através de normas regulamentadoras da sucessão (arts. 10 e 448 da CLT), foi assegurar a intangibilidade dos contratos de trabalho firmados pelo antigo empregador, garantindo sua continuidade. Em consequência, impõe a lei, com respeito aos contratos de trabalho existentes na parcela transferida da organização empresarial, sua imediata e automática assunção pelo adquirente, a qualquer título. O novo titular passa a responder pelos efeitos presentes, passados e futuros dos contratos que lhe foram transferidos, em decorrência das disposições legais. Em suma, a sucessão de empregadores, no Direito do Trabalho, tem fundamento em três princípios desse ramo jurídico especializado: no princípio da intangibilidade dos contratos firmados, no da continuidade do contrato de trabalho e no da despersonalização do empregador". (TRT — 15ª R. — 5ª T. — Ac. n. 44.960/98 — Rel. Luís Carlos Cândido da Silva — DJSP 12.1.1999 — p. 42)

tanto corresse o risco de causar outra injustiça: a do sócio de boa-fé (e também prejudicado) que teve seus bens penhorados[36].

Pode-se dizer, em sentido amplo, que a teoria da *disregard* recai sobre o sócio que se posicionou omisso no uso desvirtuado da pessoa jurídica da qual era membro, ou mesmo, do sócio que não se mostrou prudente na escolha de seus pares em relação a *affectio societatis*. Tal postura legal "estimulará os gestores no sentido de conduzirem sua administração a bom êxito, evitando arrastar a sociedade à posição de devedor insolvente ante seus empregados"[37].

Sobre o debate, Arion Romita bem se posiciona ao dizer: "não se compadece com a índole do direito obreiro a perspectiva de ficarem os créditos trabalhistas a descoberto, enquanto os sócios, afinal os beneficiários diretos do resultado do labor dos empregados da sociedade, livram seus bens pessoais da execução, a pretexto de que os patrimônios são separados"[38].

Registre-se a possibilidade de o sócio prejudicado, que sofreu penhora de seus bens, ingressar com Ação de Regresso em face do sócio-gerente ou mesmo em relação aos demais sócios a fim de fazer valer a distribuição equitativa do dano que lhe foi incumbido originariamente no juízo da execução trabalhista.

9. Procedimento judicial

Em havendo insuficiência de bens da sociedade para saldar o crédito trabalhista, ou em outro caso de desvio de finalidade, o juiz, mediante requerimento do exequente, aplicará a teoria da desconsideração da pessoa jurídica, determinando a execução do patrimônio dos sócios. Daqui advêm algumas questões. A primeira é saber em que momento processual o credor poderá requerer a aplicação da *disregard*.

Nos termos dos arts. 880 e 882 da CLT, o executado dispõe de 48 horas para pagar a importância reclamada ou, se preferir, garantir a execução, mediante depósito ou nomeação de bens à penhora. Logo, permanecendo silente o devedor em relação a essas duas oportunidades legais, não há dúvida de que o exequente já se encontrará habilitado a perseguir o patrimônio dos sócios, sobretudo porque o executado ainda terá a seu favor o benefício de ordem previsto no § 1º do art. 596 do CPC:

> Respondem os bens dos sócios pelas dívidas contraídas pela sociedade se a empresa deixa de indicar bens de sua propriedade (CPC, art. 596, § 1º), devendo prosseguir a execução trabalhista. (TRT, 12ª R., 2ª T., Ac. 4.218/99, Rel. Juarez D. Carneiro, DJSC 17.5.1999, p. 83)[39]

Outra questão ainda mais instigante reside na investigação da necessidade de integração à lide do sócio, cujo patrimônio se pretende executar. Inicialmente é preciso dizer que o sócio da sociedade-reclamada não precisa integrar a relação jurídica processual na *fase cognitiva*, vez que o interesse processual e a legitimidade passiva *ad causam* dos sócios só restarão presentes na fase de execução da sentença condenatória. Nesse sentido observa Edilton Meireles[40]:

> Somente na execução é que o credor vem a descobrir que o devedor não mais possui bens para garantir a execução. Daí por que tem interesse em buscar no patrimônio do sócio a satisfação de seu crédito. Não seria razoável, no entanto, estando já em execução seu crédito, ter que se submeter a um processo de conhecimento para ter declarada a responsabilidade do sócio.

Meirelles lembra[41] que há inúmeras decisões do STF e do STJ entendendo que o sócio, independentemente de constar seu nome no título extrajudicial ou de prévia ação cognitiva, poderá figurar no polo passivo da execução[42], inclusive com redirecionamento da parte demandada quando já em curso a ação executiva contra a sociedade[43].

Nem mesmo o argumento de que não é assegurado ao sócio o direito de questionar a responsabilidade patrimonial será válido para refutar essa conclusão, vez que em ação própria incidental à fase de execução, em sede de Embargos, o executado poderá assim fazê-lo.

---

(37) ROMITA, Arion Sayão Romita. *Op. cit.*, p. 1042.
(38) *Op. cit.*, p. 1041.
(39) Em igual sentido: "O fato de a empresa executada não ter indicado bens à penhora atrai a responsabilidade solidária dos sócios, que devem responder pelo crédito trabalhista com seus bens particulares" (TRT — 18ª R. — Ac. n. 2126/95 — Rel. Juiz Macedo Xavier — DJGO 22.9.1995 — p. 22).
(40) MEIRELES, Edilton. *Temas da execução trabalhista*. São Paulo: LTr, 1998. p. 102-103.
(41) *Op. cit.*
(42) O autor cita os seguintes precedentes: STF, RE 100.384-7-RJ, 1ª T., Rel. Min. Soares Muñoz, ASCOAS 95.766; RE 100.920-SP, Rel. Min. Moreira Alves, RTJ 115/786.
(43) STJ, 2ª T., Resp 39.751-SP, Rel. Min. Ari Pargendler, DJU 18.11.1996, COAD, verbete 77.160.

Não é exigível a integração do sócio da empresa executada no polo passivo da ação para que responda ele com seus próprios bens; sua integração posterior decorre da responsabilidade executória secundária (art. 592, II, CPC). (TRT — 15ª R. — SE — Ac. n. 4342/2001 — Relª Mª Cecília F. A. Leite — DJSP 30.1.2001 — p. 100)

No que diz respeito à aplicação da *disregard* para as empresas do grupo econômico, o TST havia pacificado o tema ao editar a Súmula n. 205:

O responsável solidário, integrante de grupo econômico, que não participou da relação processual como reclamado e que, portanto, não consta no título executivo judicial como devedor, não pode ser sujeito passivo na execução.

A postura do TST sofreu muitas críticas. Ao considerar as empresas do grupo econômico como litisconsortes necessários[44], na fase de conhecimento, o excelso pretório preocupou-se em demasia com uma suposta e inexistente lesão à garantia constitucional do contraditório. Assim, além de incorrer em equívoco, ante as razões já expostas (responsabilidade secundária), posicionou-se de forma temerária se considerarmos "que a insuficiência dos bens do devedor somente pode ser apurada na execução"[45]. Na verdade, complementa Bebber, os responsáveis secundários assumem "voluntariamente a responsabilidade solidária ou subsidiária pelo cumprimento da obrigação, pela simples relação jurídica que mantém com o devedor (grupo econômico, contratação de empresa prestadora de serviço etc.)"[46].

Por tais razões, por força da Resolução n. 121/03, DJ 21.11.2003, o verbete restou cancelado pelo próprio TST, em flagrante alteração de posicionamento.

A discussão sobre a participação da segunda executada no título judicial, como requisito para legitimar a constrição de seus bens, consoante disposto na Súmula n. 205 do TST, perde sua relevância jurídica, na medida em que este Tribunal Superior cancelou a referida Súmula por meio da Resolução n. 121/03. Ressalte-se que, *a partir do cancelamento* do referido verbete sumular, a jurisprudência desta Corte *vem se consolidando no sentido da desnecessidade* da presença dos integrantes do mesmo grupo econômico no título judicial como condição para a constrição de seus bens. (TST-RR-678.014/2000.6, 1ª T., DJ 24.2.2006, Rel. Min. Lélio Bentes Corrêa)

Não há dúvida de que o ato de cancelar a Súmula n. 205 do TST consolidou uma nova postura hermenêutica acerca do tema, qual seja, a de tornar desnecessária a citação dos responsáveis secundários para integrar a lide na qualidade de parte da relação jurídica processual.

Diante disso, resta investigar se os aludidos Embargos serão os de *Terceiro* ou *à Execução* (também denominado Embargos do devedor).

9.1. Remédio adequado: embargos à execução ou embargos de terceiros?

Há quem sustente que o sócio tem que integrar o processo de execução, figurando no mandado de citação, sob pena de nulidade processual por lesão ao art. 5º, LIV, da CF: "ninguém será privado da liberdade ou de seus bens sem o devido processo legal". Tal corrente[47] sustenta que, ao ter seu patrimônio afetado pela execução, o sócio torna-se parte, devendo como tal ser chamado a juízo.

Registre-se a regulação dada pela Consolidação dos Provimentos da Corregedoria-geral da Justiça do Trabalho, divulgada no DEJT de 17.8.2012. O seu art. 68 reza:

Ao aplicar a teoria da desconsideração da personalidade jurídica, por meio de decisão fundamentada, cumpre ao juiz que preside a execução trabalhista adotar as seguintes providências:

I — determinar a reautuação do processo, a fim de fazer constar dos registros informatizados e da capa dos autos o nome da pessoa física que responderá pelo débito trabalhista;

II — comunicar imediatamente ao setor responsável pela expedição de certidões no Judiciário do Trabalho a inclusão do sócio no pólo passivo da execução, para inscrição no cadastro das pessoas com reclamações ou execuções trabalhistas em curso.

O propósito dessa orientação é justamente o de evitar a prática maliciosa de alguns sócios, que

---

(44) A propósito é o aresto: "As empresas coligadas que formam Grupo Econômico, devem ser citadas, como litisconsortes necessários, na fase de conhecimento, visando assegurar-lhes o direito de defesa (Enunciado n. 205/TST)". (TRT — 15ª R. — 5ª T. — Ac. n. 9000/2000 — Relª Eliana F. Toledo — DJSP 13.3.2000 — p. 84)
(45) BEBBER, Júlio César. *Op. cit.*, p. 167.
(46) BEBBER, Júlio César. *Op. cit.*, p. 166.
(47) Cite-se como integrante dessa linha de pensamento: ASSIS, Araken de. *Manual do processo de execução*. 2. ed. São Paulo: RT, p. 304 e MERIRELLES, Edilton. *Op. cit.*, p. 101.

mesmo tendo execução patrimonial contra si, obtêm certidão negativa de dívida trabalhista, documento que facilita a alienação de imóveis visando a frustração da execução[48].

Também merece transcrição o inciso III do aludido art. 68, dirigido ao juiz da execução que aplica a *disregard*:

> III — determinar a citação do sócio para que, no prazo de 48 (quarenta e oito) horas, indique bens da sociedade (art. 596 do CPC) ou, não os havendo, garanta a execução, sob pena de penhora, com o fim de habilitá-lo à via dos embargos à execução para imprimir, inclusive, discussão sobre a existência ou não da sua responsabilidade executiva secundária.

Como se vê, segundo orientação da Corregedoria da Justiça do Trabalho, o juiz deve citar o sócio executado, e o remédio a ele assegurado, para discutir legitimidade ou responsabilidade patrimonial, não serão os Embargos de Terceiro, mas os Embargos do Devedor (Súmula n. 184 do ex-TFR[49]), no prazo de 5 dias, a contar da garantia do juízo (exegese do art. 884 da CLT):

> EMBARGOS DE TERCEIRO — SÓCIA — ILEGITIMIDADE PARA OPOSIÇÃO — Consoante o novo Código Civil (arts. 990 e 50) e o Código de Defesa do Consumidor (art. 28), a responsabilidade do sócio pelos débitos trabalhistas da empresa não deriva de sua inclusão no título executivo judicial, mas, sim, da ausência de bens da executada passíveis de garantir a satisfação da dívida. Portanto, por aplicação do princípio da desconsideração da personalidade jurídica, previsto nos dispositivos legais citados, podem os bens dos sócios serem penhorados. Conforme o disposto no art. 1.046 do CPC, os embargos de terceiro somente são oponíveis por quem não é parte no processo. Portanto, se a agravante não é estranha à lide na medida em que incluída no pólo passivo da execução, por óbvio não detém legitimidade para opor embargos de terceiro, porque não é terceiro, mas, parte no processo. Assim, ainda que a matéria objeto dos embargos opostos enfoque a questão da negativa de sua condição de sócia, o remédio apropriado para a agravante discutir a respeito do assunto são os embargos à execução. Agravo de petição não provido. (TRT 15ª R. — AP 00832-2003-108-15-00-4 (49393/2004) — 3ª T. — Rel. Lorival Ferreira dos Santos, DOESP 10.12.2004)

Outra corrente, ao nosso crivo correta, se posiciona em sentido inverso. Com efeito, o sócio não precisará ser citado na fase cognitiva nem tampouco na de execução. Para fundamentar essa ilação, faz-se mister retomar a antiga dicotomia da relação obrigacional: *dívida* (dever de prestação do devedor) e *responsabilidade* (estado de sujeição dos bens do responsável à ação do credor). A dívida (*schuld* para os alemães) é pessoal do devedor em relação ao credor. A responsabilidade (*haftung*) traduz-se numa relação meramente patrimonial. Do descumprimento da relação originária (relação pessoal entre credor e devedor) advém a relação jurídica derivada: a responsabilidade patrimonial. A rigor, é do devedor a responsabilidade patrimonial, nos termos do art. 591 do CPC. Contudo, é possível, em alguns casos expressamente previstos em lei, falar em *responsável secundário*, como é o caso do sócio em relação às sociedades, conforme preceituam os arts. 592, II, do CPC e 28 do CDC.

Na lição de Júlio César Bebber, "a responsabilidade patrimonial secundária decorre das relações entre o devedor e terceiros, não legitimando estes para o processo de execução, mesmo que venham a ter, por força daquelas relações, seus bens atingidos para satisfação da obrigação"[50].

Portanto, o executado, sujeito passivo, é sempre a sociedade; ela é parte no processo, bem como a principal responsável pelo pagamento do crédito trabalhista. Já o sócio, responsável secundário, não é parte e, portanto, não integra a relação jurídica processual, tendo apenas o seu patrimônio sujeito à execução de forma subsidiária. Mesmo naqueles casos de sociedades que contenham sócios ditos "solidários"[51], a responsabilidade patrimonial destes será subsidiária, ou seja, a partir da insuficiência de bens da sociedade (responsável principal), executar-se-ão os bens dos sócios (responsável secundário).

---

(48) Consigne-se, ainda, a recomendação de cancelamento da inscrição no caso de comprovação ulterior de inexistência da responsabilidade do sócio. Art. 69. Comprovada a inexistência de responsabilidade patrimonial do sócio por dívida da sociedade, mediante decisão transitada em julgado, o juiz que preside a execução determinará ao setor competente, imediatamente, o cancelamento da inscrição no cadastro das pessoas com reclamações ou execuções trabalhistas em curso.
(49) Reza o verbete: "Em execução movida contra sociedade por quotas, o sócio-gerente, citado em nome próprio, não tem legitimidade para opor embargos de terceiro, visando livrar da constrição judicial seus bens particulares". Por óbvio, se o sócio foi citado, passou a ser *parte* (e não mais "terceiro") no processo de execução, devendo, por corolário, utilizar-se dos Embargos à execução, e não dos Embargos de terceiro.
(50) BEBBER, Júlio César. *Op. cit.*, p. 164.
(51) Denominam-se "sócios solidários": 1) todos os sócios na sociedade em nome coletivo; 2) o sócio comanditado (é o sócio que administra), na sociedade em comandita simples; 3) o sócio ostensivo, na sociedade em conta de participação; 4) o acionista-diretor (pelas obrigações contraídas na sua gestão), na comandita por ações; 5) os sócios das sociedades não personificadas (sociedades irregulares ou de fato).

Nesse sentido é a dicção do art. 350 do Código Comercial:

> Os bens particulares dos sócios não podem ser executados por dívidas da sociedade, senão depois de executados todos os bens sociais.

Logo, não há necessidade de incluir o responsável secundário como parte do processo de execução, e muito menos no processo de conhecimento. Por uma questão lógica, sendo dispensada a citação dos sócios, o remédio cabível para que estes possam arguir eventual ilegitimidade passiva ou irresponsabilidade patrimonial será os Embargos de Terceiros.

> O sócio da empresa executada, que não figura expressamente no título judicial como devedor, reveste-se da qualidade de terceiro estranho à lide e possui legitimidade ativa para opor os embargos competentes, na defesa do seu patrimônio particular que sofreu constrição judicial, a teor do art. 1.046 do CPC, subsidiariamente aplicável ao processo do trabalho, por força do que estatui o art. 769 da CLT. Com efeito, o sócio introduzido na execução por ordem exclusiva do juízo, quando não foi e nem faz parte do título judicial, é terceiro estranho à execução. Logo, o manejo dos embargos de terceiros lhe é facultado. (TRT, 3ª R. — AP 885/03 — 4ª T. — Rel. Julio Bernardo do Carmo — DJMG 29.3.2003 — p. 11)

> Na hipótese, desnecessária a citação pessoal do ex--sócio, ainda que retirante, na medida em que ao tempo do ajuizamento da ação detinha cargo de mando e gestão na reclamada. Agravo de petição em Embargos de Terceiro a que se nega provimento. (TRT 15ª R.; AP 0651-2005-095-15-85-0; Ac. 1857/08; Décima Câmara; Rel. Des. José Antonio Pancotti; DOESP 18.1.2008, p. 62)

Aludidos embargos suspendem a execução em relação aos bens que constituírem seu objeto, devendo ser interpostos no prazo de até cinco dias da arrematação, adjudicação ou remição, mas sempre antes da assinatura da respectiva carta, conforme dispõem os arts. 1.052 e 1.048 do CPC, respectivamente.

Em se tratando de penhora sobre dinheiro, substitui-se a carta pela assinatura da guia de retirada: "O art. 1.048 do CPC fixa o prazo para a interposição de embargos de terceiro em até cinco dias da arrematação, adjudicação ou remissão, mas sempre antes da assinatura da respectiva carta". Na penhora em dinheiro, tais atos são incogitáveis, substituindo-se a carta pela assinatura da guia de retirada, ato que transfere a posse do numerário ao exequente (TRT — 15ª R. — 2ª T. — Ac. n. 21005/2000 — Rel. Antônio M. Pereira — DJSP 12.6.2000 — p. 45).

9.2. Matéria infraconstitucional que impede arguição de recurso de revista

Observa-se que a previsão da *disregard* em nível de legislação infraconstitucional obsta a arguição de suposta ofensa constitucional e posterior interposição de Recurso de Revista pelo terceiro embargante, nos termos da Súmula n. 266 do TST[52], conforme se vê das ementas infra:

> A desconsideração da personalidade societária constitui matéria que se resolve em nível de legislação infraconstitucional (art. 28, § 5º, da Lei n. 8.078/90, aplicado subsidiariamente ao direito e processo do trabalho). Por isso, não há de se falar que, na execução trabalhista, o reconhecimento da possibilidade de penhora de bem ex-sócio redunde em agressão direta aos incisos XXII, XXXV, LIV e LV do art. 5º da CF. (TRT, 18ª Região, Proc 00446-2002-052-18-00-5, Rel. Platon Teixeira de Azevedo Filho, DJ/AP de 13.6.2008)

> PENHORA DE BENS DE SÓCIO. DESCONSIDERAÇÃO DA PERSONALIDADE JURÍDICA DO EMPREGADOR. VIOLAÇÃO DO ART. 5º, II E XXXVI, DA CONSTITUIÇÃO FEDERAL E DE PRECEITOS DE LEI FEDERAL E DIVERGÊNCIA DE TESES. Conforme preceitua o art. 896, § 2º, da CLT, em se tratando de Acórdão proferido em execução de sentença, somente é cabível recurso de revista quando fundado em ofensa literal e direta a dispositivo constitucional. Não viabiliza o apelo, portanto, fundado em alegação de ofensa a preceito de natureza infraconstitucional e em divergência de teses. (TST; AIRR 1.272/2005-067-02-40.1; Sétima Turma; Rel. Min. Guilherme Augusto Caputo Bastos; DJU 29.8.2008; p. 380)

10. Distinção entre disregard doctrine e ultra vires societatis

Impende registrar que o gênero *execução dos bens dos sócios* pode se dar tanto através da teoria do *disregard of legal entity* quanto da teoria da *ultra vires societatis*. A despeito de sua proximidade, ambas não se confundem.

A *ultra vires* decorre da reponsabilidade civil do sócio-administrador (ou sócio-gerente) que viola a lei, o contrato ou o estatuto. Pune-se somente o agente causador (o sócio), condenando-o a ressarcir o prejuízo. Na *disregard* não se trata de imputar res-

---

(52) Súmula n. 266 do TST: "A admissibilidade do recurso de revista contra acórdão proferido em agravo de petição, na liquidação de sentença ou em processo incidente na execução, inclusive os embargos de terceiro, depende de demonstração inequívoca de violência direta à Constituição Federal".

ponsabilidade civil ao sócio que pratica ato ilícito próprio, mas de declarar a ineficácia episódica da pessoa jurídica que agiu em desvio de finalidade, prejudicando terceiros-credores. Aqui "a sociedade é utilizada em seu todo para mascarar uma situação, ela serve como véu, para encobrir uma realidade"[53]. No *ultra vires* há um *agere contra legem;* violação direta da lei pelo sócio. No *disregard* há um *fraus legis;* uso dissimulado da lei pela sociedade.

Por último, há pontos comuns aos institutos em comento: ambos implicam a execução dos bens dos sócios como exceção à regra da separação patrimonial que se encontrava contida no art. 20 do CC/16[54].

Etimologicamente, *ultra vires societatis* significa além das forças da sociedade, referindo-se à exorbitância do ato do sócio-gerente que age em excesso ou em desconformidade com o estatuto, o contrato ou a lei. Nesse sentido, elucida Wilson Campos Batalha:

> As sociedades são dirigidas por pessoas físicas, que constituem os órgãos sociais. Esses órgãos devem exercer seus poderes dentro do ordenamento jurídico e dos termos estatutários. Os poderes dos órgãos são orientados pelos preceitos do estatuto e pelo cumprimento das leis. Qualquer desvio de finalidade implica responsabilidade pessoal do órgão. Diga-se o mesmo quanto aos procuradores ou administradores, que também são responsáveis pelos atos praticados contra a lei e contra o estatuto ou o instrumento de procuração.[55]

A legislação de que trata a sociedade por quotas limitadas (Ltda.), bem como por sociedade anônima (S/A.), prevêm expressamente a responsabilidade do sócio-agente em relação aos excessos praticados:

Art. 10 do Decreto n. 3.708/19 (Ltda.): Os sócios-gerentes ou que derem o nome à firma não respondem pessoalmente pelas obrigações contraídas em nome da sociedade, mas respondem para com esta e para com terceiros, solidária e ilimitadamente, pelo excesso de mandato e pelos atos praticados com violação do contrato ou da lei.

Art. 158 da Lei n. 6.404/76 (S/A.): O administrador não é pessoalmente responsável pelas obrigações que contrair em nome da sociedade e em virtude de ato regular de gestão; responde, porém, civilmente, pelos prejuízos que causar, quando proceder:

I — dentro de suas atribuições ou poderes, com culpa ou dolo;

II — com violação da lei ou do estatuto.

Observa-se que os atos cometidos em *ultra vires* são inválidos somente perante a sociedade, restando aos sócios prejudicados invocar os artigos 10 do Decreto n. 3.708/19 e art. 158 da Lei n. 6.404/76 para responsabilizar o sócio que abusou da sociedade. Em relação aos chamados terceiros de boa-fé, será insuscetível de arguição (inoponível) a invalidade do ato em excesso (*ultra vires*) praticado pelo sócio. Nesse sentido é a ementa do STJ:

> Nas operações mercantis, dadas a intensidade e a celeridade com que se processam, não se exige que os contratantes investiguem reciprocamente os respectivos atos constitutivos para obter certeza a respeito dos poderes dos sócios para representar e contrair obrigações em nome da sociedade — A contratação celebrada com terceiro de boa-fé por sócio que se apresente habilitado a tanto é válida, assumindo este, se contrário seu ato às disposições estatutárias, responsabilidade pessoal perante a sociedade e demais sócios pela reparação dos prejuízos a que deu causa. (STJ, Agravo Regimental n. AI 28.633-7-RJ. Rel. Min. Sálvio de Figueiredo Teixeira. 21.9.1993. RT, v. 707, p. 175)

Não obstante a aludida inoponibilidade, é permitido ao terceiro prejudicado, se assim lhe convier, optar pela execução da sociedade, do sócio causador

---

(53) CASILLO, João. Desconsideração da pessoa jurídica. *RT* 528/24.

(54) Por derradeiro, para complementar o tema "execução dos bens dos sócios", importa registrar a existência de duas espécies de sócios que variam conforme o tipo de sociedade: *a) sócios solidários* — os quais respondem de forma ilimitada com seus bens pessoais em relação às dívidas da sociedade, porém sempre após a exaustão dos bens sociais (art. 350 do Código Comercial). Embora denominado "solidários", o correto seria chamá-los *sócios subsidiários*. No caso de atos *ultra vires*, a responsabilidade será efetivamente solidária, quanto ao sócio causador do excesso. No caso da *disregard*, todos os sócios responderão de forma subsidiária. São eles: 1) todos os sócios na sociedade em nome coletivo; 2) o sócio comanditado (o sócio que administra), na sociedade em comandita simples; 3) o sócio ostensivo, na sociedade em conta de participação; 4) o acionista-diretor (pelas obrigações contraídas na sua gestão), na comandita por ações; 5) os sócios das sociedades não personificadas (sociedades irregulares ou de fato); *b) sócios de responsabilidade limitada* — são aqueles que, uma vez integralizada sua quota, não respondem com seus bens, salvo se houver excessos (*ultra vires*) ou desvio de finalidade da pessoa jurídica que sutilmente passa a ser vista como meio de frustrar dívidas assumidas (*disregard*). No primeiro caso (*ultra vires*), a responsabilidade será solidária, contudo apenas do sócio-gerente. No segundo caso (*disregard*), a responsabilidade de todos os sócios é subsidiária. São eles: 1) sócios comanditários em comandita simples (é o sócio que só entra com o capital); 2) todos os sócios, na sociedade por quotas de responsabilidade limitada; e o 3) acionista, na S/A. e comandita por ações (exceto os diretores desta última).

(55) BATALHA, Wilson de Souza Campos. Desconsideração da personalidade jurídica na execução trabalhista — responsabilidade dos sócios em execução trabalhista contra sociedade. *Revista LTr*, 58-11/1296.

do ato ilícito ou ambos simultaneamente. Repare-se que o próprio art. 10 do Decreto n. 3.708/19 prevê que os sócios-gerentes respondem para com a sociedade "e para com terceiros, solidária e ilimitadamente, pelo excesso de mandato e pelos atos praticados com violação do contrato ou da lei". Também nesse sentido é a ementa, referindo-se à lei da S/A:

> A teor do § 2º do art. 158 da Lei n. 6.404.76, os administradores de sociedades anônimas são solidariamente responsáveis pelos prejuízos causados pelo não cumprimento dos deveres legais. O conjunto probatório dos autos dá mostras evidentes do descumprimento, por parte do agravante, de ordens judiciais, e da prática de atos com intuito visivelmente protelatório, objetivando tumultuar a execução. Por outro lado, a responsabilidade da gestão anterior é transferida aos diretores, sucessores, principalmente quando estes não tomam as providências cabíveis para sanar as irregularidades e, além disso, não levam o fato ao conhecimento da assembleia geral, o que caracteriza omissão ou conivência (§ 1º, *in fine*, do mesmo dispositivo legal). (TRT — 3ª R. — 3ª T. — Ap. n. 1.581/97 — Relª Mª Laura Franco Lima de Faria — DJMG 10.12.1997 — p. 6)

Dissecando a referida responsabilidade civil do sócio-gerente pelo cometimento de atos ilícitos, temos:

— responsabilidade perante terceiros-credores — aplica-se o art. 186, CCB;

— responsabilidade perante a sociedade — aplica-se o art. 389, CCB.

A primeira é responsabilidade civil aquiliana (violação da lei); a segunda decorre de inexecução contratual (violação do contrato ou estatuto). Ambas não se confundem com o instituto da *disregard*, pois decorrem do instituto da responsabilidade civil que propugna pela reparação pelo agente do dano causado a outrem.

Em seara trabalhista, onde impera o princípio de proteção ao demandante empregado, a simples insuficiência de bens da sociedade, a qual é presumida do não pagamento ou da não indicação de bens à penhora (arts. 880 e 882 da CLT), já habilita o exequente a aplicar a teoria da *disregard*, executando todos os sócios indistintamente.

A teoria da desconsideração da personalidade jurídica e o princípio, segundo o qual a alteração da estrutura jurídica da empresa não afetará os direitos adquiridos por seus empregados, consagrado no art. 10 da CLT, autoriza o juiz a responsabilizar qualquer dos sócios pelo pagamento da dívida, na hipótese de insuficiência do patrimônio da sociedade, além de que a jurisprudência desta Corte Superior, assentada, em tais teoria e princípio, é no sentido de que, se a retirada do sócio da sociedade comercial se verificou após o ajuizamento da ação, pode ser ele responsabilizado pela dívida, utilizando-se para isso seus bens, quando a empresa de que era sócio não possui patrimônio suficiente para fazer face à execução sofrida. 2. Recurso ordinário desprovido. (TST — ROMS 416427 — SBDI 2 — Rel. Min. Francisco Fausto — DJU 2.2.2001 — p. 488)

Caso o exequente opte pelo fundamento da teoria da *ultra vires*, a responsabilidade patrimonial recairá apenas sobre o sócio-gerente[56].

11. Conclusão

Como se viu dos argumentos anteriores, a teoria da desconsideração da pessoa jurídica, além de eficaz e eficiente no combate à fraude, é de utilização ampla, servindo para coibir as mais variadas espécies de manobras maliciosas, como também para aquelas situações em que "a personalidade for, de alguma forma, obstáculo ao ressarcimento de prejuízos" causados aos consumidores e trabalhadores (inteligência do § 5º do art. 28 da Lei n. 8.078/90 e art. 50 do CC).

Felizmente, nesse sentido amplo é que vem se posicionando o Colendo Tribunal Superior do Trabalho:

> 1. Mandado de segurança visando a evitar a consumação da penhora sobre bens particulares de sócio minoritário em execução de sentença proferida em desfavor de sociedade por quotas de responsabilidade limitada, cuja dissolução se deu sem o encaminhamento do distrato à Junta Comercial. 2. Em casos de abuso de direito, excesso de poder, infração da lei, fato ou ato ilícito e violação aos estatutos sociais ou contrato social, o art. 28 da Lei n. 8.078/90 faculta ao Juiz responsabilizar ilimitadamente qualquer dos sócios pelo cumprimento da dívida, ante a insuficiência do patrimônio societário. Aplicação da teoria da desconsideração da personalidade jurídica. 3. Recurso ordinário não provido. (TST — ROMS 478099 — SBDI-II — Rel. Min. João Oreste Dalazen — DJU 23.6.2000 — p. 403)

---

(56) Nesse sentido é a ementa: "Simples sócio cotista não responde pelas obrigações trabalhistas da empresa com seus bens particulares. Apenas o sócio gerente ou o que der nome à firma poderá responder por tais obrigações, nos casos de excesso de mandato e de violação do contrato ou da lei (inteligência do art. 10 do Decreto n. 3.708, de 10.1.1919)" (TRT, 1ª Reg., 5ª T., AP.1.158/86, Rel. Mello Porto).

12. Referências bibliográficas

ALMEIDA, Amador Paes de. *Execução de bens dos sócios: obrigações mercantis, tributárias, trabalhistas*: da desconsideração da personalidade jurídica: (doutrina e jurisprudência). 3. ed. São Paulo: Saraiva, 2000.

ASSIS, Araken de. *Manual do processo de execução*. 2. ed. São Paulo: RT, 2008.

BATALHA, Wilson de Souza Campos. Desconsideração da personalidade jurídica na execução trabalhista — responsabilidade dos sócios em execução trabalhista contra sociedade. *Revista LTr*, 58-11/1296.

BENETI, Sidnei Agostinho. Desconsideração da sociedade e legitimidade ad causam: esboço de sistematização. In: DIDIER JÚNIOR, Fredie; WAMBIER, Teresa Arruda Alvim (coords.). *Aspectos polêmicos e atuais sobre os terceiros no processo civil*. São Paulo: Revista dos Tribunais, 2004.

CASILLO, João. Desconsideração da pessoa jurídica. *RT* 528/24.

COELHO, Luiz Fernando. *Teoria crítica do direito*. 2. ed. Porto Alegre: Sergio Fabris, 1991.

GIGLIO, Wagner. *Direito processual do trabalho*. 11. ed. São Paulo: Saraiva, 2000.

JUSTEN FILHO, Marçal. *Desconsideração da personalidade societária no direito brasileiro*. São Paulo: RT, 1987.

KOURY, Suzy Elizabeth Cavalcante. *A desconsideração da personalidade jurídica (disregard doctrine) e os grupos de empresas*. 2. ed. Rio de Janeiro: Forense, 2000.

LARENZ, Karl. *Metodologia da ciência do direito*. 3. ed. Tradução de José Lamego. Lisboa: Fundação Calouste Gulbenkian, 1997.

MEIRELES, Edilton. *Temas da execução trabalhista*. São Paulo: LTr, 1998.

PEREIRA, Caio Mário da Silva. *Instituições de direito civil*. 12. ed. Rio de Janeiro: Forense, 1991. v. 1.

PONTES DE MIRANDA, Francisco Cavalcante. *Tratado de direito privado*. São Paulo: RT, 1970. v. 4.

REQUIÃO, Rubens. Abuso de direito e fraude através da personalidade jurídica (*disregard doctrine*). In: *Aspectos modernos de direito comercial*: estudos e pareceres. São Paulo: Saraiva, 1977.

SERICK, Rolf. *Forma e realità della persona giuridica*. Traduzione di Marco Vitale. Milão: Giuffrè, 1966.

SILVA, Alexandre Couto. *Aplicação da desconsideração da personalidade jurídica no direito brasileiro*. São Paulo: LTr, 1999.

VERRUCOLI, Piero. *Il superamento della personalità giuridica delle società di capitali nella "common law" e nella "civil law"*. Milano: Giuffrè, 1964.

XAVIER, José Tadeu Neves. A teoria da desconsideração da pessoa jurídica no novo código civil. *Revista Forense*, v. 379, Rio de Janeiro: Forense, maio/jun. 2005.

Capítulo 10

O Adquirente de Imóvel e a Execução Trabalhista, em Especial na Desconsideração da Personalidade Jurídica

José Lucio Munhoz[*]

A busca de uma solução justa para o credor trabalhista, que goza de um crédito alimentar, não pode passar pelo resultado injusto de se responsabilizar um terceiro de boa-fé por uma dívida a que não deu causa.

1. Da aquisição de um imóvel

Para a maioria absoluta das pessoas, a principal aspiração de vida é conquistar o sonho de adquirir sua casa própria, que será a base de segurança patrimonial e o lar de sua família. Não por acaso, de todos é conhecido o provérbio popular de que *"quem quer casar, quer casa"*. Para outros, a busca de um edifício para o seu negócio ou o investimento representado na solidez de um imóvel significa a imagem de progresso, garantia contra incertezas do mercado ou estabilidade financeira. O valor econômico utilizado na compra de um terreno, de uma residência ou uma sala comercial é extremamente expressivo internacionalmente (e não apenas para os padrões brasileiros!), representando alguns degraus na escala social. Disso resulta a certeza de que há um forte componente emocional, portanto, na aquisição de um imóvel, pois tal transação traz diversos significados que transmitem a sensação de uma importante conquista pessoal ou profissional, possibilidades de um futuro melhor e a garantia de certa segurança na aplicação de suas economias.

Desnecessário, portanto, referir as dores, traumas e tristes consequências que poderia representar a perda de um imóvel, ao menos para a maioria absoluta das pessoas e empresas. Além do grande prejuízo econômico, ver desaparecer as economias de boa parte de uma vida representaria um abalo enorme no espírito de qualquer pessoa.

Como normalmente esse tipo de transação envolve valores respeitáveis, se faz necessário tomar alguns cuidados antes de firmar um contrato de tamanha importância, pois as pessoas — e por que não dizer, o próprio Direito — almejam que uma transação de tanta significância seja juridicamente segura, trazendo consigo certeza e validade legal. Isso é necessário para a vida em sociedade e para cada um dos envolvidos na contratação. As leis, portanto, como visam auxiliar as pessoas a serem felizes, se preocupam — ou deveriam se preocupar — em garantir que tal negócio, quando cumprida deter-

---

[*] Juiz Titular da 3ª Vara do Trabalho de Blumenau; Ex-Conselheiro do CNJ; Mestre em Direito pela Universidade de Lisboa; Ex-Presidente da AMATRA-SP e Ex-Vice-Presidente da AMB.

minada formalidade, fosse respeitado pelo sistema, governo e pelas outras pessoas.

Não por acaso, a própria Constituição Federal garante que nem mesmo as leis podem atingir os *"atos jurídicos perfeitos"*, como expressamente refere o art. 5º, XXXVI. Se até mesmo às leis é proibido atacar o ato jurídico perfeito, muito menos poderia fazê-lo um governo, um particular ou um juiz. Mas, todavia, para que a aquisição de um imóvel seja considerada *"perfeita"*, ao menos do ponto de vista jurídico, é necessária a observância de alguns procedimentos mínimos formais e legais.

Antes de tudo, um negócio jurídico, seja ele qual for, deve trazer implícito em sua ocorrência a representação de um ato real, efetivo e visando uma transação de boa-fé entre as partes e para os demais integrantes da coletividade. Se a aquisição for simulada, tiver por objetivo fraudar terceiros, gerar prejuízos de modo ilegal a outrem, ser a base para sonegação fiscal ou servir para encobrir algum delito, o Direito não poderá e certamente não irá protegê-la. O sistema jurídico — ao menos em regra e de modo consciente — não dará guarida a irregularidades ou atos com objetivos desonestos, pois isso contrariaria a própria razão de sua existência, que é buscar garantir o justo, o correto, o verdadeiro.

O Código Civil não deixa dúvidas quanto a isso:

Art. 166. **É nulo o negócio jurídico quando**:

I — celebrado por pessoa absolutamente incapaz;

II — for ilícito, impossível ou indeterminável o seu objeto;

III — **o motivo determinante**, comum a ambas as partes, **for ilícito**;

IV — não revestir a forma prescrita em lei;

V — for preterida alguma solenidade que a lei considere essencial para a sua validade;

VI — **tiver por objetivo fraudar lei** imperativa;

VII — a lei taxativamente o declarar nulo, ou proibir-lhe a prática, sem cominar sanção.

Art. 167. **É nulo o negócio jurídico simulado**, mas subsistirá o que se dissimulou, se válido for na substância e na forma.

§ 1º **Haverá simulação** nos negócios jurídicos **quando**:

I — aparentarem conferir ou transmitir direitos a pessoas diversas daquelas às quais realmente se conferem, ou transmitem;

II — contiverem declaração, confissão, condição ou cláusula não verdadeira;

III — os instrumentos particulares forem antedatados, ou pós-datados.

§ 2º Ressalvam-se os direitos de terceiros de boa-fé em face dos contraentes do negócio jurídico simulado.

Assim, aquele que se envolver em uma transação imobiliária com o objetivo de causar algum prejuízo irregular ou visando uma ilegalidade estará abusando de seu direito, buscando com a transação uma finalidade distinta da própria aquisição, agindo, em outras palavras, com má-fé. E tal transação, obviamente, poderá ser considerada ineficaz, pois se traduz em fraude.

Para as transações imobiliárias terem validade perante terceiros, não basta que seja realizada de boa-fé, muito embora esse seja o principal requisito. É preciso que sejam cercadas de algumas formalidades capazes de garantir a sua legalidade e — em especial para o adquirente do imóvel — a segurança de que o negócio possui força e eficácia jurídica.

Entre os diversos cuidados necessários, o primeiro deles é verificar a propriedade do imóvel, constatar nos registros imobiliários se quem se responsabiliza pela venda possui a sua titularidade. Na matrícula do imóvel, deve verificar que está adquirindo o imóvel de seu efetivo proprietário, de quem tenha poderes para lhe transmitir a propriedade. Pagar a quem não seja dono do imóvel, obviamente, não fará do comprador, ainda que de boa-fé, o seu novo titular.

Também na matricula do imóvel, deverá verificar o comprador se não há qualquer restrição à sua venda ou óbice a impedir a sua compra. Se o imóvel contém alguma penhora, restrição de transferência de domínio, garantia real, hipoteca, entre outros indicativos que possam invalidar o negócio, o comprador precisa verificá-los com a devida atenção. Eventual restrição ou apontamento pode ou não ser um impeditivo para a negociação, dependendo de sua natureza e contornos legais, cabendo ao comprador a análise daquela questão específica e os eventuais riscos daí advindos.

Igualmente, é preciso verificar se o imóvel encontra-se adequadamente registrado, inclusive com sua metragem construída, eis que a retificação da área do edifício pode envolver matérias das mais diversas, como problemas de vizinhança, regras do condomínio, limites legais de edificação perante os órgãos públicos, realização e aprovação de projetos, recolhimentos de tributos, embargos, demolição de obra irregular, entre outros. Se a área construída estiver registrada ou não houver maiores problemas para a sua regularização, bom sinal.

A Lei dos Registros Públicos (n. 6.015/73), em seu art. 167, traz dezenas de situações relacionadas aos imóveis que necessitam ser anotadas ou registradas perante a matrícula, justamente para trazer maior certeza quanto ao bem, sua regularidade, propriedade etc.

Outro ponto a ser observado diz respeito aos eventuais débitos do imóvel junto ao condomínio, associação de moradores, prefeitura (taxas, multas, IPTU etc.) e INSS. Tais débitos acompanham a propriedade e serão "herdados" pelo comprador do imóvel, mesmo que de boa-fé, até o limite do valor da propriedade. Pois foi em decorrência do imóvel que surgiram tais débitos, e ele é a própria garantia para saldá-los. Tais dívidas não precisam estar registradas na matrícula do imóvel, pois basta verificar a situação delas nos respectivos órgãos, ou seja: o condomínio, a associação de moradores, a prefeitura, companhia de luz, o INSS.

Também acompanhará o imóvel as garantias contratuais hipotecárias, de fiança, caução, empréstimos para aquisição ou construção da edificação, entre outros. De fato, se alguém justamente emprestou dinheiro para que o imóvel fosse adquirido ou construído, parece ser claro que tal pessoa ou instituição possa ter o próprio bem como garantia de recebimento da dívida. Só que tais débitos, para ter validade perante terceiros, devem estar registrados junto à matrícula do imóvel, pois não há possibilidade de terceiros conhecerem de sua existência sem que haja tal apontamento no registro imobiliário do respectivo cartório de imóveis.

Nesse sentido é o comando expresso do art. 619 do Código de Processo Civil:

> A alienação de bem **aforado ou gravado** por penhor, hipoteca, anticrese ou usufruto **será ineficaz** em relação ao senhorio direto, ou ao credor pignoratício, hipotecário, anticrético, ou usufrutuário, que não houver sido intimado.

Portanto, mesmo que a garantia real esteja prevista regularmente em contrato, se não houver tal anotação perante a matrícula do imóvel, o terceiro adquirente de boa-fé não poderá ser cobrado pelo credor, o qual continuará com o crédito e poderá ainda exigi-lo, mas exclusivamente perante o proprietário anterior, não podendo se voltar contra o atual e legítimo adquirente ou pretender penhorar a propriedade como garantia.

Como dissemos antes, um adquirente não tem como conhecer de uma eventual dívida quanto à propriedade, se ela não for relativa aos órgãos vinculados ao próprio bem (condomínio, associação, prefeitura, INSS, Companhia de água, energia elétrica etc.) — cabendo a ele diligenciar perante tais entidades para conhecer da situação —, ou se ela não se encontrar devidamente anotada perante a matrícula do imóvel no Cartório de Registro de Imóveis.

Caso um Banco, por exemplo, tenha um instrumento de empréstimo com um correntista, tendo uma propriedade como garantia; ainda que assinado, reconhecido firma e registrado em cartório, o respectivo contrato não valerá sobre o adquirente de boa-fé, se ele não for corretamente anotado perante a matrícula do imóvel. Não teria o adquirente uma bola de cristal para "adivinhar" a existência do débito, caso ele não se encontre anotado na matrícula e, assim, ele não pode ter o seu negócio jurídico atingido por tal dívida, eis que o Direito não poderia permitir uma "*cilada*" legal e causar injustiças.

Desse modo, estabelece expressamente o Código Civil:

> Art. 1.154. **O ato sujeito a registro, ressalvadas disposições especiais da lei, não pode, antes do cumprimento das respectivas formalidades, ser oposto a terceiro, salvo prova de que este o conhecia**.
>
> Parágrafo único. **O terceiro não pode alegar ignorância, desde que cumpridas as referidas formalidades**.

Mas não basta que o negócio seja realizado de boa-fé, verificada a legitimidade quanto ao proprietário, a situação perante os órgãos e entidades ao qual o imóvel se encontra vinculado ou a inexistência de outras dívidas ou restrições junto à matrícula do imóvel. O adquirente precisa certificar-se de que a transação não esteja sendo realizada com a finalidade de prejudicar terceiros.

De fato, se o contrato de transmissão da propriedade tiver como objetivo impedir que terceiros credores recebam suas dívidas, ele não terá validade legal perante estes. Assim, se a venda servir para permitir que o devedor não cumpra com sua obrigação, o Direito não poderá resguardar aquela transação, pois haveria um objetivo escuso por traz daquele negócio jurídico, que não o tornaria "*perfeito*" aos olhos da lei.

Imagine que o proprietário de um imóvel esteja respondendo por diversas dívidas, causado um acidente que lhe obrigará a indenizar as vítimas, tiver cometido um crime e puder ser responsabilizado monetariamente pela reparação, entre outras hipóteses. Nesses casos, já se é possível prever que seu patrimônio responderá pela dívida, e a transmissão da propriedade, portanto, teria a finalidade ou a consequência direta de impedir a reparação dos danos ou o ressarcimento dos credores. Tal venda do imóvel, assim, para estes, não teria qualquer validade, e eles poderiam perseguir a propriedade contra qualquer um que a detenha, mesmo que ele esteja de boa-fé.

Mas como esse terceiro pode tomar conhecimento que o proprietário pode ter algum tipo de dívida, estar envolvido em algum problema legal ou correr o risco de perder o seus bens? Como já repetimos, o terceiro de boa-fé não pode ser prejudicado no negócio por algo que ele não teria como saber. Assim, se a dívida do proprietário já começou a ser cobrada ou se encontra anotada em algum órgão oficial, é obrigação de quem vai comprar um imóvel tomar a cautela de verificar tal situação.

Deve o comprador, portanto, verificar se não há ações judiciais contra o vendedor (Justiça Estadual Cível e Criminal, Justiça Federal Cível e Criminal, Justiça do Trabalho) ou pendências perante o Cartório de Protesto, Receita Federal, Estadual e Municipal.

Convém destacar, quanto a tal tema, que há Súmula do STJ tornando até mesmo desnecessária a verificação preventiva, pelo comprador, de existência da ação judicial em nome do vendedor. Para aquela corte, só é reconhecida a nulidade da venda quando previamente registrada na matrícula do imóvel a penhora ou a restrição[1]. No entanto, o tema ainda é controvertido na doutrina e jurisprudência, e o comprador correria um risco muito grande nessa situação, pois a sua má-fé poderia restar demonstrada pela existência da ação (de todos em tese conhecida após sua anotação junto ao distribuidor do órgão do Poder Judiciário) ou pela ausência de cautela em não adotar o tradicional costume de solicitar as certidões de distribuição de ações judiciais nas transações imobiliárias.

A existência de alguma ação ou cobrança em nome do vendedor, no entanto, pode não impedir a venda, cabendo ao comprador analisar os limites, alcances, garantias, grau de confiança e os riscos envolvidos na transação. Expliquemos: se o vendedor tem uma dívida protestada de R$ 20.000,00 e possui outros imóveis de valor superior, isso não obstaria a regularidade da venda, pois não seria essa transação que prejudicaria o credor, pois este ainda poderia exigir seu crédito e penhorar os demais bens disponíveis do devedor (vendedor do imóvel). Não pode o credor, portanto, perseguir o comprador de boa-fé do imóvel, se na época da transação o vendedor não aparentava insolvência (ou seja, tinha outros bens capazes de garantir o pagamento daquela dívida).

De fato, alguém só pode sofrer certa imobilidade em seu patrimônio se a transação puder lesar algum credor. E os credores não serão afetados pela venda de uma propriedade caso o devedor possua outros bens capazes de suportar, naquele momento, a possível dívida. Seria absurdamente sem sentido impedir as pessoas de negociar determinados bens por conta de uma ação judicial se existentes outros capazes de satisfazer o pretenso débito.

Mais uma vez aqui, só se pode exigir do comprador de boa-fé que se responsabilize pela dívida, até o valor do imóvel, se ele tiver como tomar conhecimento daqueles eventuais débitos do vendedor, ainda que em tese. Portanto, se a Fazenda Pública Federal, Estadual ou Municipal não houver feito a inscrição em dívida ativa e der uma certidão de "nada consta", não poderia, posteriormente, tentar receber do atual proprietário por dívida até então não registrada (mesmo que tais débitos sejam anteriores à data da venda do imóvel). Se o credor da dívida não tiver protestado o título ou ajuizado a ação de cobrança em face de o originário titular do imóvel (ainda que a dívida tenha vencido anteriormente à transação imobiliária), também não se poderá exigir tal pagamento do adquirente de boa-fé. Como alguém pode conhecer de uma dívida capaz de lhe prejudicar na aquisição de um imóvel, se ela não se encontrar registrada em alguma base pública e oficial de registro?

Caso haja o registro da penhora junto à matrícula do imóvel, a própria Lei de Registros Públicos, em seu art. 240, já caracteriza que toda transação posterior é considerada fraudulenta, dispensando qualquer outra prova a respeito. Todavia, para a caracterização da fraude, ao menos em nossa opinião, não se exige exclusivamente o registro da penhora na matrícula do imóvel (como requisito quase exclusivo previsto na Súmula n. 375 do STJ). Poderá ser caracterizada a fraude, com a simples existência de ação judicial capaz de levar o proprietário do imóvel à insolvência.

---

(1) "O reconhecimento da fraude à execução depende do registro da penhora do bem alienado ou da prova da má-fé do terceiro adquirente" (Súmula n. 375 do STJ).

Se até a data da venda do imóvel não tiver ocorrido o ajuizamento da ação criminal, cível, federal ou trabalhista, o novo adquirente não poderá ter o imóvel posteriormente penhorado, mesmo que os fatos (crime, acidente, vencimento do título) que originam a ação tenham ocorrido anteriormente. Pois ele não teria, na ocasião da transação, como saber de tais situações se elas ainda não se encontravam com a cobrança oficialmente iniciada em um órgão público, diante da inexigência legal — ao menos até o momento! — de que cada um tenha uma bola de cristal capaz de prever o futuro[2].

Assim disciplina o art. 593 do CPC:

> Considera-se em fraude de execução a alienação ou oneração de bens: I — quando sobre eles **pender** ação fundada em direito real; II — quando, **ao tempo da alienação ou oneração, corria contra o devedor demanda capaz de reduzi-lo à insolvência**; III — nos demais casos expressos em lei.

Todavia, mesmo que ainda não exista o registro ou o ajuizamento da ação judicial, a transação também pode vir a ser considerada sem efeitos, se o adquirente tinha conhecimento do fato ou se, pelas circunstâncias do negócio, deveria saber do problema. Se a pessoa _sabe_ que aquela transação vai prejudicar terceiros legitimamente interessados, mesmo que estes ainda não tenham dado início ao processo judicial ou protestado o título, ela estará sendo cúmplice numa atitude contrária ao que se espera de um comportamento ético ou correto das pessoas no mundo do Direito. Agir de modo a permitir que alguém escape de suas obrigações legais com a finalidade de causar prejuízos a outrem não é, definitivamente, o procedimento que as pessoas devem adotar na vida em sociedade.

É exatamente o que dispõe o Código Civil:

> Art. 159. Serão igualmente **anuláveis** os contratos onerosos do devedor insolvente, **quando a insolvência for notória, ou houver motivo para ser conhecida do outro contratante**.

> Art. 160. Se o adquirente dos bens do devedor insolvente ainda não tiver pago o preço e este for, aproximadamente, o corrente, desobrigar-se-á depositando-o em juízo, com a citação de todos os interessados.

> Parágrafo único. Se inferior, o adquirente, para conservar os bens, poderá depositar o preço que lhes corresponda ao valor real.

> Art. 161. A ação, nos casos dos arts. 158 e 159, poderá ser intentada contra o devedor insolvente, **a pessoa que com ele celebrou a estipulação considerada fraudulenta, ou terceiros adquirentes que hajam procedido de má-fé**.

Mas, nessas hipóteses, é preciso restar demonstrado, comprovado, definitivamente claro, sem sombras de dúvidas, que o adquirente do imóvel tinha conhecimento daquela situação. Aqui não se pode "_presumir_", ao menos sem elementos bastante sólidos, que a atuação do adquirente foi no sentido de fraudar interesse de outrem[3]. Como já referido no art. 1.154 do Código Civil, é indispensável que o adquirente tenha conhecimento do fato, para que ele possa ser por ele responsabilizado, e isso deve restar comprovado no processo.

Mais uma vez, é o próprio Código Civil que nos esclarece a respeito:

> Art. 1.201. **É de boa-fé a posse, se o possuidor ignora o vício, ou o obstáculo que impede a aquisição da coisa**.

> Parágrafo único. **O possuidor com justo título tem por si a presunção de boa-fé, salvo prova em contrário**, ou quando a lei expressamente não admite esta presunção.

E, realmente, as pessoas não podem ir perdendo seus bens ou investimentos por meras "_presunções_" de que deveriam saber de alguma dívida do proprietário anterior, sem que isso reste cabalmente demonstrado. Até porque, como sabido de todos e expressamente referido no art. 1.201 do Código Civil, a boa-fé é a que se presume[4].

---

(2) "Embargos de terceiro. Aquisição de imóvel antes do ajuizamento da ação. Terceiro de boa-fé. Manutenção da sentença. Merece ser mantida a decisão proferida em embargos de terceiro que determinou o levantamento da penhora sobre bem imóvel quando comprovado que o bem pertence aos agravados, adquirido de boa-fé cerca de 4 (quatro) meses antes do ajuizamento da ação. Ao encontro do interesse dos agravados o § 1º do art. 1.046 do CPC, bem como a súmula n. 84 do STJ, possibilitam a defesa de posse e propriedade" (TRT/SC, 5ª Câmara, Rel. Des. Maria de Lourdes Leiria, 4.6.2013).

(3) Claro que essa má-fé só atingirá aquele que participou diretamente do fato e não terceiros posteriores a ele, que em nada contribuíram para a ocorrência: "Direito civil. Recurso especial. Omissão. Inexistência. Ação Pauliana. Sucessivas alienações de imóveis que pertenciam aos Devedores. Anulação de compra de imóvel por terceiros de boa-fé. Impossibilidade. Limitação da procedência aos que agiram de má-fé, que deverão indenizar o credor pela quantia equivalente ao Fraudulento desfalque do patrimônio do devedor. Pedido que entende-se implícito no pleito exordial" (STJ, 4ª T., Rel. Luis Felipe Salomão, REsp 1100525/RS, 16.4.2013).

(4) "Recurso especial. Processual civil. Fraude à execução. Venda de Quotas sociais anterior à penhora e respectivo registro. Insolvência do devedor. Má-fé do terceiro adquirente. Ônus probatório do credor Exequente. Violação ao art. 535 do CPC. Reconhecimento. Recurso Provido. 1. A fraude à

Desse modo, aquele que adquire um imóvel de boa-fé, de um legítimo proprietário, sem registro de impedimento na matrícula, sem pendências capazes de levá-lo à insolvência, sem registro de ações ou dívidas nos órgãos competentes, realiza um ato jurídico perfeito, com plena validade dentro da ordem social, dotado de segurança e certeza, não podendo nem mesmo a lei atingir aquela transação, como nos diz a própria Constituição Federal.

2. Da formalização da transação imobiliária

Uma transação imobiliária se apresenta efetivada apenas com o registro perante a matrícula do imóvel junto ao Cartório de Registro de Imóveis. Isso é o que nos diz o texto legal:

> No Registro de Imóveis serão feitos, nos termos desta Lei, o registro e a averbação dos títulos ou atos constitutivos, declaratórios, translativos e extintos de direitos reais sobre imóveis reconhecidos em lei, *inter vivos* ou *mortis causa* quer para sua constituição, **transferência** e extinção, **quer para sua validade em relação a terceiros**, quer para a sua disponibilidade.

Todavia, uma transação imobiliária ocorre no momento em que ela se efetiva de fato, concretamente, independente de seu registro em cartório, que encerra mera formalização do contrato realizado. Até porque, sabemos, não raro o registro é realizado anos depois da própria venda. Por vezes as pessoas realizam o contrato, depois passam a escritura e em momentos depois é que realmente realizam a inscrição da transação efetivada nos registros imobiliários. Isso significa que o contrato só produz efeito quando este último ato, o registro, se realiza? A resposta, como parece ser claro, é negativa.

A prova da propriedade de um imóvel se faz pela anotação junto ao registro de imóveis, com o apontamento na respectiva matrícula. Mas não é esse o único instrumento para se demonstrar a propriedade de um imóvel, eis que não se desprezam os demais elementos de prova admitidos em Direito.

Desse modo, o contrato, a escritura, os registros no imposto de renda, a posse do imóvel e até mesmo testemunhas podem demonstrar a realização de uma aquisição imobiliária.

É bem verdade que a formalização da transação do modo previsto em lei traz maior segurança e tranquilidade às pessoas, mas a informalidade ou a ausência de adoção de alguns procedimentos formais não podem simplesmente acarretar a desconsideração de um ato real e efetivo ocorrido de boa-fé, como se aquilo não existisse no mundo real.

Caso não exista a anotação da venda e compra do imóvel no registro imobiliário, haverá a "presunção" de que a propriedade permanece daquele que lá é apontado como titular do bem. Todavia, o adquirente pode comprovar por qualquer outro meio de prova admitido em Direito que adquiriu o imóvel em data anterior, por meio do contrato com firma reconhecida da época, escritura pública, comprovação de transferência bancária ou cheque indicando o pagamento, conta de luz e pagamento de IPTU ou mesmo testemunhas. Se restar demonstrado que à época da aquisição de fato do imóvel não havia qualquer ação judicial registrada em nome do antigo proprietário, por tal fato a transação não poderá ser invalidada, eis que constitui ato jurídico perfeito realizado pelo terceiro adquirente[5].

3. Da responsabilização trabalhista

Pelo seu trabalho, o homem obtém o seu sustento ou de sua família. Não é por outro motivo que o ato de trabalhar possui importância singular em nossa sociedade, pois como nos diria Gonzaguinha, "sem o seu trabalho, o homem não tem honra, e sem a sua honra, se morre, se mata. Não dá prá ser feliz. Não dá prá ser feliz".

Pelo trabalho, a pessoa entrega sua própria força física e mental à disposição de outro, que lhe deve remunerar por isso. A natureza primordial da

---

execução de que trata o inciso II do art. 593 do Código de Processo Civil verifica-se quando presentes, simultaneamente, as seguintes condições: (I) processo judicial em curso com aptidão para ensejar futura execução; (II) alienação ou oneração de bem capaz de reduzir o devedor à insolvência (*eventus damni*); e (III) conhecimento prévio pelo adquirente do bem da existência daquela demanda, seja porque houvesse registro desse fato junto A órgão ou entidade de controle de titularidade do bem, seja por ter o exequente comprovado tal ciência prévia. 2. Havendo prévio registro, o credor tem o benefício da presunção absoluta de conhecimento pelo terceiro adquirente da pendência do processo (CPC, arts. 615-A e 659). De outro lado, não havendo esse registro prévio, sobre o credor-exequente recai o ônus de demonstrar que o adquirente tinha conhecimento da pendência do processo. Deve, nesse caso, ser resguardada a boa-fé do terceiro" (STJ, 4ª T., Rel. Min. Raul Araújo, 23.4.2013, REsp 437184/PR).
(5) "Penhora de bem alienado a terceiro de boa-fé. Ausência de transcrição do título no registro de imóveis. Presunção de ausência de fraude. A lavratura da escritura pública de alienação do imóvel antes da ação principal, ainda que não tenha sido levada a registro, descaracteriza a má-fé da adquirente e impõe julgar procedente a ação rescisória, impossibilitando a constrição judicial do bem, em homenagem às normas constitucionais insculpidas nos incisos XXII, XXXVI e LV do art. 5º" (TRT/SC, Seção Especializada I, Rel. Des. Jorge Luiz Volpato, 29.4.2013).

contraprestação pelo trabalho desenvolvido (salário) é alimentícia. As pessoas trabalham para receber salário e com ele poder adquirir essencialmente a comida, seu alimento, e os demais bens e serviços necessários para uma vida em sociedade. Sem o salário, o trabalhador não tem como sobreviver ou possibilitar meios mínimos de dignidade para a sua família.

Por tal razão, em virtude essencialmente de sua natureza alimentar, o Direito estabeleceu diversos mecanismos de proteção ao salário, sendo crime a sua retenção dolosa, o impedimento de descontos não previstos em lei, a documentação de seu pagamento, a discriminação das parcelas constantes no recibo, os períodos máximos de pagamento, entre outros.

O sistema jurídico também tentou estabelecer alguns mecanismos para garantir ao trabalhador que receba adequadamente as suas parcelas remuneratórias, mesmo nas adversidades, prevendo o seguro-desemprego, o FGTS, multa pela rescisão sem justa causa do contrato de trabalho etc. Até mesmo em razão dessa importância social, foi estabelecido um regime legal específico para o contrato de trabalho (CLT), um processo judicial próprio e um órgão jurisdicional especializado para o atendimento de tais casos (Justiça do Trabalho).

Caso uma empresa não pague os direitos trabalhistas de seu empregado, este pode se socorrer da ação (reclamação) trabalhista. Vencedor, o trabalhador (reclamante ou autor) poderá penhorar os bens da empresa para receber seus direitos.

Mas, e se a empresa "fechar", mudar de direção, for adquirida por outro grupo econômico ou alterar seu endereço ou seu nome? O que acontece com os créditos trabalhistas? Para esse tipo de situação, o Direito prevê modos de tentar garantir o recebimento pelos trabalhadores, pois não teria qualquer sentido que essas alterações pudessem prejudicar ou simplesmente fazer desaparecer as dívidas trabalhistas que, como já referimos, possuem natureza alimentar.

Nessas hipóteses, a ação (ou o processo) trabalhista irá perseguir os bens da empresa que foram transferidos, os bens do novo grupo econômico proprietário ou os bens pessoais dos sócios que, por disposição expressa da lei, assumiram os "riscos" da atividade empresarial.

Não será objeto desse trabalho, obviamente, desenvolver essa temática de responsabilização da empresa, grupo econômico, sócios ou de terceiros para com os débitos trabalhistas decorrentes do processo do trabalho. O que nos interessa é saber que, tal qual todos aqueles credores que já vimos anteriormente, o trabalhador não pode ser prejudicado por uma transação imobiliária que simplesmente transfira os bens do devedor para terceiros. Se a dívida de um banco, da prefeitura ou do condomínio pode "perseguir" o imóvel, é natural que a dívida trabalhista, de natureza alimentar, tenha ainda mais tal prerrogativa.

Assim, se no curso de uma ação perante a Justiça do Trabalho o devedor transferir seus bens imóveis para terceiros, essa transferência não terá valor para o credor trabalhista, que poderá posteriormente penhorar tal bem, ainda que em posse ou em titularidade de terceiros.

Portanto, aquele que adquirir um imóvel de alguém que responda uma ação trabalhista poderá correr o risco de ter o bem posteriormente penhorado para garantia da execução no processo do trabalho.

Mas aqui os requisitos não divergem do que já analisamos na primeira parte deste trabalho. O adquirente do imóvel deve verificar se o proprietário anterior (o vendedor) não possui ação trabalhista no momento da transação. Não havendo ação trabalhista em andamento quando da compra do imóvel, não poderá aquela compra ser atacada no futuro (se preenchidos os demais requisitos antes já observados: boa-fé, parte legítima etc.). Se não há ação judicial em tramitação, o comprador não tem como imaginar ou prever a existência do débito e, portanto, age de boa-fé, e a compra se apresenta regular e válida[6].

Igualmente, do mesmo modo como antes referido, ainda que o vendedor seja réu numa ação trabalhista, mas tenha outros bens capazes de garantir aquela eventual obrigação processual, ele não será "insolvente", e, assim, a transação realizada se encontra válida e "perfeita".

Realmente, só pode ser considerada irregular a transação imobiliária se o vendedor correr o risco de, com aquele ato, tornar-se insolvente, ou seja, incapaz de arcar com os possíveis débitos trabalhistas

---

(6) "Fraude à execução. Não configuração. Não há falar em fraude à execução quando a transferência do bem, ao terceiro de boa-fé, ocorreu muito antes da determinação de restrição judicial. A presunção ínsita no art. 593, II, do CPC leva somente à ilação de que a alienação de bem pertencente ao devedor vise a subtração patrimonial e o comprometimento da satisfação da sentença judicial. Não carrega força absoluta. Exige prova cabal de que houve fraude à execução, no sentido de que o terceiro adquirente, ao tempo da aquisição do bem, tinha pleno conhecimento da existência de processo executório em curso, contra o alienante, em respeito ao princípio da segurança jurídica" (TRT/SC, 4ª Câmara, Rel. Des. Maria Aparecida Caetano, 18.9.2013).

que forem reconhecidos judicialmente. Se no momento da transação imobiliária o vendedor possui outros bens capazes de saldar os eventuais débitos trabalhistas discutidos judicialmente, o terceiro adquirente que estiver de boa-fé não poderá ter, no futuro, contestada sua legítima propriedade sobre o imóvel transacionado.

4. Os sócios e a venda de bens no curso da ação trabalhista

Tivemos a oportunidade de verificar, ainda que de modo extremamente singelo, que se a empresa demandada no curso de uma ação judicial trabalhista acabar não tendo bens ou encerrar suas atividades, a pessoa física de seu sócio poderá ser chamado a responder pelo débito. Se isso vier a acontecer, o sócio será citado pela Justiça para apresentar sua eventual defesa no processo e passará a responder na ação, como mais um dos réus.

Tal como os sócios, outros também podem ser chamados para tal responsabilização, a exemplo de um antigo proprietário que respondia pela empresa quando o empregado ainda lá trabalhava, eventual sócio oculto ou de fato ou alguma empresa ou pessoa física do mesmo grupo econômico.

Chamamos tal fenômeno de *"desconsideração da personalidade jurídica"*, que trata da possibilidade de se deixar de lado os registros oficiais da empresa devedora para responsabilizar seus sócios administradores pelo dano ou prejuízo que causaram, de modo a se buscar de modo mais eficaz uma solução justa para o caso. Tal princípio, antes já aplicado em outros países, foi introduzido no nosso sistema jurídico pelo Código de Defesa do Consumidor e rapidamente reconhecido para outros segmentos também desejáveis de proteção legal, como as causas trabalhistas.

Para alguém ser responsabilizado por eventuais débitos trabalhistas no curso de um processo judicial, é preciso que tal pessoa seja incluída nos registros e oficialmente citada (pessoalmente ou por edital). No entanto, lamentavelmente, não é raro verificar que o processo judicial trabalhista se volta contra um ex-sócio, sem que nos registros daquela ação perante o distribuidor judicial tenha sido efetivado tal apontamento pela Vara do Trabalho.

E se o vendedor do imóvel transacionado vier a ser algum desses sócios ou terceiros responsáveis pelo débito trabalhista, qual o efeito jurídico disso?

Qual risco corre o comprador da propriedade de vir a perder o imóvel adquirido?

Aplicam-se, nessas hipóteses, exatamente os mesmos requisitos já analisados anteriormente. Ou seja, estando o comprador do imóvel de boa-fé, ele deve certificar-se de que o proprietário do imóvel não esteja respondendo a nenhum processo trabalhista que lhe possa ocasionar a situação de insolvência.

Repetimos que não basta a ação judicial para que surja a responsabilidade do terceiro adquirente de boa-fé. É condição, requisito da responsabilização do terceiro, que a aquisição tenha ocorrido quando o vendedor já se mostrava insolvente.

Imagine, por exemplo, uma grande instituição bancária como Bradesco ou uma multinacional como a Coca-Cola. Tais empresas certamente respondem a milhares de processos judiciais. Disso resultaria que seus bens se encontram indisponíveis e que qualquer venda para terceiros poderia ser considerada ineficaz? A resposta claramente é negativa, pois tais empresas não se encontram em estado de insolvência, ao menos até o presente momento. E certamente elas realizam, com frequência, diversas transações imobiliárias vendendo imóveis de antigas agências ou escritórios, propriedades adquiridas por recebimento de dívidas etc.

Cogitar o contrário seria considerar a indisponibilidade de bens de todo aquele que estivesse respondendo ações judiciais, o que — além de ilegal — seria pouco conveniente à vida em sociedade na atualidade, e, como sabemos, o Direito deve ser, antes de tudo, razoável.

E se tais empresas vierem a se tornar insolventes no futuro, as transações hoje realizadas poderiam ser consideradas irregulares? A resposta igualmente se apresenta negativa, pois no momento da transação tais não se mostravam insolventes e, assim, os terceiros que adquiriram seus imóveis de boa-fé agiram dentro da ordem legal estabelecida, conforme previsto no art. 593 do CPC, sendo, portanto, um ato jurídico perfeito, protegido pelo Direito.

A busca de uma solução justa para o credor trabalhista, que goza de um crédito alimentar, não pode passar pelo resultado injusto de se responsabilizar um terceiro de boa-fé por uma dívida a que não deu causa.

Para verificar se o proprietário do imóvel responde ou não um processo judicial trabalhista, o comprador deve solicitar as certidões ou verificar sua situação junto ao distribuidor da Justiça do Trabalho. Se naquele momento não se encontra apontada nenhuma ação judicial trabalhista, este aspecto não impedirá a venda e nem afetará a sua perfeição jurídica.

Mas..., e se a ação judicial já se encontrasse em tramitação antes da venda do imóvel, mas sem que tivesse ocorrido, até aquele momento, a inclusão do vendedor nos registros do processo judicial trabalhista? Como vimos, diversos responsáveis por débitos trabalhistas são incluídos no processo depois de a ação trabalhista ajuizada originalmente, que até então corria apenas contra a empresa empregadora.

Ora..., se você adquiriu um imóvel e contra aquela pessoa, naquele momento, não constava nenhum registro de processo judicial trabalhista, você não teria como ter conhecimento desse fato. Logo, a compra é válida e juridicamente perfeita, se presentes os demais requisitos, uma vez que a bola de cristal ainda não é fonte do sistema legal.

E se o sócio já estivesse respondendo ao processo, com a citação oficial regularmente efetuada e constando seu nome no polo passivo da ação, mas ele ainda não constar dos registros oficiais do Poder Judiciário? Parece ser claro que o terceiro de boa-fé não tem como adivinhar a existência de algum processo contra quem quer que seja, se isso não constar dos registros de distribuição da Justiça do Trabalho e, também aqui, não pode sofrer qualquer prejuízo[7].

Deste modo, para o terceiro sofrer as consequências quanto ao imóvel que adquirir, é preciso que o nome do devedor já se encontre, na ocasião da contratação de venda e compra da propriedade, inscrito no distribuidor como parte no polo passivo da ação judicial. Pois apenas nesse momento é que se está dando publicidade ao mundo de que suas transações imobiliárias correm risco de serem consideradas irregulares, caso ele se encontre em condição de insolvência.

Até o momento que a desconsideração da personalidade jurídica não seja devidamente anotada junto ao distribuidor do órgão do Poder Judiciário respectivo, as transações de boa-fé realizadas são consideradas legítimas. E aqui também permanece intocável o que antes se falou a respeito do registro da venda na matrícula do imóvel, não sendo tal anotação indispensável para a comprovação da transação imobiliária. Igualmente, mesmo que a aquisição do imóvel não reste registrada na matrícula perante o cartório de registro de imóveis, o adquirente poderá demonstrar a efetivação dela por todos os demais elementos ou meios de prova admitidos em Direito.

Como dissemos, a efetivação da compra não pode ser desconsiderada por não se encontrar anotada na matrícula do imóvel, pois não há qualquer autorização legal para assim se proceder[8].

Para se tentar corrigir uma lesão ao direito trabalhista, não se pode violar direito de outrem, pois uma injustiça não se corrige com a prática de outra.

Quando você se coloca no lugar do outro, parece ser mais fácil compreender o que é ou não uma solução justa. Se você adquire um imóvel de boa-fé e até aquele momento não consta nenhuma ação judicial em nome do vendedor, como é que amanhã você poderia perder todo o seu investimento realizado naquela compra? Isso seria justo ou razoável? Um ato de tamanha envergadura e com significativa consequência na vida pessoal e financeira das pessoas deve gozar de algum grau de certeza e, portanto, de validade.

E um órgão da Justiça, para fazer valer o significado do nome que empunha, não pode ultrapassar os limites legais de sua atuação, ainda que com objetivos nobres de auxiliar credores alimentares, se com isso prejudicar terceiros de boa-fé que em nada são responsáveis pelo débito. Descobrir um santo para cobrir outro não é o melhor procedimento, como nos diz o tão comum jargão popular.

---

(7) "Quando da aquisição do imóvel pelos embargantes, e à época em que foi firmada a escritura pública de venda e compra, qual seja, na data de 21.12.1993 (fl. 10), havia reclamatória contra a executada, em trâmite neste Juízo (vide de fl. 42 que a ação principal foi proposta em 9.7.1993), da qual são sócios os proprietários do imóvel constrito, porém não havia sobre o bem constrito qualquer gravame que impedissem os sócios da executada de dispor livremente de seu patrimônio. Como bem salientado pelos embargantes, o imóvel penhorado foi adquirido de pessoas físicas e não da empresa executada, sendo mesmo certo que nas Distribuições desta Justiça Especializada, constará das certidões solicitadas apenas o nome da pessoa jurídica e nunca o de seus sócios. Ademais, aqui há de se privilegiar a boa-fé dos terceiros adquirentes, não só para se assegurar a segurança dos negócios jurídicos, como também ao fato de que a exequente, na data de 8.12.1999, solicitou (fl. 41), não a penhora (que foi efetuada na data de 29.1.2001 (fl. 8) do imóvel em comento, mas a decretação de nulidade da venda do imóvel em comento, restando claro que os adquirentes em nenhum momento fizeram parte da lide principal ou foram incluídos no polo passivo da demanda principal" (TRT/SP, 7ª T., Rel. Des. Ricardo Verta Luduvice, TRT/SP n. 20020476706).
(8) "Embargos de terceiro. Penhora de imóvel. Não transcrição no registro de imóveis. Embora a lei exija, na aquisição de bens imóveis, a sua transcrição no registro competente, não é razoável manter-se a constrição judicial se as provas dos autos indicam que o bem já há muito não pertencia ao devedor, mas sim a terceiro de boa-fé" (TRT/SC, 3ª Câmara, Rel. Des. Gilmar Cavalieri, 28.8.2013).

Portanto, só será justo, legal e correto penhorar um imóvel de terceiro no âmbito do processo do trabalho, se este assumiu o risco de adquiri-lo quando contra o vendedor, no momento da transação imobiliária, já corria ação capaz de torná-lo insolvente. Para isso, ainda, é necessário que o antigo proprietário do imóvel estivesse com seu nome devidamente anotado no polo passivo da ação trabalhista e constando no distribuidor de processos da Justiça do Trabalho, pois só assim — e a partir daquele momento — é que tal situação pode ser alegada contra terceiros de boa-fé.

5. Referências bibliográficas

BRASIL. Superior Tribunal de Justiça. *Súmulas e julgados*. Disponível em: <www.stj.jus.br>. Acesso em: 8.2013.

_____ . Tribunal Regional do Trabalho da 2ª Região. *Julgados*. Disponível em: <www.trt12.jus.br>. Acesso em: 12.2013.

_____ . Tribunal Regional do Trabalho da 12ª Região. *Julgados*. Disponível em: <www.trt12.jus.br>. Acesso em: 12.2013.

Capítulo 11

Penhora de Salário e os Postulados da Razoabilidade e da Proporcionalidade: Breve Análise da Jurisprudência Brasileira à Luz de Aportes Críticos Pós-Positivistas

Ney Maranhão[*]

1. Introito

O propósito deste estudo é descortinar alguns exemplos da aplicação dos postulados da proporcionalidade e da razoabilidade perante a jurisprudência pátria (civil e trabalhista), mais precisamente no que diz com a flexibilização da regra do art. 649, IV, do CPC.

Busca-se analisar a questão à luz de alguns aportes críticos de fundo pós-positivista.

2. O fenômeno pós-positivista: anotações básicas

O direito está em crise. Como acentua Luís Roberto Barroso, o direito positivista vive uma *grave crise existencial*, na medida em que não consegue entregar com eficiência os dois produtos que fizeram sua reputação ao longo dos séculos, mencionando o renomado autor que "a *injustiça* passeia pelas ruas com passos firmes e a *insegurança* é a característica da nossa era"[(1)]. O *pós-positivismo*, nesse compasso, representa exatamente o anseio por um novo fôlego, a busca por uma nova perspectiva...

Rememore-se que a ascensão do jusnaturalismo está associada à necessidade de ruptura com o Estado absolutista, enquanto que sua decadência está vinculada ao movimento de codificação do direito, ocorrida lá pelos idos do século XVIII. Por outro lado, a ascensão do juspositivismo está jungida à crença exacerbada no poder do conhecimento científico (frio e calculista), ao passo que sua decadência está ligada à derrota do nazifascismo, no século XX. É exatamente nesse colapso de pensamentos, nessa

---

(*) Juiz do Trabalho (TRT da 8ª Região — PA/AP). Doutorando em Direito do Trabalho e da Seguridade Social pela Universidade de São Paulo (USP). Mestre em Direitos Humanos pela Universidade Federal do Pará (UFPA). Especialista em Direito Material e Processual do Trabalho pela Università di Roma — La Sapienza (Itália). Professor Mestre (licenciado) do Curso de Direito da Faculdade do Pará (FAP) (em nível de graduação). Professor convidado da Universidade da Amazônia (UNAMA) e do Centro Universitário do Estado do Pará (CESUPA) (em nível de pós-graduação). Professor convidado das Escolas Judiciais dos Tribunais Regionais do Trabalho da 8ª (PA/AP), 14ª (RO/AC) e 19ª Regiões (AL). Membro do Instituto Goiano de Direito do Trabalho (IGT), do Instituto de Pesquisas e Estudos Avançados da Magistratura e do Ministério Público do Trabalho (IPEATRA) e do Instituto Brasileiro de Direito Social Cesarino Junior (IBDSCJ). E-mail: ney.maranhao@gmail.com.

(1) BARROSO, Luís Roberto. Neoconstitucionalismo e constitucionalização do direito. *Revista da Escola Nacional da Magistratura*, ano I, n. 2, Brasília: Escola Nacional da Magistratura — ENM, p. 26, out. 2006.

crise de paradigmas, que o pós-positivismo, em um valioso ímpeto de superação científica, exsurgiu. Realmente, em já clássica construção textual, acentua, com propriedade, Barroso:

> O *pós-positivismo* é a designação provisória e genérica de um ideário difuso, no qual se incluem a definição das relações entre valores, princípios e regras, aspectos da chamada *nova hermenêutica* e a teoria dos direitos fundamentais. [...] O Direito, a partir da segunda metade do século XX, já não cabia mais no positivismo jurídico. A aproximação quase absoluta entre Direito e norma e sua rígida separação da ética não correspondiam ao estágio do processo civilizatório e às ambições dos que patrocinavam a causa da humanidade. Por outro lado, o discurso científico impregnara o Direito. Seus operadores não desejavam o retorno puro e simples ao jusnaturalismo, aos fundamentos vagos, abstratos ou metafísicos de uma razão subjetiva. Nesse contexto, o pós-positivismo não surge com o ímpeto da desconstrução, mas como uma superação do conhecimento convencional. Ele inicia sua trajetória guardando deferência relativa ao ordenamento positivo, mas nele reintroduzindo as ideias de justiça e legitimidade. O constitucionalismo moderno promove, assim, uma volta aos valores, uma reaproximação entre ética e Direito.[2]

Como se pode perceber, a teoria normativa dos *princípios* é assunto estreitamente ligado ao pós-positivismo, que os guindou ao relevante *status* de normas jurídicas e os colocou no privilegiado patamar constitucional[3]. Com isso, os princípios enfim se libertaram daquela velha ideia de que detinham apenas valia ética, passando a ostentar mesmo plena vinculatividade jurídica.

A visão pós-positivista também acarreta mudanças na área da *interpretação constitucional*. Nesse particular, leciona Barroso:

> A interpretação jurídica tradicional desenvolveu-se sobre duas grandes premissas: (i) quanto ao *papel da norma*, cabe a ela oferecer, no seu relato abstrato, a solução para os problemas jurídicos; (ii) quanto ao *papel do juiz*, cabe a ele identificar, no ordenamento jurídico, a norma aplicável ao problema a ser resolvido, revelando a solução nela contida. Vale dizer: a resposta para os problemas está integralmente no sistema jurídico e o intérprete desempenha uma função técnica de conhecimento, de formulação de juízos de fato. No modelo convencional, as normas são percebidas como *regras*, enunciados descritivos de condutas a serem seguidas, aplicáveis mediante *subsunção*. Com o avanço do direito constitucional, as premissas ideológicas sobre as quais se erigiu o sistema de interpretação tradicional deixaram de ser integralmente satisfatórias. Assim: (i) quanto ao *papel da norma*, verificou-se que a solução dos problemas jurídicos nem sempre se encontra no relato abstrato do texto normativo. Muitas vezes só é possível produzir a resposta constitucionalmente adequada à luz do problema, dos fatos relevantes, analisados topicamente; (ii) quanto ao *papel do juiz*, já não lhe caberá apenas uma função de conhecimento, voltado para revelar a solução contida no enunciado normativo. O intérprete torna-se coparticipante do processo de criação do direito, completando o trabalho do legislador, ao fazer valorações de sentido para as cláusulas abertas e ao realizar escolhas entre soluções possíveis.[4]

---

(2) BARROSO, Luís Roberto. Fundamentos teóricos e filosóficos do novo direito constitucional brasileiro (pós-modernidade, teoria crítica e pós-positivismo). *In:* BARROSO, Luís Roberto (org.). *A nova interpretação constitucional:* ponderação, direitos fundamentais e relações privadas. 2. ed. Rio de Janeiro: Renovar, 2006. p. 27-28.

(3) Sobre tão complexa temática, focando na extrema importância atribuída aos princípios nessa nova instância de reflexão, Paulo Bonavides também nos oferta excelentes reflexões, *verbis*: "É na idade do pós-positivismo que tanto a Doutrina do Direito Natural como a do velho positivismo ortodoxo vêm abaixo, sofrendo golpes profundos e crítica lacerante, provenientes de uma reação intelectual implacável, capitaneada sobretudo por Dworkin, jurista de Harvard. Sua obra tem valiosamente contribuído para traçar e caracterizar o ângulo novo de normatividade definitiva reconhecida aos princípios. [...] A construção doutrinária da normatividade dos princípios provém, em grande parte, do empenho da Filosofia e da Teoria Geral do Direito em buscarem um campo neutro onde se possa superar a antinomia clássica Direito Natural/Direito Positivo. [...] Em resumo, a teoria dos princípios chega à presente fase do pós-positivismo com os seguintes resultados já consolidados: a passagem dos princípios da especulação metafísica e abstrata para o campo concreto e positivo do Direito, com baixíssimo teor de densidade normativa; a transição crucial da ordem jusprivatista (sua antiga inserção nos Códigos) para a órbita juspublicística (seu ingresso nas Constituições); a suspensão da distinção clássica entre princípios e normas; o deslocamento dos princípios da esfera da jusfilosofia para o domínio da Ciência Jurídica; a proclamação de sua normatividade; a perda de seu caráter de normas programáticas; o reconhecimento definitivo de sua positividade e concretude por obra sobretudo das Constituições; a distinção entre regras e princípios, como espécies diversificadas do gênero norma, e, finalmente, por expressão máxima de todo esse desdobramento doutrinário, o mais significativo de seus efeitos: a total hegemonia e preeminência dos princípios" (BONAVIDES, Paulo. *Curso de direito constitucional*. 19. ed. São Paulo: Malheiros, 2006. p. 265, 276 e 294).

(4) BARROSO, Luís Roberto. Neoconstitucionalismo e constitucionalização do direito. *Revista da Escola Nacional da Magistratura*, ano I, n. 2, Brasília: Escola Nacional da Magistratura — ENM, p. 35, out. 2006.

Eis o cabedal teórico que servirá de pano de fundo para as singelas reflexões que se pretende realizar neste estudo.

3. A razoabilidade e a proporcionalidade como postulados indissociáveis da atividade judicante

No Brasil, mesmo à época do auge positivista — onde o direito confundia-se com a lei —, ao intérprete recaia o encargo de enxergar bem mais que a simples letra do enunciado legal. Sempre se fomentou, por expressa disposição legislativa, uma impostação de espírito que garimpasse a teleologia da norma e tocasse seus objetivos mais caros. Nesse sentido o constante do art. 5º da hoje Lei de Introdução às Normas do Direito Brasileiro: **na aplicação da lei, o juiz atenderá aos fins sociais a que ela se dirige e às exigências do bem comum**.

Nesse afã, tem sido cada vez mais comum, no âmbito da jurisprudência brasileira, o manuseio de sadios parâmetros de proporcionalidade e razoabilidade na interpretação/aplicação das normas. Registre-se, a propósito, que razoabilidade e proporcionalidade são tomados aqui como *postulados*, ou seja, enquanto normas metódicas dirigidas ao intérprete e ao aplicador do Direito para a escorreita aplicação de outras normas (*regras* e *princípios*)[5], a nosso ver funcionando, em essência, como verdadeiros **parâmetros de contenção do arbítrio e realização do justo perante cada caso concreto**.

A Constituição Federal de 1988 não se reportou ao princípio da proporcionalidade. Entretanto, esse fato em nenhum momento constitui óbice para seu manuseio. Como bem acentua Willis Santiago Guerra Filho, **esse vetor de proporcionalidade é mesmo algo intrínseco à própria essência do Estado Democrático de Direito**. Demais disso, dispõe, expressamente, o § 2º do art. 5º do texto constitucional pátrio, que "os direitos e garantias expressos nesta Constituição não excluem outros decorrentes do regime e dos princípios por ela adotados". Para esse autor, aliás, o princípio da proporcionalidade tem importância especialíssima, a ponto de ser por ele encarado como "princípio dos princípios, verdadeiro *principium* ordenador do direito"[6]. Segundo Virgílio Afonso da Silva, o objetivo da aplicação do vetor da proporcionalidade "é fazer com que nenhum restrição a direitos fundamentais tome dimensões desproporcionais"[7].

Pontue-se, noutro quadrante, que julgar *por* equidade difere de julgar *com* equidade. No primeiro caso, visualiza-se o culto liberal de premência da lei em busca de segurança jurídica, proibindo ao julgador, arbitrariamente, afastar-se da lei para fazer valer seu sentimento pessoal de justiça. Sucede, porém, que **no paradigma de um Estado Democrático de Direito e à luz da força normativa da Constituição Federal, o agir equitativo é algo mesmo ínsito ao ato de julgar**[8]. Impõe-se, dessa forma, que **toda interpretação e aplicação da lei se dê também — e sempre — com alguma dose de equidade**, no sentido de que se transcenda "a justiça abstrata e genérica da lei para alcançar-se a justiça concreta e individualizada do caso"[9], afinal, "o juiz não é uma máquina silogística, nem o processo, como fenômeno cultural, presta-se a soluções de matemática exatidão. Impõe-se rejeitar a tese da mecanicista aplicação do direito"[10].

Humberto Ávila enxerga no postulado da razoabilidade três acepções: como *equidade*, como *congruência* e como *equivalência*. Fácil inferir que a linha intelectiva supra é consentânea com a **razoabilidade enquanto vetor de equidade**[11]. E é precisamente nessa toada que esse insigne jurista expõe a distinção entre *incidência* e *aplicação* da norma. Eis sua percuciente lição, *in verbis*:

> Nem toda norma incidente é aplicável. É preciso diferenciar a aplicabilidade de uma regra da satisfação das condições previstas em sua hipótese. Uma regra não é aplicável somente

---

(5) A respeito, confira-se: ÁVILA, Humberto. *Teoria dos princípios:* da definição à aplicação dos princípios jurídicos. 13. ed. São Paulo: Malheiros, 2012. p. 142-202. Vale o registro de que a distinção entre os vetores da razoabilidade e proporcionalidade, bem como a própria pertinência da partição tricotômica das normas (em regras, princípios e postulados), são temáticas dotadas de alta conflituosidade teórica, cujo enfrentamento e resolução demandariam um inevitável desvio dos propósitos deste trabalho.
(6) GUERRA FILHO, Willis Santiago. *Processo constitucional e direitos fundamentais*. 6. ed. São Paulo: SRS, 2009. p. 91.
(7) SILVA, Virgílio Afonso da. O proporcional e o razoável. *RT*, v. 798, São Paulo: Revista dos Tribunais, p. 24, 2002.
(8) MARINONI, Luiz Guilherme; MITIDIERO, Daniel. *Código de processo civil comentado artigo por artigo*. 2. ed. São Paulo: Revista dos Tribunais, 2010. p. 175.
(9) OLIVEIRA, Carlos Alberto Alvaro de. *Do formalismo no processo civil:* proposta de um formalismo-valorativo. 3. ed. São Paulo: Saraiva, 2009. p. 244.
(10) OLIVEIRA, Carlos Alberto Alvaro de. *Do formalismo no processo civil:* proposta de um formalismo-valorativo. 3. ed. São Paulo: Saraiva, 2009. p. 223.
(11) A respeito, confira-se: ÁVILA, Humberto. *Teoria dos princípios:* da definição à aplicação dos princípios jurídicos. 13. ed. São Paulo: Malheiros, 2012. p. 173-182.

porque as condições previstas em sua hipótese são satisfeitas. Uma regra é aplicável a um caso se, e somente se, suas condições são satisfeitas e sua aplicação não é excluída pela razão motivadora da própria regra ou pela existência de um princípio que institua uma razão contrária. Nessas hipóteses as condições de aplicação da regra são satisfeitas, mas a regra, mesmo assim, não é aplicada.[12]

Ou seja, a inconstitucionalidade não recai sobre o *objeto* da interpretação (o enunciado legal), mas sobre o *produto* dela (a norma produzida para o caso concreto)[13]. Em termos mais simplórios: **a inconstitucionalidade é uma mácula que pode recair não apenas sobre o *dispositivo normativo*, como sói acontecer, mas também sobre o *efeito concreto* de sua regular aplicação, sendo essa uma realidade jurídica que o jurista não pode desprezar**[14].

Busca-se, com isso, pois, uma concepção de justiça que suplante os limites da legalidade estrita. Que, enfim, saia da acanhada dimensão da *lex* e adentre os portais do fértil espectro do *jus*.

4. A penhora de salário no âmbito da jurisprudência brasileira (civil e trabalhista)

A temática da possibilidade de se fazer recair penhora sobre verbas salariais é tema assaz polêmico e que, por isso, sempre agitou a jurisprudência brasileira.

Toma-se a liberdade de colher julgado exarado no âmbito do Superior Tribunal de Justiça, cujo caso e teor do julgamento seguirão bem explanados na notícia publicada no portal daquela Corte. Segue o inteiro teor da reportagem, porque atende aos propósitos deste trabalho:

A Quarta Turma do Superior Tribunal de Justiça (STJ), em decisão unânime, reafirmou a impossibilidade de penhora de salário e reformou decisão do Tribunal de Justiça do Distrito Federal (TJDF), que havia admitido o bloqueio de 30% da remuneração depositada na conta bancária de uma devedora. Após decisão de primeiro grau, que desconsiderou a personalidade jurídica de empresa devedora e determinou o bloqueio de contas bancárias, tanto em nome da empresa como dos sócios, uma sócia — que é servidora pública — apresentou pedido de reconsideração para ter sua conta desbloqueada. Segundo ela, não foram ressalvados os salários depositados em sua única conta corrente, os quais têm natureza alimentar. O juiz atendeu parcialmente o pedido de reconsideração e liberou 70% do valor pago a título de remuneração salarial. A sócia da empresa recorreu ao TJDF, o qual manteve a decisão do juízo de primeira instância. No recurso especial, a servidora argumentou ser ilegal o bloqueio do seu salário e apontou violação do art. 649, inciso IV, do Código de Processo Civil (CPC), que considera "absolutamente impenhoráveis" os vencimentos, subsídios, soldos, salários, remunerações, proventos de aposentadoria, pensões, pecúlios, montepios e outras verbas de caráter alimentar. O ministro relator do recurso, Luis Felipe Salomão, lembrou que **a jurisprudência do STJ tem interpretado a expressão "salário" de forma ampla. Nessa interpretação, todos os créditos decorrentes da atividade profissional estão incluídos na categoria protegida.** Em seu voto, citou vários precedentes relacionados ao tema. **Para ele, a decisão do Tribunal de Justiça contraria entendimento pacífico do STJ, pois é inadmissível a penhora até mesmo de valores recebidos a título de verba rescisória de contrato de trabalho, depositados em conta corrente destinada ao recebimento de remuneração salarial, ainda que tais verbas estejam aplicadas em fundos de investimentos, no próprio banco, para melhor aproveitamento do depósito. E concluiu que "é possível a penhora *on-line* em conta corrente do devedor, desde que ressalvados valores oriundos de depósitos com manifesto caráter alimentar, como, no caso, os valores percebidos a título de**

---

(12) ÁVILA, Humberto. *Teoria dos princípios:* da definição à aplicação dos princípios jurídicos. 13. ed. São Paulo: Malheiros, 2012. p. 176.
(13) Daí o acerto das contundentes colocações pós-positivistas de Humberto Ávila: "Normas não são textos nem o conjunto deles, mas os sentidos construídos a partir da interpretação sistemática de textos normativos. Daí se afirmar que os dispositivos se constituem no objeto da interpretação; e as normas, no seu resultado" (ÁVILA, Humberto. *Teoria dos princípios:* da definição à aplicação dos princípios jurídicos. 13. ed. São Paulo: Malheiros, 2012. p. 33).
(14) MARINONI, Luiz Guilherme. *Curso de processo civil:* teoria geral do processo. São Paulo: Revista dos Tribunais, 2006. v. 1, p. 59. É o que Eduardo Ribeiro Moreira chama de "derrotabilidade da norma". Confira-se sua interessante lição: "O terceiro sentido da interpretação conforme a Constituição é verificado somente no caso concreto, quando, excepcionalmente, os efeitos da regra são retirados, por uma situação excepcionalmente não prevista (*post factum*). [...] Esse é um dos grandes avanços sustentados pelo neoconstitucionalismo, pois afasta as exceções que combatem a ponderação, sobretudo de regras que se afirmam em uma (errada) ponderação das regras. [...] A derrotabilidade [...] dá à norma a possibilidade de conviver no ordenamento, sem que perca sua carga de regra, porque importou em uma exceção. [...] A regra sofrerá efeito excepcional e não incidirá, casuisticamente, pela sua derrotabilidade factual — após a inferência no caso concreto, mas nunca abstrata. [...] Não se trata de ponderar regras — efeito exclusivo dos princípios —, mas de aceitar, via o terceiro sentido da interpretação conforme a Constituição, a sua derrotabilidade" (MOREIRA, Eduardo Ribeiro. *Neoconstitucionalismo:* a invasão da constituição. 7ª Obra da Coleção Professor Gilmar Mendes. São Paulo: Método, 2008. p. 89 e 94-95).

salário". Com isso, a Turma deu provimento ao recurso especial **e reconheceu a impenhorabilidade dos valores relativos ao salário recebido pela servidora.**[15] (grifou-se)

O que se percebe, pelo menos da parte desse julgado, é uma aplicação irrefletida da lei, materializando um atuar judicante essencialmente curvado aos ditames da infraconstitucionalidade. Não se fazem recortes pontuais ou mesmo inflexões de sensibilidade à principiologia constitucional.

Ora, o que se deseja sublinhar, aqui, neste breve arrazoado acadêmico, é que **todo e qualquer julgado há de primar pela junção dos juízos de legalidade e de equidade, à luz dos aportes fáticos extraídos do caso concreto e dos ditames axiológicos constitucionais. E, para tanto, revela-se mesmo de todo imprescindível o manuseio dos postulados da proporcionalidade e razoabilidade, enquanto diretrizes metódicas de interpretação de outras normas.** Isso significa, em essência, pautar-se em uma visão equilibrada, que, a um só tempo, evite comodidade hermenêutica e não insufle qualquer viés de arbítrio. Vale conferir, a respeito, as sábias palavras de Cândido Rangel Dinamarco:

> a percepção do significado humano e político das impenhorabilidades impõe uma interpretação teleológica das disposições contidas nos arts. 649 e 650 do Código de Processo Civil, de modo a evitar, de um lado, sacrifícios exagerados e, de outro, exageros de liberalização; a legitimidade dessas normas e de sua aplicação está intimamente ligada à sua inserção em um plano de indispensável equilíbrio entre os valores da cidadania, inerentes a todo o ser humano, e os da tutela jurisdicional prometida constitucionalmente, ambos dignos do maior realce na convivência social, mas nenhum deles capaz de conduzir à irracional aniquilação do outro.[16]

Para ser mais preciso, a proposta é que se imponha, como ponto de partida, a impenhorabilidade de verbas salariais. Tratar-se-ia, portanto, de uma irreprochável regra geral. **Todavia, sem ultraje à coerência do sistema, impõe-se reconhecer a admissão dessa constrição, ainda que em situações excepcionais, à vista dos contornos fáticos de determinado caso concreto e dos direitos fundamentais.** A admissão desse tipo de penhora demandará, é claro, o desenvolver de todo um ônus argumentativo, a recair sobre o intérprete e julgador, de sorte a legitimar, democraticamente, não apenas a decisão que permite uma tal invasão patrimonial, como, sobretudo, em que parâmetros isso deverá acontecer.

Em julgado mais recente, o Superior Tribunal de Justiça flexibilizou essa regra de impenhorabilidade absoluta de verbas salariais, pontuando-se em aspectos especiais do caso concreto, bem assim no primado de uma hermenêutica essencialmente teleológica e condizente com os postulados da razoabilidade e da proporcionalidade. A ementa, exposta a seguir, é por demais explicativa:

> PROCESSO CIVIL. CRÉDITO REFERENTE A HONORÁRIOS ADVOCATÍCIOS. CARÁTER ALIMENTAR. PENHORA NO ROSTO DOS AUTOS. POSSIBILIDADE. EXCEÇÃO. PECULIARIDADES DO CASO CONCRETO. NECESSIDADE DE INTERPRETAÇÃO TELEOLÓGICA DO ART. 649, IV, DO CPC. MÁXIMA EFETIVIDADE DAS NORMAS EM CONFLITO GARANTIDA. 1. A hipótese dos autos possui peculiaridades que reclamam uma solução que valorize a interpretação teleológica em detrimento da interpretação literal do art. 649, IV, do CPC, para que a aplicação da regra não se dissocie da finalidade e dos princípios que lhe dão suporte. 2. A regra do art. 649, IV, do CPC constitui uma imunidade desarrazoada na espécie. Isso porque: (i) a penhora visa a satisfação de crédito originado da ausência de repasse dos valores que os recorrentes receberam na condição de advogados do recorrido; (ii) a penhora de parcela dos honorários não compromete à subsistência do executado e (iii) a penhora de dinheiro é o melhor meio para garantir a celeridade e a efetividade da tutela jurisdicional, ainda mais quando o exequente já possui mais de 80 anos. 2. A decisão recorrida conferiu a máxima efetividade às normas em conflito, pois a penhora de 20% não compromete a subsistência digna do executado — mantendo resguardados os princípios que fundamentam axiologicamente a regra do art. 649, IV do CPC — e preserva a dignidade do credor e o seu direito à tutela executiva. 3. Negado provimento ao recurso especial. (STJ, REsp 1.326.394-SP, 3ª Turma, Relatora: Ministra Nancy Andrighi, Julgamento em 12.3.2013. DJe de 18.3.2013)

Trata-se, por certo, de uma excelente sinalização de sensibilidade e correção na arte de bem aplicar o direito.

Impende asseverar, agora, que também no **âmbito da processualística laboral tem prevalecido o**

---

(15) Fonte: *Portal do STJ*. Notícia de 27.10.2011. Disponível em: <http://www.stj.gov.br/portal_stj/publicacao/engine.wsp?tmp.area=398&tmp.texto=103706&tmp.area_anterior=44&tmp.argumento_pesquisa=penhora%20de%20sal%E1rio>. Acesso em: 27.6.2013.
(16) DINAMARCO, Cândido Rangel. *Instituições de direito processual civil*. São Paulo: Malheiros, 2004. v. IV, p. 342.

reconhecimento da absoluta impenhorabilidade das verbas de natureza alimentar, *ex vi* do art. 649, IV, do Código de Processo Civil, aplicado pela via do art. 769 da Consolidação das Leis do Trabalho[17]. Foi o que ocorreu no recente acórdão exarado junto ao C. Tribunal Superior do Trabalho, nos autos do Processo TST-RO-37800-94.2011.5.13.0000.

No caso, tratou-se de mandado de segurança impetrado em face de ato do Juízo da 2ª Vara do Trabalho de Campina Grande (PB), que havia determinado, em uma execução definitiva, o bloqueio no percentual de 25% (vinte e cinco por cento) da remuneração do Impetrante, sócio da empresa executada. O Tribunal Regional do Trabalho da 13ª Região (PB) denegou a segurança pleiteada, sob os seguintes fundamentos, sintetizados na respectiva ementa:

> MANDADO DE SEGURANÇA. PENHORA PARCIAL DE SALÁRIOS EM EXECUÇÃO TRABALHISTA. POSSIBILIDADE. É possível a penhora sobre percentual de crédito salarial que não inviabilize o sustento básico do executado e sua família, haja vista a necessidade de se adequar a norma do art. 649, IV, do CPC com o direito fundamental do credor à tutela executiva. Na hipótese, houve determinação para que os bloqueios sejam limitados a 25% dos vencimentos do impetrante junto à fonte pagadora, tendo a autoridade impetrada agido em consonância com os padrões de cautela e de razoabilidade exigidos a tal situação excepcional. Portanto, não há que se cogitar na concessão de segurança.

Diante dessa negativa, o impetrante interpôs recurso ordinário, levando a questão para o crivo do C. Tribunal Superior do Trabalho, onde o Relator, Ministro Emmanoel Pereira, reafirmou que:

> O art. 649 do CPC, por seu inciso IV, é expresso ao considerar absolutamente impenhoráveis os salários. [...] Já a jurisprudência desta Corte tem se firmado pela aplicação integral da norma em referência, considerando ilegal e arbitrária a ordem de penhora sobre salários, vencimentos e proventos de aposentadoria, situação na qual tem sido concedida a segurança para sustar o ato impugnado. Isso devido à natureza alimentar de tais parcelas, indispensáveis à subsistência de quem as recebe e de sua família. [...] Portanto, o Impetrante tem o direito líquido e certo de não serem penhorados os valores recebidos a título de salário, mesmo em se tratando de execução trabalhista, razão pela qual deve ser concedido o pedido.[18]

Deveras, são inúmeros os precedentes daquela Corte Superior trabalhista nessa mesma senda. Confira-se: TST-ROMS-1881/2006-000-15-00.8, Rel. Ministro Emmanoel Pereira, DJU 26.9.2008; TST-ROMS-697/2005-000-12-00.6, Rel. Ministro Emmanoel Pereira, DJU 5.10.2007; TST-ROMS-180/2006-000-23-00.8, Rel. Ministro Renato de Lacerda Paiva, DJU 15.6.2007; TST-ROMS-73/2006-000-23-00.0, Rel. Ministro Ives Gandra Martins Filho, DJU 8.6.2007; TST-ROMS-241/2006-000-23-00.7, Rel. Ministro Renato de Lacerda Paiva, DJU 8.6.2007; TST-ROMS-830/2005-000-15-00.8, Rel. Ministro Ives Gandra Martins Filho, DJU 20.4.2007; TST-ROMS-84/2005-000-18-00.6, Rel. Ministro Gelson de Azevedo, DJU 13.4.2007; TST-ROMS-407/2005-000-18-00.1, Rel. Ministro José Simpliciano Fontes de F. Fernandes, DJU 23.3.2007; TST-ROMS-176/2004-000-18-00.5, Rel. Ministro Emmanoel Pereira, DJU 11.5.2005 e TST-ROMS-1882/2004-000-04-00.0, Rel. Ministro Barros Levenhagen, DJU 2.9.2005.

Não sem razão o Tribunal Superior do Trabalho acabou por cristalizar esse entendimento. É o que se lê do teor da **Orientação Jurisprudencial n. 153 de sua SBDI-2**, como segue:

> MANDADO DE SEGURANÇA. EXECUÇÃO. ORDEM DE PENHORA SOBRE VALORES EXISTENTES EM CONTA SALÁRIO. art. 649, IV, do CPC. ILEGALIDADE. (DJE divulgado em 3, 4 e 5.12.2008). Ofende direito líquido e certo decisão que determina o bloqueio de numerário existente em conta salário, para satisfação de crédito trabalhista, ainda que seja limitado a determinado percentual dos valores recebidos ou a valor revertido para fundo de aplicação ou poupança, visto que o art. 649, IV, do CPC contém norma imperativa que não admite interpretação ampliativa, sendo a exceção prevista no art. 649, § 2º, do CPC espécie e não gênero de crédito de natureza alimentícia, não englobando o crédito trabalhista.

Ora, bem se sabe que, nos lindes do processo civil, regra geral a parte hipossuficiente ocupa o polo *passivo* da lide, sendo essa, por sinal, uma das dimensões da *ratio* que fundamenta a regra de que, quando por vários meios o credor puder promover a execução, ao juiz recai o dever de atentar para que se

---

(17) CLT, art. 769: "Nos casos omissos, o direito processual comum será fonte subsidiária do direito processual do trabalho, exceto naquilo em que for incompatível com as normas deste Título".

(18) TST-RO-37800-94.2011.5.13.0000, Subseção II — Especializada em Dissídios Individuais, Relator: Ministro Emmanoel Pereira. Data de julgamento: 30.4.2013. Data de publicação: 3.5.2013.

faça pelo modo menos gravoso para o devedor (CPC, art. 620). E é na esteira dessa mesma perspectiva que, aqui, o legislador, antecipando-se na técnica de ponderação de valores, decidiu por firmar disposição legal nitidamente protetora da dignidade humana do *devedor*, blindando de qualquer penhora os créditos que lhe são reservados para atender à manutenção própria e de sua família.

Mas não apenas esse fator de ordem *subjetiva*, atinente a uma possível vulnerabilidade de uma das partes, que justifica uma tal disposição normativa.

Certamente o legislador anteviu a problemática e projetou um instigante cotejo entre a qualidade da dívida exequenda e a qualidade do patrimônio passível de constrição. Nessa perspectiva, o que se buscou, no plano normativo, foi conferir primazia ao patrimônio que mais diretamente visa a assegurar um patamar mínimo de civilidade e condições materiais para a pessoa humana que figura como devedora em demanda executiva. Noutras palavras: **a efetivação de um crédito de natureza ordinária não deve se dar em detrimento da afetação de um crédito de natureza alimentar**. Entrevê-se, aqui, também, algo de um fator de ordem *objetiva*, alusivo à própria qualidade intrínseca dos créditos ocasionalmente postos em comparação no bojo de uma dinâmica executória.

Nessa alheta, a regra exceptiva contida no § 2º do art. 649 do CPC, no sentido de autorizar tal constrição quando se estiver diante de penhora para pagamento de prestação alimentícia, é medida que só reforça a regra geral anteriormente estampada. Nesse particular, a exceção só se justifica precisamente porque, na comparação da natureza dos créditos — o que serve de lastro à demanda executiva e o que se pretende constringir para lograr garantia de efetividade para essa execução —, **a simetria ontológica de ambos legitima que realize penhora sobre verba alimentícia, exatamente porque o escopo é precisamente o atendimento de crédito de igual dignidade alimentar**.

Nem se pense que o legislador, ao construir a redação do art. 649, IV, do CPC, tenha deliberadamente deixado à margem de proteção os créditos de natureza *salarial* — outra espécie de crédito de matiz alimentar —, como leva a crer grande parte da jurisprudência que se debruça sobre o tema. A questão é de simples intelecção: como se pode exigir do legislador processual civil que fizesse menção, ao elaborar a exceção ao art. 649, IV, do CPC, a crédito que ordinariamente não é afeito aos seus domínios, como é o caso dos créditos salariais?

O foco do legislador, portanto, centrou-se mais na importância axiológica de determinados créditos que propriamente na preocupação de arrolar, pontualmente e em linha taxativa, todos os possíveis créditos que encerrariam, em essência, propensão nitidamente alimentar. **O legislador não detêve, pois, intenções de arrolamento quantitativo, mas, sim, de destacamento qualitativo.** Por isso, há que se ter resguardo com argumentações que enxerguem nesse dispositivo um inarredável afastamento de qualquer intento protetivo dos créditos salariais, simplesmente porque, de sua fria letra, não constou tal modalidade de crédito alimentar.

Mas é preciso dizer mais: por corolário do pensamento alinhavado, é possível crer que o foco do legislador, ao redigir o art. 649, IV, do CPC, também buscou ofertar regramento à vista da específica esfera de sua atuação precípua, a saber, a dimensão processual civil. Logo, igualmente por esse argumento se pode perceber a impertinência de se imaginar que a simples não indicação dos créditos salariais, em seu texto, implique em silêncio eloquente. O que se pretende anotar, agora, é que, ainda no particular dessa discussão, **o legislador não detêve elogiáveis intenções de aplicação transversal e interdisciplinar desse dispositivo, senão que decerto se fechou no desejo de regrar exatamente a complexa e específica esfera de mundo que o direito processual civil sempre se prestou a reger** — redundando, por óbvio, na ausência de citação dos famosos créditos salariais nas linhas que dão corpo ao art. 649, IV, do CPC, porque, naturalmente, como já se afirmou, tal dimensão creditícia é quase que alheia à órbita jurídico-processual civil.

Note-se, nesse compasso, que o enunciado legal permissionário de constrição de verba salarial não pode servir justamente para frustrar a tutela jurisdicional de crédito portador de idêntica envergadura axiológica, de modo a negar sua escancarada teleologia e sua finalidade última. Ou seja, **não se pode aceitar que a aplicação da letra da lei redunde em efeito manifestamente contrário ao seu próprio espírito, ofendendo, assim, o postulado da razoabilidade como vetor de equidade.**

Não se olvida que a impenhorabilidade de bens, tal qual arrolada no Código de Processo Civil, representa proposta do legislador com vistas a harmonizar a satisfação do credor e a dignidade do devedor. **O que se propugna, porém, é que a jurisprudência, na esteira dos postulados da razoabilidade e proporcionalidade, passe a admitir a flexibilidade dessa regra,** não pura e simplesmente para ferir aos anseios do legislador, mas, muito pelo contrário, exatamente para atendê-los. Afirma-se isso porque não raro em lides executivas trabalhistas o julgador se encontra diante de hipóteses em que o vilipêndio à dignidade humana sucederá não se se autorizar a penhora de salário, mas, sim, caso se venha a negar tal constrição.

É o que se dá, por exemplo, com o exequente que, desempregado e possuindo família, com filhos pequenos, está imerso em estado de comprovada privação material, ao passo que o executado figura como servidor público federal que aufere mais de quinze salários mínimos mensais líquidos.

Diante desse cenário, fazer incidir a regra do art. 649, IV, do CPC, será medida que, embora plenamente afinada com os termos da lei, produzirá efeito concreto desafiador dos ditames constitucionais, especialmente da dignidade da pessoa humana (CF, art. 1º, III).

Por outro lado, **a negativa de incidência concreta desse dispositivo, com utilização de um percentual de penhora razoável e adequado, representará importante concordância prática de direitos fundamentais**. Ao exequente, que, para além de ser detentor do direito fundamental a uma tutela jurisdicional efetiva e adequada, tal qual o executado também não pode se ver privado de um patamar mínimo de dignidade. Ao executado, que faz jus a não sofrer afetações arbitrárias em seus valores salariais, porquanto merecedor do mesmo patamar mínimo de dignidade material.

Sucede, porém, que a penhora de valores salariais nesse tipo de situação em nada ofende àqueles parâmetros basilares do postulado da proporcionalidade, condizentes com os clássicos subjuízos hauridos da doutrina germânica: adequação, necessidade e proporcionalidade em sentido estrito[19].

Ora, o meio escolhido é adequado para atingir a sua finalidade (*adequação*)? Sim, a penhora de valores atende aos objetivos satisfatórios da execução. O meio escolhido é o mais suave e ao mesmo tempo suficiente para proteger a norma constitucional (*necessidade*)? Sim, a depender do percentual de penhora do salário aplicado no caso concreto, sendo certo, ainda que, a permanecer a negativa de qualquer constrição salarial, perenizar-se-á ofensa à dignidade do trabalhador desempregado, gerando proteção estatal insuficiente em relação à existencialidade do credor e, em contrapartida, proteção estatal excessiva em relação ao patrimônio do devedor. Em uma medida de "peso e importância", a medida trará mais benefícios do que prejuízos? **Sim, haja vista que o benefício a ser alcançado com tal medida prestigia a mantença de patamares mínimos no que toca a direitos de mesma envergadura axiológica (dignidade humana) em face de ambas as partes da demanda executiva**[20].

Francisco Giordani, em belíssimo artigo, bem pontua essa específica questão:

Na Justiça do Trabalho, para citar uma possibilidade, em inúmeras situações se dá o caso de que, não existindo mais a empresa executada, o que acontece, como é fácil de imaginar, pelos motivos os mais diversos, se volte a execução contra a figura de um sócio, agora empregado, que tem, então, seus estipêndios, depositados em uma conta corrente, penhorados; esse sócio vem a juízo, sustentar a ilegalidade/abusividade da determinação judicial, sustentando, vigorosamente, a impenhorabilidade dos seus salários, sendo que, mantida referida constrição judicial, não terá com que manter-se, nem aos seus, restando magoada sua dignidade de pessoa humana. Indiscutível a necessidade de se respeitar a dignidade da pessoa humana do executado, mas do outro lado, o do credor, há uma pessoa, que também precisa se sustentar e aos seus, que tem sua dignidade, e que, para mantê-la, vê-la respeitada, necessita e tem o direito de receber o que já foi reconhecido judicialmente como lhe sendo devido, e mais: uma pessoa à qual não pode ser jogado o peso de uma iniciativa empresarial que não logrou êxito, porquanto, claro é, se todos podem tentar vencer na vida, os escolhos que então se apresentarem não podem ser contornados, colocando-se os mesmos no caminho de quem, útil quando se tentou uma atividade empresarial, incomoda quando o prosseguimento da mesma não se afigurou mais como possível, isso me parece óbvio! [...] reitero que não há mais espaço para a aplicação praticamente mecânica do art. 649, IV, do CPC, devendo ser feito o exame do caso concreto, tendo bem presente as agruras do trabalhador/credor/necessitado, pena de

---

(19) Para uma enunciação clara e didática dessas três dimensões, confira-se: MARMELSTEIN, George. *Curso de direitos fundamentais*. 4. ed. São Paulo: Atlas, 2013. p. 365-377.

(20) As diretrizes gerais para os questionamentos ora lançados foram extraídos da obra: MARMELSTEIN, George. *Curso de direitos fundamentais*. 4. ed. São Paulo: Atlas, 2013.

desrespeito ao direito que lhe foi reconhecido, o que pode representar uma agressão à própria Constituição Federal e a princípios a ela muito caros.[21]

É precisamente essa a linha de raciocínio que ficou solidificada no **Enunciado n. 70 da 1ª Jornada de Direito Material e Processual do Trabalho (1ª JDMPT)**, realizada em novembro de 2007, cujo teor segue:

EXECUÇÃO. PENHORA DE RENDIMENTOS DO DEVEDOR. CRÉDITOS TRABALHISTAS DE NATUREZA ALIMENTAR E PENSÕES POR MORTE OU INVALIDEZ DECORRENTES DE ACIDENTE DO TRABALHO. PONDERAÇÃO DE PRINCÍPIOS CONSTITUCIONAIS. POSSIBILIDADE. Tendo em vista a natureza alimentar dos créditos trabalhistas e da pensão por morte ou invalidez decorrente de acidente do trabalho (CF, art. 100, § 1º-A), o disposto no art. 649, inciso IV, do CPC deve ser aplicado de forma relativizada, observados o princípio da proporcionalidade e as peculiaridades do caso concreto. Admite-se, assim, a penhora dos rendimentos do executado em percentual que não inviabilize o seu sustento.

Esse alvissareiro balizamento doutrinário norteou a linha argumentativa esposada em muitos arestos laborais. Seguem, nesse sentido, alguns relevantes julgados:

AGRAVO DE PETIÇÃO. PENHORA SOBRE PERCENTUAL DE APOSENTADORIA. MITIGAÇÃO DA IMPENHORABILIDADE PREVISTA NO ART. 649, INCISO IV, DO CPC. Mitiga-se a impenhorabilidade do valor da aposentadoria da devedora, posto que confrontada com a satisfação de crédito trabalhista de natureza alimentar. Nesse sentido, o Enunciado n. 70 aprovado na 1ª Jornada de Direito Material e Processual na Justiça do Trabalho (23.11.2007): EXECUÇÃO PENHORA DE RENDIMENTOS DO DEVEDOR. CRÉDITOS TRABALHISTAS DE NATUREZA ALIMENTAR E PENSÕES POR MORTE OU INVALIDEZ DECORRENTES DE ACIDENTE DO TRABALHO. PONDERAÇÃO DE PRINCÍPIOS CONSTITUCIONAIS. POSSIBILIDADE. Tendo em vista a natureza alimentar dos créditos trabalhistas e da pensão por morte ou invalidez decorrente de acidente do trabalho (CF, art. 100, § 1º-A), o disposto no art. 649, inciso IV, do CPC deve ser aplicado de forma relativizada, observados o princípio da proporcionalidade e as peculiaridades do caso concreto. Admite-se, assim, a penhora dos rendimentos do executado em percentual que não inviabilize o seu sustento. (TRT-3 [MG], Processo n. 0071100-48.2006.5.03.0114, Desembargador: Marcelo Lamego Pertence. Publicado em 20.10.2011)

AGRAVO DE PETIÇÃO. PENHORA SOBRE PERCENTUAL DE VENCIMENTOS DE SERVIDOR PÚBLICO. MITIGAÇÃO DA IMPENHORABILIDADE PREVISTA NO ART. 649, INCISO IV, DO CPC. 1. O Superior Tribunal de Justiça reconhece a possibilidade de *"uma solução que valorize a interpretação teleológica em detrimento da interpretação literal do art. 649, IV, do CPC, para que a aplicação da regra não se dissocie da finalidade e dos princípios que lhe dão suporte"* (STJ, Terceira Turma, REsp 1.326.394, Relatora: Ministra Nancy Andrighi, DJe publicado em 18.3.2013). 2. Aferida tal premissa jurisprudencial, mitiga-se a impenhorabilidade dos vencimentos da devedora, posto que confrontada com a satisfação de crédito trabalhista de natureza alimentar, mormente quando se trata de acidente do trabalho que ocasiona a incapacidade total do trabalhador. [...] (TRT-3 [MG], 7ª Turma, AP 01721-2009-058-03-00-4, Relator: Desembargador Marcelo Lamego Pertence. Julgamento em 16.5.2013).

EXECUÇÃO. SALÁRIO. IMPENHORABILIDADE. PRINCÍPIO DA PROPORCIONALIDADE. APLICAÇÃO. O entendimento que, a cada dia, vem se encorpando mais, reconhece que o positivismo se exauriu, não servindo mais como modelo único para a solução de inúmeras questões submetidas a julgamento, de modo que é chegada a hora do pós-positivismo, que permite se tenha a lei não mais como algo a ser endeusado, mas, apenas, como um dos elementos a ser tido em linha de consideração, quando da apreciação de um conflito de interesses [...]. O pós-positivismo, entre suas ideias, trouxe a de que os princípios são uma espécie do gênero norma, sendo a outra espécie a regra, tendo, portanto, ambos, vocação para embasar uma decisão judicial [...]. Enfim, existindo uma questão de impenhorabilidade de salário reclamando solução, a mesma não pode ser encontrada apenas nos horizontes, hoje estreitos e/ou insuficientes, do quanto disposto no art. 649, IV, do CPC, a não ser assim, de acrescentar, a própria Constituição Federal será atropelada. (TRT-15, AP 096100-14.2004.5.15.0073, Relator: Desembargador Motta Giordani, DJ 3.3.2006).

Note-se, a propósito, que nos precedentes coligidos em nenhum momento se fala em inconstitucionalidade de qualquer dispositivo que seja. **Cuida-se, tão só, de averiguar que, nada obstante plenamente constitucional o dispositivo legal cabível na espécie (no caso, o art. 649, IV, do CPC), o resultado prático de sua incidência naquela específica situação seria afrontoso à Constituição Federal**

---

(21) GIORDANI, Francisco. O princípio da proporcionalidade e a penhora de salário. *Revista do TST*, Brasília, v. 72, n. 1, p. 33 e 35, jan./abr. 2006.

(art. 1º, III). É que, como já se consignou alhures, a inconstitucionalidade é uma mácula que pode recair não apenas sobre o *dispositivo normativo*, como sói acontecer, mas também sobre o *efeito concreto* de sua regular aplicação.

O manuseio desse construto intelectivo exigirá o desvencilhar de um ônus de argumentação que por certo recairá sobre a figura do julgador. **Com efeito, nesses casos, o sopesamento de valores realizado *ex ante* e abstratamente pelo *legislador*, à luz de sua legitimação *política*, pode vir a ceder diante de um novo sopesamento axiológico, desta feita realizado *ex post* pelo *julgador*, defronte de um específico caso concreto e à luz de sua legitimação *argumentativa*.** Frise-se que ambas as representações são igualmente assimiláveis em um conceito de democracia que se preste a ser intrinsecamente *deliberativa*, de sorte que "o controle da lei a partir dos direitos fundamentais somente é viável quando a representação argumentativa em prol desses direitos suplanta a representação política identificada na lei", sendo que "essa representação, antes de controlar a lei, deverá ser capaz de convencer os cidadãos de sua racionalidade"[22].

Bem se nota que a importância desse debate implica não aceitar que o juiz seja mero reprodutor de injustiça e instrumento de manutenção de um incômodo *status quo*, escondendo-se atrás de um perfil judicante que, para além de não atentar aos fins sociais da lei e às exigências do bem comum, nega o juramento que prestou quanto ao cumprimento da Carta Magna, mais particularmente quanto ao seu papel de ofertar contributo para a construção de uma sociedade livre, justa e solidária (CF, art. 3º, I), atento à dignidade humana e aos valores sociais do trabalho e da libre iniciativa, enquanto poderosos *fundamentos* da República Federativa do Brasil (CF, art. 1º, III e IV).

Nem se diga, por fim, que abraçar essa vertente de ideias implicaria séria afetação da segurança jurídica. Ora, como bem leciona Alvaro de Oliveira:

> Cumpre não identificar [...] o valor da segurança jurídica com a "ideologia" da segurança, que tem por objetivo o imobilismo social [...]. Não mais se busca o absoluta da segurança jurídica, mas a segurança jurídica afetada de um coeficiente, de uma garantia de realidade. Nessa nova perspectiva, a própria segurança jurídica induz a mudança, a movimento, na medida em que ela está a serviço de um objetivo mediato de permitir a efetividade dos direitos e garantias de um processo equânime.[23]

Verdadeiramente, como destacou João Baptista Machado, "segurança sem justiça representaria pura situação de força"[24].

5. Conclusão

O direito é fenômeno cultural e, portanto, sujeito a constante reflexão e (re)construção. Mesmo no campo processual, o direito continua a merecer incessante incursão crítica[25].

Um dos pressupostos para que isso ocorra é o rompimento do paradigma liberal de juiz "boca da lei", passando o julgador a assumir, de uma vez por todas, a sua carga de responsabilidade no refinamento do ordenamento jurídico e na realização da justiça do caso concreto, sempre lastreando seu pensar não de acordo com suas convicções pessoais, mas na esteira de uma argumentação que conduza à concreção dos anseios constitucionais e que se paute por vetores de proporcionalidade e razoabilidade, na qualidade de princípios plenamente dotados de força normativa e incidência prática.

A jurisprudência brasileira, com seus naturais avanços e recuos, tem procurado, em linhas gerais, a realização do justo em cada caso concreto — na maior parte das vezes até mesmo alheia à infindável discussão teórica que envolve o tema da conceituação e da aplicação dos vetores axiológicos da proporcionalidade e da razoabilidade. E os aportes pós-positivistas, assentados grandemente na força normativa dos princípios, aqui e acolá têm dado uma relevante contribuição nessa rica empreitada de conduzir o fenômeno jurídico da estreiteza da *lex* para a amplitude do *jus*.

Apesar das idas e vindas, das tintas e das teses, mercê da elevada polêmica que envolve o assunto,

---

(22) MARINONI, Luiz Guilherme. *Curso de processo civil:* teoria geral do processo. São Paulo: Revista dos Tribunais, 2006. v. 1, p. 87-88.
(23) OLIVEIRA, Carlos Alberto Alvaro de. *Do formalismo no processo civil:* proposta de um formalismo-valorativo. 3. ed. São Paulo: Saraiva, 2009. p. 79, 92 e 93.
(24) MACHADO, João Baptista. *Introdução ao estudo do direito e ao discurso legitimador.* Coimbra: Almedina, 1989. p. 56.
(25) Segundo Guilherme Botelho, "o direito é um processo de adaptação social. Verdadeiro produto da cultura que reflete os valores éticos, morais e históricos de uma sociedade, sendo tal desiderato ainda mais evidente no direito processual, como ramo jurídico mais rente à vida" (BOTELHO, Guilherme. *Direito ao processo qualificado:* o processo civil na perspectiva do estado constitucional. Porto Alegre: Livraria do Advogado, 2010. p. 179).

pelo menos uma coisa parece ganhar algum foro de unanimidade: **não há direitos absolutos**. Daí o despontar de uma tendência, ainda que tímida, no sentido de se reconhecer algum grau de flexibilidade no concernente à expressa diretriz legal de absoluta impenhorabilidade de créditos de natureza salarial (CPC, art. 649, IV), **sobretudo em demandas onde há confronto entre duas verbas salariais e a ameaça à dignidade humana está sensivelmente mais avivada junto a quem figura no polo ativo da lide executiva, na qualidade de credor**.

O fio da meada, nessa seara, está em se convencer de que de nada valerá todo o esforço judicante se, ao fim e ao cabo, permanecerem incólumes, dentro de cada processo, as condições que lançam algum grau de afronta aos valores constitucionais — ainda que essas condições sejam impostas pela incidência cristalina da própria letra da lei.

Referências

ÁVILA, Humberto. *Teoria dos princípios:* da definição à aplicação dos princípios jurídicos. 13. ed. São Paulo: Malheiros, 2012.

BARROSO, Luís Roberto. Neoconstitucionalismo e constitucionalização do direito. *Revista da Escola Nacional da Magistratura,* ano I, n. 2, Brasília: Escola Nacional da Magistratura — ENM, out. 2006.

_____. Fundamentos teóricos e filosóficos do novo direito constitucional brasileiro (pós-modernidade, teoria crítica e pós-positivismo). *In:* BARROSO, Luís Roberto (org.). *A nova interpretação constitucional:* ponderação, direitos fundamentais e relações privadas. 2. ed. Rio de Janeiro: Renovar, 2006.

BONAVIDES, Paulo. *Curso de direito constitucional.* 19. ed. São Paulo: Malheiros, 2006.

BOTELHO, Guilherme. *Direito ao processo qualificado:* o processo civil na perspectiva do estado constitucional. Porto Alegre: Livraria do Advogado, 2010.

DINAMARCO, Cândido Rangel. *Instituições de direito processual civil.* São Paulo: Malheiros, 2004. v. IV.

GIORDANI, Francisco. O princípio da proporcionalidade e a penhora de salário. *Revista do TST,* Brasília, v. 72, n. 1, jan./abr. 2006.

GUERRA FILHO, Willis Santiago. *Processo constitucional e direitos fundamentais.* 6. ed. São Paulo: SRS, 2009.

MACHADO, João Baptista. *Introdução ao estudo do direito e ao discurso legitimador.* Coimbra: Almedina, 1989.

MARINONI, Luiz Guilherme. *Curso de processo civil:* teoria geral do processo. São Paulo: Revista dos Tribunais, 2006. v. 1.

MARINONI, Luiz Guilherme; MITIDIERO, Daniel. *Código de processo civil comentado artigo por artigo.* 2. ed. São Paulo: Revista dos Tribunais, 2010.

MARMELSTEIN, George. *Curso de direitos fundamentais.* 4. ed. São Paulo: Atlas, 2013.

MOREIRA, Eduardo Ribeiro. *Neoconstitucionalismo:* a invasão da constituição. 7ª Obra da Coleção professor Gilmar Mendes. São Paulo: Método, 2008.

OLIVEIRA, Carlos Alberto Alvaro de. *Do formalismo no processo civil:* proposta de um formalismo-valorativo. 3. ed. São Paulo: Saraiva, 2009.

SILVA, Virgílio Afonso da. O proporcional e o razoável. *RT,* v. 798, São Paulo: Revista dos Tribunais, 2002.

CAPÍTULO 12

OS TÍTULOS EXTRAJUDICIAIS E O PROCESSO DO TRABALHO: A PERMANENTE NECESSIDADE DE REVISÃO

CASSIO COLOMBO FILHO[*]

"A vida é curta, a arte é longa, a oportunidade é fugaz, a experiência enganosa, o julgamento difícil."
Hipócrates

1. Introdução — um título de crédito a quem tem valor!

Prontamente aceitei o convite para expor algumas ideias e deixar uma mensagem ao estimado jurista Wagner Drdla Giglio, cuja homenagem já não era sem tempo e é mais que merecida.

Tive o privilégio de ser aluno do professor Wagner nas disciplinas de Direito Processual do Trabalho I e II, no Curso de Especialização da Faculdade de Direito do Largo de São Francisco, na Universidade de São Paulo — USP, cujas aulas eram no fim das tardes/início das noites de sexta-feira, e depois seguidas de animadas conversas embaladas por rodadas de chope no Itamaraty, ali, bem defronte às Arcadas.

Se hoje sou magistrado e professor de Processo, para isso concorreram vários fatores e fontes de inspiração. Bem que eu gostaria de ter uma fração do conhecimento e talento do estimado Professor para o desempenho de tais funções. Certamente a atuação do professor Wagner é pautada na afinidade com a disciplina e seu magistério, aperfeiçoada na prática com a carreira da magistratura, inclusive no Paraná, onde ele ajudou a instalar o Tribunal do Trabalho da 9ª Região.

Nos anos 1980, seu livro já era uma referência em Processo do Trabalho (apesar de bem mais compacto do que é hoje), e atualmente está atualizado pelos ensinamentos contidos nos apontamentos das cobiçadas notas de aulas, agora entregues a sua filha Cláudia e incorporados a sua obra.

Recordo-me vivamente do professor Wagner, ministrando suas aulas solenemente, sentado à frente da pequena Turma, discorrendo com maestria sobre a disciplina, falando das vicissitudes do Processo do Trabalho, sua importância, do "dualismo" [...]. Também me lembro de suas temidas provas discursivas,

---

(*) Desembargador Federal do Trabalho do Tribunal Regional do Trabalho da 9ª Região; Mestre em Direitos Fundamentais e Democracia, pela Unibrasil-PR; Especialista em Teoria Crítica dos Direitos Humanos pela Universidad Pablo de Olavide (Sevilla/Espanha,); Especialista em Direito do Trabalho pela Faculdade de Direito da Universidade de São Paulo — USP; Professor dos cursos de Especialização em Direito do Trabalho e Previdenciário e Preparatório da AMATRA IX e Professor convidado do Curso de Especialização em Direito do Trabalho da UNICURITIBA.

do rigor na correção e de quanto tudo foi útil e todos aprendemos com nosso dileto mestre.

Outro assunto do qual se ocupava e discorria com inegável propriedade era a sempre encrencada e mal sistematizada execução trabalhista, quando traçava um panorama geral, apontando os parcos 17 artigos da CLT, a irrisória legislação complementar, a complementaridade da lei de executivos fiscais e do próprio CPC, e fazia nossas cabeças fervilharem com ideias como o "fundo de execuções trabalhistas".

Passam-se os anos, o tempo é impiedoso com nosso físico, mas a obra, as ideias, grande legado de um homem, permanecem. Hipócrates tinha razão: "A vida é curta, a arte é longa [...]".

Pois seja passado um título de crédito de valor inestimável pela contribuição à Justiça do Trabalho e ao próprio Direito Processual do Trabalho a este emérito Professor e Magistrado: doutor Wagner Drdla Giglio, de quem sou eterno admirador.

Parabéns também ao professor doutor e desembargador Luiz Eduardo Gunther pela iniciativa na organização deste trabalho e percepção da necessidade de homenagem a esse ícone do juslabolarismo.

Como ênfase aos ensinamentos do professor Wagner, que todos conhecem mais como Giglio, vou comentar uma ideia que primeiro ouvi dele, conforme ordenamento jurídico da época, e que, apesar da evolução da legislação, ainda permite um debate muito atual acerca da utilização e cobrança dos títulos de crédito extrajudiciais na Justiça do Trabalho.

2. As críticas de Wagner Giglio às restrições dos títulos de crédito na justiça do trabalho e sua atualidade

No início dos anos 1990, quando tive essa aula, a Justiça do Trabalho só admitia como títulos executivos a sentença e o acordo judicial, à vista da redação do art. 876 da CLT, da época[1].

Explicava o professor Wagner que não se admitiam os títulos de crédito extrajudiciais na Justiça do Trabalho que poderiam gerar as execuções por dois ponderosos motivos:

1º o título de crédito pode se desvincular da dívida que o originou, adquirindo autonomia, e com isso, os créditos trabalhistas, por natureza inegociáveis, poderiam ser objeto de cessão entre vivos, o que repudiaria ao Direito do Trabalho, confrontando os princípios protetivos do salário;

2º seria muito fácil para o empregador obter títulos de crédito contra o empregado, principalmente em situações críticas nas quais o trabalhador tem pequeno poder de barganha, como a admissão, por exemplo, e os mesmos poderiam ser "largamente usados" em ações executivas para compensações econômicas de condenações impostas ao empregador.

Na época, na esteira dos brilhantes argumentos que os juristas daquela geração usavam, o professor Wagner já criticava tais restrições assim se pronunciando:

Acontece, entretanto, que afastando o mito da igualdade das partes reconhecidas a inferioridade do trabalhador também no campo processual, seria perfeitamente admissível a execução de títulos extrajudiciais, comprobatórios de créditos do empregado, tornando-os inegociáveis e equiparando-os à sentença e ao acordo, como preconizado por Alcione Niederauer Corrêa, em conferência sob o título de "Análise Crítica do Processo do Trabalho no Brasil", publicada na *Revista do TRT da 9ª Região*, v. V, n. 1, p. 43/69.

Por outro lado, toda a argumentação no sentido de recusar valor a títulos extrajudiciais parte da premissa falaciosa de que deve ser dado o mesmo valor a títulos de dívida subscritos pelo empregado que o reconhecido aos assinados pelo empregador. Nada existe de mais irreal, pois, como subordinado, o trabalhador não teria como constranger o empregador a admitir dívida, salvo casos excepcionais. Porque normalmente espontânea, a confissão de dívida do empregador deve ser presumida válida e a do empregado, não. E ao empregador ainda se facultaria vencer a presunção, em embargos à execução.

Finalmente, quanto à última objeção, bastaria exigir, como hoje, a prova da existência de relação de emprego.[2]

Esses precisos e profundos ensinamentos impressionaram-me muito à época e muito contribuí-

---

(1) Art. 876. As decisões passadas em julgado ou das quais não tenha havido recurso com efeito suspensivo, e os acordos, quando não cumpridos, serão executados pela forma estabelecida neste capítulo.
(2) GIGLIO, Wagner D. *Direito processual do trabalho*. 9. ed. rev. ampl. e adap. à Constituição Federal de 1988. São Paulo: LTr, 1995. p. 516.

ram para a minha formação como juslaboralista, e até para o ingresso na magistratura mediante concurso público de provas e títulos.

Passados cerca de 25 anos de tais críticas, mesmo depois de alteração da legislação, ampliação da competência, evolução da doutrina e das próprias relações de trabalho, a Justiça do Trabalho continua com olhar restritivo sobre os títulos de crédito, preferindo cobranças por ritos que permitem amplo contraditório e sem garantia do Juízo.

Logo, a questão continua fervilhando e atual, pelo que pretendo explorá-la um pouco mais neste ensaio.

3. A ineficácia da justiça do trabalho para as cobranças de devedores a caminho da insolvência

Esse é um crítico problema, uma espécie de "calcanhar de Aquiles" da Justiça do Trabalho, pois numa situação de grande periclitância, em que o trabalhador normalmente já vem passando dificuldades decorrentes da mora salarial a que se submeteu no ocaso de seu contrato de trabalho, este finda-se e a situação agrava-se, pois além de não receber verbas resilitórias, também não saca o Fundo de Garantia do Tempo de Serviço (FGTS) ante a inexistência ou insuficiência de depósitos, nem consegue habilitar-se para receber o seguro-desemprego.

Aí a resposta da Justiça do Trabalho costuma ser tímida, com uma cobrança via reclamação trabalhista normalmente pelo rito ordinário, quando muito sumaríssimo, em que raramente o ex-empregado consegue uma tutela de urgência, mesmo que esteja munido de cheques sem fundos, de um Termo de Rescisão de Contrato de Trabalho (TRCT) homologado pelo Sindicato apenas para sacar um saldinho de FGTS e tentar a sorte no seguro-desemprego.

Alguns mais atrevidos ou bem informados usam a tal da "ação monitória", mas isto não lhes dá o direito de sair fazendo apresamento de bens do ex-empregador, pois não têm o chamado "título líquido e certo", como se o grande valor em jogo não fosse a celeridade para pronta resposta na exigibilidade de dívidas vencidas, das quais o prestador de serviços necessita para sobrevivência, mas sim a proteção ao patrimônio de quem oferta trabalho.

Pois bem, passemos à análise de tal questão, à luz de fundamentos mais recentes, mas cujas bases permanecem as mesmas e atuais.

4. As experiências pessoais e tentativas tímidas de alteração do quadro

Irresignado com a ineficácia da resposta jurisdicional e impulsionado pelos ensinamentos do mestre Wagner Giglio, nas aulas que ministrei espalhei o que aprendi e, como exerci jurisdição no interior do Paraná, não demorou para eu ver na prática o fruto de meus ensinamentos.

Também defendi que não havia razão lógica para negar títulos de créditos extrajudiciais aos trabalhadores na Justiça do Trabalho, principalmente para as hipóteses de salários pagos com cheques sem a devida provisão de fundos, e Termos de Rescisão de Contrato de Trabalho (TRCT) com confissão de dívida homologados pelos Sindicatos, apenas para o trabalhador levantar eventual saldo existente em sua conta vinculada do FGTS e habilitar-se para receber o benefício previdenciário do seguro-desemprego.

Atuando em Maringá, onde exerci jurisdição por cerca de oito anos, entre 1994 e 2002, surpreendi-me positivamente quando alguns advogados ajuizaram "execuções de títulos extrajudiciais" fundadas em cheques e em TRCTs, e assim mandei processá-las. Foram poucos os casos e também o êxito foi pequeno, pois normalmente os tomadores de serviços já se encontravam em irremediável insolvência.

Ao que me lembre, nos poucos casos em que houve algum proveito pelo trabalhador, o êxito decorreu da situação constrangedora decorrente da penhora de produção ou faturamento ainda restante na empresa, que obrigou o tomador a mobilizar-se para saldar seus débitos, pelo menos parcialmente, junto ao trabalhador.

É, a prática demonstrou o que lógica já apontava, ou seja, a remota chance de o trabalhador receber seu crédito decorre de uma medida de apresamento de patrimônio do empregador que caminha para a insolvência, tomando a dianteira aos demais credores, inclusive ao próprio fisco.

Isso mostra que a aceitação de títulos de crédito extrajudiciais em favor de trabalhadores, longe de ser um exercício acadêmico, é uma necessidade, uma chance a mais, e bem real, afinada com os escopos e princípios que norteiam o Direito Processual do Trabalho e justificam a existência de uma Justiça Especial para solução dos conflitos trabalhistas.

Infelizmente, não guardei registros documentados de tais experiências, e também não houve recurso de tais processos para submetê-los aos tribunais, pelo que estes fatos restringiram-se a experiências locais e que só vagam na memória de poucos.

O que sempre esteve bem marcado foi a relutância da doutrina e jurisprudência para aceitação de tal posição.

5. A continuidade da polêmica da cobrança dos títulos de crédito na justiça do trabalho

O Direito é ciência viva e a constante evolução das relações jurídicas e sociais causou alterações na legislação, sendo que o art. 876 da CLT atualmente tem a seguinte dicção:

> Art. 876. As decisões passadas em julgado ou das quais não tenha havido recurso com efeito suspensivo; os acordos, quando não cumpridos; os termos de ajuste de conduta firmados perante o Ministério Público do Trabalho e os termos de conciliação firmados perante as Comissões de Conciliação Prévia serão executada pela forma estabelecida neste Capítulo. (Redação dada pela Lei n. 9.958, de 12.1.2000)
>
> Parágrafo único. Serão executadas *ex officio* as contribuições sociais devidas em decorrência de decisão proferida pelos Juízes e Tribunais do Trabalho, resultantes de condenação ou homologação de acordo, inclusive sobre os salários pagos durante o período contratual reconhecido. (Redação dada pela Lei n. 11.457, de 2007)

O século XXI entrou só um pouco diferente neste ponto, com expressa ampliação do rol de títulos, em primeiro lugar, esclarecendo que só podem ser objeto de execução as decisões ou acordos que não sejam objeto de recurso com efeito suspensivo, e acrescendo os Termos de Ajuste de Conduta — TAC firmados nos procedimentos investigatórios do Ministério Público do Trabalho, e os termos de acordo das Comissões de Conciliação Prévia — CCP.

Pois bem, diante da atual redação do art. 876, e com o acréscimo de competência material da Justiça do Trabalho decorrente da Emenda Constitucional n. 95/04, a pergunta que remanesce é se é taxativo o rol de títulos executivos de tal dispositivo, ou se existe a possibilidade de se executarem outros?

Carlos Henrique Bezerra Leite só reconhece força executiva aos Termos de Ajuste de Conduta — TAC celebrados perante o Ministério Público do Trabalho; aos termos de conciliação das Comissões de Conciliação Prévia — CCP; e as Certidões de Dívida Ativa — CDA, decorrentes das multas aplicadas pelos órgãos de fiscalização do trabalho. Nega a possibilidade de execução dos demais títulos extrajudiciais tais como "cheques, notas promissórias, duplicatas etc.", mesmo quando originados na relação empregatícia, sugerindo que ensejem cobrança por reclamação trabalhista, ação monitória, ou até por execução na Justiça Comum "sem motivar causa remota". O mesmo autor admite a execução de títulos extrajudiciais decorrentes de outras relações de trabalho que não as relações de emprego, e insurge-se quanto a determinação do art. 1º da Instrução Normativa n. 27/05 do Tribunal Superior do Trabalho — TST, que manda aplicar o procedimento previsto na Consolidação das Leis do Trabalho — CLT[3].

Manoel Antônio Teixeira Filho entende que o rol é taxativo:

> A redação do art. 876 da CLT foi modificada pela n. 9.958, de 12 de janeiro de 2000, que passou a prever a execução de títulos extrajudiciais. Não de todo e qualquer título dessa natureza, mas apenas a que a norma legal citada faz expressa referência: [...][4]

Luciano Athayde Chaves também limita os títulos trabalhistas aos TAC e acordos de CCP, admitindo que "também integram esse rol a execução dos títulos fixados no art. 585 do Código de Processo Civil, notadamente os relacionados no inciso II, possível de ocorrência na Justiça do Trabalho em face da ampliação de sua competência material geral (art. 114, CF) e, para os quais, a Instrução Normativa n. 27/05 do Tribunal Superior do Trabalho recomenda a adoção do rito procedimental da Consolidação"[5].

Homero Batista Mateus da Silva faz uma análise bastante ampla sobre a execução dos títulos de crédito, dedica todo um capítulo de sua obra, faz menção às tentativas de aceitação e outros títulos, mas acaba admitindo os mesmos três: TACs; acordos de CCPs (com relatos de experiências trágicas); e, CDA para cobrança de dívidas fiscais. E para por aí[6].

---

(3) LEITE, Carlos Henrique Bezerra. *Curso de direito processual do trabalho*. 8. ed. São Paulo: LTr, 2010. p. 939.
(4) TEIXEIRA FILHO, Manoel Antonio. *Curso de direito processual do trabalho*. São Paulo: LTr, 2009. v. III, p. 1936.
(5) CHAVES, Luciano Athayde. *A recente reforma no processo comum e seus reflexos no direito judiciário do trabalho*. São Paulo: LTr, 2007. nota 25, p. 200.
(6) SILVA, Homero Batista Mateus da. *Curso de direito do trabalho aplicado*. Rio de Janeiro: Elsevier, 2010. p. 9/25. v. 10: execução trabalhista.

Mauro Schiavi comenta o posicionamento refratário à admissibilidade de outros títulos extrajudiciais exemplificando com o entendimento de José Augusto Rodrigues Pinto e o pensamento restritivo a títulos decorrentes de outras relações de trabalho como indica Wolney de Macedo Cordeiro. Interessante que Schiavi reviu posição anterior e passou a sustentar sua admissibilidade:

> Após uma reflexão mais atenta, penso que os títulos de crédito que sejam emitidos em razão da relação de trabalho (cheques, nota promissórias, confissão de dívidas), principalmente para pagamento dos serviços, devem ser executados na Justiça do Trabalho, uma vez que o rol do art. 876 da CLT não é taxativo, e tal execução propicia o acesso mais efetivo do trabalhador à justiça, à simplificação do procedimento, à duração razoável do processo, além de justiça do procedimento.[7]

Até que enfim um aliado nesta causa!

A jurisprudência admite a utilização de títulos extrajudiciais para cobrança de dívidas sindicais:

> COMPETÊNCIA MATERIAL DA JUSTIÇA DO TRABALHO PARA A EXECUÇÃO DE TÍTULO EXTRAJUDICIAL. CONFISSÃO DE DÍVIDA REFERENTE À CONTRIBUIÇÃO ASSISTENCIAL. Em que pese r. entendimento *a quo*, o rol de títulos executáveis na Justiça do Trabalho, previsto no art. 876 da CLT é exemplificativo, e não taxativo, razão pela qual se impõe a aplicação subsidiária da legislação processual civil, pois condizente com os princípios desta Especializada, especialmente o princípio da celeridade processual. Nos termos do art. 585, II, do CPC, é título executivo extrajudicial, entre outros, "o documento particular assinado pelo devedor e por duas testemunhas", o caso do documento juntado às fls. 17/18, tratando-se de confissão de dívida da reclamada para o finalidade de pagamento de contribuição assistencial. PROCESSO TRT/SP AP n. 000233421.2011.5.02.0008 — 14ª Turma — Rel. Juíza Elisa Maria de Barros Pena Agravante: Sinthoresp — Sindicato Empregados Comércio Hoteleiro Similares Agravado: Churrascaria e Pizza São Judas Tadeu Ltda. Agravo provido.

Depois de todos esses anos, fiquei perplexo com o resultado de minha pesquisa, quando constatei que a maioria da doutrina ainda resiste à execução dos títulos de créditos extrajudiciais no processo do trabalho, e até me espantei com a sugestão de que o trabalhador os utilize na Justiça Comum sem mencionar sua origem!

Parei para refletir e mais uma vez indaguei: — será que as lições que aprendi e repassei estavam erradas? Será que não podemos receber um cheque sem fundos ou "TRCT" homologado como título extrajudicial na Justiça do Trabalho?

6. As sem razões para não aceitação dos títulos extrajudiciais

É, "a vida é curta, a arte é longa..." e penso que o professor Wagner Giglio continua a ter razão.

De tudo que vi e aprendi, nada me convenceu de que o rol do art. 876 da CLT é taxativo e de que devemos nos ater aos títulos ali elencados.

Quanto à restrição para negociar os títulos de crédito, sua vinculação à relação de origem, e impossibilidade de aceitar títulos do empregador em face do empregado, reporto-me aos argumentos já explanados pelo professor Wagner Giglio, pelo que o assunto não merece maiores considerações.

Claro que isto está reforçado pela tendência de efetividade do moderno processo, elevada à garantia constitucional: "razoável duração do processo e os meios que garantam a celeridade de sua tramitação", e parece-me até politicamente incorreta qualquer defesa em sentido contrário neste estágio do direito.

O que poderíamos entender por "meios que garantam a celeridade de sua tramitação", para defesa de alguém que está com salários atrasados, alguns cheques sem fundos dados em pagamento, e um "TRCT" homologado e inadimplido?

A experiência mostrou que a cobrança do crédito pela via da ação monitória ou da reclamação trabalhista mostram-se ineficazes, e a pequena chance que o trabalhador tem de receber alguma parcela de seu crédito quando seu empregador caminha para a insolvência é mediante a utilização de uma medida eficiente, que cause imediato apresamento de seu patrimônio, sem dar oportunidade de deliberação se é certo ou não fazer constrição sumária, afinal, o obreiro já tem prova escrita da dívida e de sua relação de trabalho.

Não precisa mais do que isso para garantir ao trabalhador a posição de superioridade típica do credor no processo de execução, onde não há mais tratamento igualitário das partes, e se o devedor quiser se defender, deve garantir o Juízo.

---

(7) SCHIAVI, Mauro. *Execução no processo do trabalho*. São Paulo: LTr, 2013. p. 153.

Resta a preocupação com os casos de abusos, afinal, reclama-se tanto de ações infundadas, de pedidos abusivos, enfim, da falta de lealdade processual na Justiça do Trabalho.

Bem, os casos de abusos devem ser resolvidos com as respostas de urgência que a doutrina concebeu e a jurisprudência incorporou, tais como as oposições pré-processuais ou exceções de pré-executividade.

Aqui, tendo em jogo a defesa do crédito alimentar do trabalhador e o patrimônio do empregador, parece claro que a opção tem de ser pelo primeiro, afinal, *in dubio pro operario* ainda é um bom princípio do Direito do Trabalho.

Como desdobramento desse princípio, parece mais fácil o empregador obter uma tutela de urgência convencendo o Juiz de que está sendo vítima de ardil numa execução injusta e obter a desconstrução de um bem, do que o trabalhador fazer prova inequívoca, demonstrar verossimilhança e possibilidade de dano irreparável para obter uma antecipação dos efeitos da tutela de mérito e conseguir uma constrição provisória, e que dificilmente poderá recair sobre o que ele mais precisa: dinheiro!

Nem se alegue a falta de aparelhamento do Judiciário Trabalhista para suportar tais tipos de ações, pois se aceitamos outros títulos de créditos extrajudiciais (TAC, acordos CCP, CDA), e outros títulos que decorram de outras relações de trabalho, ou não, tais como confissões de dívida para com Sindicatos etc., podemos dizer que estamos "prontos pra tudo". Ou não?

É incomum discutir a força executiva de um contrato de mútuo dos créditos consignados de trabalhador, com vencimentos antecipados de dívidas em caso de extinção de contrato etc. A essas obrigações e para preservação de patrimônio, principalmente de bancos públicos, soçobram garantias. Já quando se trata de proteger o crédito alimentar do trabalhador, abundam os cuidados.

Também não posso imaginar o trabalhador ser mandado a utilizar seu título de crédito na Justiça Comum e ainda esconder-lhe a origem. Seu asilo e sua força só podem estar na Justiça do Trabalho, onde ninguém paga para ajuizar ação, há procedimento mais adequado à realidade social da prestação de serviços subordinada, facilidade para obtenção de Justiça Gratuita, e, enfim, é o território mais adequado às postulações trabalhistas.

De todos os argumentos que ouvi, concluo que a discussão acaba esbarrando no campo ideológico, e na velha questão, afinal, a serviço de quem está a tutela jurisdicional que o Estado presta através da Justiça do Trabalho, da preservação do patrimônio para seus originais detentores, ou da satisfação dos créditos alimentares dos trabalhadores?

7. O procedimento cabível — medidas de força

Aqui se corre o risco de aceitar-se os títulos extrajudiciais, mas se tornar ineficaz com a adoção do procedimento sugerido pelo art. 1º da Instrução Normativa n. 27/05 do TST, que assim dispõe:

> Art. 1º As ações ajuizadas na Justiça do Trabalho tramitarão pelo rito ordinário ou sumaríssimo, conforme previsto na Consolidação das Leis do Trabalho, excepcionando-se, apenas, as que, por disciplina legal expressa, estejam sujeitas a rito especial, tais como o Mandado de Segurança, *Habeas Corpus*, *Habeas Data*, Ação Rescisória, Ação Cautelar e Ação de Consignação em Pagamento," como propõem alguns autores.

Até aqui a inspiração era da arte de Hipócrates, mas com o regramento da IN n. 27 vai-se ao Rei Pirro do Épiro, que venceu os romanos mas ficou sem forças para prosseguir porque teve seu exército dizimado na Batalha de Heracleia, e daí vem a expressão "vitória pírrica".

Claro que nada adiantaria dar força executiva a documentos, e depois submetê-los ao moroso procedimento ordinário trabalhista.

Portanto, se os documentos são dotados de eficácia executiva, submetem-se ao procedimento de cobrança na forma do Capítulo V da CLT (art. 876 e ss.).

O credor ajuíza a demanda, fazendo prova documental de sua dívida com os títulos de crédito que normalmente são aceitos no Direito Civil ou no Direito Comercial, e de sua relação de emprego, com uma petição inicial bem simples, que gera um mandado de citação para o devedor pagar em 48 horas, sob pena de penhora, e, se quiser discutir, garanta o Juízo e o faça por meio de Embargos. Simples assim!

Digno de nota o título que se constitui o "termo de rescisão de contrato de trabalho" — TRCT, instituído por força do art. 477 da CLT e que, se devidamente homologado pelo Sindicato da categoria profissional ou órgão do Ministério do Trabalho, com a ressalva de que não houve o pagamento das verbas ali discriminadas, e sua formalização decorreu unicamente da necessidade de o trabalhador sacar eventual saldo do Fundo de Garantia do Tempo de Serviço — FGTS e habilitar-se para o Seguro-Desemprego, tem a validade de uma confissão de dívida e enquadra-se na hipótese art. 585, II, do CPC.

É que ao atuar na homologação a entidade sindical ou o órgão do MTb, o fazem por força de *munus publico*, e, portanto, o documento ali produzido só pode ser lido como "documento público".

Considerando-se a natural força do título extrajudicial (cheque, "TRCT", nota promissória, confissão de dívida) acompanhado de prova do contrato, forma-se o título executivo dotado de força executiva na Justiça do Trabalho, e aí se demonstra a liquidez e exigibilidade.

Provada a literalidade da dívida líquida e certa, o credor apresenta ao juiz a "fumaça do bom direito" de que o devedor está tentando frustar a execução, o que fica muito evidente pela mora do crédito alimentar trabalhista, e o magistrado tem pouca alternativa a não ser conceder-lhe cautelarmente um arresto, na forma do art. 813, II, *b*, do CPC, evitando que haja prejudicial desvio de bens.

Além de aumentar as chances de recebimento do crédito, isso pode colocar o trabalhador numa posição privilegiada em caso de concurso de credores.

Muito melhor isso do que tentar a sorte e preencher os requisitos de prova inequívoca, verossimilhança, receio de dano irreparável de uma tutela antecipatória.

Logo, dotar o trabalhador de títulos executivos extrajudiciais para ter mais eficácia e celeridade na cobrança de seus créditos pode ser um pouco do antídoto para o veneno da ineficácia da Justiça do Trabalho, dando a necessária força compensatória para respostas eficazes e com alguma chance de êxito, num cenário em que as possibilidades de satisfação de seus créditos são remotas.

8. Conclusões

— A discussão sobre o cabimento de execução de títulos extrajudiciais na Justiça do Trabalho é antiga, precede as alterações legislativas e vem de juristas de renome, como Alcione Niederaurer Correia e Wagner Giglio, que difundiu com profusão tais ideias;

— a Justiça do Trabalho é ineficaz para cobrança de créditos de trabalhadores cujos tomadores de serviços encaminham-se para insolvência;

— minha experiência pessoal mostrou que são positivas as experiências com títulos de créditos extrajudiciais na Justiça do Trabalho, cujo resultado prático é o aumento nas chances de o trabalhador receber seus créditos;

— os únicos títulos de créditos extrajudiciais com expressa previsão para cobrança perante a Justiça do Trabalho são: 1) TAC — Termos de Ajuste de Conduta firmados perante o Ministério Público do Trabalho; 2) acordos firmados perante as CCP — Comissões de Conciliação Prévia; 3) CDA — Certidão de Dívida Ativa, decorrente de imposição de multa de autuações da fiscalização trabalhista;

— a doutrina é refratária em aceitar o cabimento de outros títulos de crédito extrajudiciais, e apenas Mauro Schiavi soma-se a Alcione Correia e Wagner Giglio, sendo que os demais doutrinadores entendem que o rol do art. 876 da CLT é taxativo, ou até aceitam títulos civis, mas para outras relações de trabalho; já a jurisprudência admite confissão de dívida para cobranças sindicais;

— não subsistem argumentos para recusa a outros títulos na Justiça Laboral e, havendo título extrajudicial (cheque, "TRCT", nota promissória, confissão de dívida) acompanhado de prova do contrato, forma-se o título dotado de força executiva na Justiça do Trabalho, que se vincula a sua relação de origem, *i. e.*, não pode ser transferido ou endossado, e com restrições aceita-se em relação ao empregado;

— a discussão sobre a aceitação ou não dos títulos extrajudiciais acaba enveredando para o campo ideológico, mas se considerados os princípios norteadores do Direito e do Processo do Trabalho, a sua aceitação é inarredável;

— o procedimento a ser adotado é o mesmo dos títulos extrajudiciais expressamente elencados na CLT, sendo cabível medida cautelar de arresto para garantia de patrimônio.

De todo o aqui exposto fica o registro de que se trata de um ensaio, uma exposição de ideias, fruto de pesquisa científica conjugada com a observação pessoal, cuja semente, repita-se, foi lançada pelo professor doutro Wagner Giglio, e cujos frutos serão amadurecidos e demonstrados pelo tempo.

Curitiba, 1º semestre de 2014.

Referências

CHAVES, Luciano Athayde. *A recente reforma no processo comum e seus reflexos no direito judiciário do trabalho*. São Paulo: LTr, 2007.

GIGLIO, Wagner D. *Direito processual do trabalho*. 9. ed. rev. ampl. e adap. à Constituição Federal de 1988. São Paulo: LTr, 1995.

LEITE, Carlos Henrique Bezerra. *Curso de direito processual do trabalho*. 8. ed. São Paulo: LTr, 2010.

SCHIAVI, Mauro. *Execução no processo do trabalho*. São Paulo: LTr, 2013.

SILVA, Homero Batista Mateus da. *Curso de direito do trabalho aplicado*. Rio de Janeiro: Elsevier, 2010. v. 10: execução trabalhista.

TEIXEIRA FILHO, Manoel Antonio. *Curso de direito processual do trabalho*. São Paulo: LTr, 2009. v. III.

CAPÍTULO 13

EXECUÇÃO DE TÍTULOS EXTRAJUDICIAIS NO PROCESSO DO TRABALHO APÓS A AMPLIAÇÃO DA COMPETÊNCIA DECORRENTE DA EMENDA CONSTITUCIONAL N. 45/04

ANA PAULA SEFRIN SALADINI[*]

1. Considerações preliminares

O processo do trabalho foi desenvolvido, inicialmente, para atender às demandas do empregado em sentido estrito, que necessitassem da força da decisão jurisdicional para conseguir fazer valer seus direitos em face do empregador. Por isso, a previsão original da CLT era de que poderiam ser executados na Justiça do Trabalho apenas seus próprios títulos executivos, com nascedouro na ação de conhecimento — sentença e acordo judicial.

Os tempos mudaram, entretanto: a própria subordinação do contrato de trabalho já não é mais a mesma. Atualmente, cerca de metade da mão de obra que depende de seu trabalho para sobrevivência não conta com vínculo de trabalho formal. O número (e a complexidade) das ações trabalhistas cresce a cada dia. Novos mecanismos extrajudiciais foram desenvolvidos para evitar a necessidade da ação judicial, sendo exemplo disso a criação das Comissões de Conciliação Prévia. Para dar maior eficácia aos títulos provenientes de tais mecanismos de solução extrajudicial, convencionou-se lhes dar eficácia executiva, mediante ação executiva a ser proposta na própria Justiça do Trabalho.

O entendimento consentâneo de segmento importante da doutrina laboral, entretanto, é que contam com eficácia executiva na Justiça do Trabalho apenas aqueles títulos expressamente reconhecidos na legislação trabalhista: termo de conciliação firmado na Comissão de Conciliação Prévia, Termo de Ajustamento de Conduta (TAC) firmado com o Ministério Público do Trabalho, Certidão de Dívida Ativa (CDA) derivada de multa administrativa pela violação da legislação trabalhista e a sentença arbitral proferida em conflito coletivo.

Esse entendimento prevaleceu ao menos até a ampliação da competência da Justiça do Trabalho, decorrente da EC n. 45/04. A partir daí surge novo questionamento: se aqueles que não mantêm relação de emprego tem direito a propor ação de conhecimento na Justiça do Trabalho, limitada a tutela ao aspecto processual, não poderiam também propor ação executiva nessa Especializada, se detentores de título que a legislação processual civil reconhece como dotados de força executiva?

---

[*] Juíza do Trabalho Titular da 1ª VT de Apucarana-PR. Mestre em Ciências Jurídicas pela Universidade Estadual do Norte do Paraná — UENP (Jacarezinho-PR). Professora Universitária. E-mail: anapaulasefrin@hotmail.com.

É essa questão que será analisada na sequência.

2. A ampliação de competência material decorrente da EC n. 45/04

A Emenda Constitucional n. 45, de 8 de dezembro de 2004, trouxe profunda alteração e ampliação à competência da Justiça do Trabalho. Até então um ramo do Judiciário voltado histórica e especialmente às causas entre empregado e empregador, salvo algumas exceções, a Justiça Especializada teve sua competência material sensivelmente ampliada.

Dentre as novas competências trazidas, destaca-se, por ser de interesse do presente trabalho, a competência para julgamento das ações oriundas da relação de trabalho (art. 114, I, CF).

A redação anterior do texto constitucional referia-se à relação de emprego. A diferença entre um e outro é de gênero para espécie: a relação de emprego, subordinada, típica, é uma das espécies do gênero relação de trabalho, que vai compreender todas as modalidades de prestação pessoal de serviço.

A respeito desse aspecto da reforma, leciona Amauri Mascaro Nascimento (2005, p. 28-29):

> Sabido é que não há apenas um tipo básico de vínculo jurídico de trabalho — entre quem trabalha e o tomador de serviços que nem sempre será empregador quando está sendo beneficiado pelo trabalho de alguém, como a prestação de serviços autônomos, o trabalho temporário, o trabalho eventual, o trabalho avulso, o rural, o doméstico e a empreitada do operário. O direito material do trabalho direcionou-se mais como fenômeno da sociedade industrial, de trabalho prestado para uma organização, como direitos dos empregados, mas nunca foi unicamente isso, porque até mesmo para uma organização outros tipos de trabalho ou contratos de atividade podem existir não se confundindo com o emprego, tantas são as necessidades que uma organização complexa tem e que procura atender de diferentes modos contratuais. [...] O direito processual do trabalho não pode deixar de acompanhar, no Brasil, essa força expansionista quanto à competência jurisdicional para as questões do trabalho. Há uma lógica comparativa entre o direito do trabalho, que abrange não só o empregado, mas outros tipos de trabalho, e o direito processual do trabalho ao definir a competência da jurisdição trabalhista não só para questões de empregados, mas para outros tipos de trabalho.

Nesse aspecto, de acordo com Brito Lopes (2009, p. 14-15), a competência da Justiça do Trabalho precisa ser compreendida a partir da ideia matriz de que os direitos dos trabalhadores, em um conceito amplo, são direitos sociais amparados pela Constituição; a interpretação deve se dar a partir de novos paradigmas, superados os antigos, vez que a Constituição deixa claro que "o direito do trabalho é muito mais que o direito do empregado celetista". Para ele, não há cidadania plena sem o amplo acesso ao Judiciário, e o trabalhador não pode se ver compelido a recorrer a órgãos jurisdicionais diferentes para se socorrer da violação de seus direitos.

Portanto, ao ampliar a competência da Justiça do Trabalho, a ideia foi dar albergue e proteção a todos aqueles que dependem do trabalho para sua sobrevivência, facilitando seu acesso ao Judiciário ao permitir que esse trabalhador informal, sem vínculo de emprego, e que representa um grande contingente da mão de obra trabalhadora brasileira, bata às portas de uma justiça especializada, historicamente, nos conflitos derivados das relações capital e trabalho.

3. A execução de títulos extrajudiciais

Título executivo extrajudicial é o documento firmado negocialmente por um ato de natureza privada e que tem outorgado por lei eficácia que autoriza sejam executados diretamente, sem necessidade de uma prévia ação de conhecimento.

Os requisitos exigidos do título são três: a) liquidez: deve ter valor conhecido (*quantum debeatur*); b) certeza: sua existência deve ser indiscutível, e para isso o credor apresenta o documento que acarreta a obrigação já com a petição inicial; c) exigibilidade: a obrigação deve estar vencida e não ter sido cumprida voluntariamente.

Os títulos executivos judiciais ficaram, por longo tempo, excluídos da esfera juslaboral, tendo sido formalmente incluídos na CLT apenas no ano de 2000, por meio da nova redação dada ao *caput* do art. 876, com a Lei n. 9.958/00:

> As decisões passadas em julgado ou das quais não tenha havido recurso com efeito suspensivo; os acordos, quando não cumpridos; os termos de ajuste de conduta firmados perante o Ministério Público do Trabalho e os termos de conciliação firmados perante

as Comissões de Conciliação Prévia serão executados pela forma estabelecida por este artigo.

Relata Wagner D. Giglio (2007, p. 526) a respeito da perspectiva histórica desta questão:

> O processo trabalhista, porém, até recentemente não reconhecia força executiva a títulos extrajudiciais. Na vigência do antigo CPC, a doutrina e a jurisprudência já eram assentes no sentido de rejeitar a ação executiva, sob o fundamento de que não havia omissão na CLT. De fato, argumentava-se que os únicos títulos com força executiva, no processo do trabalho, eram "as decisões passadas em julgado ou das quais não tenha havido recurso com efeito suspensivo, e os acordos, quando não cumpridos" (CLT, art. 876) [redação anterior à Lei n. 9.958/00]. Essa doutrina prosseguia afirmando que todos os outros títulos, não mencionados, deviam ser submetidos ao crivo do contraditório, na fase de cognição, considerando o estado de subordinação em que se encontrava o empregado, diante de seu empregador, e o prejuízo, daí derivado, para a autenticidade das manifestações de vontade do subordinado.

Portanto, o paradigma negativo foi quebrado com a Lei n. 9.958/00. Mas, a partir daí, parte substancial da doutrina e também da jurisprudência, apegados à interpretação anterior, passou a interpretar o disposto no art. 876 como uma relação *numerus clausus*: não poderiam ser admitidos outros títulos que não aqueles expressamente admitidos pela legislação trabalhista.

Nesse sentido, Alice Monteiro de Barros (2002, p. 26):

> Diante dos limites impostos pela nova redação dada ao art. 876 da CLT, não vemos como estender o preceito alusivo à execução dos títulos extrajudiciais a outros títulos dessa natureza previstos no art. 585, II, do CPC, por meio de uma aplicação subsidiária. Ora, a nova redação dada ao preceito é recente e, se fosse essa a intenção do legislador, ele teria incluído no dispositivo legal em questão outros títulos extrajudiciais.

Assim, a partir de 2000/2004, a admissão da execução de títulos extrajudiciais passou em geral a ser limitada a quatro espécies de títulos:

(a) o TAC — Termo de Ajuste de Conduta firmado pelo executado junto ao Ministério Público do Trabalho (MPT), baseado no mencionado art. 876 da CLT e na redação atual do art. 114 da Constituição da República. Nesse caso, a parte interessada declara a violação de preceitos trabalhistas e assume obrigações junto ao MPT, nos termos da Lei n. 7.347/85. As obrigações da fazer ou não fazer são ajustadas mediante multa cominatória, e são essas multas que acabam por ser exigidas nas ações executivas propostas pelo órgão ministerial;

(b) os Termos de Conciliação firmados na Comissão de Conciliação Prévia (CCP) que não tenham sido cumpridos voluntariamente. Isso porque a natureza jurídica da obrigação firmada é de uma transação extrajudicial. Ainda assim, o devedor pode questionar a validade da obrigação cobrada pelo credor mediante interposição de ação anulatória (proposta também na Justiça do Trabalho) ou mediante incidente na execução, pela via dos embargos;

(c) a Certidão de Dívida Ativa de multas (CDA) aplicadas pela fiscalização do trabalho. A certidão é emitida pela autoridade fiscal após a apuração e inscrição de débitos tributários, e possui presunção relativa de liquidez e certeza. As penalidades que podem ser executadas na seara laboral são as penalidade administrativa imposta aos empregadores pelos órgãos da fiscalização das relações de trabalho, em decorrência, portanto, da violação da legislação trabalhista. Embora esse título não esteja previsto na CLT, a doutrina que resiste à ampliação do rol de títulos dotados de força executiva, nesse caso, não tem como objetar, diante do disposto no art. 114, VII, da CF, que atribui à Justiça do Trabalho competência para "as ações relativas às penalidades administrativas impostas aos empregadores pelos órgãos de fiscalização das relações de trabalho";

(d) o laudo arbitral proferido em questões coletivas. Aqui se trata de uma ação executiva com natureza semelhante a uma ação de cumprimento. Decorre do disposto no art. 114, § 1º, da Constituição, que estabelece que se for frustrada a negociação coletiva, as partes poderão eleger árbitros. A sentença arbitral detém presunção relativa de liquidez e certeza, e, portanto, não se poderia exigir sua revalidação por meio de uma ação de conhecimento.

Com a ampliação de competência propiciada pela EC n. 45/04, entretanto, passa a surgir, paulatinamente, a discussão a respeito de outros títulos que tenham reconhecido, por força de lei não trabalhista, sua natureza de título executivo extrajudicial, mormente em se tratando de trabalhadores que não contam com relação de emprego, mas apenas com relação de trabalho. Por exemplo: o tomador de serviços paga, em cheque, as comissões de um representante comercial pessoa física, mas o cheque é devolvido pelo banco. A natureza da relação entre ambos é de uma relação de trabalho; caso precisasse da tutela de conhecimento, o representante comercial poderia ajuizar demanda na Justiça do Trabalho; por que, então, não poderia propor a demanda executiva desse cheque na Justiça do Trabalho, notoriamente mais aparelhada para decidir conflitos de capital e trabalho?

Embora a questão seja aparentemente simples, implica alta discussão na seara justrabalhista. Nesse sentido, veja-se que Bezerra Leite (2012, p. 1018-1019) tem uma interpretação restritiva, quando se trata de execução de título extrajudicial a ser proposta por empregado, asseverando que os demais títulos executivos extrajudiciais previstos no art. 585 do CPC "ainda carecem de força executiva no âmbito da Justiça do Trabalho, embora possam, não obstante, constituir documentos aptos para a propositura da ação monitória", desde que a formação dos referidos títulos tenha origem na relação de emprego. Conclui ressaltando que o empregado que recebe um cheque sem fundos de seu empregador poderá ajuizar, na Justiça do Trabalho, ação trabalhista ou ação monitória, ou, na Justiça Comum, ação de execução de título extrajudicial.

Mais adiante, entretanto, o mesmo autor sustenta tese contrária, em se tratando de título decorrente de relação de trabalho, quando aduz que seria possível sua execução diretamente na Justiça do Trabalho (2012, p. 1019):

> Parece-nos, contudo, que os títulos extrajudiciais previstos no processo civil (CPC, art. 585) oriundos da relação de trabalho diversa da relação de emprego (CF, art. 114, I) deveriam ensejar ação de execução de título extrajudicial, cujo procedimento deveria ser o do CPC [...].
>
> É de se frisar que não há vedação legal expressa para inclusão de outros títulos, embora exista essa resistência da doutrina. Portanto, a ampliação da competência material da Justiça do Trabalho deveria garantir, por si, a execução de quaisquer títulos executivos extrajudiciais originados na relação de trabalho — incluídos aí os originados na relação de emprego, que nada mais é que uma das espécies da relação de trabalho.

Nesse sentido, quando da *I Jornada Nacional de Execução Trabalhista*, realizado na cidade de Cuiabá-MT, no ano de 2010, foi aprovado pelos juízes presentes o Enunciado n. 17, que indica que existe uma boa receptividade dos magistrados a essa ampliação do rol de títulos executivos extrajudiciais. O Enunciado aprovado conta com o seguinte teor:

> TÍTULOS EXECUTIVOS EXTRAJUDICIAIS. CABIMENTO NA EXECUÇÃO TRABALHISTA. Os títulos enumerados no art. 585 do Código de Processo Civil (CPC) e os previstos em leis especiais podem ser executados na Justiça do Trabalho, respeitada a sua competência.

Wagner D. Giglio (2007, p. 527) também defende a ampliação da competência da Justiça do Trabalho, nesse aspecto:

> [...] Afastado o mito da igualdade das partes e reconhecida a inferioridade do trabalhador também no campo processual seria perfeitamente admissível a execução de títulos extrajudiciais, comprobatórios de créditos do trabalhador [...]. [...] como subordinado, o trabalhador não teria como constranger o empregador a admitir dívida, salvo casos excepcionais. Porque normalmente espontânea, a confissão da dívida do empregador deve ser presumida válida, e a do empregado, não. E ao empregador ainda se facultaria vencer a presunção, em embargos à execução.

O autor conclui, na sequência, que a execução de títulos extrajudiciais já é admitida como normal, conclusão que se aplica com maior razão após a reforma constitucional que ampliou a competência da Justiça do Trabalho.

José Aparecido dos Santos (2009, p. 238-239) comunga desse mesmo pensamento:

> O que se observa até agora é uma tendência de restrição de títulos extrajudiciais executáveis na Justiça do Trabalho aos enumerados no art. 876 da CLT. Sucede, entretanto, que esse dispositivo legal não é taxativo quanto aos respectivos títulos extrajudiciais e, segundo penso, as condições sistêmicas do processo do trabalho exigem que se admita seu caráter meramente exemplificativo, de sorte que não há impedimento à execução na Justiça do Trabalho de "quaisquer títulos extrajudiciais, desde que originados na relação de trabalho". [...] Há uma necessidade de ampliar as hipóteses de execução por títulos extrajudi-

ciais na Justiça do Trabalho. Uma interpretação extensiva das hipóteses legais é condição para um adequado atendimento do direito material subjacente e, ao mesmo tempo, meio de garantir a verdadeira realização do princípio de razoável duração do processo (Constituição da República, art. 5º, LXVIII), pois esse princípio não é dirigido apenas ao instrumento processual, mas sim aos direitos fundamentais e materiais do cidadão.

De igual modo, Maurício Mazur (2008, p. 720) sustenta que, se o legislador quisesse proibir outros títulos, o teria feito de forma expressa, sendo que a utilização dos demais títulos extrajudiciais na execução trabalhista deve ser considerada como "medida de sua adequação à multiplicidade de conflitos oriundos da relação de trabalho e submetidos à competência material da Justiça do Trabalho". Portanto, o autor conclui que a ampliação da competência material "garante a execução de quaisquer títulos extrajudiciais, desde que originados na relação de trabalho".

Portanto, se considerada a ampliação da competência da Justiça Laboral, poderiam ser executados nessa esfera judicial todos os títulos executivos extrajudiciais previstos no art. 585 do CPC, desde que compatíveis com o processo do trabalho e oriundos de uma relação de trabalho em sentido amplo (aí incluída, por evidente, a relação de emprego), quais sejam: a) nota promissória contraída na relação de trabalho, como seria o caso de uma promessa de pagamento de prestação de preço de obra em contrato de empreitada e de devolução de comissões que tenham sido retidas de representante comercial pessoal física em razão da cláusula *del credere*; b) cheque emitido para pagamento de salários, comissões ou empreitas, observado o prazo prescricional de 6 meses para a ação executiva; c) escritura pública ou outro documento público assinado pelo devedor, ou documento particular assinado pelo devedor e por duas testemunhas, como confissão de dívida sem endosso, obrigação de restituição de bem cedido na prestação de serviços, formalização de obrigação de desocupação de imóvel funcional, TRCT não quitado, se homologado, desde que conte com assinatura de duas testemunhas; d) instrumento de transação referendado pelo MPT ou pelos advogados dos transatores; e) crédito de perito, intérprete ou tradutor aprovado por decisão judicial, o que atualmente já é executado juntamente com a decisão judicial que deu origem ao crédito trabalhista; f) outros títulos previstos em lei, como o contrato de honorários de advogado com origem em contrato de emprego ou contrato de prestação de serviços (ressalvando-se nesse aspecto, que existe vasta controvérsia doutrinária a respeito mesmo das ações de conhecimento dessa modalidade de prestação de serviços).

4. Considerações finais

Observada a ampliação da competência juslaboral decorrente da Emenda Constitucional n. 45, de dezembro de 2004, se faz necessária uma revisão das ideias centradas na visão do art. 876 da CLT como uma relação taxativa, que não permite a execução de outros títulos extrajudiciais que não aqueles expressamente previstos ali.

Considerando a ampliação da competência da Justiça Laboral, deve ser admitida a execução, nessa esfera judicial, de todos os títulos executivos extrajudiciais previstos no art. 585 do CPC, desde que compatíveis com o processo do trabalho e oriundos de uma relação de trabalho em sentido amplo.

Com isso se estaria mais próximo de se atender de maneira efetiva à ideia constitucional de ampliar o acesso do trabalhador não empregado a uma justiça mais célere e efetiva.

Referências

ANAMATRA. *Enunciados aprovados na Jornada Nacional de Execução*. Documento eletrônico disponível em: <http://www.jornadanacional.com.br/enunciados_aprovados_JN_2010.pdf>. Acesso em: 14.10.2013.

BARROS, Alice Monteiro de. Execução de títulos extrajudiciais. *In:* DALLEGRAVE NETO, José Affonso; FREITAS, Ney José. *Execução trabalhista:* estudos em homenagem ao ministro João Oreste Dalazen. São Paulo: LTr, 2002.

GIGLIO, Wagner D. *Direito processual do trabalho.* 16. ed. São Paulo: Saraiva, 2007.

LEITE, Carlos Henrique Bezerra. *Curso de Direito processual do trabalho.* 10. ed. São Paulo: LTr, 2012.

LOPES, Otávio Brito. Emenda Constitucional n. 45: divergências e convergências entre os tribunais superiores. *In:* CHAVES, Luciano Athayde; STERN, Maria de Fátima Coelho Borges; NOGUEIRA, Fabricio Nicolau dos Santos (orgs.). *Ampliação da competência da justiça do trabalho 5 anos depois.* São Paulo: LTr, 2009.

MAZUR, Maurício. Execução de título extrajudicial. *In:* SANTOS, José Aparecido dos (org.). *Execução trabalhista:*

homenagem aos 30 anos da Amatra IX. São Paulo: LTr, 2008.

NASCIMENTO, Amauri Mascaro. Competência da justiça do trabalho para a relação de trabalho. *In:* COUTINHO, Grijalbo Fernandes; FAVA, Marcos Neves (orgs.). *Nova competência da justiça do trabalho.* São Paulo: LTr, 2005.

SANTOS, José Aparecido dos. Algumas considerações sobre a execução fiscal e a execução de título extrajudicial no processo do trabalho. *In:* CHAVES, Luciano Athayde; STERN, Maria de Fátima Coelho Borges; NOGUEIRA, Fabricio Nicolau dos Santos (orgs.). *Ampliação da competência da justiça do trabalho 5 anos depois.* São Paulo: LTr, 2009.

CAPÍTULO 14

LIQUIDAÇÃO POR ARTIGOS EM CONTRAPOSIÇÃO À PRESTAÇÃO JURISDICIONAL CÉLERE E EFETIVA

JANETE APARECIDA DESTE[*]

1. Introdução

A execução, a par de ser vital para a efetividade do processo, tem se mostrado como a fase mais difícil e morosa, especialmente na Justiça do Trabalho.

É na execução que o direito certificado na fase de conhecimento do processo se tornará real e concreto e o complexo de atos que visam a compelir quem figura em um título executivo judicial ao seu cumprimento possui regramento específico. Esse regramento, marcado por peculiaridades e permitindo muitos recursos, não raras vezes determina dificuldades na entrega do bem da vida perseguido com a ação. Não é desconhecido o grande número de trabalhadores à espera da satisfação de seus créditos, já assegurados em sentença.

Situando o tema no contexto atual, em que o Poder Judiciário, inclusive o Trabalhista, vive sob o impacto da Reforma desencadeada pela Emenda Constitucional n. 45/04, por certo que tão relevante fase processual deve ser compatibilizada com as novas expectativas dos jurisdicionados, que anseiam por celeridade e efetividade na prestação de Justiça. E essas expectativas encontram guarida na nova ordem constitucional, especialmente no que tange ao *status* de Direito Fundamental outorgado à duração razoável do processo e a celeridade da tramitação (art. 5º, LXXVIII, da Constituição Federal[1]).

Insere-se, a liquidação, como fase preparatória da execução, na medida em que esta pressupõe título certo, líquido e exigível, qualidades que não estão presentes na maior parte das sentenças e acórdãos.

Objetiva-se discorrer sobre a liquidação por artigos, sua utilização no âmbito da execução trabalhista e sua compatibilidade com a celeridade e efetividade de que deve se revestir a prestação jurisdicional e possível adaptabilidade.

2. Liquidação no processo do trabalho

Consoante a doutrina majoritária, a execução trabalhista se dá em três fases, que são: a) atos de

---

(*) Mestre em Direito pela PUCRS. Juíza do Trabalho Aposentada, Professora de Direito Processual do Trabalho e de Direito do Trabalho. Titular do *Juris Jad*, espaço destinado à preparação para o concurso à Magistratura do Trabalho.

(1) CF, art. 5º: "Todos são iguais perante a lei, sem distinção de qualquer natureza, garantindo-se aos brasileiros e aos estrangeiros residentes no País a inviolabilidade do direito à vida, à liberdade, à igualdade, à segurança e à propriedade, nos termos seguintes:
[...]
LXXVIII a todos, no âmbito judicial e administrativo, são assegurados a razoável duração do processo e os meios que garantam a celeridade de sua tramitação. (Incluído pela Emenda Constitucional n. 45, de 2004)".

acertamento, destinados à individualização da condenação, à obtenção da liquidez; b) atos de constrição, que objetivam compelir o devedor ao cumprimento da obrigação (citação até o julgamento da penhora); e c) atos de alienação, que visam a tornar efetiva a expropriação do patrimônio do devedor (arrematação, adjudicação e remição). Importante registrar que a liquidação não se mostra independente da fase de constrição, como adiante será esclarecido.

A liquidação, então, busca estabelecer o valor da condenação ou individualizar o objeto da execução, inclusive a pertinente às contribuições previdenciárias. É necessária a liquidação, pois o título em que se funda a execução deve ser dotado de liquidez, sob pena de ser inexigível, sendo que grande parte das sentenças proferidas pelos juízes do trabalho é ilíquida. Com efeito, não há exigência legal de que as sentenças sejam dotadas de liquidez, inclusive aquelas proferidas em processos submetidos ao rito sumaríssimo (embora a CLT exija a formulação de pedidos líquidos[2]) e, conquanto os Tribunais Regionais do Trabalho e o Tribunal Superior do Trabalho venham recomendando a sentença líquida, essa ainda não é uma realidade.

Na CLT, a liquidação está prevista no art. 879, em que também consta o regramento, cuja insuficiência impõe sejam as lacunas supridas com a aplicação subsidiária do CPC, já que a Lei dos Executivos Fiscais — LEF (Lei n. 6.830/80) que prefere ao CPC nesta complementação da legislação processual trabalhista (arts. 769[3] e 889[4] da CLT), não disciplina a matéria.

As modalidades de liquidação trabalhista estão expressamente previstas no *caput* do art. 879 da CLT, assim versado: "Sendo ilíquida a sentença exequenda, ordenar-se-á, previamente, a sua liquidação, que poderá ser feita por cálculo, por arbitramento ou por artigos".

Antes de examinar as modalidades de liquidação, cabe ressaltar que, em consonância com o disposto no § 1º do art. 879 da CLT, "não se poderá modificar, ou inovar, a sentença liquidanda, nem discutir matéria pertinente à causa principal", vedação também contida no CPC, no *art*. 475-G, incluído pela Lei n. 11.232/05[5].

Face a essas exigências, impõe-se que a liquidação corresponda exatamente ao comando contido na sentença transitada em julgado, sendo relevante identificar, como assevera Homero Batista Mateus da Silva[6], "se alguns parâmetros de liquidação e algumas balizas que serão utilizadas pelo juiz no acertamento de cálculos podem ou não ser considerados como meio invasivo à coisa julgada, ou se, ao revés, a apuração dos valores envolve algum espaço de criatividade do magistrado".

A **liquidação por cálculo** é a única cujo regramento está contido na CLT, abrangendo dois procedimentos, alternativos e facultativos ao juiz. Importa conhecer esses procedimentos, porquanto a liquidação por artigos, foco do presente estudo, terá que ter seu procedimento amoldado à sistemática da CLT.

A liquidação por cálculo é utilizada quando todos os elementos necessários para chegar ao *quantum debeatur* constam do título, sendo apenas necessárias operações aritméticas. Essa é a modalidade que atende a maior parte dos processos trabalhistas.

A CLT determina, no § 1º-B do art. 879, que "as partes devem ser previamente intimadas para a apresentação do cálculo de liquidação, inclusive da contribuição previdenciária incidente".

Caso as partes não apresentem o cálculo, o juiz determinará sua elaboração por um contador por ele nomeado, usualmente escolhido entre os que atuam perante o Juízo como peritos (na fase de conhecimento), razão pela qual muitas vezes se refere que o cálculo é feito por um perito, o que tecnicamente não está correto, pois nessa fase o profissional não está atuando na produção de prova. Inclusive, o legislador repete essa atecnia quando, ao incluir o § 6º no art. 879 (Lei n. 12.405/11), estabelece: "Tratando-se de cálculos de liquidação complexos, o juiz poderá nomear perito para a elaboração e fixará, depois da conclusão do trabalho, o valor dos respectivos honorários com observância, entre outros, dos critérios de razoabilidade e proporcionalidade".

---

(2) CLT, art. 852-B, I: "Nas reclamações enquadradas no procedimento sumaríssimo: I — o pedido deverá ser certo ou determinado e indicará o valor correspondente".
(3) CLT, art. 769: "Nos casos omissos, o direito processual comum será fonte subsidiária do direito processual do trabalho, exceto naquilo em que for incompatível com as normas deste Título".
(4) CLT, art. 889: "Aos trâmites e incidentes do processo da execução são aplicáveis, naquilo em que não contravierem ao presente Título, os preceitos que regem o processo dos executivos fiscais para a cobrança judicial da dívida ativa da Fazenda Pública Federal".
(5) CPC, art. 475-G: "É defeso, na liquidação, discutir de novo a lide ou modificar a sentença que a julgou".
(6) SILVA, Homero Batista Mateus da. *Curso de direito do trabalho aplicado* — execução trabalhista. Rio de Janeiro: Elsevier, 2010. p. 75.

A propósito dessa alteração, cabe referir que, ainda que os cálculos não sejam complexos, não sendo apresentados pelas partes, haverá necessidade da intervenção do contador, exceto se houver, na Secretaria da Vara em que o processo tramita, servidores habilitados à elaboração dos cálculos. Neste sentido, o § 3º do art. 879[7] em exame menciona a possibilidade de cálculos elaborados por auxiliares da Justiça do Trabalho. Refere-se, ainda, que esse procedimento já era praxe mesmo antes da introdução do § 6º, não sendo relevante esta alteração.

Apresentado o cálculo, pelas partes ou pelo contador, segue-se a liquidação, que observará um dos dois ritos previstos e definidos na CLT, consoante opção do juiz, sendo certo que, independentemente do rito escolhido, a União será sempre intimada para manifestar-se no prazo de dez dias, sob pena de preclusão, consoante expressamente previsto no art. 879, § 3º, da CLT, podendo ela ser dispensada de manifestar-se, na forma prevista no § 5º do art. 879 da CLT[8].

A primeira possibilidade, que tem suporte no § 2º do art. 879, consiste em conceder prazo sucessivo de dez dias para que as partes apresentem manifestação sobre a conta, sob pena de preclusão, devendo indicar os itens e valores objeto de discordância, possibilitada, após a sentença de liquidação (que vai definir o valor da execução e determinar a citação do executado para o pagamento), a apresentação de impugnação à sentença de liquidação pelas partes, no prazo de 5 dias.

Usualmente, por tratar-se de manifestação que deve ocorrer no mesmo prazo dos embargos à penhora (art. 884, § 3º, da CLT[9]), contado para o executado a partir da garantia da execução ou da penhora de bens (art. 884, § 1º, da CLT), a impugnação à sentença de liquidação oferecida pelo executado é rotulada de embargos à execução, embora tal não seja a melhor interpretação a ser dada aos dispositivos legais em comento, respeitando-se as não raras posições doutrinárias e jurisprudenciais em sentido contrário.

Com efeito, a matéria a ser veiculada nos embargos à execução está definida no parágrafo primeiro do art. 884, que assim está versado: "A matéria de defesa será restrita às alegações de cumprimento da decisão ou do acordo, quitação ou prescrição da dívida".

É certo que a doutrina e a jurisprudência têm admitido a ampliação desse rol de matérias, o que se justifica pela aplicação da Lei dos Executivos Fiscais, que em seu art. 16, § 2º, estabelece: "No prazo dos embargos, o executado deverá alegar toda matéria útil à defesa, requerer provas e juntar aos autos os documentos e rol de testemunhas, até três, ou, a critério do juiz, até o dobro desse limite", atraindo a aplicação subsidiária do CPC (art. 889 da CLT e art. 1º da LEF[10]), que em seu art. 475-L arrola as matérias sobre as quais pode versar a impugnação, observadas algumas restrições. Com efeito, inexiste lacuna na legislação processual trabalhista a autorizar a inclusão das discussões pertinentes aos cálculos como matéria de execução, diante da clara redação do § 3º do art. 884, ao prever a impugnação à sentença de liquidação pelo executado e pelo exequente.

Essas impugnações à sentença de liquidação serão julgadas, juntamente com os embargos à execução eventualmente apresentados e, inclusive com a impugnação à sentença de liquidação oferecida pelo Credor Previdenciário (art. 884, § 4º, da CLT[11]), cabendo dessa decisão o recurso previsto para as sentenças proferidas na execução, qual seja, agravo de petição (art. 897, a, da CLT[12]).

Ressalta-se que, não obstante a denominação de sentença de liquidação, a decisão que fixa o valor correspondente à condenação imposta no título liquidando é de natureza interlocutória, sendo irrecorrível de imediato (art. 893, § 1º, da CLT[13]), aspecto que será melhor explicitado adiante.

---

(7) CLT, art. 879, § 3º: "Elaborada a conta pela parte ou pelos órgãos auxiliares da Justiça do Trabalho, o juiz procederá à intimação da União para manifestação, no prazo de 10 (dez) dias, sob pena de preclusão. (Redação dada pela Lei n. 11.457, de 2007) (Vigência)".
(8) CLT, art. 879, § 5º: "O Ministro de Estado da Fazenda poderá, mediante ato fundamentado, dispensar a manifestação da União quando o valor total das verbas que integram o salário de contribuição, na forma do art. 28 da Lei n. 8.212, de 24 de julho de 1991, ocasionar perda de escala decorrente da atuação do órgão jurídico. (Incluído pela Lei n. 11.457, de 2007) (Vigência)".
(9) CLT, art. 884, § 3º: "Somente nos embargos à penhora poderá o executado impugnar a sentença de liquidação, cabendo ao exequente igual direito e no mesmo prazo".
(10) Lei n. 6.830/80, art. 1º: "A execução judicial para cobrança da Dívida Ativa da União, dos Estados, do Distrito Federal, dos Municípios e respectivas autarquias será regida por esta Lei e, subsidiariamente, pelo Código de Processo Civil".
(11) CLT, art. 884, § 4º: "Julgar-se-ão na mesma sentença os embargos e as impugnações à liquidação apresentadas pelos credores trabalhista e previdenciário".
(12) CLT, art.897, a: "Cabe agravo, no prazo de 8 (oito) dias: de petição, das decisões do Juiz ou Presidente, nas execuções".
(13) CLT, art. 893, § 1º: "Os incidentes do processo são resolvidos pelo próprio Juízo ou Tribunal, admitindo-se a apreciação do merecimento das decisões interlocutórias somente em recursos da decisão definitiva. (Parágrafo único renumerado pelo Decreto-lei n. 8.737, de 19.1.1946)".

A segunda opção do Juiz diante do cálculo apresentado é acatá-lo, desde logo, homologando-o sem conceder prazo às partes para oportunizar a discussão, hipótese em que, da decisão dita homologatória (sentença de liquidação), as partes terão a oportunidade de oferecer suas impugnações, tal como previsto no § 3º do art. 884 da CLT já examinado. Reduzem-se, nesse rito, as possibilidades de discussão sobre os cálculos. Cabe repetir que, ainda que o Juiz escolha este rito, a União será intimada para apresentar manifestação (art. 879, § 3º, da CLT).

Importante referir que em um ou em outro rito, cabe ao Juiz adotar a cautela necessária para que os valores apurados nos cálculos, elaborados pelo contador ou pelas partes, obedeçam o comando contido na sentença, pois a preclusão ocorre para as partes, não retirando do magistrado o dever de respeitar a coisa julgada. Assim, mesmo nas hipóteses em que as partes silenciem acerca do cálculo apresentado, impõe-se ao juiz o exame da sua adequação ao título. Da mesma forma, o ideal é que o juiz, diante das impugnações, quando apresentadas, examine-as e verifique a necessidade de retornarem os autos ao contador, determinando, nesse caso, os aspectos e critérios que devem nortear o refazimento da conta.

A sentença de liquidação, como demonstrado, e segundo consagra a doutrina e a jurisprudência majoritárias, não comporta recurso imediato, sendo cabível, apenas, a impugnação à sentença de liquidação. Como não põe fim à execução, trata-se, a sentença de liquidação, de uma decisão interlocutória, consoante já referido. No entanto, observa-se que o TST, na Súmula n. 399, item II[14], consagra entendimento no sentido de haver uma distinção entre a sentença meramente homologatória e a sentença de mérito, que solve controvérsia entre as partes ou explicita os motivos pelos quais acolheu os cálculos, inclusive ensejando essa ação rescisória.

A **liquidação por arbitramento** será realizada quando determinada pelo juiz na sentença, quando convencionada pelas partes ou quando o exigir a natureza do objeto da liquidação. Acontecerá em casos em que os elementos contidos na sentença são insuficientes para fixação imediata do valor. A disciplina dessa modalidade encontra-se nos arts. 475-C e 475-D do CPC, com redação dada pela Lei n. 11.232/05[15], requerendo, a sua aplicação subsidiária ao processo do trabalho, muitas vezes, adaptações. Exemplificativamente, a nomeação de perito para confecção de laudo (prevista no art. 475-D) nem sempre é necessária, diante da simplicidade do processo e em razão da natureza das parcelas objeto da execução. Cabe referir que dificilmente ocorrerá, no processo trabalhista, a escolha desse método pelas partes.

A **liquidação por artigos** será adotada quando houver necessidade de alegar e provar fato novo, estando regrada nos arts. 475-E a 475-H do CPC, com aplicação subsidiária ao processo do trabalho. A análise do regramento e das dificuldades que o procedimento enseja, por constituir o objeto principal do presente estudo, será tratada em item próprio, no qual serão examinadas as peculiaridades do procedimento e as dificuldades da sua aplicação na seara trabalhista.

3. Liquidação por artigos e seu procedimento

Como anteriormente referido, a liquidação por artigos tem aplicação quando há necessidade de alegar e provar fato novo, estando regrada nos arts. 475-E, 475-F, 475-G e 475-H do CPC, que são aplicados de forma subsidiária ao processo do trabalho, diante da omissão da legislação processual trabalhista.

Estabelece o art. 475-E do CPC: "Far-se-á a liquidação por artigos, quando, para determinar o valor

---

(14) TST, Súmula n. 399: "AÇÃO RESCISÓRIA. CABIMENTO. SENTENÇA DE MÉRITO. DECISÃO HOMOLOGATÓRIA DE ADJUDICAÇÃO, DE ARREMATAÇÃO E DE CÁLCULOS (conversão das Orientações Jurisprudenciais ns. 44, 45 e 85, primeira parte, da SBDI-2) — Res. n. 137/05, DJ 22, 23 e 24.8.2005.
[...]
II — A decisão homologatória de cálculos apenas comporta rescisão quando enfrentar as questões envolvidas na elaboração da conta de liquidação, quer solvendo a controvérsia das partes quer explicitando, de ofício, os motivos pelos quais acolheu os cálculos oferecidos por uma das partes ou pelo setor de cálculos, e não contestados pela outra.
(ex-OJ n. 85 da SBDI-2 — primeira parte — inserida em 13.3.2002 e alterada em 26.11.2002)".
(15) CPC, art. 475-C: "Far-se-á a liquidação por arbitramento quando: (Incluído pela Lei n. 11.232, de 2005)
I — determinado pela sentença ou convencionado pelas partes; (Incluído pela Lei n. 11.232, de 2005)
II — o exigir a natureza do objeto da liquidação. (Incluído pela Lei n. 11.232, de 2005)".
CPC, art. 475-D: "Requerida a liquidação por arbitramento, o juiz nomeará o perito e fixará o prazo para a entrega do laudo. (Incluído pela Lei n. 11.232, de 2005)
Parágrafo único. Apresentado o laudo, sobre o qual poderão as partes manifestar-se no prazo de dez dias, o juiz proferirá decisão ou designará, se necessário, audiência. (Incluído pela Lei n. 11.232, de 2005)".

da condenação, houver necessidade de alegar e provar fato novo. (Incluído pela Lei n. 11.232, de 2005)".

Manifestando-se sobre essa modalidade de liquidação, Homero Batista Mateus da Silva[16] afirma tratar-se de situação em que a sentença, diante da alta complexidade da matéria ou da absoluta falta de parâmetros, remete para a liquidação a necessidade de complemento de provas.

Leciona Luiz Rodrigues Wambier[17] que:

> A liquidação por artigos terá lugar quando, para se precisar o *quantum* correspondente à obrigação fixada na sentença condenatória, houver necessidade de nova cognição, agora não mais destinada a formar a convicção judicial a respeito da existência da obrigação, mas voltada à necessidade de precisar-lhe o montante ou a extensão.

A primeira questão relevante a ser enfrentada diz respeito à definição desse denominado fato novo. Muitos doutrinadores têm apresentado a conceituação do fato novo, sendo que a manifestação de José Augusto Rodrigues Pinto situa-se entre as mais esclarecedoras. Afirma o autor[18]:

> O conceito de *fato novo* é, na verdade, impróprio, pois todo fato novo que se tentar investigar na liquidação implicará alteração dos limites da coisa julgada, expressamente proibida no § 1º do art. 879 da CLT.
>
> O que realmente ocorre é a presença de um fato cuja existência *já é reconhecida pela sentença* (logo, não é novo), mas incompletamente investigado, de modo a faltar algo, ainda, de sua exata dimensão. A investigação que se faz é apenas *complementar* da intensidade com que o fato contribui para a quantificação do crédito a ser exigido.

Como se verifica, esse procedimento não permite a inclusão de fatos estranhos aos limites da lide em que se formou o título a ser liquidado. O que está autorizada é a busca de esclarecimentos que não foram possíveis no processo de cognição e que são necessários à quantificação da obrigação objeto da condenação. Trata-se de fato cuja ocorrência restou comprovada, mas os elementos contidos nos autos não permitem a apuração do valor.

Exemplifica-se: em uma situação, a partir da prova produzida, fica evidenciada a prática de trabalho em horário noturno (art. 73, § 2º, da CLT), tendo as testemunhas sido unânimes em afirmar que, em muitas oportunidades, houve labor até 23h30min, quando o trabalho ocorreu em um determinado local; todavia, embora o empregado tenha laborado por cinco anos e prestado o trabalho em diversos locais, já que a empregadora era uma prestadora de serviços na área da construção civil, a prova documental e também a testemunhal não revelam o período durante o qual o trabalho foi prestado naquele local em que havia o trabalho no horário noturno. No caso, esse período constitui o fato novo a ser alegado e provado em liquidação.

Outra situação em que a liquidação por artigos seria necessária respeita às indenizações por danos morais, em que, muitas vezes, impõe-se a prova da extensão do dano.

Manoel Antonio Teixeira Filho[19] "afirma que esta denominação decorre do fato de incumbir à parte, em geral o credor, articular, em sua petição, aquilo que deve ser liquidado, ou seja, indicar, um a um, os diversos pontos que constituirão objeto da quantificação".

Conclui o autor, citando Leite Velho, que a parte deve "pedir 'quantia, quantidade e qualidade certas'". Outro aspecto sobre o qual divergem os doutrinadores refere-se ao rito a ser adotado, o que se deve, em parte, à redação do antigo art. 609 do CPC[20], que referia o procedimento ordinário, o que, segundo Manoel Antonio Teixeira Filho, era "um evidente erro técnico, uma vez que, em verdade, o procedimento é *comum* (gênero), compreendendo o ordinário e o sumário (espécies), a teor do art. 272 do CPC"[21].

Tal deslize foi superado pela redação dada ao art. 475-F, em que há expressa referência ao procedimento comum.

---

(16) SILVA, Homero Batista Mateus da. *Curso de direito do trabalho aplicado* — execução trabalhista, p. 72.
(17) WAMBIER, Luiz Rodrigues. *Liquidação da sentença civil individual e coletiva*. 4. ed. reform. atual. e ampl. da obra *Sentença civil:* liquidação e cumprimento. São Paulo: Revista dos Tribunais, 2010. p. 112.
(18) PINTO, José Augusto Rodrigues. *Execução trabalhista* — estática — dinâmica — prática. 11. ed. São Paulo: LTr, 2006. p. 163.
(19) TEIXEIRA FILHO, Manoel Antonio. *Execução no processo do trabalho*. 10. ed. São Paulo: LTr, 2011. p. 288.
(20) CPC, art. 609: "Observar-se-á, na liquidação por artigos, o procedimento comum regulado no Livro I deste Código. (Redação dada pela Lei n. 8.898, de 29.6.1994) (Revogado pela Lei n. 11.232, de 2005)".
(21) CPC, art. 272: "O procedimento comum é ordinário ou sumário. (Redação dada pela Lei n. 8.952, de 13.12.1994). Parágrafo único. O procedimento especial e o procedimento sumário regem-se pelas disposições que lhes são próprias, aplicando-se-lhes, subsidiariamente, as disposições gerais do procedimento ordinário. (Incluído pela Lei n. 8.952, de 13.12.1994)".

Assim, a doutrina majoritária tem entendido que, no processo do trabalho, o rito será ordinário ou sumaríssimo, conforme tenha sido a tramitação do processo de conhecimento.

Quanto ao processamento da liquidação por artigos, cabe referir, inicialmente, que o juiz, antes de cumprir o mandamento contido no art. 879, § 1º-B (que determina a intimação das partes para apresentar cálculo), deverá intimar as partes para apresentar os artigos de liquidação, sendo certo que estes, normalmente, são apresentados pelo exequente, maior interessado em dar início à liquidação.

Apresentados os artigos, a parte contrária (usualmente a executada) será intimada para contestar, sendo que, na Justiça do Trabalho, essa contestação será apresentada em audiência (art. 847 da CLT[22]), tendo força plena, nas palavras de José Augusto Rodrigues Pinto[23], o efeito da revelia e da confissão fática presumida, congeminadas pelo art. 844 da CLT[24], não obstante a existência de posicionamentos doutrinários no sentido de que inocorreria a revelia.

Quanto à obrigatoriedade de formulação de propostas de conciliação, não se verifica. Todavia, como a conciliação deve ser buscada pelo juiz em qualquer fase do processo (art. 764, *caput* e parágrafos, da CLT[25]), certamente que a oportunidade da audiência deve ser aproveitada para tal fim, mormente considerando os benefícios da conciliação para abreviar o procedimento, que poderá se tornar mais célere.

Serão admitidas todas as provas (documental, pericial, testemunhal etc.), havendo o encerramento da instrução com apresentação das razões finais, seguindo-se a prolação de sentença, na hipótese de não ser conciliado o feito, tudo consoante preconiza a CLT, no art. 850[26].

A natureza da sentença e a sua recorribilidade têm ensejado inúmeras discussões, que permanecem mesmo diante das alterações promovidas pela Lei n. 11.232/05.

A atual redação do art. 475-H é no sentido de que da decisão de liquidação caberá agravo de instrumento. Assim, forçoso é admitir que a decisão tem natureza interlocutória (art. 522 do CPC[27]). Não obstante essa clara previsão, os doutrinadores ainda oscilam, entendendo alguns que o recurso deveria ser de apelação (consoante CPC), o que, trazido para a seara trabalhista, importaria admitir o cabimento do agravo de petição.

Esta não se afigura a melhor interpretação, não se justificando admitir recurso de agravo de petição da decisão, o que determinaria a subida dos autos ao TRT e somente seguiria o restante da liquidação após o julgamento e o retorno dos autos. Ainda que se admita o argumento da doutrina de que a decisão de uma liquidação por artigos contemple mérito, tal não é suficiente para afastar o disposto no art. 475-H, que, repita-se, prevê o cabimento de agravo de instrumento.

4. *Liquidação por artigos, celeridade e efetividade*

Examinado o procedimento da liquidação por artigos e consideradas as divergências que essa modalidade de liquidação comporta, impõe-se a reflexão sobre a adoção desse procedimento diante da necessária celeridade que se impõe à entrega da prestação jurisdicional.

A liquidação por artigos está elencada como uma modalidade a ser utilizada no processo traba-

---

(22) CLT, art. 847: "Não havendo acordo, o reclamado terá vinte minutos para aduzir sua defesa, após a leitura da reclamação, quando esta não for dispensada por ambas as partes. (Redação dada pela Lei n. 9.022, de 5.4.1995)".
(23) PINTO, José Augusto Rodrigues. *Execução trabalhista* — estática — dinâmica — prática. 11. ed. São Paulo: LTr, 2006. p. 167.
(24) CLT, art. 844: "O não comparecimento do reclamante à audiência importa o arquivamento da reclamação, e o não comparecimento do reclamado importa revelia, além de confissão quanto à matéria de fato.
Parágrafo único. Ocorrendo, entretanto, motivo relevante, poderá o presidente suspender o julgamento, designando nova audiência".
(25) CLT, art. 764: "Os dissídios individuais ou coletivos submetidos à apreciação da Justiça do Trabalho serão sempre sujeitos à conciliação.
§ 1º Para os efeitos deste artigo, os juízes e Tribunais do Trabalho empregarão sempre os seus bons ofícios e persuasão no sentido de uma solução conciliatória dos conflitos.
§ 2º Não havendo acordo, o juízo conciliatório converter-se-á obrigatoriamente em arbitral, proferindo decisão na forma prescrita neste Título.
§ 3º É lícito às partes celebrar acordo que ponha termo ao processo, ainda mesmo depois de encerrado o juízo conciliatório".
(26) CLT, art. 850: "Terminada a instrução, poderão as partes aduzir razões finais, em prazo não excedente de 10 (dez) minutos para cada uma. Em seguida, o juiz ou presidente renovará a proposta de conciliação, e não se realizando esta, será proferida a decisão.
Parágrafo único. O Presidente da Junta, após propor a solução do dissídio, tomará os votos dos vogais e, havendo divergência entre estes, poderá desempatar ou proferir decisão que melhor atenda ao cumprimento da lei e ao justo equilíbrio entre os votos divergentes e ao interesse social".
(27) CPC, art. 522: "Das decisões interlocutórias caberá agravo, no prazo de 10 (dez) dias, na forma retida, salvo quando se tratar de decisão suscetível de causar à parte lesão grave e de difícil reparação, bem como nos casos de inadmissão da apelação e nos relativos aos efeitos em que a apelação é recebida, quando sempre será admitida a sua interposição por instrumento. (Redação dada pela Lei n. 11.187, de 2005)".

lhista, o que é surpreendente, como afirma Homero Batista Mateus da Silva, ao tratar do tema[28]. Embora a motivação do autor para fazer tal afirmação seja a "remota chance de seu emprego", o que não é pacífico, sempre foi meu entendimento que a inclusão dessa modalidade, remetendo a uma nova cognição na oportunidade em que se busca a concretização do comando sentencial, embora utilizada em muitas oportunidades, deveria ser questionada e repensada, pois inadequada e incompatível com a necessária celeridade que deve nortear o processo de execução. Com efeito, a inclusão de nova cognição, com a apresentação de petição, defesa, produção de provas, realização de audiência, prolação de sentença, aliada às divergências atinentes à possibilidade de recurso dessa decisão, em muito contribui para a demora do processo de execução.

Na atualidade, como se pode perceber, estão sendo mais frequentes as hipóteses de adoção da liquidação por artigos na Justiça do Trabalho. A ampliação da sua competência, ditada pela Emenda Constitucional n. 45/04, especialmente no tocante às ações de indenização por dano moral ou patrimonial decorrentes das relações de trabalho (art. 114 da CF, inc. VI[29]), importou a tramitação, nessa Justiça Especializada, de muitas ações abrangendo essa matéria. As relações de trabalho constituem campo fértil para a ocorrência de conflitos relacionados com agressão a direitos personalíssimos, gerando pretensões reparatórias; os acidentes de trabalho e as doenças ocupacionais, em crescente número, geram pretensões de indenização de danos morais, danos estéticos e danos materiais.

Na liquidação de sentenças em que impostas condenações versando tais direitos, é frequente a necessidade de prova de fatos atinentes à definição da extensão do dano ou de circunstâncias e detalhes que não restaram delineados na fase de conhecimento, como se impõe para chegar-se ao *quantum debeatur*.

Se essa é a realidade, o ideal seria que a liquidação por artigos estivesse regrada na CLT, da mesma forma como está a liquidação por cálculos. E, ainda que estejam tramitando nas Casas Legislativas, projetos de alteração da CLT, especialmente no que respeita ao Processo do Trabalho, estes não comportam o regramento desse procedimento. Assim, a adoção das regras do CPC continuará ocorrendo, e se, mesmo no seu âmbito, há discussões quanto à natureza da decisão proferida na liquidação por artigos e quanto ao recurso cabível, com mais razão, na Justiça do Trabalho estarão presentes essas discussões. Sim, porquanto o procedimento do CPC precisa ser adotado (há lacuna na legislação processual trabalhista), mas deve ser amoldado ao procedimento de liquidação regrado na CLT, sob pena de maior demora na finalização dessa fase de liquidação.

E é na adequação das regras contidas no CPC à sistemática de liquidação regrada na CLT que se pode alcançar solução que, se não perfeita, reduz a indesejável demora do procedimento em exame.

Considerando que as condenações impostas nas sentenças trabalhistas, em regra, contemplam diversas obrigações e que convivem, na mesma liquidação, diferentes modalidades, pode-se optar por atribuir, diante das divergências noticiadas, a natureza interlocutória à decisão proferida na liquidação por artigos.

Assim, e diante da já mencionada irrecorribilidade imediata das decisões interlocutórias no processo do trabalho, afasta-se a possibilidade de interposição de agravo de petição, e admite-se a possibilidade de ser a decisão atacada por impugnação à sentença de liquidação, que é, como já visto, o mecanismo previsto na CLT.

Considerando-se, ainda, que a definição do fato novo nem sempre é suficiente para chegar-se ao valor da obrigação a ser satisfeita, segue-se a ela uma etapa de cálculo.

Dessa forma, a impugnação à sentença de liquidação poderá abranger as irresignações das partes com as duas decisões: o julgamento dos artigos de liquidação; e a fixação do valor da execução (referente à obrigação definida nos artigos de liquidação e, se for o caso, das demais obrigações). E desta nova decisão, caberá o agravo de petição.

Esse procedimento, que adapta o regramento do CPC à sistemática de liquidação disciplinada na CLT, restringindo recurso autônomo para a decisão proferida nos artigos, permite reduzir o tempo da tramitação da liquidação.

---

(28) SILVA, Homero Batista Mateus da. *Curso de direito do trabalho aplicado* — execução trabalhista, p. 72.
(29) CF, art. 114, VI: "Compete à Justiça do Trabalho processar e julgar: (Redação dada pela Emenda Constitucional n. 45, de 2004)
[...]
VI — as ações de indenização por dano moral ou patrimonial, decorrentes da relação de trabalho; (Incluído pela Emenda Constitucional n. 45, de 2004)".

5. Conclusão

Cabe ao Poder Judiciário e, particularmente, ao Judiciário Trabalhista, responsável pela solução dos inúmeros conflitos originados nas relações entre empregados e empregadores e, modernamente, diante da ampliação de competência estabelecida pela Emenda Constitucional n. 45/04, a solução de conflitos decorrentes de outras formas de relação de trabalho.

A natureza alimentar do salário e a dignidade do trabalhador, o mais importante destinatário dos serviços prestados pela Justiça do Trabalho, exigem prestação jurisdicional célere e efetiva, especialmente na fase de execução.

Nesse contexto, a liquidação de sentença, necessária porquanto a maior parte das decisões proferidas nesta Justiça Especializada não se revestem de liquidez, deve ser conduzida com rigor e cautela, independentemente da modalidade adotada.

Quando se trata de liquidação por artigos, a situação é ainda mais delicada.

Essa modalidade, prevista na CLT, mas não regulamentada por esta, deve ser determinada em situações extremas, evitando-se sua indiscriminada utilização, devendo os juízes e os advogados, especialmente na Justiça do Trabalho, conduzir o processo de conhecimento de forma a permitir a quantificação da sentença.

Tratando-se de hipótese em que inevitável a liquidação por artigos, as regras do CPC deverão ser amoldadas e adaptadas o quanto possível à sistemática de liquidação regrada na CLT, especialmente no tocante à natureza da decisão e à recorribilidade.

Enquanto a necessária modernização da legislação e o adequado aparelhamento da estrutura da Justiça do Trabalho não são realidade, cabe aos juízes e demais operadores do direito, no espaço de criatividade que lhes está reservado, construir a justiça célere e efetiva, capaz de atender aos anseios dos jurisdicionados, norte a seguir, sem dúvida, no que tange à liquidação por artigos.

Referências

PINTO, José Augusto Rodrigues. *Execução trabalhista* — estática — dinâmica — prática. 11. ed. São Paulo: LTr, 2006.

SILVA, Homero Batista Mateus da. *Curso de direito do trabalho aplicado* — execução trabalhista. Rio de Janeiro: Elsevier, 2010.

TEIXEIRA FILHO, Manoel Antonio. *Execução no Processo do Trabalho*. 10. ed. São Paulo: LTr, 2011.

WAMBIER, Luiz Rodrigues. *Liquidação da sentença civil individual e coletiva*. 4. ed. reform. atual. e ampl. da obra *Sentença civil:* liquidação e cumprimento. São Paulo: Revista dos Tribunais, 2010.

CAPÍTULO 15

LIQUIDAÇÃO DE SENTENÇA (INDIVIDUAL E COLETIVA): SEUS ASPECTOS NUCLEARES NO PROCESSO COMUM E DO TRABALHO

RODRIGO MAZZEI[*]
TIAGO FIGUEIREDO GONÇALVES[**]

1. Introdução

Do texto do art. 286, *caput*, primeira parte, do Código de Processo Civil — cuja aplicação no Processo do Trabalho, assim como ocorre com os demais dispositivos de "direito processual comum", resulta da subsidiariedade prescrita no art. 769 da Consolidação das Leis do Trabalho (CLT) — extrai-se regra de acordo com a qual a pretensão deduzida pelo autor em Juízo deve ser *certa e determinada*. Ao magistrado, em contrapartida, veda-se a emissão de sentença ilíquida no caso de formulação de pedido determinado[1].

Do texto do art. 286, *caput*, primeira parte, do Código de Processo Civil[2], extrai-se regra de acordo com a qual a pretensão deduzida pelo autor em Juízo deve ser *certa e determinada* e sua aplicação no Processo do Trabalho, assim como ocorre com os demais dispositivos de "direito processual comum", resulta da subsidiariedade prescrita no art. 769 da Consolidação das Leis do Trabalho (CLT). Em contrapartida, ao magistrado veda-se a confecção de

---

(*) Mestre (PUC-SP) e Doutor (FADISP). Pós-doutorando (UFES — bolsa CAPES-REUNI). Professor da graduação e do mestrado da Universidade Federal do Espírito Santo (UFES). Vice-presidente do Instituto dos Advogados do Estado do Espírito Santo (IAEES). Presidente da Escola Superior da Advocacia (ESA-OAB-ES).

(**) Mestre e Doutor em Direito pela PUC-SP. Professor do UNESC e da FUNCAB. Diretor da Escola Superior da Advocacia (ESA-OAB-ES).

(1) A regra contida no parágrafo único do art. 459 do CPC é formulada em benefício do autor. Sendo assim, caso formule pedido certo e determinado, fornecendo condições para o proferimento igualmente de sentença determinada, deve o juiz fazê-lo. É, no entanto, possível a ocorrência de situações nas quais, embora deduzido pedido certo e determinado, fique o juiz absolutamente impossibilitado de proferir sentença determinada ante, por exemplo, a não instrução adequada em torno dos fatos, a impedir a delimitação ou a especificação da quantia ou da coisa pretendida. Em casos tais, a regra do art. 459, parágrafo único, do CPC vem sendo mitigada para autorizar a prolação de sentença genérica. Nesse sentido: STJ, REsp 49.445, Quarta Turma, Rel. Min. Ruy Rosado de Aguiar (RSTJ 75/386). Tanto assim, também, que o STJ firmou entendimento no sentido de reconhecer interesse recursal apenas ao autor para reclamar eventual nulidade sentencial, pelo fato de ter sido prolatada sentença ilíquida. *Vide* verbete 318 da Súmula do STJ: "Formulado pedido certo e determinado, somente o autor tem interesse recursal em arguir o vício da sentença ilíquida" (STJ, Corte Especial, j. 5.10.2005, DJ 18.10.2005. p. 103). MAZZEI, Rodrigo *et al. Reforma do CPC*: Leis ns. 11.187/05, 11.232/05, 11.276/06, 11.277/06 e 11.280/06. São Paulo: RT, 2006. p. 165.

(2) Dispositivo com inteligência reproduzida (e redação melhorada) no Projeto do "novo" CPC, consoante pode se verificar do que consta no art. 325 do texto projetado (art. 325. O pedido deve ser determinado, sendo lícito, porém, formular pedido genérico: I — nas ações universais, se o autor não puder individuar os bens demandados; II — quando não for possível determinar, desde logo, as consequências do ato ou do fato; III — quando a determinação do objeto ou do valor da condenação depender de ato que deva ser praticado pelo réu. Parágrafo único. O disposto neste artigo aplica-se à reconvenção).

sentença ilíquida no caso de formulação de pedido determinado.

Há, contudo, enumeradas nos incisos do referido art. 286 da codificação processual, hipóteses excepcionais nas quais é possibilitada a formulação de *pedido genérico*[3]. Casos tais, em atenção ao princípio da correlação, da congruência ou da simetria[4], ensejam a prolação de *sentença genérica ou ilíquida*, sujeita a ulterior atividade de liquidação; sem prejuízo de o magistrado, desde logo, mesmo diante da formulação de pedido genérico, proferir decisão líquida[5]. Considerada a vedação legal ao pronunciamento de sentença genérica, a sentença condenatória, como regra, declara ou formula o direito pretendido pelo autor ao mesmo tempo em que impõe sanção ao réu; daí decorrendo obrigação certa quanto à existência — *an debeatur* — e determinada ou delimitada quanto ao conteúdo — *quantum debeatur*. Na expressão de Pontes de Miranda, "o crédito diz-se líquido (ou diz-se líquida a dívida) quando, além de ser claro e manifesto (= *efficere claram et manifestam probationem debiti*), dispensa qualquer elemento extrínseco para se lhe saber o importe (*non requiratur aliquod extrinsecus ad probandum*). Sabe-se que é e o que é"[6].

A sentença "condenatória" genérica ou ilíquida, de seu turno, seja ela decorrente de pedido indeterminado ou não, apenas formula o direito, com a certificação de sua existência — *an debeatur*. A delimitação ou quantificação do direito formulado — *quantum debeatur* — resta postergada para momento processual cognitivo seguinte[7], quando, então, diz-se que a obrigação é tornada líquida. Essa nova fase procedimental (incidente da execução) ou esse novo processo de conhecimento, no bojo do qual a obrigação é tornada líquida, é denominada de fase de liquidação ou de processo de liquidação.

Somente através da decisão proferida na fase (no incidente, ou no processo) de liquidação é que a obrigação, tida como certa pela sentença liquidanda, torna-se determinada. Tal procedimento é imprescindível para integrar a sentença genérica e dar-lhe a eficácia executiva que a torna adequada para o autor promover em momento seguinte a execução[8], o que se lhe exige caso o réu não adimpla a obrigação imposta na sentença. Adimplemento que, ademais, o réu devedor só consegue realizar depois de ciente tanto *que* está obrigado — o que é firmado pela sentença genérica — quanto *do que* está obrigado — o que é estabelecido pela decisão proferida na fase, no incidente ou no processo de liquidação.

O título executivo (judicial ou extrajudicial) é indispensável, portanto, para o autor que pretende obter do Estado-jurisdição tutela executiva visando a satisfação de direito seu já declarado ou formulado, o qual deverá conter obrigação certa, líquida e exigível. De forma que só o título que represente, em si, obrigação líquida torna o autor apto à via executiva[9]. No particular, Luiz Rodrigues Wambier anota: "Sem, portanto, que esteja nitidamente revestida dessa aptidão para a execução, isto é, sem que contenha também o elemento quantitativo da obrigação a cujo cumprimento tenha sido condenado o réu, a sentença condenatória estará, por assim dizer, incompleta, e restará também não atendida a sua própria destinação"[10].

O presente artigo tem exame panorâmico sobre o tema: liquidação de sentença. Com efeito, depois de

---

(3) MOREIRA, José Carlos Barbosa. *O novo processo civil brasileiro*. 20. ed. rev. e atual. Rio de Janeiro: Forense, 1999. p. 11.
(4) ARRUDA, Antônio Carlos Matteis de. *Lineamentos para o esboço de uma teoria geral do processo de liquidação da sentença. A lide de liquidação*. Dissertação de Mestrado sob orientação do Doutor José Manoel de Arruda Alvim Netto. São Paulo: PUC, 1979. p. 126.
(5) *Vide* texto do art. 475-A, § 3º, do CPC.
(6) PONTES DE MIRANDA. *Comentários ao código de processo civil*. Rio-São Paulo: Forense, 1976. p. 503. t. IX (arts. 566-611).
(7) A fase de liquidação, o incidente, ou o processo de liquidação é, inquestionavelmente, de conhecimento. Nele, objetiva-se pronunciamento judicial que quantifique ou especifique a obrigação cuja existência foi afirmada em sentença proferida em processo de conhecimento anterior, tornando, desse modo, integrado o título executivo a habilitar o autor à tutela executiva. Nesse sentido: AMARAL SANTOS, Moacyr. *Primeiras linhas de direito processual civil*. 18. ed. atual. por Aricê Moacyr Amaral Santos. São Paulo: Saraiva, 1999. v. 3, p. 257.
(8) DINAMARCO, Cândido Rangel. *Execução civil*. 5. ed. rev. atual e ampl. São Paulo: Malheiros, 1997. p. 520.
(9) ZAVASCKI, Teori Albino. *Comentários ao código de processo civil*. São Paulo: RT, 2000. p. 330, v 8: do processo de execução, arts. 566 a 645. Ressalta-se que a certeza, a liquidez a exigibilidade são atributos da obrigação representada documentalmente no título executivo. Por isso que muito bem recebida a correção técnica promovida pela Lei n. 11.382/006 ao texto originário do art. 586 do CPC. Nesse sentido, um dos autores deste artigo jurídico, em comentários às reformas implementadas no CPC, mais especificamente em seu art. 586 do CPC, pôde observar que: "Em se tratando de obrigação pecuniária, a *certeza e a liquidez* são predicados do crédito que poderá ser reclamado pelo credor, caso o devedor, superado o termo ou condição, isto é *vencida a dívida*, não venha adimplir a obrigação assumida. Diferente da redação pretérita, há agora bom diálogo entre o *caput* do art. 586 do CPC com o art. 397 do CC, haja vista que a atual arquitetura dispõe que 'a execução para cobrança de crédito fundar-se-á sempre em título de obrigação certa, líquida e exigível', ou seja, a tríade de requisitos se volta não para o título executivo em si, mas para a obrigação que está, segundo o atual art. 580 do CPC, 'consubstanciada em título executivo'". MAZZEI, Rodrigo et al. *Reforma do CPC 2:* Leis ns. 11.383/06 e 11.341/06. São Paulo: RT, 2007. p. 87.
(10) WAMBIER, Luiz Rodrigues. *Sentença civil:* liquidação e cumprimento. 3. ed. rev. atual. e ampl. São Paulo: RT, 2006. p. 46-47.

introduzido o conceito de liquidação, de identificados os modelos de liquidação atualmente existentes no sistema, e de analisadas e compreendidas suas espécies, volta-se o enfoque para o tratamento do tema no processo coletivo, promovendo-se as devidas adaptações à principiologia que orienta aquele subsistema ou microssistema processual.

2. Conceito de "liquidação de sentença" e as técnicas de viabilização da liquidação

A expressão "liquidação de sentença" designa o procedimento ou a atividade cognitiva voltada a conferir liquidez ou determinação à obrigação declarada e reconhecida em anterior decisão condenatória genérica, tornando o título executivo apto à formulação de tutela jurisdicional executiva[11].

Se o atributo da (i)liquidez ou da (in)determinação se relaciona à obrigação, logo é sobre ela — obrigação — que recai a atividade de liquidação. A decisão que certifica a obrigação indeterminada não é objeto de liquidação; sim, possibilita a abertura da via na qual a atividade de liquidação vai ser realizada. Quando, então, o Código alude a "liquidação de sentença" faz uso de figura de linguagem denominada de hipálage, que consiste em "figura de retórica pela qual se atribui a uma ou mais palavras de uma frase o que logicamente pertence a outra ou a outras da mesma frase"[12]. Isso é o que o Código pretende referir quando utiliza a expressão "liquidação de sentença"[13].

Trata-se de atividade eminentemente de conhecimento. Não sem razão, críticas eram dirigidas ao sistema processual pelo fato de o CPC, em sua redação originária, haver regulamentado a matéria dentro do Livro II, que cuida do Processo de Execução. A realocação topológica da liquidação dentro do Código, promovida pela Lei n. 11.232/05, inserindo-a entre os arts. 475-A e 475-H, dentro do Livro do Processo de Conhecimento, foi, portanto, muito bem recebida em doutrina[14].

Com efeito, a Lei n. 11.232/05 pretendeu estabelecer como principal técnica de liquidação no *processo individual* a instauração de *fase procedimental* em processo já em curso. É a denominada fase de liquidação ou liquidação-fase, que se desenvolve em processo no qual são deduzidas várias e subsequentes pretensões (processo sincrético): pretensão de certificação do direito; pretensão de delimitação (liquidação) do direito; pretensão de satisfação (efetivação) do direito.

Ao lado da fase de liquidação ou da liquidação-fase (1), remanescem vivas e presentes no sistema a liquidação incidental ou liquidação-incidente (2), e o processo de liquidação (3) como outras duas técnicas para sua realização.

2.1. Liquidação-fase

A liquidação-fase ou fase de liquidação é aquela que se desenvolve a partir de demanda proposta com o específico propósito de, mediante nova cognição, em *prosseguimento a processo de conhecimento já instaurado*, delimitar a obrigação reconhecida em anterior decisão judicial, aperfeiçoando o título executivo judicial com o qual, em outra fase subsequente do mesmo processo, o cumprimento de sentença se realizará.

A fase de liquidação observa e se desenvolve em consonância com as regras ou da liquidação por arbitramento (CPC, art. 475-C) ou da liquidação por artigos (CPC, art. 475-E). Na liquidação-fase, o contraditório não é precedido de citação do réu, sim de intimação (CPC, art. 475-A, § 1º), na medida em que não existe a instauração de novo processo; sendo, inclusive, cabível diante do estado de litispendência da fase cognitiva precedente, desde que já existente sentença recorrida (CPC, art. 475-A, § 2º). Encerra-se por sentença impugnável por agravo de instrumento (CPC, art. 475-H). *É a técnica utilizada nos processos coletivos em que a sentença condenatória genérica reconhece direito coletivo estrito senso ou direito difuso, quando a liquidação tem por objeto a quantificação do dano coletivo.*

---

(11) Fredie Didier *et al.* fornecem conceito próximo: "liquidação de sentença é atividade cognitiva pela qual se busca complementar a norma jurídica individualizada estabelecida num título judicial". DIDIER JR., Fredie; CUNHA, Leonardo José Carneiro da; BRAGA, Paula Sarno; OLIVEIRA, Rafael. *Curso de direito processual civil:* execução. Salvador: Juspodivm, 2009. v. 5, p. 112.
(12) ACADEMIA DAS CIÊNCIAS DE LISBOA. *Dicionário da língua portuguesa contemporânea.* Lisboa: G-Z Verbo, 2001. v. II, p. 1985.
(13) Tecendo críticas à atecnia do legislador: SILVA, Ovídio Baptista da. *Curso de processo civil:* execução obrigacional, execução real, ação mandamentais. 4. ed. rev. e atual. São Paulo: RT, 2000. v. 2, p. 57.
(14) "Pensamos, por isso, que andou bem o legislador em transferir as normas relacionadas à liquidação de sentença para a parte que o CPC dedica ao processo de conhecimento. Com efeito, trata-se de atividade a que se aplicam os princípios do processo de conhecimento, e não do processo de execução." WAMBIER, Luiz Rodrigues. *Sentença civil:* liquidação e cumprimento. 3. ed. rev. atual. e ampl. São Paulo: RT, 2006. p. 75.

2.2. Liquidação incidental

A liquidação incidental é cabível quando se tem a instauração de incidente processual da execução. Tem vez tanto na fase executiva do processo sincrético como no bojo de processo de execução de título executivo extrajudicial. São exemplos de situações hipotéticas nas quais pode ocorrer: (a) quando frustrada a tutela específica em execução de obrigação para entrega de coisa ou de obrigação de fazer ou de não fazer, o qual se transforma em perdas e danos cuja quantificação exigirá a atividade de liquidação (CPC, arts. 461, 461-A, 627, § 2º, 633, parágrafo único, 638, parágrafo único, e 643); (b) quando necessário apurar o valor das benfeitorias indenizáveis promovidas ou pelo executado ou por terceiro (CPC, art. 628).

2.3. Liquidação como "processo autônomo"

O processo autônomo de liquidação, por sua vez, é a técnica empregada para as situações em que há a necessidade de instauração de processo *especificamente* destinado a promover a liquidação da decisão, seja porque não existe processo anterior, como ocorre com a sentença arbitral, seja porque, a despeito de existir processo anterior, nele não existe a possibilidade de se prosseguir em subsequente fase de liquidação, tal como se vê com a sentença penal condenatória transitada em julgado[15], com o acórdão do STJ que homologa sentença estrangeira, e com a *sentença condenatória que em processo coletivo reconhece direitos individuais homogêneos*.

Aplicam-se-lhe as disposições normativas inseridas nos arts. 475-A a 475-H do CPC, com as devidas adaptações. Assim, exatamente porque existe a formação de nova relação jurídica processual, a cientificação e convocação do réu não se dá por intimação, como disposto no art. 475-A, § 1º, do CPC; sim por citação, tal como prescreve o parágrafo único do art. 475-N do CPC, de acordo com o qual, no caso de liquidação de sentença penal condenatória, de sentença arbitral e de sentença estrangeira homologada pelo STJ, o mandado inicial (art. 475-J) deve incluir ordem de citação do devedor no juízo cível[16].

3. Das "espécies" de liquidação segundo o CPC

Avançando no tema, após superado, ainda que por resenha apertada, o conceito de "liquidação de sentença" e a apresentação das técnicas de viabilização da liquidação de sentença, é importante notar que a codificação processual civil indica a existência de 3 (três) espécies de liquidação. Com efeito, no capítulo que versa sobre liquidação de sentença, alude o Código de Processo à existência de três distintas modalidades suas: a) liquidação por cálculos (CPC, art. 475-B); b) liquidação por arbitramento (CPC, art. 475-C); e c) liquidação por artigos (CPC, art. 475-E). Sobre cada uma dessas espécies, passa-se agora à apresentação de sucintas considerações.

3.1. "Liquidação" por cálculos[17]

A liquidação por cálculos, regulada no art. 475-B do CPC, não é verdadeira espécie de liquidação. Isso porque a elaboração dos cálculos já tem como pressuposto a existência de decisão líquida ou determinada, cujo valor nela estabelecido é submetido a mera operação aritmética objetivando torná-lo atual ao momento da execução. Sobre o assunto, um dos subscritores do presente artigo pôde consignar: "Respeitosamente, entendemos não ser hipótese de liquidação de sentença, pois a liquidez já existe, sendo necessária apenas a atualização da verba reclamada" [...]. "Ora, somente se pode admitir 'atualização' daquilo que já é certo e líquido, encaixando-se, portanto, o art. 475-B apenas na primeira hipótese do art. 475-J"[18].

A posição aqui trazida não é isolada, sendo precisa a observação de Dinamarco a respeito: "fazer contas não é liquidar, porque uma obrigação determinável por simples conta é líquida, não ilíquida"[19]. Portanto, nada obstante a opção legislativa que encarta a feitura de cálculos como hipótese de liquidação, na realidade trata-se de situação diferenciada, muito

---

(15) Isso quando a sentença condenatória já não trouxer
(16) "Art. 475-N. [...]. Parágrafo único. Nos casos dos incisos II, IV e VI, o mandado inicial (art. 475-J) incluirá a ordem de citação do devedor, no juízo cível, para liquidação ou execução, conforme o caso."
(17) Analisando a "liquidação" por cálculos com ótima resenha, confira-se Fabiano Carvalho (Liquidação de sentença: determinação do cálculo aritmético, de acordo com a Lei n. 11.232/05. *In:* HOFFMAN, Paulo; RIBEIRO, Leonardo Ferres da Silva (coods.). *Processo de execução civil:* modificações da Lei n. 11.232/05. São Paulo: Quartir Latin, 2006. p. 47).
(18) MAZZEI, Rodrigo et al. *Reforma do CPC:* Leis ns. 11.187/05, 11.232/05, 11.276/06, 11.277/06 e 11.280/06. São Paulo: RT, 2006. p. 167-68.
(19) DINAMARCO, Cândido Rangel. *Instituições de direito processual civil*. São Paulo: Malheiros, 2004. v. IV, p. 617.

mais próxima a um simples incidente de deslocamento e projeção temporal do valor pretérito para o valor atual, que é feito por contas aritméticas de uma condenação já determinada e com os contornos bem definidos.

3.2. Liquidação por arbitramento

As hipóteses de permissão da liquidação por arbitramento estão enumeradas no art. 475-C do CPC, devendo ocorrer quando: "I — determinado pela sentença ou convencionado pelas partes; II — o exigir a natureza do objeto da liquidação". É a que acontece mediante a realização de prova pericial, em qualquer das modalidades do art. 420 do CPC — exame, vistoria ou avaliação — produzida depois da prolação da sentença. Tanto se desenvolve pela técnica da liquidação-fase como pela técnica do processo autônomo.

Tal espécie de liquidação é utilizada em casos nos quais ordinariamente seria possível que a *determinação* da condenação fosse efetuada antes da prolação da sentença. No entanto, tal não ocorre em razão de ser mais viável que se profira a sentença desde logo e se postergue a determinação da condenação, colhendo-se *prova futura*, de natureza pericial. Isso porque a matéria que envolve a *perícia futura* já se encontra resolvida, estando seus parâmetros fixados, mas a definição dos limites da condenação depende de prova técnica[20].

Percebe-se que na liquidação por arbitramento há uma remessa proposital de *prova* de natureza *técnica* para outra fase processual, que, *a priori*, poderia ter sido ultimada antes da sentença, haja vista que para a sua consecução os dados poderiam ali ser colhidos, ainda que com a juntada de elementos de apoio. Essa particularidade faz com que alguns autores, entre os quais Alcides de Mendonça Lima[21], afirmem que *a liquidação por arbitramento é um inusitado tipo de prova para dar acabamento à sentença*[22].

Não se faz no requerimento da liquidação por arbitramento postulação (para a prova) de "fato novo", pois o "fato", além de já estar provado, recebeu deliberação sentencial em toda a sua extensão, faltando apenas *prova eminentemente técnica para o seu fechamento*. Sobre o assunto, traçando distinção entre a liquidação por arbitramento e a liquidação por artigos, anota Humberto Theodoro Júnior: "Havendo necessidade de se provar fatos novos para se chegar à apuração do *quantum* da condenação, a liquidação terá que ser feita sob forma de artigos (art. 608). *Quando, porém existirem nos autos todos os elementos necessários para os peritos declararem o valor do débito, o caso é de arbitramento*"[23]. Há, segundo a doutrina trazida, uma diferença no *material cognitivo* das liquidações, na medida em que a por arbitramento é guiada por elementos já constantes nos autos, ao passo que, diferentemente, se o ambiente processual tiver sido instaurado por liquidação por artigos, há o alargamento na prova a ser colhida para a determinação do título, aferindo-se *fatos novos*. Em que pese tal análise (de grande relevância), outras observações, em nosso sentir, ajudam a esclarecer de forma mais clara a distinção, ao menos em boa parte das situações.

Com efeito, a liquidação por arbitramento é utilizada em casos nos quais ordinariamente seria possível efetuar a *determinação* da condenação antes da prolação da sentença. No entanto, tal não ocorre em razão de ser mais viável que se profira a sentença desde logo e se postergue a determinação da condenação, colhendo-se *prova futura*, de natureza pericial. Isso porque a matéria que envolve a *perícia futura* já se encontra resolvida, estando seus parâmetros fixados, mas a definição dos limites da condenação depende de prova técnica.

Dentre os motivos para que a *perícia* de determinação da *condenação* fique *diferida* para momento futuro, podemos destacar o *encadeamento progressivo dos atos processuais*. Ora, se existem elementos para se julgar procedente o pedido indenizatório, em alguns casos é preferível que se decida logo sobre a questão (alcançando o *an debeatur*), postergando-se seu aperfeiçoamento para outra fase (ou seja, a fixação do *quantum debeatur*)[24].

---

(20) MAZZEI, Rodrigo et al. *Reforma do CPC:* Leis ns. 11.187/05, 11.232/05, 11.276/06, 11.277/06 e 11.280/06. São Paulo: RT, 2006. p. 182. MAZZEI, Rodrigo. A liquidação por arbitramento e a liquidação por artigos: pontos relevantes sob a ótica das Leis ns. 11.232/05 e 11.382/06. *Revista Eletrônica de Direito Processual*, v. V, ano 4, Rio de Janeiro, p. 492, 2010.
(21) LIMA, Alcides de Mendonça. *Comentários ao código de processo civil*. 2. ed. Rio de Janeiro: Forense, 1977. v. 6, t. II, p. 576.
(22) MAZZEI, Rodrigo et al. *Reforma do CPC:* Leis ns. 11.187/05, 11.232/05, 11.276/06, 11.277/06 e 11.280/06. São Paulo: RT, 2006. p. 183.
(23) THEODORO JÚNIOR, Humberto. *Processo de execução*. 19. ed. São Paulo: Leud, 1999. p. 223.
(24) Tiago Figueiredo Gonçalves, um dos autores deste artigo, por não adotar as premissas teóricas indicadas no texto para justificar a realização da prova técnica somente depois da prolatação da sentença genérica, já teve a oportunidade de sustentar, de *lege ferenda*, que a atividade de liquidação fosse realizada concomitantemente à atividade de certificação do direito, exigindo-se, para tanto, que o autor da demanda, na inicial,

3.3. Liquidação por artigos

A liquidação por artigos é aquela que se realiza quando exigida a aferição de *fato novo* (*fato secundário e dependente do que já foi decidido*), reclamando, por isso, dados muito acima dos já obtidos até então. Havendo necessidade de provar fato novo, ainda que para tanto seja necessária a produção de prova pericial, observar-se-á a liquidação por artigos[25].

Apesar de não ter o condão de rediscutir ou de alterar o resultado (e limites) da lide anterior (art. 475-G), tendo natureza *acessória* (já que somente existirá se houver ação judicial anterior que criar título judicial sem determinação), em certos casos detém autonomia de alta escala. Isso porque determinados títulos judiciais necessitam de alta participação da liquidação de sentença por artigos para o detalhamento da condenação, uma vez que os calibramentos indenizatórios são estranhos à própria decisão que dará ensejo à liquidação, como ocorre no caso de sentença penal condenatória (art. 475-N, inciso II, do CPC). Desenvolve-se tanto pela técnica da liquidação-fase como pela técnica do processo autônomo.

4. Liquidação de sentença no Projeto do CPC[26]

O Projeto do novo Código de Processo Civil trabalha com a ideia de que as sentenças (= decisões judiciais) devem ser proferidas, sempre que possível, de forma líquida. Tal premissa fica evidente no artigo 501 do texto projetado, em que há previsão de que as decisões proferidas nas ações relativas à obrigação de pagar quantia, ainda que formulado pedido genérico, deverão definir a extensão da obrigação, o índice de correção monetária, a taxa de juros, o termo inicial de ambos e a periodicidade da capitalização dos juros[27]. Não obstante tal linha, há uma grande quantidade de situações em que as decisões judiciais acabarão sendo proferidas sem preencher o predicado da liquidez, razão pela qual o tema alvo do presente ensaio (liquidação de sentença) não foi esquecido no texto projetado, estando a matéria basicamente regulamentada no trecho dos arts. 523 a 526[28].

Percebe-se na leitura da parte dedicada ao tema que o tratamento em relação à liquidação de sentença foi bem econômico e manteve a célula do sistema vigente na codificação em vigor. De todo modo, há pontos que devem ser realçados em corrido passeio.

De plano, o art. 523 do texto projetado de forma explicita indica que a liquidação de sentença poderá ser requerida tanto pelo credor quanto pelo devedor, prestigiando, assim, a ideia da "ação liberatória" (que era extraída sem esforço do ventre do art. 570 do Código de Processo Civil — revogado pela Lei n. 11.232/05)[29]. A novidade é positiva, pois ratifica a concepção de que o cumprimento da decisão judicial, ainda que ilíquida, deve ser feita de forma espontânea pelo devedor, tendo, pois, este, para tanto, a legitimidade para promover a liquidação de sentença.

---

formulasse pedido de liquidação da obrigação na mesma fase procedimental em que, a rigor, como atualmente sói ocorrer, só resulta afirmada a existência do direito sem a sua quantificação. (A "liquidação" de obrigação imposta por sentença em demanda metaindividual. *In:* MAZZEI, Rodrigo; NOLASCO, Rida Dias (coords.). *Processo civil coletivo.* São Paulo: Quartier Latin, 2005. p. 415).

(25) DIDIER JR., Fredie; CUNHA, Leonardo José Carneiro da; BRAGA, Paula Sarno; OLIVEIRA, Rafael. *Curso de direito processual civil:* execução. Salvador: Juspodivm, 2009. v. 5, p. 136.

(26) Texto aprovado na Câmara em novembro de 2013, com pendência de análise alguns temas controversos.

(27) Art. 501. Na ação relativa à obrigação de pagar quantia, ainda que formulado pedido genérico, a decisão definirá desde logo a extensão da obrigação, o índice de correção monetária, a taxa de juros, o termo inicial de ambos e a periodicidade da capitalização dos juros, se for o caso, salvo quando: I — não for possível determinar, de modo definitivo, o montante devido; II — a apuração do valor devido depender da produção de prova de realização demorada ou excessivamente dispendiosa, assim reconhecida na sentença. § 1º Nos casos previstos neste artigo, seguir-se-á a apuração do valor devido por liquidação. § 2º O disposto no *caput* também se aplica quando o acórdão alterar a sentença.

(28) Art. 523. Quando a sentença condenar ao pagamento de quantia ilíquida, proceder-se-á a sua liquidação, a requerimento do credor ou devedor: I — por arbitramento, quando determinado pela sentença, convencionado pelas partes ou exigido pela natureza do objeto da liquidação; II — pelo procedimento comum, quando houver necessidade de alegar e provar fato novo. § 1º Quando na sentença houver uma parte líquida e outra ilíquida, ao credor é lícito promover simultaneamente a execução daquela e, em autos apartados, a liquidação desta. § 2º Quando a apuração do valor depender apenas de cálculo aritmético, o credor poderá promover, desde logo, o cumprimento da sentença. § 3º O Conselho Nacional de Justiça desenvolverá e colocará à disposição dos interessados programa de atualização financeira. § 4º Na liquidação é vedado discutir de novo a lide ou modificar a sentença que a julgou. Art. 524. Na liquidação por arbitramento, o juiz intimará as partes para a apresentação de pareceres ou documentos elucidativos, no prazo que fixar; caso não possa decidir de plano, nomeará perito, observando-se, no que couber, o procedimento da prova pericial. Art. 525. Na liquidação pelo procedimento comum, o juiz determinará a intimação do requerido, na pessoa de seu advogado ou da sociedade de advogados a que estiver vinculado, para, querendo, apresentar contestação no prazo de quinze dias, observando-se, a seguir, no que couber, o disposto no Livro I da Parte Especial deste Código. Parágrafo único. Contra decisão proferida na fase de liquidação de sentença cabe agravo de instrumento. Art. 526. A liquidação poderá ser realizada na pendência de recurso, processando-se em autos apartados no juízo de origem, cumprindo ao liquidante instruir o pedido com cópias das peças processuais pertinentes.

(29) Texto revogado: Art. 570. O devedor pode requerer ao juiz que mande citar o credor a receber em juízo o que lhe cabe conforme o título executivo judicial; neste caso, o devedor assume, no processo, posição idêntica à do exequente.

Há, assim, uma melhora no disposto no vigente art. 475-A do CPC[30].

As formas de liquidação previstas atualmente estão prestigiadas no Projeto, com previsão da liquidação por arbitramento (art. 523, I), da liquidação por artigos (art. 523, II), sendo a apuração de simples cálculo aritmético tratada também como liquidação "por cálculos" (art. 523, § 2º). No que se refere a "liquidação por cálculos", visando uma uniformidade de resultados, há previsão de uso de programa de atualização financeira único em todo o Brasil, sendo o Conselho Nacional de Justiça o responsável pelo desenvolvimento de disponibilização do aludido programa.

Há no regramento da liquidação por arbitramento, na nossa concepção, uma melhora em relação ao disposto no atual art. 475-D do Código de Processo Civil, deixando mais evidente a aplicação das regras vinculadas à perícia. No sentido, além da expressa alusão nesse sentido na parte final no art. 524 do Projeto, percebe-se que o texto projetado abre válvula para aplicar o previsto no vigente art. 427 do Código de Processo Civil[31], a fim de permitir a juntada de pareceres ou documentos elucidativos para decidir a questão sem dilação probatória com *expert* judicial.

Em relação à liquidação por artigos merece ser destacado que o texto projetado não utiliza tal nomenclatura, limitando-se a indicar que a liquidação seguirá "pelo procedimento comum", quando houver necessidade de alegar e provar fato novo (características da liquidação por artigos), consoante se infere do disposto nos arts. 523, II e 525 do Projeto. Registre-se, ainda, que na liquidação por artigos (tratada como "liquidação pelo procedimento comum") há previsão de que a intimação do requerido deve ser efetuada na pessoa de seu advogado ou da sociedade de advogados a que estiver vinculado, para, querendo, apresentar contestação no prazo de quinze dias (observando, em sequencia o Livro I da Parte Especial do Código), conforme pode se notar do desenho do art. 525 do texto projetado.

Soluções atuais e que são boas ferramentas para a duração razoável do processo — diretriz constitucional (art. 5º, LXXVIII, CF/88) que está recepcionada pelo Projeto de forma explícita (arts. 6º e 139, II)[32] — estão previstas no texto projetado: (a) art. 523, § 1º — se na decisão houver parte líquida e outra ilíquida, ao interessado é lícito promover simultaneamente a execução daquela e, em autos apartados, a liquidação desta; (b) art. 526 — a liquidação poderá ser realizada na pendência de recurso (ainda que provido de efeito suspensivo), processando-se em autos apartados no juízo de origem, cumprindo ao liquidante instruir o pedido com cópias das peças processuais pertinentes.

Observe-se que o tema tratado no art. 526 já era alvo de previsão no sistema em vigor (art. 475-A, § 2º), mas pode se notar uma novidade em relação ao "julgamento parcial de mérito", que parecia estar fora do dispositivo atualmente em vigência. Isso porque o Projeto prevê que a decisão que julgar parcialmente o mérito poderá reconhecer a existência de obrigação líquida ou ilíquida simultaneamente. Em tais condições, a parte poderá liquidar ou executar, desde logo, a obrigação reconhecida na decisão que julgar parcialmente o mérito, independentemente de caução, ainda que haja recurso interposto, conforme previsto no art. 323 (e seus respectivos parágrafos) do texto projetado[33].

Ainda com olhos na duração razoável do processo e também fora do hiato dos arts. 523 a 526, cremos que foi positiva a inserção do § 1º do art. 113 do texto projetado[34], que permite ao juiz limitar não apenas no processo de conhecimento, mas também na

---

(30) Muito embora nos §§ 1º e 2º do art. 523 o texto projetado faça menção apenas ao credor, esquecendo-se do devedor, contrariando a ideia ampla do *caput*.
(31) Art. 427. O juiz poderá dispensar prova pericial quando as partes, na inicial e na contestação, apresentarem sobre as questões de fato pareceres técnicos ou documentos elucidativos que considerar suficientes.
(32) Art. 6º Todos os sujeitos do processo devem cooperar entre si para que se obtenha, em tempo razoável, decisão de mérito justa e efetiva. Art. 139. O juiz dirigirá o processo conforme as disposições deste Código, incumbindo-lhe: [...] II – velar pela duração razoável do processo.
(33) Art. 363. O juiz decidirá parcialmente o mérito, quando um ou mais dos pedidos formulados ou parcela deles: I — mostrar-se incontroverso; II — estiver em condições de imediato julgamento, nos termos do art. 362. § 1º A decisão que julgar parcialmente o mérito poderá reconhecer a existência de obrigação líquida ou ilíquida. § 2º A parte poderá liquidar ou executar, desde logo, a obrigação reconhecida na decisão que julgar parcialmente o mérito, independentemente de caução, ainda que haja recurso contra essa interposto. Se houver trânsito em julgado da decisão, a execução será definitiva. § 3º A liquidação e o cumprimento da decisão que julgar parcialmente o mérito poderão ser processados em autos suplementares, a requerimento da parte ou a critério do juiz. § 4º A decisão proferida com base neste artigo é impugnável por agravo de instrumento.
(34) Art. 113. Duas ou mais pessoas podem litigar, no mesmo processo, em conjunto, ativa ou passivamente, quando: I — entre elas houver comunhão de direitos ou obrigações relativamente ao mérito; II — entre as causas houver conexão pelo objeto ou causa de pedir; III — ocorrer afinidade de questões por ponto comum de fato ou de direito. § 1º Na fase de conhecimento, na liquidação de sentença ou na execução, o juiz poderá limitar o litisconsórcio facultativo quanto ao número de litigantes, quando este comprometer a rápida solução do litígio ou dificultar a defesa ou o cumprimento da sentença.

liquidação de sentença e na execução, a formação de litisconsórcio facultativo, caso o número de litigantes puder comprometer a rápida solução do litígio ou dificultar a defesa ou o cumprimento da sentença.

Afora as questões já tratadas, merece consignar que fica mantido a diretriz da *fidelidade*, sendo assim, não é permitido que em sede de liquidação (qualquer que seja a modalidade) se discuta novamente a lide, sendo, outrossim, vedado modificar a decisão que a julgou (§ 4º do art. 523).

O parágrafo único do art. 525, que dispõe que contra decisão proferida na fase de liquidação de sentença cabe agravo de instrumento, merece ser aplicado em todas as hipóteses de liquidação, apesar do *caput* do dispositivo apenas se referir a liquidação pelo procedimento comum (liquidação por artigos).

5. Liquidação de sentença no processo do trabalho

Fechando o presente ensaio, merece serem trazidas — ainda que de forma breve — algumas noções básicas sobre a liquidação de sentença no âmbito do processo do trabalho, diante da existência de peculiaridades.

Com efeito, a liquidação de sentença no âmbito do processo do trabalho está regulada no art. 897 da CLT, dispositivo que ao longo do tempo foi alvo de várias alterações legislativas em vários pontos[35]. Dada a importância da regra legal para a compreensão da liquidação de sentença no processo do trabalho, sua transcrição se mostra relevante:

> Art. 879. Sendo ilíquida a sentença exequenda, ordenar-se-á, previamente, a sua liquidação, que poderá ser feita por cálculo, por arbitramento ou por artigos.[36]

§ 1º Na liquidação, não se poderá modificar, ou inovar, a sentença liquidanda nem discutir matéria pertinente à causa principal[37].

§ 1º-A. A liquidação abrangerá, também, o cálculo das contribuições previdenciárias devidas.[38]

§ 1º-B. As partes deverão ser previamente intimadas para a apresentação do cálculo de liquidação, inclusive da contribuição previdenciária incidente.[39]

§ 2º Elaborada a conta e tornada líquida, o Juiz poderá abrir às partes prazo sucessivo de 10 (dez) dias para impugnação fundamentada com a indicação dos itens e valores objeto da discordância, sob pena de preclusão.[40]

§ 3º Elaborada a conta pela parte ou pelos órgãos auxiliares da Justiça do Trabalho, o juiz procederá à intimação da União para manifestação, no prazo de 10 (dez) dias, sob pena de preclusão.[41]

§ 4º A atualização do crédito devido à Previdência Social observará os critérios estabelecidos na legislação previdenciária.[42]

§ 5º O Ministro de Estado da Fazenda poderá, mediante ato fundamentado, dispensar a manifestação da União quando o valor total das verbas que integram o salário de contribuição, na forma do art. 28 da Lei n. 8.212, de 24 de julho de 1991, ocasionar perda de escala decorrente da atuação do órgão jurídico.[43]

§ 6º Tratando-se de cálculos de liquidação complexos, o juiz poderá nomear perito para a elaboração e fixará, depois da conclusão do trabalho, o valor dos respectivos honorários com observância, entre outros, dos critérios de razoabilidade e proporcionalidade.[44]

5.1. Espécies de liquidação previstas na CLT

Como se percebe, o *caput* do art. 879 transcrito prevê que a liquidação de sentença no processo do trabalho poderá ser feita, a partir da peculiaridade

---

(35) Importante realçar que mesmo antes da "onda do sincretismo no processo civil comum", já se defendia que a liquidação do processo do trabalho se caracterizava por uma *fase preliminar* à execução. Na realidade, considerando que a execução no processo do trabalho pode se iniciar de ofício (art. 878 da CLT), a liquidação se posta como *fase de aperfeiçoamento do título* antecedente à execução e posterior a finalização do processo (ou *fase*) de conhecimento, em exemplo claro de marcha *sincrética* e de saudável acoplamento do processo em *fases* ascendentes e lógicas (conhecimento, liquidação e execução).
(36) Texto conforme a Lei n. 2.244, de 23.6.1954.
(37) Texto conforme a Lei n. 8.432, 11.6.1992.
(38) Texto conforme a Lei n. 10.035, de 25.10.2000.
(39) Texto conforme a Lei n. 10.035, de 25.10.2000.
(40) Texto conforme a Lei n. 8.432, 11.6.1992.
(41) Texto conforme a Lei n. 11.457, de 2007.
(42) Texto conforme a Lei n. 10.035, de 25.10.2000.
(43) Texto conforme a Lei n. 11.457, de 2007.
(44) Texto conforme a Lei n. 12.405, de 2011.

do caso, por três formas distintas: (a) *cálculo*; (b) *arbitramento*; e (c) *artigos*. De forma bem resumida, tentaremos realçar os pontos comuns e de divergência mais importantes em relação ao processo civil comum.

5.1.1. Liquidação por cálculo no processo do trabalho

Muito embora possa ocorrer situação semelhante ao previsto na liquidação por cálculo prevista no art. 475-B do CPC, nem sempre haverá prefeita identidade com tal "modalidade comum de liquidação". Com efeito, como antes já defendido no item 3.1 do presente ensaio, a atividade postulatória do art. 475-B do CPC não é verdadeira espécie de liquidação, pois parte da premissa de que há decisão líquida ou determinada, cujo valor nela estabelecido é submetido a mera operação aritmética objetivando torná-lo atual ao momento da execução. De forma diversa, no âmago do processo do trabalho, os cálculos podem tomar complexidade maior que uma simples conta aritmética (ou seja, aquela capaz de ser feita sem ajuda de profissional habilitado — em regra, contador).

As liquidações por cálculo trabalhistas, muitas das vezes, acabam tendo alcance amplo, pois açambarcam não apenas as questões que antes eram controvertidas e foram sedimentadas no título executivo, mas também os seus *reflexos*, como é o caso das férias, décimo terceiro salário, horas extras, repouso semanal remunerado, contribuições previdenciárias (§§ 1º-A e 1º-B do art. 879 da CLT) etc. Isso sem contar que haverá hipóteses outras em que a própria base de cálculo para os *reflexos* poderá necessitar de apresentação de uma conta mais complexa, como ocorre — por exemplo — no caso de incorporação de comissões no salário do trabalhador[45].

Não é incomum que as liquidações por cálculo no processo do trabalho acabem por desaguar ou mesmo iniciar na contadoria do juízo (= *órgão auxiliar da Justiça do Trabalho — § 3º do art. 879 da CLT*), que, portanto, pode elaborar uma terceira conta (além da apresentada pelo credor e o devedor) ou até mesmo apresentar uma conta inaugural, abrindo a fase liquidatória[46]. Observe-se no particular que o § 2º do art. 879 contém redação que permite interpretação equivocada, ao dispor que, elaborada a conta e tornada líquida, o julgador "poderá abrir às partes prazo sucessivo" para se manifestar. Trata-se, com todo respeito, de *dever* do julgador, em razão do nosso sistema processual ser arrimado em modelo democrático de processo, em que o contraditório funciona como *valor-fonte*[47], e não apenas como regra formal de *ação e reação*[48][49].

Pois bem, apresentada a conta (seja por qualquer dos interessados ou pelo contador do Juiz) e colhido o contraditório, haverá um valor que será considerado como correto pelo juiz e que será alvo de homologação, em desdobramento do § 2º do art. 879 da CLT. Tais situações fogem da balada seca do art. 475-B e detêm natureza liquidatória, pois a cognição deflagrada acaba tendo caráter *complementar* ao título

---

(45) Bem próximo, confira-se: Carlos Henrique Bezerra Leite (*Liquidação na ação civil pública:* o processo e a efetividade dos direitos humanos, enfoques civis e trabalhistas. São Paulo: LTr, 2004. p. 113, p. 132-133).
(46) Parecendo concordar, confira-se: Carlos Henrique Bezerra Leite (*Liquidação na ação civil pública:* o processo e a efetividade dos direitos humanos, enfoques civis e trabalhistas. São Paulo: LTr, 2004. p. 113 e 136).
(47) Expressão feliz cunhada pelo professor Hermes Zaneti Junior (*Processo constitucional.* Rio de Janeiro: Lumen Juris, p. 190).
(48) Conforme já afirmado por um dos autores do texto em ensaio anterior: "o contraditório é o *valor-fonte* do modelo democrático de processo civil que se pretende que se instale de forma concreta (em respeito ao art. 1º da Carta de 1988). Não se autoriza pensar mais em contraditório que garanta apenas a bilateralidade fixada no dueto *ação e reação.* Em verdade, numa concepção de *modelo democrático de processo* o contraditório estará fixado com mais pujança no *direito ao diálogo* e *dever de debate do juiz*, na medida em que só se alcançará decisão democraticamente construída a partir da submissão ampla dos valores que o contraditório traz. Com tal balada, as partes possuem importante papel na própria edificação da decisão judicial, pois soa operários na colocação da estrutura democrática do decisório. Portanto, em arremate, o apego ao contraditório exigido no Estado Democrático é, sem dúvida, muito mais refinado e potente do que a estática (e limitada visão) de *bilateralidade de audiência*, eis que, exercido de forma preventiva (e em forma de diálogo), terá o julgador subsídios completos para a decisão, com a satisfação das partes de terem participado — efetivamente — para a elaboração do decisório". MAZZEI, Rodrigo. Embargos de declaração e agravo interno no projeto de CPC (substitutivo de lavra do Deputado Paulo Teixeira): algumas sugestões para ratificações do texto projetado. *Revista de Processo,* v. 221, p. 245-290, 2013.
(49) A ideia do contraditório como *"valor-fonte"* do processo democrático é facilmente aferível em outras nações, pois há formação de contraditório em razão do próprio dever de consulta que move o *modelo de processo cooperativo.* Aquele que litiga tem o direito de *participar e colaborar* para formar a convicção do juiz, pois negar a fala às partes é negar que a decisão judicial seja formada através de um diálogo, ou seja, forma-se decisão escorada em caminhada sem prestígio a democracia (que deve ser observada também no âmbito processual). Confira-se, bem próximos: Carlos Alberto Álvaro de Oliveira (Garantia do contraditório. *In:* TUCCI, José Rogério Cruz e (coord.). *Garantias constitucionais do processo civil.* São Paulo: Revista dos Tribunais, 1998. p. 132-148), Luiz Guilherme Marinoni e Daniel Mitidiero (*O projeto do CPC.* São Paulo: Revista dos Tribunais, 2010. p. 34-35), Dierle José Coelho Nunes (O princípio do contraditório: uma garantia de influência e de não surpresa. *In:* DIDIER JR., Fredie; JORDÃO, Eduardo Ferreira (coords.). *Teoria do processo:* panorama doutrinário mundial. Salvador: Juspodivm, 2008. p. 161), Fredie Didier Jr. (*Fundamentos do princípio da cooperação no direito processual civil português.* Coimbra: Coimbra, 2010. p. 46) e Hermes Zaneti Junior (*Processo constitucional.* Rio de Janeiro: Lumen Juris, p. 191-193).

e não simplesmente uma atualização de valor como se projeta na codificação processual civil.

Ainda em resenha, merece registrar que embora o § 6º do art. 879 permita a nomeação de *expert* para apuração de cálculos de liquidação complexos, tal fato parece estar fora da liquidação por cálculos (ainda que com alguma complexidade), sendo aplicável apenas a liquidação por arbitramento e por artigos. A confirmar a assertiva aqui lançada, é oportuno observar o disposto no art. 789-A, inciso IX, da CLT[50], que prevê que o trabalho do contador do juízo — na realização de cálculos para a liquidação — deverá ser pago, ao final, pelo executado, sendo tratada a verba como *custas judiciais* (seguindo tabelamento, inclusive)[51], ao contrário da hipótese de nomeação de perito (§ 6º do art. 879 da CLT), em que há fixação de *honorários* (com observância a critérios de razoabilidade e proporcionalidade, ou seja, sem tabela prévia — ao menos à luz da legislação federal).

Nada obstante o registro anterior, diante do bem jurídico tratado nas ações trabalhistas (na grande maioria das vezes questões de natureza alimentar), pensamos ser acertada (e adequada ao direito material a ser satisfeito) a postura do julgador em se valer de órgão de apoio (= *contadoria judicial*) nas liquidações por cálculo que fujam de contas triviais, até mesmo em prestígio a segurança, celeridade e a economia[52].

Embora a letra da lei indique que as contas serão apresentadas pelo exequente e pelo executado, após a intimação judicial para tanto, a omissão das partes poderá implicar em conta inicial feita pelo Contador Judicial, procedimento que poderá também ocorrer em caso de surgir alguma dúvida no confronto das contas antagônicas ou da apresentação de apenas uma conta aparentemente imperfeita (sem demonstrativo concreto de sua substância e retidão), situação que demonstra que há certa flexibilidade na marcha da liquidação por cálculo no processo trabalhista; ainda, após a elaboração da conta (seja pelas partes, seja pelo Contador do Juízo) a União deverá ser intimada para manifestação, no prazo de 10 (dez) dias, acerca dos reflexos previdenciários (§ 3º, art. 879).

De um modo geral, os julgadores na justiça do trabalho "homologam" a conta que entendem como correta, dicção esta que deve conter o mínimo de fundamentação reclamada no art. 93, IX, da Carta Federal. Não obstante tal decisão seja tratada em boa parte das vezes como "sentença", ao nosso sentir, trata-se de decisão interlocutória[53], que determinará a expedição de mandado de citação para pagamento ou penhora, sem a necessidade de pedido do exequente, pois é flagrante o deslize redacional do art. 880 da CLT nesse sentido, uma vez que a liquidação no sistema trabalhista inaugura a execução[54].

Não pago o valor estampado no mandado e efetuada a penhora, com a garantia do juízo, nos termos do art. 884 da CLT[55] poderá o executado oferecer embargos à execução, estando autorizando a impugnar a conta homologada em tal peça postulatória, consoante pode se observar do disposto no § 3º do dispositivo. No prazo de cinco dias da decisão homologatória e sem a necessidade do juízo estar "seguro", poderá o exequente impugnar os cálculos homologados, buscando, em regra, a sua majoração. Não há sentido, como todo respeito, condicionar a impugnação do exequente à prévia penhora do patrimônio do executado, razão pela qual os prazos de impugnação do executado e do exequente, na nossa visão, não possuem marcos parelhos (embora com o

---

(50) Incluído pela Lei n. 10.537, de 27.8.2002.

(51) Art. 789-A. No processo de execução são devidas custas, sempre de responsabilidade do executado e pagas ao final, de conformidade com a seguinte tabela: [...] IX — cálculos de liquidação realizados pelo contador do juízo — sobre o valor liquidado: 0,5% (cinco décimos por cento) até o limite de R$ 638,46 (seiscentos e trinta e oito reais e quarenta e seis centavos).

(52) Economia que não é apenas processual, mas também financeira, como se pode se aferir da confrontação do § 6º do art. 879 com o art. 789-A, inciso IX, feita no corpo do texto.

(53) No sentido: Carlos Henrique Bezerra Leite (*Liquidação na ação civil pública*: o processo e a efetividade dos direitos humanos, enfoques civis e trabalhistas. São Paulo: LTr, 2004. p. 137).

(54) Art. 880. Requerida a execução, o juiz ou presidente do tribunal mandará expedir mandado de citação do executado, a fim de que cumpra a decisão ou o acordo no prazo, pelo modo e sob as cominações estabelecidas ou, quando se tratar de pagamento em dinheiro, inclusive de contribuições sociais devidas à União, para que o faça em 48 (quarenta e oito) horas ou garanta a execução, sob pena de penhora.

(55) Art. 884. Garantida a execução ou penhorados os bens, terá o executado 5 (cinco) dias para apresentar embargos, cabendo igual prazo ao exequente para impugnação. § 1º A matéria de defesa será restrita às alegações de cumprimento da decisão ou do acordo, quitação ou prescrição da divida. § 2º Se na defesa tiverem sido arroladas testemunhas, poderá o Juiz ou o Presidente do Tribunal, caso julgue necessários seus depoimentos, marcar audiência para a produção das provas, a qual deverá realizar-se dentro de 5 (cinco) dias. § 3º Somente nos embargos à penhora poderá o executado impugnar a sentença de liquidação, cabendo ao exequente igual direito e no mesmo prazo. § 4º Julgar-se-ão na mesma sentença os embargos e as impugnações à liquidação apresentadas pelos credores trabalhista e previdenciário. § 5º Considera-se inexigível o título judicial fundado em lei ou ato normativo declarados inconstitucionais pelo Supremo Tribunal Federal ou em aplicação ou interpretação tidas por incompatíveis com a Constituição Federal.

mesmo prazo). Ao exequente os cinco dias devem se iniciar da intimação da decisão homologatória, enquanto ao executado o prazo da impugnação somente se iniciará após a garantia da execução.

Pensamos, como todo respeito, que a melhor solução é considerar para todas as partes envolvidas o prazo comum de 5 (cinco) dias, iniciando-se a contagem da intimação da decisão de homologação da conta, ainda que a análise fique pendente depois de efetuada a penhora de patrimônio do devedor. Condicionar a sedimentação da conta homologada, para de modo absoluto apenas julgar na mesma sentença as impugnações apresentadas pelos credores (trabalhista ou previdenciário) juntamente com os embargos à execução ofertados pelo devedor pode ser nocivo, eis que o aperfeiçoamento da liquidação (que é favorável aos credores) fica sujeita à garantia do juízo.

Melhor seria trabalhar com o tempo morto do processo e, sem prejuízo da penhora de bens do devedor, fossem desde logo julgadas todas as impugnações que versem sobre os valores homologados na conta, aplicando-se, em certa medida, a inteligência no disposto no art. 475-A do Código de Processo Civil, que permite que a liquidação seja finalizada na pendência de recurso (mesmo com efeito suspensivo). Ora, com tal medida, o eventual processo de expropriação futuro, que se iniciará com a penhora, já trabalhará com valor consolidado não só pela homologação da conta inicial, como também pela decisão que analisou (e julgou) as impugnações, fato que implicará em boa aceleração processual da penhora até a finalização do processo expropriatório.

Como se percebe, há particularidades na liquidação de sentença no Processo do Trabalho, notadamente quando se tratar de liquidação por cálculos.

5.1.2. Liquidação por arbitramento no processo do trabalho

O *caput do* art. 879 da CLT prevê a possibilidade de liquidação de sentença por arbitramento no Processo do Trabalho, não fazendo ao longo do dispositivo regulações que se afastem de forma clara do modelo do Código de Processo Civil. Em tais condições, cremos que devem ser recepcionados os arts. 475-C e 475-D da legislação processual civil comum, adaptando-se ao processo especial (art. 769 da CLT).

5.1.3. Liquidação por artigos no processo do trabalho

Da mesma forma que a liquidação por arbitramento, a CLT abarca a possibilidade da liquidação por artigos, mas não desenha qualquer diferencial ao que está regulado no Código de Processo Civil em seus arts. 475-E e 475-F, aplicando-se tais regramentos no Processo do Trabalho com os devidos ajustes (art. 769 da CLT).

Vale, contudo, registrar que a demonstração de "fato novo" que dá origem à liquidação por artigos está blindada dos mesmos zelos do processo comum, em especial em relação ao princípio da fidelidade (art. 475-G do CPC), o qual também que está consagrado no art. 879, § 1º da CLT.

6. Liquidação no processo coletivo

6.1. O devido processo legal coletivo e o microssistema (ou subsistema do processo coletivo)

O processo coletivo compreende instrumento voltado à tutela de categorias específicas de direitos, quais sejam, a dos direitos transindividuais ou coletivos em sentido lato (difusos e coletivos em sentido estrito) e a dos direitos individuais homogêneos (os quais, a despeito de direitos subjetivos individuais, são tutelados coletivamente, dado o interesse social subjacente aos mesmos)[56]. Definem-no Hermes Zanetti Jr. e Fredie Didier Jr., como "aquele instaurado em face de um legitimado autônomo, em que se postula um direito coletivo lato sensu ou se afirma a existência de uma situação jurídica coletiva passiva, com o fito de obter um provimento jurisdicional que atingirá uma coletividade, um grupo ou um determinado número de pessoas"[57]. As peculiaridades dos direitos que nele e por ele se buscam reconhecer

---

(56) "Já os direitos individuais homogêneos são, simplesmente, direitos subjetivos individuais. A qualificação de homogêneos não altera e nem pode desvirtuar essa sua natureza. É qualificativo utilizado para identificar um conjunto de direitos subjetivos individuais ligados entre si por uma relação de afinidade, de semelhança, de homogeneidade, o que permite a defesa coletiva de todos eles." ZAVASCKI, Teori Albino. *Processo coletivo*: tutela de direitos coletivos e tutela coletiva de direitos. São Paulo: RT, 2006. p. 43.
(57) DIDIER JR., Fredie; ZANETI JR., Hermes. *Curso de direito processual civil*: processo coletivo. 8. ed. rev. ampl. e atual. Salvador: Juspodivm, 2013. v. 4, p. 45.

impõem a adaptação dos institutos e dos fenômenos que o cercam e o delineiam, de modo a se ter assegurado o que pode ser denominado de *devido processo legal coletivo*, ou seja, de um processo pautado por um "garantismo coletivo"; sob pena de seu caráter instrumental restar comprometido e, em consequência, de a tutela diferenciada nele objetivada não ser alcançada[58]. Daí a necessidade de regras e princípios próprios para a regulamentação do processo coletivo.

Não existe, contudo, no âmbito do ordenamento jurídico pátrio, uma codificação própria e específica voltada à regulamentação do processo coletivo. As normas de processo coletivo não se encontram dispostas em uma única lei; antes, estão alocadas em diversos diplomas legais. A despeito de fisicamente separadas, a unidade teórica e de propósitos existentes entre tais normas faz com que integrem um microssistema dentro do ordenamento jurídico a que se denomina de *microssistema ou subsistema de processo coletivo*.

A existência do subsistema do processo coletivo possibilita que as normas nele compreendidas se intercomuniquem, de modo a dialogarem entre si. Dentro desse contexto, a aplicação das normas do Código de Processo Civil, de concepção nitidamente individualista, é realizada apenas residualmente[59].

Em curtas palavras, o microssistema coletivo tem sua formação marcada pela reunião intercomunicante de vários diplomas, diferenciando-se da maioria dos microssistemas que, em regra, recebem apenas influência de normas gerais. Por exemplo, a Lei n. 8.245/91 (exemplo de diploma extravagante nas relações entre locador e inquilino de imóveis) possui diálogo com o Código Civil (CC), o Código de Processo Civil (CPC) e, obviamente, a Constituição Federal (CF). Com efeito, a concepção do microssistema jurídico coletivo deve ser ampla, a fim de que este seja composto não apenas do CDC e da LACP, mas de todos os corpos legislativos inerentes ao direito coletivo, razão pela qual o diploma que compõe o microssistema é apto a nutrir carência regulativa das demais normas, pois, unidas, formam sistema especialíssimo. Isso significa dizer que o CPC terá aplicação somente se não houver solução legal nas regulamentações que estão disponíveis dentro do microssistema coletivo que, frise-se, é formado por um conjunto de diplomas especiais com o mesmo escopo (tutela de massa). Dessa forma, a leitura de dispositivos com redação próxima à do art. 19 da LACP e do art. 22 da LAP há de ser feita de forma cuidadosa, porque o CPC será residual, e não imediatamente subsidiário, pois, verificada a omissão do diploma coletivo especial, o intérprete, antes de angariar solução na codificação processual, ressalte-se, de índole individual, deverá buscar os ditames constantes dentro do microssistema coletivo. As leis que formam esse conjunto de regulação ímpar, sem exceção, interpenetram-se e subsidiam-se, devendo o intérprete aferir — em concreto — a eventual incompatibilidade e a especificidade de cada norma coletiva em relação aos demais diplomas, com aplicação apenas residual do CPC, em razão de sua dicção, repita-se, individual[60].

Estão compreendidas no microssistema as normas de processo coletivo localizadas na Lei de Ação Popular (Lei n. 4.117/65), na Lei dos Portadores de Deficiências (Lei n. 7.853/89), no Estatuto da Criança e do Adolescente (Lei n. 8.069/90), na Lei de Improbidade Administrativa (Lei n. 8.429/92), na Lei da Ordem Econômica (Lei n. 8.884/94), no Estatuto do Idoso (Lei n. 10.741/03), entre outras, as quais possuem como base as disposições contidas na Constituição Federal, na Lei de Ação Civil Pública (Lei n. 7.347/85) e no Código de Defesa do Consumidor (Lei n. 8.078/90).

A concepção de microssistema da tutela coletiva, na forma aqui apresentada, vem sendo aplicada por alguns Tribunais (inclusive pelo Superior Tribunal de Justiça)[61] em diversos temas em que ocorre o

---

(58) Recorre-se mais uma vez à doutrina de Hermes Zaneti Jr. e de Fredie Didier Jr.: "O devido processo legal precisa ser adaptado ao processo coletivo. É preciso pensar em um devido processo legal coletivo. É preciso construir um regime diferenciado para o processo coletivo. As mudanças resultam da necessária adaptação do princípio do devido processo legal a esses novos litígios. Com isso nasce o que se pode chamar de 'garantismo coletivo', que paulatinamente deverá consolidar-se na doutrina e na jurisprudência para assegurar mais eficácia e legitimidade social aos processos coletivos e as decisões judiciais nessa matéria". DIDIER JR., Fredie; ZANETI JR., Hermes. *Curso de direito processual civil*: processo coletivo. 8. ed. rev. ampl. e atual. Salvador: Juspodivm, 2013. v. 4, p. 115.

(59) O tema (microssistema da tutela coletiva) foi tratado com vagar por Rodrigo Mazzei no seguinte texto: A ação popular e o microssistema da tutela coletiva. *In:* GOMES JR., Luiz Manoel; SANTOS FILHO Ronaldo Fenelon (coords.). *Ação popular* — aspectos controvertidos e relevantes — 40 anos da Lei n. 4.717/65. São Paulo: RCS, 2006. Em razão da importância do tema, o ensaio foi republicado (com pequenas alterações) em outras obras, a saber: *Revista Forense*, v. 394, p. 263-280, 2007; DIDIER JR., Fredie; MOUTA, José Henrique (coords.). *Tutela jurisdicional coletiva*. Salvador: Juspodivm, 2009. v. 1, p. 373-395; *Revista Jurídica da Faculdade de Direito da Universidade de Ribeirão Preto*, v. 1, p. 221-244, 2011.

(60) Direto no tema, confira-se: Rodrigo Mazzei (Da aplicação (apenas) 'residual' do CPC nas ações coletivas. *MPMG Jurídico*, v. 1, p. 37, 2006).

(61) REsp 1108542/SC, Rel. Ministro Castro Meira, Segunda Turma, julgado em 19.5.2009, DJe 29.5.2009; AgRg no REsp 1219033/RJ, Rel. Ministro Herman Benjamin, Segunda Turma, julgado em 17.3.2011, DJe 25.4.2011.

tratamento simultâneo pelo Código Processo Civil (de índole voltada aos litígios individuais) e por leis especiais (ou extravagantes) que versam sobre a tutela coletiva. Em tais situações, a codificação deve ser aplicada apenas de forma residual, com prevalência das leis que formam o microssistema coletivo. Tal premissa não pode ser afastada em se tratando de liquidação de sentença, em que a estrutura do Código de Processo Civil está afinada para a recepção das ações individuais, sendo pouco adequada para as ações coletivas[62][63][64].

Como vimos no tópico próprio, o Projeto do "novo" Código de Processo Civil não altera o quadro acima traçado, bastando, pois, conferir que os principais dispositivos do texto projetado, que estão no hiato dos arts. 523 a 526, mantêm a célula individual da liquidação de sentença codificada. De toda sorte, como vimos, o § 2º do art. 113 do projeto — embora não seja um dispositivo de aplicação voltada exclusivamente para a liquidação de sentença — prevê a possibilidade de limitação de litisconsórcio facultativo nas liquidações de sentença quando o número de litigante puder comprometer a rápida solução do litígio ou dificultar a defesa ou até mesmo o cumprimento da sentença, situação que de forma vulgar ocorre em liquidações coletivas com grande número de postulantes, notadamente em hipótese de direitos individuais homogêneos.

6.2. A sentença genérica no processo coletivo

Fixadas as premissas acerca do microssistema coletivo, como é sabido, o Código de Defesa do Consumidor (CDC), no seu Título III, Capítulo II, que cuida "Das ações coletivas para a defesa de interesses individuais homogêneos", regulamenta o instituto da liquidação, sobretudo no art. 97. Por força do art. 21 da Lei n. 7.347/85, que disciplina a Ação Civil Pública (princípio do microssistema do processo coletivo), os dispositivos do Título III do Código do Consumidor são aplicáveis à "defesa"[65] dos direitos e interesses difusos, coletivos e individuais homogêneos, naquilo que cabíveis.

O art. 95 do CDC dispõe que a condenação deve ser genérica quando a demanda coletiva for julgada procedente[66]. Trata-se de regra geral no tocante à sentença proferida em demanda coletiva que visa a reparação de danos em torno de direitos individuais homogêneos. Não se aplica, contudo, nas demandas coletivas em que se busca a condenação do réu em obrigação de fazer ou de não fazer, independentemente de envolverem direitos coletivos, difusos, ou individuais homogêneos.

Ademais, nas demandas coletivas para reparação de danos envolvendo direito coletivo ou direito difuso também é perfeitamente possível se vislumbrar sentença da qual decorra condenação em obrigação líquida. Nesses casos, a obrigação pode vir a ser quantificada no curso do processo, na medida em que a condenação do réu decorre de violação a bem indivisível, cujo titular é a coletividade, e cuja delimitação pode ocorrer através de prova produzida durante o curso da demanda, sem a necessidade de, para tanto, serem comprovados eventuais danos ocorridos na esfera individual de titulares de direitos subjetivos. Não se busca, em situações tais, reconhecer genericamente a existência de dano, para, em momento posterior, dividi-lo, cindi-lo entre cada cidadão individualmente lesado, como sói ocorrer nas demandas com as quais se tutelam direitos individuais homogêneos.

6.3. Alcance da liquidação de sentença em processo envolvendo os direitos individuais homogêneos

A liquidação proposta individualmente por cada uma das vítimas escapa à regra geral das liqui-

---

(62) MAZZEI, Rodrigo et al. Reforma do CPC: Leis ns. 11.187/05, 11.232/05, 11.276/06, 11.277/06 e 11.280/06. São Paulo: RT, 2006. p. 192-194.
(63) No Tribunal de Justiça do Rio Grande do Sul, mais especificamente na Primeira Câmara Especial Cível, há dezenas de acórdãos no sentido, destacando-se os de relatoria dos Desembargadores Miguel Ângelo da Silva e Ney Wiedemann Neto. Em exemplo, confira-se: "O impulsionamento de ofício das ações individuais anteriormente suspensas (conversão em liquidação provisória de sentença por artigos) é providência prática pertinente que, além de se inserir no contexto do Projeto Caderneta de Poupança instituído no âmbito do Poder Judiciário Estadual, se mostra compatível com o microssistema da tutela coletiva de direitos. A pendência de recurso no processo coletivo não obsta a liquidação provisória da sentença, que far-se-á, obrigatoriamente, pela modalidade de artigos. Manutenção da ordem dirigida ao banco para que apresente os extratos de movimentação da(s) conta(s) titularizada(s) pelo(s) autor(es), porquanto viável, com arrimo no art. 6º, VIII, do CDC, a inversão do ônus da prova" (Agravo de Instrumento n. 70027687680, j. 5.12.2008).
(64) Correta, portanto, a fala de Patrícia Miranda Pizzol, quando afirma que: "A execução coletiva obedecerá às normas constantes do CDC, da LACP e também do CPC, naquilo que os dois primeiros forem omissos e desde que não colida com os preceitos neles contidos (que constituem, a chamada 'jurisdição civil coletiva')" (Liquidação nas ações coletivas. São Paulo: Lejus, 1998. p. 240).
(65) Expressão utilizada atecnicamente, vindo no texto a significar tutela. Assim: ALVIM NETTO, José Manoel de Arruda et al. Código do consumidor comentado. 2. ed. rev. e ampl. 2 tir. São Paulo: RT, 1995. p. 345.
(66) Art. 95. Em caso de procedência do pedido, a condenação será genérica, fixando a responsabilidade do réu pelos danos causados.

dações regidas pelas normas do processo clássico, pelo que visa não só à comprovação do *quantum debeatur*, como, outrossim, à comprovação do dano — *an debeatur* — individualmente sofrido, como ainda à comprovação de ser, a possível vítima, afetada pelo dano abstratamente afirmado na sentença genérica — nexo de causalidade[67].

Com efeito, as peculiaridades que envolvem a liquidação das obrigações na tutela de direitos individuais homogêneos decorrem, justamente, da natureza da sentença genérica que fixa a obrigação liquidável. A eficácia dessa sentença genérica é mais restrita que a daquela prevista no Código de Processo Civil, e se assemelha, como reporta Dinamarco, àquelas sentenças as quais a doutrina italiana afirma se limitam "a reconhecer a potencialidade danosa da conduta do demandado"[68]. Por isso que, nesse caso, a liquidação visa a não só reconhecer o *quantum debeatur*, como, também, o dano individual, e o nexo causal com o dano geral. No particular, Hermes Zaneti Jr. e Fredie Didier Jr. advertem: "Nesta liquidação, serão apurados: a) os fatos e alegações referentes ao dano individualmente sofrido pelo demandante; b) a relação de causalidade entre esse dano e o fato potencialmente danoso acertado na sentença; c) os fatos e alegações pertinentes ao dimensionamento do dano sofrido"[69].

As particularidades são tantas a ponto de se poder naturalmente questionar quanto à verdadeira natureza desta demanda, ou seja, sobre ser ela realmente uma demanda de liquidação[70]. A realidade, pois, é que essa liquidação a que alude o CDC longe está dos moldes da liquidação regulada no Processo Civil individual. Mais se assemelha a processo de conhecimento que visa à declaração (concretização) de direito e à imposição de sanção ao réu, através de formulação de pedido certo — *an e quantum debeatur*.

É verdade que a sentença genérica reconhece a existência do dano — *an debeatur*, mas esse dano, no caso, é geral. Assim, cada cidadão que, por suposto, foi individualmente lesado precisa comprovar a existência do dano — *an debeatur* — individual, assim como se faz em qualquer outro processo de conhecimento. A única diferença aqui é a existência de respaldo em sentença genérica, que facilita, de certo modo, a cognição na demanda individual de liquidação.

É natural que essa liquidação, diante de tamanha complexidade que a envolve, seja realizada por artigos[71]. É veemente a necessidade de que se faça prova de fatos novos, pois é preciso seja demonstrado não apenas o *quantum*, como, ainda, o *an debeatur*, e o nexo causal do dano individual com o dano geral afirmado na sentença genérica[72].

Desenvolve-se pela técnica do *processo autônomo de liquidação*, na medida em que cada titular de direito individual homogêneo deverá, de posse da sentença coletiva, promover a respectiva ação de liquidação.

As vítimas e os seus sucessores, que não possuem legitimação para a propositura da demanda pela qual se busca afirmar a existência (*an debeatur*) do dano geral, adquirem legitimação ordinária — como titulares que são do direito subjetivo individual que pretendem ver afirmado e quantificado — para a

---

(67) Nesse sentido: ALVIM NETTO, José Manoel de Arruda *et al*. *Código do consumidor comentado*. 2. ed. rev. e ampl. 2 tir. São Paulo: RT, 1995. p. 436. GRINOVER, Ada Pellegrini. *Da class action for damages à ação de classe brasileira: os requisitos de admissibilidade*. Revista de Processo n. 101/11, São Paulo: RT, p. 23. DINAMARCO, Cândido Rangel. *As três figuras de liquidação de sentença*: fundamentos do processo civil moderno. 3. ed. São Paulo: Malheiros, 2000. v. II, p. 1250. MANCUSO, Rodolfo de Camargo. *Manual do consumidor em juízo*. 2. ed. rev. atual. e ampl. São Paulo: Saraiva, 1998. p. 147. Em sentido diverso, Teori Albino Zavascki e Patrícia Miranda Pizzol sustentam que o autor da demanda de liquidação, além do *quantum debeatur*, precisa demonstrar, sim, a sua legitimidade ativa, não a existência do dano — *an debeatur* — na sua esfera individual. ZAVASCKI, Teori Albino. *Comentários ao código de processo civil*. São Paulo: RT, 2000. p. 338, v. 8: do processo de execução, arts. 566 a 645. PIZZOL, Patrícia Miranda. *Liquidação nas ações coletivas*. Dissertação de Mestrado. São Paulo: PUC, 1996. p. 208, 209.
(68) DINAMARCO, Cândido Rangel. *As três figuras de liquidação de sentença*: fundamentos do processo civil moderno. 3. ed. São Paulo: Malheiros, 2000. v. II, p. 1248, 1249.
(69) DIDIER JR., Fredie; ZANETI JR., Hermes. *Curso de direito processual civil*: processo coletivo. 8. ed. rev. ampl. e atual. Salvador: Juspodivm, 2013. v. 4, p. 408.
(70) Nelson Nery Jr. e Rosa Maria Andrade Nery tratam a hipótese como sendo de habilitação: NERY JR., Nelson; NERY, Rosa Maria Andrade. *Código de processo civil comentado e legislação processual civil extravagante em vigor*. 4. ed. rev. e ampl. São Paulo: RT, 1999. p. 1877. Dinamarco deixa transparecer certa medida de dúvida sobre a real natureza dessa demanda a que o Código do Consumidor denomina como sendo de liquidação: DINAMARCO, Cândido Rangel. *As três figuras de liquidação de sentença*: fundamentos do processo civil moderno. 3. ed. São Paulo: Malheiros, 2000. v. II, p. 1248, 1249.
(71) No mesmo sentido: WAMBIER, Luiz Rodrigues. *Sentença civil*: liquidação e cumprimento. 3. ed. rev. atual. e ampl. São Paulo: RT, 2006. p. 380. WAMBIER, Luiz Rorigues; WAMBIER, Teresa Arruda Alvim. Anotações sobre a liquidação e a execução das sentenças coletivas. In: GRINOVER, Ada Pellegrini; MENDES, Aluisio Gonçalves de Castro; WATANABE, Kazuo (corrds.). *Direito processual coletivo e o anteprojeto de código brasileiro de processos coletivos*. São Paulo: RT, 2007. p. 276.
(72) BOTELHO, Tiago Resende; FAVA, Gustavo Crestani. Da liquidação do direito em sentenças coletivas — *class actions settlement*. Revista Jurídica Unigran, v. 15, n. 29. Dourados: Unigran, p. 119, 2013.

liquidação individual da sentença coletiva que afirma a obrigação geral. É a regra que se extrai da primeira parte do texto do art. 97 do CDC[73].

Ressalta-se que a legitimação das vítimas e a de seus sucessores é exclusiva para a liquidação de seu direito subjetivo individual. Não possuem legitimidade para promover a liquidação coletiva (CDC, art. 100), seja da sentença em que tutelados direitos individuais homogêneos, ou daquela em que tutelados direitos coletivos ou difusos.

Da competência para conhecer da demanda liquidatória coletiva cuidava o parágrafo único do art. 97 do CDC, que teve seu texto vetado. O veto tinha como objetivo justamente impedir a possibilidade de a liquidação ser proposta no foro do domicílio do liquidante, restringindo, dessa feita, a competência para o juízo onde foi proferida a sentença genérica[74]. Por força, porém, do disposto nos arts. 98, § 2º, I, c/c 101, I, ambos do CDC, depreende-se a competência não só do juízo que proferiu a sentença genérica liquidanda, como, outrossim, a competência do foro do domicílio do liquidante[75]. Até porque, em assim não se entendendo, deixar-se-ia o art. 98, § 2º, I, do CDC vazio de sentido[76].

6.3.1. Fluid recovery

A par da liquidação e da consequente execução individual promovida por cada titular de direito subjetivo inserido na categoria dos direitos individuais homogêneos, a obrigação contida na sentença coletiva genérica na qual reconhecida a existência dos direitos individuais homogêneos pode ser objeto de liquidação e posterior execução coletiva. Essa possibilidade é aberta depois de decorrido um ano, contado do trânsito em julgado da decisão coletiva pela qual tutelados direitos individuais homogêneos, sem que tenha havido a habilitação de legitimados individuais em número compatível com a dimensão e a gravidade do dano. Sendo que a legitimidade para a promoção dessa liquidação coletiva é conferida àqueles entes enumerados nos arts. 82 do CDC e no 5º da LACP. Vide segunda parte do texto do art. 97 do CDC[77].

A liquidação coletiva seguida da execução coletiva conduz à obtenção de valor, o qual seria inicialmente dos titulares dos direitos individuais, e que é *recuperado* e revertido para o Fundo de Defesa dos Direitos Difusos — FDD (art. 13 da Lei n. 7.347/85 e art. 100, parágrafo único, da Lei n. 8.078/90), com o que se tem por afirmado e observado o princípio da tutela integral no âmbito coletivo[78]. O valor assim recuperado é denominado de *fluid recovery* (recuperação ou reparação fluída).

6.4. A liquidação de sentença em processo no qual tutelado direito difuso ou direito coletivo

A liquidação coletiva do direito difuso ou coletivo estrito senso é promovida por um dos legitimados enumerados nos arts. 82 do CDC e no 5º da Lei n. 7.347/85. Desenvolve-se pela técnica da liquidação fase, dando-se prosseguimento, em uma nova fase, ao processo coletivo já pendente, no bojo do qual proferida a decisão liquidanda. Admite realização tanto pela modalidade por arbitramento quanto por artigos[79].

A competência para a liquidação de obrigação imposta por sentença genérica proferida em demanda pela qual tutelado direito coletivo estrito senso

---

(73) Art. 97. *A liquidação e a execução de sentença poderão ser promovidas pela vítima e seus sucessores*, assim como pelos legitimados de que trata o art. 82.
(74) Sobre as razões do veto: MUKAI, Toshio *et al*. *Comentários ao código de proteção do consumidor*. Coordenação de Juarez de Oliveira. São Paulo: Saraiva, 1991. p. 335.
(75) Mais uma vez cumpre lembrar a necessidade da eficácia e utilidade da demanda coletiva. Assim, se não houver utilidade prática em que a liquidação individual seja proposta no foro do domicílio do liquidante, melhor é que seja proposta no juízo que proferiu a sentença genérica. Acredita-se, inclusive, que o juízo que proferiu a sentença genérica, por já conhecer mais a fundo as questões que envolvem a demanda, seja o mais apto também para conhecer as liquidações individuais, proporcionando-lhes maior eficácia.
(76) Na mesma linha: GRINOVER, Ada Pellegrini *et al*. *Código brasileiro de defesa do consumidor*. Rio de Janeiro: Forense, 1991. p. 561. Em sentido diverso: ALVIM NETTO, José Manoel de Arruda *et al*. *Código do consumidor comentado*. 2. ed. rev. e ampl. 2 tir. São Paulo: RT, 1995. p. 442.
(77) Art. 97. A liquidação e a execução de sentença poderão ser promovidas pelas vítimas e seus sucessores, assim como pelos legitimados de que trata o art. 82.
(78) DIDIER JR., Fredie; ZANETI JR., Hermes. *Curso de direito processual civil*: processo coletivo. 8. ed. rev. ampl. e atual. Salvador: Juspodivm, 2013. v. 4, p. 409.
(79) No mesmo sentido: WAMBIER, Luiz Rorigues; WAMBIER, Teresa Arruda Alvim. Anotações sobre a liquidação e a execução das sentenças coletivas. *In*: GRINOVER, Ada Pellegrini; MENDES, Aluisio Gonçalves de Castro; WATANABE, Kazuo (corrds.). *Direito processual coletivo e o anteprojeto de código brasileiro de processos coletivos*. São Paulo: RT, 2007. p. 277.

ou direito difuso é do juízo que proferiu a sentença condenatória liquidanda[80].

Por derradeiro, não se pode olvidar de que, em atenção ao fenômeno do transporte *in utilibus* (CDC art. 103, § 3º), o titular de direito individual fica autorizado a se apropriar da decisão de procedência proferida em processo no qual reconhecido direito difuso ou coletivo estrito senso, mediante a propositura de ação de liquidação individual com a qual busca a individualização e a quantificação de seu direito. Nesse caso, a liquidação se desenvolve pela técnica do processo de liquidação e observa a modalidade por artigos.

Referências

Academia das Ciências de Lisboa. *Dicionário da língua portuguesa contemporânea*. Lisboa: G-Z Verbo, 2001. v. II.

ALVIM NETTO, José Manoel de Arruda *et al*. *Código do consumidor comentado*. 2. ed. rev. e ampl. 2 tir. São Paulo: RT, 1995.

AMARAL SANTOS, Moacyr. *Primeiras linhas de direito processual civil*. 18. ed. atual. por Aricê Moacyr Amaral Santos. São Paulo: Saraiva, 1999. v. 3.

ARRUDA, Antônio Carlos Matteis de. *Lineamentos para o esboço de uma teoria geral do processo de liquidação da sentença. A lide de liquidação*. Dissertação de Mestrado sob orientação do Doutor José Manoel de Arruda Alvim Netto. São Paulo: PUC, 1979.

BOTELHO, Tiago Resende; FAVA, Gustavo Crestani. Da liquidação do direito em sentenças coletivas — class actions settlement. *Revista Jurídica Unigran*, v. 15, n. 29. Dourados: Unigran, 2013.

CARVALHO, Fabiano. Liquidação de sentença: determinação do cálculo artimético, de acordo com a Lei n. 11.232/05. *In:* HOFFMAN, Paulo; RIBEIRO, Leonardo Ferres da Silva (coods.). *Processo de execução civil*: modificações da Lei n. 11.232/05. São Paulo: Quartir Latin, 2006.

DIDIER JR., Fredie; CUNHA, Leonardo José Carneiro da; BRAGA, Paula Sarno; OLIVEIRA, Rafael. *Curso de direito processual civil*: execução. Salvador: Juspodivm, 2009. v. 5.

DIDIER JR., Fredie; ZANETI JR., Hermes. *Curso de direito processual civil*: processo coletivo. 8. ed. rev. ampl. e atual. Salvador: Juspodivm, 2013. v. 4.

DIDIER JR., Fredie. *Fundamentos do princípio da cooperação no direito processual civil português*. Coimbra: Coimbra, 2010.

DINAMARCO, Cândido Rangel. *Execução civil*. 5. ed. rev. atual e ampl. São Paulo: Malheiros, 1997.

_____ . *Instituições de direito processual civil*. São Paulo: Malheiros, 2004. v. IV.

_____ . *As três figuras de liquidação de sentença*: fundamentos do processo civil moderno. 3. ed. São Paulo: Malheiros, 2000. v. 2.

GONÇALVES, Tiago Figueiredo. A "liquidação" de obrigação imposta por sentença em demanda metaindividual. *In:* MAZZEI, Rodrigo; NOLASCO, Rita Dias (coords.). *Processo civil coletivo*. São Paulo: Quartier Latin, 2005.

GRINOVER, Ada Pellegrini. *Da class action for damages à ação de classe brasileira*: os requisitos de admissibilidade. *Revista de Processo* 101/11, São Paulo: RT.

GRINOVER, Ada Pellegrini *et al*. *Código brasileiro de defesa do consumidor*. Rio de Janeiro: Forense, 1991.

LEITE, Carlos Henrique Bezerra. *Liquidação na ação civil pública*: o processo e a efetividade dos direitos humanos, enfoques civis e trabalhistas. São Paulo: LTr, 2004.

LIMA, Alcides de Mendonça. *Comentários ao código de processo civil*. 2. ed. Rio de Janeiro: Forense, 1977. v. 6, t. II.

MANCUSO, Rodolfo de Camargo. *Manual do consumidor em juízo*. 2. ed. rev. atual. e ampl. São Paulo: Saraiva, 1998.

MARINONI, Luiz Guilherme. Mitidiero, Daniel. *O projeto do CPC*: crítica e propostas. São Paulo: Revista dos Tribunais, 2010.

MAZZEI, Rodrigo *et al*. *Reforma do CPC*: Leis ns. 11.187/05, 11.232/05, 11.276/06, 11.277/06 e 11.280/06. São Paulo: RT, 2006.

_____ . *Reforma do CPC 2*: Leis ns. 11.383/06 e 11.341/06. São Paulo: RT, 2007.

_____ . A liquidação por arbitramento e a liquidação por artigos: pontos relevantes sob a ótica das Leis ns. 11.232/05 e 11.382/06. *Revista Eletrônica de Direito Processual*, v. V, ano 4, Rio de Janeiro, 2010.

_____ . Da aplicação (apenas) 'residual' do CPC nas ações coletivas. *MPMG Jurídico*, v. 1, 2006.

_____ . Embargos de declaração e agravo interno no projeto de CPC (Substitutivo de lavra do Deputado Paulo Teixeira): algumas sugestões para ratificações do texto projetado. *Revista de Processo*, v. 221, 2013.

_____ . A ação popular e o microssistema da tutela coletiva. *In:* GOMES JR., Luiz Manoel; SANTOS FILHO Ronaldo Fenelon (coords.). *Ação popular* — aspectos controvertidos e relevantes — 40 anos da Lei n. 4.717/65. São Paulo: RCS, 2006.

---

(80) GONÇALVES, Tiago Figueiredo. A "liquidação" de obrigação imposta por sentença em demanda metaindividual. *In:* MAZZEI, Rodrigo; NOLASCO, Rita Dias (coords.). *Processo civil coletivo*. São Paulo: Quartier Latin, 2005. p. 425. Assim também: BOTELHO, Tiago Resende; FAVA, Gustavo Crestani. Da liquidação do direito em sentenças coletivas — class actions settlement. *Revista Jurídica Unigran*, v. 15, n. 29, Dourados: Unigran, p. 122, 2013.

_____. A ação popular e o microssistema da tutela coletiva. *Revista Forense*, v. 394, p. 263-280, 2007.

_____. A ação popular e o microssistema da tutela coletiva. DIDIER JR., Fredie; MOUTA, José Henrique (coords.). *Tutela jurisdicional coletiva*. Salvador: Juspodivm, 2009. v. 1.

_____. A ação popular e o microssistema da tutela coletiva. *Revista Jurídica da Faculdade de Direito da Universidade de Ribeirão Preto*, v. 1, p. 221-244, 2011.

MOREIRA, José Carlos Barbosa. *O novo processo civil brasileiro*. 20. ed. rev. e atual. Rio de Janeiro: Forense, 1999.

MUKAI, Toshio et al. *Comentários ao código de proteção do consumidor*. Coordenação de Juarez de Oliveira. Saraiva: São Paulo, 1991.

NERY JR., Nelson; NERY, Rosa Maria Andrade. *Código de processo civil comentado e legislação processual civil extravagante em vigor*. 4. ed. rev. e ampl. São Paulo: RT, 1999.

NUNES, Dierle José Coelho. O princípio do contraditório: uma garantia de influência e não surpresa. In: DIDIER JR., Fredie; JORDÃO, Eduardo Ferreira (coords.). *Teoria do processo*: panorama doutrinário mundial. Salvador: Juspodivm, 2008.

OLIVEIRA, Carlos Alberto Álvaro de. Garantia do contraditório. In: TUCCI, José Rogério Cruz e (coord.). *Garantias constitucionais do processo civil*. São Paulo: Revista dos Tribunais, 1998.

PIZZOL, Patrícia Miranda. *Liquidação nas ações coletivas*. Dissertação de Mestrado. São Paulo: PUC, 1996.

_____. *Liquidação nas ações coletivas*. São Paulo: Lejus, 1998.

PONTES DE MIRANDA. *Comentários ao código de processo civil*. Rio de Janeiro: Forense, 1976. t. IX (arts. 566-611).

SILVA, Ovídio Baptista da. *Curso de processo civil*: execução obrigacional, execução real, ação mandamentais. 4. ed. rev. e atual. São Paulo: RT, 2000. v. 2.

THEODORO JÚNIOR, Humberto. *Processo de execução*. 19. ed. São Paulo: Leud, 1999.

WAMBIER, Luiz Rodrigues. *Sentença civil*: liquidação e cumprimento. 3. ed. rev. atual. e ampl. São Paulo: RT, 2006.

WAMBIER, Luiz Rorigues; WAMBIER, Teresa Arruda Alvim. Anotações sobre a liquidação e a execução das sentenças coletivas. In: GRINOVER, Ada Pellegrini; MENDES, Aluisio Gonçalves de Castro; WATANABE, Kazuo (corrds.). *Direito processual coletivo e o anteprojeto de código brasileiro de processos coletivos*. São Paulo: RT, 2007.

ZANETI JR., Hermes. *Processo constitucional*: o modelo constitucional do processo civil brasileiro. Rio de Janeiro: Lumen Juris, 2007.

ZAVASCKI, Teori Albino. *Comentários ao código de processo civil*. São Paulo: RT, 2000. v. 8: do processo de execução, arts. 566 a 645.

_____. *Processo coletivo*: tutela de direitos coletivos e tutela coletiva de direitos. São Paulo: RT, 2006.

CAPÍTULO 16

EXECUÇÃO NOS PROCESSOS COLETIVOS: NECESSIDADE DE DISCIPLINA PRÓPRIA E INTERPRETAÇÃO FLEXÍVEL

HERMES ZANETI JÚNIOR[*]

1. Introdução e premissas: exigências de efetividade na tutela coletiva dos direitos fundamentais

"O problema fundamental em relação aos direitos do homem, hoje, não é tanto o de justificá-los, mas o de protegê-los. Trata-se de um problema não filosófico, mas político."

Norberto Bobbio[1]

O tema da execução cresceu em importância nos últimos anos, ao lado da ampliação dos direitos fundamentais exigiu-se sua efetivação, não bastavam mais as cartas de direitos, meras declarações de intenções, era necessário alcançar a efetividade dos direitos através de sua concretização no mundo real.

A execução, antes preocupação quase isolada dos direitos patrimoniais, passou a ser agora um tema fundamental do processo, efetivar não só o pagamento de quantia, mas também as obrigações/deveres de fazer e não fazer, bem como de entregar coisa, nos termos do nosso ordenamento constitucional não exclusivamente patrimonialista.

As reformas da lei processual acentuaram a importância de efetivação das decisões judiciais, rompendo com antigos dogmas do processo civil, cristalizados nos aforismos *nulla executio, sine titulo*

(*) Mestre e Doutor (UFRGS), com orientação do Prof. Dr. Titular de Direito Processual Civil Carlos Alberto Álvaro de Oliveira. Doutorando em Direito Penal, Processo Penal e Filosofia do Direito na Università degli Studi di Roma Tre (UNIROMA3), com orientação do Prof. Ordinário de Filosofia do Direito Luigi Ferrajoli. Pós-doutorando em Processos Coletivos na Università degli Studi di Torino, com supervisão da pesquisa pelo Prof. Ordinário de Direito Processual Civil Sergio Chiarloni. Professor do Programa de Pós-Graduação *Stricto Sensu* da UFES (Mestrado). Professor do Curso de Pós-Graduação *Lato Sensu* Processo e Constituição da Faculdade de Direito da UFRGS. Professor do Curso de Direito Processual Civil da Juspodivm e *Praetorium* Telepresencial. Promotor de Justiça no Estado do Espírito Santo. Membro do Instituto Brasileiro de Direito Processual (IBDP). Membro do Instituto Ibero-Americano de Direito Processual (IIDP). Membro da ABRAMPA (Associação Brasileira do Ministério Público de Meio Ambiente) e do MPCon (Associação Nacional do Ministério Público do Consumidor). Tem experiência na área de Direito, com ênfase em Direito Processual, atuando principalmente nos seguintes temas: constitucionalização do processo, dir.eito processual e política, processo e constituição, alterações na legislação processual (CPC, CPP e Processos Coletivos) e direito processual coletivo.

(1) BOBBIO, Norberto. *A era dos direitos*. Trad. Carlos Nelson Coutinho. Rio de Janeiro: Campus, 1992. p. 24. A constitucionalização dos direitos fundamentais, sua autoaplicabilidade e eficácia imediata, por outro lado, ligadas ao avanço da teoria da interpretação jurídica, têm possibilitado a migração de uma série de questões do ponto de vista político para o ponto de vista jurídico. A frase de Bobbio, portanto, poderia ser hoje atualizada em uma paráfrase no seguinte sentido: o problema fundamental em relação aos direitos fundamentais [do homem], hoje, não é tanto o de *justificá-los*, mas o de *protegê-los*. Trata-se de um problema não filosófico, mas jurídico [político]. Para além da tutela judicial declaratória e constitutiva, tutelas do mundo do direito, é justamente nas tutelas que alteram o mundo da vida, nas chamadas tutelas executivas, que se encontram as maiores perplexidades.

(não existe execução sem título executivo) e *nemo potest praecise cogi ad factum* (ninguém pode ser coagido a fazer algo que a lei não prescreve)[2].

Pelo primeiro, não haveria nenhum ato executório sem a formação de título executivo através de regular processo de conhecimento; pelo segundo, ninguém poderia ser compulsoriamente levado a fazer ou não fazer algo, pois sua liberdade seria intangível, o comportamento seria apenas obrigado na forma da lei, e quase sempre, conversível *in pecunia*.

Ambos os princípios estão de acordo com ordenamentos processuais civis que atendem apenas a interesses patrimoniais, vinculados fortemente à noção de autonomia da vontade e de intangibilidade da vontade característica do Estado Liberal, do *paleojuspositivismo legalista* ou *normativismo legalista*, que tinha, no Brasil, no procedimento ordinário do Livro I do CPC de 1973, processo de conhecimento, seu corolário processual. Hoje esses aforismos não valem mais com a mesma intensidade, o procedimento ordinário do processo de conhecimento mudou radicalmente, constitucionalizou-se, e irá mudar ainda mais se aprovado o novo Código de Processo Civil.

Neste texto *não* iremos tratar da execução coletiva que consiste no concurso de credores decorrentes da falência ou da insolvência civil. Iremos tratar, ao revés, do *enfraquecimento ou relativização da distinção entre cognição e execução*, tema que caracteriza a execução contemporânea como superação das antigas doutrinas tecnicistas do processo tradicional[3]. Ao mesmo tempo, não iremos tratar dos direitos subjetivos individualmente considerados, esses irão aparecer apenas circunstancialmente, pois o objeto do estudo são os direitos coletivos *lato sensu*, constituídos pelas três posições/situações jurídicas subjetivas asseguradas pelo ordenamento jurídico brasileiro a partir da Constituição Federal e do Código de Defesa do Consumidor: direitos *difusos*, direitos *coletivos stricto sensu* e direito *individuais homogêneos* (art. 81, parágrafo único, incisos I, II e III do CDC).

Por consequência, um conceito amplo de execução processual coletiva deve ser formulado, de forma a abarcar todas as atividades necessárias à efetivação destes direitos novos: "[...] a execução coletiva pode ser entendida como a realização material e fática, de forma voluntária ou forçada, de obrigações certas, líquidas e exigíveis, de fazer ou não fazer, de dar coisa certa ou incerta ou de dar quantia, contidas em determinado título executivo judicial ou extrajudicial que reconheça a existência de direitos ou interesses difusos, de direitos ou interesses coletivos em sentido estrito e de direitos ou interesses individuais homogêneos"[4].

Para tanto, é preciso repensar o processo de execução e o estímulo ao cumprimento espontâneo das decisões judiciais a partir das premissas do novo modelo de Estado Democrático Constitucional fundado pela CF/88. Esse modelo se caracteriza pela superação das fases liberais e sociais do Estado, propugnando uma democracia normativa calcada na metodologia deliberativo-procedimental, que representa a junção dos interesses do indivíduo e da comunidade em uma síntese dialética[5]. Trata-se de colocar a tônica no *processo civil constitucional*, uma proposta inovadora voltada para a nossa tradição constitucional republicana (RUI BARBOSA, 1891) que identifica o Poder Judiciário como garantidor da harmonia e equilíbrio das relações entre os demais poderes e entre estes e suas funções, determinadas exatamente no único sentido possível, qual seja, para

---

(2) Segundo, CALDAS, Gilberto. *O latim no direito*. 2. ed. São Paulo: Brasiliense, 1985. Marinoni esclarece que esse princípio está ligado a universalização da tutela condenatória e aponta o desenvolvimento deste a partir da doutrina italiana (MARINONI, Luiz Guilherme. *Tutela inibitória*: tutela individual e coletiva. São Paulo: Revista dos Tribunais, 1992. p. 283-312). Consultar na doutrina italiana, especialmente, CHIARLONI, Sergio. *Misure coercitive e tutela dei diritti*. Milano: Giuffrè, 1980 (com edição em espanhol, CHIARLONI, Sergio. *Medidas coercitivas y tutela de los derechos*. Trad. Lima: Palestra, 2005); MAZZAMUTO, Salvatore. *L'attuazione degli obblighi di fare*. Napoli: Jovene, 1978, entre outros.

(3) "Existe hoje no sistema processual brasileiro uma 'relativização da separação processual das atividades de cognição e execução. Essa dicotomia, outrora fundamental na operação do sistema processual, mostra-se enfraquecida pelos novos problemas colocados ao direito e pelas novas estratégias adotadas pelo legislador nacional para a modernização do processo." SALLES, Carlos Alberto. *Execução judicial em matéria ambiental*. São Paulo: Revista dos Tribunais, 1998. p. 236-237.

(4) Nesse sentido, insta observar ainda: "as prestações específicas, especialmente as preventivas, ou as ressarcitórias na forma específica, são fundamentais para a tutela adequada e efetiva dos direitos massificados. Considerando a indisponibilidade que se encontra presente nos direitos massificados, especialmente os difusos, a conversão de obrigações específicas em genéricas somente é adequada, no plano da tutela coletiva, quando se tornar impossível a realização da tutela na sua forma específica". ALMEIDA, Gregório Assagra de. Execução coletiva em relação aos direitos difusos, coletivos e individuais homogêneos: algumas considerações reflexivas. *In*: CIANCI, Mirna; QUARTIERI, Rita (coords.). *Temas atuais de execução civil*: estudos em homenagem ao professor Donaldo Armelin. São Paulo: Saraiva, 2007. p. 316. No mesmo sentido, reforçando o papel da tutela executiva indireta, com meios de coerção, cf. VENTURI, Elton. *Execução da tutela coletiva*. São Paulo: Malheiros, 2000. p. 160.

(5) "Conforme Hegel (v. *hegelianismo*), a natureza verdadeira e única da razão e do ser que são identificados um ao outro e se definem segundo o processo racional que procede pela união incessante de contrários — tese e antítese — numa categoria superior, a síntese." Dicionário Aurélio Eletrônico. Sobre o novo modelo de Estado, cf. o cap. 3 de ZANETI JR., Hermes. *A constitucionalização do processo*: o modelo constitucional da justiça brasileira e as relações entre processo e constituição. 2. ed. rev. ampl. e alterada. São Paulo: Atlas, 2014.

servir o cidadão individual e coletivamente, nos termos das leis e da Constituição.

O Poder Judiciário revela-se assim o garantidor, neste contemporâneo modelo de Estado, de uma *democracia de direitos,* tanto individuais quanto coletivos, ou seja, de uma democracia que tem nos direitos fundamentais uma vacina contra as maiorias de ocasião. Garantir direitos significa torná-los efetivos, caminho sem volta na ultrapassagem do modelo meramente enunciativo das declarações de direitos e meramente político de tomada de decisões[6].

O Judiciário, na tradicional configuração republicana de 1891 até hoje, substituiu o Poder Moderador. Responsabiliza-se, assim, pelo *cheks and balances,* doutrina segundo a qual *poder freia poder,* sendo reservado aos juízes o papel de, com inércia, imparcialidade e independência, assegurar a supremacia da Constituição. Todo o desenvolvimento da ciência do Direito neste último século se equilibra e sustenta nessa premissa, independentemente da conformação política ou jurídica adotada. Com isso ressaltamos a natureza híbrida do nosso direito processual, misto de *common law* e *civil law,* na confluência da lógica da aplicação da lei (*code* ou *statute system*) e da realização dos direitos (*judge made-law*)[7].

Trata-se de evolução histórica, que se destaca no papel dos advogados públicos e privados na busca incessante da efetivação dos direitos de seus clientes, essencial para o desenvolvimento dos meios executivos, mesmo contrariando os termos expressos da lei[8]. Lembrem-se do exemplo notável de Rui Barbosa, que desenvolveu a doutrina brasileira do *habeas corpus civil* e a doutrina das ações possessórias de direitos pessoais; mas não só, através da insistência e perspicácia dos advogados, antes mesmo das reformas processuais que reconheceram a antecipação de tutela, os tribunais já reconheciam as *cautelares satisfativas autônomas*[9] como meio de efetivação do direito em casos de imperativa justiça. Lembrem-se, ainda, dos mandados de segurança para concessão de efeito suspensivo aos recursos, ou mesmo dos efeitos suspensivos-ativos, que eram concedidos para decretar uma antecipação de tutela à míngua de norma autorizadora (naquela época as leis previam apenas o efeito suspensivo para a concessão de liminar, não o seu reverso necessário, a concessão da liminar em sede recursal).

O poderoso laboratório dessas evoluções no Brasil foi a ação de mandado de segurança, ação de eficácia potenciada por sua matriz constitucional, única no mundo, impensável nos ordenamentos da Europa continental, de onde extraímos nosso direito processual civil do Código Buzaid de 1973. Tudo isso se deve, igualmente, ao papel corajoso de alguns juízes nacionais, que bem compreenderam a nossa índole constitucional, determinado soluções razoáveis para a ausência de meios legais de efetivação dos direitos, assumindo expressamente a máxima do *common law* que determina: onde existe um remédio judicial, ali também existe um direito (*ubi remedy, ibi ius* ou *remedy preceeds rights*). Nada disso teria acontecido não tivesse a magistratura atendido aos reclamos dos advogados, pois em matéria de cognição e execução, até há muito pouco tempo predominava a absoluta inércia do juízo (*judex secundum allegata et probata partium judicare debet — o juiz deve decidir de acordo com o que foi alegado e provado pelas partes*).

Pois bem, se isto já era possível, no Brasil, em tempos remotos, de franca prevalência do modelo positivista legalista, que aplicava o rigor formal da validade como requisito de legitimidade das normas jurídicas, na chamada "Era dos Códigos", muito mais poderá ser feito agora, em face da mudança de visão sobre a imperatividade e função do direito na chamada "Era das Constituições", representada justamente pelos processos de (re)codificação mediante a introdução de princípios, cláusulas gerais, conceitos jurídicos indeterminados, enfim, normas abertas e microssistemas, procurando dar harmonia e flexibilidade ao ordenamento para sua constante atualização e conformação à finalidade constitucional.

Para tanto, toda uma teoria constitucional renovada, teoria geral do direito da Constituição, dos direitos fundamentais, não mais do direito civil, sobressai altaneira. Basta, para nossos propósitos preliminares, ressaltar as premissas do constitucionalismo contemporâneo, entre as quais se destaca, além da expansão da jurisdição constitucional, a *teoria*

---

(6) Por todos, o já citado BOBBIO. *Era dos direitos*, p. 23-25.
(7) Sobre o tema, cf. ZANETI JR., Hermes. *A constitucionalização do processo*: o modelo constitucional da justiça brasileira e as relações entre processo e constituição. 2. ed. rev. ampl. e alterada. São Paulo: Atlas, 2014. esp. Cap. 1.
(8) Com destaque para o Ministério Público brasileiro, que, nas ações coletivas, exerce o relevante papel de *advogado do povo*, em verdadeira função promocional dos direitos coletivos *lato sensu*.
(9) Perceba-se que não eram verdadeiras cautelares, como cansou de afirmar a boa doutrina, por estar presente o requisito da satisfação do direito pleiteado. Tratava-se, em verdade, de tutelas preventivas autônomas ou de meras antecipações de efeitos da tutela principal, requeridas como cautelar.

dos direitos fundamentais como normas estruturantes do ordenamento jurídico e a *nova hermenêutica* que lhes deve ser afeta. Significa, também nesse prisma, reconhecer a *força normativa da Constituição* e o papel irradiador que ela desempenha para melhorar e adequar a tutela jurisdicional ao direito fundamental à organização e ao procedimento.

Como não poderia deixar de ser, também a função do direito material se alterou profundamente. O papel dos direitos subjetivos nesse quadro é renovado: do conceito clássico da pandectística alemã do século XIX, de cunho patrimonialista e individualista, respeitando tão somente a dimensão liberal da democracia — o que ensejou Clóvis Bevilácqua a decretar o fim das ações Coletivas nos termos da redação do art. 76 do antigo CC, determinando que só poderia propor a ação quem tivesse interesse próprio ou de sua família —, encetando um sistema de direitos subjetivos do indivíduo livre e senhor dos seus próprios interesses, e calcado no Estado do *laisser-faire, laisser-passer* (deixar-fazer, deixar-passar — conforme a doutrina do livre-mercado e do Estado mínimo, não intervencionista)[10], passamos para um conceito de direito subjetivo como *situação jurídica complexa* ou *permissão especial de aproveitamento*, no qual o direito não é exercido exclusivamente no interesse das partes contratantes e do seu titular; ao contrário, esse direito é muitas vezes *funcionalizado* para efetivar os desideratos constitucionais de uma sociedade mais justa, livre e solidária, ultrapassando os interesses de seu titular e coarctando seus comportamentos às finalidades comunitárias. Portanto, o direito subjetivo não é mais visto isoladamente, como pertença ou domínio de seu titular, como poder da vontade, como mero interesse tutelado pela norma, mas decorre de um complexo de situações jurídicas que envolvem os direitos e situações jurídicas de terceiros e, muitas vezes, condicionam o seu exercício em favor de pessoas determinadas (o trabalhador, no direito do trabalho; o consumidor, nas relações de consumo; a criança e o adolescente, nas relações de família e na tutela dos direitos da infância) ou do próprio interesse público primário (tutela da probidade administrativa; tutela da legalidade e lesividade na ação popular; tutela do meio ambiente).

A nova categoria de direito, que se alinha ao lado dos direitos subjetivos e dos direitos potestativos, e tutela especialmente esses deveres-poderes, é a dos direitos-deveres (a exemplo do poder familiar ou do poder exercido pela administração pública). Nessa categoria, entendemos nós, residem também as funcionalizações da propriedade, do contrato, das cidades, do meio ambiente, do direito do trabalho, e uma série de direitos fundamentais criados na Constituição de 1988, que quase sempre apresentam uma robusta dimensão coletiva, quer na tutela de pessoas e grupos especialmente protegidos pela norma, quer na tutela do interesse público.

Para atender a essas demandas pela efetivação de novos direitos a tutela condenatória clássica (ressarcitória, reparatória ou sancionatória), em nada (ou muito pouco) contribui.

Vale a pena reprisar, muito embora conceitos básicos são bastante polêmicos na doutrina acrítica por força de um atávico servilismo ao direito processual europeu, os tipos ou espécies de tutela jurisdicional processual: tutela declaratória, tutela constitutiva, tutela condenatória, tutela executiva *lato sensu* e tutela mandamental. A doutrina cansa de repetir que destas, apenas as duas primeiras são autossuficientes, ou seja, bastantes em si. As demais exigem, demandam, uma atividade externa, no mundo concreto; em uma palavra: execução.

Para a finalidade de tutelar os direitos-deveres, a tutela condenatória em quantia certa é insuficiente, revela-se, por exemplo, o último elo da conhecida preocupação dos ambientalistas, precaver, prevenir, reparar, que bem traduz a noção de tutela específica das obrigações.

Persistimos, durante muitos anos, de 1916 até 1990, no erro de um sistema de ações que se traduzia na dicção do Código Civil, "a cada direito corresponde uma ação, que o assegura", artigo não reproduzido no Código Civil atualmente vigente. Hoje esse sistema não existe mais, vale universalmente no Brasil a regra da tutela mais adequada, ou seja, para a efetiva proteção dos direitos são passíveis todas as espécies de ações capazes de propiciar a sua adequada e efetiva tutela (art. 83 do CDC). Isso gerou a quebra do princípio da responsabilidade patrimonial, previsto no art. 591 do CPC, abrindo espaço para os *no money judgmentes*[11]. Ao mesmo tempo, os preceitos da tutela antecipatória rompem com o dogma da *nulla executio sine titulo* (art. 586 do CPC)[12]. A possibilidade de várias espécies de deman-

---

(10) FISCHER, Luís Augusto. *Dicionário de palavras e expressões estrangeiras.* Porto Alegre: LPM, 2004. p. 185.
(11) Nesse sentido, ASSIS, Araken de. *Manual da execução.* São Paulo: Revista dos Tribunais, 2007. p. 101. No Brasil, o artigo que inaugura essa tendência é justamente o seminal art. 84, parágrafos, do CDC.
(12) Em sentido contrário, com argumentos razoáveis, mas descolados do problema, cf. ASSIS, Araken de. *Manual da execução,* p. 99-100.

das, a atipicidade da ação e a tônica na prevenção dos ilícitos é uma importante tendência na tutela dos direitos coletivos e na tutela dos direitos em geral, com profundos reflexos na execução. Os meios executórios devem estar à disposição da efetividade desses fins.

2. Estado da questão na doutrina dominante: inexistência de soluções específicas para a execução/efetivação das decisões no processo coletivo em geral e o princípio do microssistema

Infelizmente a tônica das regras de processo coletivo tem sido nas tutelas condenatórias, com especial destaque para o regramento da condenação genérica, liquidação e execução dos direitos individuais homogêneos. Para a doutrina dominante, "[...] apesar de existir um tímido tratamento na lei pátria sobre a execução no plano dos direitos individuais homogêneos (arts. 95/100 do CDC), não há disciplina normativa própria e específica em relação aos direitos difusos e coletivos, salvo as disposições previstas nos arts. 13 e 15 da LACP"[13]. Na verdade, temos um pouco mais: os arts. 14 e 16 da Lei da Ação Popular tratam respectivamente sobre a tutela condenatória e sobre a obrigatoriedade de execução pelo Ministério Público; os arts. 13 da Lei da Ação Civil Pública e 18 da Lei de Improbidade Administrativa, entre outras leis, como é o caso do FAT, determinam a destinação aos fundos específicos ou gerais dos valores obtidos nas execuções coletivas propriamente ditas.

Por outro lado, rara exceção deve ser feita para a disciplina do art. 84 do CDC, que, por sua localização e sede, é utilizável tanto para tutela individual quanto coletiva do consumidor, mas não somente deste, pois o microssistema dos processos coletivos é harmonizado e organizado pelos princípios do CDC. Muito embora não precise o autor expressar sua pretensão com base no art. 84, pois sem qualquer dificuldade é aplicável na espécie o art. 461 do CPC, originário do primeiro, ele significou um extremado avanço para os fins de tutela jurisdicional adequada dos deveres fundamentais previstos na Constituição.

Ao lado disso se constata que também os projetos de Código de Processos Coletivos não apresentaram uma disciplina adequada e exaustiva para a tutela dos direitos que depende de ato exterior, não normativo, para a efetivação do comando judicial. Essa constatação também serve para as reformas do Código de Processo Civil (Leis ns. 10.444/02; 11.232/05 e 11.382/06), as quais em nenhum momento se preocuparam em atingir com mais rigor e atenção as necessidades do processo coletivo[14]. Não que isso signifique ausência de comunicação entre os diplomas individual e coletivo, mas na verdade esta deve ser procedida com muito cuidado, pois a aplicação da lógica dos processos individuais não é adequada aos processos coletivos. O processo individual é apenas residual, não subsidiário ao processo coletivo. A subsidiariedade se dá entre os diversos diplomas que compõem o microssistema.

Impõem-se agora ressaltar que as normas descritas anteriormente, além de servirem como exemplos de disciplina das execuções na tutela coletiva, são "intercomunicantes", atuando em diálogo de fontes de extraordinária utilidade, e formam, centralizadas pela disciplina mais abrangente do CDC e da LACP (conjugação disposta expressamente nos arts. 21 da LACP e 90 do CDC), o chamado microssistema dos processos coletivos, reconhecido expressamente por precedentes do Superior Tribunal de Justiça: "A lei de improbidade administrativa, juntamente com a lei da ação civil pública, da ação popular, do mandado de segurança coletivo, do Código de Defesa do Consumidor e do Estatuto da Criança e do Adolescente e do Idoso, compõem um microssistema de tutela dos interesses transindividuais e sob esse enfoque interdisciplinar, interpenetram-se e subsidiam-se [...]"[15].

A aplicação do microssistema possibilita, por exemplo, falar em uma execução à impenhorabilidade dos salários no processo de execução coletiva a partir da utilização da norma prevista no art. 14, § 3º, da LAP, ou seja, o desconto em folha dos servidores para satisfação da condenação, se assim for mais conforme ao interesse público.

---

(13) ALMEIDA, Gregório Assagra de. *Execução coletiva em relação aos direitos difusos, coletivos e individuais homogêneos*: algumas considerações reflexivas, p. 289.
(14) Consoante Gregorio Assagra de Almeida bem delineou, *Execução coletiva em relação aos direitos difusos, coletivos e individuais homogêneos*: algumas considerações reflexivas, p. 289. Muito embora tal não impeça que essas reformas, residualmente, tenham alguma influência nos processo coletivos, desde que filtradas as suas virtudes pela ótica específica deste.
(15) STJ-REsp n. 510.150/MA, 1ª T. Rel. Min. Luiz Fux, j. 17.2.2004, DJU de 29.3.2004, p. 173.

3. O modelo brasileiro de execução/cumprimento das sentenças: sentenças que demandam execução e sua classificação

O modelo brasileiro de execução/cumprimento de sentenças pode ser apreendido da conjugação dos arts. 273, § 3º (Lei n. 10.444/02), e 475-I (Lei n. 11.232/05) do Código de Processo Civil. Tomando de empréstimo um quadro elaborado por Carlos Alberto Alvaro de Oliveira[16] e adaptando-o brevemente ao nosso objetivo neste texto, teremos:

Condenatória	Executiva Lato Sensu	Mandamental
Impugnação (Embargos)	Petição nos autos	Petição nos autos
Tempus iudicati	Execução imediata	Execução imediata
Execução provisória (art. 475-O)	Execução *in natura*	Execução *in natura*
Ressarcitória *in pecunia*	Específica ou o resultado prático equivalente	Específica ou o resultado prático equivalente
Execução direta para subrogação	Execução direta para subrogação	Execução indireta para medidas coercitivas

Assim, o sistema brasileiro de execução em matéria cível evoluiu muito após o marco legislativo das últimas reformas. Clarearam-se, em definitivo, algumas das angustiantes dúvidas que assolavam a doutrina sobre a possibilidade de execuções das tutelas mandamentais e executivas *lato sensu*. Na verdade, não se trata aqui de uma mera discussão terminológica, mas da preservação dos valores essenciais à adequada tutela jurisdicional, em especial à segurança jurídica e à efetividade.

Nesse sentido, substancialmente correta a tese de Carlos Alberto Alvaro de Oliveira ao afirmar que *devemos abandonar os antigos debates sobre a ação de direito material e a ação de direito processual*, fixando o foco na *tutela jurisdicional* e, com isso, afastar também as tradicionais teorias da classificação da ação de direito material (Pontes de Miranda) e das ações processuais (Calamandrei e toda doutrina italiana recepcionada pela Escola Processual de São Paulo), preferindo-se, por outro lado, *a concepção das formas de tutela jurisdicional processual* (declaratória, constitutiva, condenatória, mandamental e executiva *lato sensu*).

Essa mudança tem efeitos concretos, não se trata de mera distinção terminológica e nem se reduz a uma celeuma dessa ordem. Noutro giro, podemos demonstrar o suporte dogmático desse acerto nas reformas das Leis ns. 11.232/05 e 11.382/06, bem como, na reforma da Lei n. 10.444/02. Como as tutelas antecipadas estão umbilicalmente ligadas às sentenças no atual modelo de execução, justamente no signo da eficiência, não faremos distinção entre sentença ou decisão antecipatória, tratando ambas como *decisões para fins de execução*, neste trabalho.

Ora, determinam as normas dos arts. 475-I e 273, § 3º, do CPC um modelo novo para as obrigações e deveres previstos no direito brasileiro. Note-se que os artigos combinados esclarecem que as obrigações de fazer e não fazer serão executadas na forma do art. 461 do CPC, as obrigações de entrega de coisa serão executadas na forma do art. 461-A, e as obrigações de dar dinheiro, pagamento de quantia certa, serão executadas na forma do novel Título X do livro I do CPC, que trouxe para dentro do processo de conhecimento a fase executiva das ações condenatórias.

É preciso perceber que a tutela meramente condenatória ou condenatória em sentido estrito, tutela do pagamento de quantia, é uma *execução mutilada*, incompleta, justamente em razão da necessidade de certeza jurídica que lhe é imanente. Nesse sentido, para executar uma decisão, por exemplo, em face da Fazenda Pública seria necessário seguir um rito procedimental próprio, através de precatório ou RPV (requisição de pequeno valor), conforme preceituam os arts. 730 do CPC e 100 da CF/88.

---

(16) OLIVEIRA, Carlos Alberto Álvaro de. *Teoria e prática da tutela jurisidicional*. Rio de Janeiro: GEN/Forense, 2008. p. 142.

Ademais, ainda para manter o exemplo da tutela condenatória, existe a necessidade, para os credores normais, de prestar caução nas execuções provisórias, sendo clara, apesar de equivocada, a remissão ao art. 588 do CPC no que tange a incompletude da modalidade executiva provisória da decisão de pagar quantia (v. art. 475-0).

Não obstante, com relação à Fazenda Pública, não há nem que se falar em execução provisória, justamente em face do sistema dos precatórios. Nesse sentido:

> PROCESSUAL CIVIL. AGRAVO REGIMENTAL. EXECUÇÃO PROVISÓRIA CONTRA A FAZENDA PÚBLICA. APELAÇÃO RECEBIDA NO DUPLO EFEITO. EC N. 30/00. IMPOSSIBILIDADE. 1. De acordo com o art. 730 do CPC, e ante a alteração promovida no art. 100, § 1º, da CF pela EC n. 30/00, é inviável a Execução Provisória contra a Fazenda Pública. Tal dispositivo determina que devem ser incluídos nos orçamentos anuais apenas os precatórios referentes a sentenças condenatórias transitadas em julgado. Precedentes do STF e do STJ. 2. Hipótese em que a Apelação interposta pelo INCRA contra a sentença que julgou os Embargos à Execução foi recebida no efeito devolutivo e suspensivo. Portanto, inexistem valores incontroversos que possam ser objeto de Execução Provisória. 3. Agravo Regimental provido. (AgRg no Ag 1057363/PR, Rel. Ministro Herman Benjamin, Segunda Turma, julgado em 19.3.2009, DJe 23.4.2009)

Bom, dito isto, precisamos fazer um giro de 180 graus em direção justamente às tutelas mais efetivas, às tutelas mandamentais e executivas *lato sensu*, pois estas não estão sujeitas ao regime de precatórios, como se percebe da possibilidade de determinação, mesmo em face da Fazenda Pública, do cumprimento imediato da decisão sob pena de multa diária:

> AGRAVO REGIMENTAL EM AGRAVO CONTRA INADMISSÃO DE RECURSO ESPECIAL. EXECUÇÃO. OBRIGAÇÃO DE FAZER. MULTA DIÁRIA. CABIMENTO. FAZENDA PÚBLICA. AGRAVO REGIMENTAL DESPROVIDO. 1. É entendimento pacificado nesta Corte que, nas obrigações de fazer, é cabível a fixação de multa diária, cominada ao devedor por dia de atraso, mesmo quando se tratar de obrigação imposta à Fazenda Pública. Precedentes. 2. Agravo Regimental desprovido. (AgRg no Ag 999.812/PR, Rel. Ministro Napoleão Nunes Maia Filho, Quinta Turma, julgado em 17.3.2009, DJe 27.4.2009)

Portanto, das tutelas que exigem execução (condenatórias, mandamentais e executivas *lato sensu*), entendida a execução como desdobramentos de atos no mundo fático para sua efetividade, as mandamentais e executivas *lato sensu* são aquelas mais aptas a prestar em tempo hábil uma efetiva tutela específica do direito ambiental e do direito urbanístico, por exemplo. Entre outros motivos, por não estarem sujeitas ao arcaico regime dos precatórios. Note-se, inclusive, que para a efetivação dessas tutelas, a doutrina e a jurisprudência têm admitido inclusive a constrição patrimonial para assegurar o cumprimento da obrigação de fazer e de entrega de coisa (execuções para cumprimento). Assim, "Agravo de Instrumento. Loteamento Clandestino — Medida Liminar — Indisponibilidade de Bens — Apresentação de Documentos Originais sob pena de multa — Quebra de sigilos bancário e fiscal — Loteamento clandestino instituído em área de preservação permanente, decorrente da proximidade com o rio Tiête e grande declividade natural, estando a área coberta por vegetação protetora de mananciais, e por isto vedada a ocupação pelo Código Florestal: motivos suficientes a escudar a liminar concedida em primeiro grau, que visa tão somente resguardar um bem maior, o meio ambiente em que vivemos, impedindo que se alastre a ocupação e preservando o patrimônio dos réus para fins de eventual indenização. Recurso ao qual se nega provimento (Agravo de Instrumento n. 521.839-5/6-00. Câm. Especial do Meio Ambiente. Agvte.: Sérgio Saccab. Agvdo.: MPSP. Rel. Des. Regina Capistrano)".

Por outro lado, a execução dos títulos executivos extrajudiciais, da nova Lei n. 11.382/06, também se utiliza desses conceitos, já que o *art. 598 prevê a integração entre a execução de título judicial e a execução de título extrajudicial*. Ademais, é possível a cumulação de títulos executivos sempre que *competente o juiz* e *idêntica a forma de processo* (art. 557 do CPC). Assim, inviável a cumulação de execução para pagamento de quantia e execução para imposição ou determinação de obrigação de fazer.

Consideração relevante precisa ser feita em relação à tutela específica das obrigações. Conforme se depreende do texto normativo, as tutelas específicas serão prestadas *in natura* ou através de seu resultado prático equivalente. No sistema do CPC, que liga os arts. 461 e 461-A, a conversão da obrigação específica em dinheiro, no nosso caso dos *deveres*, será *sempre residual*, mais ainda, no caso dos processos coletivos, em função da indisponibilidade, *apenas nos casos em que for impossível a prestação adequada*.

Além disso, o sistema integrado da execução prevê a utilização de meios coercitivos e sub-rogatórios, listados em rol *não taxativo*, que se depreende da expressão "tais como", extraída como cláusula de abertura do art. 461, § 5º. Ao lado de *meios típicos* como as *astreintes*, a busca e apreensão, remoção de pessoas e coisas, desfazimento de obras, impedimento de atividade nociva, e, se necessário, o uso da força policial, estão sendo aceitos pelos tribunais medidas atípicas, como o bloqueio de verbas orçamentárias (principalmente aquelas supérfluas como as de publicidade e propaganda dos governos)[17], intervenção para gestão das atividades, entre outras. Também é viável, e de todo aconselhável, o uso das medidas mais drásticas, como o ajuizamento das competentes ações penais e de improbidade administrativa quando a resistência ao comando judicial implicar infração mais grave. A seguir fazemos um breve esquema, não exaustivo, das medidas possíveis no direito brasileiro.

Quadro das medidas típicas, atípicas e demais providências para efetivar os comandos judiciais:

Típicas	Atípicas (*TAIS COMO*)	Outras providências
Sub-rogatórios:	Sub-rogatórios:	Uso de força policial sempre que necessário (art. 461, § 5º).
Busca e apreensão de coisa na posse do executado;	Bloqueio do orçamento;	— Audiências públicas;
Remoção de pessoas ou coisas;	Apreensão de receitas;	Sancionatórios:
Desfazimento de obra;	Intervenção judicial — auditória;	Ação penal;
Impedimento de atividade nociva;	Nomeação de "Gestor";	Improbidade Administrativa;
Coercitivos:	Coercitivos:	— Multa pessoal por descumprimento (art. 14, V e parágrafo único).
Astreintes.	Prisão civil.	

4. O princípio da interpretação flexível como regra de fechamento do processo coletivo: efeitos na execução coletiva na ausência de uma disciplina específica

Vistas essas questões, resta agora saber como se pode proceder na ausência de mecanismos de tutela adequada dos direitos fundamentais para garantir sua efetividade, ou seja, como os juízes e tribunais poderão fazer a interpretação das leis e da Constituição para garantia da efetividade dos direitos fundamentais.

O Código Modelo de Antonio Gidi para os Processos Coletivos previa o princípio da interpretação flexível e o princípio da adaptabilidade como vetores hermenêuticos do processo coletivo. O dispositivo era vazado com a seguinte redação: "art. 30 Interpretação flexível. 30. Este Código será interpretado de forma criativa, aberta e flexível, evitando-se aplicações extremamente técnicas, incompatíveis com a tutela coletiva dos direitos transindividuais e individuais. 30.1. O juiz adaptará as normas processuais às necessidades e peculiaridades da controvérsia e do grupo, levando em consideração fatores como o valor e o tipo de pretensão"[18].

---

(17) Recentemente o STJ admitiu o bloqueio de verbas públicas para garantia do direito à saúde em um Recurso Especial Repetitivo (art. 543-C do CPC), ou seja, a matéria forma um precedente com aplicação para todos os casos análogos. No precedente, o ministro relator Napoleão Nunes Maia Filho afirma que o legislador possibilitou ao juiz, de ofício ou a requerimento da parte, determinar a medida mais adequada para promover a tutela jurisdicional, estabelecendo um rol não taxativo de medidas cabíveis. Assim, o bloqueio é meio de coerção cabível, embora não previsto expressamente na legislação, para fazer com que o Estado cumpra a tutela jurisdicional deferida. Nesse sentido a Primeira Seção do STJ considerou que o direito subjetivo à saúde prevalece sobre os princípios do direito financeiro ou administrativo. A decisão deverá demonstrar que foram tentadas outras medidas e que a recalcitrância no cumprimento da decisão está colocando em risco a vida dos afetados, prevalece, nesses casos, o direito fundamental à saúde em relação à impenhorabilidade dos recursos da Fazenda Pública. "Processual civil. Administrativo. Recurso especial. Adoção de medida necessária à efetivação da tutela específica ou à obtenção do resultado prático equivalente. Art. 461, § 5º do CPC. Bloqueio de verbas públicas. Possibilidade conferida ao julgador, de ofício ou a requerimento da parte. Recurso especial provido. Acórdão submetido ao rito do art. 543-C do CPC e da Resolução n. 8/08 do STJ. 1. *Tratando-se de fornecimento de medicamentos, cabe ao Juiz adotar medidas eficazes à efetivação de suas decisões, podendo, se necessário, determinar até mesmo, o sequestro de valores do devedor (bloqueio), segundo o seu prudente arbítrio, e sempre com adequada fundamentação.* 2. Recurso Especial provido. Acórdão submetido ao regime do art. 543-C do CPC e da Resolução n. 8/08 do STJ." REsp n. 1069810. Primeira Seção. Rel. min. Napoleão Nunes Maia Filho, julgado em 23.10.2013, publicado em 6.11.2013. Entendemos que outros precedentes poderão ser construídos a partir dos mesmos fatos relevantes, especificando a possibilidade de bloqueio também para outras finalidades.

(18) No direito processual português existe norma muito similar, disciplinando a adaptabilidade formal: "Art. 265-A. Quando a tramitação do processo prevista em lei não se adequar às especificidades da causa, deve o juiz, oficiosamente, ouvidas as partes, determinar a prática dos actos que melhor se ajustem ao fim do processo, bem como as necessárias adaptações".

A finalidade das codificações é justamente fornecer elementos para os juízos concretos de sorte a poupar o julgador do exercício da justificação específica a cada decisão, aumentando sua independência e legitimidade. Nas palavras de Hassemer:

> Se os princípios de decisão de uma ordem jurídica estão codificados, as exigências de legitimação das decisões jurídicas diminuem de forma específica. Em regra, a norma codificada é capaz de legitimar materialmente a decisão jurídica, sem que a fundamentação da decisão tenha, obrigatoriamente, de fazer referência a princípios de decisão, que, por sua vez, são o fundamento da norma codificada.[19]

Muito embora os projetos de codificação coletiva tenham sofrido um momentâneo recesso na sua tramitação, as propostas ali contidas devem nos fazer refletir sobre como a ciência processual coletiva tem respondido e/ou pretende responder aos problemas que surgem na dogmática cotidiana[20].

Por essa razão, a norma citada deve ser levada a sério, ela já é válida, de certa forma, como princípio geral da tutela coletiva, mas sua codificação poderá surtir efeito similar ao da codificação do direito de acesso à Justiça no art. 5º, XXXV da CF/88, fazendo ampliar os horizontes dos juristas para a interpretação flexível e o princípio da adaptabilidade. Assim, de uma vez por todas ficará claro que "[...] ainda que pareça contraditório, o 'rigoroso' em matéria de direito processual coletivo é ser 'flexível'. O operador do direito que não for flexível não estará atuando com rigor técnico e científico"[21].

Essa regra funciona como uma espécie de norma narrativa (*soft law*), uma normativa que orienta o sentido em que deve ser aplicada a legislação.

Para encerrar gostaríamos de dar um exemplo de uma aplicação equivocada do direito processual coletivo: OBRIGAÇÃO DE FAZER. MULTA COMINATÓRIA. *O MP, ora recorrente, alega violação do art. 645 do CPC e sustenta que o dispositivo legal faculta ao magistrado reduzir ou aumentar o valor das astreintes para que ocorra o adimplemento da obrigação. Afirma que, em que pese o valor irrisório fixado no termo de ajustamento de conduta a título de multa diária (cem reais) em caso de descumprimento da obrigação de fazer, a multa não surtiu o efeito esperado. Aduz que a limitação prevista no parágrafo único do mencionado artigo, no sentido de somente ser possível ao juiz reduzir o valor da multa pactuada entre as partes, refere-se unicamente à multa moratória, que não se confunde com a multa diária de natureza coercitiva prevista no* caput *do citado dispositivo. O Tribunal* a quo *entendeu que, havendo previsão de multa diária no título extrajudicial, termo de ajustamento de conduta firmado com o Parquet estadual, conforme o art. 645 do CPC, somente se faculta ao juiz reduzir a multa por descumprimento da obrigação de fazer, e não aumentá-la. Isso posto, a Turma, por maioria, negou provimento ao recurso especial por entender que, na hipótese, efetivamente, o valor da multa diária estabelecido no termo de ajustamento de conduta firmado entre a empresa recorrida e o MP estadual não foi suficiente para assegurar o cumprimento da obrigação de fazer. Entretanto, a majoração pretendida pelo* Parquet *não poderia, de fato, ser deferida pelo juiz da causa, conforme asseverou o Tribunal de origem, por força da limitação contida no parágrafo único do art. 645 do CPC*[22].

Nesse caso, evidentemente, ocorreu uma deturpação hermenêutica da garantia de tutela mais efetiva aos bens jurídicos coletivos, privilegiando hermeneuticamente o rigor formal do título executivo independentemente da sua função.

Por essa razão, é importante compreender o sentido da interpretação flexível, que se revela "um instrumento politicamente importante para evitar interpretações retrógadas, influenciadas por considerações conservadoras do direito, que poderiam destruir o sistema e a efetividade das demandas coletivas"[23].

Evidentemente, por derradeiro, deverão ser preservados os direitos fundamentais do réu e de todos aqueles eventualmente afetados pela decisão, especialmente do ponto de vista processual, oportunizando-se, prévia ou posteriormente, a depender do caso, o devido contraditório.

---

(19) HASSEMER, Winfriede. Sistema jurídico e codificação: a vinculação do juiz à lei. *In*: KAUFMANN, A.; HASSEMER, W. (org.). *Introdução à filosofia do direito e à teoria do direito contemporâneas*. Lisboa: Calouste Gulbenkian, 2002. p. 287.
(20) Não é incomum a proposta no âmbito dos processos coletivos de uma interpretação *in dubio pro meio ambiente, in dubio pro misero, in dubio pro consumidor* refletida inclusive nos precedentes dos tribunais superiores, reconhecendo o desequilíbrio proposital da legislação brasileira a partir das premissas de desenvolvimento sustentável asseguradas na Constituição Federal. Ora, esses postulados hermenêuticos também têm efeitos diretos no processo coletivo que garante a efetividade desses direitos.
(21) GIDI, Antonio. *Coisa julgada e litispendência*, p. 182, nota 427.
(22) REsp 859.857-PR, Rel. Min. Eliana Calmon, julgado em 10.6.2008.
(23) GIDI, Antonio. *Rumo a um código de processo civil coletivo*, p. 163.

Referências

ASSIS, Araken. *Manual da execução*. São Paulo: Revista dos Tribunais, 2007.

BOBBIO, Norberto. *A era dos direitos*. Trad. Carlos Nelson Coutinho. Rio de Janeiro: Campus, 1992.

FISCHER, Luís Augusto. *Dicionário de palavras e expressões estrangeiras*. Porto Alegre: LPM, 2004.

OLIVEIRA, Carlos Alberto Alvaro. *Teoria e prática da tutela jurisdicional*. Rio de Janeiro: GEN/Forense, 2008.

SALLES, Carlos Alberto. *Execução judicial em matéria ambiental*. São Paulo: Revista dos Tribunais, 1998.

ZANETI JR., Hermes. *A constitucionalização do processo. O modelo constitucional da justiça brasileira e as relações entre processo e constituição*. 2. ed. rev. ampl. alt. São Paulo: Atlas, 2014.

Capítulo 17

Despedida Coletiva: Preocupações a Partir do "Precedente Embraer"

Marcus de Oliveira Kaufmann[*]

1. Algumas constatações do chamado "Precedente Embraer"

Controversa ou não a assunção de tal postura, é possível, hoje, sustentar que, a despeito dos grandes avanços empreendidos na jurisprudência, principalmente da oriunda da Seção Especializada em Dissídios Coletivos do Tribunal Superior do Trabalho (SDC/TST) nos últimos anos[1], o Tribunal Superior do Trabalho (TST) vivencia uma fase de adaptação ou de convivência, dir-se-ia até teimosa, com o declínio natural do poder normativo da Justiça do Trabalho após a promulgação da Emenda Constitucional n. 45/04, após o advento da nova redação do art. 114, § 2º, da Constituição Federal.

Em outras palavras, o TST vivenciaria uma fase de maturação referente aos caminhos a trilhar quando do julgamento de dissídios coletivos de trabalho, naturalmente levado a sustentar alguma tutela coletiva excepcional, e mais específica e eficaz do que a normalmente esperada, do ponto de vista dogmático e processual, da tutela normativa, pela via do dissídio coletivo do trabalho, ainda que não se trate de um dissídio coletivo de natureza econômica.

É curiosa essa observação, que não deixa de ser verdadeira, mormente ao contextualizá-la para o ambiente da teoria geral do processo, do processo coletivo, em que o sistema das tutelas coletivas se expande não para ritos e instrumentais clássicos, como é o caso do dissídio coletivo do trabalho, mas para o âmbito da tutela coletiva comum e, por conseguinte, para os ritos e instrumentos comuns regrados pela legislação adjetiva ordinária.

Na expressão de Leonardo Greco, constata-se, atualmente, o paradoxo que se verifica "no esvaziamento do instituto do dissídio coletivo de natureza econômica, como consequência da alteração do disposto no art. 114 da Constituição, enquanto se expande a tutela coletiva no âmbito da jurisdição civil comum"[2], a ponto de, por densa pesquisa, Paulo Américo Maia Filho já ter concluído que, não sendo a jurisdição normativa decorrente de

---

[*] Doutor e Mestre em Direito das Relações Sociais (Direito do Trabalho) pela Pontifícia Universidade Católica de São Paulo (PUC-SP). Bacharel em Direito pela Faculdade de Direito da Universidade de Brasília (FD-UnB). Membro Efetivo e Secretário do Instituto Brasileiro de Direito Social Cesarino Júnior (IBDSCJ). Advogado.
[1] Relatos objetivos acerca de decisões paradigmáticas da SDC/TST podem ser examinados em ARRUDA, Kátia Magalhães. Decisões inovadoras em dissídios coletivos. In: ARRUDA, Kátia Magalhães; COSTA, Walmir Oliveira da (coord.). *Direitos coletivos do trabalho na visão do TST*: homenagem ao ministro Rider Nogueira de Brito. São Paulo: LTr, 2011. p. 90-104
[2] Prefácio. MAIA FILHO, Paulo Américo. *Ação civil pública como via alternativa ao dissídio coletivo*. São Paulo: LTr, 2011. p. 13-14.

atividade essencialmente legislativa, tal jurisdição poderia ser exercida fora do ambiente de um dissídio coletivo de trabalho, como seria o caso de uma ação civil pública para substituir o dissídio coletivo de trabalho de interesse, que permitiria o julgamento conjunto de reivindicações sociais e econômicas dos trabalhadores, além da tutela destinada a coibir abuso do exercício do direito de greve ou a prática de atos antissindicais pela tutela inibitória coletiva, sem afastar a possibilidade, também, de a ação civil pública ser utilizada para a atividade interpretativa de adaptação da norma legal ou convencional ao caso concreto[3].

Paulo Américo Maia Filho prossegue destacando as seguintes razões para a prevalência crescente da ação civil pública para a tutela coletiva, inclusive para aquela que sempre foi regrada pelo dissídio coletivo de trabalho:

[...]

9. A sentença de conteúdo normativo, proferida na ação civil pública, tanto quanto a proferida no dissídio coletivo, é fonte formal do direito, e pode ser derrogada por norma legal, convencional ou outra judicial-normativa, além de se submeter às regras de direito intertemporal, previstas na Lei de Introdução ao Código Civil.

10. Quanto à exequibilidade dos provimentos, destacam-se as vantagens da ação civil pública frente ao dissídio coletivo, pois, enquanto neste o provimento é, apenas, em cognição exauriente, e só se encontrará apto à execução após o julgamento colegiado de um tribunal do trabalho, naquele, pelas possibilidades de cognição sumária, mediante provimentos antecipatórios, admite-se a execução imediata.

11. No plano da competência, é mais legítima e adequada a tutela jurisdicional coletiva dos conflitos trabalhistas pelos órgãos jurisdicionais de primeira instância, mediante o controle revisional dos tribunais, como ocorre na ação civil pública.[4]

Já antes do advento da nova redação do art. 114 da Constituição Federal, o TST, em jurisprudência capitaneada pelo Ministro Almir Pazzianotto Pinto, editara a Instrução Normativa n. 4/93 para restringir, ao máximo, o recurso aos dissídios coletivos como meio de estimular a negociação coletiva (com previsões detalhistas, formais e procedimentais para regrar o processamento do dissídio). Quando da recomposição da SDC/TST, após o preenchimento dos 10 (dez) novos cargos de ministro do TST criados pela EC n. 45/04, passaram a integrá-la, além dos integrantes da administração da Corte, os Ministros mais novos, o que ilustraria algo perceptível como uma paulatina, mas às vezes agressiva, modificação jurisprudencial em prol de algum destaque a um novo protagonismo do dissídio coletivo de trabalho[5].

Ainda assim, a SDC/TST não descuidou de todas aquelas exigências, tais como muitas das exigências da Instrução Normativa n. 4/93 foram incorporadas pelo Regimento Interno do TST, mas não tem dado tanta importância a eventuais deficiências formais da peça de representação para não deixar desguarnecida, em vazio normativo e artificialmente, a categoria profissional suscitante[6].

A verdade é que parece que a SDC/TST tem examinado caso a caso, casuisticamente, os dissídios coletivos de trabalho, admitindo em mais largueza em certas hipóteses, e em outras não, a deterioração e o declínio natural do poder normativo da Justiça do Trabalho após o advento do art. 114, § 2º, da Constituição Federal, com manutenção, em certas ocasiões de forma mais rígida, e em outras não, dos critérios vigentes para a apreciação de dissídios coletivos de trabalho.

Essa postura um tanto quanto pusilânime se fez apresentar no que se convencionou denominar de o "Precedente Embraer", ou seja, na decisão paradigmática levada a efeito pela SDC/TST para o julgamento do Processo (RODC) n. 0030900-12.2009.5.15.0000, cujo acórdão foi publicado, no Diário Eletrônico da Justiça do Trabalho (DEJT), em 4.9.2009.

A SDC/TST, nesse julgamento, ainda que reconhecendo se tratar de um dissídio coletivo de natureza jurídica, ou de direito, estabeleceu, em conformidade com o voto do Ministro relator, Mauricio Godinho Delgado, que a "hipótese dos autos, no entanto, é excepcionalíssima, não se enquadrando

---

(3) *Ação civil pública como via alternativa ao dissídio coletivo*, p. 210.
(4) *Ação civil pública como via alternativa ao dissídio coletivo*, p. 210-211.
(5) MARTINS FILHO, Ives Gandra da Silva. O dissídio coletivo à luz da Emenda Constitucional n. 45/04. *In:* MELO FILHO, Hugo Cavalcanti; AZEVEDO NETO, Platon Teixeira de (coord.). *Temas de direito coletivo do trabalho*. São Paulo: LTr, p. 144-150, 2010.
(6) MARTINS FILHO, Ives Gandra da Silva. O dissídio coletivo à luz da Emenda Constitucional n. 45/04. *In:* MELO FILHO, Hugo Cavalcanti; AZEVEDO NETO, Platon Teixeira de (coord.). *Temas de direito coletivo do trabalho*. São Paulo: LTr, p. 145.

inteiramente na figura clássica do dissídio coletivo de natureza jurídica", ainda que tenha asseverado que "a matéria central aqui enfocada é eminentemente jurídica, envolvendo a interpretação quanto a aspecto fundamental da ordem jurídica: se as dispensas massivas são, ou não, regidas do mesmo modo normativo do que as dispensas meramente individuais e, não o sendo, quais as consequências jurídicas de sua regência normativa específica. Nesta medida, o presente dissídio é fundamental e preponderantemente jurídico, embora se reconheça sua natureza algo mista, quer dizer, é dissídio coletivo preponderantemente jurídico, mas também com dimensões econômicas".

Mais adiante no voto, o Ministro Mauricio Godinho Delgado asseverou que o dissídio coletivo deveria ser tido como um "dissídio coletivo genericamente considerado, já que este é o instrumento adequado para análise de questões envolvendo entes coletivos normativamente especificados".

Do ponto de vista processual, o grande impacto notado do julgamento do "Precedente Embraer" é de natureza formal-processual: a natureza eventualmente excepcional da matéria e do objeto de toda a discussão coletiva pode automaticamente transformar um dissídio coletivo de trabalho, inapropriadamente proposto, em via adequada para que o Tribunal do Trabalho adote a tutela jurisdicional que entenda por bem aplicar, ainda que a parte suscitante dispusesse, e com muito mais eficiência, da ação civil pública ou da ação civil coletiva.

A excepcionalidade da matéria em discussão pode transformar o Tribunal do Trabalho no receptáculo maior de toda a ditadura judicial a partir da exploração do poder normativo, a partir do uso tergiversado do dissídio coletivo para corrigir qualquer deslize processual em termos de conflitos coletivos de trabalho, a ponto de, para um dissídio de natureza jurídica, o Tribunal vir a dar tutela dispositivo-constitutiva e, para dissídio de natureza econômica, tutela declaratória!

Do ponto de vista processual, a postura sugerida pelo TST é avançada, é arriscada nos arredores dogmáticos da disciplina processual e causa certa insegurança processual pela forma como apresentou, de súbito, a mudança de atitude causada pela suposta excepcionalidade da matéria em discussão.

A postura adotada pelo TST nesse precedente rompe a tranquilidade mediante a qual se convivia com o dissídio coletivo de trabalho; rompe com a tendência, saudável, de declínio do poder normativo (em prol da provocação, ainda que forçada, por uma cultura de negociação coletiva necessária, constante e independentemente de tribunais, ou de uma cultura, no máximo, de arbitragem coletiva, ainda que pela via "judicial"); e inova, no mundo jurídico, a estabilização, por anos consolidada, de uma teoria do processo coletivo do trabalho que começava a se sedimentar, exatamente quando se construíam alternativas processuais melhores — e mais democráticas (pelo alargamento do rol de pedidos possíveis e da concorrência de legitimados ativos para a propositura da ação coletiva) — para a tutela coletiva (como o da ação civil pública ou, ainda, de uma reclamação trabalhista plúrima) fora do âmbito do dissídio coletivo do trabalho, fora do âmbito da retroalimentação da unicidade e de todos os institutos que, com ela, se alojaram no sistema jurídico (como o do poder normativo e de seu instrumento, o dissídio coletivo do trabalho). Isso porque, dada a dita excepcionalidade, o dissídio coletivo de trabalho "genericamente considerado" é o instrumento, do poder normativo, apto para a "análise de questões envolvendo entes coletivos normativamente especificados".

Essa inovação processual ainda está a merecer uma exploração, elogios e/ou críticas mais densas por parte da doutrina, que não se dedique a sustentar o que todos os glosadores sempre sustentam ou a repetir o que a SDC/TST lá firmou no "Precedente Embraer", como um mantra, como uma verdade incontestável e impassível de avanço diante da "coragem" judicante que a decisão encampou.

Do ponto de vista meritório, a SDC/TST consignou, resumidamente, que o fenômeno da despedida coletiva, ou da dispensa coletiva ou da "demissão em massa" não poderia ser exercitado de modo unilateral pelo empregador, pois deve se submeter à prévia negociação coletiva ou, sendo inviável, ao processo de dissídio coletivo "que irá lhe regular os termos e efeitos pertinentes".

Assim, por maioria, a SDC/TST fixou, *para os casos futuros*, a premissa de que a negociação coletiva é imprescindível para a dispensa em massa de trabalhadores, tendo, para o caso concreto da empresa Embraer e dos mais de 4.000 (quatro mil) trabalhadores dispensados, paradoxalmente que declarar que tal "demissão em massa" não poderia ser declarada abusiva e nem tampouco afrontosa à boa-fé objetiva, de modo que "não caberia invalidar o ato empresarial de ruptura". Em ato contínuo, a SDC/TST também fixou o entendimento de que o art. 7º, inciso I, da Constituição Federal, ao vedar a dispensa arbitrária, impôs que a lei complementar preverá indenização compensatória e, portanto, não conferiu aos trabalhadores, prejudicados por conta da despedida coletiva, o direito à reintegração.

Mal ou bem, a decisão da SDC/TST, totalmente heterodoxa nos limites da teoria do processo, alimentou as mais diversas reações e críticas, e o fruto do julgamento, foi a criação artificial de causas, calcadas na suposta ocorrência de despedida coletiva, movidas por trabalhadores, por sindicatos profissionais ou pelo Ministério Público do Trabalho, que contêm pretensões, pela abertura mediante a qual o "Precedente Embraer" foi decidido, sem qualquer delimitação minimamente conceitual do fenômeno da despedida coletiva, de dificílima execução, de dificílima efetivação e potencialmente alimentadoras de problemas que, mais cedo ou mais tarde, os Tribunais do Trabalho deverão apreciar, mas sem romantismos teóricos e fantasias judiciárias.

O estudo que se segue tentará explorar parte desses problemas e dificuldades, passíveis de compilação para os limites do que adiante se propõe, com o mote de apenas ponderar certas questões um tanto quanto contramajoritárias na doutrina que se apresentou até este instante, apenas para que, democraticamente, o futuro dos debates e das lides envolvendo a hipótese de despedida coletiva seja contemplado em terreno neutro, onde não haja heróis ou vilões, mais próximo dos ideais de justiça e mais distante de um ambiente de "caça às bruxas" ou de excessiva vitimização.

2. O modelo protetivo brasileiro: entendendo o comando do art. 7º, inciso I, da Constituição Federal

Para que o anteriormente referido ambiente possa ser contemplado, impõe-se algum entendimento acerca do disposto no art. 7º, inciso I, da Constituição Federal, ainda que a leitura possa causar desconforto em alguns, até porque, como já se anunciou, as questões aqui apresentadas são, ou parecem ser, contramajoritárias.

Dispõe o ar. 7º, inciso I, da Constituição Federal que constitui "direito" dos trabalhadores urbanos e rurais, além de outros que visem à melhoria de sua condição social, a "relação de emprego protegida contra despedida arbitrária ou sem justa causa, nos termos de lei complementar, que preverá indenização compensatória, dentre outros direitos".

Afora a grave erronia técnica e gramatical do texto constitucional, ao enunciar a relação de emprego protegida como sendo um "direito" do trabalhador, quando, em verdade, relação de emprego é tão somente uma relação jurídica que gera direitos e deveres em correspondência sinalagmática; além do erro semântico e de concordância presente na expressão "dentre outros direitos" (parte final do inciso I do art. 7º da Constituição Federal), quando o modo adequado da expressão seria mediante a utilização do termo "entre outros direitos"[7], o fato é que o sistema regido pelo art. 7º, inciso I, da Constituição Federal impõe, ao legislador ordinário, um comando obrigatório, representado e ilustrado no verbo, conjugado no futuro do presente, "preverá".

Nos modais deônticos, de dever-ser, por meio dos quais a norma jurídica pode se apresentar, a conduta imposta, ao legislador ordinário brasileiro (ainda que qualificado pelo *quorum* necessário à aprovação de uma lei complementar), no art. 7º, inciso I, da Constituição Federal, é uma conduta de obrigação, de dever, e não uma conduta de permissão ou, ainda, proibida. Em outras palavras, e por motivação constitucional, a conduta obrigatória, imposta ao legislador brasileiro, é a de que DEVE, no trato de um sistema protetivo da relação de emprego contra a despedida arbitrária ou sem justa causa, prever uma indenização compensatória, nos termos de lei complementar.

Essa obrigação constitucional exclui, necessariamente, por mera indução e por força de uma relação de causa e efeito, qualquer outro instituto ou figura jurídica que, com a indenização compensatória prevista em lei complementar, seja logicamente incompatível, como é o caso da reintegração (ou "readmissão" para alguns) ao emprego, aliás, e tal como advertido, como já reconhecido no próprio julgamento do "Precedente Embraer".

Isso tudo, obviamente, salvo nas hipóteses expressamente previstas, na Constituição Federal, que contemplem situações de estabilidades provisórias ou que, ainda que previstas tais estabilidades na legislação infraconstitucional, possam motivar a declaração da nulidade, sob o prisma do direito constitucional e infraconstitucional, do término da relação jurídica. E o afastamento da declaração da nulidade do universo jurídico se perfaz, no mundo fenomênico, com o retorno dos envolvidos ao *status quo ante*, sendo a reintegração (ou a "readmissão" na

---

(7) Como, na doutrina juslaboralista, essas questões são bem alardeadas.

terminologia adotada no art. 10, *caput*, da Convenção n. 158 da Organização Internacional do Trabalho — OIT) um dos instrumentos existentes mediante os quais, na relação de emprego, as partes podem retornar ao *status quo* anterior à prática do ato jurídico tido por nulo por declaração de autoridade competente.

Da leitura inicial, portanto, do art. 7º, inciso I, da Constituição Federal, podem ser anunciadas, com base nas inferências anteriormente já traçadas, as seguintes conclusões: (i) o sistema constitucional brasileiro elegeu, para a proteção do trabalhador contra as denominadas "despedidas arbitrárias" e "sem justa causa", um modelo de controle *a posteriori*, identificável na obrigação de o legislador ordinário ter que regrar a "indenização compensatória"; (ii) o sistema constitucional exclui, entre as ferramentas inerentes a uma proteção *a posteriori*, a figura da reintegração ou da "readmissão" (na terminologia da OIT), uma vez que impõe, necessariamente, a previsão legal de uma "indenização compensatória"; (iii) a querida "indenização compensatória" só poderá ser regrada mediante a edição de lei complementar; (iv) além da "indenização compensatória", a lei complementar que eventualmente virá também disporá a respeito do que venha a ser "despedida arbitrária" e "despedida sem justa causa", ficando, desde já, afastada a ideia de que os termos se equivaleriam, sob pena de se admitir a utilização, pela Constituição Federal, de termos desnecessários ou inúteis; (v) a lei complementar que o legislador ordinário deverá editar poderá, também, dispor de "outros direitos" ao trabalhador, na proteção contra a "despedida arbitrária ou sem justa causa", desde que compatíveis com o modelo de proteção *a posteriori* e com a figura da "indenização compensatória"; (vi) o sistema constitucional admite e permite a despedida por justa causa, que, no direito brasileiro, está regrada nos arts. 482 (que arrola as "justas causas" para a "rescisão" do contrato de trabalho pelo empregador) e 483 (que arrola as "justas causas" para a "rescisão" do contrato de trabalho pelo empregado) da Consolidação das Leis do Trabalho (CLT); e (vii) o sistema constitucional não admite a figura da "estabilidade permanente".

Além do art. 7º, inciso I, da Constituição Federal, o sistema constitucional de proteção dos direitos do trabalhador contra a "despedida arbitrária ou sem justa causa" é complementado pelo disposto nos arts. 8º, inciso VIII, da Constituição Federal; e 10, incisos I e II, do Ato das Disposições Constitucionais Transitórias (ADCT). O art. 8º, inciso VIII, da Constituição Federal versa a proibição da dispensa do empregado sindicalizado. O art. 10, inciso I, do ADCT versa a multa fundiária de 40% como o limite da "indenização compensatória" enquanto não editada a lei complementar, o que poderia ser, eventualmente, revisto em lei complementar. O art. 10, inciso II, do ADCT versa a proibição da "dispensa arbitrária ou sem justa causa" do empregado eleito para cargo de direção de comissões internas de prevenção de acidentes (CIPAs) (alínea "a") e da empregada gestante (alínea "b").

Essas hipóteses extravagantes tratam de situações em que o sistema constitucional admite a figura da nulidade da dispensa de categorias de trabalhadores que merecem uma proteção diferenciada em razão do bem da vida por eles representados. Ao dirigente sindical, a tutela diferenciada se explica em razão do princípio universal da liberdade sindical e de todos os seus corolários. Ao exercente de cargo de direção em CIPA, a tutela se explica pelo bem maior da proteção da segurança e da saúde do trabalhador. À gestante, a tutela se explica pela tutela máxima necessária à vida e à saúde, tanto da criança quanto da mãe.

A abertura constitucional a essas hipóteses abarca, assim, de forma reduzida, e dependente de explícita previsão em legislação pertinente, um modelo que é essencialmente de transição e válido enquanto não editada a lei complementar pretendida no art. 7º, inciso I, da Constituição Federal. Por essas circunstâncias, admite-se, excepcionalmente, a figura da reintegração como consequência natural às despedidas consideradas nulas porque agressivas às hipóteses excepcionais de estabilidades provisórias regradas constitucionalmente.

Como não há, ainda, lei complementar a regrar, por completo, o modelo de proteção *a posteriori*, o ordenamento jurídico admite, excepcionalmente e em formato transitório, hipóteses das chamadas "estabilidades provisórias" constitucionais, em razão da importância do bem jurídico tutelado (art. 8º, inciso VIII, da Constituição Federal; e 10, incisos I e II, do ADCT), e hipóteses das chamadas "estabilidades provisórias" infraconstitucionais. Nesses casos, e somente nesses casos, as despedidas são nulas e ensejam a reintegração, a saber: (i) do empregado eleito para cargo de direção de CIPA (Comissão Interna de Prevenção de Acidentes) (inclusive o suplente, diante do disposto na Súmula n. 339, item I, do Tribunal Superior do Trabalho) desde o registro da candidatura até um ano após o final do mandato (art. 10, inciso II, alínea "a", do ADCT; e art. 165, *caput* e parágrafo único, da CLT⁽⁸⁾); (ii) da empregada gestante, desde a confirmação da gravidez até o quinto mês após o parto (art. 10, inciso II, alínea "b", do ADCT; e Súmula n. 244, item II, do Tribunal Superior do Trabalho); (iii) do empregado sindicalizado a partir do registro da candidatura a cargo de direção ou representação sindical e, se eleito, ainda que suplente, até um ano após o final do mandato, salvo se cometer falta grave nos termos da lei (arts. 8º, inciso VIII, da Constituição Federal; 543, § 3º; e 659, inciso X, da CLT⁽⁹⁾; Súmula n. 369, itens I a V; e Precedente Jurisprudencial n. 369 da Orientação Jurisprudencial da Seção Especializada em Dissídios Individuais I do Tribunal Superior do Trabalho — "OJ n. 369 da SBDI-1/TST"); (iv) dos integrantes do Conselho Curador do FGTS, enquanto representantes dos trabalhadores, efetivos e suplentes, desde a nomeação até um ano após o término do mandato de representação (art. 3º, § 9º, da Lei n. 8.036/90); (v) do empregado não optante pelo FGTS que tenha adquirido a estabilidade decenal antes da promulgação da Constituição (art. 492, *caput*, da CLT⁽¹⁰⁾; (vi) dos integrantes do Conselho Nacional de Previdência Social (CNPS) enquanto representantes dos trabalhadores em atividade, titulares e suplentes, desde a nomeação até um ano após o término do mandato de representação (art. 3º, § 7º, da Lei n. 8.213/91); (vii) dos integrantes de Comissões de Conciliação Prévia (CCPs), representantes dos empregados, titulares e suplentes, até um ano após o final do mandato (art. 625-B, § 1º, da CLT)⁽¹¹⁾; (viii) do segurado que sofreu acidente do trabalho, que tem garantida, pelo prazo mínimo de 12 (doze) meses, a manutenção de seu contrato individual de trabalho, após a cessação do auxílio-doença acidentário, independentemente da percepção de auxílio-acidente, ou seja, desde que recebeu a alta médica após o retorno do benefício previdenciário (art. 118 da Lei n. 8.213/91); (ix) dos empregados de empresas que sejam eleitos diretores de sociedades cooperativas por eles criadas, os quais gozam das mesmas garantias asseguradas aos dirigentes sindicais (art. 55 da Lei n. 5.764/71)⁽¹²⁾; (x) do empregado reabilitado ou empregado deficiente habilitado, que só poderão ser dispensados após a contratação de substituto de condição semelhante (art. 93, § 1º, da Lei n. 8.213/91); e (xi) do empregado que tenha estabilidade provisória no emprego, quando prevista em documento coletivo de trabalho (convenção coletiva de trabalho e/ou acordo coletivo de trabalho), regulamento da empresa ou no próprio contrato individual de trabalho. Hipóteses clássicas dessas espécies de estabilidades provisórias são as destinadas a proteger (xi.a) o empregado em vias de aposentadoria ("estabilidade pré-aposentadoria"); (xi.b) o empregado que detiver direito a aviso prévio proporcional superior a 30 (trinta) dias após ter completado determinada idade; (xi.c) o empregado que ficar afastado do serviço por motivo de doença que fará jus a um período de estabilidade provisória igual ao do afastamento a partir da alta médica ("estabilidade de complementação de auxílio-doença"); e (xi.d) a empregada gestante que desfruta estabilidade provisória superior à prevista no art. 10, inciso II, alínea "b", do ADCT.

Além das hipóteses de estabilidades provisórias, o art. 4º, *caput* e incisos I e II, da Lei n. 9.029/95, na redação dada pela Lei n. 12.288/10, estabeleceu a figura da "despedida discriminatória"⁽¹³⁾, motivada por ra-

---

(8) Atualmente, não se pode prestigiar — como já aconteceu no passado — determinada linha de raciocínio que sustenta que a lei complementar requerida pelo art. 7º, inciso I, da Constituição Federal poderia ser dispensada para o regramento da denominada "despedida arbitrária", uma vez que, para tal regramento, o art. 165, *caput*, da CLT já daria contornos suficientes ao qualificar a "despedida arbitrária" como sendo aquela que não se fundar em motivo disciplinar, técnico, econômico ou financeiro. O fato de o art. 7º, inciso I, da Constituição Federal impor o regramento da "despedida arbitrária" por lei complementar e de ser uma providência não sistêmica a interpretação constitucional com base em instrumento infraconstitucional não querido torna impertinente uma tal construção.

Nada impede, como também se sustenta em doutrina, que a futura lei complementar trate a "despedida arbitrária" como sendo a "despedida coletiva" ou a "dispensa coletiva", por exemplo.

(9) O art. 659, inciso X, da CLT é tido como uma norma precursora, no processo do trabalho, ou mesmo na legislação pátria, do instituto da antecipação dos efeitos da tutela específica de obrigações de fazer que, só décadas depois da CLT, viria a ser tratada nos arts. 273 e 461 do Código de Processo Civil (CPC).

(10) Com o passar dos anos, e pela passagem de mais de uma geração, a própria raridade da ocorrência dessa situação de "estabilidade permanente" ou de "estabilidade plena" cuidou de ir, paulatinamente, fulminando a importância, para o Direito do Trabalho, dessa situação de estabilidade, a não ser como um registro histórico.

(11) Na falta de precisão quanto ao termo *a quo* da estabilidade provisória, prefere-se uma interpretação restritiva, em prol de aquele termo se fixar na eleição, e não no registro da candidatura, como ocorre, em razão de explícita previsão normativa, com os dirigentes sindicais.

(12) Existe, ainda, no Brasil, uma série contenda doutrinária e jurisprudencial a respeito da extensão da garantia também ao suplente da diretoria de sociedades cooperativas.

(13) Nada impede que futura lei complementar também regre a "despedida discriminatória" e/ou a despedida tida por "abusiva", com suas respectivas "indenizações compensatórias". Na doutrina de vanguarda, teses já se desenvolvem no sentido de que a dispensa sem justa causa se insere na teoria da responsabilidade civil por ato ilícito, disposta no Código Civil Brasileiro (CCB — Lei n. 10.406/02), razão pela qual se explica a necessidade

zões, de forma exemplificativa, de sexo, origem, raça, cor, estado civil, situação familiar e idade. Dispõe, a norma, que o rompimento da relação de trabalho por ato discriminatório, além da indenização por danos morais, ensejará a que o trabalho opte entre a "readmissão"[14] com ressarcimento integral de todo o período de afastamento, mediante pagamento das remunerações devidas, corrigidas monetariamente, acrescidas dos juros legais (inciso I); e a percepção, em dobro, da remuneração do período de afastamento, corrigida monetariamente e acrescidas dos juros legais (inciso II).

Admitidas, excepcionalmente e em formato transitório, enquanto não editada a lei complementar, todas essas hipóteses de estabilidades provisórias regradas constitucional e infraconstitucionalmente, bem como a hipótese da "despedida discriminatória" da Lei n. 9.029/95, o sistema de proteção do trabalhador *a posteriori*, mediante "indenização compensatória", tal qual descrita em futura lei complementar que também disporá a respeito da "despedida arbitrária ou sem justa causa" (art. 7º, inciso I, da Constituição Federal), são interpretados, pelo Supremo Tribunal Federal, em sintonia com as conclusões já deduzidas, conforme entendimento hoje paradigmático e clássico assim exposto:

(i) Da ementa

Recurso extraordinário. Dispensa de emprego. Adoção, dentre outros critérios de dispensa pela necessidade de reduzir seu quadro, da idade de 65 anos por terem os empregados com essa idade direito a aposentadoria independentemente de tempo de serviço, o que não acontece com os de idade mais baixa. — Impossibilidade de se levar em consideração, no julgamento deste recurso extraordinário, a Lei n. 9.029/95, não só porque o art. 462 do C.P.C. não se aplica quando a superveniência da norma legal ocorre já no âmbito desse recurso, mas também porque, além de haver alteração no pedido, existiria aplicação retroativa da citada Lei. — Inexistência de ofensa ao art. 7º, XXX, da Constituição, que nem por interpretação extensiva, nem por aplicação analógica, se aplica à hipótese de dispensa de emprego que tem tratamento específico, no tocante a despedida discriminatória, no inciso I desse mesmo art. 7º que dá proteção contra ela proteção essa provisoriamente disciplinada nos incisos I e II do art. 10 do ADCT, que não é norma de exceção, mas, sim, de transição. — Não estabeleceu a Constituição de 1988 qualquer exceção expressa que conduzisse à estabilidade permanente, nem é possível admiti-la por interpretação extensiva ou por analogia, porquanto, como decorre, inequivocamente do inciso I do art. 7º da Constituição a proteção que ele dá à relação de emprego contra despedida arbitrária ou sem justa causa é a indenização compensatória que a lei complementar terá necessariamente que prever, além de outros direitos que venha esta a estabelecer, exceto, evidentemente, o de estabilidade permanente ou plena que daria margem a um bis in idem inadmissível com a indenização compensatória como aliás se vê da disciplina provisória que se encontra nos incisos I e II do art. 10 do ADCT. Recurso extraordinário não conhecido. (STF, Tribunal Pleno, RE n. 179.193/PE, Rel. Min. Ilmar Galvão, DJU de 19.10.2001).

(ii) Do voto-vista do Ministro Moreira Alves, que alinhou a tese sufragada em sintonia com o posicionamento do Ministro relator

[...] Por esses dispositivos constitucionais (art. 7º, inciso I, da CF; c/c art. 10, incisos I e II, alíneas 'a' e 'b', do ADCT), verifica-se que estão consagrados constitucionalmente três tipos de despedida em relação de emprego: a por justa causa, a sem justa causa e a por causa arbitrária. E não há um *quartum genus*, porque, mesmo no caso de estabilidades excepcionais — como as duas previstas no inciso II, letras 'a' e 'b' do art. 10 do ADCT e a referida no inciso VIII do art. 8º da parte permanente da Constituição (a relativa ao empregado sindicalizado candidato a cargo de direção ou representação sindical, ou eleito para tal, ainda que suplente, até um ano após o final do mandato, salvo se cometer falta grave nos termos da lei), essa proteção só se dá com relação à dispensa arbitrária ou sem justa causa, e não com referência à dispensa por justa causa.

Ademais, embora a Constituição de 1988 não distinga quando há despedida sem justa causa e quando há despedida arbitrária, o art. 165 da

---

de uma "indenização compensatória" nos termos dos arts. 186 e 927 do CCB. Além disso, o raciocínio jurídico que já se empreende na doutrina também propõe que outra "indenização compensatória" seja reservada ao trabalhador dispensado sem justa causa por abuso de direito em conformidade com os arts. 187, 422, 472, 927 e 944 do CCB. Nesse sentido, ALMEIDA, Renato Rua de. Proteção contra a despedida arbitrária ou sem justa causa. In: ALMEIDA, Renato Rua de (coord.); CALVO, Adriana (org.). *Estudos comparados das legislações trabalhistas do Brasil e de Portugal*. São Paulo: LTr, 2011. p. 158-164. De toda a sorte, tal raciocínio é, aqui, afastado em razão da imposição constitucional em prol do regramento das indenizações compensatórias, se mais que uma, em lei complementar própria.

(14) Tecnicamente, tratar-se-ia de reintegração.

CLT, que já vedava a dispensa arbitrária dos titulares da representação dos empregados nas comissões internas de prevenção de acidentes, a caracterizava como 'a que não se fundar em motivo disciplinar, técnico, econômico ou financeiro', o que implica dizer que a fundada em motivo disciplinar abarcaria os casos de dispensa com justa causa ou sem ela, e as demais configurariam casos de dispensa sem justa causa. [...]

Por outro lado, do disposto no art. 10 do ADCT, verificasse que, enquanto, não for editada a lei complementar a que alude o art. 7º, I, da Constituição, a regra geral de proteção do emprego contra as despedidas arbitrárias ou sem justa causa, não é a vedação delas, mas, sim, a título de indenização, o pagamento correspondente ao aumento, para quatro vezes, da porcentagem prevista no art. 6º, *caput* e § 1º, da Lei n. 5.107, de 13 de setembro de 1966. As exceções a essa regra geral são as vedações que a Constituição faz expressamente à dispensa arbitrária ou sem justa causa, e que são as do inciso II do art. 10 do ADCT e a do inciso VIII do art. 8º da parte permanente da Carta Magna, todas elas gerando, apenas, estabilidade temporária.

Não estabeleceu a Constituição de 1988 qualquer exceção expressa que conduzisse à estabilidade permanente, nem é possível admiti-la por interpretação extensiva (como pretende o recorrente) ou por analogia, porquanto, como decorre, inequivocamente, do inciso I do art. 7º da Constituição a proteção que ele dá à relação de emprego contra despedida arbitrária ou sem justa causa é a indenização compensatória que a lei complementar terá necessariamente que prever, além de outros direitos que venha esta a estabelecer, exceto, evidentemente, o de estabilidade permanente (também denominada plena) que daria margem a um *bis in idem* inadmissível com a indenização compensatória. [...].

Por isso mesmo, não há mais na Constituição de 1988 a opção entre "estabilidade, com indenização ao trabalhador despedido ou fundo de garantia equivalente" que o art. 165, XIII, da Emenda Constitucional n. 1/69 admitia. Agora, o que há contra dispensa arbitrária ou sem justa causa é indenização compensatória e o fundo de garantia (art. 7º, I e III, combinado com o art. 10, I e II, do ADCT, que está em vigor enquanto não for editada a Lei Complementar prevista na Carta Magna a esse respeito). E — note-se — em face do disposto no inciso I do art. 10 do ADCT, todo empregado tem que participar do fundo de garantia por tempo de serviço, uma vez que a indenização prevista nesse dispositivo constitucional é o aumento, para quatro vezes, da porcentagem prevista no art. 6º, *caput* e § 1º, da Lei n. 5.107, de 13 de setembro de 1966.

Em observância a essa orientação estabeleceu-se a disciplina transitória que se encontra na parte inicial do art. 10 do ADCT com as exceções dos casos de estabilidade temporária, que, também no texto permanente, foram admitidas, ao contrário do que ocorreu com a estabilidade permanente como meio de proteção contra a dispensa por causa arbitrária ou sem justa causa.

O entendimento sustentado pelo Supremo Tribunal Federal consagra a tese no sentido de que a Constituição Federal determina que a lei complementar preveja "indenização compensatória", o que significa que o sistema constitucional implicitamente exclui as estabilidades como regra geral (só as aceitando nas hipóteses taxativamente enumeradas), não admitindo, no mais, a previsão normativa em prol da reintegração como sendo um dos "outros direitos" a que alude o art. 7º, inciso I, da Constituição Federal[15], tal qual reconhecido no "Precedente Embraer".

Além da multa fundiária, o Brasil ainda possui um sistema regrado e em franca discussão, atinente ao aviso prévio, tal qual disposto nos arts. 487 a 491 da CLT, recentemente agregado da figura constitucional do aviso prévio proporcional ao tempo de serviço (art. 7º, incisos XXI, da Constituição Federal), regulamentado pela Lei n. 12.506/11. Além da multa fundiária e do aviso prévio, o Brasil ainda possui o próprio sistema do FGTS, tratado na Lei n. 8.036/90.

Por fim, o Brasil possui um já tradicional sistema de pagamento do benefício intitulado "seguro-desemprego", tutelado no art. 239, *caput* e § 4º, da Constituição Federal e na Lei n. 7.998/90.

Ao contrário do que se suporia, o Brasil não é um país carente de normas protetivas, ou em vácuo normativo, contra a despedida arbitrária ou sem justa causa, ainda que se admita que o sistema se aperfeiçoará, independentemente de toda a discussão em

---

(15) Nesse sentido, ROMITA, Arion Sayão. *Despedida arbitrária e discriminatória*. Rio de Janeiro: Forense, 2008. p. 52; e ROMITA, Arion Sayão. *Proscrição da despedida arbitrária*: visão comparatista e direito brasileiro. São Paulo: LTr, 2011. p. 64.

torno da Convenção n. 158 da OIT, somente com a edição da lei complementar exigida no art. 7º, inciso I, da Constituição Federal.

Aliado a tudo isso, o Brasil não veda, a qualquer tempo, que o trabalhador possa buscar os seus direitos, ainda que alusivos à busca da informação atinente às causas de seu desligamento, o que (a não disponibilização de informações), em tese, pode vir a caracterizar, inclusive, prática de assédio moral ou de simples causa de dano moral a ser discutido em juízo, perante a Justiça do Trabalho (art. 5º, inciso XXXV, da Constituição Federal), desde que observados os prazos prescricionais tratados no art. 7º, inciso XXIX, da Constituição Federal. Vale dizer, o Brasil já conta com adequado sistema de "recurso contra o término" (tal qual aquele versado nos arts. 8º e 9º da Convenção n. 158 da OIT) *a posteriori*.

3. A lacuna normativa atinente ao fenômeno da despedida coletiva

O "Precedente Embraer" é, após as causas promovidas após o julgado paradigmático da SDC/TST, normalmente invocado para pautar a argumentação no sentido de que certos empregadores teriam enveredado em conduta nula ao promoverem despedia coletiva sem uma prévia negociação coletiva.

Não é preciso que se antagonizem posições jurídicas distintas a respeito da despedida coletiva para se reconhecer, à unanimidade, que tal fenômeno encontra-se à margem da lei, ou seja, encontra-se sem qualquer tratamento normativo no direito brasileiro. Essa constatação não guarda relação de causa ou efeito, ou de amplitude ou restrição, com a observação, feita no acórdão do "Precedente Embraer", no sentido de que o fenômeno da despedida coletiva é, essencialmente, um fenômeno que diz respeito ao Direito Coletivo do Trabalho. É sim! Só que ninguém, no Brasil, sabe o que venha a ser, objetiva e conceitualmente, a despedida coletiva, porque, por aqui, a tradição é a de que o Direito Coletivo do Trabalho é precariamente regrado e, quando o é ainda que minimamente, é deletério ao princípio da liberdade sindical.

Se isso é verdadeiro, a conclusão técnica a encontrar é a de que, no ambiente jurídico brasileiro, considerando as disposições legais que pautam e embasam o princípio da estrita legalidade (segundo o art. 5º, inciso II, da Constituição Federal), a despedida coletiva, como um fenômeno típico do Direito Coletivo do Trabalho, mas não regrado no ordenamento jurídico nacional, não pode ou não poderia implicar qualquer obrigação, imposta ao empregador, no sentido de que deva proceder a uma prévia negociação coletiva com os trabalhadores ou de que deva se submeter a algum procedimento administrativo perante alguma autoridade competente para lidar com questões de relações do trabalho.

No cenário nacional, e em outras palavras, a falta de tratamento normativo para a dispensa coletiva implica sustentar a equivalência nos resultados, em termos da quantia indenizatória, entre um trabalhador dispensado "coletivamente" e um trabalhador que tenha tido seu vínculo empregatício encerrado após uma dispensa sem justa causa.

Sustentar, como normalmente se faz, que a hipótese de ocorrência de uma despedida de vários trabalhadores, relacionada a causas objetivas de natureza econômica, conjuntural, técnica ou estrutural, mesmo na ausência de tratamento normativo, indicaria a existência da figura da despedida coletiva, não pode fazer nascer, sem expressa previsão legal, obrigações outras, para a despedida coletiva, que não aquelas explicitamente regradas pelas normas aplicáveis.

Dessa forma, a despedida coletiva, no direito nacional, só pode ter, sob pena de agressão ao disposto no art. 5º, inciso II, da Constituição Federal, o mesmo tratamento jurídico dado à proteção da relação de emprego contra a despedida individual sem justa causa, porque, normativamente, não há outro caminho a trilhar se deve ser eficaz o princípio constitucional de um mínimo de segurança jurídica.

De mais a mais, a negociação coletiva não pode ser, por natureza, imposta pela norma de direito positivo. A negociação coletiva deve ser, isso sim, aprendida, de baixo para cima, culturalmente valorada e com a sua obrigatoriedade sentida, nutrida, como uma norma maior, um princípio maior.

Na doutrina de vanguarda, Eduardo Soto Pires, a respaldar tal entendimento, assevera que:

> Como se observa nos dias atuais, o fato de existir uma lacuna legal com relação às dispensas coletivas não pode autorizar os juízes a utilizar o Direito Comparado quando do julgamento de casos. Enquanto não se promulgue uma lei que regule as dispensas coletivas e as diferencie do modelo indenizatório geral, as dispensas devem ser entendidas como um "subtipo" das dispensas em geral, às quais são aplicáveis as

mesmas indenizações previstas em lei para os casos de dispensas individuais.⁽¹⁶⁾

De mais a mais, pondere-se que a SDC/TST, ao julgar o "Precedente Embraer", declarou a legalidade das variadas dispensas individuais promovidas pela Embraer, inclusive afirmando que não haveria qualquer violação da boa-fé, sendo inviável, ainda, algum tipo de reintegração dos empregados por falta de previsão legal.

Curiosamente, e poucos se atrevem a constatar o que se decidiu efetivamente em relação ao caso concreto do "Precedente Embraer", a SDC/TST reconheceu que, sem previsão legal que trate das dispensas coletivas no Brasil, as dispensas efetivadas pela Embraer só poderiam ser tidas como legais e efetivas tendo feito sucumbir a decisão liminar outrora proferida pelo Tribunal Regional do Trabalho da Décima Quinta Região.

O nó górdio do "Precedente Embraer", esse sim perceptível e explorado por todos, diz respeito à determinação de que, "para os casos futuros", a negociação coletiva prévia com o sindicato laboral constituiria requisito essencial para se validar a despedida coletiva.

Não se compreende como a determinação da SDC/TST possa ser entendida como uma obrigação normativa diante do art. 5º, inciso II, da Constituição Federal, até porque as decisões do TST, sem estarem sequer convalidadas em súmulas de jurisprudência ou em orientações jurisprudenciais, não poderiam, a partir do "Precedente Embraer", gerar efeitos *erga omnes* para além das partes versadas no caso concreto, mesmo quando tais partes são coletividades organizadas.

Por essa razão, ainda que a decisão da SDC/TST, no "Precedente Embraer", tenha estabelecido uma necessidade de negociação prévia para "casos futuros", tecnicamente tal determinação não poderia ser tida como vinculante para outras empresas, mas, tão somente, como uma recomendação.

Comungando, ainda, do entendimento de Eduardo Soto Pires,

> o alcance que se pode dar a este "dever para ocasiões futuras" é o de uma mera "recomendação", que se apresenta como um elemento "político", que se verificou quando o Tribunal quis iniciar o debate sobre a necessidade de referida negociação prévia. Pode-se considerá-la, ainda, como uma expressão sobre o critério que o TST seguirá em futuros litígios, embora com as ressalvas sobre a falta de previsão legal quanto a essa questão.⁽¹⁷⁾

Alia-se, ainda, aos problemas que a SDC/TST causou, o fato de que se "determinou", como em uma obrigação normativa, a necessidade de prévia negociação coletiva para validar a dispensa sem que a SDC/TST tenha delimitado, minimamente, o que venha a ser uma despedida coletiva, não se dispondo a enfrentar um mínimo de segurança jurídica!

Como, então, alguma empresa poderia abraçar a determinação da SDC/TST como uma obrigação se nem a SDC/TST definiu a despedida coletiva, se ninguém pode dizer o que é, objetivamente, uma despedida coletiva? Como entender a imposição de uma prévia negociação coletiva que não pela via de uma heterodoxa "recomendação", se a orientação da SDC/TST decorre de autos de dissídio coletivo e com efeitos, pretendidos, *erga omnes*, para além das partes que litigaram no precedente da Embraer?

Por tudo, a declaração de nulidade de despedidas coletivas que a vida forense já apresenta aos montes, seguida de determinações judiciais em prol da reintegração de todos os trabalhadores envolvidas no fenômeno, não encontra azo na legislação, não encontra espaço no ordenamento jurídico, não podendo a SDC/TST, a partir do "Precedente Embraer", resolver a questão sob pena de cometimento de alguns pecados processuais, afora não observar o disposto no art. 5º, inciso II, da Constituição Federal.

É tão importante constatar a falta de regulamentação legal ou a falta de tratamento normativo à despedida coletiva como base para todo o raciocínio aqui desenvolvido, que se torna curioso constatar que, no Brasil, só existiram 3 (três) projetos legislativos para lidar com o assunto, a saber: o Projeto de Lei (PL) n. 6.356/05, de autoria dos Deputados Federais Sílvio Costa (PTB/PE) e Vicentinho (PT/SP); o PL n. 5.232/09, do Deputado Federal Cleber Verde (PRB/MA); e o PL n. 5.353/09 de autoria da Deputada Federal Manuela D'Ávila (PCdoB/RS). Os dois últimos estão apensados ao primeiro.

---

(16) *Demissões coletivas*: lições para a sua regulamentação futura pelo sistema jurídico brasileiro. São Paulo: LTr, 2012. p. 134.
(17) *Demissões coletivas*: lições para a sua regulamentação futura pelo sistema jurídico brasileiro. São Paulo: LTr, 2012. p. 137. Da mesma forma em PIRES, Eduardo Soto. Considerações para a regulamentação das demissões coletivas no Brasil. *Arquivos do Instituto Brasileiro de Direito Social Cesarino Júnior*: regulamentação da dispensa coletiva no Brasil. São Paulo: Instituto Brasileiro de Direito Social Cesarino Júnior, v. 36, p. 41-88, 2012.

Em 7.1.2013, a grande imprensa noticiou que o PL n. 6.356/05, que encabeçava todos os demais, foi rejeitado pela Comissão de Desenvolvimento Econômico, Indústria e Comércio da Câmara dos Deputados, o que mantém o Brasil, infelizmente, cada vez mais afastado da pretendida regulamentação normativa da despedida coletiva, o que enfatiza a lição de Sergio Pinto Martins, que, em posição contramajoritária[18], defende que "não existe obrigação de se fazer negociação coletiva para proceder à dispensa coletiva. A questão social das dispensas é indiscutível, mas não existe impedimento legal para as dispensas coletivas"[19].

4. Alguns problemas não resolvidos decorrentes do "Precedente Embraer"

Ainda que, em suposição, se pudesse construir toda uma estrutura de segurança jurídica para, objetivamente, se poder afirmar que, em tal ou qual caso, a hipótese seria a de despedida coletiva, toda a parcimônia deveria ser levada em consideração por parte da Justiça do Trabalho no exame dessas causas e pretensões, quer tendentes à declaração da nulidade dos atos de ruptura contratual, quer tendentes à condenação do empregador à reintegração e quejandos.

Isso porque, como se sabe, o Supremo Tribunal Federal reconheceu, nos autos do Recurso de Agravo em Recurso Extraordinário (Processo) n. 647.651 — São Paulo, e por acórdão publicado no *Diário Eletrônico* de 2.5.2013, a existência da repercussão geral da questão constitucional, suscitada pela Embraer em recurso extraordinário, porque, no entendimento do Ministro Marco Aurélio, se está "diante de situação jurídica capaz de repetir-se em um sem-número de casos, sendo evidente o envolvimento de tema de índole maior, constitucional", até porque, no "Precedente Embraer", o TST assentara que a denominada dispensa em massa haveria de ser precedida de negociação coletiva "afastando a regra alusiva à possibilidade de o tomador dos serviços, observado o texto da Carta Federal atinente às verbas indenizatórias, vir, a qualquer momento, a implementar a cessação do liame empregatício".

De mais a mais, registra-se que, tal como noticiado na imprensa especializada, a SDC/TST, mais recentemente, no julgamento do Processo (RODC) n. 0000147-67.2012.5.15.0000 (que se denominará, por comodidade, como sendo o "Precedente Eaton"), cujo acórdão foi publicado no DEJT de 19.4.2013, teria iniciado o que a imprensa econômica classificou, a partir da empolgação de certos advogados, como sendo o início de uma tentativa de delimitar o que viria a ser a despedida coletiva. Ledo engano.

A Ministra relatora para o acórdão, Maria de Assis Calsing, sublinhou, no julgamento da causa, que a despedida coletiva, com base no direito comparado, deve ter um motivo de ordem econômica, tecnológica, estrutural ou análoga que a motive, mas que, na ausência de regramento do fenômeno no Brasil, a comparação do número de empregados dispensados em curto espaço de tempo deve ser valorada junto com o número total de empregados da empresa e de como se porta a rotatividade de mão de obra ao longo do tempo, tendo lamentando, no mais, a falta de regulamentação, no Brasil, do disposto no art. 7º, inciso I, da Constituição Federal.

No "Precedente Eaton", inclusive, a SDC/TST fixou o entendimento de que a dispensa de 180 (cento e oitenta) empregados em um espaço de 3 (três) a 4 (quatro) meses é mais próxima de uma "dispensa plúrima" do que propriamente de uma despedida coletiva. No acórdão prolatado, a SDC/TST pontua, em benefício da ênfase, que a "dispensa de 138 empregados num mês, 80 deles em apenas um dia, reflete apenas o fluxo normal de mão de obra da empresa, que goza de plena saúde financeira, como reconhecido pela própria Recorrida e avaliado pelo Órgão de origem. Ao Poder Judiciário, a quem cabe aplicar a lei, pouco se pode fazer".

A empolgação com o "Precedente Eaton" deixou de reconhecer, nele, quiçá, a ilustração de mais um caso de dispensa plúrima, mas não de uma delimitação, mais cientificamente raciocinada, de despedida coletiva.

Se tais premissas foram fixadas no "Precedente Eaton", o que dizer, portanto, para os casos que pululam nos foros, de empresas cujos "desligamentos"

---

(18) Porque o que se comumente se propaga é a doutrina que, de forma exemplificativa, se alinha a PINTO, Melina Silva. A imprescindibilidade da negociação coletiva anterior à demissão em massa de empregados, sob a perspectiva dos princípios fundamentais e do controle de convencionalidade. *Revista LTr Legislação do Trabalho*, São Paulo: LTr, v. 76, n. 9, p. 1091-1106, set. 2012; e ROCHA, Cláudio Jannotti da; ANDRADE, Flávio Carvalho M. de. As recentes decisões dos tribunais regionais proferidas nos casos de dispensa coletiva após o *leading case* n. 309/2009 do Tribunal Superior do Trabalho. *Revista LTr Legislação do Trabalho*, São Paulo: LTr, v. 77, n. 8, p. 969-975, ago. 2013.
(19) Despedida coletiva. In: CAVALCANTE, Jouberto de Quadros Pessoa; VILLATORE, Marco Antônio César (coord.). *CLT:* 70 anos de consolidação. uma reflexão social, econômica e jurídica. São Paulo: Atlas, 2013. p. 305.

colocados em xeque, quer por trabalhadores isoladamente identificados, por sindicatos profissionais ou pelo Ministério Público do Trabalho, somam, de forma exemplificativa, ao total, apenas 80 (oitenta) empregados em um universo de mais de 10.000 (dez mil)? O que dizer da dispensa de 100 (cem) empregados ocorrida em razão do fechamento de uma das unidades de uma dada indústria, se, desses 100 (cem), 46 (quarenta e seis) foram realocados em outras unidades da empresa?

A negociação coletiva prévia, que deve ser sentida, mas não imposta, e que deveria ser nutrida, em um mundo ideal, antes de qualquer dispensa, para que as vozes coletivas fossem ouvidas e para que, também em uma ideia perfeita, os representantes dos trabalhadores fossem ouvidos, quer por suas representações sindicais, quer por suas representações unitárias, inclusive nos locais de trabalho, no mais, não se alinha com a ideia de obrigatoriedade sentida por um terceiro (o Poder Judiciário) exatamente porque ninguém pode ser forçado a negociar, mas ensinado a cultivar a negociação. A negociação pode ser recomendada, pode ser fomentada, mas de negociação não se trata quando sua ocorrência se torna artificialmente plantada.

Mais uma vez, a partir do "Precedente Embraer", o Brasil se prende e depende do Poder Judiciário, algo típico de um sistema que não convive com verdadeiras experiências de fomento à negociação, de instrumentalização da negociação coletiva, de facilitação da negociação coletiva. A negociação é, ao que parece, imposta e, tal como imposta, assim deve, surpreendentemente, ser!

O *non sense* do funcionamento do sistema sindical e do sistema judicial, quando demandado em matéria de direito coletivo, é tão palmar que fica gritante no que, agora, se denominará de o "Precedente Gol" (Processo n. 0001618-39.2012.5.01.0023).

Contra o deferimento, pelo Juízo da Vigésima Terceira Vara do Trabalho do Rio de Janeiro/RJ, de decisão antecipatória de tutela que, considerando ter a empresa (VRG Linhas Aéreas S.A. — "Gol") procedido à despedida coletiva sem prévia negociação coletiva, determinou a reintegração de todos os trabalhadores oriundos da extinta Webjet, sabe-se que as empresas impetraram mandado de segurança perante o Tribunal Regional do Trabalho da Primeira Região (TRT/1ª Região).

Nos termos da decisão que denegou a liminar mandamental pretendida pelas empresas aéreas nos autos do mandado de segurança (Processo n. 0010394-97.2012.5.01.0000 — PJe), da lavra de uma das mais cultas e laboriosas juristas do Brasil, a Desembargadora Federal do Trabalho Sayonara Grillo Coutinho Leonardo da Silva, destacou-se, a despeito da "despedida coletiva" ocorrida em novembro de 2012, "que não há óbice à negociação coletiva ou a permanência da mediação com o Ministério do Trabalho e Emprego que estava em curso antes do deferimento da ordem judicial".

Em outras palavras, o caminho da negociação coletiva sempre deve estar aberto, antes, durante e após qualquer incidente, qualquer conflito coletivo de trabalho pois, a qualquer momento, as partes poderão conciliar seus interesses e estabelecer o caminho da solução de suas questões.

A SDC/TST não chegou ao ponto, e nem poderia, de vedar a ocorrência de negociação coletiva *a posteriori* do conflito coletivo de trabalho, de uma dada "despedida coletiva". Em tese, nada impede que a solução para uma demanda envolvendo "despedida coletiva" não pudesse ser resolvida *a posteriori* do evento, até porque a negociação coletiva deve ser uma prática de paciência, e de diálogo, constante. Se não se deu antes, que ao menos se dê depois! O pior é não acontecer.

O que se sabe é que, dando cumprimento à decisão antecipatória, as empresas, no "Precedente Gol", e considerando que o fundamento para a reintegração determinada foi a falta de negociação prévia para que a Webjet, encerrando suas atividades, dispensasse seus trabalhadores, deflagraram, imediatamente, um extenso projeto de negociação coletiva com os sindicatos de trabalhadores envolvidos, dois de base territorial nacional e um de base municipal (Rio de Janeiro/RJ), a fim de negociarem, dando continuidade ao diálogo que foi bruscamente interrompido perante o Ministério do Trabalho e Emprego (MTE) à época tramitando quando do advento da notícia do ajuizamento da ação civil pública pela Procuradoria Regional do Trabalho da Primeira Região, em autos de procedimento de mediação, critérios objetivos para que a "despedida coletiva", então, pudesse ser instrumentalizada e viabilizada.

Os autos revelam que foi realizada uma dezena de rodadas ou reuniões de negociação coletiva nos meses de janeiro e fevereiro de 2013, tendo, as empresas, sem contrapartidas por partes dos sindicatos, sempre oferecido mais e mais. Em um determinado momento, um dos sindicatos de base nacional comentou que não negociava questões atinentes à "despedida coletiva", mas, sim, tão só sobre as condições de trabalho e a manutenção dos empregos! Os outros, um de base nacional e outro de base municipal, a despeito de as empresas terem sucumbido às exigências oferecidas, chegaram a um ponto, no início de fevereiro de 2013, em que, a despeito de todos os esforços, anunciaram a ausência de interesse em continuarem negociando! A negociação coletiva, *a posteriori*, portanto, restou frustrada, não por interesse ou manobra das empresas, mas por conta do posicionamento contrário a ela advindo dos representantes dos trabalhadores.

Quid juris dessa situação?

Com certeza, a SDC/TST não imaginava que situações dessa envergadura ocorreriam por conta da imposição a uma negociação coletiva prévia, quando, com a devida vênia, a recomendação deveria ser a de as partes manterem negociações coletivas constantes e com o mais amplo direito à informação. Não imaginava que muitos sindicatos profissionais simplesmente nada irão negociar que diga respeito à despedida coletiva.

E se a negociação coletiva, ainda que realizada previamente, na recomendação pretendida pelo TST, restar infrutífera? E se restar infrutífera pela falta de interesse (plausível) dos trabalhadores na negociação, considerando que a pauta da negociação seria a despedida coletiva futura a realizar? Na frustração da negociação coletiva, a despedida coletiva, qualquer que venham a serem os seus limites, pode ser efetivada? E se a negociação coletiva, como no "Precedente Gol", ocorrer *a posteriori* do conflito? Não terá valia? Por que não? Por que sim?

O que a SDC/TST pretendeu foi a realização, robótica, da negociação coletiva pela negociação coletiva? Basta que o ritual da negociação coletiva ocorra para que a despedida coletiva possa se efetivar ou não possa se efetivar, independentemente do que venham a serem os seus limites?

Essas questões não possuem uma resposta plausível ou tranquila na jurisprudência que tem sido construída desde o "Precedente Embraer". Ao contrário, quanto mais se volta ao "Precedente Embraer", mais masoquistas e inflexíveis as decisões têm se revelado porque, como, outrora, tudo pode ser tido como dano moral, o que já confirmou a existência da indústria do dano moral, tudo poderá ser tido, também, como despedida coletiva, não estando distante o tempo em que se terá, pela pena da SDC/TST, uma indústria da despedida coletiva.

No "Precedente GOL", como a negociação coletiva, ainda que *a posteriori*, restou frustrada, as empresas, então, confirmaram a dispensa dos trabalhadores oriundos da Webjet, a despeito de todos os avanços, em termos de benefícios econômicos e sociais, que sugeriram para a negociação com os sindicatos representativos das categorias profissionais.

Ao argumento de que as empresas teriam descumprido a decisão antecipatória, o Ministério Público do Trabalho iniciou, nos autos do Processo n. 0000232-37.2013.5.01.0023, execução provisória relacionada a supostas multas cominatórias diárias aplicadas, às empresas, em razão do suposto descumprimento das obrigações de fazer e de não fazer (de reintegrar trabalhadores e de não dispensar "coletivamente"), o que redundou uma pretensão do patamar de mais de quatro milhões de reais. Com a facilidade com que o argumento, oriundo da SDC/TST, atinente à excepcionalidade do caso, pode ser explorado, determinou-se o pagamento de tal monta em prazos exíguos e a partir de homologação de cálculos apresentados sem prévia oitiva das partes rés.

Após indeferimento de tutela cautelar pelo TRT/1ª Região nos autos do Processo n. 010364-28.2013.5.01.0000 (PJe), as empresas aéreas propuseram, perante a Corregedoria-Geral da Justiça do Trabalho, correição parcial[20] contra a investida executória de multas cominatórias por suposto descumprimento de obrigações de fazer e de não fazer, autuada como CorPar n. 0003842-12.2013.5.00.0000.

Na decisão prolatada pelo Ministro Ives Gandra da Silva Martins Filho, então Corregedor-Geral da Justiça do Trabalho, publicada no DEJT de 8.5.2013, consubstanciou-se o entendimento de que:

> [...] as questões de fundo trazidas na ação alusivas **à impossibilidade de dispensa coletiva sem prévia negociação coletiva**, são passíveis de ampla discussão, pois a documentação carreada aos autos demonstra que a Requerente Webjet inicialmente reintegrou os empregados dispensados e que somente após cerca de **10 reuniões de negociação coletiva** (seq. 1, p. 515-629) que **não resultaram em um acordo**, é que houve a efetiva dispensa dos empregados, em razão do encerramento das atividades da empresa **Webjet Linhas Aéreas S.A.**

---

(20) Art. 13 e seguintes do Regimento Interno da Corregedoria-Geral da Justiça do Trabalho (Resolução Administrativa n. 1.455/11 do Tribunal Superior do Trabalho).

Ora, a **jurisprudência desta Corte** é clara no sentido de que a exigência é de **negociação, não necessariamente de reintegração** dos dispensados (TST-RO-173-02.2011.5.15.0000, Rel. Min. Mauricio Godinho Delgado, julgado em 13.8.2012; TST-RO-6-61.2011.5.05.0000, Rel. Min. Walmir Oliveira da Costa, julgado em 11.12.2012). E, no caso, a exigência de negociar aparentemente foi **cumprida**. (destaques no original)

No que diz respeito à execução provisória da multa por suposto descumprimento, o Ministro Ives Gandra da Silva Martins Filho anotou que, considerando o teor do disposto no art. 12, § 2º, da Lei n. 7.347/85, não haveria como prosperar a ordem de constrição e pagamento expedida nos autos do Processo n. 0000232-37.2013.5.01.0023, "haja vista que o texto legal é expresso no sentido de que a multa é devida desde o dia do descumprimento da obrigação, mas somente poderá ser exigida após o trânsito em julgado", se já não bastasse o fato de ter havido "despedida coletiva", e sem negociação coletiva (prévia ou *a posteriori*), ser passível de ampla discussão.

Após o julgamento de recurso de agravo regimental aviado pelo Ministério Público do Trabalho, o Órgão Especial do TST, por acórdão publicado no DEJT de 13.9.2013, confirmou a decisão monocrática do Corregedor-Geral da Justiça do Trabalho para suspender qualquer intento executório, por suposta alegação de descumprimento da ordem antecipatória, até o trânsito em julgado da última decisão na ação civil pública originária, nos termos do art. 12, § 2º, da Lei n. 7.347/85.

A melhor doutrina também encampa o raciocínio explicitado, em clareza, pelo art. 12, § 2º, da Lei n. 7.347/85 e pela decisão correicional. Sustentam, Luiz Rodrigues Wambier e Teresa Arruda Alvim Wambier, que, em sede de ação civil pública, dúvidas tais como aquelas ventiladas pelo TRT/1ª Região quando denegou a tutela cautelar pretendida pelas empresas e que foram utilizadas para afastar a aplicabilidade, ao caso, do disposto no artigo 12, § 2º, da LACP, só possuem pertinência "no plano das ações individuais, em que a questão não está definida por lei", uma vez que, no plano da ação civil pública e do processo coletivo, a lei "é clara ao disciplinar" a matéria[21].

Por outra vertente, o acórdão do TRT/1ª Região na ação cautelar incidental refrisada entendeu que, quanto às obrigações de fazer e de não fazer, toda a discussão executória de multas cominatórias milionárias se originaria na pretensão, do Ministério Público do Trabalho, em dar cumprimento à decisão antecipatória da tutela específica, mas não na de execução provisória da sentença, razão pela qual "todos os argumentos apresentados pela empresa requerida quanto ao cabimento de execução provisória da sentença condenatória em obrigações de fazer, de não fazer" deveriam ser afastados.

A advertência, feita nesse acórdão do TRT/1ª Região, no sentido de que se está diante de execução de tutela específica, e não propriamente de execução de sentença, está bem compreendida. O fato, no entanto, é que se deixou de considerar que o sistema da execução da antecipação dos efeitos da tutela previsto no art. 273 do CPC, igualmente aplicável ao sistema da execução da antecipação dos efeitos da tutela específica das obrigações de fazer e de não fazer previsto no art. 461 do CPC, se remete à execução provisória.

Com isso, não se quer sustentar, como nem o legislador pretendeu, ou como entendeu o acórdão carioca, igualar, em naturezas jurídicas, a execução da tutela específica antecipada com a execução provisória de sentença.

O que o sistema de execução das tutelas antecipadas pretendeu foi, de forma meramente formal e operacional, eleger o rito e procedimentos da execução provisória para fazer valer, no mundo real, a execução da tutela antecipada, específica ou não[22], mormente no que diz respeito à cobrança da multa cominatória por suposto descumprimento.

O regramento apropriado do sistema de execução e cumprimento de tutelas de urgência antecipadas, específicas ou não, tal qual tratado no art. 273, § 3º, do CPC, só se efetiva quando se remete ao antigo art. 588 do CPC (revogado pela Lei n. 11.232/05), que, hoje, só pode ser lido como uma referência ao atual art. 475-O do CPC, que trata do processamento de uma execução provisória, aplicável ao processo do

---

(21) *Tratado jurisprudencial e doutrinário:* direito processual civil. São Paulo: Revista dos Tribunais, 2013. p. 777. v. 1. Processo de conhecimento — poderes do juiz — terceiros — fazenda pública em juízo — tutela específica — tutela de urgência.

(22) Nesse sentido, a doutrina de José Roberto Dantas Oliva, no sentido de que como "o novo § 3º do art. 273 faz remissão expressa ao art. 588, que disciplina a execução provisória, todas as regras nele contidas — no que couber e conforme a natureza da tutela a ser antecipada, conforme explicitado no próprio dispositivo — são aplicáveis a esta modalidade de antecipação da tutela" (*Tutela de urgência no processo do trabalho*. São Paulo: Juarez de Oliveira, 2002. p. 77-78).

trabalho por força das normas supletivas dispostas nos arts. 889 da CLT e 1º da Lei n. 6.830/80, considerando que a legislação especial sobre a execução fiscal igualmente se omite a respeito do processamento da execução provisória.

O tema é de atual importância porque toda a doutrina de peso se concentra no debate acerca de como proceder à cobrança da multa cominatória por supostos descumprimentos de obrigações de fazer ou não fazer impostas em antecipação dos efeitos da tutela específica, ou seja, se tal cobrança se dá mediante o regime da execução provisória ou da execução definitiva. E a melhor doutrina se inclina, em peso, para o regime da execução provisória.

Nesse sentido, mais uma vez, Luiz Rodrigues Wambier e Tereza Arruda Alvim Wambier:

> Em nossa opinião, a multa não é exequível imediatamente, porque só se saberá se será efetivamente devida depois do fim do processo. Isto porque se a ação for julgada improcedente, apesar de ter havido liminar, a multa não será devida.
>
> Incide, de fato, a partir do descumprimento da ordem. Mas não é exigível a partir deste momento.
>
> Quando fizemos menção ao fim do processo, o que quisemos, de rigor, significar é que a multa segue o destino da sentença de procedência — sendo esta exequível provisoriamente [...].(23)

Também e mais próximo à seara trabalhista recente estudo de Marcelo Freire Sampaio Costa, segundo o qual:

> [...] nas sentenças e acórdãos em que não tenha sido imputado, *ope judicis*, efeito suspensivo ao recurso oposto, mostra-se plenamente possível a imediata execução provisória da tutela específica exarada (obrigação de fazer, não fazer e entregar coisa). Diz-se cumprimento provisório porque escorado em decisão judicial passível de modificação.

E esse cumprimento ou execução provisória dá-se por intermédio da imediata expedição, após a publicação de sentença ou acórdão, da ordem de cumprimento da decisão, entabulando, se for o caso, prazo para cumprimento da obrigação ou dever omissivo ou comissivo (*caput* do art. 461-A do CPC), sob pena de pagamento de multa pelo inadimplemento.(24)

O entendimento sufragado, no "Precedente Gol", no sentido de que os autos tratariam de cumprimento de antecipação dos efeitos da tutela específica, mas não de execução provisória (!), quando o sistema das tutelas específicas e de urgência se remetem, para efeitos procedimentais, ao sistema da execução provisória, não se coaduna com o sistema pretendido de execução ou de cumprimento das tutelas antecipadas, específicas ou não, desejado em autos de "execução provisória" advindos de uma ação civil pública, tal qual dispõe o art. 12, § 2º, da Lei n. 7.347/85.

O que, de tudo, se colhe é que, em matéria de despedida coletiva, a via processual coletiva para a cobrança e execução de multas cominatórias e para a acusação referente a eventual descumprimento de obrigações impostas relacionadas ao fato de não se ter realizado negociação coletiva prévia, quer em sede de ação civil pública ou civil coletiva, quer em sede, eventualmente, de reclamações trabalhistas coletivas "genericamente consideradas", com pedidos de antecipação dos efeitos da tutela, pode soar frustrante para quem se diz vítima de "despedida coletiva", frustração que é proporcional, no sistema jurídico lacunoso, à angústia de empresas acusadas de praticar "despedida coletiva" sem parâmetros, mormente numéricos, para se defenderem (e o direito comparado apresenta hipóteses para as mais variadas situações), muitas vezes condenadas ao cumprimento de obrigações de pagar, de fazer ou de não fazer, sob pena de multas cominatórias milionárias, mesmo tendo realizado negociação coletiva (ainda que *a posteriori*(25)) ou procedimentos de mediação coletiva que restaram infrutíferos ou simplesmente porque sindicatos de trabalhadores não negociam ou podem não negociar (porque ninguém é obrigado a negociar)

---

(23) *Tratado jurisprudencial e doutrinário*: direito processual civil, p. 793.
(24) *Execução provisória satisfativa nas ações coletivas trabalhistas*. São Paulo: LTr, 2012. p. 189.
(25) Como a sociologia do trabalho vem dando notícia ser possível em ambientes menos desleais, quando a Nissan Motor Co. Ltd. e a Matsushita Electric Industrial Co. Ltd. ("Panasonic"), em 2002, conseguiram o aval dos representantes dos trabalhadores para a despedida coletiva, compensada, *a posteriori*, com a reacomodação do pessoal em outras unidades e com concessão de benefícios para a aposentadoria de alguns trabalhadores (SHUTÔ, Wakama; URATA, Mac. The impact of globalization on trade unions: the situation in Japan. *In:* BIELER, Andreas; LINDBERG, Ingemar; PILLAY, Devan (ed.). *Labour and the challenges of globalization*: what prospects for transnational solidarity? London: Pluto; Scottsville: KwaZulu-Natal, 2008. p. 139-160, p. 143), ilustrando que é falsa a assertiva de que os sindicatos conseguiriam, por sua atuação, em situações como essas, e mesmo de forma prévia, controlar as taxas de desemprego.

hipóteses de dispensa coletiva, muito menos nos períodos de data-base, que é quando a maioria parece se lembrar que "deve", muitas vezes sem "sentir", negociar coletivamente.

5. Reflexões finais

O tema da despedida coletiva apresenta uma série de imprecisões. Imprecisões de conceituação, de fontes jurídicas (que nem o direito comparado resolve por diversas serem as fontes nas quais normas podem ser pesquisadas ou invocadas), de instrumentos processuais de combate ou de defesa. Ao mesmo tempo, apresenta, pela paixão mediante as quais o tema é, por vezes e muitas vezes, debatido, a ânsia da justiça a todo o custo, o tiro definitivo em mais uma empreitada capitalista. E todos os operadores do direito, em um ambiente desses, denso, não possuem, de um ou de outro lado, segurança jurídica para fazer valer o direito aplicável à espécie ou para executar as pretensões.

Por uma abordagem zetética do problema, que é a que se tentou explorar anteriormente, o "Precedente Embraer", por uma postura inédita da SDC/TST em sede de julgamento de dissídio coletivo de trabalho, e em razão da excepcionalidade da matéria fática e probatória que a fez atuar o poder normativo de forma surpreendente e para o futuro, mais problemas, do que soluções, foram instigados em matéria de despedida coletiva.

Ocorre que, para os fins a que se presta o Poder Judiciário, o "Precedente Embraer" deve ser lido como uma "recomendação" e não como um dogma a ser irracionalmente seguido e executado sob pena das maiores mazelas jurídicas.

Se lido como um dogma, é possível que se tenha criado, de forma artificial, a indústria da despedida coletiva. Se lido como uma recomendação, é possível que a jurisprudência dos Tribunais do Trabalho tenha que, caso a caso, melhorar o que se construiu até que se chegue a um consenso sobre o fenômeno da despedida coletiva (sobre o seu conceito, sobre os seus instrumentos de combate e de defesa, sobre os seus instrumentos de execução, como um mínimo requisito para a segurança jurídica), na ausência da lei complementar ou na ausência de melhor construção legislativa ou jurisprudencial sobre o instituto, enquanto se espera que os sujeitos coletivos de trabalho aprendam, nesse tempo, a viver a negociação coletiva, a sentir a negociação coletiva e a praticar a negociação coletiva séria, com boa-fé e lealdade recíprocas.

Se lido como um dogma, como parece vem sendo lido, o "Precedente Embraer" é um conjunto de retalhos, de teimosias, de ânsias judiciárias. Afeta a segurança jurídica e é uma ilustração da falta de critérios de decidibilidade que o poder normativo apresenta ao Brasil quando luta para se manter em ambiente em que é, e deveria ser, desestimulado (art. 114, § 2º, da Constituição Federal), até por não tornar segura qualquer possibilidade de execução futura de seu comando, alheia às intempéries das imprecisões já antes ventiladas.

Não sem razão, o "Precedente Embraer", na própria estrutura da Justiça do Trabalho, já vem sendo contestado. A Turma Recursal de Juiz de Fora/MG do Tribunal Regional do Trabalho da 3ª Região, com coragem e brio próprios, divergiu do posicionamento adotado pela SDC/TST no "Precedente Embraer", quando, ao apreciar os autos do Processo n. 0000017-68.2013.5.03.0035, prolatou acórdão, publicado no DEJT de 27.3.2014, que pode ser tido como o primeiro posicionamento divergente, e jurisdicional, à massificação do raciocínio advindo do "Precedente Embraer". Nesse acórdão, o tribunal mineiro registrou, para os fins da presente reflexão, o entendimento de que viola "o princípio da legalidade e ultrapassa os limites legais para o ativismo judicial reconhecer a inviabilidade da dispensa 'em massa' por ausência de prévia negociação coletiva".

A zetética serve à exploração do futuro, do que pode vir e do que já foi, serve à elucubração dos problemas, serve ao debate entre as partes, mas não deveria servir ao que se espera de uma decisão judicial, que não pode ter vocação para alimentar mais problemas do que os que já enfrentou, e se tem intenção de poder vir a ser executada. Como bem sustenta Tércio Sampario Ferraz Júnior, a precípua finalidade de qualquer decisão, ainda mais judicial, deveria ser a de absorver, o quanto possível, a insegurança nos confins da dogmática da decisão[26], para tornar factível sua execução futura. No entanto, após o "Precedente Embraer", e após o Supremo Tribunal Federal ter reconhecido a repercussão geral da matéria constitucional debatida pelas empresas em torno do art. 7º, inciso I, da Constituição Federal, o que se sente é que a insegurança jurídica anda em

---

(26) *Introdução ao estudo do direito*: técnica, decisão, dominação. 4. ed. São Paulo: Atlas, 2003. p. 312.

voga e em paralelo às ocorrências de "despedidas coletivas", ao menos enquanto o Brasil não tiver superado o "Precedente Embraer" com a última decisão judicial possível ou, o que é melhor, com a edição da lei complementar sobre a matéria, em efetivação da vontade constitucional.

Referências

ALMEIDA, Renato Rua de. Proteção contra a despedida arbitrária ou sem justa causa. In: ALMEIDA, Renato Rua de (coord.); CALVO, Adriana (org.). *Estudos comparados das legislações trabalhistas do Brasil e de Portugal.* São Paulo: LTr, 2011.

ARRUDA, Kátia Magalhães. Decisões inovadoras em dissídios coletivos. In: ARRUDA, Kátia Magalhães; COSTA, Walmir Oliveira da (coords.). *Direitos coletivos do trabalho na visão do TST:* homenagem ao ministro Rider Nogueira de Brito. São Paulo: LTr, 2011.

COSTA, Marcelo Freire Sampaio. *Execução provisória satisfativa nas ações coletivas trabalhistas.* São Paulo: LTr, 2012.

FERRAZ JÚNIOR, Tércio Sampaio. *Introdução ao estudo do direito:* técnica, decisão, dominação. 4. ed. São Paulo: Atlas, 2003.

GRECO, Leonardo. Prefácio. MAIA FILHO, Paulo Américo. *Ação civil pública como via alternativa ao dissídio coletivo.* São Paulo: LTr, 2011.

MAIA FILHO, Paulo Américo. *Ação civil pública como via alternativa ao dissídio coletivo.* São Paulo: LTr, 2011.

MARTINS, Sergio Pinto. Despedida coletiva. In: CAVALCANTE, Jouberto de Quadros Pessoa; VILLATORE, Marco Antônio César (coord.). *CLT:* 70 anos de consolidação. Uma reflexão social, econômica e jurídica. São Paulo: Atlas, 2013.

MARTINS FILHO, Ives Gandra da Silva. O dissídio coletivo à luz da Emenda Constitucional n. 45/04. In: MELO FILHO, Hugo Cavalcanti; AZEVEDO NETO, Platon Teixeira de (coords.). *Temas de direito coletivo do trabalho.* São Paulo: LTr, 2010.

OLIVA, José Roberto Dantas. *Tutela de urgência no processo do trabalho.* São Paulo: Juarez de Oliveira, 2002.

PINTO, Melina Silva. A imprescindibilidade da negociação coletiva anterior à demissão em massa de empregados, sob a perspectiva dos princípios fundamentais e do controle de convencionalidade. *Revista LTr Legislação do Trabalho,* São Paulo: LTr, v. 76, n. 9, p. 1091-1106, set. 2012.

PIRES, Eduardo Soto. *Demissões coletivas:* lições para a sua regulamentação futura pelo sistema jurídico brasileiro. São Paulo: LTr, 2012.

_____. Considerações para a regulamentação das demissões coletivas no Brasil. *Arquivos do Instituto Brasileiro de Direito Social Cesarino Júnior:* regulamentação da dispensa coletiva no Brasil. São Paulo: Instituto Brasileiro de Direito Social Cesarino Júnior, v. 36, p. 41-88, 2012.

ROCHA, Cláudio Jannotti da; ANDRADE, Flávio Carvalho M. de. As recentes decisões dos tribunais regionais proferidas nos casos de dispensa coletiva após o *leading case* n. 309/09 do Tribunal Superior do Trabalho. *Revista LTr Legislação do Trabalho,* São Paulo: LTr, v. 77, n. 8, p. 969-975, ago. 2013.

ROMITA, Arion Sayão. *Despedida arbitrária e discriminatória.* Rio de Janeiro: Forense, 2008.

_____. *Proscrição da despedida arbitrária:* visão comparatista e direito brasileiro. São Paulo: LTr, 2011.

SHUTÔ, Wakama; URATA, Mac. The impact of globalization on trade unions: the situation in Japan. In: BIELER, Andreas; LINDBERG, Ingemar; PILLAY, Devan (ed.). *Labour and the challenges of globalization:* what prospects for transnational solidarity? London: Pluto; Scottsville: KwaZulu-Natal, 2008.

WAMBIER, Luiz Rodrigues; WAMBIER, Tereza Arruda Alvim. *Tratado jurisprudencial e doutrinário:* direito processual civil. São Paulo: Revista dos Tribunais, 2013. v. 1. Processo de conhecimento — poderes do juiz — terceiros — fazenda pública em juízo — tutela específica — tutela de urgência.

CAPÍTULO 18

A APLICAÇÃO DA PRESCRIÇÃO INTERCORRENTE NO PROCESSO DO TRABALHO

ANNA MARIA DE TOLEDO COELHO[*]
LUCIANO AUGUSTO DE TOLEDO COELHO[**]

"tudo passa, tudo sempre passará."
Como uma onda. Lulu Santos

1. Introdução

Em primeiro lugar, honra-nos o convite para escrever em homenagem a tão dileto e honrado magistrado e professor.

Ripert menciona que, quando o direito ignora a realidade, a realidade se vinga, e ignora o direito. O fenômeno da execução é de ordem complexa, que envolve aspectos que não se restringem ao dever ser jurídico, mas ao mundo econômico. Se a economia vai mal ou se existe crise em determinado setor, as dificuldades para solver as execuções são maiores, da mesma forma como aumentam as demandas trabalhistas. Solver as execuções, portanto, não é atividade que dependa exclusivamente da vontade do Estado, representado pelo Juiz.

Se a execução é ato de Estado, tem-se que também vigora o interesse Estatal e social na manutenção da atividade econômica equilibrando com o trabalho, conforme preconiza a ordem constitucional econômica no art. 170 da Carta. É no delicado equilíbrio entre esses dois interesses, o econômico e o social, que nos parece adequada a aplicação da prescrição intercorrente na execução trabalhista.

Prescrição, duração razoável do processo e pacificação social.

Conforme Sergio Pinto Martins[1], os fatos que por muito tempo não sofrem contestação adquirem a presunção de se acharem elaborados a terem gerado direito, pelo que não convém aos interesses sociais à modificação de tal situação. A prescrição tem como fundamento, portanto, o interesse de segurança nas

---

[*] Mestre em Direito pela USP. Professora Aposentada de Direito do Trabalho da UFPR. Ex-assessora do então Juiz do Tribunal Regional do Trabalho do Paraná, Professor Wagner Giglio.
[**] Juiz do Trabalho em Curitiba — Tribunal Regional do Trabalho da 9ª Região. Mestre em Direito pela PUC-Paraná, Diretor Cultural da Amatra — IX (Paraná).
[1] MARTINS, Sergio Pinto. *Direito do trabalho*. 19. ed. São Paulo: Atlas, 2004. p. 684.

relações sociais, tornando inexigíveis pretensões não postuladas em certo lapso de tempo assegurado por lei, valorando, conforme Godinho[2], o valor segurança, em detrimento do valor justiça.

Também Xavier Cordeiro[3] repisa que em nome da segurança jurídica o legislador fixa determinados prazos para o exercício da pretensão de reparação dos lesados. Ao esgotamento do prazo para o exercício da pretensão denomina-se prescrição, que se aplica, em regra, aos direitos de natureza extrapatrimonial na forma do art. 189 do Código Civil.

A prescrição consumada faz nascer um direito substancial ao devedor de uma obrigação civil, desse modo, conforme lembra Chapper, a exceção de direito material corresponde a um contra direito previsto na norma substancial para atuar em favor do devedor de uma obrigação civil, com aptidão para impedir a concretização da pretensão e da ação material, operando sobre a eficácia objetiva da pretensão material alusiva ao exercício do direito de outrem[4]. O mesmo autor, ao explicar a teoria geral aplicável ao processo de conhecimento trabalhista, observa que a pacificação social é determinante da ordem pública não sendo apropriado, nem socialmente produtivo, o assentamento de pretensões íntegras e perpétuas em um Estado de Direito que preze pela estabilidade das relações negociais e a conseguinte segurança jurídica de seus cidadãos[5].

O tempo, lembram Campos Batalha e Rodrigues Netto[6], exerce influência preponderante na vida dos homens e na existência dos direitos. O não exercício dos direitos, durante certo lapso temporal, pode acarretar perda substancial de direitos por meio da prescrição extintiva.

O tempo, de fato, é elemento inerente ao processo. Exige-se constitucionalmente a *"duração razoável"*, e a prestação jurisdicional excessivamente tardia não repara e nem faz justiça no caso concreto, motivo de descrédito ao poder judiciário e de angústia para as partes. A mesma angústia inerente àquele que tem um título judicial a seu favor e não vê a concretização daquele crédito que lhe é devido.

O cumprimento do prazo razoável, todavia, nem de longe depende apenas do julgador: complexidade crescente das causas, a maior ou menor colaboração das partes, a atividade dos advogados e a importância do litígio influem decisivamente[7]. Acrescemos: a estrutura à disposição do magistrado, as alterações e funcionamento de sistemas informatizados, o interesse das partes na composição da lide e a situação econômica geral do país ou de determinado setor da economia. Ainda: excesso de demandas, com as mesmas violações, sem que se resolva o problema de base. Paradoxalmente, grande parte delas em face de empresas ligadas à administração pública ou suas terceirizadas, as quais, em regra, refutam a conciliação de plano e não raramente resistem à execução, através dos inúmeros recursos disponíveis[8].

Ou seja, em nosso sentir, existe grave contradição na política estatal quando o mesmo estado que exige uma duração razoável do processo e a redução no número de execuções em trâmite resiste aos provimentos jurisdicionais e é responsável por inúmeras demandas.

Em suma: fatores metajurídicos circunstanciam o processo, completamente fora da disposição do seu diretor: o juiz da causa. Conforme exposto, a solução da lide depende, fundamentalmente, da colaboração das partes.

Moreira Antunes[9], em obra específica sobre o tema objeto deste artigo, já mencionava que a faculdade do órgão jurisdicional concorre com a legitimação também atribuída às partes para dar impulso ao feito, e as partes não se acham sujeitas à atividade oficial.

E, citando nosso homenageado professor Wagner Giglio: "discutem os doutos, analisando o processo comum, se a prescrição da execução é a mesma da ação. A solução do problema depende, em boa parte, da posição adotada face à alegada autonomia do processo de execução. Não obstante a obrigato-

---

(2) DELGADO, Maurício Godinho. *Curso de direito do trabalho*. 8. ed. São Paulo: LTr, 2009. p. 236.
(3) CORDEIRO, Maria Leiliane Xavier. A imprescritibilidade da ação de indenização por dano moral decorrente de acidente de trabalho. *In:* SANTOS, Jeronimo Jesus dos (org.). *Temas aplicados de direito do trabalho*. São Paulo: LTr, 2012. p. 101-124.
(4) CHAPPER, Alexei Almeida. *Prescrição da ação na "ação" trabalhista*. São Paulo: LTr, 2013. p. 30.
(5) *Op. cit.*, p. 57.
(6) BATALHA, Wilson de Souza Campos; NETTO, Sílvia M. L. Batalha de Rodrigues. *Prescrição e decadência no direito do trabalho*. São Paulo: LTr, 1998. p. 19.
(7) PATTO, Belmiro Jorge. Aspectos da dimensão temporal do processo civil nas alterações advindas da EC n. 45/04. *In:* WAMBIER, Teresa Arruda Alvim *et al.* (coord.). *Reforma do judiciário* — primeiros ensaios críticos sobre a EC n. 45/04. São Paulo: RT, 2005.
(8) Conforme a lista dos cem maiores devedores da CNDT, disponível no *site* do TST, Banco do Brasil, Caixa Econômica Federal e Petrobras estavam na lista (acesso em 10.10.2013).
(9) ANTUNES, Oswaldo Moreira. *A prescrição intercorrente no direito processual do trabalho*. São Paulo: LTr, 1993. p. 28.

riedade de citar o vencido para dar início à fase de execução (CLT, art. 880), parece-nos que prevalece o princípio da unidade do processo" [...] e afirma que o Professor também se colocava ao lado dos juristas que admitem a prescrição intercorrente no direito processual do trabalho[10]. O Jurista já antecipava, na época, o cumprimento de sentença e o sincretismo do processo, com a unidade entre conhecimento e execução. E a solução, aqui, nos parece a seguinte: se o processo é único, o princípio incidente na execução também é o dispositivo, no mínimo para se atribuir também a responsabilidade da parte concomitante a do Estado. Ou seja, se a parte abandona o feito, não requer diligências, não indica meios de prosseguimento, se notoriamente o credor é insolvente, cabe ao Estado optar pela pacificação do conflito, pois o executado não pode ser permanentemente objeto da persecução executória.

Registre-se que a instituição da certidão nacional de débitos trabalhistas, alteração trazida pela Lei n. 12.440/11, alcançando a Lei n. 8.666/93, impõe ao interessado participar de certame licitatório a prova à regularidade trabalhista por meio da apresentação de certidão negativa de débito (arts. 27, IV e 29 V).

Por hipótese cite-se o caso de um executado que procure insistentemente o credor para saldar parte da dívida, através de uma conciliação, argumentando que precisa "limpar o nome", ou seja, ser retirado do cadastro do BNDT, para poder prosseguir com sua atividade econômica.

O credor, todavia, não se mostra interessado em conciliar, na expectativa, justa, porém irreal, de receber o crédito em seu todo.

Não existe solução possível ao Estado para que as partes se componham sem a vontade do credor, ou seja, o devedor fica, aqui, ao livre-arbítrio do credor, que poderia permanentemente mantê-lo em situação de devedor, embora interesse ao devedor solucionar o feito da maneira possível, face limitados meios econômicos.

Não pode ser assim, e o instituto da prescrição vem, justamente, buscar a não eternização das penas, objeto também de abordagem constitucional no seu aspecto de direito fundamental.

Arion Sayão Romita lembra que a prescrição tem contra si o fato de beneficiar a parte mais forte na relação jurídica de trabalho. Entretanto, cabe lembrar que, de acordo com o disposto no art. 8º da CLT, nenhum interesse de classe ou particular deve prevalecer sobre o interesse público. E o interesse público repudia ações imprescritíveis no campo das relações de trabalho[11]. Por que não dizer: também o interesse público não pode aceitar a imprescritibilidade da execução, e nesse sentido lembra Lorenzetti[12] que na execução trabalhista existem atos que dependem exclusivamente do credor, não podendo o juiz substitui-lo. Nesses casos, a não se admitir a prescrição intercorrente, haveria processos que se eternizariam.

Obstaculiza, todavia, o autor, a prescrição durante a suspensão a qual alude o art. 40 da Lei n. 6.830/80, aplicável em face do art. 889 da CLT. Tal prazo, entretanto, também deve ser limitado, pois o processo estatal como meio de resolução de conflito tem que ter um fim, eis que o próprio artigo mencionado fixa um prazo em seu § 2º e prevê a prescrição, em seu § 4º, acrescido pela Lei n. 11.051/04, conforme aponta Marcelo Brito Rodrigues mencionando que: "decorrido o prazo máximo de 1 (um) ano da suspensão da execução, o juízo deveria ordenar o arquivamento dos autos em cartório, nos termos do § 2º do art. 40 da Lei n. 6.830/80, até o momento em que fossem encontrados o devedor ou seus bens, ocasião em que os autos seriam desarquivados dando-se prosseguimento normal à execução. (v. g. § 3º do art. 40 da Lei n. 6.830/80)". Entretanto, com a introdução do art. 6º da Lei n. 11.051/04, na qual se acrescentou ao art. 40 da Lei n. 6.830/80 o § 4º, a suspensão das execuções fiscais tem prazo determinado para acabar, conforme se pode constatar pela nova disposição: "Se da decisão que ordenar o arquivamento tiver decorrido o prazo prescricional, o juiz, depois de ouvida a Fazenda Pública, poderá, de ofício, reconhecer a prescrição intercorrente e decreta-la de imediato". Tem-se claro que decorrido o prazo prescricional de cinco anos estabelecido pelo art. 174 do Código Tributário Nacional, contados a partir da decisão que ordenou o arquivamento do processo, poderá o juiz, depois de ouvida a Fazenda Pública, decretar, de ofício, a extinção do processo com o julgamento do mérito, com base no art. 269, IV, do Código de Processo Civil[13]. A posição do Supremo Tribunal

---

(10) *Op. cit.*, p. 29.
(11) ROMITA, Arion Sayão. *Os direitos sociais na constituição e outros estudos*. São Paulo: LTr, 1991. p. 51.
(12) LORENZETTI, Ari Pedro. *A prescrição no direito do trabalho*. São Paulo: LTr, 1999. p. 242.
(13) RODRIGUES, Marcelo Rodrigues. *A suspensão das execuções fiscais tem prazo determinado para acabar*. Disponível em: <http://jus.com.br/artigos/6950/a-suspensao-das-execucoes-fiscais-tem-prazo-determinado-para-acabar>. Acesso em: 10.10.2013. Adaptações minhas.

Federal no tema é a de reconhecer a possibilidade da persecução executiva, a teor da Súmula n. 327.

2. A execução no processo do trabalho

A execução é ato do Estado, destacando-se o caráter publicista do processo, com objetivo de satisfazer a obrigação consagrada num título com força executiva, iniciada quando o devedor não cumpre voluntariamente a obrigação fixada no título[14].

A execução trabalhista inicia de ofício, no que, entretanto, não derroga o princípio dispositivo, eis que, em regra, não há autonomia na execução, conforme Manoel Antônio Teixeira Filho: "A execução trabalhista, consequentemente, não instaura uma nova relação jurídica, senão que apenas represente emanação peculiar da relação nascida do processo de conhecimento"[15].

Embora mencione que a possibilidade de execução de títulos extrajudiciais (art. 876 da CLT) enfraquece o argumento, pensamos que, do ponto de vista da execução de título judicial, é possível defender o sincretismo, máxime em face da Lei n. 11.382/06.

Em obra específica, menciona Teixeira[16] que o processo autônomo de execução foi substituído pelo procedimento de cumprimento de sentença. Tece, todavia, crítica à aplicação do art. 475-J do CPC aos dispositivos que regulam a execução trabalhista, pensamento com o qual concordamos diante da ausência de lacuna, mas sobre o qual remanesce debate jurisprudencial.

A Seção Especializada do Tribunal do Trabalho do Paraná entende, respeitados determinados parâmetros, aplicável é o dispositivo ao processo do trabalho:

> OJ EX SE N. 35: MULTA DO ART. 475-J DO CPC. APLICABILIDADE AO PROCESSO DO TRABALHO. A multa prevista no art. 475-J do CPC é aplicável ao processo do trabalho, nos termos dos arts. 769 e 889 da CLT [...] (ex-OJ EX SE n. 203; RA/SE/004/2009, DEJT divulgado em 21.10.2009)

Ora, no mínimo, portanto, a autonomia do processo de execução está em cheque, e a tendência ao processo sincrético, uno, é inexorável.

Mesmo que assim não fosse, tanto o juiz quanto a parte podem se utilizar de meios cautelares para efetividade do resultado prático do processo. Natural que a parte tenha maior acesso às peculiaridades do caso concreto e maiores condições de analisar a possibilidade de solvência ou não, para, demonstrando os elementos autorizantes, postular as medidas prévias para garantia do crédito. Ou seja, embora diretor do processo, não se pode atribuir exclusivamente ao órgão da justiça do trabalho a responsabilidade pelo resultado útil da prestação jurisdicional.

Portanto, se o processo é único, o impulso oficial é limitado pela colaboração e disposição das partes, fatores metajurídicos circunstanciam a autonomia judicial da direção do processo, cai por terra o argumento de que não há como aplicar a prescrição na execução no processo do trabalho por se tratar de ato de ofício.

3. Necessidade da aplicação da prescrição na execução trabalhista

Considere-se novamente o exemplo do devedor, executado, sem condições econômicas de quitar quaisquer débitos. Inserido no BNDT, não poderá obter empréstimos do poder público nem participar de licitações.

Estabelece-se um círculo em que não quita a execução porque não tem condições e não pode agir economicamente ante as restrições impostas pela inserção no cadastro. Mais ou menos como a situação de um trabalhador que não obtém emprego porque está registrado em cadastros privados de devedores, é possível que um microempresário ou empresa individual encontre-se na situação descrita.

Pergunta-se se, nesse caso, não estaria o Estado aplicando ao cidadão a penalidade perpétua ou impondo ônus demasiado em face da dívida trabalhista.

Outro exemplo: um médico, ex-sócio de um hospital, é incluído, quase dez anos após o início de várias execuções pulverizadas em diversas varas do trabalho, no polo passivo da execução, juntamente com outros dez ou vinte ex-sócios.

Sem condições de defesa adequada em múltiplas ações ou de quitar os débitos, impossibilitado

---

(14) SCHIAVI, Mauro. Execução no processo do trabalho. 2. ed. São Paulo: LTr, 2010. p. 25/26.
(15) TEIXEIRA FILHO, Manoel Antônio. Execução no processo do trabalho. 9. ed. São Paulo: LTr, 2005. p. 48.
(16) TEIXEIRA FILHO, Manoel Antônio. Execução de título extrajudicial. Breves apontamentos à Lei n. 11.382/06 sob a perspectiva do processo do trabalho. São Paulo: LTr, 2007.

mesmo de localizar outros sócios retirantes, será executado eternamente, havendo inclusive a possibilidade de os credores, não aceitando, por exemplo, uma conciliação, manterem a eterna possibilidade de acesso ao patrimônio do devedor constrito ou contas em bloqueio, ocasionando, novamente, punição sem limitação de tempo e por vezes mais gravosa que o pagamento dos valores devidos.

A fixação, portanto, de critério para possibilitar a aplicação da prescrição intercorrente no processo do trabalho é de grande importância prática e de interesse público, máxime porque o Estado tem hoje como política a conciliação, meta para melhoria da prestação jurisdicional e pacificação social, nessa mesma toada, a aplicação da prescrição nas execuções, em certos casos, também privilegia a natureza do instituto buscando a pacificação social. E nem se diga que o interesse do credor de parcela alimentar é o maior interesse social em jogo. A um, também na conciliação o trabalhador abre mão de direitos. Concilia-se na fase de conhecimento em que ainda se pode afirmar um direito incerto, embora nem sempre isso seja realidade, por exemplo, ao se conciliar ações nas quais incontroversamente não houve qualquer quitação de parcelas rescisórias. Porém, que dizer da possibilidade de conciliações em execução, face empresas absolutamente solventes, que abusam do direito de recorrer e se utilizam da conciliação para obter descontos e abatimentos, depois de haver protelado o pagamento ao máximo? Não existe, em nosso sentir, melhor exemplo da opção do Estado pela conciliação em detrimento de qualquer valor individual, mas em prol da pacificação social como política de Estado. Ora, se não se pode aplicar a prescrição intercorrente, então também não se poderia conciliar em execução diante de empresas solventes. Se o crédito do trabalhador em execução for tido como sagrado, imutável e intocável, jamais se poderia falar em conciliação posterior ao trânsito em julgado. O credor dispõe do crédito, e da possibilidade de exigi-lo, tendo o estado a seu favor, mas para isso há que se fixar certo lapso de tempo.

Diga-se, ainda, que para o próprio credor, a execução eternizada, aquela que não é mais de forma alguma factível na realidade sensível, mas que se mantém eternizada na realidade processual, é fonte de grande angústia. Casos de evidente e notória insolvência do devedor executado, constatada e demonstrada nos autos e na realidade, como ocorre, por exemplo, com empresas falidas, cujo patrimônio já se esgotou na falência, pagos os credores na forma da lei, não havendo subsidiária na execução e estando os sócios também em insolvência evidente, já tendo havido inúmeras tentativas de localização de patrimônio, sem que se vislumbre qualquer situação de fraude ou indícios de deslocamento patrimonial visando escapar da execução. Ora, se a execução não é factível, máxime se o próprio credor não demonstra mais o interesse em prosseguir ou conciliar, se a manutenção da pretensão persecutória ao devedor está ultrapassando as raias do razoável e do princípio da menor gravosidade, o Estado deve optar pela finalização do processo. Não pode o Estado — isso nenhuma lei autoriza — incentivar ou criar falsa expectativa ou ilusões no credor acerca do recebimento de seu crédito.

Jamais olvidamos que o credor trabalhista é em regra o trabalhador hipossuficiente, todavia, também em regra encontra-se representado por advogado, o qual tem o dever de zelar pelo feito e para tal foi constituído. Entendemos também que o direito de postular sem advogado não mais deveria permanecer na seara trabalhista, dada a complexidade das causas atuais, do dever do Estado em prover defensorias e das dificuldades normais que uma pessoa sem a assessoria de advogado tem para atuar na justiça hoje, máxime em face do processo eletrônico e dos procedimentos inerentes a este.

Portanto, evidenciado o desinteresse do credor na execução do crédito, ante a manutenção dos autos sem movimentação em determinado prazo, mesmo depois de instado a manifestar-se pelo prosseguimento indicando meios para tanto, a prescrição deve ser aplicada.

Com relação a obrigações de fazer, por exemplo, a obrigação de anotar a CTPS, na qual há desinteresse do credor em apresentar o documento, depois de instado, deixando transcorrer o prazo legal, nos parece não haver sentido em manter a execução viva.

Por fim, quando o Estado, por todos os meios possíveis dentro da lei, buscou de forma adequada a satisfação do título, a manutenção, por anos, da possibilidade de execução, traz insegurança e intranquilidade social, ou seja, a política estatal tem que ser direcionada para a finalização do processo.

O Estado pode muito, mas não pode tudo, e o equilíbrio entre o interesse do credor hipossuficiente, com crédito de natureza alimentar e privilegiado, embora mereça do Estado todo o esforço no sentido da satisfação, não pode ensejar, do lado do devedor, penalidade perpétua e desproporcional em face da ordem econômica.

3. Conclusão

O processo trabalhista é uma unidade, seu início depende exclusivamente da vontade da parte e seu desenvolvimento depende da colaboração das partes e de inúmeros fatores extra-autos, inclusive econômicos.

O juiz, como diretor do processo, tem grande responsabilidade, mas não dispõe de todos os meios para impulsioná-lo, havendo limites para a atividade estatal.

O Estado veda penalidades perpétuas, e a prescrição é um dos institutos mais caros ao direito no sentido da pacificação das relações sociais e da prevalência do interesse público de pôr fim aos litígios.

A instituição da Certidão Nacional de Débitos Trabalhistas acresceu mais uma penalidade ao devedor, a qual da mesma forma não pode ser eterna.

Necessária, assim, a aplicação da prescrição intercorrente no processo do trabalho, e tal não pode ser um dogma mesmo diante da Súmula n. 114 do TST, pois a própria corte superior tem admitido sua aplicação quando o andamento do feito não depende somente do juiz[17].

Referências

ANTUNES, Oswaldo Moreira. *A prescrição intercorrente no direito processual do trabalho*. São Paulo: LTr, 1993.

BATALHA, Wilson de Souza Campos; NETTO, Sílvia M. L. Batalha de Rodrigues. *Prescrição e decadência no direito do trabalho*. São Paulo: LTr, 1998.

CORDEIRO, Maria Leiliane Xavier. A imprescritibilidade da ação de indenização por dano moral decorrente de acidente de trabalho. In: SANTOS, Jeronimo Jesus dos (org.). *Temas aplicados de direito do trabalho*. São Paulo: LTr, 2012.

CHAPPER, Alexei Almeida. *Prescrição da ação na "ação" trabalhista*. São Paulo: LTr, 2013.

DELGADO, Mauricio Godinho. *Curso de direito do trabalho*. 8. ed. São Paulo: LTr, 2009.

LORENZETTI, Ari Pedro. *A prescrição no direito do trabalho*. São Paulo: LTr, 1999.

MARTINS, Sergio Pinto. *Direito do trabalho*. 19. ed. São Paulo: Atlas, 2004.

PATTO, Belmiro Jorge. Aspectos da dimensão temporal do processo civil nas alterações advindas da EC n. 45/04. In: WAMBIER, Teresa Arruda Alvim et al. (coord.). *Reforma do judiciário* — primeiros ensaios críticos sobre a EC n. 45/04. São Paulo: RT, 2005.

RODRIGUES, Marcelo Rodrigues. *A suspensão das execuções fiscais tem prazo determinado para acabar*. Disponível em: <http://jus.com.br/artigos/6950/a-suspensao-das-execucoes-fiscais-tem-prazo-determinado-para-acabar>. Acesso em: 10.10.2013.

ROMITA, Arion Sayão. *Os direitos sociais na constituição e outros estudos*. São Paulo: LTr, 1991.

SCHIAVI, Mauro. *Execução no processo do trabalho*. 2. ed. São Paulo: LTr, 2010.

TEIXEIRA FILHO, Manoel Antônio. *Execução no processo do trabalho*. 9. ed. São Paulo: LTr, 2005.

---

(17) Disponível em: <http://www.tst.jus.br/busca-de-noticias?p_p_id=buscanoticia_WAR_buscanoticiasportlet_INSTANCE_xI8Y&p_p_lifecycle=0&p_p_state=normal&p_p_mode=view&p_p_col_id=column-2&p_p_col_count=2 &advanced-search-display=yes &articleId=287567 &version=1.0 &groupId=10157 &entryClassPK=287569>. Acesso em: 16.10.2013.

CAPÍTULO 19

Execução em Contratos com Cumulação de Garantias Reais e Fidejussórias: uma Construção Pretoriana

ANAXIMANDRO OLIVEIRA SANTOS AMORIM[*]

1. Introdução

Discussão das mais polêmicas dentro do processo de execução, no que tange aos contratos civis e cambiários, é a que diz respeito aos negócios jurídicos com cumulação de garantias reais e fidejussórias, sejam elas em sede de alienação fiduciária, aval ou fiança, respectivamente, entre outras.

Tradicionalmente, há entendimentos em que, por exemplo, caso haja uma alienação fiduciária com bem imóvel em garantia, havendo aval ou fiança, com o leilão do bem, não se poderia acionar o garantidor, mesmo havendo saldo remanescente; ou que, em sede de fiança, deve-se, obrigatoriamente, fazer uma interpretação restritiva do contrato, sem chance de flexibilização das normas.

Acontece, no entanto, que, não raro, a rigidez de certos institutos pode acarretar prejuízos ao credor. Assim, baseados em princípios gerais do direito privado, como os da boa-fé objetiva, vedação do enriquecimento ilícito e interpretação segundo a vontade das partes, alguns tribunais vêm criando uma jurisprudência que, ao que tudo indica, sinaliza uma flexibilização dessas regras. Esse é, portanto, o objetivo deste artigo.

2. Das garantias contratuais

Com a evolução do processo executório e com a complexidade das relações contratuais, foram criadas garantias para assegurar a satisfação do crédito, mitigando os riscos de inadimplência do devedor, chamadas garantias pessoais, ou fidejussórias, e reais, muito praticadas nos dias de hoje. Nenhuma delas, entretanto, assegura, sobretudo por si só, o pagamento integral da dívida, apesar de haverem sido criadas para esse fim.

As garantias pessoais são aquelas em que uma terceira pessoa se compromete, perante o credor, a pagar a obrigação, se não o fizer o devedor. Entre elas encontram-se a fiança e o aval. A fiança é uma garantia típica das obrigações civis, não se presumindo solidária, enquanto que o aval é característico das obrigações comerciais, dele decorrendo a solidariedade.

As garantias reais, por seu turno, são representadas por uma coisa, que pertence ao devedor ou a terceiro, e de cujo valor se serve o credor satisfazer o débito, caso o pagamento não se realize. No atual

---

[*] Advogado de carreira do BANDES (Banco de Desenvolvimento do Espírito Santo S.A.), pós-graduado em Direito do Trabalho pela Escola da Magistratura do Trabalho — EMATRA/17ª Região. Professor, escritor, membro da Academia Espírito-Santense de Letras e do Instituto Histórico e Geográfico do Espírito Santo.

sistema do direito brasileiro, são garantias reais o penhor, a anticrese, a hipoteca e a alienação fiduciária.

2.1. Das garantias pessoais

As garantias pessoais, também conhecidas como fidejussórias (da palavra latina *fidei*, que significa "fé"), são a obrigação acessória em que uma pessoa assume, perante seu credor, a responsabilização pelo pagamento da dívida, caso o devedor principal não pague ou não possa cumprir, total ou parcialmente com a sua obrigação. São, teoricamente, respaldadas na boa-fé e confiança. Têm como principal característica o fato de não estarem vinculadas a nenhum tipo de bem material. No direito brasileiro há, basicamente, dois tipos de garantias pessoais: a fiança e o aval.

A fiança é a garantia pessoal em que o *fiador* (um terceiro garantidor, quem afiançou o contrato) se responsabiliza em nome do *afiançado* (devedor). O fiador é uma pessoa física ou jurídica que se obriga pelo afiançado, assumindo, total ou parcialmente, obrigação contratual contraída e não paga pelo afiançado. O instituto está plasmado a partir do art. 818 do Código Civil[1].

Garantia essencialmente civil, a fiança pode ser estipulada, ainda que sem consentimento do devedor ou contra a sua vontade, sendo dada somente por escrito, vedada a interpretação extensiva. Dívidas futuras podem ser objeto de fiança. Neste caso, o fiador não será demandado senão depois que se fizer certa e líquida a obrigação do principal devedor. Quanto à sua abrangência, não sendo limitada, compreenderá todos os acessórios da dívida principal, inclusive as despesas judiciais, desde a citação do fiador. Pode ser de valor inferior ao da obrigação principal e contraída em condições menos onerosas, e, quando exceder o valor da dívida, ou for mais onerosa que ela, não valerá senão até ao limite da obrigação afiançada.

O aval, por seu turno, é uma garantia fidejussória de cunho empresarial, dada por terceiro (*avalista*), pessoa física ou jurídica, ao emitente devedor ou endossante (*avalizado*). Está plasmado nos arts. 897 a 900 do CC, que determinam que o pagamento de título de crédito, que contenha obrigação de pagar soma determinada, pode ser garantido por aval vedado o aval parcial.

Diferentemente da fiança, no aval, basta a simples assinatura do avalista no título de crédito. Pode ser dado no verso ou no anverso (frente ou verso) do próprio título, sendo que, para a sua validade, se dado no anverso do título, é suficiente a simples assinatura do avalista. Ressalte-se também aí que a obrigação é sempre solidária[2].

2.2. Das garantias reais

A principal diferença das garantias reais sobre as pessoais é que aquelas recaem sobre coisas (do latim *rerum*), sejam elas móveis ou imóveis. No direito pátrio, quatro são as garantias reais: a hipoteca, o penhor, a anticrese e a alienação fiduciária em garantia.

O penhor é a entrega de um objeto móvel para garantir uma dívida. A anticrese é uma garantia que consiste na entrega de um imóvel ao credor, cedendo-lhe o direito de perceber, em compensação da dívida, os frutos e os rendimentos gerados pelo bem. Nesse caso, o imóvel continua pertencendo ao devedor, que repassa ao credor somente o direito de fruição ou usufruto.

Hipoteca é um direito real de garantia sobre coisa alheia que recai, em regra, sobre bens imóveis. Segundo o art. 1.473 do Código Civil, podem ser objeto de hipoteca os imóveis e os seus acessórios; o domínio direto; o domínio útil; as estradas de ferro; os recursos naturais; os navios e as aeronaves. Um das características dessa forma de garantia é que um bem garante a dívida, e não a pessoa, como é de praxe nas garantias fidejussórias, como na fiança. Além disso, dispensa a tradição, mantendo o devedor na posse do bem, exigindo-se tão somente a solenidade do registro. É instituto cada vez mais em desuso, uma vez que seu campo de incidência é restrito[3].

Ao contrário da alienação judiciária, em que há o instituto do leilão extrajudicial, quando há inadimplência em hipoteca é necessário o ingresso de execução judicial, com a posterior penhora do bem, para depois levantá-lo em hasta pública, o que leva mais tempo para recuperação do crédito. Ademais, em caso de falência, o bem hipotecado poderá integrar a massa falida, podendo frustrar o recebimento

---

(1) FIUZA, Ricardo. *Novo código civil comentado*. 1. ed. São Paulo: Saraiva, 2002.
(2) FIUZA, Ricardo. *Novo código civil comentado*. 1. ed. São Paulo: Saraiva, 2002.
(3) FIUZA, Ricardo. *Novo código civil comentado*. 1. ed. São Paulo: Saraiva, 2002.

do crédito por conta do concurso com outros credores com direito de preferência. Por fim, não há possibilidade de hipoteca sobre o bem de família, uma vez que o direito à moradia é direito fundamental previsto na Constituição de 1988.

A Alienação fiduciária em garantia, por ser um tipo de garantia real, representa a transferência pelo devedor ao credor do domínio de um bem, em garantia de pagamento, mantendo o devedor a posse do bem. Normalmente ocorre nos financiamentos de bens móveis, em que a transferência da propriedade é efetiva para o devedor somente quando este quita o total da dívida.

Pela sistemática da Lei n. 9.514/97, o comprador do imóvel (fiduciante) aliena-o ao credor (fiduciário) a título de garantia, ficando a propriedade resolúvel do imóvel adquirida, vinculada ao pagamento da dívida. Uma vez paga a dívida, a propriedade do credor se extingue, com a consequente reversão da propriedade. Entretanto, caso ocorra o inadimplemento, opera-se a consolidação da propriedade no patrimônio do credor.

A obrigação garantida pela alienação fiduciária pode se extinguir pelo seu cumprimento, mediante pagamento da dívida, ou pelo seu inadimplemento. Se a extinção da obrigação se der pelo pagamento, pela ocorrência da condição resolutiva, o bem alienado fiduciariamente em garantia é imediatamente restituído ao alienante.

Entretanto, se a extinção da obrigação se der em decorrência do inadimplemento do devedor, o bem responderá pela dívida. Assim, segundo o art. 26 § 1º da lei,

> [...] o fiduciante, ou seu representante legal ou procurador regularmente constituído, será intimado, a requerimento do fiduciário, pelo oficial do competente Registro de Imóveis, a satisfazer, no prazo de quinze dias, a prestação vencida e as que se vencerem até a data do pagamento, os juros convencionais, as penalidades e os demais encargos contratuais, os encargos legais, inclusive tributos, as contribuições condominiais imputáveis ao imóvel, além das despesas de cobrança e de intimação.

Porém, decorrido o prazo citado sem a purgação da mora, o oficial do competente Registro de Imóveis, certificando esse fato, promoverá a averbação, na matrícula do imóvel, da consolidação da propriedade em nome do fiduciário, à vista da prova do pagamento por este, do Imposto de Transmissão Intervivos (ITBI) e, se for o caso, do laudêmio. Ressalta-se que a propriedade fiduciária do bem imóvel constitui-se mediante registro, no competente cartório de registro de imóveis, sendo que o contrato lhe servirá de título executivo extrajudicial, ressaltando ainda que na alienação fiduciária a dívida se limita ao valor da venda do imóvel nos leilões extrajudiciais, que no 1º leilão se dá pelo valor de avaliação do imóvel e no 2º leilão, pelo valor da dívida atualizada.

A alienação fiduciária difere da hipoteca, basicamente, porque esta é ônus em coisa alheia, sendo que aquela é ônus em coisa própria; em caso de falência do devedor, na hipoteca, o bem é arrecadado pela massa, devendo o credor habilitar seu crédito na falência, enquanto que na alienação fiduciária o bem não é arrecadado, pois não está no patrimônio do devedor; e o credor de garantia hipotecária está sujeito aos efeitos da recuperação judicial do devedor, já o credor fiduciário foi expressamente excluído deles por conta do art. 49, § 3º, da Lei de Falências e Recuperação de Empresas (Lei n. 11.101/05)[4].

3. Da cumulação de garantias

É inegável que, com a instabilidade dos negócios jurídicos e a evolução do direito privado, o fenômeno da cumulação de garantias tenha se tornado aceito, de tal arte que, hoje, é possível que se possa oferecer e cumular as duas espécies, inclusive, "nada se impondo ou dizendo quanto à ordem de precedência, na sua utilização"[5].

Assim, se o contrato prevê dupla garantia, a não ser que se disponha ao contrário, presume-se que o credor possa se valer de qualquer delas ou de ambas, independentemente de ordem, "não ficando inibido de executar uma, por já ter se exaurido a outra"[6].

3.1. Aspectos gerais

Existe muito pouca coisa escrita sobre a questão da cumulação de garantias, visto ser o tema, de

---

(4) COELHO, Fábio Ulhoa. *Manual de direito comercial.* 13. ed. São Paulo: Saraiva, 2002.
(5) SOUZA, Sylvio Capanema de. Considerações sobre a cumulação das garantias pessoais e reais, na alienação fiduciária. *Jus Navigandi*, Teresina, ano 7, n. 56, 1º abr. 2002. Disponível em: <http://jus.com.br/artigos/2910>. Acesso em: 1º.2.2014.
(6) SOUZA, Sylvio Capanema de. Considerações sobre a cumulação das garantias pessoais e reais, na alienação fiduciária. *Jus Navigandi*, Teresina, ano 7, n. 56, 1º abr. 2002. Disponível em: <http://jus.com.br/artigos/2910>. Acesso em: 1º.2.2014.

certa forma, recente, havendo poucos precedentes e questão alguma levada para o STF. Em todo caso,

diante das insuperáveis deficiências que todas as garantias apresentam, permite a lei que sejam elas cumuladas, para reforçar, ainda mais, o vínculo. E assim o fazendo, poderá servir-se de apenas uma delas, ou de ambas, se a primeira se mostrar inútil ou insuficiente. Assim é que o credor cauteloso pode exigir, por exemplo, que o devedor lhe ofereça um ou mais fiadores e uma hipoteca, ou um penhor. Como também poderá se valer da alienação fiduciária em garantia, e de uma fiança, à título complementar.

Poderá também escolher a ordem, excutindo primeiro o bem dado em garantia, exigindo do fiador o crédito que sobejar, caso a sua alienação se revele insuficiente para pagamento integral.

Também nada impede, e, ao contrário, tudo recomenda, que o credor exija que o fiador assuma a responsabilidade como solidário ao devedor, o que, de imediato, afasta a incidência do benefício de ordem, autorizando o credor a exigir a prestação diretamente do garante.[7]

Segundo um entendimento mais tradicional, em tese, a alienação extrajudicial do bem extinguiria a garantia fidejussória, nada mais se podendo exigir do fiador. É que, uma vez excutido o bem, não haveria como o fiador sub-rogar-se na garantia real, já que seu objeto não mais existiria. A prioridade dada pelo credor à garantia real implicaria, assim, em renúncia à fidejussória.

Atualmente, no entanto, a jurisprudência pátria vem tomando um caminho diverso. Há uma corrente que se baseia no § 5º do art. 1º do Decreto-lei n. 911/69, que diz: "se o preço da venda da coisa não bastar para pagar o crédito do proprietário fiduciário e despesas, na forma do parágrafo anterior, o devedor continuará pessoalmente obrigado a pagar o saldo devedor apurado"[8]. Daí a dicção do julgado:

AÇÃO DE COBRANÇA — ALIENAÇÃO FIDUCIÁRIA — VENDA EXTRAJUDICIAL — RESPONSABILIDADE DO DEVEDOR PRINCIPAL — ILEGITIMIDADE PASSIVA DO FIADOR. A teor do que estabelece o § 5º do art. 1º do Decreto-lei n. 911/69, verificada a venda extrajudicial do bem dado em garantia sem a participação e conhecimento do fiador, será a obrigação de pagamento do saldo de responsabilidade pessoal do devedor principal, nada mais se podendo exigir do fiador.

Acórdão n. 1.0024.11.317646-5/001 de TJMG. Tribunal de Justiça do Estado de Minas Gerais, 8 de maio de 2013.[9]

Para a outra corrente, no entanto, deve haver expressa ciência ao fiador de que se procederá a alienação extrajudicial do bem, e nada impede que ele efetue o pagamento, caso lhe interesse a sub-rogação. Poderá ele, portanto, proceder à remição da dívida, como devedor solidário, e sub-rogar-se na garantia real. Daí se colhe o seguinte julgado:

In casu, *a administradora de consórcio recorrida ajuizou, na origem, ação de cobrança em desfavor do consorciado inadimplente e do seu fiador sob a alegação de que, após terem sido promovidas a busca e apreensão do veículo e, em seguida, sua venda, ainda remanescia uma parcela do débito. Nesse contexto, a Turma, na parte conhecida, deu provimento ao recurso especial para afirmar que, após a alienação extrajudicial do bem, fica afastada a responsabilidade do fiador na hipótese em que ele não é cientificado dessa venda, sendo do devedor principal a obrigação de pagar o saldo restante. Precedentes citados: REsp 533.733-RS, DJ 28.10.2003; EREsp 49.086-MG, DJ 10.11.1997; REsp 140.894-PR, DJ 19.3.2001; REsp 178.255-PR, DJ 28.8.2000, e REsp 254.408-MG, DJ 4.6.2001. REsp 749.199-SP, Rel. Min. Luis Felipe Salomão, julgado em 22.3.2011.*[10]

Dessa feita, entende-se que, havendo outra garantia, a pessoal, não poderá o credor ser inibido de se utilizar dela, sendo irrelevante que tenha preferido antes exercer a garantia sobre o bem, desde que se dê ciência o fiador. Assim, "não sendo eficaz a garantia real, revelando-se insuficiente a alienação do bem, poderá o credor exigir o saldo remanescente, como quirografário"[11]. Essa corrente, ao que parece, é a que vem tomando mais forma nos tribunais brasileiros.

A construção jurisprudencial atual parece inspirada em princípios gerais do direito privado,

---

(7) SOUZA, Sylvio Capanema de. Considerações sobre a cumulação das garantias pessoais e reais, na alienação fiduciária. *Jus Navigandi*, Teresina, ano 7, n. 56, 1º abr. 2002. Disponível em: <http://jus.com.br/artigos/2910>. Acesso em: 1º.2.2014.
(8) SOUZA, Sylvio Capanema de. Considerações sobre a cumulação das garantias pessoais e reais, na alienação fiduciária. *Jus Navigandi*, Teresina, ano 7, n. 56, 1º abr. 2002. Disponível em: <http://jus.com.br/artigos/2910>. Acesso em: 1º.2.2014.
(9) Acórdão n. 1.0024.11.317646-5/001 de TJMG. Tribunal de Justiça do Estado de Minas Gerais, 8 de maio de 2013.
(10) Recurso Especial n. 749.199-SP, Rel. Min. Luis Felipe Salomão, julgado em 22.3.2011. Disponível em: <www.stj.jus.br/docs_internet/informativos/RTF/Inf0467.rtf>. Acesso em: 1º.2.2014.
(11) SOUZA, Sylvio Capanema de. Considerações sobre a cumulação das garantias pessoais e reais, na alienação fiduciária. *Jus Navigandi*, Teresina, ano 7, n. 56, 1º abr. 2002. Disponível em: <http://jus.com.br/artigos/2910>. Acesso em: 1º.2.2014.

mormente pautada nos da boa-fé objetiva, da vedação do enriquecimento ilícito e da interpretação segundo a vontade das partes.

3.2. Princípios

3.2.1. Princípio da boa-fé objetiva

A boa-fé é um dos pilares do Direito Civil. O princípio está plasmado em dois artigos: o art. 113 do CC, segundo o qual "os negócios jurídicos devem ser interpretados conforme a boa-fé e os usos do lugar de sua celebração", e o art. 422 do CC, para o qual "os contratantes são obrigados a guardar, assim na conclusão do contrato, como em sua execução, os princípios de probidade e boa-fé"[12].

Segundo a doutrina, o princípio da boa-fé possui dois matizes: um de cunho objetivo, e outro de cunho subjetivo. A boa-fé objetiva foi pioneiramente aventada, em sede de direito positivo, no Código do Consumidor de 1990, hoje extrapolando, obviamente, o âmbito consumerista. Representa uma espécie de interpretação que traz em seu bojo o respeito aos fins do contrato, agindo com lealdade, sem abuso contratual, sem causar lesão ou desvantagem excessiva, para se atingir o bom fim das obrigações, qual seja, o pagamento do débito. Seria uma espécie de guia de condutas a ser seguidas pelas partes, restringindo o exercício de direitos subjetivos das partes em um negócio jurídico, em cada caso concreto.

A boa-fé objetiva também tem o condão de evitar o exercício abusivo aos direitos subjetivos. Tal estado de coisas se encaixa perfeitamente no tema deste *paper*, uma vez que, segundo exposto anteriormente, apesar de clara dicção da lei da Alienação Fiduciária de Imóveis, não pode o credor ficar ao alvitre do devedor, que, dando um bem em garantia muito menor do que o valor total, ver-se-ia liberado da dívida, causando manifesto prejuízo à outra parte.

3.2.2. Princípio da vedação do enriquecimento ilícito

Outro princípio basilar do direito privado é o da vedação ao enriquecimento ilícito. Ele se encontra plasmado no art. 884 do CC, que vaticina: "Aquele que, sem justa causa, se enriquecer à custa de outrem, será obrigado a restituir o indevidamente auferido, feita a atualização dos valores monetários". A matéria é tratada neste e em mais dois artigos, dentro do diploma civil brasileiro[13].

Portanto, enriquecimento ilícito ou sem causa é o enriquecimento indevido, isto é, o aumento patrimonial que ocorre sem justa causa. Tem como requisitos a diminuição patrimonial do lesado; o aumento patrimonial do beneficiado; e a relação de causalidade entre o enriquecimento de um e o empobrecimento de outro.

Nota-se claramente a utilização desse princípio na hermenêutica deste assunto, consoante ao seguinte julgado:

> AGRAVO DE INTRUMENTO. AÇÃO ORDINÁRIA. [...] ALIENAÇÃO DE IMÓVEL PELO CREDOR FIDUCIÁRIO POR PREÇO VIL (20% DO VALOR DA AVALIAÇÃO). PREVALÊNCIA DO PRINCÍPIO SOCIAL DA EMPRESA, DA FUNÇÃO SOCIAL DO CONTRATO E DA PROPRIEDADE SOBRE O INTERESSE PRIVATISTA ESPECULATIVO IMIBILIÁRIO. DECISÃO MATIDA. AGRAVO IMPROVIDO. 1. No particular, a alienação de imóvel por quantia equivalente a 20% (vinte por cento) do valor da avaliação, conquanto formalmente permitida por lei ordinária (Lei n. 9.514/97), caracteriza, *a priori*, verdadeira lesão ao patrimônio devedor e, além de ofensa ao devido processo legal substantivo constitucional, aparente enriquecimento sem causa do agravante. 2. O leilão público autorizado pela Lei n. 9.514/97 não pode ser utilizado pelo credor e/ou pelo eventual arrematante (agravante) como veículo para lesar o patrimônio dos devedores fiduciários [...]. TJ/ES, Agravo de Instrumento n. 24089001390, 1ª Câmara Cível, Rel. Des. Arnaldo Santos Souza, J. 28.4.2009, DJ 3.6.2009.[14]

3.2.3. Princípio da interpretação segundo a vontade das partes

O princípio da interpretação segundo a vontade das partes inspira-se, diretamente, nos postulados da hermenêutica. Diz respeito à busca da verdadeira essência do negócio jurídico e se pauta em critérios de boa-fé, tanto objetiva quanto subjetiva, a fim de se extrair qual o sentido da obrigação, vedado o enriquecimento de um em detrimento ao outro e qualquer forma de intenção dolosa que possa daí decorrer.

---

(12) FIUZA, Ricardo. *Novo código civil comentado*. 1. ed. São Paulo: Saraiva, 2002.
(13) FIUZA, Ricardo. *Novo código civil comentado*. 1. ed. São Paulo: Saraiva, 2002.
(14) Agravo de Instrumento n. 24089001390 do TJES, 1ª Câmara Cível, Rel. Des. Arnaldo Santos Souza, J. 28.4.2009, DJ 3.6.2009.

Extrai-se o princípio da dicção do art. 422 do CC, que pugna aos contraentes ao celebrar negócio jurídico, guardar critérios de probidade e boa-fé. Caberá às partes enquanto estiverem obrigadas uma com a outra corresponder às expectativas recíprocas, de maneira equânime e justa para ambos.

4. Execução em contrato com cumulação de garantias: um caso concreto

4.1. Entendendo o caso[15]

Tratou o caso concreto de uma apelação cível[16] por meio da qual o Funres (Fundo de Recuperação Econômica do Estado do Espírito Santo) pretendeu ver reformada sentença que julgou procedentes os embargos para nulificar uma execução (inciso III do parágrafo único do art. 295 do CPC).

Criado em 1969, o Funres[17] foi gerido pelo Bandes (Banco de Desenvolvimento do Espírito Santo) [18], como meio de fomentar a economia capixaba, captando, sobretudo, grandes projetos de impacto. No caso em tela, uma construtora espírito-santense, pertencente a um grande grupo econômico local, buscou o Funres para conseguir recursos para a implantação de um frigorífico, em negócio de suinocultura.

Acontece, no entanto, que o frigorífico não conseguiu ficar pronto em tempo, e a empresa, a despeito da vultosa soma contraída por meio de emissão de debênture garantida por fiança e alienação fiduciária, renunciou ao benefício de ordem. Assim, ela terminou constituída em mora, sendo acionada judicialmente pelo Bandes, o que ensejou, por parte da executada, a oposição de embargos para nulificar a execução, por falta de interesse de agir, segundo dicção do art. 295, III, do CPC.

A executada alegou, em sua peça processual, que não havia interesse, por parte do Bandes, de seguir com uma execução, vez que havia, na escritura pública de emissão de debêntures conversíveis e não conversíveis, a presença de um bem dado em garantia fiduciária e que, segundo os arts. 591 e 646 do CPC, era essa a garantia que deveria ser primeiro excutida, e não a executada, que, repise-se, por ser do mesmo grupo econômico, figurou na cédula como fiador. Ademais, pela sistemática do art. 26 da Lei n. 9.514/97, a execução da garantia se dá extrajudicialmente, o que ensejaria, mais uma vez, a falta de interesse processual.

Os embargos foram acatados pelo juízo *a quo*, que nulificou a execução. O problema, no entanto, é que o bem dado em garantia era insuficiente para honrar a dívida, podendo causar um enriquecimento ilícito por parte do devedor (art. 884 do CC). Dessa forma, o credor ficaria jungido à norma do art. 27, § 2º, da Lei n. 9.514/97, isto é, preso ao saldo remanescente do segundo leilão, terminando, assim, em prejuízo. Tal estado de coisas deu azo à apelação que reformou a sentença.

4.2. A decisão do TJ/ES

Sem concordar com a sentença, o Bandes interpôs recurso de apelação, alegando, entre outras coisas, que, ainda que o contrato previsse garantia real e pessoal, não poderia o banco ser inibido de se valer de qualquer delas ou de ambas e que, no caso concreto, a vontade manifestada na execução foi a de melhor assegurar a realização do crédito.

O Tribunal de Justiça do Estado do Espírito Santo, em decisão monocrática, acatou a demanda do banco. Aplicando, ainda que não expressamente, a tese da possibilidade de escolha, o Relator verificou que a apelada renunciou expressamente ao benefício de ordem. Além disso, como o devedor renunciou tal benefício, não poderia objetivar ser excutido primeiramente o bem imóvel dado em alienação fiduciária em garantia pela devedora principal.

Para tanto, os magistrados se valeram de princípios do Direito, coligidos em outros julgados, o que reforça a construção pretoriana do tema. Um deles é o da própria renúncia ao benefício de ordem, que constava dos autos da apelação. Um deles é o seguinte:

---

(15) BANDES. *Questões problemáticas da alienção fiduciária de bem imóvel*. Disponível em: <http://www.abde.org.br/uploads/0811201117588605Aliena%C3%A7%C3%A3o%20Fiduci%C3%A1ria%20de%20Bens%20Im%C3%B3veis_Bandes.pdf>. Acesso em: 1º.2.2014.
(16) Apelação Cível n. 24080179310-TJES. Segunda Câmara Cível, J. 14.1.2011, DJ 21.1.2011, Relatora Substituta Vânia Massad Campos.
(17) Criado pelo Decreto-Lei n. 880/69, o FUNRES (Fundo de Recuperação Econômica do Espírito Santo) foi um dos mecanismos de incremento da economia capixaba. O Bandes era agente técnico e financeiro do fundo. Esse fundo era composto por recursos de empresas localizadas no Estado, que destinavam parte do Imposto sobre Circulação de Mercadorias e Serviços (ICMS) e/ou parte do Imposto de Renda (IR), permitindo o apoio a todo tipo de empreendimento, das micro às grandes empresas do Estado, incluindo, ainda, pessoas físicas (autônomos do setor informal, contabilistas e pequenos produtores rurais). O FUNRES foi extinto oficialmente em 2013.

PROCESSO CIVIL – CIVIL – AGRAVO DE INSTRUMENTO – EXECUÇÃO DE TÍTULO EXTRAJUDICIAL – CONCESSÃO DE EFEITO SUSPENSIVO À EXECUÇÃO – NECESSIDADE DA PRESENÇA CONCOMITANTE DOS PRESSUPOSTOS CONSTANTES DO ART. 739, § 1º, DO CPC – REQUISITOS NÃO DEMONSTRADOS – INDEFERIMENTO – PEDIDO LIMINAR DE EXCLUSÃO DO NOME DO EXECUTADO NO SERASA – INSCRIÇÃO ANTERIOR À DISCUSSÃO DO DÉBITO EM JUÍZO – DIREITO DO CREDOR – INDEFERIMENTO – RECURSO CONHECIDO E PROVIDO [...]. 3 – **Quando o fiador renuncia expressamente ao benefício de ordem dos arts. 1.491, 1.493 e 1.503 do CCD 1916 e 261 e 262 do Código Comercial, como no caso da executada, não pode objetivar ser excutido o bem imóvel dado em alienação fiduciária em garantia pela devedora principal** [...]. (TJES, Classe: Agravo de Instrumento, 24089011621, Relator: Carlos Simões Fonseca, Órgão julgador: Segunda Câmara Cível, Data de Julgamento: 10.11.2009, Data da Publicação no Diário: 9.2.2010)[19]

O julgado cita, mais uma vez, a lição do Desembargador Sylvio Capanema de Souza, repisando que "tudo recomenda que o credor exija que o fiador assuma a responsabilidade como solidário ao devedor, o que, de imediato, afasta a incidência do benefício de ordem, autorizando o credor a exigir a prestação diretamente do garante"[20]. Com isso, o TJ/ES abarcou, no ponto nodal da sua decisão, inteligência exarada dos princípios que norteiam a cumulação de garantias reais e fidejussórias, segundo a sistemática que se constrói no seio dos tribunais brasileiros.

A decisão favorável ao Bandes foi reafirmada em sede de agravo de instrumento[21] interposto pelo próprio banco, que, entre outros motivos, visava conceder de efeito suspensivo à execução. Extrai-se do julgado que:

[...] 3 – Quando o fiador renuncia expressamente ao benefício de ordem dos arts. 1.491, 1.493 e 1.503 do CCD 1916 e 261 e 262 do Código Comercial, como no caso da executada, não pode objetivar ser excutido o bem imóvel dado em alienação fiduciária em garantia pela devedora principal. [...] TJ/ES, Agravo de Instrumento n. 024.08.901162-1, 2ª Câmara Cível, Rel. Des. Carlos Simões Fonseca, J. 10.11.2009, DJ 9.2.2010.

No que podemos perceber, sobretudo no caso específico da fiança, que, a despeito da interpretação obrigatoriamente restritiva do instituto, de acordo com o plasmado no art. 819 do CC, quando há renúncia ao benefício de ordem, nesses casos de cumulação com alienação fiduciária de imóvel, abre-se a porta para a excussão da garantia pessoal, comunicado a este e quando o valor do bem não compensar para a satisfação da dívida.

5. Conclusão

Com a evolução do direito das obrigações, sejam civis ou cambiárias, é impossível não se aceitar a presença da cumulação de garantias fidejussórias e reais em um mesmo negócio jurídico. Além disso, e apesar da rigidez de certos institutos jurídicos, como a fiança (art. 818 do CC e ss.) ou mesmo a lei de Alienação Fiduciária de Imóveis (n. 9.514/97), por princípios gerais do direito privado, como os da boa-fé objetiva, vedação do enriquecimento ilícito e da interpretação segundo a vontade das partes, nota-se, aí, certa flexibilização, tendo como fito evitar lesões no patrimônio dos credores, que poderiam ver frustradas as suas pretensões contratuais.

É inegável que, para que se possa haver sucesso no processo executório, nesses casos, necessita-se da presença da renúncia ao benefício de ordem, da solidariedade ou, no caso específico da fiança, com comunicação do fiador, para que possa haver escolha sobre qual garantia a ser excutida, não havendo, em princípio, problema em se excutir as duas, caso a execução atenda a esses requisitos.

O tema, ainda polêmico, e até ousado, é visivelmente uma construção pretoriana que, certamente, só será pacificado daqui a alguns anos, quando os recursos a essas ações chegarem até o Supremo Tribunal Federal.

Referências

ACÓRDÃO n. 1.0024.11.317646-5/001 de TJMG. Tribunal de Justiça do Estado de Minas Gerais, 8 de maio de 2013.

---

(18) Criado como Companhia de Desenvolvimento do Espírito Santo (Codes), pela Lei n. 2.279, de 1º de fevereiro de 1967, o Banco de Desenvolvimento do Espírito Santo (Bandes) surgiu pela Lei Estadual n. 2.413/69, de 21 de novembro do ano corrente e graças à Carta Patente I – 333, de 11 de novembro, outorgada pelo Banco Central.
(19) Apelação Cível n. 24080179310 TJES. Segunda Câmara Cível, J. 14.1.2011, DJ 21.1.2011, Relatora Substituta Vânia Massad Campos (originalmente grifado).
20) SOUZA, Sylvio Capanema de. Considerações sobre a cumulação das garantias pessoais e reais, na alienação fiduciária. *Jus Navigandi*, Teresina, ano 7, n. 56, 1º abr. 2002. Disponível em: <http://jus.com.br/artigos/2910>. Acesso em: 1º.2.2014.
(21) Agravo de Instrumento n. 24089011621 TJES. Segunda Câmara Cível, J. 31.5.2010, DJ 1º.7.2010. Relator Carlos Simões Fonseca.

AGRAVO DE INSTRUMENTO n. 24089001390 do TJES, 1ª Câmara Cível, Rel. Des. Arnaldo Santos Souza, J. 28.4.2009, DJ 3.6.2009.

AGRAVO DE INSTRUMENTO n. 24089011621/TJES. Segunda Câmara Cível, J. 31.5.2010, DJ 1º.7.2010. Relator Carlos Simões Fonseca.

APELAÇÃO CÍVEL n. 24080179310 TJES. Segunda Câmara Cível, J. 14.1.2011, DJ 21.1.2011, Relatora Substituta Vânia Massad Campos.

BANDES. *Questões problemáticas da alienção fiduciária de bem imóvel*. Disponível em: <http://www.abde.org.br/uploads/0811201117588605Aliena%C3%A7%C3%A3o%20Fiduci%C3%A1ria%20de%20Bens%20Im%C3%B3veis_Bandes.pdf>. Acesso em: 1º.2.2014.

COELHO, Fábio Ulhoa. *Manual de direito comercial*. 13. ed. São Paulo: Saraiva, 2002.

FIUZA, César. *O princípio do enriquecimento sem causa e seu regramento dogmático*. Disponível em: <http://www.arcos.org.br/artigos/o-principio-do-enriquecimento-sem-causa-e-seu-regramento-dogmatico/>. Acesso em: 1º.2.2014.

FIUZA, Ricardo. *Novo código civil comentado*. 1. ed. São Paulo: Saraiva, 2002.

RECURSO ESPECIAL n. 749.199-SP, Rel. Min. Luis Felipe Salomão, julgado em 22/3/2011. Disponível em: <www.stj.jus.br/docs_internet/informativos/RTF/Inf0467.rtf>. Acesso em: 1º.2.2014.

SOUZA, Sylvio Capanema de. Considerações sobre a cumulação das garantias pessoais e reais, na alienação fiduciária. *Jus Navigandi*, Teresina, ano 7, n. 56, 1º.4.2002. Disponível em: <http://jus.com.br/artigos/2910>. Acesso em: 1º.2.2014.

CAPÍTULO 20

ENSAIO SOBRE A EXECUÇÃO PROVISÓRIA EM CONTRAPOSIÇÃO ÀS TUTELAS CAUTELARES

Cássio Ariel Moro[*]

1. Introdução

Dada a notável ansiedade do credor em buscar a imediata satisfação de seu crédito, assim que prolatada decisão em primeiro grau que lhe garante seus direitos, notadamente ante o receio do calote ou da ausência de confiança no devedor, especialmente em decorrência das instabilidades econômicas do país, onde os riscos da bancarrota — formal ou não — sempre são considerados e, às vezes, supervalorizados, não raro ver nos arquivos das Varas do Trabalho pilhas e pilhas de cartas de sentença que, muitas vezes, permanecem estagnadas aguardando o resultado final da fase cognitiva, mas em muitas outras, andando a passos lerdos na dificultosa liquidação ou já vislumbrando atos do devedor que dificultam a plena execução, travando o processo em sua principal etapa satisfativa.

Com a notável evolução do sistema processual civil brasileiro, o Magistrado aparelhou-se, adquirindo ferramentas de importante valia para garantir futura execução, além de proteger os direitos cuja demora possa lhes perecer. Entre elas, o poder geral de cautela. Indagamos, no presente, se tal aparelhamento, desde que usado de forma adequada, pode produzir maior celeridade, economia e eficácia no processo executório, aprimorando-o ou até mesmo em substituição à execução provisória.

Este ensaio faz um estudo comparativo entre o procedimento da execução provisória e os procedimentos cautelares, buscando soluções para a garantia da satisfação do credor em face da morosidade processual. Para tanto, num primeiro momento buscaremos precisar a natureza jurídica do instituto executivo e, em seguida, tentaremos responder indagações tais como: (a) a execução provisória é meio adequado, antes do término da fase cognitiva, a se garantir futura execução? (b) O poder geral de cautela pode produzir resultados mais eficazes que o processamento ordinário da execução provisória? A tutela cautelar é instrumento que pode ser utilizado para tornar mais simplificada a execução provisória ou, ainda, pode fazer substituí-la por medida equivalente mais célere?

(*) Mestre em Direito Processual Civil pela Universidade Federal do Espírito Santo — Vitória (2011), graduado em Direito pela Pontifícia Universidade Católica do Paraná — Curitiba (2001), Especialista em Direito Aplicado pela Escola da Magistratura do Paraná — Curitiba (2002) e Especialista em Direito do Trabalho pela Unibrasil — Curitiba (2004). É Juiz do Trabalho do Tribunal Regional do Trabalho da 17ª Região — Espírito Santo, ex-Juiz do Trabalho da 23ª Região — Mato Grosso e leciona Direito Material e Processual do Trabalho para faculdades, pós-graduação e cursinhos preparatórios para concursos.

2. Delimitação do tema

Delimitamos o tema às execuções e medidas de cumprimento de *sentença* onde houver determinação para pagamento de quantia certa. As presentes indagações não afetam de maneira semelhante as hipóteses de execução de obrigação de fazer ou entregar coisa certa, bem como não atingem as execuções de títulos executivos extrajudiciais, razão pela qual o limite se impõe.

Também delimitaremos o presente estudo a execuções de pagar quantia certa e aos procedimentos cautelares, sem tratar efetivamente da antecipação de tutela, cuja finalidade é distinta da cautelar. A antecipação de tutela visa a satisfação completa do direito pretendido, o que afasta seu fim dos fins a que se destina a execução provisória. Antecipação de tutela, em efeitos, ressalvando-se a temporalidade com que é procedida, se assemelha à execução definitiva, haja vista haver transferência de patrimônio do devedor ao credor, com completa satisfação, o que não é nosso tema presente.

Em tempo, como o tema trata de execução de sentença não transitada em julgado, exatamente o fato que dá ensejo à execução provisória, consideraremos as hipóteses de aplicação judicial na fase processual que se inicia com a publicação da sentença condenatória até o momento de seu trânsito em julgado, momento em que restaria habilitado o início da execução definitiva ou cumprimento definitivo da sentença. Assim, desprezaremos as possibilidades de tutelas cautelares iniciadas antes da sentença condenatória de origem e após o trânsito em julgado da decisão, como forma a delimitar o objeto de estudos ao ponto proposto.

3. Caracterísitcas e natureza jurídica da execução provisória

A execução provisória é tida pela doutrina como modalidade de execução de título executivo judicial promovida pelo credor (vedado início de ofício) enquanto a sentença "estiver sendo objeto de recurso recebido apenas no efeito devolutivo"[1]. Trata-se, portanto, de execução fundada em título judicial ainda não confirmado definitivamente, porém já com pronunciamento favorável à sua completa exigibilidade.

Quanto à sua finalidade, contudo, difere da execução definitiva. Enquanto esta busca a completa satisfação do crédito, com sua entrega ao credor, após a expropriação de bens do devedor, busca a execução provisória conciliar interesses garantidos constitucionalmente e que se opõem no processo: (a) o interesse do credor, em se obter um provimento judicial que garanta a efetividade futura da execução e, consequentemente, seu crédito, preservando as garantias previstas nos incisos XXXV e LXXVIII do art. 5º da Constituição Federal, e (b) do devedor, em se poder exaurir a discussão sobre seu débito, defendendo-se amplamente, garantia prevista no inciso LV do mesmo artigo constitucional. Segundo Zavascki, a "execução provisória é forma de solução conciliadora: permite a prática de atos executivos, satisfazendo assim os interesses do credor, mas resguarda a posição do devedor [...]"[2].

Num aspecto mais pragmático, pode-se dizer que a execução provisória é aquela que ocorre sem um título judicial completo. Executa-se uma pretensão não confirmada definitivamente, mas com fortes expectativas embasadas na segurança jurídica. Em outras palavras, é execução dotada de um título válido, porém instável, com riscos de reversão. Ante a precariedade de tal situação, a execução provisória é revestida de reversibilidade, a ponto de, no processo civil, exigir-se que o exequente dê garantias a esta reversibilidade (CPC, art. 475-O, III), caso pretenda dar início a esta execução.

Tomamos como premissa que a execução provisória surgiu quando ainda se tinha um insipiente o poder geral de cautela, com limitados poderes do Magistrado em buscar meios que garantissem futura execução. Exatamente neste ponto, aliás, a própria execução provisória se reveste mais de cautela necessária para garantir a efetividade do processo, diante de um sistema processual moroso em decorrência das infindáveis possibilidades recursais existentes, que retardam arduamente o trânsito em julgado e a formação definitiva do título executivo judicial, do que de força executiva propriamente dita. Vejamos:

> Extrai-se de tal conclusão que há no instituto maior aproximação de sua definição com a natureza da força mandamental de um comando sentencial que da própria força executiva. Note-se pela lição de Araken de Assis, para quem a força executiva "retira valor que está no patri-

---

(1) LEITE, Carlos Henrique Bezerra. *Curso de direito processual do trabalho*. 2. ed. São Paulo: LTr, p. 560.
(2) ZAVASCKI, Teori Albino. *Processo de execução*: parte geral. 3. ed. rev. at. e ampl. São Paulo: RT, 2004. p. 434.

mônio do demandado [...] e põe no patrimônio do demandante"[3] (grifo nosso), enquanto na força mandamental, em regra, "o objetivo é a simples segurança do direito litigioso [...], enquanto se materializa a garantia mediante operações físicas ou executivas".[4]

Deixando mais clara a proximidade da execução provisória com um ato mandamental que um ato executório, Giglio conclui que "a execução provisória só não abrangerá os atos que importem na alienação de bens: [...] garantido o juízo por penhora aperfeiçoada, suspende-se o andamento processual até a baixa à Vara dos autos principais"[5]. Esmiuçando, tem-se que a "segurança do direito litigioso" (objetivo da mandamental) pode ser obtida pela execução provisória, que, afinal, garante "o juízo por penhora aperfeiçoada". *Mutatis mutandi*, a execução provisória não tem como fim retirar "valor que está no patrimônio do demandado" e por "no patrimônio do demandante". Os fins da execução provisória, como se vê, amalgam-se melhor na definição de tutela cautelar que na definição de tutela executiva, onde habitualmente é estudada.

Importante ressaltar, ainda, que a execução provisória não visa apenas assegurar o resultado do processo, pois a mera decisão final irrecorrível deste tornaria a execução provisória prescindível, já que o trâmite normal do *iter* processual já o garante de per si. A interposição de um recurso, preservando o amplo direito de defesa, largamente defendido no sistema processual pátrio, é forma de garantir o processo, por exemplo, como também acontece com o acolhimento deste mesmo recurso, reformando a sentença condenatória e absolvendo o demandado. O que se quer dizer com isso é que antes do trânsito em julgado não há um direcionamento definitivo para se assegurar, o que só é adquirido com a coisa julgada. Se esta for pelo indeferimento dos pleitos iniciais, o trânsito em julgado sem execução garantiu o resultado do processo. Doutro lado, havendo condenação, a garantia do processo se dará apenas com os atos de satisfação do credor, existentes apenas na execução definitiva ou em antecipação de tutela.

A execução provisória age paralelamente ao curso do processo porque, mais que garantir o resultado eficaz do processo, visa garantir a *pretensão* do credor (e não satisfazê-la), o bem da vida pleiteado, inclusive quando o processo principal cursa caminho indevido (exemplificativamente na propositura, pelo demandando, de recurso meramente protelatório ao trânsito em julgado). Sob tal aspecto, em definição hodierna, também se percebe que a execução provisória tem natureza cautelar e não executiva primordialmente. Nas palavras de Marinoni e Arenhart "a tutela cautelar não se destina a garantir a efetividade da ação e, por isto mesmo não pode ser pensada como uma mera técnica processual necessária a lhe outorgar efetividade"[6]. E continuam, tratando da natureza instrumental da tutela cautelar, concluindo que "ela somente pode ser instrumento para assegurar a viabilidade da obtenção da tutela do direito ou para assegurar uma situação jurídica tutelável, conforme o caso"[7]. A definição dada ao escopo da tutela cautelar se amolda perfeitamente àquele da execução provisória, como já vimos, que busca garantir *o direito* do credor contra atos procrastinatórios e demais delongas típicas do processo de execução. No entanto, dada a importância de tais atos para garantir o direito à ampla defesa do condenado (em primeiro grau), a execução provisória (como a tutela cautelar) se reveste de *cautelas contrapostas* que permitem o desfazimento do ato, no caso de reversão da decisão originária pelo juízo *ad quem*.

Antes de concluir definitivamente pela natureza cautelar da execução provisória, indispensável a análise de diferenças existentes entre os institutos (execução provisória *versus* tutela cautelar), o que passamos a analisar:

> Como uma primeira diferença encontrada entre uma tutela cautelar genérica e a execução provisória, pode-se pensar no fato de esta ter fundamento em um título executivo (não definitivo), algo prescindível para o exercício da tutela cautelar genérica, onde se aprecia apenas o mérito da pretensão, com notável despreocupação com a solução — e até mesmo a existência — de um processo principal, em que pese existir dependência a este, dada a inteligência do art. 796 do CPC. Ou seja, uma medida cautelar, como dito no parágrafo anterior, tem como fundamento o estado do direito postulado ou a ser postulado em processo principal.

---

(3) ASSIS, Araken. *Manual do processo de execução*. 8. ed. São Paulo: RT, 2002. p. 92.
(4) ASSIS, Araken. *Manual do processo de execução*. 8. ed. São Paulo: RT, 2002. p. 92.
(5) GIGLIO, Wagner D.; CORRÊA, Claudia Giglio Veltri. *Direito processual do trabalho*. 15. ed. São Paulo: Saraiva, 2005. p. 533.
(6) MARINONI, Luiz Guilherme; ARENHART, Sérgio Cruz. *Curso de processo civil*. 5. ed. São Paulo: Revista dos Tribunais, 2013. p. 23. v. 4: processo cautelar.
(7) MARINONI, Luiz Guilherme; ARENHART, Sérgio Cruz. *Curso de processo civil*. 5. ed. São Paulo: Revista dos Tribunais, 2013. p. 23. v. 4: processo cautelar.

Para Humberto Theodoro Júnior:

> Muitas vezes concede-se a ação em casos em que, de antemão, nem sequer se pretende agir com a qualidade de titular de um autêntico direito, mas apenas como detentor de um simples interesse, tutelado pelo direito apenas e tão somente por meio do provimento jurisdicional [...].
>
> A autonomia das condições das medidas cautelares — por isso mesmo — permite reconhecer nas nossas ações os mais seguros exemplos de ações puras, às quais não correspondem análogas situações de direito substancial.(8)

Observa-se, portanto, que enquanto as tutelas cautelares, para serem tidas como tal, dependem apenas da existência de um interesse definido, as execuções provisórias necessitam de mais, precisam impreterivelmente de um título executivo não transitado em julgado. No entanto, ao invés de tê-lo como mera diferença, percebemos que a existência do título é, em verdade, um "requisito" específico da execução provisória, não sendo fato para desnaturar sua verve cautelar.

Em que pese a exposição anterior, em uma visão legalista, como comumente é tratada a execução provisória, nos manuais é tida como típica espécie de execução, uma vez que se encontra disciplinada no Título III do CPC como tal, utilizando-se, inclusive, de atos executórios típicos. Em termos procedimentais, a diferença substancial com a execução que a contrapõe, a definitiva, é que os atos da execução definitiva são praticados apenas até a penhora que garanta a execução do título provisório.

Dito isso, outra diferença que pode ser crucial para distinguir a execução provisória das ações cautelares é exatamente a existência da anteriormente mencionada *penhora*, dependendo do modo como esta é vista. Fazendo a referida diferenciação, mas com os olhos voltados à execução definitiva, Humberto Theodoro Júnior a diferencia da ação cautelar de arresto sustentando que esta última:

> *Visa garantir a eficácia de uma futura execução por quantia certa, mas não se equipara a ela, de modo que não é correto falar em* antecipação de penhora *ou em* execução antecipada.
>
> Pela execução, realiza-se o direito subjetivo do credor, apurando-se, à custa do devedor, bens e valores necessários à solução do crédito. A penhora é o ato pelo qual o órgão executivo apreende os bens do devedor a expropriar. É ato definitivo, necessário á busca de uma solução final, de mérito.(9) (grifos nossos)

Observa-se que para Theodoro Júnior a penhora é ato definitivo. É vista como ato típico de execução final, que, uma vez efetivada, não volta atrás, é a expropriação inevitável a se conseguir a satisfação do crédito, por meio da alienação do bem penhorado ou adjudicação. E sob tal ponto de vista, não se pode negar a natureza estritamente executiva da penhora.

Araken de Assis, também com olhos na execução definitiva, afasta a natureza cautelar da penhora, assim manifestando:

> Conquanto instrumental, no sentido de que é etapa para os atos ulteriores, a penhora representa ato executivo, e, portanto, é dotado de eficácia satisfativa. Criticando aqueles que valorizam elemento "cautelar" (*rectius*: conservativo) do ato, Tito Carnacicni observa que, às evidências, "o fim imediato não é o de conservar" na penhora, o que seria próprio da pretensão à segurança, e, sim o de transformar bens no objeto da prestação devida.
>
> [...]
>
> a penhora é uma providência de afetação do bem à demanda executória. Em razão da penhora, determinado bem, antes simples componente da garantia patrimonial genérica (ar. 591), fica preso à satisfação do crédito. O domínio do executado não é, inicialmente, comprometido. Mas há perda da posse imediata e os atos de disposição se tornam ineficazes perante o credor com mais intensidade do que nos atos fraudulentos.(10)

Em que pese a precisão e brilhantismo na argumentação encontrada na doutrina tradicional acerca da natureza da penhora, não se pode desprezar o fato de que toda a fundamentação a este respeito é pautada na existência de uma execução definitiva. Ou seja, quando se sustenta que a penhora é ato tipicamente executório, necessário para a expropriação de bens, tem-se em mente que ela não passa de uma fase inacabada, o meio caminho, uma fase preparatória de uma

---
(8) THEODORO JÚNIOR, Humberto. *Processo cautelar*. 25. ed. São Paulo: Leud, 2010. p. 24.
(9) THEODORO JÚNIOR, Humberto. *Processo cautelar*. 25. ed. São Paulo: Leud, 2010. p. 213.
(10) ASSIS, Araken de. *Op. cit.*, p. 603.

completa execução *definitiva*, onde há expropriação, alienação e transferência de propriedade, como forma de satisfação de um crédito.

Doutro lado, quando se está diante de uma execução provisória, cujo ato final é a própria penhora (CLT, art. 899), esta não pode ser vista como um ato inacabado, uma fase preliminar para a satisfação definitiva. Não é esse o objetivo da execução provisória. Seu objetivo é garantir futura execução definitiva, dentro do possível, antecipando passos que seriam dados após a formação definitiva do título executivo. Portanto, se o ato final da execução provisória é a penhora, sendo todo o procedimento executivo algo reversível, não se pode dar à penhora aquela conotação de irreversibilidade anteriormente exposta. Se a execução é provisória e acaba na penhora, esta fatalmente também é provisória.

A própria doutrina clássica, no que parece algo contraditório, defende que a provisoriedade retira a natureza executiva do instituto, como se observa em Theodoro Júnior ao mencionar que "O arresto não é ato de simples conservação de direito, como, por exemplo, o protesto e a interpelação. Não é, também, execução, dada a sua provisoriedade"[11].

Pois bem, como a penhora "na execução provisória" perde seu caráter definitivo — que só está presente em uma execução definitiva — tanto esta (a penhora) como toda a execução provisória perdem substancialmente sua natureza exclusivamente executiva. Se o procedimento é dotado de reversibilidade, não tem o caráter, como antes sopesamos, de execução propriamente dita.

Como dito alhures, tal visão da execução provisória como mera "parte" da execução definitiva, o que talvez lhe ensejasse melhor denominação a de "execução limitada reversível", se persistisse sua natureza exclusivamente executória, decorre de tempos outros onde a definição de procedimentos cautelares não era bem clara, e esse procedimento atípico de execução teve importante papel cautelar, ainda que com outra denominação e conotação exclusivamente executiva.

De todo modo, percebemos com o breve escorço teórico anterior, que a execução provisória teleologicamente se aloja melhor no rol das medidas cautelares como espécie específica de execução, cuja similitude se dá pelo procedimento. Não lhe retirando a natureza executória completamente, pelo fato exposto, pode-se pensar em uma natureza híbrida, de procedimentos executórios e finalidades cautelares. Sob tal aspecto, poderíamos pensar que uma melhor denominação fosse *execução cautelar*, fazendo referência ao seu procedimento, alocação no CPC e CLT, e, principalmente, sua finalidade. É execução porquanto usa de atos tipicamente executivos, desde a liquidação até a avaliação de bens e, por fim, a penhora, mas tem como finalidade garantir futura *possível* execução e é dotada de reversibilidade, como uma ação cautelar qualquer.

Revelando-se como procedimento cautelar, fatalmente indagações surgem sobre o seu aspecto pragmático. Indagamos se, já que o procedimento executório provisório tem como escopo a tutela cautelar, mostra-se imperiosa a aplicação de todos os procedimentos executórios típicos ou se pode permitir a prática de procedimentos cautelares como forma de garantir o direito já reconhecido ao credor, substituindo a execução provisória, sem, contudo, prejudicar o direito à ampla defesa do devedor, até o trânsito em julgado do título executivo. Ou seja, diante dos princípios e regras que regulam o processo civil moderno, há espaço para a execução provisória como ela é?

A seguir, na tentativa de responder à presente indagação, buscaremos comparar os procedimentos cautelares com o procedimento da execução provisória, buscando uma solução notadamente pragmática.

4. Procedimentos cautelar e executório

4.1. Considerações iniciais

Como premissa à análise do presente estudo, desde já refutamos digressões a respeito de formação de carta de sentença. A propósito, refutamos a ideia de autos físicos, já pensando na plena eficácia do processo eletrônico em que se mostra desnecessária a existência de autos duplicados, para manter um com o juízo *a quem* (autos principais) e outro para o juízo executório de origem (carta de sentença). Isto é o que define a Resolução n. 94/12 do Conselho Superior da Justiça do Trabalho, *in verbis*:

> Art. 26. A partir da implantação do PJe na segunda instância das Regiões da Justiça do Trabalho, será dispensada a formação de autos suplementares em casos como de agravos de instrumento, precatórios, agravos regimentais e execução provisória.

---
(11) THEODORO JÚNIOR, Humberto. *Op. cit.*, p. 213.

Essa distinção entre o processo físico e o processo eletrônico — e esquecimento daquele — é de suma importância para a mudança de paradigma procedimental. Estando o processo na "nuvem"[12], com possibilidade de acesso virtual concomitante por qualquer participante do processo (juiz de origem, juízo *ad quem*, advogados, partes etc.), nos mesmos autos (virtuais)[13], os dois juízos podem dar encaminhamentos diversos ao processo, sem qualquer dissabor prático da realização de fotocópias que permitem o distanciamento do caminho cognitivo (julgamento de recursos pelos Tribunais) do caminho executório (atos executórios realizados pelo juízo de origem), sem falar na possível extinção, em certas etapas, de concessão de prazos sucessivos às partes com direito a carga dos autos. Diversos atos podem ser praticados concomitantemente pelas partes, que, como os juízes, têm acesso aos autos 24 horas por dia, sete dias por semana[14]. Os prazos sucessivos ocorrem apenas quando a manifestação de uma parte recai exatamente sobre o ato da outra.

4.2. Procedimento de execução provisória

Como bem ressalta Teixeira Filho, "Vista pelo ângulo de sua estrutura orgânica, a execução trabalhista baseada em título judicial apresenta-se lógica, pois integrada por três fases distintas e sequentes, subordinadas ao objetivo de realizar concretamente o preceito sancionatório contido no título exequendo"[15]. As três fases são (a) quantificação; (b) constrição; e (c) expropriação.

Tais fases, pelo visto alhures, tratam de execução definitiva, sendo certo que na execução provisória, que se encerra na penhora, inexiste a última, de expropriação.

E essas fases não são em nada animadoras, pois, dada sua estrutura lógica e seu espírito conciliador aneriormente mencionado, os atos executórios buscam, em um pisar de ovos, permitir a correta satisfação do crédito, porém atentando-se para não violar o direito a ampla defesa e o direito do devedor à menor agressão possível aos seus bens.

A primeira fase sobrevive apenas nos casos de sentença ilíquida, iniciando-se por provocação do exequente, como vimos, já dispensada a formação de carta de sentença (processo eletrônico), bastando a mera provocação judicial para seu início. Procedimento moroso, notadamente nas modalidades por artigos e por arbitramento, mas também sem rapidez na modalidade por simples cálculos.

Na primeira modalidade, liquidação por artigos, basicamente se cria um novo processo cognitivo para apuração dos artigos, com citação, contestação, audiência, perícia e sentença de liquidação. No caso de rejeição dos artigos, abre-se novo procedimento para apresentação de novos artigos, e o ciclo se repete.

Na segunda, por arbitramento, encontra-se demora na necessidade de nomeação de perito, apresentação de laudo, manifestação das partes sobre o laudo e possível audiência, para ulterior sentença de liquidação.

Na liquidação por cálculos, em que pese julguemos possível que o juízo já apresente cálculos elaborados pela contadoria da Vara, comum a intimação das partes para apresentação prévia de seus cálculos para, apenas havendo divergência, haver nomeação de perito para saná-la. Feito todo o procedimento liquidatório, prossegue-se com a sentença de liquidação.

Caso não haja liquidação, porque a sentença já apresentou todos os cálculos, eventual impugnação de valores se torna matéria dos recursos da fase cognitiva, o que permite com notável antecipação o início da fase de constrição. Contudo, a execução provisória, neste caso, pode não ser interessante ao exequente, pois ele próprio pode estar contestando os cálculos sentenciais através de recurso ordinário. O que se quer dizer é que a sentença líquida antecipa a discussão de matérias recursais que só seriam

---

(12) "O conceito de **computação em nuvem** (em inglês, *cloud computing*) refere-se à utilização da memória e das capacidades de armazenamento e cálculo de computadores e servidores compartilhados e interligados por meio da Internet, seguindo o princípio da computação em grade. O armazenamento de dados é feito em serviços que poderão ser acessados de qualquer lugar do mundo, a qualquer hora, não havendo necessidade de instalação de programas ou de armazenar dados. O acesso a programas, serviços e arquivos é remoto, através da Internet — daí a alusão à nuvem. O uso desse modelo (ambiente) é mais viável do que o uso de unidades físicas." Disponível em: <http://pt.wikipedia.org/wiki/Computa%C3%A7%C3%A3o_em_nuvem>. Acesso em: 25.10.2013.

(13) CSJT, Resolução n. 94/12, art. 3º. Para o disposto nesta Resolução, considera-se: [...] II — autos do processo eletrônico ou autos digitais: conjunto de documentos digitais correspondentes a todos os atos, termos e informações do processo.

(14) Salvo, é claro, nos dias e horários de queda do sistema, falta de acesso à internet e outros novos problemas que estão surgindo neste momento de mudança de paradigma e implantação do PJe.

(15) TEIXEIRA FILHO, Manoel Antonio. *Curso de direito processual do trabalho*. São Paulo: LTr, 2009. v. III, p. 1874.

apreciadas em recursos executórios (como o agravo de petição), trazendo-as para os recursos cognitivos (como o recurso ordinário). Mais matérias a serem apreciadas pelo juízo cognitivo *ad quem* fatalmente levam a uma menor expectativa de manutenção da sentença primeira, ou seja, há mais riscos de reforma do título executivo, não necessariamente no efeito (condenatório), mas no *quantum* da condenação (quando houver impugnação de cálculos nas razões do recurso ordinário). Consequentemente, com maior risco de reforma da sentença, menor o interesse em uma execução provisória, pois a reforma da sentença faria cair por terra todo o trabalho executório havido.

Continuando o raciocínio, havendo, pois, recurso cognitivo apenas impugnando os cálculos, fatalmente se extrairia uma parcela incontroversa, o que habilitaria uma execução definitiva de parcela incontroversa (transitada em julgado). Assim, a execução que surgiria antes do trânsito em julgado não seria provisória, mas definitiva e parcial.

Bem, havendo execução provisória e vencida a fase de quantificação, passa-se à fase de constrição. Nas palavras de Teixeira Filho "Estabelecida a liquidez do título executivo, será o devedor convocado a satisfazer a obrigação [...]; deixando de fazê-lo, sujeitar-se-á à penhora de bens [...]"[16].

A fase de constrição basicamente consiste na citação e, não havendo o pagamento espontâneo, na penhora de bens que bastem. Feita a penhora, contudo, diversos são os incidentes que dela podem decorrer: impugnação à sentença de liquidação, embargos a penhora etc. Julgada subsistente a penhora, definitivamente encerra-se a execução provisória. Note-se, contudo, que tanto a penhora, que em aspectos práticos já demanda tempo, custos e desgaste, como tais incidentes fazem da execução algo moroso e difícil a ponto de, classificando-a como medida cautelar, se pensar na possibilidade de outro procedimento de mesma natureza, porém com rito simplificado, que atinja a mesma finalidade. Para a conclusão deste último parágrafo, concordamos com Giglio sobre o ato definitivo da execução provisória, que é a penhora devidamente aperfeiçoada, já apreciados os incidentes que a atacam. Em suas palavras: "Por penhora deve ser entendido o ato judicial escoimado de dúvidas ou vícios, isto é, a penhora aperfeiçoada pelo julgamento dos embargos que visem a declaração de sua insubsistência"[17].

4.3. Procedimentos cautelares possivelmente aplicáveis

4.3.1. Arresto

Feitas as digressões anteriores, necessitamos, para cumprir o desiderato do presente capítulo, delimitar o comparativo pretendido. Tida a execução provisória ou "execução cautelar" como um procedimento cautelar específico, inserto no rol das execuções, tem utilidade, para os fins do presente trabalho, a sua comparação com outros procedimentos cautelares que possam ter a mesma finalidade. Bem, os procedimentos cautelares específicos, previstos no Livro III do CPC, dos arts. 813 ao 889, todos (arresto, sequestro, caução, busca e apreensão etc.) possuem finalidades específicas, sendo o arresto e o sequestro os que mais se assemelham, teleologicamente, às finalidades da execução provisória.

O arresto e o sequestro muito se assemelham e se mostram intimamente ligados à execução provisória. O sequestro, contudo, desde já afastamos do comparativo (juntamente com os demais, salvo arresto) por ter distinções que o fazem fugir no nosso objeto de estudos. Isto porque o sequestro *visa conservar a própria coisa, como objeto de uma pretensão jurídica*[18], diversamente, por exemplo, do arresto, que busca dar alguma utilidade a qualquer bem que tenha o devedor para garantir a execução, não tendo a coisa penhorada (ou a ser) litigiosidade. Ademais, no arresto apenas limita o direito de propriedade, impedindo que o possuidor altere seu estado ou mesmo disponha do bem, enquanto no sequestro o bem é retirado da posse do devedor.

Pois bem, o arresto "é a medida cautelar de garantia da futura execução por quantia certa"[19]. Esta simples e direta definição o coloca próximo da definição de execução provisória, ao menos quanto à sua finalidade. Como diferença pragmática, ainda na linha de aprendizado de Humberto Theodoro Júnior, o arresto pode ser tido como medida de apreensão de bens que visa assegurar "a viabilidade da <u>futura</u>

---

(16) TEIXEIRA FILHO, Manoel Antonio. *Curso de direito processual do trabalho*. São Paulo: LTr, 2009. v. III, p. 1875.
(17) GIGLIO, Wagner D.; CORRÊA, Cláudia Giglio Veltri. *Op. cit.*, p. 533.
(18) THEODORO JÚNIOR, Humberto. *Op. cit.*, p. 211.
(19) THEODORO JÚNIOR, Humberto. *Op. cit.*, p. 207.

penhora, na qual virá a converter-se ao tempo da efetiva execução"[20], previsão do art. 818 do CPC ("julgada procedente a ação principal, o arresto se resolve em penhora"). Ou seja, o arresto é medida que fará o que for necessário para garantir a execução definitiva, mas alcança um estágio anterior ao da execução provisória, que se encerra na penhora, enquanto aquele imediatamente antes desta. Sua natureza cautelar é ostensiva, com a finalidade preventiva, bem como o caráter da provisoriedade (como na execução provisória) bem expostos.

Como requisitos, exige a (a) prova (e não o título executivo) de dívida líquida e certa, bem como o (b) fundado receio de danos ou *periculum in mora*. Comparado à execução provisória em seus requisitos, tem-se que, aparentemente, é mais flexível no primeiro, já que se mostra prescindível o título executivo, mas mera prova do crédito, porém mais rigoroso no segundo, já que deve ser comprovado o perigo da mora na prestação jurisdicional, o que se mostra despicienda na execução provisória.

Dissemos que é *aparentemente* mais flexível no primeiro requisito porque o título executivo judicial não transitado em julgado, embora já tenha passado por todo um *iter* processual para sua formação, o que demonstra uma maior dificuldade em ser obtido, no presente trabalho estudamos apenas as formas executórias a partir da sua formação, o que significa dizer que, para o objeto em análise tanto faz; o ponto zero, o marco inicial é o mesmo. Seja para a interposição de uma cautelar de arresto, seja para dar início a uma execução provisória, o requisito é necessariamente o mesmo, salvo quando o título não estiver dotado de liquidez. A prova da dívida será o título judicial, a sentença de origem.

Ocorre que não podemos delimitar nosso estudo apenas aos casos em que o título judicial necessariamente é líquido, como vimos antes, realidade ainda distante de muitos juízos ou, ainda naqueles em que se tem alguma estrutura que permita a liquidação, existem demandas em que tamanha é a complexidade da matéria que se torna indicada a fase de liquidação após o julgamento.

E neste ponto, na existência de título judicial não liquidado e não transitado em julgado — o arresto passa a perder interesse, por típico óbice legal. Em que pese haja prova — mais que isso, título executivo —, sua iliquidez obsta ou, ao menos, retarda sua realização, e, para proceder a devida liquidação, imperioso o início da execução provisória.

Quanto ao segundo requisito, também faz perder interesse na referida medida cautelar de início. Isto porque para dar início à execução provisória, basta a existência da sentença condenatória não transitada, pouco importando se o devedor está ou não realizando atos de dilaceração do patrimônio. Ao arresto, necessária a demonstração do risco.

Portanto, quanto ao tópico, eliminamos a hipótese de se usar o procedimento específico de cautelar de arresto como substitutivo da execução provisória, por possuir requisitos ao seu *start* mais rigorosos que esta última, mostrando-se prescindível a análise comparativa dos atos processuais para se verificar qual alcançaria com mais eficiência os resultados finais a que se destinam.

4.3.2. Ação cautelar inominada

Eliminados de plano todos os procedimentos cautelares específicos previstos nos arts. 822 a 889 e, após detida análise, também eliminado o arresto como substitutivo da execução provisória, resta-nos a análise da ação cautelar inominada e do exercício pleno do poder geral de cautela do juiz.

A previsão constante no art. 798 declarou que os procedimentos específicos previstos em lei não satisfazem todas as situações possíveis no mundo real e, dada essa situação, permitiu ao juízo que crie procedimentos cautelares adequados a cada caso concreto, apresentando, inclusive, rol *exemplificativo* de medidas a serem tomadas, como exposto no art. 799.

Para facilitar a análise, citemos os artigos:

Art. 798. Além dos procedimentos cautelares específicos, que este Código regula no Capítulo II deste Livro, poderá o juiz determinar as medidas provisórias que julgar adequadas, quando houver fundado receio de que uma parte, antes do julgamento da lide, cause ao direito da outra lesão grave e de difícil reparação.

Art. 799. No caso do artigo anterior, poderá o juiz, para evitar o dano, autorizar ou vedar a prática de determinados atos, ordenar a guarda judicial de pessoas e depósito de bens e impor a prestação de caução.

Verifica-se, pelo texto legislativo, a inclusão do princípio da adequação procedimental no processo cautelar. Para Marinoni e Arenhart "tais normas abrem oportunidade à utilização do procedimento adequado ao 'caso concreto cautelar', ou melhor, à

---

(20) THEODORO JÚNIOR, Humberto. *Op. cit.*, p. 207.

construção da ação cautelar adequada ao caso concreto"[21]. A este respeito, citamos o seguinte texto de nossa autoria:

> É bem verdade que o código de processo civil (e toda legislação processual) se preocupa em tornar o processo compatível e adequado à tutela pretendida. É por esta razão que existem a divisão de competência e os diversos procedimentos (ordinário, sumaríssimo, especiais etc.).
>
> Contudo, da mesma forma que os códigos não dão conta de prever todas as situações da vida possíveis, notadamente em relação às peculiaridades de cada caso concreto, também são insuficientes para conformar adequadamente a prestação jurisdicional às necessidades de uma demanda relativa à busca de recomposição de um direito material violado.
>
> Por essa razão, o princípio da adequação do procedimento vai mais além do que informar o processo legislativo, no momento de se prever as necessidades de um processo devidamente adequado às realidades sociais e políticas de uma época.
>
> É possível, portanto, à luz do princípio da adequação, que o juiz, no caso concreto, tome as medidas efetivas, ainda que não previstas em lei, para possibilitar a efetiva prestação da tutela jurisdicional.
>
> [...]
>
> *Define Didier que o princípio da adequação possui dois planos de atuação. O primeiro de conformar o procedimento às peculiaridades do caso concreto, ou seja, como acima dito, adequar a fórmula geral do procedimento às necessidades do caso concreto. O segundo, também de extrema importância e necessidade, trata-se do controle de constitucionalidade procedimental difuso, evitando-se que a fórmula geral macule os direitos fundamentais constitucionalmente garantidos.*
>
> Alvaro de Oliveira indica que o juízo de adequação da tutela jurisdicional deve ser utilizado como forma de realizar eficazmente o prometido pelo direito material. Para tanto, deve o julgador ponderar, no caso concreto, entre efetividade e segurança possíveis, afim de adequar devidamente o processo.[22]

Para concluir a abordagem sobre a adequação procedimental, indispensável a lição de Humberto Ávila. Segundo o autor:

> A adequação exige uma relação empírica entre o meio e o fim: o meio deve levar à realização do fim. Isso exige que o administrador utilize um meio cuja eficácia (e não o meio, ele próprio) possa contribuir para a promoção gradual do fim. A compreensão da relação entre meio e fim exige respostas a três perguntas fundamentais: O que significa um meio ser adequado à realização de um fim? Como deve ser analisada a relação de adequação? Qual deve ser a intensidade de controle das decisões adotadas pelo Poder Público?[23]

Bem, o que temos até o momento é o seguinte: havendo recurso que ataque sentença condenatória, o credor deverá aguardar o trânsito em julgado do título para perquirir a execução definitiva. No entanto, para garanti-la ante o envelhecimento do processo e suposta deterioração de patrimônio do credor capaz de impossibilitar o saldamento da dívida, bem como para já "adiantar" procedimentos executórios das fases de quantificação e constrição, pode o credor dar início à medida cautelar chamada execução provisória.

Contudo, a execução provisória possui alguns riscos decorrentes da possibilidade da reforma da sentença, dado o caráter de reversibilidade do procedimento. O risco dependeria da conclusão e esgotamento das instâncias recursais: (a) a sentença pode ser integralmente reformada, transformando a condenação em absolvição; (b) a sentença pode ser parcialmente reformada, reduzindo o valor da execução; e (c) a sentença pode ser mantida. Deixamos de lado as hipóteses de procedência de recursos do demandante, pois, neste caso, estar-se-ia discutindo em recurso parcela inexistente no título executivo original, que teria parcelas incontroversas (na hipótese de haver apenas recurso do demandante), configurando a execução imediata como definitiva e não provisória.

No caso da sentença ser integralmente reformada, convertendo a condenação em absolvição, o risco se consubstanciaria no "trabalho desnecessário" realizado pela Justiça, partes, perito etc., o que im-

---

(21) MARINONI, Luiz Guilherme; ARENHART, Sérgio Cruz. *Op. cit.*, p. 98.
(22) MORO, Cássio Ariel. A distribuição do encargo probatório nos processos coletivos. *In*: ZAGANELLI, Margareth Vetis (coord.). *Processo, verdade & justiça*. Rio de Janeiro: Lumen Juris, 2009. p. 55-56.
(23) ÁVILA, Humberto. *Teoria dos princípios* — da definição à aplicação dos princípios jurídicos. 7. ed. São Paulo: Malheiros, 2007. p. 165.

plica em gastos públicos e particulares (honorários periciais) que poderiam não ter ocorrido. A execução provisória se mostra, nesse caso, procedimento não efetivo, moroso e caro à administração da Justiça.

No caso da sentença ser reformada em parte, reduzindo o valor da liquidação, fatalmente haverá um retrabalho ao transformar a execução provisória em definitiva. Cálculos deverão ser refeitos, o que implica em novos prazos às partes e perito, e a penhora deverá ser readequada, com devolução de disposição de bens ao devedor etc. Novamente verifica-se boa dose de ineficiência no procedimento adotado, também caro à administração da Justiça.

Enfim, a execução provisória somente traria redução de tempo no processo no caso de confirmação da sentença, pois seus atos seriam aproveitados em sua plenitude.

Nesse compasso, dado o princípio da adequação procedimental, constatamos que o Magistrado possui ferramentas para reduzir os riscos expostos, não através de uma ação autônoma, mas por simples adequação da execução provisória.

Ora, se existe um procedimento cautelar destinado à garantia da efetividade de futura execução definitiva, porém tal procedimento apresenta alguns riscos e, doutro lado, as normas disciplinadoras do processo cautelar conferem ao juiz ferramentas para adequá-lo a cumprir com efetividade seu desiderato, evidencia-se sem embargo a possibilidade de o juiz determinar atos e desprezar outros previstos para a execução provisória.

Desse modo, em casos de iliquidez da sentença, desde que havendo estimativa de valor condenatório, algo que pode ser apresentado pelo credor por memória de cálculo, o juiz pode, exemplificativamente, dispensar, durante a execução provisória, todo processamento da liquidação e, com o valor estimado em mãos, determinar a imediata penhora de bens que bastem para futura execução de procedência integral.

É claro que tal poder deve ser perquirido com cautela, devendo o juiz modular sua aplicação, sempre de acordo com o caso concreto, analisando sensivelmente o risco da demora e a perspectiva de manutenção da sentença primeira.

Outro exemplo, o juízo, ao prolatar a sentença, já sabia de antemão que a corte superior possui pacífico entendimento diverso do seu. Assim, pode prever fortes chances de reforma, que fatalmente lhe obstarão de praticar atos executórios caros ao demandado, podendo, inclusive, dado o princípio da adequação, suspender o andamento da execução provisória.

5. Conclusões

Pelo exposto nas breves digressões anteriores conseguimos, após alguns questionamentos, concluir que a execução provisória é o meio adequado à garantia da pretensão autoral, caso confirmada decisão favorável, após esgotadas as instâncias recursais e o trânsito em julgado. Tal conclusão se deu notadamente por uma releitura da natureza jurídica do instituto, com olhos voltados à tutela cautelar.

Com efeito, desconsiderando a dogmática tradicional que aponta estudos periféricos sobre execução provisória, sendo vista como mero apêndice da execução definitiva, pudemos constatar que, embora possua corpo (incompleto) de execução, tem finalidades típicas de uma medida cautelar, buscando garantias a eventual e futura satisfação da pretensão.

Feito isso, tomamos a execução provisória como um modelo específico de procedimento cautelar que, para alcançar seus objetivos eliminando triviais riscos do andamento ordinário de seu procedimento — tipicamente executório —, deve o juízo condutor do processo utilizar a ferramenta que está disponível a todos os procedimentos cautelares, o poder geral de cautela, consubstanciando, primordialmente, o princípio da adequação dos atos procedimentais.

Tal conclusão, fatalmente, traria consistente crítica no sentido de que o princípio da adequação está presente em todo o processo, independentemente de se tratar de cautelar, execução ou cognição, o que permitiria ao juiz adequar a execução provisória mesmo se considerada como mera espécie de execução, desprezando sua verve cautelar. Defendemos, contudo, nossa posição, pela qual concluímos, talvez por um tom predominantemente pragmático, dizendo que a execução provisória, se vista apenas como apêndice de execução definitiva, e sem finalidade de garantia, faz o juiz perder qualquer interesse em adequá-la, pois não teria qualquer embasamento para tanto, mantendo o curso natural previsto em lei e, por conseguinte, mantendo os riscos anteriormente expostos. Apenas vista a execução provisória como uma "execução cautelar" criam-se vínculos fortes que motivam a utilização do poder geral de cautela e a adequação procedimental para, no plano concreto, tornar a execução provisória medida assecuratória de direito, e não mera antecipação apressada de atos que nem ao certo se sabe se serão úteis após o trânsito em julgado.

Referências

ASSIS, Araken de. *Manual do processo de execução*. 8. ed. São Paulo: RT, 2002.

ÁVILA, Humberto. *Teoria dos princípios* — da definição à aplicação dos princípios jurídicos. 7. ed. São Paulo: Malheiros, 2007.

GIGLIO, Wagner D.; CORRÊA, Claudia Giglio Veltri. *Direito processual do trabalho*. 15. ed. São Paulo: Saraiva, 2005.

LEITE, Carlos Henrique Bezerra. *Curso de direito processual do trabalho*. 2. ed. São Paulo: LTr.

MARINONI, Luiz Guilherme; ARENHART, Sérgio Cruz. *Curso de processo civil*. 5. ed. São Paulo: Revista dos Tribunais, 2013. v. 4: processo cautelar.

MORO, Cássio Ariel. A distribuição do encargo probatório nos processos coletivos. *In*: ZAGANELLI, Margareth Vetis (coord.). *Processo, verdade & justiça*. Rio de Janeiro: Lumen Juris, 2009.

TEIXEIRA FILHO, Manoel Antonio. *Curso de direito processual do trabalho*. São Paulo: LTr, 2009. v. III.

THEODORO JÚNIOR, Humberto. *Processo cautelar*. 25. ed. São Paulo: Leud, 2010.

ZAVASCKI, Teori Albino. *Processo de execução*: parte geral. 3. ed. rev. atual. e ampl. São Paulo: RT, 2004.

CAPÍTULO 21

ALGUNS PROBLEMAS DA EXECUÇÃO: PENSÃO DECORRENTE DE ACIDENTE DE TRABALHO OU DOENÇA DE TRABALHO — CONSTITUIÇÃO DE CAPITAL

LUIZ ALBERTO DE VARGAS[*]
VANIA CUNHA MATTOS[**]

1. Introdução

A partir da especialização da competência da Justiça do Trabalho para o julgamento dos acidentes do trabalho e de todas as controvérsias derivadas da infortunística do trabalho pela Emenda Constitucional n. 45/04, uma série de outras questões emergem, em especial as derivadas dos critérios a serem estabelecidos, desde a sentença de conhecimento, ou acórdão, relativamente ao pensionamento e constituição de capital.

Entendemos que, quanto mais completo for o julgamento dessas pretensões, desde o processo de conhecimento, haverá maior efetividade e celeridade na prestação jurisdicional, para que não haja novos questionamentos no processo de execução.

A experiência da Seção Especializada em Execução SEEx., criada pelo TRT da 4ª Região, desde abril de 2012, destinada exclusivamente aos agravos de petição — recurso específico do processo de execução trabalhista —, tem demonstrado que, a partir do trânsito em julgado dos processos relativos aos acidentes do trabalho, inúmeras são as discussões na execução sobre critérios de reajustes das pensões, valor da constituição de capital e, ainda, a quantificação do pensionamento em parcela única, na forma preconizada pelo art. 950, parágrafo único, do Código de Processo Civil.

A partir da especialização aumenta, a cada ano, o número de processos em que postuladas indenizações por dano moral e material, possivelmente porque a Justiça do Trabalho implementou muito maior celeridade a esses processos, além de haver demanda reprimida indiscutível.

Uma significativa parte desses processos contém pretensões em que alegada a ocorrência de lesões que importaram em incapacidade laboral do trabalhador e, consequentemente, com pretensão de pagamento de pensão mensal até o restabelecimento da plena capacidade laboral (incapacidade parcial) ou mesmo vitalícia (incapacidade permanente).

(*) Desembargador do Tribunal Regional do Trabalho da 4ª Região.
(**) Desembargadora do Tribunal Regional do Trabalho da 4ª Região.

No que diz respeito às pensões, estas podem ser destinadas ao próprio trabalhador em todos os casos de redução ou perda da capacidade laborativa, ou aos seus dependentes, no caso de morte do empregado derivada de acidente do trabalho típico.

O acidente do trabalho, quando resulta na morte do trabalhador, remete a outro tipo de consideração, de cunho mais filosófico do que jurídico, em relação ao grau de compensação econômica equivalente ao dano.

Não há dúvida que a morte causada por acidente do trabalho em termos amplos é incompensável, por ser difícil a reparação por culpa do empregador ou mesmo de terceiro.

No entanto, o núcleo familiar tem de sobreviver e, portanto, há necessidade de reparação, não só em termos de indenização por danos morais, como em estabelecimento de pensão, objetivando a recomposição da renda familiar alterada, ou eliminada, pelo acidente do trabalho.

A reparação por danos morais leva em consideração a capacidade econômica das partes, a graduação da culpabilidade do empregador, tendo caráter pedagógico, estando vedado de qualquer sorte o enriquecimento sem causa, dentro de critérios razoáveis, para que haja reparação integral.

A jurisprudência trabalhista tem pautado as suas decisões com observância de parâmetros equitativos de justiça, para que haja a reparação mais ampla possível, capaz de propiciar a recomposição da situação anterior ao dano ao empregado ou ao de sua família.

A pensão é uma das formas de indenização material e tem por objetivo ressarcir a vítima de acidente de trabalho ou doença profissional dos prejuízos decorrentes de sua incapacidade ou inabilitação para o trabalho. Tem a natureza, portanto, de indenização por lucros cessantes, no caso pela privação dos ganhos futuros do trabalhador (art. 402 do Código Civil)[1]. O seu fundamento legal está no art. 950 do Código Civil, *caput*[2] e pode ser acumulado com a indenização previdenciária (Súmula n. 229 do STF). E, ainda que tenha natureza alimentar, não se fundamenta na necessidade de garantir alimentos por parte do beneficiário, mas na reparação do prejuízo pela perda da renda auferida pelo trabalho decorrente de fato gerado por ato ilícito cometido pelo empregador[3].

Constitui a pensão, especialmente nos casos de incapacidade permanente, a principal reparação alcançada à vítima de acidente do trabalho, porque importa garantia do sustento em um futuro laboral incerto e sombrio, onde o desemprego é certamente o cenário mais provável, em um mercado de trabalho cada vez mais exigente, em que há pouco espaço para a reabilitação de acidentados ou portadores de doenças profissionais.

A pensão mensal, assim, acompanha literalmente o acidentado laboral por toda a vida e, por se constituir em prestação continuada, exige uma execução também prolongada, muitas vezes por dezenas de anos. Do ponto de vista da gestão judiciária, os processos de execução de pensão mensal são os mais trabalhosos por se prolongarem no tempo, não podendo ser definitivamente arquivados. Exatamente por isso, não são poucas as críticas de que esse tipo de execução não deveria ocorrer no judiciário, que não tem estrutura adequada para a gestão de pagamentos de prestações continuadas de cunho previdenciário.

Não há como se concordar com tais críticas, pois compete ao Judiciário assegurar o estrito cumprimento de suas decisões, sendo que justamente as que deferem pensões em processos de acidente do trabalho e de doença profissional são as mais relevantes do ponto de vista social.

E mesmo que se reconheça as dificuldades para o cumprimento dessa missão social pelo Poder Judiciário Trabalhista, o prosseguimento da execução perante o judiciário é uma garantia de que as pensões sejam efetiva e tempestivamente pagas, até mesmo porque qualquer eventual incidente pode ser resolvido de forma imediata pela autoridade judiciária, que tem inequívoca competência para decidir tais questões.

Pretende-se, aqui, indicar alguns desses problemas recorrentes nas execuções de pensões acidentárias e que, em nosso entender, devem ser resolvidos levando em consideração, precipuamente, o interesse

---

(1) Art. 402. Salvo as exceções expressamente previstas em lei, as perdas e danos devidos ao credor abrangem, além do que ele efetivamente perdeu, o que razoavelmente deixou de lucrar.
(2) Art. 950. Se da ofensa resultar defeito pelo qual o ofendido não possa exercer o seu ofício ou profissão, ou se lhe diminua a capacidade de trabalho, a indenização, além das despesas do tratamento e lucros cessantes até ao fim da convalescença, incluirá pensão correspondente à importância do trabalho para que se inabilitou ou da depreciação que ele sofreu.
(3) OLIVEIRA, Sebastião Geraldo de. *Indenizações por acidente do trabalho ou doença ocupacional*. São Paulo: LTr, 2005. p. 193-4.

do jurisdicionado acima de qualquer outra consideração de natureza institucional.

2. Primeiro problema: atualização monetária da pensão

A pensão deve ser atualizada ao longo do tempo, sob pena de esvaziamento do crédito do exequente, o que importa dizer que, necessariamente, o título executivo deve prever a correção periódica do valor da pensão mensal, como forma de preservar seu poder aquisitivo ao longo do tempo.

Neste ponto, não há como não se estabelecer algumas premissas econômicas que interferem no fato de se constituir o pensionamento em parcela a ser paga ao longo do tempo e que mantenha valor original concebido e destinado à reparação mais ampla possível.

Em outros termos, o valor reparatório que se estabelece no tempo presente tem de manter no futuro idêntica capacidade econômica e financeira, considerada a projeção de um largo período de tempo — vinte, trinta ou quarenta anos —, dependendo da idade do trabalhador vitimado e o tempo de vida média considerada —, com base na expectativa de vida do brasileiro atual, num quadro sensivelmente alterado nas últimas décadas.

Ora, se na década de 1970 a expectativa de vida do brasileiro não ultrapassava a sessenta, sessenta e cinco anos, na atualidade, se pode, com dados nas tabelas do IBGE, estabelecer que a expectativa de vida média do brasileiro se insere no patamar dos setenta e cinco anos, havendo, inclusive, algumas regiões do país com patamar mais alto.

Essas considerações são relevantes para se ter a dimensão aproximada da necessidade da importância da pensão com base em critérios mais completos possíveis, porquanto, no mínimo, se estará estabelecendo obrigação por muitas décadas, além de que se deve garantir que o valor deferido hoje, e tido como expressão do valor da reparação compatível com o dano, seja mantido no futuro, em um país em que a economia não mantém nível estável, como de resto ocorre em muitos outros países.

No Brasil, em mais de trinta e cinco anos, vivenciamos os mais diferentes planos econômicos, que sempre se destinaram à salvação nacional e à estabilidade da moeda.

Nos vários planos econômicos, a maioria visando à salvação do País muitos, com propostas de congelamento de preços e salários e desvalorização da moeda, outros com confisco de valores depositados em bancos e cadernetas de poupança, previsão de gatilhos automáticos face à inflação verificada, entre outros, a maioria, no entanto, sem qualquer viabilidade financeira ou econômica de produzir efeitos compatíveis com as altas taxas de inflação existentes no país, nas mais diversas épocas, que corroíam o poder de compra da moeda.

Os vários planos econômicos, em seus diversos desdobramentos, apenas tiveram a virtualidade de desorganizar a economia do País, produzir ganhos excessivos de determinadas classes, reduzir salários e aumentar preços, além das visíveis consequências de desvalorização da moeda e a implementação da verdadeira ciranda financeira, pelas altas taxas de juros capazes de atrair apenas os capitais voláteis e, como tal, improdutivos.

Os Planos Collor I e II, para ficar em apenas um exemplo, além do confisco realizado em aplicação tradicional como as cadernetas de poupança, o que acarretou a desmotivação da população nos anos posteriores dado o nível de incerteza, também pretenderam expurgar índices de inflação de mais de oitenta por cento por meio dos decretos instituidores do Plano como forma de salvação nacional. Os resultados são de conhecimento de todos; resultado de sua despreparada equipe econômica.

Portanto, não há como prever que nos próximos mais de trinta e cinco anos — projeção média no tempo do cumprimento das obrigações de pagamento das pensões — necessariamente haverá estabilidade econômica e financeira no País, até porque os fundamentos econômicos atuais apontam para uma projeção de alargamento da inflação, muito distante das metas estabelecidos pelo próprio governo federal.

Não há, portanto, como se estabelecer padrão monetário estanque para a pensão a ser paga ao trabalhador ou a sua família, sob pena de, em pequeno lapso temporal, estar totalmente corroída, seja pela inflação, seja pela desproporção entre o valor de compra da moeda.

Intensa polêmica existe a respeito da possibilidade de fixação do valor da pensão mensal em salários mínimos, o que assegura seu reajustamento automático em percentuais inclusive superiores aos da inflação anual. Há expressa previsão legal nesse sentido, no caso o § 4º do art. 475-Q do Código de Processo Civil[4].

Ocorre que o STF editou a Súmula Vinculante n. 4, que, a princípio, parece vedar a utilização do salário mínimo como fator de correção monetária por afronta ao art. 7º, IV, CF)[5]. Entretanto, julgamentos mais recentes do STF têm reafirmado o entendimento anterior[6], em sentido contrário, que tem como principal referência acórdão da lavra do Ministro Ilmar Galvão[7]:

> AÇÃO DE ALIMENTOS. FIXAÇÃO DE PENSÃO ALIMENTÍCIA COM BASE EM SALÁRIO MÍNIMO. ALEGAÇÃO DE MALTRATO AO ART. 7º, INCISO IV, DA CONSTITUIÇÃO FEDERAL. A fixação de pensão alimentícia tem por finalidade garantir aos beneficiários as mesmas necessidades básicas asseguradas aos trabalhadores em geral pelo texto constitucional. De considerar-se afastada, por isso, relativamente a essa hipótese, a proibição da vinculação ao salário mínimo, prevista no inciso IV do art. 7º da Carta Federal. Recurso Extraordinário não conhecido. (STF — 1ª Turma — RE 134.567/PR, Rel. Min. Ilmar Galvão)

Assim, não há impedimento a que os valores deferidos a título de pensão sejam indexados ao salário mínimo.

E também entendemos como bastante razoável que a decisão judicial determine a atualização do valor da pensão idêntica ao dos reajustamentos salariais da categoria profissional da vítima, mesmo porque essa seria a provável variação de seus ganhos salariais acaso não tivesse havido o evento danoso que a impossibilitou de perceber, total ou parcialmente, os salários do contrato de trabalho.

Essa nos parece ser a solução que mais se aproxima da reparação integral que se pretende com o deferimento da pensão.

No entanto, nem sempre as decisões de primeiro e segundo graus, que servirão de parâmetro para as execuções ao abrigo do trânsito em julgado, definem expressamente a fórmula da correção da pensão deferida, no que resulta que essa controvérsia seja enfrentada no processo de execução, quanto aos períodos de reajuste e os índices de correção aplicáveis.

Insustentável, como já referido, a tese de que os valores deferidos a título de pensão não sofram qualquer reajuste, ficando congelados ao longo do tempo.

A inviabilidade de tal conclusão está expressa não só nos fundamentos econômicos já aludidos, como jurídicos, conforme expressa menção ao conteúdo do art. 475-Q, § 3º, do Código de Processo Civil[8] para refutar tal possibilidade. No entanto, não se pode perder de vista que são créditos trabalhistas, com caráter alimentar, deferidos judicialmente como pensão acidentária, sobre os quais incidem as regras legais que determinam sua atualização monetária, no caso o art. 459 da CLT c/c o art. 39 da Lei n. 8.177/91.

Assim, na ausência de determinação explícita na decisão a ser executada, o valor da pensão deve ser corrigido nos mesmos índices aplicáveis aos demais créditos trabalhistas.

3. Segundo problema: garantia do pagamento da pensão

A constituição de garantias para o pagamento da pensão, ainda que seja uma faculdade do juiz, é uma imposição lógica, já que nada justifica que se deixe o credor dependente da boa vontade do devedor de, mensalmente, cumprir a obrigação de pagamento da pensão.

Em conformidade com o art. 20, § 5º, do Código Processo Civil, nas ações de indenização por ato contra pessoa, o valor da condenação será a soma das prestações vencidas com o capital necessário a produzir a renda correspondente às prestações vincendas. No mesmo sentido o *caput* do art. 475-Q do mesmo diploma legal, que faculta ao juiz ordenar ao devedor, independentemente de pedido do credor, a constituição de capital, cuja renda assegure o pagamento do valor mensal da pensão[9]. Tal determi-

---

(4) Art. 475-Q, § 4º Os alimentos podem ser fixados tomando por base o salário mínimo.
(5) "Salvo nos casos previstos na Constituição, o salário mínimo não pode ser usado como indexador de base de cálculo de vantagem de servidor público ou de empregado, nem ser substituído por decisão judicial."
(6) Súmula n. 490 do STF: "A pensão correspondente a indenização oriunda de responsabilidade civil deve ser calculada com base no salário mínimo vigente ao tempo da sentença e ajustar-se-á às variações ulteriores".
(7) Exemplificativamente, Proc. STF ARE n. 776.861/RS. Min. Celso de Mello, Julg. 23.10.2013.
(8) § 3º Se sobrevier modificação nas condições econômicas, poderá a parte requerer, conforme as circunstâncias, redução ou aumento da prestação.
(9) Art. 475-Q do Código de Processo Civil. Quando a indenização por ato ilícito incluir prestação de alimentos, o juiz, quanto a esta parte, poderá ordenar ao devedor constituição de capital, cuja renda assegure o pagamento do valor mensal da pensão.

nação independe da situação financeira do devedor, conforme jurisprudência do Superior Tribunal de Justiça (Súmula n. 313)[10].

Assim, deduz-se que o valor do capital deve corresponder matematicamente ao montante necessário para, considerada a correção monetária acrescida de uma taxa de juros razoável, propiciar de forma indefinida rendimentos mensais iguais ao valor da pensão deferida.

No caso de determinação de depósito em dinheiro[11], as aplicações financeiras mais adequadas, do ponto de vista da segurança, liquidez e rendimentos assegurados, são a caderneta de poupança e os títulos do Tesouro Direto, garantidos pelo governo federal, propiciando rendimentos pelo menos equivalentes à taxa inflacionária[12]. O mesmo vale para aplicações financeiras em bancos oficiais, que têm também a mesma garantia, desde que tenham rentabilidade mínima assegurada igual ou superior à inflação.

Admitido que a constituição de capital seja determinada em caderneta de poupança (que tem uma taxa de juros de 0,5%), o cálculo do capital a ser constituído é relativamente simples e atende à conhecida fórmula dos juros compostos denominada "valor atual das rendas perpétuas antecipadas"[13]: será igual ao capital necessário para obter juros iguais ao valor da pensão, mantendo-se intacto o capital inicial. Se a taxa de juro mensal for o rendimento da poupança (0,5%) e, por hipótese, a pensão mensal é de R$ 100,00, o capital necessário será R$ 20.000,00[14].

Por um simples raciocínio matemático, há de ser rejeitada a proposta simplista de mera multiplicação do valor da pensão pelo número de meses do período em que deverá ser paga, desconsiderando o benefício financeiro da antecipação do pagamento parcelado[15].

Parece clara também a desproporção verificada com base em raciocínio inverso, qual seja, o de descontar os prováveis ganhos financeiros, mas desconsiderar os devidos reajustamentos da pensão ao longo do tempo. Em tal caso, os efeitos do tempo são levados em conta apenas em favor do devedor, e o cálculo do valor devido é feito pela mera projeção do tempo em que deverá ser paga a pensão, tomado como base valor estanque. A adoção dessa tese indica benefício ao devedor por estabelecer garantia legal muito inferior ao valor efetivamente devido.

Em ambos os casos, não considera a taxa de inflação, em uma ilusória convicção de economia estável e inflação zero.

Por outro lado, também não há falar em redução do montante da indenização fixada pela decisão exequenda, e que se constitui em coisa julgada material e formal, sendo o art. 944, parágrafo único, do Código de Processo Civil, inaplicável na fase de liquidação e processo de execução da parcela[16].

Não parece haver dúvidas de que a propriedade de tal capital permanece com o devedor, já que, cessada a obrigação de prestar alimentos, o juiz mandará liberar o capital (§ 5º).

A norma legal também admite que a pensão possa ser paga por meio de consignação na folha de pagamentos do devedor, possibilidade esta que deve ser interpretada em harmonia com o conteúdo do § 2º do art. 475-Q[17]. E, portanto, se restringe aos casos em que a solidez da empregadora fornece a convicção de que esta não virá a sofrer abalos financeiros no futuro que comprometam o pagamento da obrigação.

Muito difícil avaliar o que pode ocorrer com uma empresa nos próximos cinco anos, o que dirão

---

(10) Súmula n. 313. "Em ação de indenização, procedente o pedido, é necessária a constituição de capital ou caução fidejussória para a garantia de pagamento de pensão, independentemente da situação financeira do demandado".
(11) Art. 475-Q, § 1º Este capital, representado por imóveis, títulos da dívida pública ou aplicações financeiras em banco oficial, será inalienável e impenhorável enquanto durar a obrigação do devedor.
(12) Os depósitos em caderneta de poupança até R$ 250.000,00 são garantidos pelo governo federal através do Fundo Garantidor de Créditos (Disponível em: <http://www.fgc.org.br>. Acesso em: 5.6.2014). Já os títulos do Tesouro Direito ou as aplicações financeiras em banco oficial são 100% garantidos pelo Tesouro Nacional, mas apenas determinados tipos de investimento têm rentabilidade mínima equivalente à inflação.
(13) P = R + R / i, onde P = Valor do Capital; R = Renda ou pagamento e I = taxa de juros. Disponível em: <http://www.ebah.com.br/>. Acesso em: 5.6.2014.
(14) Esse cálculo presume que, além do juro de 0,5% ao mês, o rendimento da poupança incorpore a inflação do período, através da correção monetária representada pela variação da TR.
(15) Tal cálculo, por embutir ganhos financeiros, importaria em verdadeiro enriquecimento sem causa do credor. MALLET, Estêvão; HIGA, Flávio da Costa. *Indenização arbitrada em parcela única do art. 950, parágrafo único, do Código Civil*. Doc eletr. disponível em: <www.revistas.usp.br/rfdusp/article/download/67987/pdf_12>. Acesso em: 31.5.2014.
(16) Art. 944, parágrafo único. Se houver excessiva desproporção entre a gravidade da culpa e o dano, poderá o juiz reduzir, equitativamente, a indenização.
(17) § 2º O juiz poderá substituir a constituição do capital pela inclusão do beneficiário da prestação em folha de pagamento de entidade de direito público ou de empresa de direito privado de notória capacidade econômica, ou, a requerimento do devedor, por fiança bancária ou garantia real, em valor a ser arbitrado de imediato pelo juiz.

projeções de mais de vinte anos, exatamente em decorrência da persistente instabilidade econômica, que parece marcar a conjuntura internacional nesse início de século.

Por isso, conforme a norma legal, o pagamento através de consignação em folha somente pode ser deferido em caso de entidade de direito público ou de empresa privada de notória capacidade econômica. Tratam-se de hipóteses estritas que não permitem interpretação ampliativa, mesmo que se considere que a execução por consignação em folha de pagamento seja a mais rápida e a menos trabalhosa para o juízo de execução.

A jurisprudência do STJ recomenda a constituição de capital como forma de dar ao lesado segurança, já que "a experiência comum previne ser temerário, em face da celeridade das variações e incertezas econômicas no mundo de hoje, asseverar que uma empresa particular, por sólida e confiável que seja a sua situação atual nela seguramente permanecerá, por longo prazo, com o mesmo status econômico em que presentemente ela possa se encontrar"[18].

Há muito maior segurança na garantia por meio de imóveis, fiança bancária ou garantia real em valor a ser arbitrado pelo juiz para efeito de garantir a pensão.

A exegese do § 2º do art. 475-Q[19] indica que a fiança bancária e a garantia real não podem ser determinadas de ofício, mas dependem de requerimento do credor. A fiança bancária, desde que de banco oficial, constitui modalidade segura, não havendo razão para que a escolha pelo juiz recaia sobre banco privado.

Não será preciso enfatizar que, em caso de imóveis, estes deverão ser livres e desembaraçados de quaisquer ônus e se submeter à avaliação por ordem do juiz.

Não se pode perder de vista, entretanto, a grande variabilidade na cotação imobiliária que temos assistido recentemente, não apenas no Brasil, mas em todos os países, decorrente do grau de interdependência da economia global, as turbulências financeiras internacionais que podem contaminar sem qualquer aviso as economias nacionais: o preço dos imóveis pode despencar vertiginosamente, levando à miséria milhares de famílias. A crise financeira nos Estados Unidos em 2008 demonstrou exatamente isso, ou seja, nem as aparentemente mais sólidas instituições financeiras do mundo estão a salvo das crises internacionais. Assim, a aceitação de garantias bancárias ou reais deve ser feita com extrema cautela.

Ainda que não conste mais na lei[20], em caso de imóveis haverá de ser registrada a cláusula de inalienabilidade e impenhorabilidade do bem.

Além disso, parece também claro que o "valor a ser arbitrado de imediato pelo juiz" não pode ser inferior ao capital necessário para constituição de garantia para fins do art. 475-Q, *caput*.

4. Terceiro problema: a conversão da pensão em parcela única por requerimento do credor

Tradicionalmente, a doutrina sempre relutou em aceitar a conversão da pensão mensal em pagamento único, por diversas razões.

A primeira sempre foi o considerável risco de dilapidação de um patrimônio destinado a garantir a subsistência por toda a vida quando posto imediatamente à disposição do trabalhador.

Outra razão relevante é a excessiva onerosidade para o empregador, que, subitamente, teria de arcar com a disponibilização de elevada importância, com o risco mesmo de sua inviabilização econômica. Por outro lado, a antecipação de pagamento de um benefício continuado, muitas vezes vitalício, também implica num julgamento implícito sobre o tempo de sobrevida do beneficiário. Ainda que se apliquem no caso tabelas de expectativa de vida sofisticadas (como no caso a Tabela de Expectativa de Sobrevida do IBGE)[21], sem dúvida estar-se-á especulando sobre fatores imprevisíveis e, assim, correndo-se o risco quase inevitável de cometer injustiças.

---

(18) STJ — 4ª Turma. Resp 627.649. Rel. Min Cesar Asfor Rocha, julgado em 27.4.2004.
(19) § 2º O juiz poderá substituir a constituição do capital pela inclusão do beneficiário da prestação em folha de pagamento de entidade de direito público ou de empresa de direito privado de notória capacidade econômica, ou, a requerimento do devedor, por fiança bancária ou garantia real, em valor a ser arbitrado de imediato pelo juiz.
(20) Antiga redação do art. 602 do CPC.
(21) Com base no contido no art. 948, II, do Código Civil (a expressão "a duração provável da vida da vítima"), Sebastião Geraldo de Oliveira entende que não faz mais sentido utilizar a média de vida do brasileiro ou a expectativa de vida ao nascer e propõe a utilização da Tabela de Sobrevida do IBGE. (OLIVEIRA, Sebastião Geraldo de. *Op. cit.*, p. 215-9).

As pensões mensais acidentárias decorrentes de processo judicial constituem prestações decorrentes de obrigações continuativas que, por definição, são sempre provisórias[22], contendo implicitamente a regra *rebus sic stantibus*, ou seja, seus efeitos persistirão enquanto subsistirem as condições de fato e de direito ocorrentes ao tempo do decisório[23].

Assim, o valor da pensão não pode ser considerado definitivo, já que, mesmo em casos de invalidez permanente, o valor da pensão sempre poderá ser modificado por ação revisional por alteração fática da capacidade laboral do pensionista[24].

A decisão judicial pela conversão do pagamento de pensão mensal em pagamento único comporta, ainda que implicitamente, um juízo de valor de que a incapacidade laboral que determinou o pagamento da pensão não sofra alterações ao longo do tempo e, seja assim, "definitiva". Portanto, ao determinar-se o pagamento, em parcela única, de pensão mensal, corre-se sempre o risco de prejudicar ou beneficiar o credor em caso de alteração fática das condições que ensejaram o pagamento da pensão.

Apesar das objeções da doutrina, em 2005, houve importante modificação legislativa, no caso no parágrafo único do art. 950 do Código Civil[25], constando ser possível ao credor exigir o pagamento em parcela única.

Antes de tudo, é preciso alertar, como faz Sebastião Geraldo de Oliveira, que tal possibilidade se restrinja ao pedido da vítima[26], nas hipóteses de invalidez parcial ou permanente, e não se estende aos dependentes em caso de morte da vítima, como se deduz da leitura atenta do *caput* do mencionado dispositivo legal[27].

Além disso, a jurisprudência majoritária do TST é no sentido de que tal disposição legal representa apenas uma faculdade do juiz, que pode, conforme as circunstâncias do caso, deferir ou não o pedido do credor[28].

Também o Supremo Tribunal Federal acolhe tal entendimento, como se verifica em decisão da 3ª Turma do Supremo Tribunal Federal, em cuja ementa se transcreve trecho doutrinário de Sebastião Geraldo de Oliveira:

RECURSO DE REVISTA. REDUÇÃO DA CAPACIDADE FÍSICA PARA O TRABALHO. INDENIZAÇÃO. PAGAMENTO DE UMA SÓ VEZ. ART. 950, PARÁGRAFO ÚNICO, DO CÓDIGO CIVIL. 1. O pagamento em parcela única, previsto no parágrafo único do art. 950 do CC, não constitui um direito subjetivo absoluto para o lesado, mas uma faculdade para o juiz ou tribunal, que poderá determinar o pagamento do capital, a requerimento do lesado, quando se mostrar o modo mais adequado, no caso concreto, para reparação dos prejuízos. [...] 2. Não se deve perder de vista que a finalidade essencial do pensionamento é garantir para a vítima o mesmo nível dos rendimentos que até então percebia e não de lhe conceder um capital para produzir rendas futuras. Com efeito, se o acidentado em poucos anos consumir o valor recebido acumuladamente, passará o restante da sua vida em arrependimento tardio, porém ineficaz. Por tudo que foi exposto, diante da análise de cada caso, pode o juiz indeferir a pretensão deduzida com apoio no parágrafo único do art. 950 do Código Civil, sempre que tiver fundamentos ponderáveis para demonstrar a inconveniência do pagamento acumulado da pensão.[29] (OLIVEIRA,

---

(22) No plano do direito material, as relações jurídicas continuativas se apresentam como "as regras jurídicas que projetam no tempo os próprios pressupostos, admitindo variações dos elementos quantitativos e qualificativos" (AMARAL SANTOS, Moacyr. *Comentários ao código de processo civil*. Rio de Janeiro: Forense, 1976. v. IV, p. 483 apud THEODORO JUNIOR, Humberto. *Coisa julgada e sentença jurídica*: alguns temas atuais de relevante importância no âmbito das obrigações tributárias. Doc eletr. Disponível em: <http://www.rkladvocacia.com/arquivos/artigos/art_srt_arquivo20100810150716.pdf>. Acesso em: 25.5.2014).
(23) THEODORO JUNIOR. *Op. cit.*
(24) Art. 471 CPC "Nenhum juiz decidirá novamente as questões já decididas, relativas à mesma lide, salvo: I — se, tratando-se de relação jurídica continuativa, sobreveio modificação no estado de fato ou de direito; caso em que poderá a parte pedir a revisão do que foi estatuído na sentença [...]".
(25) Art. 950. Parágrafo único. O prejudicado, se preferir, poderá exigir que a indenização seja arbitrada e paga de uma só vez.
(26) OLIVEIRA, Sebastião Geraldo de. *Op. cit.*, p. 258.
(27) Nesse mesmo sentido recente decisão do TST: "INDENIZAÇÃO POR DANO MATERIAL. FORMA DE PAGAMENTO. MORTE DE TRABALHADOR ACIDENTADO. INAPLICABILIDADE DO ART. 950, PARÁGRAFO ÚNICO, DO CCB. A faculdade conferida ao ofendido de pleitear o pagamento da indenização por danos materiais em cota única (art. 950, parágrafo único, do CCB) não se estende aos casos em que ocorre a morte de trabalhador acidentado, já que, para esta situação, há regra específica no Código Civil sobre a forma de pagamento da indenização — art. 948 do CCB". (TST — 3ª T. — RR 5137720125080008 — Rel. Mauricio Godinho Delgado, julgamento 6.11.2013).
(28) "RECURSO DE REVISTA. ACIDENTE DE TRABALHO. DANO MATERIAL. PENSÃO VITALÍCIA. PAGAMENTO DE UMA SÓ VEZ. ART. 950, PARÁGRAFO ÚNICO, DO CÓDIGO CIVIL. PRERROGATIVA DO JUIZ. A Subseção I Especializada em Dissídios Individuais do TST assentou o entendimento segundo o qual constitui faculdade do juiz aplicar, ou não, o disposto no art. 950, parágrafo único, do Código Civil de 2002, no que prevê a possibilidade de determinar-se o pagamento, de uma só vez, da pensão mensal proporcional à redução da capacidade laboral em virtude de acidente de trabalho". (TST 4ª T. — RR 1355001 720065150024 Rel. João Orestes Dalezen, julgado em 13.10.3013).
(29) ARE 680.594/DF, Rel. Min. Dias Toffoli, julgado em 22.6.2012.

Sebastião Geraldo de. *Indenizações por acidente do trabalho ou doença ocupacional*. 4. ed. São Paulo: LTr, 2008. p. 302)

Por outro lado, a determinação da pensão em parcela única, como afirmado anteriormente, exige uma ponderada avaliação por parte do juiz se tal exigência não importa em um ônus excessivo ao empregador. De todo conveniente que tal avaliação seja feita no momento da fixação do valor da indenização reparatória do dano, ou seja, na prolação da sentença da fase de conhecimento, quando o porte e a situação financeira da empresa são elementos a serem levados em conta pelo julgador[30]. Por parte do devedor, a determinação para, de imediato, pagar de uma vez só parcelas que, pela sentença condenatória, poderiam ser pagas parceladamente constitui em verdadeiro atentado ao direito processual a não ser surpreendido[31], já que não pôde defender-se adequadamente em relação a essa matéria na fase de conhecimento.

Este também é o magistério de Estêvão Mallet e Flávio Higa, para quem:

a possibilidade de opção pelo credor em relação à forma de pagamento (capital ou renda) deve ser postulada na petição inicial (CPC, arts. 282, IV e 288, *caput*) e discutida na fase de conhecimento (CF, art. 5º, LV), para então ser inscrita no título executivo (CPC, arts. 2º, 128 e 460), ordená-la na fase de liquidação ou execução sem um comando judicial específico macularia a coisa julgada (CF, art. 5º, XXXVI e CLT, art. 879, § 1º) e, assim, depende de expressa autorização na sentença exequenda.[32]

E não é outra a posição da jurisprudência, no caso, do Tribunal de Justiça de São Paulo:

INDENIZAÇÃO — EXECUÇÃO DE SENTENÇA — PAGAMENTO ANTECIPADO DAS PENSÕES VINCENDAS — IMPOSSIBILIDADE DIANTE DA AUSÊNCIA DE ESTIPULAÇÃO PELA DECISÃO TRANSITADA EM JULGADO — INAPLICAÇÃO DO PARÁGRAFO ÚNICO DO ART. 950 DO CÓDIGO CIVIL. A condenação ao pagamento de pensão mensal tem característica alimentar, pois sua finalidade é de complementar a renda do trabalhador que, por força do acidente automobilístico, teve reduzida sua capacidade laborativa. Com o trânsito em julgado da decisão que determinou a indenização sob a forma de pensão, não há que se falar em pagamento de uma só vez, previsto no parágrafo único do art. 950 do Código Civil. Para tanto, seria indispensável análise e arbitramento de valor único pelo juízo na fase de conhecimento. Agravo improvido.[33]

Por fim, a conversão da pensão em parcela única não justifica qualquer redução de seu valor a pretexto de beneficiar demasiadamente o credor. Como já foi dito anteriormente, o valor a ser fixado como pagamento único deve atender ao critério matemático, sem adoção de qualquer percentual redutor, sob pena de afronta à coisa julgada.

Da mesma forma, não há falar em honorários advocatícios adicionais sobre a parcela única, uma vez que estes já foram deferidos na fase de instrução e incidindo sobre a condenação, da qual as prestações deferidas como pensão mensal já fizeram parte.

Como uma sugestão prática, no momento da liberação da parcela única ao credor, não é conveniente fazê-lo através do meio usual (alvará), mas, sim, pela transferência para o nome do credor de depósito em caderneta de poupança, como uma maneira a mais de conscientizá-lo de que tal patrimônio não se destina ao consumo imediato, mas se trata de um seguro contra as incertezas do futuro.

5. Conclusões

A pensão deve ser atualizada ao longo do tempo, ainda que não haja comando expresso na decisão exequenda, a fim de que não haja esvaziamento do crédito do exequente, sendo a melhor solução determinar, independentemente de pedido do credor, que a atualização do valor da pensão acompanhe os dos reajustamentos salariais da categoria profissional da vítima, ainda que não haja qualquer impedimento legal para a fixação da pensão em salários mínimos.

A determinação judicial de constituição de capital em garantia do pagamento da pensão é uma imposição lógica que decorre da necessidade de assegurar ao credor o cumprimento da obrigação periódica pelo devedor e deve ser feita independentemente da situação financeira deste. Em caso de determinação

---

(30) GHISLENI FILHO, João e outros. Valor adequado nas ações de indenização por dano moral. *Doc. Eletr. Revista Eletrônica do TRT 4ª Região*, Ed. 113. Disponível em: <http://www.trt4.jus.br/RevistaEletronicaPortlet/servlet/113edicao.pdf>. Acesso em: 3.6.2014.

(31) Texto a ser publicado na obra coordenada por: FREIRE, Alexandre; DANTAS, Bruno; NUNES, Dierle; DIDIER JR., Fredie; MEDINA, José; FUX, Luiz; VOLPE, Luiz; MIRANDA, Pedro (coords.). *Novas Tendências do processo civil* — estudos sobre o projeto do novo CPC. Salvador: JusPodivm, 2014 (no prelo), v. II. Disponível em: <http://pt.scribd.com/doc/170988541>. Acesso em: 4.6.2014.

(32) MALLET, Estêvão; HIGA, Flávio da Costa. *Op. cit.*

(33) TJ-SP AG 900101395932, julg. 21.7.2010.

de depósito em dinheiro, as melhores aplicações financeiras são a caderneta de poupança e o Tesouro Direto. O cálculo do capital deve atender ao contido no *caput*, art. 475-Q do Código de Processo Civil, de forma a preservar sempre o capital inicial, que, em caso de término da obrigação de pagar a pensão, deve ser devolvido ao devedor. As garantias reais e bancárias também podem ser utilizadas, porém com extrema cautela. Já a consignação em pagamento somente se admite nas estritas hipóteses do parágrafo do art. 2º do art. 475-Q do Código de Processo Civil.

Apesar da literalidade do parágrafo único do art. 950 do Código Civil, não existe um direito subjetivo absoluto para o lesado de exigir o pagamento em parcela única, cabendo ao juiz ou tribunal determinar o modo mais adequado para reparação dos prejuízos.

A determinação para pagamento em parcela única deve constar necessariamente, da decisão exequenda, sob pena de configurar violação ao direito processual do devedor de não ser surpreendido, já que não pôde defender-se adequadamente em relação a essa matéria no processo de conhecimento.

Por fim, a conversão em parcela única não justifica a adoção de qualquer redução, sob pena de afronta à coisa julgada. E, com base nos mesmo argumento, não há falar em honorários adicionais sobre o pagamento da parcela única, já que estes foram calculados sobre o total da condenação.

Referências

AMARAL SANTOS, Moacyr. *Comentários ao código de processo civil*. Rio de Janeiro: Forense, 1976. v. IV *apud* THEODORO JUNIOR, Humberto. *Coisa julgada e sentença jurídica*: alguns temas atuais de relevante importância no âmbito das obrigações tributárias. Doc. eletr. Disponível em: <http://www.rkladvocacia.com/arquivos/artigos/art_srt_arquivo20100810150716.pdf>. Acesso em: 25.5.2014.

FREIRE, Alexandre e outros (coord.). *Novas tendências do processo civil* — estudos sobre o projeto do novo CPC. Salvador: JusPodivm, 2014. v. II, Doc. Eletr. Disponível em: <http://pt.scribd.com/doc/170988541>. Acesso em 4.6.2014.

GHISLENI FILHO, João e outros. Valor adequado nas ações de indenização por dano moral. *Doc. Eletr. Revista Eletrônica do TRT 4ª Região*, Ed. 113, Disponível em: <http://www.trt4.jus.br/RevistaEletronicaPortlet/servlet/113edicao.pdf>. Acesso em: 3.6.2014.

MALLET, Estêvão; HIGA, Flávio da Costa. *Indenização arbitrada em parcela única do art. 950, parágrafo único, do código civil*. Doc eletr. Disponível em: <www.revistas.usp.br/rfdusp/article/download/67987/pdf_12>. Acesso em: 31.5.2014.

OLIVEIRA, Sebastião Geraldo de. *Indenizações por acidente do trabalho ou doença ocupacional*. São Paulo: LTr, 2005.

CAPÍTULO 22

A Súmula n. 375 do STJ e a Fraude à Execução — a Visão Crítica do Processo do Trabalho

MANOEL ANTONIO TEIXEIRA FILHO[*]

1. Ato atentatório à dignidade da justiça

A fraude à execução constitui uma das modalidades legais de ato atentatório à dignidade do Poder Judiciário. É o que dispõe o art. 600 do CPC:

Considera-se atentatório à dignidade da justiça o ato do devedor que:

I — frauda a execução.

Os outros atos atentatórios, praticados pelo devedor, consistem em:

a) opor-se, maliciosamente, à execução, empregando ardis e meios artificiosos; (II)

b) resistir, injustificadamente, às ordens judiciais; (III)

c) intimado, não indicar ao juiz, em 5 (cinco) dias, quais são e onde se encontram os bens sujeitos à penhora e seus respectivos calores. (IV)

Vindo, o devedor, a praticar quaisquer dos atos previstos nos incisos I a IV do art. 600 do CPC, o juiz impor-lhe-á o pagamento de multa, em montante não superior a 20% (vinte por cento) do valor atualizado do débito em execução, sem prejuízo de outras sanções de natureza processual ou material, multa essa que reverterá em proveito do credor, exigível na própria execução. (*ibidem*, art. 601)

O processo moderno, como método estatal de solução heterônoma dos conflitos de interesses, não é, como o processo de outrora, propriedade das partes; nem o juiz figura como um "convidado de piedra" (na feliz expressão do Prof. Ricardo Nugent no Congresso Internacional sobre Justiça do Trabalho, *Anais*, Brasília, 1981), que se limita a contemplar, em atitude passiva, as partes a digladiarem-se com ampla liberdade e segundo suas conveniências. O caráter publicístico do processo contemporâneo reserva aos litigantes uma faixa extremamente diminuta de disponibilidade, e exalta a figura do juiz como condutor soberano do *devido processo legal* (CF, art. 5º, inciso LIV).

Alteado ao procedimento de *reitor do processo*, o juiz, hoje, encontra-se legalmente dotado de uma vasta quantidade de poderes necessários ao exercício dessa regência exclusiva, por força da qual a ele in-

---

(*) Advogado. Juiz do Trabalho aposentado. Professor do curso de Pós-Graduação na Faculdade de Direito de Curitiba. Membro do Instituto Latinoamericano de *Derecho del Trabajo y de la Seguridad Social*; da *Société Internacionale de Droit du Travail et de la Sécurité Sociale*; do Instituto dos Advogados do Paraná; da Academia Nacional de Direito do Trabalho e da Academia Paranaense de Letras Jurídicas. Autor de 21 livros sobre Processo do Trabalho, de uma coleção de opúsculos sobre Processo do Trabalho, de um Curso completo sobre Processo do Trabalho e de uma coleção de cadernos sobre Processo Civil, além de diversos artigos publicados em revistas especializadas.

cumbe, como *dever*, disciplinar, fiscalizar e reprimir certos atos praticados pelas partes, e mesmo por terceiro (sempre que isso for imprescindível), mediante a submissão de todos às regras procedimentais traçadas por lei.

O acentuado componente inquisitivo do processo do trabalho — presente, também, no plano das ações individuais — justifica a outorga, ao juiz do trabalho, de poderes mais amplos do que os conferidos ao juiz de direito (CLT, art. 765). Seja como for, revelam-se como expressões concretas da largueza desses poderes diretivos do magistrado, tanto no processo civil quanto no do trabalho, entre outras, as de assegurar a celeridade do procedimento, indeferindo, com vistas a isso, diligências inúteis ou meramente procrastinatórias (CPC, art. 130, segunda parte); reprimir ou prevenir atos atentatórios à dignidade da justiça (CPC, art. 125, inc. III); proferir sentença obstativa do propósito de as partes, em conluio, fazerem uso do processo para a prática de ato simulado ou visando a alcançar finalidade proibida por lei (CPC, art. 129).

Os ordenamentos processuais modernos cumularam, enfim, em sua maioria, o magistrado de um complexo de poderes, doutrinariamente designados *diretivos do processo*, que se exteriorizam, ora sob a forma jurisdicional (vinculados), ora policial (discricionários: CPC, arts. 15, 445, 446; CLT, 816), comportando os primeiros a subdivisão em ordinatórios, instrutórios e finais (SANTOS, Moacyr Amaral. *Primeiras linhas...*, p. 276-279) — embora entendamos ser possível incluir-se aí aquela classe de atos judiciais relativos à administração pública de interesses privados impropriamente denominada de "jurisdição voluntária" (*sic*).

No universo dos poderes de que se encontra provido o juiz, nos tempos atuais, interessa aos objetivos deste artigo doutrinário o respeitante ao de *advertir ao devedor de que o seu comportamento processual constitui ato atentatório à dignidade da justiça* (CPC, art. 599, inc. II). Esse poder do magistrado articula-se com os *deveres* a que estão submetidos os litigantes, os terceiros e respectivos procuradores, e que se encontram contidos, em larga medida, nos arts. 14 e 17 do CPC. Consta do primeiro:

> São deveres das partes e de todos aqueles que de qualquer forma participam do processo:
>
> I — expor os fatos em juízo conforme a verdade;
> II — proceder com lealdade e boa-fé;
> III — não formular pretensões, nem alegar defesa, cientes de que são destituídas de fundamento;
> IV — não produzir provas, nem praticar atos inúteis ou desnecessários à declaração ou defesa do direito;
> V — cumprir com exatidão os provimentos mandamentais e não criar embaraços à efetivação de provimentos judiciais, de natureza antecipatória ou final.

Estabelece o art. 17:

> Reputa-se litigante de má-fé aquele que:
>
> I — deduzir pretensão ou defesa contra texto expresso de lei ou fato incontroverso;
>
> II — alterar a verdade dos fatos;
>
> III — usar do processo para conseguir objetivo ilegal;
>
> IV — opuser resistência injustificada ao andamento do processo;
>
> V — proceder de modo temerário em qualquer incidente ou ato do processo;
>
> VI — provocar incidentes manifestamente infundados;
>
> VII — interpuser recurso com intuito manifestamente protelatório.

As razões dessa dicção legal estão lançadas na Exposição de Motivos do projeto do CPC vigente, encaminhado pelo então Ministro da Justiça Prof. Alfredo Buzaid, à consideração do Excelentíssimo Senhor Presidente da República:

> O projeto consagra o princípio dispositivo [...], mas reforça a autoridade do Poder Judiciário, armando-o de poderes para prevenir ou reprimir qualquer ato atentatório à dignidade da Justiça [...]. Este fenômeno ocorre mais frequentemente no processo de execução que no processo de conhecimento. É que o processo de conhecimento se desenvolve num sistema de igualdade entre as partes, segundo o qual ambos procuram alcançar uma sentença de mérito. Na execução, ao contrário, há desigualdade entre exequente e executado. O exequente tem posição de preeminência; o executado, estado de sujeição. Graças a essa situação de primado que a lei atribui ao exequente, realizam-se atos de execução forçada contra o devedor, que não pode impedi-los, nem subtrair-se a seus efeitos. A execução se presta, contudo, a manobras protelatórias, que arrastam os processos por anos, sem que o Poder Judiciário possa adimplir a prestação jurisdicional. (Cap. IV, "Do Plano da Reforma", III, Das Inovações, 18)

Duas atitudes poderia ter adotado o legislador ao tratar do assunto em questão: de um lado, limitar-se a declarar que ao juiz caberia prevenir ou reprimir atos atentatórios à dignidade do Poder Judiciário, sem discriminá-los; de outro, efetuar essa declaração de princípio, especificando os atos afrontosos do Judiciário. Optou, com acerto, pela última.

Enfrentamos, agora, uma questão polêmica.

O art. 601 do CPC, em sua redação original, dispunha, no *caput*, que se o devedor incidisse em quaisquer dos atos atentatórios à dignidade da Justiça, descritos nos incisos I a IV, do art. 600, ao juiz cumpriria adverti-lo para que não perseverasse na prática desses atos, sob pena de ser proibido de falar nos autos; preclusa essa decisão, o devedor não mais poderia requerer, reclamar, recorrer ou praticar qualquer outro ato processual enquanto não lhe fosse relevada a pena.

Considerando que essa penalidade — *pena de silêncio* — era extremamente grave e de duvidosa constitucionalidade, a Lei n. 8.953/94 a substituiu por uma sanção *pecuniária* (vinte por cento do valor atualizado do débito em execução), conforme consta, atualmente, da nova redação dada ao *caput* do art. 601.

Ocorre, porém, que a Lei n. 8.953/94 não revogou o parágrafo único do art. 601, de acordo com o qual o juiz relevará a pena prevista no *caput* se o devedor se comprometer a não mais praticar qualquer dos atos definidos no art. 600 do mesmo Código, e oferecer fiador idôneo, que responda ao credor pela dívida principal, juros, despesas processuais e honorários de advogado.

Apesar disso, entendemos que o parágrafo único do art. 601 do digesto de processo civil se tornou inconciliável com a nova redação do *caput* do mesmo dispositivo, que alterou a natureza da sanção imposta ao devedor praticante de ato atentatório à dignidade do Poder Judiciário.

Realmente, conforme dissemos, a mencionada norma legal, em sua redação primitiva, previa, como penalidade ao devedor, o *silêncio*. Destarte, preclusa a decisão que lhe infligira essa penalidade, ele não mais poderia requerer, reclamar, recorrer ou praticar qualquer ato processual enquanto não lhe fosse relevada a pena. Esse relevamento da penalidade era justificável porque, sem que isso ocorresse, o devedor continuaria impedido de se manifestar nos autos. Chegamos, aliás, a colocar sob suspeita a sobrevivência dessa penalidade após o advento da atual Constituição da República, que, como sabemos, exaltou, no campo processual, os princípios da *ampla defesa* e do *contraditório*. Em suma, a possibilidade de ser relevada a pena era necessária para evitar que o devedor ficasse definitivamente subordinado à cláusula do *silêncio*, imposta pelo magistrado. Perceba-se que essa pena, em si mesma, não tinha caráter patrimonial, mas, sim, *processual*.

Todavia, com a nova redação dada ao *caput* do art. 601 do CPC, a penalidade deixou de ser *processual* para tornar-se *patrimonial*, porquanto consistente em multa pecuniária calculada sobre o valor atualizado da execução. Ora, a partir daí, fica difícil admitir, dentro dessa nova realidade legislativa, que o magistrado possa relevar a pena aplicada ao devedor, pois essa multa se dá em prol do credor, como patenteia o art. 601, *caput*.

Antes, a penalidade, em decorrência de seu caráter *essencialmente processual*, estabelecia uma relação entre o devedor e o juiz; *agora*, diante da natureza *patrimonia*l e pecuniária da multa, essa relação atrai também o credor, motivo por que nos parece não ser mais possível ao juiz relevar a pena. Esse relevamento, talvez, seja lícito, quando muito, antes de formar-se, contra o devedor, a preclusão do direito de impugnar a decisão judicial que lhe aplicou a multa. Se, porém, essa decisão se tornou irrecorrível, não vemos como possa o magistrado dispensá-lo do pagamento, sem que isso implique violação ao direito do credor de ver incorporado ao seu patrimônio econômico o valor da multa.

Repisemos a nossa opinião a respeito do assunto: em princípio, a mudança da natureza jurídica da pena prevista no *caput* do art. 601 do CPC, para o devedor praticante de ato atentatório à dignidade da justiça, repele a possibilidade de a pena ser relevada, pois o parágrafo único desse dispositivo legal tornou-se inconciliável com o *caput*, conquanto aquele não tenha sido revogado de forma expressa. Somente em situações excepcionais é que se poderá cogitar do relevamento da pena, como quando não se houver formado, contra o devedor, a preclusão do direito de impugnar (por agravo de petição, elucide-se) o ato impositivo da multa.

O juiz pode poderá aplicar ao devedor, no mesmo processo, mais de uma multa? Entendemos que sim. Para nós, deverão ser tantas as multas quantas forem as vezes em que o devedor praticar quaisquer dos atos descritos no art. 600 do CPC. Expliquemo-nos melhor. Não estamos dizendo, *e. g.*, que se o devedor praticar, na mesma ocasião, *mais* de um ato atentatório deverá pagar *mais* de uma multa. Nada disso. Aqui, a multa será uma só, porque os diversos atos foram realizados na mesma oportunidade. Se, todavia, o devedor for condenado ao pagamento de uma multa, e, posteriormente, praticar um dos atos mencionados no art. 600 do CPC, a ele deverá ser imposta *nova* multa, e, assim, como afirmamos, tantas quantas forem as vezes em que ele atentar contra a dignidade do Poder Judiciário. Seria desarrazoado imaginar que o fato de haver sido condenado ao pagamento de *uma* multa o autorizaria a praticar outros atos atentatórios, sem que lhe pudessem ser impostas novas sanções pecuniárias.

Note-se que a multa será, *a cada vez*, de até vinte por cento sobre o *valor atualizado do débito*. Em outras situações, o legislador elegeu o valor *da causa* como base de cálculo da multa (CPC, art. 538, parágrafo único, relativo aos embargos de declaração protelatórios). Justifica-se o cálculo da multa de que cuida o art. 601 do CPC sobre o valor atualizado do débito porque o ato atentatório é praticado, sempre, no curso do processo de execução.

Outra indagação se impõe: essa multa é aplicável à Fazenda Pública?

Seguramente, sim, pois o art. 601 não estabelece nenhuma ressalva quanto à Fazenda Pública. Além disso, seria insensato supor que pudesse constituir prerrogativa desta a prática de atos desrespeitosos da dignidade do Poder Judiciário. Em princípio, a multa só será aplicável à Fazenda Pública nos casos dos incisos II e III do art. 600, porquanto não vemos como possa ela praticar fraude à execução (inc. I) ou deva indicar bens passíveis de penhora (inc. IV).

A decisão pela qual se impõe à Fazenda Pública a multa em foco não está sujeita ao duplo grau de jurisdição, porquanto a remessa (e não "recurso") *ex officio* está restrita ao processo *de conhecimento*. Basta ver que o art. 1º, V, do Decreto-Lei n. 779/69 menciona o "recurso" ordinário *ex officio*. Na execução, não há recurso ordinário, mas agravo de petição (CLT, art. 897, "a").

2. A fraude à execução

2.1. Conceito

A *fraude de execução*, prevista nos arts. 593 e 600, inc. I, do CPC, não se confunde com a *fraude contra credores*. Esta é disciplinada pelo direito material (CC, arts. 158 a 165), tendo como elementos tipificadores: a) o fato de o credor ser quirografário; b) o crédito ser precedente ao ato de alienação ou oneração de bens, pelo devedor; c) haja dano ao direito do credor (*eventus damni*); d) o ato de alienação ou oneração conduza o devedor à insolvência.

A fraude à execução, de *lege lata*, se configura, basicamente, pelo fato de o devedor alienar ou onerar bens, quando: a) sobre eles pendia ação fundada em direito real (ação reivindicatória ou de usucapião, hipoteca, anticrese etc.); b) à época da alienação ou oneração havia, em face do devedor, demanda judicial capaz de reduzi-lo à insolvência; c) nos demais casos previstos no CPC (art. 593, incs. I a III, respectivamente).

O *caput* do art. 593 do álbum processual civil fala em: a) alienação; ou b) oneração de bens, como pressupostos de fundo da fraude de execução; em ambos os casos, estará ocorrendo *disposição* de bens. No primeiro (alienação), o devedor pode vender, permutar, doar etc. bens mediante contrato gratuito ou oneroso, ou simulação (participando, nesta hipótese, do ato o terceiro adquirente, caracterizando, com isso, o *consilium fraudis*); no segundo (oneração), ele, mantendo o domínio sobre os bens, os grava com um dos direitos reais, dando origem, assim, a um privilégio do terceiro, que poderá concretizar-se em alienação, no caso de a obrigação garantida não vir a ser satisfeita. A oneração somente poderá ser feita por meio de contrato.

Foi, sem dúvida, arguta a observação de Mendonça Lima de que a disposição do art. 593 do CPC procurou harmonizar, entre si, dois princípios algo antagônicos: a) de um lado, o que assegura ao proprietário o direito de dispor dos seus bens, consubstanciado no art. 1.228 do CC (dele usar, gozar e dispor livremente), de índole marcadamente individualista, embora atenuado em alguns casos, como o previsto no art. 5º, inc. II, da CF; b) de outro, o que declara responderem os bens, presentes e futuros, do devedor pelo adimplemento das suas obrigações, excetuadas as restrições apontadas em lei (CPC, art. 591; *Op. cit.*, p. 554).

Realmente, se é certo que o direito material assegura ao proprietário o direito de usar, gozar e dispor com liberdade dos seus bens, não menos exato é que a norma processual o obriga a conservar, em seu patrimônio, quando devedor, bens em número ou valor bastante para atender ao cumprimento das suas obrigações, sob pena de, desrespeitada a regra legal, incidir em fraude contra os credores.

Os comentários que até aqui formulamos permitem estabelecer a regra conforme a qual o ato do devedor será caracterizado como fraude de execução ou como fraude contra credores, segundo tenha sido a época em que se deu a alienação ou a oneração do bem. Se não havia, ainda, ação ajuizada pelo credor, o caso será de fraude contra credores, cabendo a qualquer destes, conseguintemente, provar que a alienação ou oneração decorreram de má-fé, por parte do devedor; se a ação já se encontrava posta em juízo, a fraude *será de execução*, contanto que verificadas quaisquer das situações previstas nos incs. I a III do art. 593 do CPC.

2.2. Meios jurídicos de desfazimento do ato judicial declaratório da fraude

Os atos praticados em *fraude contra credores* podem ser *anulados* por ação revogatória; dispõe, com efeito, o art. 158, *caput*, do CC que "Os negócios de transmissão gratuita de bens ou remissão de dívida, quando se praticar o devedor já insolvente, ou por eles reduzido à insolvência, ainda quando o ignore, poderão ser *anulados* pelos credores quirografários como lesivos dos seus direitos". É conveniente registrar, a propósito, que: a) somente as pessoas que eram credoras ao tempo em que esses atos foram realizados poderão pleitear-lhes a anulação (CC, art. 158, § 2º); b) a ação, no caso do art. 158 (para nos fixarmos apenas neste), poderá ser ajuizada em face do devedor insolvente; a pessoa que com ele celebrou a estipulação considerada fraudulenta, ou os terceiros adquirentes que tenham procedido de má-fé (CC, art. 161).

Assinale-se, ainda, que na fraude contra credores a alienação dos bens os prejudica na qualidade de particulares (*uti singulis*), motivo por que, juridicamente, apenas eles terão *interesse* (CPC, art. 3º) em aforar ação com o objetivo de obter a declaração de nulidade do ato lesivo perpetrado pelo devedor.

A *fraude de execução*, por sua vez, é regulada pelo *direito processual*, que integra a classe dos direitos públicos; assim o é porque, transitando em julgado a sentença condenatória, ou sendo inadimplido o acordo realizado em juízo, o Estado possui interesse em que — para salvaguardar o prestígio do próprio Poder Judiciário e da autoridade que se irradia da *res iudicata* — a obrigação materializada no título executivo seja plenamente cumprida. Na fraude *contra credores* o interesse se vincula, com exclusividade, ao trinômio: credor/devedor/terceiro adquirente, estando ausente, portanto, o do Estado.

Na fraude de execução, a má-fé por parte do devedor não precisa ser provada pelo credor, como se lhe exige no caso de fraude contra credores (CC, art. 161), pois é *presumida* pela própria norma legal (CPC, art. 593); além disso, enquanto os atos praticados em fraude contra credores são *anuláveis*, os realizados em fraude de execução são *ineficazes*. Os primeiros são desconstituídos; os segundos, declarados nenhum.

Concordamos com Alcides de Mendonça Lima quando assevera que do ponto de vista do efeito prático, para o credor, as duas figuras de que estamos a nos ocupar têm um ponto em comum: "Proteger o credor contra as artimanhas do devedor para não se esquivar de solver a obrigação coativamente, quer o credor venha a mover a ação competente ('fraude contra credores'), quer o credor já a haja promovido ('fraude à execução')". (*Comentários ao código de processo civil*. 3. ed. Rio de Janeiro: Forense, 1979. v, I, t. I, p. 558).

De qualquer modo, é relevante destacar que apenas a fraude de execução constitui ilícito penal (CP, art. 179).

2.3. Casuística

Dediquemo-nos, agora, à apreciação individualizada dos casos de fraude de execução arrolados no art. 593 do CPC.

I — Quando sobre os bens pender ação fundada em direito real

No processo do trabalho não há lugar para a fraude de execução baseada nesse inciso, que pressupõe a existência de litígio acerca dos bens, de natureza *real* (*ius in re*), e que estes venham a ser alienados ou onerados pelo devedor.

A nossa convicção quanto a ser inadmissível, no processo do trabalho, a ocorrência de fraude de execução com fulcro no inciso I do art. 593 do CPC deriva do fato notório de a Justiça do Trabalho ser incompetente (*ratione materiae*) para apreciar demanda fundada em direito real.

II — Quando, ao tempo da alienação ou oneração, corria contra o devedor demanda capaz de reduzi-lo à insolvência

No inciso I, que acabamos de examinar, a lei cogita da oneração ou da alienação do bem em relação ao qual havia ação em curso, lastreada em direito real; agora, no inciso II, o que se tem em conta é o fato de a oneração ou a alienação ocorrer quando o devedor figurava como réu em ação promovida pelo credor e que não tinha como objeto os bens vendidos ou onerados.

Como a lei fala em ser o devedor *reduzido à insolvência* (em virtude da ação em que é réu), parece-nos adequado concluir que esta deve ser de *natureza condenatória*, da qual se origine um título executivo.

A similitude, aliás, da fraude de execução, disciplinada pelo inciso II do art. 593 do CPC, com a fraude contra credores, a que se refere o art. 158 do CC, é muito íntima, porquanto tanto lá como aqui a alienação ou a oneração de bens pressupõe que o devedor seja *reduzido à insolvência*; a diferença está em que — como pudemos salientar anteriormente — na fraude contra credores tais atos são praticados pelo devedor, sem que em face dele houvesse qualquer ação; na fraude de execução, a existência de ação em curso é requisito essencial à sua configuração. *Para esse efeito, em princípio, não servem as ações cautelares, porquanto estas, não tendo caráter condenatório, não podem conduzir o devedor ao estado de insolvência.*

Segundo a óptica do inciso II do art. 593 do CPC, a fraude de execução caracteriza-se, em síntese, por dois fatos *simultâneos*: a) à época da alienação ou da oneração dos bens existir em face do devedor certa demanda judicial; b) que tal demanda seja capaz de torná-lo insolvente.

O simples fato, portanto, de haver ação em andamento em face do devedor e, no curso desta, ele vier a vender ou a onerar bens não basta à configuração da fraude em estudo; para que isso ocorra, é imprescindível que o seu patrimônio seja com tal intensidade afetado pelos atos praticados que fique impossibilitado de adimplir a obrigação, vale dizer, se torne insolvente. Despicienda, para a caracterização da fraude, será a existência de penhora sobre os bens alienados ou onerados; irrelevante será, também, investigar-se se o terceiro adquirente agiu com boa-fé ou não: a presunção de má-fé emana da lei (CPC, art. 593), situação que já não se verifica na fraude contra credores, na qual incumbe ao prejudicado provar que o devedor procedeu de má-fé (CC, art. 161).

De modo genérico, o devedor aliena ou onera os seus bens *em um só ato*, que, mais tarde, é jurisdicionalmente declarado em fraude à execução; é necessário verificarmos que solução jurídica se deverá aplicar quando o devedor, ao tempo em que a ação foi ajuizada, possuía diversos bens, cujo valor global excedia, em muito, ao da dívida, mas os foi vendendo aos poucos no curso do processo, de modo que acabou por dispor de todos eles — fato que o tornou insolvente. Todas essas vendas deveriam ser julgadas como feitas em fraude à execução? Fornece-nos a resposta Almeida e Souza: "Resolutivamente, digo que só as últimas alienações até o equivalente da dívida; porque as primeiras alienações dos bens, aliás, superabundantes, foram lícitas; e só nos bens ultimamente alienados pelo devedor recaiu a proibição da lei, e com ela o vício da alienação" (*Tratado sobre as execuções*. Lisboa, 1928. p. 62, § 50).

Fraude à execução haverá, ainda, se o devedor — na previsão do inciso II do art. 593 do CPC — efetuar *doação* de bens, de maneira a tornar-se insolvente, pouco importando que tenham sido destinatários desse negócio jurídico terceiros ou futuros herdeiros do doador. Sobreleva, isto sim, a circunstância de o devedor, com essa doação, ficar sem condições patrimoniais de atender ao crédito de alguém que o demanda em juízo. Como a doação, nesse caso, é *ineficaz*, o seu efeito jurídico é nenhum, razão por que a penhora (ou o arresto) será efetuada sobre os bens doados em fraude à execução, nos termos do inciso V, do art. 592 do CPC. Em suma, age-se como se a doação não houvesse sido realizada. Ela será, enfim, *juridicamente desconsiderada*, em atendimento aos interesses do credor. Se assim não fosse, estar-se-ia permitindo que o devedor, ardilosamente, se valesse do instituto jurídico da doação como pretexto para colocar o seu patrimônio a salvo dos atos executivos, com graves prejuízos para os interesses do credor, para a própria dignidade do Poder Judiciário e para a respeitabilidade da decisão proferida — agora convertida em título executivo.

A prova, que em determinados casos poderá exigir-se do credor, é quanto ao *dano* que lhe acarretou a alienação ou a oneração de bens pelo devedor. No geral, entretanto, o juiz do trabalho perante o qual se processa a execução percebe, por si mesmo, a presença desse dano, na medida em que possui, nos autos correspondentes, todos os elementos necessários à formação de sua convicção quanto a isso.

Conquanto devamos ressalvar a existência de controvérsia doutrinária e jurisprudencial sobre o assunto, pensamos que, evidenciada a fraude de execução, a Justiça do Trabalho será competente não apenas para declarar a *ineficácia* do ato lesivo aos interesses do credor (venda, oneração, doação etc.), mas para ordenar, sempre que a providência for necessária, o *cancelamento da transcrição* ou *da inscrição* que fora feita no registro imobiliário. Preconizar-se que a competência, para esse cancelamento, da Justiça Comum será contribuir para a demora da exaustão plena da execução trabalhista, de par com criar certos embaraços ao credor, que terá de afastar-se, nesse momento, da Justiça Especializada, cuja tutela invocara.

III — Nos demais casos expressos em lei

Colocando à margem a especificação empreendida nos incisos precedentes (incs. I e II), o CPC preferiu aludir, neste (III), de maneira genérica, aos demais casos previstos em lei, em que a fraude à execução também ocorrerá.

No plano do processo civil, dentre esses casos podemos indicar os seguintes:

a) o da penhora de crédito, representado por letra de câmbio, nota promissória, duplicata, cheque ou outros títulos, que será feita pela apreensão do documento, esteja ou não em poder do devedor (CPC, art. 672, *caput*); sucede que, se o terceiro, em conluio com o devedor, vier a negar o débito, a *quitação* que este lhe vier a dar será considerada em fraude de execução (CPC, art. 672, § 3º);

b) o do art. 185, da Lei n. 5.172, de 25 de outubro de 1966 (Código Tributário Nacional), a teor do qual "presume-se fraudulenta a alienação ou a oneração de bens ou rendas, ou seu começo, por sujeito passivo em débito para com a Fazenda Pública por crédito regularmente inscrito como dívida ativa em fase de execução", salvo se o devedor houver reservado "bens ou rendas suficientes ao total pagamento da dívida em fase de execução" (parágrafo único).

No processo do trabalho, apenas poderá ocorrer a hipótese mencionada na letra *a*, pois é possível, também aqui, que a penhora incida em crédito que o devedor possua junto a terceiro, representado por quaisquer dos títulos previstos em Lei (Lei n. 6.830/80, art. 11, inc. II), cujo documento poderá estar, até mesmo, em poder do terceiro. Sendo assim, se o título não for apreendido (pelo juízo trabalhista), mas o terceiro confessar a dívida, será tido como depositário da importância; se, porém, este negar o débito, em colusão com o devedor, a quitação, que acaso vier a outorgar àquele, será reputada em fraude de execução (CPC, art. 672, §§ 1º e 3º). Por outras palavras, a quitação dada pelo devedor ao terceiro será declarada, pelo juiz do trabalho (perante o qual tem curso a execução), ineficaz, sem que, para tanto, haja necessidade de o credor ajuizar ação por meio da qual procure, exclusivamente, obter essa declaração.

2.4. A Súmula n. 375, do STJ

O STJ editou a Súmula n. 375, com o seguinte teor:

Reconhecimento da Fraude à Execução — Registro de Penhora — Prova de Má-Fé do Terceiro Adquirente. O reconhecimento da fraude à execução depende do registro da penhora do bem alienado ou da prova de má-fé do terceiro adquirente.

O que a Súmula está a expressar é que a fraude à execução somente se configurará com a ocorrência de um destes dois fatos: a) registro da penhora do bem alienado; ou b) má-fé por parte do terceiro adquirente.

A despeito de a jurisprudência trabalhista vir manifestando simpatia pela referida Súmula, entendemos que ela é inaplicável ao processo do trabalho.

Efetivamente, como vimos há pouco, nesse processo, desde muito tempo, firmou-se, no plano da doutrina e, mais tarde, no da jurisprudência, o entendimento de que a fraude à execução estaria caracterizada pelo simples fato objetivo de o devedor haver alienado ou onerado bens, no curso de uma ação judicial, sem reservar os necessários ao cumprimento de suas obrigações. Desse modo, sempre se *presumiu* a má-fé por parte do devedor. Nunca se deu preeminência ao terceiro adquirente, mesmo tendo agido de boa-fé, uma vez que a execução, por expressa disposição de lei (CPC, art. 612), se processa *no interesse do credor*. O que cabe ao terceiro de boa-fé é promover ação de indenização, na Justiça Comum, em face de quem lhe vendeu os bens em fraude à execução.

A malsinada Súmula conduz a duas situações inadmissíveis, ao menos sob o ponto de vista do processo do trabalho:

a) não considera em fraude à execução a alienação ou a oneração de bens realizada pelo devedor, no curso do processo, que ainda não estavam penhorados; na verdade, a fraude só haverá com o *registro* da penhora, o que significa dizer que um bem, mesmo penhorado, mas ainda sem registro da penhora, pode ser vendido pelo devedor;

b) transfere *para o credor* o ônus da prova quanto à existência de má-fé por parte do adquirente dos bens. Deste modo, em vez de a relação, em tema de fraude à execução, estabelecer-se entre o devedor-vendedor e o terceiro-comprador, *como sempre ocorreu*, estabelece-se entre o credor e o terceiro-comprador. Não raro, o credor trabalhista não terá condições de provar a má-fé por parte do terceiro adquirente dos bens, fazendo com que a Justiça seja levada a declarar que a alienação realizada pelo devedor foi lícita, frustrando, com isso, as justas expectativas do credor e a satisfação do seu direito. Na prática, pouco importará que o devedor-vendedor tenha agido com manifesta má-fé, pois o que se considera é a presença dessa má-fé por parte do terceiro adquirente, cujo ônus da prova é *do credor* — o que é algo, verdadeiramente, absurdo.

Em nenhum momento a lei (CPC, art. 593) exige o registro da penhora ou a existência de má-fé, por parte do terceiro adquirente, para a configuração do *ilícito processual e penal* da fraude à execução. Se a Súmula n. 375 do STJ, serve ao processo civil, não serve ao processo do trabalho. Trata-se de roupa feita para outro corpo.

É necessário, portanto, que a doutrina e a jurisprudência trabalhistas se conscientizem das consequências danosas que a Súmula acarretará nos domínios do processo do trabalho, especialmente na esfera jurídica do credor, sem ignorarmos, ainda, essas consequências no tocante à credibilidade da Justiça do Trabalho. Não estaremos perdendo o senso do comedimento se dissermos que a Súmula estimula a prática de atos dolosos pelo devedor, em detrimento do credor, sem que aquele seja punido — o que é, sobremaneira, lamentável.

À guisa de arremate de nossos argumentos críticos à Súmula n. 375 do STJ, transcreveremos, a seguir, um excerto do que escrevemos a respeito da fraude à execução, em livro:

> Questão importante a ser agora apreciada respeita ao *momento* em que o ato de venda ou de oneração de bens configura o ilícito processual (e penal, como vimos) da fraude de execução.
>
> Arredada a possibilidade de essa fraude verificar-se, no processo do trabalho, pelo motivo previsto no inc. I do art. 593 do CPC, dediquemo-nos ao exame do inc. II da sobredita norma legal. Aí se faz referência a *pender*, contra o devedor, certa demanda (capaz de torná-lo insolvente).
>
> Pois bem. Isso quer dizer que a fraude de execução requer, para a sua caracterização, a existência de *ação em curso*, em que o devedor (trabalhista) figure como réu. Em que momento, contudo, nasce a ação? É elementar que com a apresentação, em juízo, da petição inicial. Há, como sabemos, uma tendência, por parte da manifestação jurisprudencial civilista, de só admitir a fraude de execução se o devedor *já havia sido citado*. Esse entendimento parece estribar-se no art. 263 do CPC, que, após considerar como "proposta" a ação, tanto que a inicial seja despachada pelo juiz, "ou simplesmente distribuída", ressalva que o ajuizamento da ação, *quanto ao réu*, só produz os efeitos descritos no art. 219 do mesmo Código *depois que for validamente citado* (destacamos).
>
> O processo do trabalho, contudo, não se deve impressionar com essa opinião, pelo mesmo motivo que faz a doutrina correspondente reputar interrompida a prescrição, ou estabelecida a prevenção, não pelo ato citatório, e sim pela simples entrega da peça inicial em juízo, ou por sua distribuição (onde houver mais de uma Vara). Segue-se que também a fraude de execução deve ser submetida a esse critério peculiar, vale dizer, esse ilícito processual estará tipificado sempre que a venda, a doação ou a oneração de bens, pelo devedor, ocorrer ao *tempo em que a inicial já se encontrava posta em juízo, ou distribuída*, pouco importando, para isso, que ele ainda não se encontrasse citado.
>
> Dir-se-á, talvez, que se o devedor não fora ainda citado, torna-se difícil sustentar que ele poderia incorrer em fraude de execução, na medida em que desconhecia a existência de ação em que figurava como réu. Ora, o ato fraudatório, sobre o qual estamos a versar, não tem a sua existência subordinada à citação do réu, cuja má-fé, aliás, é sempre presumida legalmente. Dessa forma, será suficiente para tipificar essa fraude o fato de existir ação em face do réu, capaz de reduzi-lo à insolvência. A exigência de citação para esse efeito poderia, em muitos casos, permitir que o réu se beneficiasse da própria torpeza, como quando, logo após demitir um ou mais empregados, e antes de ser citado (em virtude da ação ajuizada por estes), viesse a vender a integralidade dos seus bens, com o escopo de frustrar a satisfação dos créditos dos trabalhadores injustamente demitidos. Nessa hipótese, não seria possível cogitar-se de fraude de execução, pois os bens foram vendidos, doados ou onerados *antes* da citação do devedor; é certo, no entanto, que, se essa disposição de bens se desse antes mesmo do ajuizamento da ação, o caso seria de fraude *contra credores*.
>
> Para que o nosso ponto de vista fique nitidamente expresso, insistamos: no processo do trabalho

a fraude de execução estará caracterizada sempre que haja, em relação ao devedor, ação já ajuizada, pouco importando que este, ao tempo em que alienou, doou ou onerou os bens, não se encontrasse ainda *citado*. (*Execução no processo do trabalho*. 11. ed. São Paulo: LTr, 2013. p. 203-205).

2.5. A hipoteca judiciária

Considerando, entretanto, que o nosso entendimento quanto à inaplicabilidade da Súmula n. 375 do STJ, ao processo do trabalho possa não vir a ser aceito, seria o caso de valorizar-se a *hipoteca judiciária* de que trata o art. 466 do CPC.

Dispõe a referida norma legal:

Art. 466. A sentença que condenar o réu no pagamento de uma prestação, consistente em dinheiro ou em coisa, valerá como título constitutivo de hipoteca judiciária, cuja inscrição será ordenada pelo juiz na forma prescrita na Lei de Registros Público.

Parágrafo único. A sentença condenatória produz a hipoteca judiciária:

I — embora a condenação seja genérica;

II — pendente arresto de bens do devedor;

III — ainda quando o credor possa promover a execução provisória da sentença.

A hipoteca judiciária é, sem dúvida, um dos mais expressivos efeitos secundários da sentença condenatória, e sua compatibilidade com o processo do trabalho parece-nos incontestável.

Nos termos da disposição legal mencionada, podemos tirar as seguintes conclusões:

a) apenas a sentença *condenatória* (do réu) produz a hipoteca judiciária e, ainda assim, desde que a condenação tenha como objeto dinheiro ou coisa. Com isso, os bens do devedor convertem-se em garantia hipotecária do credor;

b) ao contrário da hipoteca convencional, a judiciária não concede ao credor direito de preferência, mas, apenas, de sequela, consistente na faculdade de perseguir os bens do devedor, onde quer que estejam;

c) para que produza efeitos com relação a terceiros, é indispensável que a hipoteca judiciária seja inscrita no registro competente, nos termos da Lei de Registros Públicos. Entendemos que essa inscrição independe de requerimento do interessado, podendo ser promovida pelo juiz, *ex officio*. Assim opinamos, em face da redação imperativa do art. 466 do CPC, segundo a qual a sentença condenatória valerá como título constitutivo dessa espécie de hipoteca. A norma legal não condiciona a inscrição da hipoteca judiciária à iniciativa do autor ou do interessado.

Conforme vimos, a sentença condenatória produzirá essa modalidade de hipoteca mesmo que:

a) a condenação seja genérica. Conforme dispõe o art. 286 do CPC, o pedido, em princípio, deve ser certo ou determinado, para que a sentença seja líquida (CPC, art. 459, parágrafo único). Em casos excepcionais, indicados nos incisos I a III do aludido artigo, todavia, será lícito ao autor formular pedido genérico. Nesta hipótese, a condenação poderá ser também genérica e, nem por isso, deixará de produzir a hipoteca judiciária, como esclarece o inciso I, parágrafo único, do art. 466 do CPC. Sendo genérica a condenação, a consequente execução só será possível após a indispensável liquidação (CPC, arts. 475-A a 475-G; o disposto no art. 475-G é inaplicável ao processo do trabalho, em razão da regra contida no art.884, § 3º, da CLT);

b) pendente arresto de bens do devedor. O arresto constitui medida cautelar nominada e o procedimento para sua concessão está regulado pelos arts. 813 a 821 do CPC. Desse modo, em virtude da sentença condenatória, o arresto poderá ser substituído pela hipoteca judiciária, conquanto "julgada procedente" (*sic*) a ação principal o arresto possa convolar-se para penhora (CPC, art. 818);

c) o credor possa promover a execução provisória da sentença. A primeira observação a ser feita, diante desse preceito legal, é de que a sentença condenatória, para produzir a hipoteca judiciária, não precisa passar em julgado; a segunda, de que, proferida a sentença, será facultado ao autor promover a execução provisória (CPC, art. 475-O), sem prejuízo da hipoteca judiciária.

2.6. O projeto do novo CPC

Nossa preocupação quanto à orientação jurisprudencial cristalizada na Súmula n. 375 do STJ, mais se intensifica ao verificarmos que o seu conteúdo será convertido em norma legal.

Estatui, com efeito, o art. 749 do mencionado Projeto:

Art. 749. Considera-se fraude à execução a alienação ou a oneração de bens:

I — quando sobre eles pender ação fundada em direito real ou obrigação reipersecutória, desde que haja registro público ou prova da má-fé do terceiro adquirente;

II — **quando houver registro público da constrição do bem objeto de ação pendente ou prova da má-fé do terceiro adquirente;**

III — nos demais casos expressos em lei. Destacamos.

A converter-se em lei o projeto, continuaremos a argumentar com o requisito da *compatibilidade*, exigido, prudentemente, pelo art. 769 da CLT, para efeito de adoção supletiva de normas do processo civil.

A propósito, esse requisito tem sido tão maltratado pela doutrina e pela jurisprudência dos últimos tempos, que se encontra quase estertorante.

3. Homenagem a Wagner D. Giglio

Meu primeiro contato com Wagner Giglio ocorreu por intermédio dos seus livros, na altura de 1970, quando eu era acadêmico de Direito, em Curitiba. Entre esses livros, foi o *Direito Processual do Trabalho*, publicado pela LTr Editora, que exerceu maior influência em minha formação acadêmica e profissional.

Tempos depois, meu contato com ele passou a ser pessoal, pois Wagner foi promovido para o cargo de Juiz do Tribunal do Trabalho da 9ª Região, que havia sido, recentemente, criado, com sede em Curitiba e jurisdição nos Estados do Paraná e de Santa Catarina. Estávamos em 1976.

Minha admiração a Giglio fez com que, anos depois, já estando eu na magistratura do trabalho, o procurasse para indagar-lhe se se dispunha a prefaciar o meu segundo livro, *Comentários às Súmulas Processuais do TST*. Afável, Giglio não só assumiu o risco, como, impregnando-se de profunda modéstia, escreveu no prefácio, naquele distante "inverno de 1981":

O surgimento de novos e talentosos escritores, como é o caso do autor, vem suprir, com vantagem, a retirada de outros, já esgotados, ou que assim se consideram. Pessoalmente, gostaríamos de terminar por onde começa Manoel Antonio Teixeira Filho.

O processo do trabalho deve a Giglio não apenas o seu enriquecimento doutrinário, mas, sobretudo, a luta pela preservação de sua identidade, de seus princípios e de sua sobrevivência, cada vez mais ameaçada pelos cânticos sedutores que partem do processo civil. Wagner influenciou gerações e gerações com seu pensamento lúcido, preciso, incisivo e com seu estilo literário fluido como as águas cristalinas de um riacho de montanha, sem hipérboles ou sínquises. Por isso, devo dizer que Wagner é inexaurível e inesquecível, como é próprio da natureza dos luminares do pensamento humano.

Giglio é um desses homens que, embora possa, um dia, vir a afastar-se do cenário profissional, por sentir-se cansado de tanta lida, continuará a resplandecer no espírito de quantos o conheceram ou tiveram contato com suas obras.

Sei que a homenagem que agora lhe presto por meio de um modesto artigo doutrinário não está à altura do homenageado; sendo assim, rendo-lhe melhor preito com os versos de Castro Alves, em *O livro e a América*:

Oh! Bendito o que semeia

Livros [...] livros à mão cheia [...]

E manda o povo pensar!.

O livro caindo n'alma

É germe — que faz a palma,

É chuva — que faz o mar.

Vida eterna, estimado amigo.

CAPÍTULO 23

FRAUDE DE EXECUÇÃO (CPC, ART. 593, II) NO PROCESSO DO TRABALHO E A SÚMULA N. 375 DO STJ

JÚLIO CÉSAR BEBBER[(*)]

1. Considerações iniciais

Tratando da fraude de execução do art. 593, II, do CPC, o STJ consolidou o entendimento retratado na Súmula n. 375, que tem o seguinte texto: "O reconhecimento da fraude à execução depende do registro da penhora do bem alienado ou da prova de má-fé do terceiro adquirente"[(1)].

Grande parte dos órgãos da Justiça do Trabalho, apressadamente e sem muita reflexão, passaram a adotar esse mesmo entendimento, citando, inclusive, a Súmula STJ n. 375[(2)]. É adequada, entretanto, a adoção generalizada desse entendimento no processo do trabalho?

É desse assunto que me ocuparei nesse brevíssimo ensaio, com o escopo de suscitar o debate.

(*) Juiz do Trabalho. Doutor em Direito.
(1) A consolidação operada pela súmula, entretanto, foi um equívoco que parte da doutrina e da jurisprudência comete, que é o de tratar como fraude de execução a alienação de bem penhorado. A alienação particular de bem penhorado caracteriza uma espécie de fraude muito mais severa que a fraude de execução, e que torna o negócio jurídico inoponível, independentemente da insolvência do alienante. Como assevera Humberto Theodoro Júnior, a penhora que grava o bem o acompanha, "perseguindo-o no poder de quem quer que o detenha, mesmo que o alienante seja um devedor solvente" (THEODORO JÚNIOR, Humberto. *Curso de direito processual civil*. 14. ed. Rio de Janeiro: Forense. 1995. v. II, p. 111). Se o bem se encontra sob o império da apreensão judicial, portanto, "não pode sofrer qualquer limitação decorrente de ato voluntário do devedor e de outrem", salvo se previamente autorizado pelo juiz (GRECO, Leonardo. *O processo de execução*. Rio de Janeiro: Renovar, 2001. v. 2, p. 46).
(2) Em rápida pesquisa, encontram-se decisões que adotam a Súmula STJ n. 375 em quase todos os TRT: TRT-1-AP-0047600-03.1996.5.01.0067, 9ª T. Rel. Des. Leonardo Pacheco, DJ 22.7.2013; TRT-2-AP-0000207-32.2013.5.02.0076, Ac. 2013/1169631, 17ª T., Rel. Des. Fed. Soraya Galassi Lambert; DJ 25.10.2013; TRT-3-AP-86-91.2013.5.03.0135, Rel. Des. Anemar Pereira Amaral, DJ 23.10.2013; TRT-4-AP-0011091-97.2012.5.04.0271, SEE, Rel. Des. Marcelo José Ferlin D'Ambroso, DJ 3.10.2013; TRT-5-AP-809-74.2012.5.05.0011, Ac. 150384/2013, 2ª T., Rel. Des. Luíza Aparecida Oliveira Lomba, DJ 11.6.2013; TRT-6-AP-0001198-02.2012.5.06.0021, 3ª T., Rel. Des. Maria Clara Saboya Albuquerque Bernardino, DJ 23.8.2013; TRT-8-AP-0000788-47.2012.5.08.0001, 3ª T., Rel. Des. Fed. Francisca Oliveira Formigosa, DJ 18.9.2013; TRT-10-AP-0000216-50.2011.5.10.0008, Rel. Des. José Leone Cordeiro Leite; DJ 16.11.2012; TRT-11-AP-0000174-05.2012.5.11.0051, 3ª T., Rel. Des. Audaliphal Hildebrando da Silva, DJ 3.12.2012; TRT-12-AP-0001990-21.2013.5.12.0031, 4ª C., Rel. Juiz Marcos Vinicio Zanchetta, DJ 25.10.2013; TRT-13-AP-37500-95.2012.5.13.0001, Rel. Des. Eduardo Sérgio de Almeida, DJ 6.8.2012; TRT-15-AP-0001291-30.2010.5.15.0135, Ac. 73097/2013, 6ª T., Rel. Des. Alexandre Vieira dos Anjos, DJ 30.8.2013; TRT-17-AP-0117700-76.2012.5.17.0131, Rel. Des. Lino Faria Petelinkar, DJ 11.9.2013; TRT-18-AP-0002896-15.2012.5.18.0181, 1ª T., Rel. Des. Kathia Maria Bomtempo de Albuquerque, DJ 6.9.2013; TRT-19-AP-965-15.2011.5.19.0009, Rel. Des. Pedro Inácio da Silva, DJ 13.02.2013; TRT-20-RO-39600-21.2009.5.20.0005, Rel. Des. Carlos de Menezes Faro Filho, DJ 8.5.2012; TRT-21-APet-22200-02.2012.5.21.0024, Ac. 124.128, 1ª T., Rel. Juíza Simone Medeiros Jalil Anchieta, DJ 8.4.2013; TRT-23-AP-0050012-86.2013.5.23.0037, 1ª T., Rel. Des. Eliney Veloso, DJ 10.10.2013; TRT-24-AP-38300-74.2007.5.24.0072, 1ª T., Rel Des. Fed. Amaury Rodrigues Pinto Júnior, DJ 9.11.2012.

2. Alienação ou oneração de bens em fraude

O patrimônio do devedor é o lastro real que *garante* o cumprimento da obrigação. Assim, embora assegure ao devedor (titular do domínio) o direito de livremente dispor de seus bens (CC, art. 1.228), a norma legal oferece meios de controlar a alienação ou oneração realizada em prejuízo aos credores[3], cominando esse ato de ineficácia sempre que provocar ou agravar a insolvência[4], tipificando-o como:

a) *fraude contra credores* (CC, arts. 158 a 165) — cujos elementos caracterizadores são a anterioridade do crédito, a insolvência (ou o agravamento da insolvência) do devedor resultante da alienação ou oneração de bens (*eventus damni*) e a intenção fraudulenta — fraude bilateral (*consilium fraudis*);

b) *fraude de execução* (CPC, art. 593, II) — cujos elementos caracterizadores são a litispendência (demanda pendente em juízo) e a insolvência (ou agravamento da insolvência) do executado resultante da alienação ou oneração de bens (*eventus damni*).

3. Fraude de execução (CPC, art. 593, II)

Considera-se em fraude de execução a alienação ou oneração de bens quando, ao tempo da alienação ou oneração, corria contra o devedor demanda capaz de reduzi-lo à insolvência (CPC, art. 593, II). Façamos, então, um exame desses elementos.

3.1. Alienação e oneração de bens

A alienação de bem "é um ato voluntário de transferência da propriedade e pode consistir em venda, permuta, doação, dação em pagamento, renúncia à herança, partilha de bens em separação ou divórcio consensual, casamento em comunhão universal de bens etc."[5].

Oneração de bem, por sua vez, constitui "ato que, sem importar a transmissão da propriedade do bem, limita as faculdades do domínio, mediante criação, em favor de terceiro, de direito real. São direitos reais dessa espécie" os do art. 1.255 do CC, "divididos entre direitos de gozo e fruição" (servidões, usufruto, uso, habitação) "e direitos de garantia (penhor, anticrese e hipoteca). Também a promessa irretratável de venda pode gerar, preenchidos certos requisitos, direito real oponível *erga omnes*"[6].

3.2. Litispendência (demanda pendente em juízo)

A caracterização da fraude de execução exige que a alienação ou oneração de bens tenha sido realizada pelo réu na pendência de uma demanda deduzida em juízo[7]. Essa demanda pode ser sincrética (cognitiva-executiva), cognitiva, executiva ou cautelar[8], e, segundo entendimento doutrinário e jurisprudencial majoritário, o réu deve ter sido citado[9].

A citação, entretanto, não me parece ser uma exigência legal. O art. 593, II, do CPC exige, unicamente, *demanda* pendente ("corria contra o devedor demanda"). Vale dizer: demanda deduzida em juízo. Não há referência ao demandado como réu ou executado

---

(3) A dívida "não é uma *capitis diminutio*. Pelo fato de dever, não está o devedor impedido de alienar ou gravar os seus bens. Este impedimento surge quando esbarra com o princípio da boa-fé" (PAES, P. R. Tavares. *Fraude contra credores*. 3. ed. São Paulo: RT, 1993. p. 41).
O direito objetivo reconhece ao devedor a "plena liberdade de contratar e, por conseguinte, de alienar seus bens, com o único limite de não serem as alienações feitas com conhecimento do prejuízo que se vai causar aos credores por falta de outros bens capazes de garantir-lhes a satisfação de seus direitos. A lei desaprova a alienação feita nestas condições, pois a qualifica de fraudulenta" (LIEBMAN, Enrico Tullio. *Processo de execução*. 4. ed. São Paulo: Saraiva, 1980. p. 105).
(4) A transposição de bens que infringe esse limite traçado pelo princípio da boa-fé para a livre disponibilidade patrimonial caracteriza a fraude e "confere ao credor o direito de obter judicialmente a ineficácia do ato jurídico fraudulento, que aniquilou aquela garantia genérica sobre os bens do devedor, assegurada por lei" (LIMA, Alvino. *A fraude no direito civil*. São Paulo: Saraiva, 1965. p. 16).
(5) GRECO, Leonardo. *O processo de execução*. Rio de Janeiro: Renovar, 2001. v. 2. p. 39.
(6) ZAVASKI, Teori Albino. *Comentários ao código de processo civil*. São Paulo: RT, 2000. v. 8, p. 280.
(7) Como ressalta Humberto Theodoro Júnior, "não existe a fraude de execução na iminência do processo" (THEODORO JÚNIOR, Humberto. *Processo de execução*. 6. ed. São Paulo: Leud, 1981. p. 172).
(8) "Na fraude contra a execução, o ato fraudulento do obrigado deverá coincidir com a pendência de qualquer processo (art. 219, *caput*, 1ª parte), pouco importando sua função (cognição, execução ou cautelar). É desnecessário que seja processo de execução" (ASSIS, Araken de. *Comentários ao código de processo civil*. Rio de Janeiro: Forense, 1999. v. VI, p. 229).
(9) ASSIS, Araken. *Comentários ao código de processo civil*. Rio de Janeiro: Forense, 1999. v. VI, p. 229; DINAMARCO, Cândido Rangel. *Execução civil*. 3. ed. São Paulo: Malheiros, 1993. p. 280-1; MOURA, Mário de Aguiar. *O processo de execução*. Porto Alegre: Emma, 1975. p. 195; TEIXEIRA, Sálvio de Figueiredo. Fraude de execução. *Revista da Ajuris* 37/229.

(citado). O protocolo da petição inicial, portanto, "é o quanto basta para o reconhecimento da configuração da fraude de execução, pouco importando que a própria citação do devedor e a própria penhora do bem houvessem ocorrido após a alienação, que, na linguagem desenganada da lei, foi efetuada quando já em curso demanda capaz de reduzir o executado à insolvência"[10].

3.3. Insolvência

A caracterização da fraude de execução exige que a alienação ou oneração de bens provoque a insolvência do devedor, frustrando, assim, a atividade judicial[11].

Presume-se a insolvência se não forem localizados bens passíveis de penhora ou quando os bens localizados não tiverem aceitação no mercado ou possuírem liquidez insuficiente para saldar a dívida (CPC, art. 750, I). Nesse caso, a penhora recairá sobre os bens alienados ou gravados na pendência da demanda judicial[12], cabendo ao adquirente o ônus de elidir a presunção, por meio de "embargos de terceiro"[13].

4. Concilium fraudis (fraude bilateral)

A *bilateralidade da fraude* ou o *consilium fraudis* (requisito subjetivo) não era considerado um requisito necessário à caracterização da fraude de execução (CPC, art. 593, II). A esta bastava a presença de elementos puramente objetivos (*alienação e oneração de bens, litispendência e insolvência*)[14], acrescida da *fraude unilateral*[15], presumível pelo estado de insolvência produzido pela alienação ou oneração de bens na pendência de demanda judicial.

Com a publicação das Leis ns. 10.444/02 e 11.382/06, o art. 659, § 4º, do CPC passou a ter a seguinte redação: "a penhora de bens imóveis realizar-se-á mediante auto ou termo de penhora, cabendo ao exequente [...] providenciar, para presunção absoluta de conhecimento por terceiros, a respectiva averbação no ofício imobiliário, mediante a apresentação de certidão de inteiro teor do ato, independentemente de mandado judicial".

Diante disso, parte da doutrina e da jurisprudência passou a sustentar que a norma legal exige, ao menos no caso de bens imóveis, a má-fé do terceiro-adquirente (*concilium fraudis*). A má-fé:

a) *é presumida* — na hipótese de haver, ao tempo da alienação, averbação ou registro da penhora junto à matrícula do bem imóvel. Trata-se, no caso, de presunção absoluta de má-fé do terceiro-adquirente;

b) *deve ser provada pelo exequente* — na hipótese de não haver, ao tempo da alienação, averbação ou registro da penhora junto à matrícula do bem imóvel. Nesse caso, a presunção que se estabelece é a presunção relativa de boa-fé do terceiro adquirente.

Esse entendimento, então confinado aos bens imóveis (CPC, art. 659, § 4º), assumiu contorno geral por força de interpretação jurisprudencial, sendo assim retratado na Súmula STJ n. 375: "O reconhecimento da fraude à execução depende do registro da

---

(10) CAHALI, Yussef Said. *Fraudes contra cedores*. São Paulo: RT, 1989. p. 464.
No mesmo sentido: LIMA, Alcides de Mendonça de. *Comentários ao código de processo civil*. 6. ed. Rio de Janeiro: Forense, v. VI, p. 452; WELTER, Belmiro Pedro. *Fraude de execução*. Porto Alegre: Síntese, 1997. p. 37; DIAS, Ronaldo Brêtas de Carvalho. *Fraude à execução. Digesto de processo*. Rio de Janeiro: Forense, 1985. v. 3, p. 6; DIAS, Maria Berenice. Fraude à execução. *Revista Ajuris* 50/75.
(11) O simples fato "de haver ação em andamento contra o devedor e, no curso desta, ele vier a vender ou onerar os seus bens, não basta à configuração da fraude em estudo; para que isso ocorra, é preciso que o seu patrimônio seja com tal intensidade afetado pelos atos praticados, que fique impossibilitado de adimplir a obrigação, ou seja, se torne insolvente" (TEIXEIRA FILHO, Manoel Antonio. *Execução no processo do trabalho*. 3. ed. São Paulo: LTr, 1992. p. 185).
(12) "Se, no curso da demanda capaz de reduzi-lo à insolvência, o devedor alienou ou onerou vários bens em diferentes momentos, a ineficácia não atingirá, necessariamente, a todas as operações, mas tão-somente aquelas a partir das quais resultou comprometida a força patrimonial do executado. A constrição judicial, consequentemente, há de se dar na ordem inversa das alienações ou onerações, começando pelos últimos bens comprometidos e regredindo progressivamente até alcançar o montante necessário para o atendimento integral da prestação devida e dos seus acessórios" (ZAVASKI, Teori Albino. *Comentários ao código de processo civil*. São Paulo: RT, 2000. v. 8, p. 285).
(13) DINAMARCO, Cândido Rangel. *Execução civil*. 3. ed. São Paulo: Malheiros, 1993. p. 280.
Como esclarece José Carlos Barbosa Moreira, "a pessoa a quem a presunção desfavorece suporta o ônus de demonstrar o contrário, independentemente de sua posição processual" (BARBOSA MOREIRA, José Carlos. *Temas de direito processual civil* — 1ª série. 2. ed. São Paulo: Saraiva, 1988. p. 60).
(14) "A fraude de execução revela-se mediante dados puramente objetivos, caracterizados pela insolvência e pela pendência de um processo, não se cogitando do *consilium fraudis*" (DINAMARCO, Cândido Rangel. *Execução civil*. 3. ed. São Paulo: Malheiros, 1993. p. 275).
(15) Como observa José Luiz Bayeux Filho, é "absurdo pensar-se em fraude desprezando-se por completo o *ânimo*, o elemento subjetivo, como chegam a afirmar muitos processualistas. O *animus malus* está ínsito no conceito de fraude. Não pode ser separado dele" (BAYEUX FILHO, José Luiz. Fraude contra credores e fraude de execução. *Revista de Processo* n. 61/251).

penhora do bem alienado ou da prova de má-fé do terceiro adquirente".

Essa *virada* jurisprudencial consagrou o entendimento de que a má-fé do terceiro-adquirente (*concilium fraudis*) é indispensável à caracterização da fraude de execução, e:

a) *resta presumida* — na hipótese de haver, ao tempo da alienação, averbação ou registro da penhora junto à matrícula, cadastro ou registro bem imóvel, móvel ou semovente no órgão registral competente;[16]

b) *deve ser provada pelo exequente* — na hipótese de não haver, ao tempo da alienação, averbação ou registro da penhora junto à matrícula, cadastro ou registro bem imóvel, móvel ou semovente no órgão registral competente.

Adotado o direcionamento da Súmula STJ n. 375, então, a fraude de execução exige a presença de elementos objetivos (alienação e oneração de bens, litispendência e insolvência) e subjetivos (*concilium fraudis*).

5. Fraude de execução fiscal

Ao mesmo tempo em que fixou a interpretação do art. 593, II, do CPC na Súmula n. 375, no julgamento do RESP-1.141.990/PR, submetido ao rito dos recursos repetitivos (CPC, art. 543-C), a 1ª Seção do STJ esclareceu que referida súmula não é aplicável aos créditos tributários. A premissa balizadora dessa conclusão foi a de que na fraude fiscal há afronta a interesse público (*o recolhimento dos tributos serve à satisfação das necessidades coletivas*) que justifica a diferença de tratamento em relação à fraude civil (*em que está em jogo mero interesse privado*).

Assim, à caracterização da fraude de execução fiscal é prescindível (despicienda) a existência do elemento subjetivo, operando-se "*in re ipsa*, vale dizer, tem caráter absoluto, objetivo, dispensando o *concilium fraudis*" (RESP-1.141.990/PR). Daí por que se presume em fraude de execução (*jure et de jure*) a alienação ou oneração de bens ou rendas (ou seu começo) capaz de reduzir o alienante à insolvência:

a) ocorrida após a citação em execução fiscal (crédito tributário) — *até 8.6.2005* (CTN, art. 185 — redação original);[17]

b) ocorrida após a inscrição na dívida ativa — *a partir de 9.6.2005* (CTN, art. 185 — redação dada pela LC n. 118/05).[18]

Eis a ementa do RESP-1.141.990/PR:

PROCESSUAL CIVIL [...]. DIREITO TRIBUTÁRIO [...]. 1. A lei especial prevalece sobre a lei geral (*lex specialis derrogat lex generalis*), por isso que a Súmula n. 375 do Egrégio STJ não se aplica às execuções fiscais. 2. O art. 185 do Código Tributário Nacional — CTN, assentando a presunção de fraude à execução, na sua redação primitiva, dispunha que: "Art. 185. Presume-se fraudulenta a alienação ou oneração de bens ou rendas, ou seu começo, por sujeito passivo em débito para com a Fazenda Pública por crédito tributário regularmente inscrito como dívida ativa em fase de execução. Parágrafo único. O disposto neste artigo não se aplica na hipótese de terem sido reservados pelo devedor bens ou rendas suficientes ao total pagamento da dívida em fase de execução". 3. A Lei Complementar n. 118, de 9 de fevereiro de 2005, alterou o art. 185 do CTN, que passou a ostentar o seguinte teor: "Art. 185. Presume-se fraudulenta a alienação ou oneração de bens ou rendas, ou seu começo, por sujeito passivo em débito para com a Fazenda Pública, por crédito tributário regularmente inscrito como dívida ativa. Parágrafo único. O disposto neste artigo não se aplica na hipótese de terem sido reservados, pelo devedor, bens ou rendas

---

(16) EXECUÇÃO [...]. 1. A inexistência de inscrição da penhora no Detran afasta a presunção de conluio entre alienante e adquirente do automóvel e, como resultado, o terceiro que adquire de boa-fé o veículo não pode ser prejudicado no reconhecimento da fraude à execução. 2. 'A jurisprudência pacífica desta Corte inclina-se no sentido de que presume-se a boa-fé do terceiro adquirente quando não houver registro no órgão competente acerca da restrição de transferência do veículo, devendo ser comprovado pelo credor que a oneração do bem resultou na insolvência do devedor e que havia ciência da existência de ação em curso (Precedentes: REsp 944.250/RS, Rel. Min. Castro Meira, DJ 20.8.2007; AgRg no REsp 924.327/RS, Rel. Min. José Delgado, DJ 13.8.2007; AgRg no Ag 852.414/DF, Rel. Min. Nancy Andrighi, DJ 29.6.2007)'. (REsp 675.361/CE, Rel. Min. Mauro Campbell Marques, Segunda Turma, julgado em 25.8.2009, DJe 16.9.2009). 3. Incidência da Súmula n. 375 do STJ: O reconhecimento da fraude à execução depende do registro da penhora do bem alienado ou da prova de má-fé do terceiro adquirente (STJ-EDcl no AgRg no Ag 1168534/RS, 2ª T., Rel. Min. Humberto Martins, DJ 11.11.2010).
(17) CTN, art. 185. Presume-se fraudulenta a alienação ou oneração de bens ou rendas, ou seu começo, por sujeito passivo em débito para com a Fazenda Pública por crédito tributário regularmente inscrito como dívida ativa em fase de execução.
Parágrafo único. O disposto neste artigo não se aplica na hipótese de terem sido reservados pelo devedor bens ou rendas suficientes ao total pagamento da dívida em fase de execução.
(18) CTN, art. 185. Presume-se fraudulenta a alienação ou oneração de bens ou rendas, ou seu começo, por sujeito passivo em débito para com a Fazenda Pública, por crédito tributário regularmente inscrito como dívida ativa. (Redação dada pela LC n. 118, de 2005).
Parágrafo único. O disposto neste artigo não se aplica na hipótese de terem sido reservados, pelo devedor, bens ou rendas suficientes ao total pagamento da dívida inscrita. (Redação dada pela LC n. 118, de 2005).

suficientes ao total pagamento da dívida inscrita". 4. Consectariamente, a alienação efetivada antes da entrada em vigor da LC n. 118/05 (9.6.2005) presumia-se em fraude à execução se o negócio jurídico sucedesse a citação válida do devedor; posteriormente à 9.6.2005, consideram-se fraudulentas as alienações efetuadas pelo devedor fiscal após a inscrição do crédito tributário na dívida ativa. 5. A diferença de tratamento entre a fraude civil e a fraude fiscal justifica-se pelo fato de que, na primeira hipótese, afronta-se interesse privado, ao passo que, na segunda, interesse público, porquanto o recolhimento dos tributos serve à satisfação das necessidades coletivas. 6. É que, consoante a doutrina do tema, a fraude de execução, diversamente da fraude contra credores, opera-se *in re ipsa*, vale dizer, tem caráter absoluto, objetivo, dispensando o *concilium fraudis* (FUX, Luiz. *O novo processo de execução*: o cumprimento da sentença e a execução extrajudicial. 1. ed. Rio de Janeiro: Forense, 2008. p. 95-96; DINAMARCO, Cândido Rangel. *Execução civil*. 7. ed. São Paulo: Malheiros, 2000. p. 278-282; MACHADO, Hugo de Brito. *Curso de direito tributário*. 22. ed. São Paulo: Malheiros, 2003. p. 210-211; AMARO, Luciano. *Direito tributário brasileiro*. 11. ed. São Paulo: Saraiva, 2005. p. 472-473; BALEEIRO, Aliomar. *Direito tributário brasileiro*. 10. ed. Rio de Janeiro: Forense, 1996. p. 604). 7. A jurisprudência hodierna da Corte preconiza referido entendimento consoante se colhe abaixo: "O acórdão embargado, considerando que não é possível aplicar a nova redação do art. 185 do CTN (LC n. 118/05) à hipótese em apreço (*tempus regit actum*), respaldou-se na interpretação da redação original desse dispositivo legal adotada pela jurisprudência do STJ" (EDcl no AgRg no Ag 1.019.882/PR, Rel. Ministro Benedito Gonçalves, Primeira Turma, julgado em 6.10.2009, DJe 14.10.2009). "Ressalva do ponto de vista do relator que tem a seguinte compreensão sobre o tema: [...] b) Na redação atual do art. 185 do CTN, exige-se apenas a inscrição em dívida ativa prévia à alienação para caracterizar a presunção relativa de fraude à execução em que incorrem o alienante e o adquirente (regra aplicável às alienações ocorridas após 9.6.2005)" (REsp 726.323/SP, Rel. Ministro Mauro Campbell Marques, Segunda Turma, julgado em 4.8.2009, DJe 17.8.2009). "Ocorrida a alienação do bem antes da citação do devedor, incabível falar em fraude à execução no regime anterior à nova redação do art. 185 do CTN pela LC n. 118/05 (AgRg no Ag 1.048.510/SP, Rel. Ministra Eliana Calmon, Segunda Turma, julgado em 19.8.2008, DJe 6.10.2008). A jurisprudência do STJ, interpretando o art. 185 do CTN, até o advento da LC n. 118/05, pacificou-se, por entendimento da Primeira Seção (EREsp 40.224/SP), no sentido de só ser possível presumir-se em fraude à execução a alienação de bem de devedor já citado em execução fiscal" (REsp 810.489/RS, Rel. Ministra Eliana Calmon, Segunda Turma, julgado em 23.6.2009, DJe 6.8.2009). 8. A inaplicação do art. 185 do CTN implica violação da Cláusula de Reserva de Plenário e enseja reclamação por infringência da Súmula Vinculante n. 10, *verbis*: "Viola a cláusula de reserva de plenário (CF, art. 97) a decisão de órgão fracionário de tribunal que, embora não declare expressamente a inconstitucionalidade de lei ou ato normativo do poder público, afasta sua incidência, no todo ou em parte". 9. Conclusivamente: (a) a natureza jurídica tributária do crédito conduz a que a simples alienação ou oneração de bens ou rendas, ou seu começo, pelo sujeito passivo por quantia inscrita em dívida ativa, sem a reserva de meios para quitação do débito, gera presunção absoluta (*jure et de jure*) de fraude à execução (lei especial que se sobrepõe ao regime do direito processual civil); (b) a alienação engendrada até 8.6.2005 exige que tenha havido prévia citação no processo judicial para caracterizar a fraude de execução; se o ato translativo foi praticado a partir de 9.6.2005, data de início da vigência da Lei Complementar n. 118/05, basta a efetivação da inscrição em dívida ativa para a configuração da figura da fraude; (c) a fraude de execução prevista no art. 185 do CTN encerra presunção jure et de jure, conquanto componente do elenco das 'garantias do crédito tributário'; (d) a inaplicação do art. 185 do CTN, dispositivo que não condiciona a ocorrência de fraude a qualquer registro público, importa violação da Cláusula Reserva de Plenário e afronta à Súmula Vinculante n. 10 do STF. 10. *In casu*, o negócio jurídico em tela aperfeiçoou-se em 27.10.2005, data posterior à entrada em vigor da LC n. 118/05, sendo certo que a inscrição em dívida ativa deu-se anteriormente à revenda do veículo ao recorrido, porquanto, consoante dessume-se dos autos, a citação foi efetuada em data anterior à alienação, restando inequívoca a prova dos autos quanto à ocorrência de fraude à execução fiscal. 11. Recurso especial conhecido e provido. Acórdão submetido ao regime do art. 543-C do CPC e da Resolução STJ n. 8/08. (STJ-REsp-1141990/PR, 1ª Seção, Rel. Min. Luiz Fux, DJ 19.11.2010)

A fraude de execução fiscal, portanto, exige a presença de elementos objetivos (alienação e oneração de bens e rendas ou começo desses negócios jurídicos, inscrição na dívida ativa a partir de 9.6.2005, litispendência até 8.6.2005 e insolvência) e prescinde (dispensa) do elemento subjetivo (*concilium fraudis*).

6. Fraude de execução trabalhista

Ao diferençar a fraude de execução civil da fraude de execução fiscal, o STJ tomou como premissa a natureza dos interesses afrontados pelo negócio jurídico (interesse privado e interesse público). Se esse, então, é o balizamento que define os elementos caracterizadores da fraude de execução, pode-se desde logo afirmar que o entendimento da Súmula STJ n. 375 não é aplicável na fraude de execução trabalhista, uma vez que os créditos trabalhistas (e acidentários) possuem natureza alimentar. O direito afrontado pelo negócio jurídico é, portanto, a dignidade da pessoa humana (CF, art. 1º, III).

Mesmo que se possa dizer que os créditos trabalhistas (e acidentários) possuem natureza salarial *lato sensu*, ainda assim ostentam preeminência sobre os créditos civis. Aliás, a preeminência dos créditos trabalhistas (e acidentário) se verifica, inclusive, diante de créditos tributários (CTN, art. 186)[19]. A aplicação do entendimento da Súmula STJ n. 375 aos créditos trabalhistas (e acidentários) judicializados, por isso, os rebaixa diante dos créditos fiscais e subverte o sistema legal.

7. Considerações finais

A caracterização da fraude de execução depende dos interesses afrontados pelo negócio jurídico. Se a afronta for a:

a) *interesse privado (crédito de natureza civil)* — a caracterização da fraude de execução exige a presença de elementos objetivos (alienação e oneração de bens, litispendência e insolvência) e subjetivos (*concilium fraudis*);

b) *interesse público (crédito tributário) e humanitário (crédito de natureza alimentar)* — a caracterização da fraude de execução exige unicamente a presença de elementos objetivos (alienação e oneração de bens, litispendência e insolvência).

Não é adequada, portanto, a adoção generalizada da Súmula STJ n. 375 no processo do trabalho.

Referências

ASSIS, Araken de. *Comentários ao código de processo civil*. Rio de Janeiro: Forense, 1999. v. VI.

BARBOSA MOREIRA, José Carlos. *Temas de direito processual civil*. 1. série. 2. ed. São Paulo: Saraiva. 1988.

BAYEUX FILHO, José Luiz. Fraude contra credores e fraude de execução. *Revista de Processo* n. 61/251.

CAHALI, Yussef Said. *Fraudes contra credores*. São Paulo: RT, 1989.

DIAS, Maria Berenice. Fraude à execução. *Revista Ajuris* 50/75.

DIAS, Ronaldo Brêtas de Carvalho. *Fraude à execução. Digesto de processo*. Rio de Janeiro: Forense, 1985. v. 3.

DINAMARCO, Cândido Rangel. *Execução cvil*. 3. ed. São Paulo: Malheiros. 1993.

GRECO, Leonardo. *O processo de execução*. Rio de Janeiro: Renovar. 2001. v. 2.

LIEBMAN, Enrico Tullio. *Processo de execução*. 4. ed. São Paulo: Saraiva. 1980.

LIMA, Alcides de Mendonça de. *Comentários ao código de processo civil*. 6. ed. Rio de Janeiro: Forense, 1979. v. VI.

LIMA, Alvino. *A fraude no direito civil*. São Paulo: Saraiva, 1965.

MOURA, Mário de Aguiar. *O processo de execução*. Porto Alegre: Emma, 1975.

PAES, P. R. Tavares. *Fraude contra credores*. 3. ed. São Paulo: RT, 1993.

TEIXEIRA FILHO, Manoel Antônio. *Execução no processo do trabalho*. 3. ed. São Paulo: LTr. 1992.

TEIXEIRA, Sálvio de Figueiredo. Fraude de execução. *Revista da Ajuris* 37/229.

THEODORO JÚNIOR, Humberto. *Processo de execução*. 6. ed. São Paulo: Leud, 1981.

WELTER, Belmiro Pedro. *Fraude de execução*. Porto Alegre: Síntese, 1997.

---

(19) CTN, art. 186. O crédito tributário prefere a qualquer outro, seja qual for sua natureza ou o tempo de sua constituição, ressalvados os créditos decorrentes da legislação do trabalho ou do acidente de trabalho.

CAPÍTULO 24

FRUSTRAÇÃO DA EXECUÇÃO TRABALHISTA EM RAZÃO DA ALIENAÇÃO DE BENS PELO DEPOSITÁRIO

EDUARDO TORRES CAPRARA[*]

1. Introdução

Em que pese a importância da fase de conhecimento em qualquer ramo do direito, é a fase de execução a mais emblemática e controvertida. Isso porque é nela que se manifesta o comando sentencial, determinando o cumprimento do provimento alcançado ao vitorioso, sob pena de execução forçada do julgado.

Ainda que por vezes as condenações sejam adimplidas voluntariamente, ou sejam objeto de acordo, o ingresso na fase executiva é necessário em grande parte dos processos levados ao conhecimento da Justiça do Trabalho e, não raro, as personagens do processo se deparam com situações peculiares em que o bem, apesar de constrito, é alienado pelo depositário, que expressamente assumiu o encargo de guardá-lo.

Tal situação, de acordo com a atual orientação assumida pelo Supremo Tribunal Federal, deixou de dar lugar à prisão do depositário, razão pela qual se tornaram mais frequentes as situações em que o bem penhorado, notadamente de natureza móvel, simplesmente desaparece do patrimônio do devedor, requerendo um novo esforço do Poder Judiciário e dos militantes na Justiça Laboral para punir aquele que descumpre seu encargo.

2. A execução trabalhista

No processo trabalhista, a execução sempre foi sincrética, é dizer, processada e executada nos mesmos autos e perante o mesmo juízo. Ainda assim, parcela da doutrina refere que a execução de sentença trabalhista dá lugar a um novo processo, pois se iniciaria com a "citação" do executado (art. 880 da CLT), e pela relação havida entre o processo do trabalho e o processo civil que, nos termos originários de seu digesto, previu capítulo específico e autônomo para o trato da execução.

Outra parcela da doutrina, porém, sustenta que a execução trabalhista cuida-se de simples fase do processo de conhecimento, não havendo que se falar em autonomia da execução trabalhista, pois permitida a execução de ofício pelo magistrado (art. 878 da CLT), o que violaria o princípio da demanda. No mesmo sentido, cumpre referir, vem o art. 880 da CLT, ao exigir do interessado em promover a execução simples "requerimento", e a existência de títulos executivos extrajudiciais (art. 876 da CLT).

(*) Advogado. Professor Universitário e de Cursos Preparatórios para concursos e OAB. Pós-Graduado em Processo Civil pela PUC-RS. Mestre e Doutorando pela Universidade Pablo de Olavide, Servilha-Espanha.

Segundo leciona Bezerra Leite, a primeira corrente perde força quando a Constituição Federal, em seu art. 114, § 3º, recebeu redação que retirou do Presidente do Tribunal a atribuição de instaurar dissídios coletivos de greve, de ofício, cumprindo a adoção uma reinterpretação evolutiva do termo "citação", constante do art. 880 da CLT. Ambos os argumentos, sustenta, são reforçados pela atual redação do art. 876 da CLT, dada pela Lei n. 9.958/00, que esclareceu a distinção entre os procedimentos executivos de títulos judiciais e extrajudiciais trabalhistas[1].

Na mesma senda, as alterações promovidas no processo civil, principalmente pela Lei n. 11.232/05, introduziram o cumprimento de sentença civil, no intuito de empregar-lhe maior efetividade, e com isso a tornou mais assemelhada à execução trabalhista[2], atendendo ao disposto no art. 7º da EC n. 45/04[3].

Desta sorte, pode-se afirmar que a execução trabalhista consiste no procedimento sincrético de concretização do julgado, de entrega do objeto da condenação ou coação do executado a fazer ou deixar de fazer o que fora determinado em sentença, seja por meio de seu sistema de efetivação do título executivo judicial, seja por meio de sua sistemática de execução de títulos extrajudiciais, sendo que em ambos os casos, o primeiro ato de constrição patrimonial, por excelência, quando tiverem por objeto obrigação de pagar quantia certa, é a penhora.

3. Penhora e depósito no processo do trabalho

Conceitualmente, como bem refere Araken de Assis[4], a penhora é entendida como o ato executivo que afeta determinado bem à execução, permitindo sua ulterior expropriação, e torna os atos de disposição praticados por seu proprietário ineficazes perante o processo.

No processo do trabalho, a penhora se dá quando o executado, intimado a pagar a execução por quantia certa, em 48 horas, e este não o faz (arts. 880 e 883 da CLT), sendo penhorados tantos bens quanto bastem para fazer frente à execução.

Conquanto haja corrente doutrinária que tenha defendido a natureza cautelar ou real da constrição, a penhora tem por objetivo não acautelar o bem, mas sim converter o bem no objeto da prestação devida[5], determinando o bem sobre o qual se realizará a expropriação, e fixar sua sujeição à ação executiva[6].

Pode-se dizer, então, que, com a penhora, se isolam os bens no patrimônio excutido e, em consequência, os afeta, destinando-os à finalidade expropriativa, imprimindo-lhes a ineficácia do poder de disposição do executado, preservando seu caráter instrumental[7], ou seja, não se retira do executado o poder sobre o bem, mas torna ineficazes eventuais atos de disposição praticados que venham a prejudicar a execução.

Penhorados os bens, no processo trabalhista, estes são imediatamente avaliados (art. 8º, I, da Lei n. 6.830/80. Aplicado subsidiariamente por força do art. 889 da CLT), o executado tem cinco dias para apresentar embargos (art. 884 da CLT). No auto de penhora, conforme determinação expressa do CPC[8], será nomeado o depositário dos bens penhorados, por nomeação do oficial de justiça, podendo o encargo ser expressamente recusado, como já sumulou o Egrégio Superior Tribunal de Justiça[9].

O depositário, nos termos do art. 627 do CC, é aquele que recebe em depósito um bem móvel, para guardar, até que o depositante o reclame. No caso do depositário judicial, a determinação para guarda do bem é encargo, que deve ser expressamente aceito pelo depositário, como consolidou o TST ao se pronunciar sobre a matéria, plasmando o teor da Orientação Jurisprudencial n. 89 da SDI-2, que sustenta a impossibilidade de prisão civil do depositário

---

(1) LEITE, Carlos Henrique Bezerra. *Curso de direito processual do trabalho*. 11. ed. São Paulo: LTr, 2013.
(2) Nesse sentido: MONTENEGRO NETO, Francisco. A nova execução e a influência do processo do trabalho no processo civil. *Jus Navigandi*, Teresina, ano 11, n. 928, 17 jan. 2006. Disponível em: <http://jus.com.br/artigos/7835>. Acesso em: 1º.4.2014.
(3) Assim restou redigido o citado artigo: "Art. 7º O Congresso Nacional instalará, imediatamente após a promulgação desta Emenda Constitucional, comissão especial mista, destinada a elaborar, em cento e oitenta dias, os projetos de lei necessários à regulamentação da matéria nela tratada, bem como promover alterações na legislação federal objetivando tornar mais amplo o acesso à Justiça e mais célere a prestação jurisdicional".
(4) ASSIS, Araken. *Manual da execução*. 11. ed. São Paulo: RT, 2007. p. 592.
(5) CARNACINI, Tito. *Contributto ala teoria del pignoramento*. Pádua: Cedam, 1936. p. 16.
(6) CARNELUTTI, Fancesco. *Instituzioni del processo civile italiano*. 5. ed. Roma: Il Foro, 1956. v. 3, n. 683.
(7) REDENTI, Enrico. *Diritto processuale civile*. 2. ed. Milão: Giufrè, 1957. v. 3, p. 169.
(8) Art. 665, IV, do CPC, aplicado por força do art. 889 da CLT, c/c art. 1º da Lei n. 6.830/80.
(9) Súmula n. 319 do STJ: O encargo de depositário de bens penhorados pode ser expressamente recusado.

infiel que não fora investido com aceitação expressa do encargo[10].

Verifica-se, do teor da Orientação, que o Brasil autorizava a prisão civil do depositário infiel (que não restitui o bem quando reclamado), diante de expressa autorização constitucional (art. 5º, LXVII) e do art. 652 do CC. Contudo, o STF, em 2008, no julgamento dos Recursos Extraordinários ns. 349703[11] e 466343[12], e do *Habeas Corpus* 87.585[13], colmatou intepretação restritiva ao texto constitucional e à norma Civil para adaptar seu conteúdo tanto ao Pacto de São José da Costa Rica, como também ao Pacto Internacional sobre Direitos Civis e Políticos da ONU e à Declaração Americana dos Direitos da Pessoa Humana, firmada em 1948, em Bogotá (Colômbia), extirpando do ordenamento jurídico brasileiro qualquer interpretação que autorizasse a prisão civil do depositário infiel, e mantendo a possibilidade de prisão civil do devedor de alimentos.

No mesmo sentido, editou a Súmula Vinculante n. 25, que declara ser ilícita a prisão civil de depositário infiel, qualquer que seja a modalidade do depósito.

Vale referir que o Pacto de São José da Costa Rica, internalizado com *status* supralegal no ordenamento jurídico brasileiro[14], em seu art. 7º, item 7, que aborda o Direito à Liberdade Pessoal, categoricamente determina:

7. Ninguém deve ser detido por dívida. Este princípio não limita os mandados de autoridade judiciária competente expedidos em virtude de inadimplemento de obrigação alimentar.

Já o Pacto Internacional de Direitos Civis e Políticos, objeto do Decreto n. 592/92, em seu art. 11, prevê que "ninguém poderá ser preso apenas por não poder cumprir com uma obrigação contratual", e a Declaração Americana dos Direitos da Pessoa Humana dispõe, em seu art. XXV, que "ninguém pode ser preso por deixar de cumprir obrigações de natureza claramente civil".

Mesmo com o quadro desfavorável, a Justiça do Trabalho ainda promovia a prisão do depositário infiel sustentada pela natureza alimentar dos créditos trabalhistas, mas o TST, ao enfrentar a matéria no HC 212.122, viu a SDI-2 consignar que a decisão do STF proibiu a prisão civil por dívida, prevista no art. 5º, LXVII, da Constituição da República, de forma a estende-se ao infiel depositário judicial de bens, restringindo a possibilidade da prisão civil apenas ao responsável pelo inadimplemento voluntário e inescusável de obrigação alimentícia (*stricto sensu*), na qual não se inclui o crédito trabalhista.

---

(10) OJ n. 89 da SDI-2 do TST: *HABEAS CORPUS*. DEPOSITÁRIO. TERMO DE DEPÓSITO NÃO ASSINADO PELO PACIENTE. NECESSIDADE DE ACEITAÇÃO DO ENCARGO. IMPOSSIBILIDADE DE PRISÃO CIVIL. Inserida em 27.5.2002. A investidura no encargo de depositário depende da aceitação do nomeado que deve assinar termo de compromisso no auto de penhora, sem o que, é inadmissível a restrição de seu direito de liberdade.
(11) PRISÃO CIVIL DO DEPOSITÁRIO INFIEL EM FACE DOS TRATADOS INTERNACIONAIS DE DIREITOS HUMANOS. INTERPRETAÇÃO DA PARTE FINAL DO INCISO LXVII DO ART. 50 DA CONSTITUIÇÃO BRASILEIRA DE 1988. POSIÇÃO HIERÁRQUICO-NORMATIVA DOS TRATADOS INTERNACIONAIS DE DIREITOS HUMANOS NO ORDENAMENTO JURÍDICO BRASILEIRO. Desde a adesão do Brasil, sem qualquer reserva, ao Pacto Internacional dos Direitos Civis e Políticos (art. 11) e à Convenção Americana sobre Direitos Humanos — Pacto de San José da Costa Rica (art. 7º, 7), ambos no ano de 1992, não há mais base legal para prisão civil do depositário infiel, pois o caráter especial desses diplomas internacionais sobre direitos humanos lhes reserva lugar específico no ordenamento jurídico, estando abaixo da Constituição, porém acima da legislação interna. O status normativo supralegal dos tratados internacionais de direitos humanos subscritos pelo Brasil torna inaplicável a legislação infraconstitucional com ele conflitante, seja ela anterior ou posterior ao ato de adesão. Assim ocorreu com o art. 1.287 do Código Civil de 1916 e com o Decreto-Lei n. 911/69, assim como em relação ao art. 652 do Novo Código Civil (Lei n. 10.406/02). ALIENAÇÃO FIDUCIÁRIA EM GARANTIA. DECRETO-LEI N. 911/69. EQUIPAÇÃO DO DEVEDOR-FIDUCIANTE AO DEPOSITÁRIO. PRISÃO CIVIL DO DEVEDOR-FIDUCIANTE EM FACE DO PRINCÍPIO DA PROPORCIONALIDADE. A prisão civil do devedor-fiduciante no âmbito do contrato de alienação fiduciária em garantia viola o princípio da proporcionalidade, visto que: a) o ordenamento jurídico prevê outros meios processuais-executórios postos à disposição do credor-fiduciário para a garantia do crédito, de forma que a prisão civil, como medida extrema de coerção do devedor inadimplente, não passa no exame da proporcionalidade como proibição de excesso, em sua tríplice configuração: adequação, necessidade e proporcionalidade em sentido estrito; e b) o Decreto-Lei n. 911/69, ao instituir uma ficção jurídica, equiparando o devedor-fiduciante ao depositário, para todos os efeitos previstos nas leis civis e penais, criou uma figura atípica de depósito, transbordando os limites do conteúdo semântico da expressão "depositário infiel" insculpida no art. 5º, inciso LXVII, da Constituição e, dessa forma, desfigurando o instituto do depósito em sua conformação constitucional, o que perfaz a violação ao princípio da reserva legal proporcional. RECURSO EXTRAORDINÁRIO CONHECIDO E NÃO PROVIDO (RE 349703, Rel. Min. Gilmar Mendes. DO 4.6.2009).
(12) PRISÃO CIVIL. Depósito. Depositário infiel. Alienação fiduciária. Decretação da medida coercitiva. Inadmissibilidade absoluta. Insubsistência da previsão constitucional e das normas subalternas. Interpretação do art. 5º, inc. LXVII e §§ 1º, 2º e 3º da CF, à luz do art. 7º, § 7º, da Convenção Americana de Direitos Humanos (*Pacto de San José da Costa Rica*). Recurso improvido. Julgamento conjunto do RE n. 349.703 e dos HCs n. 87.585 e n. 92.566. É ilícita a prisão civil de depositário infiel, qualquer que seja a modalidade do depósito (RE 466343. Rel. Min. Cezar Peluzo. DO 4.6.2009).
(13) DEPOSITÁRIO INFIEL — PRISÃO. A subscrição pelo Brasil do Pacto de São José da Costa Rica, limitando a prisão civil por dívida ao descumprimento inescusável de prestação alimentícia, implicou a derrogação das normas estritamente legais referentes à prisão do depositário infiel (HC 87858. Rel. Min. Marco Aurélio. DO 25.6.2009).
(14) Norma internalizada por força do Decreto n. 678/82, que detém status supralegal por determinação do art. 5º, § 2º, que prevê a abertura material do catálogo de direitos fundamentais do ordenamento jurídico brasileiro.

Assim, com a adoção da tese da supralegalidade, e a categorização do crédito alimentar trabalhista como um crédito de "segunda categoria", precedido pelo crédito alimentar civil, converteu-se em letra morta o disposto no art. 627 do CC, não se verificando, na seara trabalhista, elementos aptos à coação efetiva que não a tentativa, muitas vezes infrutífera, de buscar outros bens em nome ou posse do executado, e reiniciar o procedimento expropriatório, terminando por frustrar a execução trabalhista.

4. Alternativas em caso de frustração da execução pelo depositário

Nesse contexto de inefetividade, algumas soluções passaram a ser propostas, tanto pela Justiça do Trabalho como pelos próprios advogados, que viam seus representados lesados em incontáveis execuções. Uma delas foi experimentada pelo TRT da 8ª Região, que tem por orientação, nas Varas de Belém e Ananindeua, a remoção imediata de todos os bens penhorados a depósito público (Res. n. 86/12 do TRT da 8ª Região), que integra, consoante Regimento Interno, o Foro de Belém.

Outra alternativa viável seria o Juiz do Trabalho, fundando-se no art. 40 do Código de Processo Penal[15], encaminhar ofício ao Ministério Público Federal para que promova ações criminais em face dos depositários infiéis, por fraude à execução, consoante disciplina o art. 179 do Código Penal, assim redigido:

Fraude à execução

Art. 179. Fraudar execução, alienando, desviando, destruindo ou danificando bens, ou simulando dívidas:

Pena — detenção, de seis meses a dois anos, ou multa.

Parágrafo único. Somente se procede mediante queixa.

O problema que se põe no caso em tela é que o delito de fraude à execução somente se procede mediante queixa, pairando dúvida sobre a possibilidade de o Magistrado ser entendido como sujeito passivo do crime, apto a inaugurar a persecução criminal. A questão pode ser de solução mais simples do que se imagina.

Isso porque a partir do momento em que a execução trabalhista é frustrada, também o é o pagamento de custas processuais ou mesmo das custas de execução, o que afeta interesse da União, convertendo a ação penal em pública, conforme expressa determinação do art. 24, § 2º, do Código de Processo Penal, fazendo, portanto, incidir o disposto no art. 40 do mesmo diploma.

Todavia, a caracterização do delito pressupõe o estado de insolvência do devedor, a partir da alienação do bem, e o dolo de fraudar a execução, como já decidiu o Superior Tribunal de Justiça:

HABEAS CORPUS. FRAUDE À EXECUÇÃO. JUSTA CAUSA. AÇÃO PENAL. TRANCAMENTO. 1. Revela-se como atípica e, portanto, imune à sanção penal, a conduta do devedor que aliena parte de seu patrimônio, após citado para pagamento, em ação de execução, ou oferecimento de bens à penhora, se resta comprovado não haver seu patrimônio sofrido qualquer abalo em decorrência do ato, sendo — ainda — sintomática a aquisição com o valor recebido de imóvel de preço superior. 2. Delito do art. 179 do Código Penal não configurado. 3. Ordem concedida para trancar a ação penal por falta de justa causa. (HC 15.317/SP, Rel. Ministro Fontes de Alencar, Rel. p/ Acórdão Ministro Fernando Gonçalves, Sexta Turma, julgado em 11.9.2001, DJ 23.6.2003, p. 443)

Obviamente que o enquadramento tem por objetivo a condenação do devedor que se encontra na posição de depositário, cumprindo o enquadramento do depositário não devedor em tipo penal diverso, a exemplo da apropriação indébita, prevista no art. 168 do Código Penal, mas mantidos os fundamentos anteriormente apresentados.

Assim, em que pese exigir maiores delibações acerca da subsunção da conduta ao tipo penal, nos termos em que definido pelo STJ, é possível a adoção da dinâmica de encaminhamento, pelo Magistrado, de Notícia de Fato ao Ministério Público Federal, para que inaugure a persecução criminal, sendo esta uma alternativa viável no combate à prática da alienação de bens pelos depositários.

O único entrave a se lamentar, nesse sistema, e que poderia garantir maior efetividade aos processos, é o fato de que a Justiça do Trabalho ainda não detém competência criminal, apesar das vozes doutrinárias que a defendem[16], por declaração expressa do Su-

---

(15) Art. 40. Quando, em autos ou papéis de que conhecerem, os juízes ou tribunais verificarem a existência de crime de ação pública, remeterão ao Ministério Público as cópias e os documentos necessários ao oferecimento da denúncia.

(16) COLNAGO, Lorena de Mello Rezende. *Competência da justiça do trabalho para o julgamento de lides de natureza jurídica penal trabalhista.* São Paulo: LTr, 2009. *passim.*

premo Tribunal Federal, nos autos da ADI n. 3.684, assim ementada:

> COMPETÊNCIA CRIMINAL. Justiça do Trabalho. Ações penais. Processo e julgamento. Jurisdição penal genérica. Inexistência. Interpretação conforme dada ao art. 114, incs. I, IV e IX, da CF, acrescidos pela EC n. 45/04. Ação direta de inconstitucionalidade. Liminar deferida com efeito *ex tunc*. O disposto no art. 114, incs. I, IV e IX, da Constituição da República, acrescidos pela Emenda Constitucional n. 45, não atribui à Justiça do Trabalho competência para processar e julgar ações penais.

5. Considerações finais

A efetividade processual erigida a direito fundamental (art. 5º, LXXVIII, da CF) abarca também o conceito de efetividade da execução, pois não há qualquer utilidade em um processo célere que não entrega, ao final, o bem da vida postulado ao vencedor da demanda.

Diante de um quadro de impunidade, que se sistematizou com a restrição interpretativa promovida pelo Supremo Tribunal Federal ao instituto da prisão civil por dívida, o encargo e compromisso do depositário diante da execução passou a representar apenas uma nota fixada no auto de penhora e avaliação, sem qualquer eficácia executiva real, nos casos de insolvência deste, sem entrega do bem depositado.

Pensando nessa nova realidade, a Justiça do Trabalho buscou alternativas para garantir a efetividade das execuções que promove, a exemplo da experiência relatada no Tribunal Regional do Trabalho da 8ª Região, que criou e administra depósito judicial próprio, com orientação de remoção imediata dos bens penhorados.

Todavia, a restrição da liberdade e a persecução criminal do depositário infiel, seja pela via do reconhecimento da fraude à execução ou pela subsunção do fato ao tipo de apropriação indébita, pode se mostrar uma alternativa viável, apta a compelir o depositário a administrar e guardar com zelo os bens deixados sob sua guarda.

Ademais, a iniciativa dos magistrados nesse tópico se mostra fundamental, pois, em que pese pautados em quantias ínfimas, referentes a custas e emolumentos, detém legitimidade para encaminhar, ao Ministério Público Federal, notícia de fato própria à instauração da persecução criminal perante a Justiça Federal, eis que a Justiça do Trabalho ainda não detém competência para apreciar matéria criminal.

Referências

ASSIS, Araken. *Manual da execução*. 11. ed. São Paulo: RT, 2007.

CARNACINI, Tito. *Contributto ala teoria del pignoramento*. Pádua: Cedam, 1936.

CARNELUTTI, Fancesco. *Instituzioni del processo civile italiano*. 5. ed. Roma: Il Foro, 1956.

COLNAGO, Lorena de Mello Rezende. *Competência da justiça do trabalho para o julgamento de lides de natureza jurídica penal trabalhista*. São Paulo: LTr, 2009.

LEITE, Carlos Henrique Bezerra. *Curso de direito processual do trabalho*. 11. ed. São Paulo: LTr, 2013.

MONTENEGRO NETO, Francisco. A nova execução e a influência do processo do trabalho no processo civil. *Jus Navigandi*, Teresina, ano 11, n. 928, 17 jan. 2006. Disponível em: <http://jus.com.br/artigos/7835>. Acesso em: 1º.4.2014.

REDENTI, Enrico. *Diritto processuale civile*. 2. ed. Milão: Giufrè, 1957.

CAPÍTULO 25

REFLEXÕES SOBRE A MOROSIDADE E ASSÉDIO PROCESSUAL NA JUSTIÇA DO TRABALHO

MAURO VASNI PAROSKI[*]

1. Introdução

A doutrina e os tribunais há tempos demonstram preocupação com a duração razoável do processo, propondo medidas que visam coibir a chicana e as condutas protelatórias, fazendo com que a prestação jurisdicional se efetive, produza efeitos no plano fático, na vida das pessoas, entregando àquele que tem razão o bem da vida perseguido no menor tempo possível[1].

O legislador, pressionado pela sociedade, outras vezes por grupos que desejam proteger seus interesses econômico-financeiros, tem procurado editar normas processuais que, em tese, contribuiriam para tornar a atividade jurisdicional mais eficiente e o processo mais rápido.

Há, por exemplo, previsão de penalização do devedor recalcitrante pelo art. 475-J do CPC, introduzido pela Lei n. 11.232/05, que no âmbito das execuções civis preconiza que o débito deverá ser acrescido de multa de 10% em caso de não cumprimento das obrigações reconhecidas em sentenças condenatórias, no prazo de quinze dias depois da intimação do executado.

Na dicção da lei (CPC, art. 14, incs. I a V), todos que de algum modo participam da relação processual (partes, advogados, representantes do Ministério Público, testemunhas, serventuários, oficiais de justiça e outros auxiliares do juízo) devem agir reciprocamente com lealdade e boa-fé, expor os fatos conforme a verdade, não fazer afirmações cientes de que são destituídas de fundamento, sendo vedada a produção de provas e a prática de atos desnecessários e inúteis à solução da controvérsia e, além disso, devem cumprir os provimentos mandamentais e não devem criar embaraços à efetivação dos provimentos jurisdicionais.

Excetuando-se os advogados, os demais participantes da relação processual que violarem o

---

(*) Juiz do Trabalho desde 10.3.1995. Titular da Vara do Trabalho de Porecatu — Tribunal Regional do Trabalho da 9ª Região (Paraná). Especialista e Mestre em Direito pela Universidade Estadual de Londrina — PR.

(1) Ensina Cândido Rangel Dinamarco que: "É muito antiga a preocupação pela presteza da tutela que o processo possa oferecer a quem tem razão. Os *interdicta* do direito romano clássico, medidas provisórias cuja concessão se apoiavam no mero pressuposto de serem verdadeiras as alegações de quem as pedia, já eram meios de oferecer proteção ao provável titular de um direito lesado, em breve tempo e sem as complicações de um procedimento regular. No direito moderno, a realidade dos pleitos judiciais e a angústia das longas esperas são fatores de desprestígio do Poder Judiciário (como se a culpa fosse só sua) e de sofrimento pessoal dos que necessitam da tutela jurisdicional. [...] Acelerar os resultados do processo é quase uma obsessão, nas modernas especulações sobre a tutela jurisdicional" (*A reforma do código de processo civil*. 5. ed. São Paulo: Malheiros, 2001. p. 140).

dever de não criar embaraços a efetivação dos provimentos jurisdicionais e àqueles que deixarem de cumprir os provimentos mandamentais com exatidão, pelo que se lê do parágrafo único do art. 14 do CPC, estão sujeitos ao pagamento de multa pecuniária a ser aplicada pelo juiz, de acordo com a gravidade da conduta, não superior a 20% do valor da causa, podendo ser inscrita como dívida ativa da União, em caso de não pagamento no prazo estabelecido.

O dispositivo qualifica essa conduta de atentatória ao exercício da jurisdição e não exclui, pela imposição da multa pecuniária, outras sanções de natureza civil, criminal e processual.

O art. 16 do CPC declara que responde por perdas e danos aquele que postular de má-fé, na qualidade de autor, réu ou interveniente.

Finalmente, o art. 17, incs. I a VII, do CPC, relaciona as condutas que caracterizam litigância de má-fé: deduzir pretensão ou defesa contra texto expresso de lei ou fato incontroverso (inc. I); alterar a verdade dos fatos (inc. II); usar do processo para conseguir objetivo ilegal (inc. III); opuser resistência injustificada ao andamento do processo (inc. IV); proceder de modo temerário em qualquer incidente ou ato do processo (inc. V); provocar incidentes manifestamente infundados (inc. VI); e interpuser recurso com intuito manifestamente protelatório (inc. VII).

As consequências para a litigância de má-fé vêm expressas no art. 18 do CPC, consistindo em pagamento de multa, honorários advocatícios e indenização dos prejuízos e de todas as despesas que a outra parte efetuou.

Recorde-se que as disposições do direito processual comum são aplicáveis supletivamente ao processo do trabalho, por força do art. 769 da Consolidação das Leis do Trabalho, desde que omissa esta e desde que não haja incompatibilidade com suas disposições.

Apesar de todo esse arsenal, que em tese até parece excessivo, o que se tem verificado na Justiça do Trabalho é sua ineficácia, pela falta de rigor na aplicação das sanções criadas pelo legislador.

O processo do trabalho é regido pelos princípios da simplicidade e da informalidade. A capacidade postulatória é atribuída à própria parte (CLT, art. 791). O advogado não é necessário (embora se reconheça que é altamente recomendável) para a postulação nesse ramo do Judiciário. Isso significa que as normas do processo laboral, particularmente as referentes ao ingresso em juízo e participação em audiências, num primeiro momento, foram concebidas para leigos.

Assim, não seria razoável exigir do postulante — quando não representado em juízo por advogado — conhecimento técnico do direito ou consciência dos deveres processuais legais e das sanções cabíveis nos casos de ofensa aos mesmos.

Esse ambiente, em que não há lugar para o excesso de formalismo ou para a exigência de conhecimento de técnicas processuais apuradas, tem de certo modo contribuído para as lides temerárias, amparadas em alegações infundadas ou inverídicas, mesmo quando a capacidade postulatória não é exercida diretamente pelas partes, mas, sim, por advogados constituídos nos autos.

Expressiva parte dos magistrados do trabalho, com muita frequência, tem o (mal) hábito de agir com inaceitável tolerância às postulações manifestamente de má-fé ou tecnicamente deficientes, contrárias à ordem jurídico-constitucional, e até mesmo da perspectiva instrumental, em violação às normas reitoras do processo.

A insuficiente aplicação das cominações legais, com o passar do tempo, põe em desuso importantes instrumentos no intuito de coibir a litigância de má-fé, interferindo negativamente na imagem do Judiciário Trabalhista perante a opinião pública e auxiliando na construção de uma visão desfavorável da instituição por parte daqueles que militam ou atuam em outros ramos do Judiciário.

Fica a impressão de que não há maiores receios com os efeitos nefastos em se postular em contrariedade ao disposto nos incs. dos arts. 14 e 17 do CPC. Formou-se convicção no sentido de que a possibilidade de vir a sofrer alguma penalidade é quase inexistente, valendo a pena correr o risco.

Esse posicionamento, de não penalizar quem merece, em incompreensível tolerância com o dolo processual manifesto, salvo engano, até pode ser, ainda que não percebido claramente, reflexo inconsciente da própria sensação de impunidade que há no Brasil, quando não se pune no tempo certo e com rigor delitos e condutas ilícitas.

No processo civil, tradicionalmente mais formal que o processo do trabalho, não apenas se exige maior domínio técnico dos temas tratados, até pela composição da causa de pedir, que é complexa (no processo civil, exposição dos fatos e fundamentos jurídicos do pedido; no processo do trabalho, apenas a exposição sucinta dos fatos), como há incidência do princípio da sucumbência em relação aos pedidos rejeitados, que acaba servindo de estímulo para a não postulação de pretensões sabidamente improcedentes e infundadas.

As disposições processuais sobre a matéria, aqui tratadas, embora extensas e abrangentes, não têm sido bem-sucedidas no intento de sensibilizar os magistrados do trabalho, em grande parte, a aplicar as sanções por litigância de má-fé, sempre que a conduta recusada pela lei se verificar.

Empregam-se outros argumentos, como, por exemplo, aquele de que seria a parte, e não o profissional que a representa em juízo, que sofreria os efeitos da litigância de má-fé, não obstante a capacidade postulatória ser exercida por esse último.

Falam em falta de prova de dolo processual, como se a própria conduta comprovada nos autos, repelida pela lei, não fosse o bastante para trazer em si mesma, pela sua natureza e gravidade, a semente do dolo, do propósito de prejudicar ao *ex adverso* ou, quando não, de tentar obter vantagem ilícita, afrontando as decisões judiciais, a lei e a Constituição.

Saliente-se que aplicar sanções que cumpram papel pedagógico, para desincentivar a atuação permeada pelo dolo processual, em genuína litigância de má-fé ou ato atentatório ao exercício da jurisdição, não colide com a garantia constitucional do acesso à justiça (CF/88, art. 5º, inc. XXXV).

O exercício do direito de ação e a prática de atos processuais têm limites. O processo é instrumento ético e democrático, mas não se podem admitir, sem uma justificativa plausível, excessivas oportunidades de participação dos litigantes. Não há como olvidar os efeitos nocivos que o tempo na tramitação do processo causa ao autor que tem razão[2].

Raras são as decisões que aplicam ou mantêm as sentenças que aplicam sanções por litigância de má-fé e, assim, colaboram invariavelmente para a formação e a manutenção de uma imagem negativa (nem sempre correta) da Justiça do Trabalho, mesmo hoje, reputada por muitos como uma justiça menor[3].

Talvez esse quadro, aqui retratado resumidamente, aliado à recente garantia constitucional da razoável duração do processo (art. 5º, inc. LXXVIII, da CF/1988, introduzido pela EC n. 45/04), tenha estimulado estudos mais avançados nesse âmbito, particularmente em relação às postulações e defesas na Justiça do Trabalho, começando a amadurecer a ideia de condenação por assédio processual, instituto que, se de um lado guarda semelhança com a litigância de má-fé, de outro, apresenta algumas características que os distinguem.

O assédio processual, marcado por um conjunto de atos que caracterizam dolo processual, como será detalhado na sequência, uma vez reconhecido, leva a condenação pecuniária do assediador, consistindo a reparação devida por esse motivo em instrumento eficaz no escopo de prevenir e rechaçar condutas atentatórias ao exercício da jurisdição, viabilizando a punição daqueles que usam a Justiça para a obtenção de resultados ilícitos, moral e eticamente reprováveis ou para causar prejuízos a outrem.

2. Da herança cultural judiciária

Deve ser lembrado, por mais que essa ideia possa repugnar esse profissional, que o advogado, quando representando a parte em juízo, desde há séculos, é aquele que diretamente pratica, com dolo ou por culpa *stricto sensu*, os atos processuais que se caracterizam como atentatórios à dignidade da justiça, ao exercício da jurisdição e aos direitos do *ex adverso*, não se eximindo de responsabilidade o fato de assim agir na defesa dos interesses dos seus constituintes, e não em defesa de interesse próprio.

Com efeito, no processo civil, quem exercita a capacidade postulatória é o advogado, por delegação da lei, sendo esse profissional, a despeito de sua atividade ser privada, reputado indispensável à administração da justiça pelo art. 133 da Constituição. Muitos não têm consciência da verdadeira dimensão de sua missão, atuando de modo incompatível à sua dignidade.

---

(2) "A concepção equivocada, mas difundida, de direito de defesa, também influenciada pela filosofia liberal, é outro monumento marcado pela falta de sensibilidade dos juristas cego para o que se passa na vida dos homens de carne e osso. Aqueles que conhecem a realidade da justiça civil brasileira podem perceber, sem grande esforço, que o direito à defesa — se concebido na forma plena como pretende parte da doutrina, pode privar o autor de muita coisa. Imaginar — em uma concepção narcísica e romântica de devido processo legal — que as garantias nada retiram de alguém é desprezar o lado 'oculto e feio' do processo, o lado que não pode ser visto (ou não quer ser visto) pelo processualista que tem 'olhos' apenas para o plano normativo ou para o plano das abstrações dogmáticas" (MARINONI, Luiz Guilherme. *Tutela antecipatória e julgamento antecipado*: parte incontroversa da demanda. 5. ed. São Paulo: Revista dos Tribunais, 2002. p. 15-16).

(3) Se bem que a cada dia menos, por muitos observadores ainda é considerada excessivamente protecionista do trabalhador e tolerante com o exercício abusivo do direito de ação e do direito de defesa.

Na Justiça do Trabalho não há esa exigência, como se vê do art. 791 da CLT, que assegura às partes capacidade postulatória, mas, na prática, poucos são os reclamantes e reclamados não assistidos por advogados em juízo.

Quando há, então, litigância de má-fé ou assédio processual, os atos que caracterizam essas duas figuras são praticados diretamente pelos advogados, e não por seus constituintes, não sendo lícito alegar que o fazem em nome destes, em cumprimento do dever do zelo profissional, nos interesses daqueles, já que a ninguém, nem ao mandatário judicial, é conferido direito de atuar com dolo processual, não sendo razoável outro entendimento.

Sendo da parte o propósito de tumultuar o processo e retardar a prestação jurisdicional ou o cumprimento das sentenças, cabe a esse profissional, ciente da relevância de seu mister, sendo objeto de norma constitucional a indispensabilidade de sua missão para a administração da justiça, recusar-se a cumprir a vontade de seus constituintes, nos casos ora tratados.

A ninguém é dado o direito de cumprir ordens ou orientações manifestamente ilegais, imorais, ofensivas a ética profissional, aos bons costumes, à dignidade da justiça, ou a qualquer bem protegido pela ordem jurídico-constitucional.

Mas, exatamente aquele que, na maioria das vezes, pratica os atos que configuram litigância de má-fé ou assédio processual é excluído pela lei de responder no próprio processo em que a conduta reprovável se verificou pelos prejuízos gerados por esta[4].

Essa situação, de não penalizar o advogado solidariamente com seu constituinte, no mesmo processo em que for verificada a conduta combatida pela lei processual, embora legalmente regulada desse modo, se mostra incoerente com a consideração devida ao Judiciário e ao adversário na demanda, próprio de um sistema capenga, que muito necessita de aperfeiçoamento para se fazer eficiente e respeitado por todos[5].

Interessante artigo escreveu o ministro José Luciano de Castilho Pereira, publicado na página do Colendo Tribunal Superior do Trabalho[6], lembrando da LEI DA BOA RAZÃO, existente em Portugal, datada de 18 de agosto de 1769, prevendo expressamente o apenamento do advogado que se valia de interpretações maldosas e enganosas nos processos judiciais.

Buscava-se corrigir as imperfeições existentes no processo jurisdicional, acabando com os abusos processuais e tentando eliminar a eternização das demandas.

O ilustre ministro afirma: "dessa forma, devo concluir, que em nossa herança cultural-judiciária está o habitual abuso processual procrastinatório, que não foi debelado pela Lei da Boa Razão, e que não decorria exclusivamente da ação ou da má ação dos procuradores, mas também da intrincada estrutura processual, exageradamente dispositiva"[7].

O artigo em questão é cru e nu, revelando tratar-se o processo do presente de efeito nocivo do sistema adotado no passado, ou seja, herança histórico-cultural.

De outro lado, que não haja nenhuma análise simplista. Não se pode colocar unicamente nas costas do advogado todo o peso da morosidade processual, porque o fardo é pesado e não o suportaria, havendo participação nesse panorama sombrio de todos os atores que atuam nesse sistema intrincado, inclusive os magistrados. Cada qual deve assumir sua parcela de responsabilidade.

Uma das grandes culpadas pelos resultados insatisfatórios produzidos pela atividade jurisdicional, por exemplo, precisando ser entendida e debelada, é a burocracia, muitas vezes burra e ineficiente, rei-

---

(4) A propósito: art. 14, parágrafo único, do CPC e art. 32, parágrafo único, da Lei n. 8.906, de 4 de julho de 1994.
(5) Ovídio A. Baptista da Silva, estudando a relação entre o tempo do processo e a sucumbência, baseando-se em lições de Chiovenda, faz a seguinte ponderação: "Se aplicássemos, com seriedade e coerência, o princípio chiovendiano (responsabilidade objetiva no processo), teríamos, com certeza, alcançado uma justiça mais oportuna e eficiente, reduzindo a avassaladora quantidade de litígios. Se o custo processual, representado pelo tempo, fosse distribuído com maior equidade, o Poder Judiciário tornar-se-ia mais ágil e a justiça seria prestada com maior celeridade. O mesmo princípio deveria ser adotado no sistema recursal, gravando o sucumbente com algum encargo adicional, seja obrigando-o a prestar caução, como requisito para recorrer, seja tributando-o com uma nova parcela de honorários de advogado, no caso de seu recurso não ser provido. Assim como está, o sistema contribui, como todos sabem, para desprestigiar a jurisdição de primeiro grau, exacerbando o caráter burocrático e, consequentemente, imperial da jurisdição. Seria igualmente indispensável dar maior atenção ao código de ética profissional para os advogados e demais postulantes do Poder Judiciário, punindo com maior rigor tanto a litigância de má-fé, quanto, especialmente, os erros grosseiros que o sistema atribui sempre às partes, nunca a seus procuradores. A seriedade e a eficiência são pressupostos a que todos os que laboram na prestação da atividade jurisdicional devem obediência" (Processo e ideologia: o paradigma racionalista. Rio de Janeiro: Forense, 2004. p. 213).
(6) Disponível em: <http://tst.gov.br>. Acesso em: 1º.11.2007.
(7) Disponível em: <http://tst.gov.br>. Acesso em: 1º.11.2007.

nante em tudo que é público no Brasil, seja no âmbito do procedimento administrativo ou do processo jurisdicional[8].

Portanto, muitas são as causas da morosidade processual e da inefetividade e ineficiência da prestação jurisdicional, incluindo a burocracia desmedida e as mais variadas deficiências do próprio sistema estatal de solução de controvérsias[9].

Não é objetivo deste singelo texto, pelo pouco espaço disponível, considerando a complexidade do tema, cuidar de examinar todas as causas ou a maior parte delas, mas, sim, tratar mais de perto do assédio processual, como forma de contribuir para o enriquecimento do debate sobre ele.

3. Da dificuldade de identificação do assédio processual

A falta de estudos mais apurados sobre o assédio processual e mesmo sobre o assédio moral, que se encontram em estágio inicial de desenvolvimento doutrinário, cria toda sorte de dificuldades na tarefa de se construir um conceito mais ou menos uniforme e aceitável para ambos, particularmente para o assédio processual.

A missão talvez se torne mais espinhosa pela inexistência de uma disciplina legal sobre o tema, o que implica na falta de critérios previamente estabelecidos pelo legislador para a configuração dos contornos desses institutos, deixando em aberto um enorme e perigoso campo para especulação de toda ordem, muitas vezes preenchido por elementos preponderantemente arbitrários.

Para o bem da ciência jurídica, seria conveniente e imprescindível que se fugisse dessa armadilha, para se concentrar tão somente em elementos objetivos, abstratos e genéricos, os mais elásticos possíveis, para que pudessem ser vislumbrados sempre que se deparasse com o assédio processual, sem maiores incertezas.

Sendo assim, remanesceria pequena área não coberta completamente, que seria objeto de conformação pelos fatores particulares oferecidos pelo caso concreto, aqui, sim, sob certas circunstâncias, haveria espaço para que alguns aspectos subjetivos ou personalíssimos das partes fossem considerados na avaliação do assédio processual.

O tema há pouco tempo vem sendo explorado pelos estudiosos da ciência processual ou mesmo pelos operadores do Direito preocupados com essa temática, e muito dificilmente tem contado com a simpatia dos tribunais, e, assim, não há, ainda, um conceito definitivo e isento de crítica para essa modalidade de assédio.

Como ponto de partida, parece razoável tomar emprestadas algumas ideias, mais ou menos amadurecidas, colhidas sobre o assédio moral nas relações de trabalho, já que o assédio processual é uma de suas modalidades, porém, no âmbito da atuação judicial dos litigantes.

Tentativa nessa direção certamente correrá grande risco de receber toda sorte de críticas, por sua provável imperfeição. Mas tudo tem um começo, e não se pode desistir sem antes pelo menos esgotar os recursos disponíveis no presente para atingir o escopo almejado. Aliás, que obra humana é perfeita?

4. Do assédio

O assédio pode assumir variadas formas, ensejando igualmente múltiplas reações por parte da vítima, e pode se materializar por meio de gestos e palavras, insinuações e críticas agressivas, públicas ou não, podendo ocorrer estritamente no campo

---

(8) Reproduz-se outro trecho do texto elaborado pelo ilustre magistrado antes citado, referindo-se especificamente a esse monstro devorador da eficiência do sistema e das expectativas das partes chamado burocracia: [...] "Certamente, como resultado da referida herança cultural — que teimamos em ignorar -, nosso ambiente processual e nossas práticas judiciárias são marcadas por forte natureza burocrática. E a burocracia, enquanto desvio de natureza de atos normais, não precisa de lógica para viver. Ao contrário, ela prescinde da inteligência, pois cada ato se justifica por si mesmo, independentemente da finalidade do processo [...] Ninguém confia em ninguém. Daí tudo deve ser vigiado com cuidado. Tudo deve ser provado, sendo de nenhuma importância a informação dada pelas partes. [...] Afirmo, portanto, que a burocracia é alimentada pela desconfiança, que gera insegurança, carecendo de infindável ritualismo formalista, com ilusório aparato de segurança e com enorme distanciamento da justiça, cada vez mais formal do que real. [...] Nesse quadro, as pessoas corretas se sentem inibidas, ficando o campo aberto aos mais espertos, até elogiados como bons condutores de êxitos processuais. Mas, para evitar que os espertos triunfem, novos procedimentos são adotados em ordem à segurança jurídica, e mais distantes ficamos da Justiça" (idem).
(9) "Não se pode aceitar que alguém tenha de aguardar três, quatro, cinco, às vezes dez anos, para obter, pela via jurisdicional, a satisfação de seu direito. Quem procura a proteção estatal, ante a lesão ou a ameaça a um interesse juridicamente assegurado no plano material, precisa de uma resposta tempestiva, apta a devolver-lhe, de forma mais ampla possível, a situação de vantagem a que faz jus" (BEDAQUE, José Roberto dos Santos. Tutela cautelar e tutela antecipada: tutelas sumárias e de urgência. Tentativa de sistematização. 3. ed. São Paulo: Malheiros, 2003. p. 18).

sexual, ou ainda, no âmbito das lesões a outros bens imateriais, e finalmente, em juízo, durante o desenvolvimento da relação processual, significando, em breve síntese, o cerco que se faz a alguém, atacando-o de forma direta ou indireta, através de conduta ostensiva ou velada, importunando e quebrando resistências, fragilizando a vítima emocional e psicologicamente, com o escopo de alcançar vantagens indevidas.

O assédio processual é modalidade de assédio moral, mas restrita à atuação da parte em juízo, razão pela qual se mostra útil oferecer algumas ideias sobre este último, com a finalidade de se buscar alguma definição, mais ou menos sólida e confiável para a figura do assédio processual.

4.1. Do assédio moral

Antes de se tentar oferecer uma definição para o assédio moral, pertinente lembrar alguns fatos que favorecem sua disseminação no mundo do trabalho.

Para a ideologia do neoliberalismo, o desemprego passou a ser, e ainda é, um elemento fundamental para a sua manutenção e divulgação, garantindo a própria sobrevivência do seu modo de produção, hoje globalizado, formando um "exército de reserva", sempre "disposto" a se curvar para ficar no emprego.

Nesse contexto, caracterizado pela competitividade empresarial a qualquer custo, muitas vezes sem limites éticos, pelo excesso de oferta de mão de obra e pela redução dos postos de trabalho, sabidamente, constitui um cenário perfeito para a disseminação do assédio moral.

O paradigma criado pela globalização é o do homem produtivo, que consegue não apenas alcançar, mas ultrapassar as metas fixadas, nem que para isso tenha que lutar contra sua própria condição humana, desprezando seu semelhante, tornando-se um sujeito insensível e sem condicionantes éticas.

O individualismo é cada vez mais valorizado, colocando-se o trabalho em equipe em segundo plano.

A juíza do trabalho Márcia Novaes Guedes, entende que no mundo do trabalho o assédio moral significa:

> Todos aqueles atos e comportamentos provindos do patrão, gerente, superior hierárquico ou dos colegas, que traduzem uma atitude de contínua e ostensiva perseguição que possa acarretar danos relevantes às condições físicas, psíquicas e morais da vítima.[10]

A pessoa atacada é posta na condição de debilidade, sendo agredida direta ou indiretamente por uma ou mais pessoas, de forma sistemática, geralmente por um período de tempo relativamente longo, tendo por objetivo, na maioria das vezes, sua exclusão do mundo do trabalho, mas pode ser também uma tática sofisticada para compeli-la a agir de acordo com a vontade e os interesses do assediador, consistindo num processo que é visto pela vítima como discriminatório.

Conforme ensina a professora e pesquisadora Margarida Maria Silveira Barreto, assédio moral no trabalho:

> É a exposição dos trabalhadores e trabalhadoras a situações humilhantes e constrangedoras, repetitivas e prolongadas durante a jornada de trabalho e no exercício de suas funções, sendo mais comuns em relações hierárquicas autoritárias e assimétricas, em que predominam condutas negativas, relações desumanas e aéticas de longa duração, de um ou mais chefes dirigida a um ou mais subordinado(s), desestabilizando a relação da vítima com o ambiente de trabalho e a organização, forçando-o a desistir do emprego.[11]

A psiquiatra francesa Marie-France Hirigoyen[12], uma das primeiras estudiosas a se preocupar com o assédio moral no trabalho, da perspectiva de sua especialidade, entende este como sendo qualquer conduta abusiva, configurada através de gestos, palavras, comportamentos inadequados e atitudes que fogem do que é comumente aceito pela sociedade.

Essa conduta abusiva, em razão de sua repetição ou sistematização, atenta contra a personalidade, dignidade ou integridade psíquica ou física de uma pessoa, ameaçando seu emprego ou degradando o ambiente de trabalho.

Trata-se de um processo, e não de um ato isolado. O objetivo do assédio moral, portanto, é desestabilizar emocionalmente a pessoa, causando-lhe humilhação e expondo-a a situações vexatórias perante os colegas de trabalho, fornecedores, clientes e, perante a si mesma.

---

(10) GUEDES, Márcia Novaes. *Terror psicológico no trabalho*. São Paulo: LTr, 2003. p. 33.
(11) BARRETO, Margarida Maria Silveira. *Violência, saúde e trabalho:* uma jornada de humilhações. 2. reimpr. São Paulo: EDUC, 2006.
(12) HIRIGOYEN, Marie-France. *Mal-estar no trabalho:* redefinindo o assédio moral. 2. ed. Trad. Rejane Janowitzer. Rio de Janeiro: Bertrand Brasil, 2005.

Quando praticado pelo superior hierárquico, quase sempre tem a clara finalidade de forçar um pedido de demissão ou a prática de atos que possam ensejar a caracterização de falta grave, justificando uma dispensa por justa causa.

Assediar, portanto, é submeter alguém, sem tréguas, a ataques repetidos, requerendo, assim, a insistência, a reiteração de condutas, procedimentos, atos e palavras, inadequados e intempestivos, comentários perniciosos e críticas e piadas inoportunas, com o propósito de expor alguém a situações incômodas e humilhantes.

Há certa invasão da intimidade da vítima, mas não em decorrência do emprego abusivo do poder diretivo do empregador, visando proteger o patrimônio da empresa, mas, sim, deriva de conduta deliberada com o objetivo de destruir a vítima e afastá-la do mundo do trabalho.

4.2. Do assédio processual

Sabendo-se, ainda que sem esgotar o tema, o que é assédio moral, fenômeno cada vez mais frequente durante o desenvolvimento do contrato de trabalho, não é difícil perceber que o assédio processual é uma espécie daquele, porém, residindo não na relação de direito material, mas, sim, na relação de direito processual.

O assédio processual é fenômeno que atinge tanto a fase de conhecimento como a fase de cumprimento da sentença condenatória.

É muito frequente a prática de atos que excedem o direito de se opor legitimamente à execução (corolário do direito à resistência contra aquilo que se entende injusto ou indevido). É criada toda ordem de dificuldades ao exequente, particularmente em relação à constrição e alienação de bens.

Os executados/devedores provocam incidentes de variada natureza para retardar o cumprimento das obrigações objeto do título executivo. Usam os mecanismos contemplados pelas normas processuais, todavia, imbuídos de má-fé, com o induvidoso propósito de impor ônus excessivos ao exequente.

São vetustas — e perniciosas — práticas conhecidas do Judiciário Trabalhista. Com isso, impõe-se ao exequente um dano marginal não justificado por uma causa legítima.

Essa situação causa desequilíbrio na distribuição dos ônus do tempo, que deveria ser compartilhado de forma equânime entre os sujeitos (parciais) da relação processual.

No assédio que tem lugar no âmbito processual, seja na fase de conhecimento seja na fase de cumprimento da sentença, a finalidade desejada pelo assediador não é a exclusão do seu adversário dessa relação, pela sua exposição a situações desconfortáveis e humilhantes, mas o intento é outro: retardar a prestação jurisdicional e/ou o cumprimento das obrigações reconhecidas judicialmente, em prejuízo da outra parte, reservando a esta todos os ônus decorrentes da tramitação processual.

Entende-se, em linhas gerais, que assédio dessa natureza consiste no exercício abusivo de faculdades processuais, da própria garantia da ampla defesa e do contraditório, pois a atuação da parte não tem a finalidade de fazer prevalecer um direito que se acredita existente, apesar da dificuldade em demonstrá-lo em juízo, nem se cuida de construção de teses sobre assuntos em relação aos quais reina discórdia nos tribunais, a exemplo de uma matéria de direito, de interpretação jurídica, complexa e de alta indagação[13].

Nada disso. O verdadeiro propósito do litigante é dissimulado, pois, sob aparência de exercício regular das faculdades processuais, deseja um resultado ilícito ou reprovável moral e eticamente, procrastinando a tramitação dos feitos e causando prejuízos à parte que tem razão, a quem se destina a tutela jurisdicional, além de colaborar para a morosidade processual, aumentando a carga de trabalho dos órgãos judiciários e consumindo recursos públicos com a prática de atos processuais que, sabidamente, jamais produzirão os efeitos (supostamente lícitos) desejados pelo litigante assediador.

Em assim agindo, o litigante que pratica o assédio processual compromete a realização do processo justo[14].

---

(13) Como ensina Luiz Guilherme Marinoni: "Se o autor é prejudicado esperando a coisa julgada material, o réu, que manteve o bem na sua esfera jurídico-patrimonial durante o longo curso do processo, evidentemente é beneficiado. O processo, portanto, é um instrumento que sempre prejudica o autor que tem razão e beneficia o réu que não a tem. **É preciso que se perceba que o réu pode não ter efetivo interesse em demonstrar que o autor não tem razão, mas apenas desejar manter o bem no seu patrimônio, ainda que sem razão, pelo maior tempo possível, com o que o processo pode lamentavelmente colaborar**" (*Tutela antecipatória e...*, p. 22).
(14) Nas palavras de Cândido Rangel Dinamarco: "Processo justo é aquele que se realiza segundo os ditames da lei e dos princípios éticos que lhe estão à base, sabido que sem a observância desses referenciais fica perigosamente comprometida a probabilidade de que o exercício da jurisdição venha a produzir resultados úteis e justos" (*A reforma do código de processo civil...*, p. 333).

Como dito alhures, a penalização do litigante por assédio processual é teoria que vem sendo desenvolvida em recentes estudos e ainda não é bem compreendida, necessitando de maior discussão, reflexão e amadurecimento, o que explica, ainda que em parte, o pouco prestígio que, por ora, vem desfrutando nos tribunais.

Mesmo no âmbito mais restrito da litigância de má-fé, com o devido respeito que merecem, em sua maioria, não são aceitáveis as decisões dos tribunais, negando ou afastando condenação por esse motivo. Acabam protegendo o litigante que age dolosamente ou que é negligente em pedidos e requerimentos.

O argumento principal é justamente o apontado anteriormente, de que deve ser garantido a todos que participam do processo, notadamente autor e réu, até as últimas consequências, o direito a ampla defesa e ao contraditório[15].

Não se pode negar que devedores contumazes, que têm o costume de usar o fator tempo do processo em seu favor, adoram esse discurso. Os magistrados que o encampam servem de instrumento de manobra para a perpetuação de condutas reprováveis baseadas na retórica do acesso a justiça a todo custo[16].

Esse discurso em prol do exercício do amplo direito de defesa, que impediria a condenação do litigante por assédio processual, é perigoso e pode levar a resultados injustos, impondo ao autor que tem razão todo o ônus da distribuição do tempo do processo.

A ampla defesa e o contraditório, inerentes ao devido processo constitucional, não devem e não podem ter essa amplitude, sob pena de produzirem efeitos que se opõem à principal finalidade da prestação jurisdicional, que é a pacificação social, através da solução dos conflitos individuais e coletivos de interesses, gerando resultados individual e socialmente justos, de acordo com o ordenamento jurídico-constitucional vigente.

Parece irrecusável que a atuação revestida da intenção de causar prejuízos e/ou de alcançar vantagens ilícitas é viabilizada pelo uso de medidas processuais legalmente contempladas pelo sistema, de modo que se torna vazio de conteúdo o argumento de que se a parte as empregou, não cometeu assédio processual, mas apenas fez uso de instrumentos legitimados pelo sistema processual.

Ora, ora, tanto a atuação regular, moderada, com objetivo de fazer prevalecer interesses juridicamente protegidos, como aquela outra, que tem justamente o oposto desse escopo, são realizadas através de instrumentos processuais postos à disposição dos litigantes pela lei, e nem por isso se pode afirmar que não há como condenar alguém por assédio processual.

Essa é uma visão míope, cômoda, conservadora e sem o compromisso de fazer valer a ordem democrática e os seus objetivos, valorizando a pessoa humana, a sua dignidade e a função social de tudo que há na sociedade, para quem sabe corrigir as injustiças e diminuir as diferenças entre pessoas e classes sociais, atingindo a efetivação do princípio da igualdade material.

O Judiciário, ao não reconhecer o assédio processual, quando presente, assume a condição, deliberada ou não, de aparelho ideológico do Estado, na pior de suas acepções, vestindo o figurino do personagem que tudo faz para ajudar a manter a ordem estabelecida pelas classes dominantes, ainda que injusta, e para convencer aos jurisdicionados que tudo está na mais absoluta normalidade.

Transmite a ideia de que é lícito e razoável o devedor agir abusivamente para retardar a efetivação da prestação jurisdicional, com a entrega do bem da vida ao credor, por dez, quinze, vinte ou mais anos, mesmo no âmbito da Justiça do Trabalho. Não pune satisfatoriamente aquele que nitidamente atua para esse atraso, embora as normas legais existentes

---

(15) Assim decidindo, do mesmo modo como faz parte da doutrina processualística, esquecem que o prejuízo gerado pelo tempo do processo deve ser distribuído entre os litigantes, de preferência transferindo-o à parte que não tem razão. Nesse sentido a preciosa lição de Luiz Guilherme Marinoni: "O sistema processual deve ser capaz de racionalizar a distribuição do tempo no processo e inibir as defesas abusivas, que são consideradas, por alguns, até mesmo direito do réu que não tem razão. A defesa é direito nos limites em que é exercida de forma razoável ou nos limites em que não retarda, indevidamente, a realização do direito do autor. O direito à defesa, assim como o direito à tempestividade da tutela jurisdicional, são direitos constitucionalmente tutelados. Todos sabem, de fato, que o direito de acesso à justiça, garantido pelo art. 5º, XXXV, da Constituição da República, não quer dizer apenas que todos têm direito de ir a juízo, mas também quer significar que todos têm direito à tutela jurisdicional efetiva, adequada e tempestiva" (*Tutela antecipatória e...*, p. 17-18).

(16) Como adverte Ovídio A. Baptista da Silva: "Temo que a consagração do princípio da 'ampla defesa', agora desfrutando da dignidade de estatuto constitucional, seja uma nova arma no inesgotável arsenal do conservadorismo brasileiro, cuja retórica, como dizia Pontes de Miranda, com sua aguda percepção para os fenômenos políticos e sociais, especializou-se, no mais alto grau, em alterar constantemente nossas leis e todo o sistema normativo, sem no entanto nada transformar efetivamente, de modo que o 'diálogo' que o poder estabelecido mantém com a nação, através das leis, se faça tão convincente quanto inócuo; e assim evitem-se as reformas estruturais de que nosso país tanto necessita" (A "plenitude da defesa" no processo civil. *In*: TEIXEIRA, Sálvio de Figueiredo (coord.). *As garantias do cidadão na justiça*. São Paulo: Saraiva, 1993. p. 163).

possibilitem a incidência de sanções para prevenir e coibir os atos procrastinatórios, ilegais e imorais[17].

O art. 187 do Código Civil de 2002, qualifica de ato ilícito aquele gerado pelo exercício imoderado de um direito, excedendo manifestamente aos limites impostos pelo seu fim econômico ou social, pela boa-fé ou pelos bons costumes.

Como ensina Diniz:

O uso de um direito, poder ou coisa além do permitido ou extrapolando as limitações jurídicas, lesando alguém, traz como efeito o dever de indenizar. Realmente, sob a aparência de um ato legal ou lícito, esconde-se a ilicitude no resultado, por atentado ao princípio da boa-fé e aos bons costumes ou por desvio de finalidade socioeconômica para o qual o direito foi estabelecido.[18]

Não se pode sustentar, então, que agir para procrastinar a solução final do litígio, usando os meios disponíveis no sistema processual, consiste em exercício regular de um direito, e, como tal, nenhuma obrigação de reparar eventual dano causado a outra parte poderá prevalecer. Em outros termos, que, assim agindo a parte, não haveria ato ilícito, mas, sim, lícito.

Não é bem essa a conclusão que se coaduna com os fundamentos de um regime democrático de direito, que pretende ser justo e igualitário para todos. Os excessos devem, sim, ser punidos.

É salutar que a sentença seja revista por um órgão colegiado. Nem sempre é acertada. Pode conter vícios e erros. Ou simplesmente, ainda que não seja viciada, nem contenha erros de procedimento ou de aplicação do direito, que o recurso viabilize ao vencido em primeiro grau de jurisdição tentar mais uma vez fazer vitoriosa sua tese, mormente quando se trata de matéria complexa e polêmica em doutrina e nos tribunais.

Se há efetivamente tema de ordem constitucional a ser discutido, que se oportunize ao prejudicado o exame da matéria pelo Excelso Supremo Tribunal Federal. Do mesmo modo quanto ao recurso especial para o Colendo Superior Tribunal de Justiça. Esses manejos de recursos são aceitáveis. Atendem ao princípio do acesso à justiça, ao devido processo constitucional e aos seus corolários: a ampla defesa e o contraditório.

Mas não se pode eternizar a discussão, nem permitir que o vencedor, assim reconhecido na sentença, suporte sozinho os prejuízos da demora. Aquela não é mero projeto, mas, sim, realidade, havendo que ter concretude e gerar efeitos favoráveis à parte tutelada pelo provimento.

Que haja oportunidades razoáveis de questionamentos em diversos graus de jurisdição, conforme a natureza, a complexidade e a polêmica gerada pela matéria em debate, mas que aquele que deseje utilizá-las suporte as consequências do provimento que lhe é desfavorável, e não o seu adversário na demanda a quem a tutela foi prestada[19].

Logo se vê que *a priori* não se pode falar em assédio processual em todos os casos em que os recursos não são providos, mas somente pelo exame das cir-

---

(17) Interessante a definição que se encontra embutida na decisão a seguir transcrita, proferida pela Juíza do Trabalho Mylene Pereira Ramos, da MM. 63ª Vara do Trabalho de São Paulo: "A ré ao negar-se a cumprir o acordo judicial que celebrou com o autor, por mais de quinze anos, interpondo toda sorte de medidas processuais de modo temerário, e provocando incidentes desprovidos de fundamento, na tentativa de postergar ou impedir o andamento do feito, praticou autêntico 'assédio processual' contra o autor e o Poder Judiciário. [...] Frágil, perante o poderio econômico do réu, e atado o Poder Judiciário pelas malhas das normas processuais que permitiram ao réu delongar o cumprimento de sua obrigação por mais de quinze anos, nada restou ao sofrido autor do que esperar. Neste ínterim, sofreu a vergonha e a humilhação de um empregado que após 30 anos de trabalho na mesma instituição se vê por ela massacrado. A estratégia processual adotada pela ré arrastou pela *via crucis* não só o autor, mas também muitos outros empregados, que pelo imenso volume de processos em andamento, não conseguem receber suas verbas de natureza alimentar. Dito de outra forma, o réu onerou o Poder Judiciário, concorrendo para o sobrecarregando da Vara, requerendo o labor de vários Servidores para a movimentação do processo, atrasando o andamento dos demais. [...] O assédio processual consiste na procrastinação por uma das partes no andamento de processo, em qualquer uma de suas fases, negando-se a cumprir decisões judiciais, amparando-se ou não em norma processual, para interpor recursos, agravos, embargos, requerimentos de provas, petições despropositadas, procedendo de modo temerário e provocando incidentes manifestamente infundados, tudo objetivando obstaculizar a entrega da prestação jurisdicional à parte contrária" (Processo n. 2.784/04, 63ª Vara do Trabalho de São Paulo. Sentença Publicada aos 15.7.2005).

(18) DINIZ, Maria Helena. *Código civil anotado*. 8. ed. São Paulo: Saraiva, 2002. p. 171.

(19) É de ser reconhecido que expressiva parcela da doutrina tem prestado contribuição para que o tempo na tramitação do processo seja um fator ignorado e pouco valorizado, como se fosse irrelevante e não repercutisse na vida do litigante que tem razão, em seu prejuízo. Como muito apropriadamente afirma Luiz Guilherme Marinoni: "O processualista também tem grande responsabilidade perante a grave questão da demora do processo. Apesar desta afirmação poder soar óbvia, é importante lembrar que parte da doutrina sempre encarou a questão da duração do processo como algo — se não exatamente irrelevante e incidente — de importância marcadamente secundaria, por não ser propriamente 'científica'. O doutrinador que imagina que a questão da duração do processo é irrelevante e não tem importância 'científica', não só é alheio ao mundo em que vive, como também não tem a capacidade de perceber que o tempo do processo é o fundamento dogmático de um dos mais importantes temas do processo civil moderno: o da tutela antecipatória" (*Tutela antecipatória e...*, p. 18-19).

cunstâncias pertinentes a cada caso concreto poderá ser concluído se houve ou não abuso no exercício de direitos e faculdades processuais.

A Constituição da República, em seu art. 3º, preconiza que são objetivos fundamentais da República Federativa do Brasil (Estado Democrático de Direito), entre outros, a construção de uma sociedade livre, justa e solidária (inc. I) e a promoção do bem de todos, sem preconceitos ou quaisquer formas de discriminação (inc. IV). O art. 5º, *caput*, assegura a igualdade de todos perante a lei.

O art. 170, *caput*, por sua vez, promete a todos que a ordem econômica é fundada na valorização do trabalho humano e na livre iniciativa, tendo por fim possibilitar existência digna, *conforme os ditames da justiça social*. Seguindo a mesma trilha, o art. 193, dispõe que a ordem social *tem por base o primado do trabalho, e como objetivo o bem-estar e a justiça sociais*.

Diante de todas essas preciosas promessas constitucionais, que devem ser vistas como compatíveis com uma sociedade ideal, em que as pessoas devem ter condições de uma existência digna, e para tanto se deve agir para buscar implementar os escopos prescritos pela ordem constitucional vigente, não é admissível manter-se inerte diante de atitudes procrastinatórias que prejudicam a parte que tem razão, favorecendo quem não tem, invertendo-se as prioridades da tutela jurisdicional.

A propósito, a razoável duração do processo é também garantia constitucional, como se lê do art. 5º, inc. LXXVIII, da Constituição, introduzido pela Emenda Constitucional n. 45/04[20].

O assédio processual, necessariamente caracterizado pelo exercício de faculdades processuais, por meio de medidas amparadas na lei, e nem poderia ser diferente, já que outros canais não são conhecidos, configura-se pelo escopo pretendido pelo litigante, que pode ser deduzido pela quantidade e qualidade de suas alegações, levando em conta as particularidades de cada caso concreto, o estágio em que se encontra o processo no que se refere ao reconhecimento de direitos e a sua efetiva tutela.

Insuficiente e inadequado se torna o argumento de que o emprego das medidas processuais legais seria motivo suficiente para afastar, por si só, virtual condenação por assédio processual, já que sempre será ele praticado através de medidas processuais em princípio legítimas. O que distingue o ato regular/moderado do ato ilícito/abusivo, repita-se, é o resultado pretendido pelo assediador. O meio não importa. Quase sempre será um meio legal.

O uso excessivo de recursos processuais, ou seja, o exercício imoderado de direitos deve ser combatido. Pensar diferente seria colocar-se na contramão dos fundamentos e objetivos traçados pela Constituição vigente. Os fins da jurisdição acabam sendo abalados e frequentemente não são realizados adequadamente, diante do abuso no uso das faculdades processuais.

4.3. Dos elementos do assédio moral

Toda contribuição doutrinária, por mais imperfeita que seja, é bem vinda para o debate, a reflexão e o amadurecimento do instituto. Destarte, alguns estudiosos, quando tentam buscar uma conceituação adequada para o assédio moral, indicam como seus elementos fundamentais a dimensão da agressão, sua duração, objetivo e potencialidade.

Esses podem ser esmiuçados assim: pertinente à dimensão, a conduta apontada como agressiva ou violenta, ainda que no campo unicamente psicológico, deve ser reiterada e repercutir na vida da vítima, constituindo-se num intenso processo que visa sua desestabilização emocional.

Relativo à duração, os ataques repetidos devem ser prolongados no tempo, não bastando para a caracterização do assédio moral apenas ato único, muitas vezes fruto de uma infelicidade ou fragilidade do agente ativo, sem a finalidade de conseguir do seu alvo uma reação que leve a um resultado premeditado.

Quanto ao objetivo, espera-se com o assédio que a vítima não pratique atos que contrariem os interesses do agressor, mas, pelo contrário, este tem o propósito de conseguir que a vítima, sentindo-se humilhada e diminuída, quase sempre com a redução de sua autoestima, tome a iniciativa de se afastar do emprego ou sinta-se submetida completamente a vontade do agressor, cumprindo suas orientações, por mais absurdas que possam ser.

No que concerne à potencialidade da conduta agressiva, significa que as atitudes e as estratégias do agressor devem ser capazes de alcançar o resultado pretendido, de aniquilar a vítima, para que esta se

---

(20) *A todos, no âmbito judicial e administrativo, são assegurados a razoável duração do processo e os meios que garantam a celeridade de sua tramitação.*

comporte do modo desejado, não se configurando o assédio moral se, malgradas as intenções do agressor, os meios escolhidos não se mostrarem aptos a consecução dos fins pretendidos.

4.4. Dos elementos do assédio processual

Com a identificação dos elementos objetivos do assédio moral têm-se condições de se identificar também o assédio processual, que, respeitando-se uma ou outra particularidade, reproduz os mesmos elementos anteriormente citados na conduta da parte em juízo, ainda que através do seu procurador, de modo a conseguir reduzir as expectativas do seu adversário na demanda na solução justa, adequada e tempestiva para o conflito de interesses levado a apreciação ao Judiciário.

Assim, quanto à exigência da dimensão da violência empregada, quando se cuida de atuação em juízo mostra-se presente pela quantidade de oportunidades utilizadas pelo assediador para defender seus interesses — não exatamente um direito —, criando incidentes infundados, arguindo preliminares sabidamente improcedentes, usando meios impugnativos inaptos a produzirem a reforma das decisões, sempre com o nítido propósito de emperrar a marcha processual em seu benefício e, consequentemente, em prejuízo da outra parte no processo.

No que diz respeito à duração da conduta reprovável, a exigência restará preenchida quando os atos praticados conferem ao assediador ganho de tempo considerável, militando em desfavor da garantia constitucional da razoável duração do processo, sempre, como corolário lógico e deliberadamente desejado, em prejuízo ao outro litigante, e ao interesse público em uma célere prestação jurisdicional[21].

O objetivo almejado, sem dúvida alguma, é provocar tropeços no outro litigante, para que negligencie causa, perdendo prazos processuais, deixando de realizar tempestiva e adequadamente os atos que lhe compete, descuidando dos ônus processuais, em genuíno desânimo com o destino final da demanda, tudo isso em benefício do assediador, como parece curial.

A aptidão dos atos reprováveis desenvolvidos na tramitação do processo, como sinônimo de medidas potencialmente hábeis para gerar os efeitos ilícitos desejados, deve ser aferida individualmente em cada caso concreto, no sentido de serem ou não capazes de causar na vítima desconfiança nas possibilidades positivas do devido processo legal, como mecanismo que pode solucionar apropriadamente o litígio e, consequentemente, no próprio regime democrático, descrédito nas instituições judiciárias e na eficiência da prestação jurisdicional pelo Estado[22], pondo sob suspeita tudo e todos, quiçá desistindo da demanda. Afinal, quem já não ouviu alguém dizer "isso não vai dar em nada", ou afirmações equivalentes?

Em síntese, o assédio processual, fundado no exercício imoderado de faculdades processuais, muitas vezes qualificando-se em uma ou mais figuras dos incs. do art. 17 do CPC, consiste num conjunto de atos que tem por escopo retardar a prestação jurisdicional, causando desestímulo no adversário na demanda, por se sentir impotente e humilhado, reduzindo suas expectativas quanto ao resultado justo da solução a ser ministrada ao conflito, ensejando ao assediador vantagens processuais indevidas, podendo repercutir em ganhos de ordem patrimonial.

5. Do assédio processual e da litigância de má-fé

Há, em doutrina, algumas tentativas de se fazer distinção entre o assédio processual e a litigância de má-fé, mas o que se sucede, na verdade, é uma ques-

---

(21) Cito como exemplo experiência pessoal recente: em audiência inaugural, o réu ofereceu exceção de incompetência em razão do lugar, o que se deu em duas demandas (uma reclamação trabalhista e uma indenizatória de dano derivado de acidente de trabalho). Instruída e julgada a exceção, sendo esta rejeitada, o excipiente interpôs simultaneamente correição parcial, exceção de suspeição e recurso ordinário, cujo seguimento foi negado, porque incabível. Por isso, interpôs agravo de instrumento. Ou seja, três medidas processuais (além do agravo de instrumento) para atacar uma decisão interlocutória que sequer comportava impugnação de imediato. Na sequência do procedimento, na demanda indenizatória por acidente de trabalho, o réu alegou prescrição bienal extintiva, que seria apreciada por ocasião da sentença, mas, não querendo aguardar o momento processual oportuno, protocolou petição requerendo que prejudicial de mérito fosse objeto de pronunciamento antes da audiência de instrução. O juízo analisou e a rejeitou. Dessa decisão, começou tudo de novo, com recurso ordinário, agravo de instrumento, correição parcial e exceção de suspeição. Com essa conduta, o réu conseguiu retardar a entrega da prestação jurisdicional (pelas inevitáveis suspensões do processo) de seis a oito meses, pelo menos. Indaga-se: não se está diante de inegável caso de assédio processual?
(22) "[...] Talvez o nosso fundamento, em defesa de um processo isonômico, seja incompreensível àqueles que estão acostumados a ver o tempo do processo como algo neutro e incapaz de prejudicar alguém. Contudo, é esta forma cômoda, mas perversa, de encarar o processo que colabora para o descrédito do povo no Poder Judiciário e para tornar letra morta a norma constitucional garantidora do acesso à Justiça" (MARINONI. Tutela Antecipatória e..., p. 22).

tão de intensidade, de grau propriamente dito, pois a prática de apenas um ato que possa caracterizar a parte como litigante de má-fé ou mesmo a prática de ato atentatório à dignidade da justiça ou ao exercício da jurisdição (arts. 14, 17 e 600 do CPC) não seria suficiente, pela falta de reiteração, para caracterizar o assédio processual, mas, de outro lado, se a conduta da parte revela sucessivos atos que a enquadre como litigante de má-fé, pela repetição insistente e pelos presumíveis objetivos ilícitos, em manifesto prejuízo à parte adversária e ao exercício da jurisdição, aí, sim, poderia ser classificada como assédio processual.

Não parece acertada a opinião, que vez ou outra se vê, de que o sujeito passivo da litigância de má-fé é a parte que litiga contra o assediador, ao passo que, no assédio processual as vítimas seriam a um só tempo aquela e o Estado.

Em ambos os casos, tanto a parte que sofre as agressões diretamente como o Estado, muitas vezes apenas indiretamente, já que não é ele propriamente o alvo escolhido pelo agressor, são sujeitos passivos da conduta reprovável, vez que os efeitos gerados, com distinção de grau (menor na litigância de má-fé e maior no assédio processual), atingem tanto os legítimos interesses da parte adversária como os objetivos da prestação jurisdicional e, por extensão, o interesse público, já que é dever do Estado-juiz zelar pelo rápido andamento das causas (arts. 765 da CLT e 125, inc. II, do CPC) e de prestar jurisdição em tempo razoável (CF, art. 5º, inc. LXXVIII).

Tanto no assédio processual como na litigância de má-fé há uma considerável redução da efetividade e da celeridade do processo e da eficiência da prestação jurisdicional, colocando as instituições judiciárias em condição de impotência, diante das atitudes procrastinatórias do litigante, transmitindo à opinião pública a impressão de que o sistema judiciário não funciona a contento, é lento, é ineficiente e é incapaz de resolver seus próprios problemas internos, o que dirá os problemas dos jurisdicionados[23].

Processo rápido não existe em lugar nenhum do mundo, a não ser por exceção, mas não por definição e como regra geral, mas, de outro lado, prestação jurisdicional que demora demais, para que o bem da vida perseguido seja efetivamente entregue a quem tem razão, é inaceitável, e todo comportamento que venha a frustrar a garantia constitucional da razoável duração do processo deve ser combatido com rigor pelo Judiciário.

6. Da finalidade da reparação

Deve ser destacado, quando se conclui que há assédio processual, ensejando a fixação de reparação pelos prejuízos que dele deriva, que a vítima deve receber uma compensação pelo sofrimento proporcionado pela morosidade processual dolosamente provocada pelo seu *ex adverso*, e, ainda, o caráter pedagógico e repressivo jacente à ideia de indenização dos prejuízos imateriais.

A fixação de indenização, nesse caso, acaba por constituir em instrumento destinado a tornar realidade a propalada e desejada efetividade processual, desestimulando a chicana e os atos tendentes a tornar demorada a prestação jurisdicional e a efetivação do comando emanado do provimento jurisdicional condenatório.

Abstratamente examinada a questão, tornando-se uma constante nas decisões de magistrados de primeiro e segundo graus de jurisdição, é previsível que servirá para desencorajar tanto aquele que foi condenado (para outros processos, futuros ou em andamento) como aos litigantes em geral, deixando de ser atraente retardar o cumprimento da obrigação reconhecida em definitivo em decisão judicial.

Tanto quanto em qualquer indenização que se arbitre por lesão a bens imateriais, ou seja, insuscetíveis de avaliação econômica, por se configurarem em situações jurídicas não patrimoniais, nem por isso órfão de tutela jurídica, a reparação por assédio processual cumpre três funções básicas: compensatória (para amenizar o sofrimento da vítima), pedagógica (ensinando ao infrator que o mesmo não deve agir desse modo, sob pena de sofrer um prejuízo material) e repressiva (tornando desinteressante ao infrator reiteração de conduta dessa ordem).

A relação processual, se de um lado não é exatamente um contrato, já que as partes e os demais participantes desta, claro que não apenas por essa razão, não estipulam voluntariamente direitos e obrigações processuais, a não ser excepcionalmente, mas, são jungidas, em regra, ao que prescreve o ordenamento jurídico, de outro lado, cria vínculos jurídicos, envolvendo os litigantes e o juiz, podendo atrair terceiros intervenientes, a depender de cada situação, todos devendo tratar-se reciprocamente com respeito, lealdade e consideração.

---

(23) Não só a impressão, pois, em numerosos casos, esta é uma realidade inegável.

Em juízo se discutem fatos e direitos que têm origem numa relação jurídica contratual, em sua maioria, como se dá com o contrato de trabalho e os conflitos por ele gerados e submetidos à Justiça do Trabalho para solução, sendo dever dos contratantes guardar, como se nota do art. 422 do Código Civil de 2002, durante a execução e na conclusão dos contratos (das obrigações deles derivadas) os princípios de probidade e boa-fé.

Essa regra, conquanto concebida para os contratos regulados pelo direito civil, pode e deve ser aplicada, porque não há incompatibilidade, em todas as modalidades contratuais, cujas fontes normativas regentes provêm de outros ramos do direito, como se sucede com o contrato de trabalho.

Destarte, se em juízo, depois de concluído o contrato de trabalho, ou mesmo se este ainda estiver em curso, discute-se a existência de direitos não satisfeitos, ou seja, o descumprimento de obrigações contratuais, por parte do trabalhador ou do empregador, parece razoável que se entenda que as partes da relação de direito material continuam obrigadas a se respeitarem, agindo com probidade e boa-fé.

Havendo excessos por parte de uma delas, quando atuando em juízo, impondo dano a bens imateriais a outra parte, causando-lhe sofrimento provocado pela angústia da espera, pela incerteza do resultado, pela insegurança quanto ao futuro, pela necessidade do bem sonegado, pela impossibilidade de realização de objetivos (que necessitam do cumprimento da obrigação pelo seu adversário na demanda), pelo adiamento de sonhos e expectativas, pelo tratamento de saúde que aguarda recursos, pelo presente do filho prometido e não cumprido e pela viagem com a família há tanto tempo planejada, entre tantas outras situações que poderiam ser imaginadas, mesmo depois de provado em juízo que seus direitos foram violados e mesmo recebendo provimento judicial favorável, parece certo que não se mostra justo deixar de apenar aquele que deu causa a todo esse sofrimento[24].

Afirmar que não se pode condenar em reparação dessa ordem porque a atuação em juízo se conforma com as normas processuais vigentes repugna às ideias de justiça, dignidade humana e igualdade, verdadeiros valores consagrados pela ordem constitucional.

Jamais poderá ser aceito o entendimento de que a garantia do amplo direito de defesa justifica que se deem tantas oportunidades a quem descumpre a lei, sem impor nenhuma sanção quando derrotado em sucessivas tentativas de retardar a prestação jurisdicional ou a efetivação dos provimentos jurisdicionais.

Outro aspecto que é conveniente ressaltar prende-se ao fato de que as obrigações oriundas do contrato de trabalho, cabíveis ao empregador, via de regra se revestem de natureza alimentar, na medida em que a principal delas, o pagamento da remuneração pelos serviços prestados, destina-se à satisfação de necessidades vitais do trabalhador e sua família (alimentação, vestuário, moradia, educação, saúde, lazer, higiene etc.).

A natureza alimentar do crédito trabalhista por certo não se compatibiliza com a conduta do empregador na sua atuação em juízo, visando retardar a entrega do bem da vida ao trabalhador que tem razão, sob pena de perder sua função e gerar danos irreparáveis ou de difícil reparação, o que exige maior rigor na repressão aos atos processuais com esse propósito[25].

Já não é sem tempo de a doutrina, igualmente, atuar nessa frente de batalha, buscando alternativas viáveis perante o ordenamento jurídico que possam penalizar aquele que impõe prejuízo ao outro litigante, por atos unicamente protelatórios[26].

---

(24) Como muito bem lembra Luiz Guilherme Marinoni, sobre os males do tempo do processo em relação àquele que tem razão: "se o tempo é a dimensão fundamental da vida humana e se o bem perseguido no processo interfere na felicidade do litigante que o reivindica, é certo que a demora do processo gera, no mínimo, infelicidade pessoal e angústia e reduz as expectativas de uma vida mais feliz (ou menos infeliz). Não é possível desconsiderar o que se passa na vida das partes que estão em juízo. O cidadão concreto, o homem das ruas, não pode ter os seus sentimentos, as suas angústias e as suas decepções desprezadas pelos responsáveis pela administração da justiça. Isto para não se falar nos danos econômicos, frequentemente graves, que podem ser impostos à parte autora pela demora do processo e pela consequente imobilização de bens e capitais" (Tutela antecipatória e..., p. 17).

(25) "O abuso do direito de defesa é mais perverso quando o autor depende economicamente do bem da vida perseguido — hipótese em que a protelação acentua a desigualdade entre as partes, transformando o tão decantado princípio da igualdade em uma abstração irritante. Poucos se dão conta que, em regra, o autor pretende uma modificação da realidade empírica, e o réu deseja a manutenção do status quo. Essa percepção — até banal — da verdadeira realidade do processo civil é fundamental para a compreensão da problemática do tempo do processo ou do conflito entre o direito à tempestividade da tutela jurisdicional e o direito à cognição definitiva" (MARINONI. A antecipação da..., p. 328).

(26) "É preciso que ao tempo do processo seja dado o seu devido valor, já que, no seu escopo básico de tutela dos direitos, o processo será mais efetivo, ou terá uma maior capacidade de eliminar com justiça as situações de conflito, quanto mais prontamente tutelar o direito do autor que tem razão. De nada adianta a doutrina continuar afirmando, retoricamente, que a justiça atrasada é uma injustiça, se ela não tem a mínima sensibilidade para perceber que o processo sempre beneficia o réu que não tem razão" (MARINONI. Tutela antecipatória e..., p. 15).

7. Da reparação ex officio

A imposição da obrigação de reparar os danos ao litigante que comete assédio processual não depende de requerimento do lesado, porque antes de visar compensar os transtornos causados a este, tem por escopo preservar e defender o exercício da jurisdição e a autoridade que deve ser creditada às decisões jurisdicionais.

Há o interesse público em coibir os excessos verificados em condutas contrárias à boa-fé, aos bons costumes, à moral e à ética e à lealdade processual, garantindo credibilidade e eficiência ao processo, enquanto instrumento da jurisdição, meio civilizado e democrático, necessário ao próprio exercício do poder jurisdicional pelo Estado-juiz.

É do interesse da coletividade que as normas legais e os contratos sejam cumpridos voluntariamente e que os inadimplementos encontrem resistência adequada e tempestiva no sistema processual, quando provocado pelos prejudicados, gerando segurança jurídica e garantindo a estabilidade das relações jurídicas.

Quando, ao inverso disso, as pessoas mal intencionadas percebem que é mais vantajoso descumprir suas obrigações legais e contratuais, porque o risco que correm se acionadas em juízo não é de grande monta, podendo usar e abusar de todas as faculdades processuais disponíveis no sistema para protelar o cumprimento da obrigação, sem que com isso sofram penalizações, instaura-se um clima de desconfiança na lei e nas instituições judiciárias, de verdadeira insegurança generalizada, reduzindo o nível de convivência pacífica e aumentando o grau de violência e de tentativas de se fazer justiça com as próprias mãos.

Como se observa, é do interesse da sociedade e do Estado que o litigante que reiteradamente age de má-fé, abusivamente ou imoderadamente, com o claro intuito de protelar a entrega da prestação jurisdicional ou o cumprimento de obrigações já reconhecidas em juízo, seja penalizado, não apenas com multas pecuniárias, mas compensando o sofrimento causado à outra parte por meio de uma quantia em dinheiro, que poderá ser arbitrada pelo juízo, independentemente de requerimento expresso da vítima.

8. Conclusão

O objetivo deste texto, conforme explicitado em sua introdução, não é esgotar o assunto tratado, nem posicionar-se de forma definitiva sobre as mais variadas polêmicas que suscita, mas, sim, contribuir, mesmo que timidamente, para enriquecer o debate sobre ele, que ultimamente tem surgido com maior intensidade entre os operadores jurídicos, notadamente depois da EC n. 45/04, que acrescentou ao art. 5º da Constituição, o inc. LXXVIII, garantido a todos a razoável duração do processo.

Nessa perspectiva, como recomendam os estudos de metodologia da pesquisa, aplicáveis a um texto que tenha a pretensão de ser minimamente científico, cumpre nesse fechamento apresentar algumas conclusões sobre os aspectos abordados no desenvolvimento da matéria.

O assédio processual seguramente não é o único responsável pela demora na prestação jurisdicional e pela efetivação das decisões judiciais, mas é uma das causas da morosidade da Justiça, tão indesejada pela sociedade quanto combatida pela ciência processual, favorecido pelo sistema legal vigorante, marcado por uma burocracia gigantesca, muitas vezes inútil, sob o pretexto de prestigiar a segurança jurídica, como se esta fosse mais importante que a produção de resultados justos, individual e coletivamente, pela atividade jurisdicional.

Aquele que tem o propósito de retardar a entrega da prestação jurisdicional ou a efetivação da decisão judicial alega e recorre quantas vezes quiser, sem qualquer constrangimento, ainda que sofra sucessivas derrotas, muitas vezes com teses que colidem com a Constituição e a lei, desprovidas de fundamentos consistentes e de um mínimo de razoabilidade e de possibilidade de êxito, até mesmo contra texto expresso de lei ou de jurisprudência sedimentada nos tribunais superiores, em incansável repetição de recursos sobre matérias já decididas milhares de vezes em sentido inverso ao sustentado.

No âmbito da Justiça do Trabalho percebe-se, em expressiva quantidade de casos, ilimitada tolerância com a litigância de má-fé e com o assédio processual, que muitas vezes abdica do poder de punir quem assim age, cujas decisões se escudam na invocação da garantia do devido processo constitucional, com seus corolários, quais sejam, o direito a ampla defesa e ao contraditório, quando, para o bem da Justiça, não se poderia permitir tantas oportunidade de participação no processo com escopos ilícitos, imorais ou contrários aos bons costumes e ao exercício da jurisdição.

Tratando-se de verbas de cunho alimentar, a chicana e a procrastinação do processo, praticadas pelos empregadores em sua atuação em juízo, acarretam presumíveis e graves consequências ao trabalhador, que se vê privado de recursos para satisfazer suas necessidades mais prementes, adiando sonhos e a realização de objetivos, diminuindo expectativas e pondo em descrédito a própria Justiça do Trabalho e sua capacidade de pacificar, resolvendo tempestiva e adequadamente os litígios.

O assédio processual, como parece cristalino, sempre é praticado através do uso de meios processuais legais, e nem por isso há óbice ao seu reconhecimento e à aplicação das penalidades cabíveis. Não são os meios empregados pelo assediador, mas o exagero e a ilicitude do resultado pretendido que devem ser coibidos com rigor.

Com efeito, o que caracteriza o assédio processual não é o exercício moderado dos direitos e faculdades processuais, mas o abuso e o excesso no emprego de meios legalmente contemplados pelo ordenamento jurídico para a defesa de direitos ameaçados ou violados.

A condenação do assediador por assédio processual, semelhante ao que ocorre com a reparação do dano imaterial, na prática, cumpre três funções: compensatória, pedagógica e repressiva, tornando desinteressante ao infrator a reiteração de condutas dessa ordem.

Os danos causados a outra parte no processo não precisam ser provados, já que não se tratam de danos materiais, embora estes também possam estar presentes, mas são presumidos pela gravidade da conduta do assediador e pelo tempo que conseguiu ganhar, em prejuízo aos direitos daquele que tem razão, a quem se destina a tutela jurisdicional. Bens e interesses imateriais juridicamente protegidos, na maioria dos casos, são os atingidos pelo assédio processual.

O apenamento do litigante assediador não exige requerimento da vítima, mas pode ser imposto *ex officio* pelo juiz, já que o dano não se limita à esfera do *ex adverso*, mas atinge a própria confiabilidade, eficiência e credibilidade das instituições judiciárias, militando em desfavor da garantia constitucional da razoável duração do processo, havendo interesse público na punição do agressor.

Por derradeiro, *a priori*, não se pode estabelecer uma regra única que possa ser a base para a condenação por assédio processual, pois somente as particularidades do caso concreto, aliadas aos elementos genéricos e abstratos daquele, poderão levar a um convencimento sólido sobre sua caracterização.

Referências

BARRETO, Margarida Maria Silveira. *Violência, saúde e trabalho:* uma jornada de humilhações. 2. reimpr. São Paulo: EDUC, 2006.

BEDAQUE, José Roberto dos Santos. *Tutela cautelar e tutela antecipada:* tutelas sumárias e de urgência (tentativa de sistematização). 3. ed. rev. e ampl. São Paulo: Malheiros, 2003.

CANOTILHO, J. J. Gomes. *Direito constitucional e teoria da constituição*. 7. ed. Coimbra: Almedina, 2003.

CARRION, Valentin. *Comentários à consolidação das leis do trabalho*. 28. ed. atual. São Paulo: Saraiva, 2003.

COELHO, Luiz Fernando. *Direito constitucional e filosofia da constituição*. Curitiba: Juruá, 2006.

_____ . *Constituição da república federativa do brasil*. 17. ed. atual. e ampl. São Paulo: Saraiva, 1997.

DINAMARCO, Cândido Rangel. *A reforma do código de processo civil*. 5. ed. rev. ampl. e atual. São Paulo: Malheiros, 2001.

_____ . *A instrumentalidade do processo*. 11. ed. rev. e atual. São Paulo: Malheiros, 2003.

DINIZ, Maria Helena. *Código civil anotado*. 8. ed. atual. de acordo com o novo código civil (Lei n. 10.406, 10.1.2002). São Paulo: Saraiva, 2002.

GUEDES, Márcia Novaes. *Terror psicológico no trabalho*. São Paulo: LTr, 2003.

HIRIGOYEN, Marie-France. *Mal-estar no trabalho:* redefinindo o assédio moral. 2. ed. Trad. Rejane Janowitzer. Rio de Janeiro: Bertrand Brasil, 2005.

MARINONI, Luiz Guilherme. *Tutela antecipatória e julgamento antecipado:* parte incontroversa da demanda. 5. ed. rev. atual. e ampl. da obra Tutela antecipatória, Julgamento antecipado e execução imediata da sentença. São Paulo: Revista dos Tribunais, 2002.

_____ . *A antecipação da tutela*. 8. ed. rev. e ampl. São Paulo: Malheiros, 2004.

_____ . *Técnica processual e tutela dos direitos*. São Paulo: Revista dos Tribunais, 2004.

PAIM, Nilton Rangel Barretto; HILLESHEIM, Jaime. O assédio processual no processo do trabalho. *Revista LTr*, São Paulo: LTr, v. 70, n. 9, p. 1112, set. 2006.

PEREIRA, José Luciano de Castilho. *Celeridade processual e segurança jurídica*. Disponível em: <http://tst.gov.br>. Acesso em: 1º.11.2007.

SILVA, Ovídio A. Baptista da. A "plenitude da defesa" no processo civil. *In:* TEIXEIRA, Sálvio de Figueiredo (coord.). *As garantias do cidadão na justiça*. São Paulo: Saraiva, 1993.

_____ . *Processo e ideologia:* o paradigma racionalista. Rio de Janeiro: Forense, 2004.

CAPÍTULO 26

NATUREZA DO TÍTULO QUE FUNDA A EXECUÇÃO PREVIDENCIÁRIA NA JUSTIÇA DO TRABALHO

JOSÉ EDUARDO DE RESENDE CHAVES JÚNIOR[*]

1. Introdução

A Emenda Constitucional n. 20/98 conferiu à Justiça do Trabalho uma competência definida a partir da matéria — matéria de previdência fiscal, decorrente das sentenças que proferir — e não em razão das pessoas. Tal competência restou repetida no inciso VIII do art. 114 da EC n. 45/04 — "VIII a execução, de ofício, das contribuições sociais previstas no art. 195, I, a, e II, e seus acréscimos legais, decorrentes das sentenças que proferir".

Em face desse novel critério objetivista, ou material, sustentamos uma hipótese acerca da natureza jurídica do título executivo, que funda a execução da contribuição previdenciária na Justiça do Trabalho, bem assim tecemos algumas considerações, para ressaltar algumas nuanças dessa competência derivada.

A hipótese é a seguinte: a Emenda Constitucional n. 20/98 — e a EC n. 45/04 —, ao conferir a competência à Justiça do Trabalho para executar *ex officio* as contribuições previdenciárias decorrentes da sentença que proferir, mais do que simplesmente agregar constitucionalmente um critério adicional de definição de competência, instituiu um *tertium genus* híbrido de título executivo, modificando a **dicotomia** clássica prevista pelo revogado art. 583 do Código de Processo Civil — dicotomia, contudo, repetida nos arts. 475-N e 585 do CPC, a partir da Lei n. 11.232/05 — entre título executivo judicial e extrajudicial, para possibilitar a constituição de um novel instituto, que batizaríamos de *título executivo* **judiciário.**

Nessa concepção, tal título se forma como **ato complexo,** em dois momentos distintos: ele **nasce** com a decisão que reconhece a existência de um dado **fato gerador**, mas somente se aperfeiçoa como

---

(*) Doutorado em Direitos Fundamentais — Universidad Carlos III de Madrid (2006), reconhecido pela UFMG (2014). Professor de Direito e Processo do Trabalho e Processo Eletrônico nos cursos de pós-graduação *lato sensu* da Pontifícia Universidade Católica de Minas Gerais — PUC-MINAS. Desembargador Federal do Trabalho do Tribunal Regional do Trabalho de Minas Gerais. Professor-colaborador nos cursos de formação de juízes da Escola Judicial do TRT-MG, do Consejo General del Poder Judicial — CGPJ do Reino da Espanha, da Escola Nacional de Formação e Aperfeiçoamento dos Magistrados do Trabalho — ENAMAT e da Academia de la Magistratura/Suprema Corte do Peru. Membro do Grupo de Trabalho sobre Cooperação Jurídica Nacional e Internacional do Conselho Nacional de Justiça — CNJ. Juiz Auxiliar da Presidência do Conselho Nacional de Justiça — CNJ (2010-2012). Presidente do Conselho Deliberativo da Escola Judicial da América Latina — EJAL. Vice-Presidente de Relações Institucionais da Rede Latino-americano de Juízes — www.REDLAJ.net. Coordenador do GEDEL — Grupo de Estudos Justiça e Direito Eletrônicos da Escola Judicial do TRT-MG. Experiência em Direito do Trabalho, Direito Processual do Trabalho, Direito Processual Eletrônico e Cooperação Judiciária. Participação em várias obras individuais e coletivas e em dezenas de artigos publicados em revistas especializadas em Direito e Processo do Trabalho. Membro do Instituto Brasileiro de Direito Eletrônico — IBDE. Conferencista convidado na Argentina, Brasil, Colômbia, Espanha, México e Peru.

título executivo, a partir do *lançamento tributário*, que, *in casu*, é levado a efeito pelos próprios serviços judiciários — a contadoria judicial trabalhista.

Na esteira desse entendimento, suspeita-se, assim, que as referidas ECs ns. 20/98 e 45/04 não se limitaram a definir uma norma de competência, mas sobretudo a inaugurar uma novidade na teoria geral do processo não penal.

2. A natureza dual do tributo

Para tornar mais perceptível a distinção entre as competências anexa e reflexa previstas anteriormente à EC n. 20/98 e a competência executiva previdenciária prevista no atual inciso VIII do art. 114 da Constituição, é importante examinar uma especificidade da natureza do crédito tributário — a chamada *dualidade* do crédito tributário —, uma vez que hoje já não pairam dúvidas acerca da natureza tributária da contribuição previdenciária.

Retornando à hipótese proposta na introdução deste artigo, a constituição de um novel título, por nós denominado *judiciário*, torna-se imperativa na medida em que a decisão trabalhista, em sede de cognição, constitui-se apenas como *mandamento puro* de recolhimento da contribuição parafiscal, sem emitir qualquer juízo de conhecimento a respeito dessa matéria tributária.

Embora o art. 832, § 3º, da CLT preceitue que a decisão, em sede de conhecimento, deva manifestar-se sobre a natureza das verbas decorrentes da sentença trabalhista, o que se conclui é que tal determinação, embora possa vir a ter posterior reflexo previdenciário — *rectius* efeito anexo —, ela somente poderá repercutir nos limites de sua *declaratividade* na sentença cognitiva, e somente na seara trabalhista, uma vez que a competência da Justiça do Trabalho para tratar de tal tributo, em face da literalidade da Emenda Constitucional, se restringe à fase de **execução**.

Como a decisão trabalhista não pode dirimir, em sede de cognição, acerca de matéria tributária, dela decorre apenas, além da determinação mandamental de recolhimento da contribuição social, mero reconhecimento secundário da **existência do fato gerador** da obrigação tributária. A **exigibilidade** de tal obrigação tributária somente se verificará a partir do lançamento judiciário da contribuição parafiscal.

A nosso ver, tal entendimento se impõe em face da **distinção** que se faz, no campo da doutrina tributária, entre **obrigação** e **crédito** tributários — o referido *dualismo* da obrigação tributária.

Tal dualismo constitui justamente a **quebra da simultaneidade** — clássica no direito comum — entre o **nascimento do direito** e sua **exigibilidade**[1].

A esse respeito discorre também o tributarista Alfredo Augusto Becker:

> A dissociação temporal entre o momento do nascimento do direito do sujeito ativo da obrigação tributária (com a ocorrência do fato gerador — que é a concretização da hipótese prevista na lei tributária, conforme o art. 114 do CTN) e o momento em que a obrigação se torna exigível (com a prática do ato de lançamento, e sua comunicação formal ao devedor) decorre do preceito legal que, em determinadas circunstâncias, prevê o lançamento como ato a ser necessariamente praticado, após a realização do fato gerador, para que se tenha a exigibilidade da obrigação tributária.[2]

A corrente dualista tem origem no art. 139 do CTN, que estabelece que o **crédito** tributário decorre da **obrigação** tributária e tem a mesma natureza desta:

> Art. 139. O crédito tributário decorre da obrigação principal e tem a mesma natureza desta.

Todavia, decorre do preceito de hermenêutica jurídica, segundo o qual a lei não contém disposições inúteis, a interpretação de que o artigo suprarreferido ao dispor a respeito da identidade de natureza, torna explicita a existência de **dois institutos tributários distintos**, pois somente dessa forma encontra-se fundamento exegético para a necessidade dogmática de se igualar a natureza dos dois preceitos — obrigação e crédito tributários. O que é uno não suscita dúvida quanto à identidade de natureza.

Luiz Emygdio, por seu turno, enfoca a natureza dual da obrigação tributária a partir da "distinção entre **relação de débito**, surgida com o fato gerador, e

---

(1) Sobre a dualidade do crédito tributário, que somente se converte em obrigação após a sua exigibilidade, LACOMBE, Américo. *Obrigação tributária*. São Paulo: Obra Jurídica, 1996. p. 100 *apud* MAIA, Ary Fausto. A inaplicabilidade da competência para a execução trabalhista das contribuições previdenciárias. *Revista LTr* 64-07/878-884.
(2) BECKER, Alfredo Augusto. *Teoria geral do direito tributário*. 2. ed. São Paulo: Saraiva, 1972. p. 323.
(3) *Manual de direito financeiro e direito tributário*. 20. ed. Rio de Janeiro: Renovar, 2007. p. 256.

relação da responsabilidade originária do lançamento. O dever de pagar o tributo nasce concretamente com o fato gerador, enquanto a responsabilidade de exigir o cumprimento da prestação mencionada aparece com o lançamento"[3].

Toda essa construção se funda, e se justifica, a partir da necessidade de se estabelecerem, de uma forma objetiva, as garantias do contribuinte. Ao contrário do crédito privado, que se institui a partir do pressuposto de uma relação horizontal de igualdade pelo menos formal, o crédito tributário pressupõe uma relação de verticalidade entre o Estado e o cidadão. A feição impositiva do tributo, cumulada à disparidade de força que existe entre os dois sujeitos da relação tributária, impõe que a exigibilidade do crédito tributário seja precedida de um procedimento administrativo, objetivo e transparente.

Nessa ordem de ideias, a sentença trabalhista não constitui nem mesmo a obrigação abstrata e parafiscal, ela apenas a reconhece e a declara preexistente, ou seja, reconhece a existência da *relação de trabalho*. A decisão trabalhista declara a existência de um fato gerador tributário, a prestação de trabalho extraordinário, por exemplo, mas a condenação se limita aos créditos trabalhistas. O crédito tributário só será aperfeiçoado após o lançamento judiciário.

Em tese, é possível que o efeito anexo previdenciário da sentença seja obstado pela via de embargos previdenciários. Já os embargos à execução trabalhista cuidarão apenas do fiel cumprimento da sentença, como se verá no tópico seguinte.

3. Os motivos históricos do advento do instituto do título executivo

Não só por razões da ordem de garantia do contribuinte é que sustentamos a hipótese da aparição de uma novidade jurídica a partir da promulgação do parágrafo terceiro do art. 114 da Carta Constitucional. Se procedermos a um rápido escorço pregresso da história da execução pecuniária e indagarmos pelos motivos que confluíram para o surgimento, no mundo jurídico, da figura do título executivo, poderemos descortinar também outro fundamento.

A razão principal da configuração histórica do instituto do título executivo foi justamente a necessidade de equilíbrio entre dois interesses antagônicos na execução: a celeridade e a justiça. Desse dilema datado, a noção de título executivo nasce da **imbricação** entre os modelos romano e germânico.

O Modelo Romano. O direito romano se preocupava excessivamente em evitar uma execução **injusta**. Tal preocupação tinha sentido na medida em que já se admitia a **invasão do Estado** no **patrimônio privado** através da execução **forçada**.

Esse Estado já estava moldado como um Estado forte e desenvolvido, que já aplacara o **individualismo** excessivo, e pressupunha uma cultura que já repudiava a **vingança privada**.

Na história do direito, esse período do processo civil romano é conhecido como período da *cognitio extraordinaria* ou *extra ordinem*. Tal período, historicamente associado ao principado de Otaviano Augusto, marca a superação da *ordo iudiciorum privatorum*, que compreendia os dois períodos anteriores marcados pela **natureza privatística** do processo civil — os períodos da *legis actiones* e o *per formulas*.

No período da *extraordinaria cognitio*, a figura do magistrado evolui para a de juiz, que atua não mais como mero autônomo titular da função jurisdicional, mas sim como autêntico delegado da emanação imediata do governo imperial[4].

O Modelo Germânico. Já o direito bárbaro era excessivamente **individualista**; era avesso à ideia da execução forçada. Somente com a **submissão espontânea** do devedor, o que geralmente se colhia **previamente** ao litígio, por meio e no momento da fixação das **cláusulas contratuais**, é que o direito germânico permitia fosse o devedor submetido à execução.

Nessa tradição, portanto, a execução **privada** ainda prevalecia.

O juiz da execução bárbara apenas dirigia a assembleia de homens livres em eventual litígio. Tal execução ademais não pressupunha qualquer tipo de autorização prévia do órgão jurisdicional[5].

O Estado sob o domínio bárbaro não tinha nem meios, nem autoridade, nem competência para interferir na querela dos particulares.

Não seria difícil prever que com o desenvolvimento do comércio, e a partir da fixação da hegemonia bárbara nos domínios romanos, as imensas dificuldades que o instituto germânico iria encontrar

---

(4) CRUZ E TUCCI, J. R.; AZEVEDO, I. C. *Lições de história do processo civil romano*. São Paulo: Revista dos Tribunais, 1996. p. 139.
(5) DINAMARCO, C. R. *Execução civil*. São Paulo: Malheiros, 1987. p. 53.

com o crescimento das relações e dos conflitos jurídicos.

Se por um lado a tradição do direito romano implicava o **retardamento** decorrente de uma execução estatal e formalista, por outro, o processo germânico acarretava sérias dificuldades quanto a se obter a submissão **espontânea** do devedor.

A confluência desses problemas acabou, então, por ensejar as condições para o advento do título executivo. Seu caráter **abstrato** — descolado da cognição — tornava a execução mais simplificada e rápida, em atenção à tradição bárbara. Por outro lado, a sua **natureza formal** constituía-se como **garantia** do próprio devedor, respaldando a preocupação do processo civil romano.

Processo Sincrético e Execução Previdenciária Trabalhista.

É justamente um fenômeno parecido que se sente neste momento do surgimento da atribuição de competência da Justiça do Trabalho para executar a contribuição previdenciária, pois aqui também se reproduz outro dilema.

Ressalte-se, inicialmente, que o chamado processo sincrético, que veio a lume a partir da Lei n. 11.232/05, a despeito de romper com dualismo entre cognição e execução, manteve a dicotomia em matéria de título executivo, como já dito, nos arts. 475-N e 585.

O processo sincrético, portanto, que já era sustentado pela doutrina trabalhista, tanto que na Justiça do Trabalho a execução sempre se operou de ofício e nos próprios autos de cognição, em nada altera o fato da existência dos títulos executivos.

Por outro lado, execução trabalhista e previdenciária têm sentidos bem diferentes. A natureza alimentar do crédito trabalhista comanda a execução trabalhista a partir do princípio da submissão do devedor à execução forçada e célere da sentença judicial trabalhista. Já a execução previdenciária deve se prevenir contra a força impositiva e institucional do Estado.

E é justamente esse dilema que justifica a tese do novel título executivo, como resposta para equilibrar a necessidade de imprimir **rapidez** na cobrança do crédito alimentar trabalhista, com a **garantia** de se assegurar o exercício pleno do direito de **defesa do contribuinte**.

A tese tradicional tem o inconveniente de trazer a discussão tributária para o seio da cognição trabalhista, isso para não lesar o princípio da ampla defesa, mormente da defesa contra o fisco, problema esse já divisado no preceito contido nos §§ 3º, 4º e 5º do art. 832 da CLT, e que somente pode ser superada a partir de sua desconsideração como dispositivo próprio da decisão, ou integrante da força da sentença.

Diante da hipótese do *tertium genus* de título executivo, põe-se a possibilidade de plena compatibilização do processo trabalhista com a abertura da cognição ampla prevista no § 2º do art. 16 da Lei n. 6.830/80, que autoriza a discussão em embargos à execução de "toda matéria útil à defesa", inclusive questões que envolvam eventuais anistias, financiamentos do tipo REFIS, ou opção por sistemas de tributação como o SIMPLES, fato gerador e forma de correção e multa.

Desse modo pode-se superar a **cognição limitada,** restrita ao *trinômio* prescrito pelo § *1º do art. 884* da CLT, que restringe os embargos trabalhistas à discussão quanto ao cumprimento da decisão, quitação ou prescrição da dívida.

4. A eficácia anexa da sentença

Em substancioso trabalho, o Juiz do Trabalho Paulo Gustavo Amarante Merçon sustenta[6] que a execução da contribuição previdenciária na Justiça do Trabalho decorre de simples efeito anexo da sentença. Como já dito, efeitos anexos são efeitos secundários da sentença, que não integram a coisa julgada material. São simples efeitos, situados fora da imutabilidade da coisa julgada.

A tese de Merçon tem como conclusão o fato de que, na execução previdenciária, o título executivo é a própria sentença trabalhista, e tal execução decorre simplesmente de sua eficácia anexa. Tal tese está fundada principalmente em Pontes de Miranda, que distingue a **força** da sentença de sua **eficácia anexa ou reflexa**[7].

Para Pontes de Miranda, os efeitos anexos ou reflexos tomam a sentença não em sua força ou efi-

---

(6) MERÇON, Paulo Gustavo Amarante. Sentença trabalhista e o efeito anexo condenatório das contribuições previdenciárias. *Revista Síntese Trabalhista, Administrativa e Previdenciária*, Síntese, n. 157, p. 24 a 43, jul. 2002.
(7) *Comentários ao código de processo civil*. Rio de Janeiro: Forense, 1997. v. V, p. 57-58.

cácia própria, mas enquanto **fato** ou **ato** jurídico[8]. O Velho Pontes acrescenta que o efeito anexo não tem eficácia executiva, mas apenas mandamental. Esclarece que não se trata de *minus*, tampouco de *pars*, mas de *aliud*[9].

Merçon sustenta que a eficácia executiva conferida ao efeito anexo, nessa hipótese em comento, foi imprimida, de maneira peculiar, pela própria Emenda Constitucional n. 20/98.

Em nossa perspectiva, entretanto, a Carta Magna, num **primeiro momento**, dispôs apenas acerca de uma **regra de competência, sem que tenha transmutado** a natureza da eficácia anexa e mandamental em força própria da sentença. As eficácias anexa e reflexa da sentença trabalhista, como já vimos, encontram-se preservadas como tais no *caput, in fine*, do art. 114 da EC n. 20/98 e do inciso I, a partir da EC n. 45/05 da Constituição da República.

Ousamos, com todo respeito, discordar do posicionamento de Merçon. Divisamos inclusive certa contradição interna nesse pensamento, pois se lança mão do conceito de efeito anexo para negar-lhe a sua característica mais essencial, que é justamente o de distinguir-se da força própria da sentença. Ao que parece, o brilhante Juiz do Trabalho de Minas Gerais está a não distinguir o fato de o legislador possuir livre anexação das sentenças, com a mutação da natureza da eficácia da decisão. Ou seja, ainda que o legislador confira explicitamente efeito anexo à sentença, tal não importa em tornar esse efeito em força própria da decisão, com eficácia executiva autônoma.

O mais próprio e técnico, portanto, a nosso entender, não obstante a judiciosa opinião em contrário, é o entendimento que restringe a eficácia anexa da sentença trabalhista **à imposição mandamental pura** de recolhimento da contribuição previdenciária, tal como contida no parágrafo terceiro do art. 832 da CLT, pois que tal mandamento decorre da sentença trabalhista como **fato**, não como força da decisão, tal qual se dava anteriormente à Emenda n. 20/98, e tal qual continua a se operar em relação ao *imposto de renda*.

Como **fato** — *rectius* **fato jurídico** —, a sentença, em sua eficácia anexa, reconhece a existência do **fato gerador** do tributo[10], constituindo, assim, a **obrigação** tributária. Tal obrigação, somente depois de lançada pela contadoria judicial, é que vai constituir, por sua vez, o **crédito** tributário exigível *ex officio*.

Esse novel título executivo, e portanto distinto da sentença trabalhista, é que vai fundar a execução fiscal, agora já atendidos os requisitos de **garantia tributária**. Ao contrário do que sustenta Merçon, entendemos que a força executiva própria da sentença trabalhista se limita aos créditos laborais.

Em outras palavras, em não havendo recolhimento espontâneo, ou o chamado lançamento por homologação, que é um lançamento feito *a posteriori*, depois do recolhimento perpetrado pelo contribuinte, aí, sim, há de ser constituído o *título executivo judiciário*, que, por sua vez, deverá ser precedido de todas as garantias tributárias, entre elas a **efetivação do lançamento** tributário, levado a efeito, nesse caso, pela contadoria judiciária, para, em consequência, proceder-se à correspondente **constituição do crédito tributário**.

Tanto a eficácia anexa não diz respeito à execução propriamente das contribuições previdenciárias, que os valores devidos pelo empregado, quando espontaneamente quitados, **são deduzidos dos créditos** do trabalhador, o que significa que, em sede não coativa, a legitimação contributiva do empregado se aperfeiçoa plenamente.

Mas uma vez instaurada a execução forçada previdenciária, tal já não seria possível, porquanto **somente** o **empregador** tem **legitimação passiva** para figurar na **execução** previdenciária, nos termos do art. 30, I, "a" e "b" da Lei n. 8.212/91.

Caso decorresse da eficácia anexa do título executivo judicial, a execução poderia se voltar inclusive contra o empregado.

5. A *execução* ex officio

A novidade do título executivo *judiciário* tem decorrência não propriamente da competência conferida pela Emenda Constitucional n. 20/98, mas sobretudo da inovação de instaurar execução **fiscal** *ex officio*.

Embora não seja novidade na Justiça do Trabalho a execução inquisitiva, sempre prevista que foi no art. 878 da CLT, a inquisitividade da execução

---

(8) *Comentários ao código de processo civil*. Rio de Janeiro: Forense, 1997. v. V, p. 58.
(9) *Comentários ao código de processo civil*. Rio de Janeiro: Forense, 1997. v. V, p. 51.
(10) Nesse sentido dispõe o art. 43, § 2º, da Lei n. 11.212/91, com a redação dada pela Lei n. 11.911/09.

fiscal carrega toda a peculiaridade, já ressaltada, da harmonização de dois ideais antagônicos: agilização do crédito alimentar e a garantia do contribuinte.

Esse novo título executivo, justamente por ser distinto da sentença trabalhista, é, pois, embargável pelo procedimento previsto pela Lei n. 6.830/80.

Isso também como decorrência da garantia de ampla defesa que deve ser ensejada ao contribuinte, uma vez que os embargos previstos na lei de execução fiscal asseguram uma cognição mais **ampla** — prevista em seu § 2º, art. 16 — do que a prevista pelo trinômio restritivo do § 1º do art. 884 da CLT — cumprimento da decisão, quitação ou prescrição da dívida.

Dessa forma, retiraríamos a discussão tributária do processo trabalho, imprimindo-lhe maior celeridade, e, concomitantemente, asseguraríamos de uma forma efetiva o direito de defesa do contribuinte. Cumule-se a tudo isso o fato de que o rito da Lei n. 6.830/80 é o que melhor se compatibiliza com o processo do trabalho, nos termos do art. 889 da CLT.

Não impressiona, por fim, *venia permissa*, suposta incompatibilidade do prazo de trinta dias prescrito pelo art. 16 da Lei n. 6.830/80 com o rito trabalhista. Como já dito, aqui não se trata de execução trabalhista, em que sobreleva de importância a **agilidade na cobrança** do crédito alimentar. Aqui, ao contrário, se trata de garantir o pleno direito de **defesa do contribuinte**.

Diante de tais circunstâncias, e em face da cognição ampla ensejada, é perfeitamente competente a Justiça do Trabalho, em sede de processo de execução, para dirimir conflitos e discussões a respeito de anistias fiscais, sistemas de tributação — SIMPLES — ou mesmo atinentes a formas de financiamentos tributários — REFIS —, fato gerador, forma de correção e multas.

5.1. Aspecto acidental. Recurso do § 4º do art. 832 da CLT

O fato de a matéria atinente à execução da contribuição previdenciária estar regida pela Lei n. 6.830/80 tem algumas consequências e abre ensejo a algumas considerações sobre os seus reflexos, não só em face da competência trabalhista, bem assim no próprio desenrolar do processo que tramita perante a jurisdição laboral.

O fato de sublinhar-se que a competência trabalhista está jungida ao rito das execuções fiscais põe em relevo o fato de que o recurso previsto pelo § 4º do art. 832 da CLT, quanto aos acordos homologados pelo juiz do trabalho, só pode ser o de agravo de petição. Não há como se sustentar, como fazem alguns julgados, que tal recurso deva ser o recurso ordinário.

Como já sublinhado, por força do mandamento constitucional contido na Emenda n. 20/98 — e também na EC n. 45/04 —, a competência previdenciária na Justiça do Trabalho se restringe literalmente à fase de *execução*. Como é curial, e decorre do art. 897, "a", da CLT, o recurso cabível na execução é o agravo de petição.

Nem se diga que *in casu* está se discutindo, nessa hipótese do mencionado dispositivo da CLT, a própria constituição do fato gerador, pois mesmo os questionamentos pertinentes à obrigação tributária, ou seja, à primeira fase de constituição do crédito tributário, anterior ao lançamento, dizem respeito ao procedimento de constituição do crédito fiscal. E coerente com a postura que defendemos — a natureza híbrida do novel título executivo –, qualquer questionamento quanto ao procedimento de constituição desse título deve mesmo ser dirimido pelo próprio Judiciário Trabalhista.

6. À guisa de conclusão

Podemos aqui assentar algumas considerações quanto ao tema em debate. Vejamos.

A primeira conclusão é a de que não é a competência instituída pela Emenda Constitucional n. 20/98 — repetida na EC n. 45/04 — o fator determinante na definição da natureza jurídica do novel título executivo *judiciário*, mas, sim, a novidade de se lhe imprimir o atributo da execução *ex officio*. É a exigibilidade inquisitiva do título que lhe atribui um diferencial em relação à clássica dicotomia da teoria geral do processo de execução — título judicial e título extrajudicial. A competência previdenciária trabalhista — *ex officio* — institui um *tertius*: o título executivo *judiciário*, que pressupõe seu aperfeiçoamento com observância dos procedimentos e garantias tributárias próprias do *lançamento*.

As chamadas competências anexa e reflexa, para a execução na Justiça do Trabalho, decorriam da locução "litígios que tenham origem no cumprimento de suas próprias sentenças", no *caput*, *in fine*, do art. 114 da Constituição, competências essas que se distinguem da eficácia natural da sentença, embora dela decorram. Tal locução não restou repetida na EC n. 45/04 — art. 114, I — contudo, os efeitos anexos e reflexos restaram configurados na legislação infraconstitucional.

Assentamos, ainda, que a execução das contribuições previdenciárias, decorrentes das sentenças proferidas na Justiça do Trabalho, é um tipo de competência *concorrente*, que não exclui a possibilidade de atuação da Justiça Federal, em optando a autarquia pelo título executivo extrajudicial.

Em termos técnico-jurídicos, tal competência concorrente pode ser classificada como competência funcional, ou, como preleciona a doutrina, competência que se firma em **relação aos dados do processo**[11]. Ou seja, se fundada no título executivo *judiciário*, emerge a competência trabalhista; se oriunda de título executivo *extrajudicial*, exsurgirá a competência da Justiça Federal.

Por fim, cabe uma consideração crítica quanto a essa nova competência atribuída à Justiça do Trabalho, em que, numa inegável inversão axiológica, conferiu-se-lhe primeiro uma competência previdenciária **fiscal**, antes de uma competência previdenciária **social**, propriamente dita. Se é certo que o aumento da arrecadação da previdência é um dos pilares de sua própria existência, de modo algum se justifica que a perspectiva econômica colonize a social.

Referências

CINTRA, A. C.; DINAMARCO, C. R.; GRINOVER, A. P. *Teoria geral do processo*. São Paulo: Revista dos Tribunais, 1988.

CRUZ E TUCCI, J. R.; AZEVEDO, L. C. *Lições de história do processo civil romano*. São Paulo: Revista dos Tribunais, 1996.

DINAMARCO, C. R. *Execução civil*. São Paulo: Malheiros, 1987.

LACOMBE, Américo. Obrigação tributária. Obra Jurídica, 1996 *apud* MAIA, Ary Fausto. *Revista LTr* 64-07/878-884.

REVISTA Síntese Trabalhista, Administrativa e Previdenciária, jul. 2002.

---

(11) CINTRA, A. C.; DINAMARCO, C. R.; GRINOVER, A. P. *Teoria geral do processo*. São Paulo: Revista dos Tribunais, 1988. p. 209-210.

CAPÍTULO 27

EXECUÇÃO *EX OFÍCIO* DAS CONTRIBUIÇÕES PREVIDENCIÁRIAS NA JUSTIÇA DO TRABALHO: QUESTÕES POLÊMICAS

LAÍS DURVAL LEITE[*]

1. Introdução

A competência da Justiça do Trabalho vem sendo cada vez mais ampliada por meio de alterações constitucionais, alcançando situações que não interferem diretamente na relação de trabalho. Muitos afirmam que tais ampliações fogem dos objetivos da criação e manutenção de uma Justiça especializada, cuja maior finalidade é garantir a aplicação das normas trabalhistas num contexto econômico e social no qual os trabalhadores encontram-se, regra geral, em inegável condição de hipossuficiência, de modo que a apreciação de outras matérias prejudicaria a eficiência do processamento e julgamento das questões tipicamente laborativas. Há, porém, doutrinadores, como Mauro Schiavi, que defendem esse alargamento de competência:

> Em que pesem as críticas sobre a constitucionalidade do inciso VIII do art. 114 da CF e também da Lei n. 10.035/00 (que regulamenta a execução previdenciária na Justiça do Trabalho), a nosso ver a execução de ofício das contribuições de INSS está em compasso com o caráter social da Justiça do Trabalho e melhoria da condição social do trabalhador. [...] O ideal seria que o art. 114, VIII, da CF atribuísse, de lege ferenda, competência à Justiça do Trabalho para, além de executar as contribuições oriundas do reconhecimento do vínculo de emprego, determinar a averbação do tempo se serviço do empregado junto ao INSS, buscando, assim, maior eficácia da jurisdição trabalhista e também maior efetividade social da norma.[1]

Nosso objetivo com o presente artigo é trazer temas que usualmente são abordados pela doutrina e jurisprudência, mas que ainda padecem de posicionamentos dominantes satisfatórios que garantam o mínimo de segurança jurídica e igualdade entre os jurisdicionados.

Percebemos que um dos maiores entraves sobre o assunto decorre da não interpretação harmônica e sistemática da legislação, principalmente quando se requer a apreciação conjunta de diversos ramos jurídicos. Por isso, os capítulos do presente artigo contarão com a análise tanto da matéria de direito tributário quanto da de direito processual do trabalho, a fim de definir posicionamentos que se adequem aos dois sistemas jurídicos.

(*) Professora Assistente de Direito Processual do Trabalho e Direitos Fundamentais Sociais (FDV). Foi Estagiária de Direito do Tribunal Regional do Trabalho da 17ª Região, da Justiça Federal e do Ministério Público Federal no Estado do Espírito Santo. Advogada. E-mail: laisdleite@hotmail.com.
(1) SCHIAVI, Mauro. *Execução no processo do trabalho*. 5. ed. São Paulo: LTr, 2013. p. 425-429.

A partir desse método de análise e interpretação, em relação ao tema da execução *ex officio* pela Justiça do Trabalho das contribuições previdenciárias decorrentes das sentenças por ela proferidas, serão abordados os seguintes assuntos: decisões que efetivamente implicam na execução das contribuições previdenciárias pela justiça do trabalho; órgão responsável pela execução das contribuições previdenciárias; decadência e prescrição da contribuição social; momento de incidência de juros e multa moratória.

2. Da execução da contribuição previdenciária na justiça do trabalho

Considera-se o advento da Emenda Constitucional n. 20, de 15 de dezembro de 1998, marco temporal importante para reconhecer a competência da Justiça do Trabalho para a execução, de ofício, das contribuições sociais previstas no art. 195, I, "a", e II, e seus acréscimos legais, decorrentes das sentenças que proferir. Vale destacar, todavia, que essa não foi a primeira vez que o ordenamento jurídico atribuiu esse papel à Justiça Laboral, como afirma Bruno Freire e Silva:

> Em 30 de março de 1989, foi editada a Lei n. 7.787 que introduziu o recolhimento da contribuição previdenciária na Justiça do Trabalho. Tal recolhimento seria feito de imediato quando da extinção do processo trabalhista, mesmo que decorrente de acordo entre as partes. A ideia era ter fiscais do trabalho nas extintas juntas de conciliação e julgamento, o que não ocorreu de forma satisfatória. Após quatro anos, aproximadamente, foi promulgada a Lei n. 8.212/91, que impôs aos juízes trabalhistas a determinação dos recolhimentos previdenciários nas ações que resultassem em pagamento de direitos sujeitos à referida contribuição, sob pena de responsabilidade funcional.[2]

Assim, de acordo com o inciso VIII do art. 114 da CR/88, com a redação conferida pela Emenda Constitucional n. 45, o órgão jurisdicional trabalhista passou a ter o dever de executar as contribuições sociais, mesmo sem ter sido provocado para tanto, quando emitir decisão que reconheça fato gerador de contribuição previdenciária por parte do empregador, da empresa e da entidade a ela equiparada na forma da lei, incidente sobre a folha de salários e demais rendimentos do trabalho pagos ou creditados, a qualquer título, à pessoa física que lhe preste serviço, mesmo sem vínculo empregatício, como também nos casos de contribuição previdenciária devida pelo trabalhador e pelos demais segurados da previdência social.

Faz-se de grande *mister* apreciar o que exatamente significa esse procedimento de "execução *ex officio*" das contribuições sociais realizado pela Justiça do Trabalho e previsto no inciso VIII do art. 114 da CR/88. Para tanto, imprescindível definir do que se trata a execução de ofício propriamente dita na Justiça do Trabalho, a partir dos dispositivos presentes na Consolidação das Leis do Trabalho.

De acordo com o art. 878 da CLT, a execução poderá ser promovida por qualquer interessado, ou *ex officio* pelo próprio Juiz ou Presidente ou Tribunal competente. E, conforme art. 880, requerida execução, o juiz ou presidente do tribunal mandará expedir mandado de citação do executado, a fim de que cumpra a decisão ou o acordo no prazo, pelo modo e sob as cominações estabelecidas ou, quando se tratar de pagamento em dinheiro, inclusive de contribuições sociais devidas à União, para que o faça em 48 (quarenta e oito) horas ou garanta a execução, sob pena de penhora.

Interpretando sistematicamente os arts. 878 e 880 da CLT, pode-se concluir que, se não requerida a execução por qualquer das partes, o juiz está autorizado a mandar expedir, de ofício, mandado de citação do executado, a fim de que este cumpra a decisão ou o acordo. Caso não satisfeito o crédito, o art. 883 já prevê o seguimento imediato, ou seja, sem necessidade de manifestação do exequente, da penhora dos bens do executado, tantos quantos bastem ao pagamento da importância da condenação, acrescida de custas e juros de mora, sendo estes, em qualquer caso, devidos a partir da data em que for ajuizada a reclamação inicial.

Cumpre frisar que, se a sentença for ilíquida, estabelece o § 2º do art. 879 da CLT que, elaborada a conta e tornada líquida, o Juiz poderá abrir às partes prazo sucessivo de 10 (dez) dias para impugnação fundamentada com a indicação dos itens e valores objeto da discordância, sob pena de preclusão. Nesse caso, se o magistrado considerar impertinente a intimação das partes para manifestação, poderá adotar,

---

(2) SILVA, Bruno Freire e. *A aplicação do CPC reformado às execuções trabalhista e fiscal.* São Paulo: LTr, 2008. p. 199.

de ofício, as medidas dos arts. 878, 880 e 883, CLT. Se as partes não estiverem conformadas com os valores objeto da execução, poderão interpor embargos em momento oportuno.

De forma resumida, nisso consistiria a execução de ofício dos créditos trabalhistas reconhecidos pela Justiça do Trabalho. Se aplicada essa mesma lógica para o recolhimento das contribuições previdenciárias, a execução de ofício desse tributo aconteceria da seguinte forma: proferida sentença trabalhista líquida, por exemplo, na própria decisão já viria o montante devido à título de contribuição previdenciária, de modo que o juiz do trabalho, sem ouvir a União, determinaria o pagamento do tributo pelo executado, e, se este não providenciasse o recolhimento devido, teria seus bens imediatamente penhorados em decorrência de ordem emitida de ofício pelo magistrado. Ocorre que esse procedimento, no caso da execução das contribuições sociais, não está em consonância com as regras dispostas na legislação processual trabalhista.

Isso porque os parágrafos do art. 832 determinam expressamente que a União deverá ser intimada tanto da sentença quanto das decisões homologatórias de acordo, admitindo-se a dispensa de manifestação apenas quando houver autorização do Ministro de Estado da Fazenda, mediante ato fundamentado nas decisões homologatórias de acordos em que o montante da parcela indenizatória envolvida ocasionar perda de escala decorrente da atuação do órgão jurídico (§ 7º do art. 832 da CLT). Já quando a sentença for ilíquida, o § 3º do art. 879 da CLT dispõe que o juiz sempre procederá à intimação da União para manifestação, no prazo de 10 (dez) dias, sob pena de preclusão.

Logo, parece-nos que a interpretação mais adequada para garantir a harmonia entre os parágrafos do art. 832 e os arts. 878 e 880, todos da CLT, seria aquela que atendesse às seguintes premissas: 1) a União deverá ser sempre intimada das sentenças e das decisões homologatórias de acordo que importem no reconhecimento de fato gerador de contribuição previdenciária, sejam elas líquidas ou ilíquidas; 2) a União poderá requerer a execução ou o próprio juiz poderá promover de ofício a execução das contribuições sociais após o decurso do prazo sem a manifestação da União; 3) caso o executado não atenda à ordem de pagamento dos referidos tributos, o juiz do trabalho também poderá adotar de ofício os procedimentos previstos no art. 883 da CLT em favor da União. Segundo os ensinamentos do professor Carlos Henrique Bezerra Leite:

> A execução previdenciária *ex officio* engloba os atos de quantificação da dívida, intimação para pagar no prazo, constrição (arresto, penhora), expropriação (hasta pública) e satisfação do exequente. Não há negar que as atribuições da Justiça do Trabalho, antes adstrita à mera comunicação ao INSS, foram consideravelmente ampliadas, competindo, agora, aos seus órgãos judiciais a prática de todos os atos tendentes a satisfazer créditos daquela entidade autárquica federal.[3]

Apesar de não concordar com a execução de ofício das contribuições sociais na Justiça do Trabalho, por acreditar que essa matéria ultrapassa os seus fins institucionais, não há como ignorar o Texto Constitucional. Todavia, como visto, a redação do inciso VIII, do art. 114 da CR/88, quando falou em "execução *ex officio*", não descartou a necessidade de sempre se oportunizar a oitiva da União antes de se iniciar qualquer procedimento executório do seu interesse.

Essa necessidade de participação ativa do Fisco na Justiça do Trabalho deve-se ao fato de que as sentenças trabalhistas representam, para fins de arrecadação previdenciária, verdadeiro lançamento fiscal, de modo que a União deverá estar devidamente informada sobre os valores que estão sendo cobrados, já que se trata de medida cuja natureza administrativa prepondera sobre a jurisdicional. Nesse sentido, Guilherme Guimarães Feliciano faz brilhantes observações:

> Trata-se de uma execução fiscal baseada em capítulo administrativo da sentença judicial, cuja titulação ou aparelhamento pode ser ou não contemporâneo à própria sentença (sê-lo-á se líquida a sentença; do contrário, a formação do título dar-se-á com a decisão liquidatária do art. 879, CLT). O título, por sua vez, tem natureza fiscal-administrativa, conquanto formalmente judiciário, e só se forma após o acertamento ou definição contábil da base de cálculo, atualizada para o momento do lançamento tributário (art. 142, CTN). Com efeito, dadas já as alíquotas, será título executivo fiscal a própria sentença trabalhista.[4]

---

(3) LEITE, Carlos Henrique Bezerra. *Curso de direito processual do trabalho*. 11. ed. São Paulo: LTr, 2013. p. 274.
(4) FELICIANO, Guilherme Guimarães. Execuções especiais na justiça do trabalho: contribuições sociais e imposto de renda. *In:* CHAVES, Luciano Athayde (org.). *Curso de processo do trabalho*. 2. ed. São Paulo: LTr, 2012. p. 1118-1119.

Superada a questão procedimental, passaremos a enfrentar a questão referente ao significado da expressão "sentenças que proferir" presente no inciso VIII do art. 114 da CR/88. Com a Lei n. 10.035, de 25 de outubro de 2000, o parágrafo único do art. 876 da CLT passou a prever que "serão executados *ex officio* os créditos previdenciários devidos em decorrência de decisão proferida pelos Juízes e Tribunais do Trabalho, resultantes de condenação ou homologação de acordo". Mas destaca-se que apenas as contribuições previdenciárias reconhecidas expressamente pelas sentenças é que poderiam ser executadas na Justiça do Trabalho, pois, como ensina Carlos Henrique Bezerra Leite, "a execução dos débitos previdenciários, que deveriam ter sido recolhidos durante a vigência do contrato de trabalho e que não integram a sentença trabalhista, continua sob a alçada da Justiça Federal"[5].

O parágrafo único do art. 876, com redação dada pela Lei n. 11.457, de 16 de março de 2007, passou a prever que serão executadas *ex officio* as contribuições sociais devidas em decorrência de decisão proferida pelos Juízes e Tribunais do Trabalho, resultantes de condenação ou homologação de acordo, inclusive sobre os salários pagos durante o período contratual reconhecido. Nesse sentido, o Enunciado n. 73 na 1ª Jornada de Direito Material e Processual do Trabalho, com a seguinte redação:

EXECUÇÃO DE CONTRIBUIÇÕES PREVIDENCIÁRIAS. REVISÃO DA SÚMULA N. 368 DO TST.

I — Com a edição da Lei n. 11.457/07, que alterou o parágrafo único do art. 876 da CLT, impõe-se a revisão da Súmula n. 368 do TST: é competente a Justiça do Trabalho para a execução das contribuições à Seguridade Social devidas durante a relação de trabalho, mesmo não havendo condenação em créditos trabalhistas, obedecida a decadência.

II — Na hipótese, apurar-se-á o montante devido à época do período contratual, mês a mês, executando-se o tomador dos serviços, por força do art. 33, § 5º, da Lei n. 8.212/91, caracterizada a sonegação de contribuições previdenciárias, não devendo recair a cobrança de tais contribuições na pessoa do trabalhador.

III — Incidem, sobre as contribuições devidas, os juros e a multa moratória previstos nos arts. 34 e 35 da Lei n. 8.212/91, a partir da data em que as contribuições seriam devidas e não foram pagas.

Contudo, o Tribunal Superior do Trabalho não alterou seu entendimento e continua se manifestando pela incompetência da Justiça do Trabalho para executar contribuições previdenciárias sobre os salários já pagos durante o período do vínculo empregatício reconhecido em juízo, recorrendo à Sumula n. 386 do TST, com a seguinte redação:

DESCONTOS PREVIDENCIÁRIOS E FISCAIS. COMPETÊNCIA. RESPONSABILIDADE PELO PAGAMENTO. FORMA DE CÁLCULO.

I — A Justiça do Trabalho é competente para determinar o recolhimento das contribuições fiscais. A competência da Justiça do Trabalho, quanto à execução das contribuições previdenciárias, limita-se às sentenças condenatórias em pecúnia que proferir e aos valores, objeto de acordo homologado, que integrem o salário de contribuição. (ex-OJ n. 141 da SBDI-1 — inserida em 27.11.1998)

II — É do empregador a responsabilidade pelo recolhimento das contribuições previdenciárias e fiscais, resultante de crédito do empregado oriundo de condenação judicial, devendo ser calculadas, em relação à incidência dos descontos fiscais, mês a mês, nos termos do art. 12-A da Lei n. 7.713, de 22.12.1988, com a redação dada pela Lei n. 12.350/10.

III — Em se tratando de descontos previdenciários, o critério de apuração encontra-se disciplinado no art. 276, § 4º, do Decreto n. 3.048/99 que regulamentou a Lei n. 8.212/91 e determina que a contribuição do empregado, no caso de ações trabalhistas, seja calculada mês a mês, aplicando-se as alíquotas previstas no art. 198, observado o limite máximo do salário de contribuição. (ex-OJs ns. 32 e 228 da SBDI-1 — inseridas, respectivamente, em 14.3.1994 e 20.6.2001)

Coadunando com essa tese, o plenário do Supremo Tribunal Federal, no dia 11 de setembro de 2008, decidiu, por unanimidade, editar súmula vinculante (que ainda não foi editada) determinando que "não cabe à Justiça do Trabalho estabelecer, de ofício, débito de contribuição social para com o Instituto Nacional do Seguro Social (INSS) com base em decisão que apenas declare a existência de vínculo empregatício".

Nesse passo, verifica-se que a competência da Justiça do Trabalho, quanto à execução das contribuições previdenciárias, limita-se às sentenças condenatórias em pecúnia que proferir e aos valores objeto de acordo homologado que integrem o salário de contribuição. Logo, sentenças meramente declaratórias de reconhecimento de vínculo empregatício não legitimam a cobrança do referido tributo na Justiça Laboral. No final do ano de 2012, o TST ratificou tal

---

(5) LEITE, Carlos Henrique Bezerra. *Curso de direito processual do trabalho*. 11. ed. São Paulo: LTr, 2013. p. 275.

posicionamento, como se depreende do seguinte trecho de notícia:

> [...] o relator, ministro Caputo Bastos, deu razão à empresa e reformou a decisão do TRT-15. Ele explicou que o posicionamento do TST, consubstanciado no item I da Súmula n. 368, é no sentido de que a competência da Justiça Trabalhista para determinar a execução de ofício de contribuições previdenciárias "restringe-se apenas àquelas incidentes sobre as verbas deferidas em suas decisões, bem como aos valores objeto de acordo homologado, não se estendendo, portanto, aos salários pagos durante o vínculo de emprego reconhecido judicialmente".[6]

3. Do órgão federal responsável pela execução das contribuições previdenciárias

Dispõe o art. 831 da CLT, com redação dada pela Lei n. 10.035, de 25 de outubro de 2000, que a decisão será proferida depois de rejeitada pelas partes a proposta de conciliação, sendo que, no caso de haver conciliação, o termo que for lavrado valerá como decisão irrecorrível, salvo para a Previdência Social quanto às contribuições que lhe forem devidas. Nesse passo, verifica-se que a sentença que homologa o acordo firmado entre reclamante e reclamado transita imediatamente em julgado apenas para as respectivas partes, pois a Previdência Social ainda poderá questionar sobre as parcelas que integram o salário de contribuição.

Quanto ao conteúdo das decisões cognitivas ou homologatórias, estas deverão sempre indicar a natureza jurídica das parcelas constantes da condenação ou do acordo homologado, inclusive o limite de responsabilidade de cada parte pelo recolhimento da contribuição previdenciária, se for o caso (art. 832, § 3º, CLT). Essa especificação se faz necessária, pois a contribuição previdenciária incide apenas sobre determinadas parcelas presentes na condenação, de modo que o órgão federal exequente deverá saber exatamente sobre quais valores incidirá o tributo, inclusive para fins de recurso, evitando uma possível fraude previdenciária na hipótese de as partes acordarem que seriam pagas apenas verbas sobre as quais não incidem tributos.

Deve-se atentar, todavia, para o disposto nos §§ 4º, 5º e 6º do art. 832 da CLT. Segundo tais dispositivos legais, a União será intimada das decisões homologatórias de acordos que contenham parcela indenizatória, facultada a interposição de recurso relativo aos tributos que lhe forem devidos e, intimada da sentença, poderá interpor recurso relativo à discriminação das parcelas, sendo que o acordo celebrado após o trânsito em julgado da sentença ou após a elaboração dos cálculos de liquidação de sentença não prejudicará os seus créditos.

A análise e compreensão desses parágrafos do art. 832 mostra-se importante porque, se confrontados com o parágrafo único do art. 831, contata-se que existe uma incoerência dentro do diploma legislativo, ao passo que enquanto os primeiros falam em intimação da União para execução das contribuições previdenciárias e interposição de eventuais recursos, o segundo estabelece que a irrecorribilidade dos termos de conciliação não se aplicam apenas à Previdência Social. Essa situação também se faz presente entre os arts. 878-A e o § 3º do 879 da CLT.

Sabe-se que a Previdência Social, subsistema integrante da Seguridade Social e personificada na pessoa jurídica de direito público, ou autarquia, denominada Instituto Nacional do Seguro Social — INSS, possui personalidade jurídica própria, que lhe confere capacidade plena para atuar em juízo (seja no polo ativo ou no polo passivo). Desse modo, interpretando-se isoladamente o parágrafo único do art. 831, poder-se-ia facilmente concluir que o INSS, por meio de seus procuradores federais, seria o responsável pelo recolhimento das contribuições previdenciárias decorrentes das sentenças condenatórias ou homologatórias de acordo proferidas na Justiça do Trabalho.

Ocorre que, como visto, os parágrafos do art. 832 fazem referência apenas à pessoa da União, sem fazer qualquer menção à Previdência Social ou ao INSS. Tratar-se-ia de uma antinomia real ou a CLT considerou o INSS e a União serem a mesma pessoa? Nem a primeira nem a segunda alternativa. O que aconteceu no presente caso foi que o advento da Lei n. 11.457, de 16 de março de 2007, que acrescentou os §§ 4º, 5º e 6º ao art. 832, não alterou expressamente o parágrafo único do art. 831. Tanto é verdade que, antes de 2007, o § 4º do art. 832 assim estabelecia: "o INSS será intimado, por via postal, das decisões

---

(6) Disponível em: <http://www.tst.jus.br/noticias/-/asset_publisher/89Dk/content/justica-do-trabalho-e-incompetente-para-executar-contribuicoes--previdenciarias-de-oficio>. Acesso em: 24.11.2013.

homologatórias de acordos que contenham parcela indenizatória, sendo-lhe facultado interpor recurso relativo às contribuições que lhe forem devidas". Para entender toda a questão, é importante analisar a evolução legislativa.

Em 12 de abril de 1990, por meio da Lei n. 8.029, criou-se o Instituto Nacional do Seguro Social — INSS, mediante fusão do Instituto de Administração da Previdência e Assistência Social — IAPAScom o Instituto Nacional de Previdência Social — INPS. Esses dois últimos institutos integravam o sistema previdenciário anterior, sendo que o primeiro cuidava apenas da administração e concessão dos benefícios previdenciários, enquanto o segundo ficava responsável apenas pela arrecadação das contribuições. Desse modo, o INSS ficou com as atribuições tanto de arrecadar quanto com a de administrar os benefícios.

Quinze anos depois, com a publicação da Lei n. 11.098, de 13 de janeiro de 2005, a autarquia previdenciária (INSS) perdeu sua capacidade tributária ativa, pois foi criada a Secretaria da Receita Previdenciária na estrutura básica do Ministério da Previdência Social, a quem competiria arrecadar, fiscalizar, lançar e normatizar o recolhimento das contribuições sociais, em nome do INSS, inclusive utilizando pessoal técnico habilitado para o desempenho da atividade arrecadatória, razão pela qual os procuradores federais continuaram atuando nas execuções dos referidos tributos perante a Justiça do Trabalho.

Assim, a União, por meio de um órgão que compõe a sua estrutura e, portanto, desprovido de personalidade jurídica própria, retomou capacidade tributária ativa que há muito tempo havia delegado para as autarquias previdenciárias. Interessante, contudo, que, no mesmo ano de 2005, foi editada a Medida Provisória n. 258, de 21 de julho de 2005, que deu fim à Secretaria da Receita Previdenciária, transferindo suas atribuições para a Secretaria da Receita Federal, que passou a se chamar Receita Federal do Brasil. Todavia, tal medida provisória teve seu prazo de vigência encerrado no dia 18 de novembro do mesmo ano de 2005, ou seja, durou pouco menos de 5 meses. Luciano Athayde Chaves conta que

> Antes de encerrada a sessão legislativa de 2005, chegou à Câmara o Projeto de lei n. 6.272/05, dispondo sobre a criação da Receita Federal do Brasil e alterando o desenho da máquina de arrecadação de tributos federais. [...] Na forma do projeto de lei, tingindo a urgência constitucional, a criação da chamada "Super Receita", como ficou conhecida, conseguiu aprovação nas duas casas.[7]

Desse modo, somente em 16 de março de 2007 os anseios da Medida Provisória n. 258/05 foram atendidos, por meio da publicação da Lei n. 11.457, que assim dispôs em seus arts. 1º e 2º:

> Art. 1º A Secretaria da Receita Federal passa a denominar-se Secretaria da Receita Federal do Brasil, órgão da administração direta subordinado ao Ministro de Estado da Fazenda.
>
> Art. 2º Além das competências atribuídas pela legislação vigente à Secretaria da Receita Federal, cabe à Secretaria da Receita Federal do Brasil planejar, executar, acompanhar e avaliar as atividades relativas a tributação, fiscalização, arrecadação, cobrança e recolhimento das contribuições sociais previstas nas alíneas a, b e c do parágrafo único do art. 11 da Lei n. 8.212, de 24 de julho de 1991, e das contribuições instituídas a título de substituição.

Insta ainda frisar que atualmente é a Procuradoria-Geral Federal que representa a União nas execuções de contribuição previdenciária nos processos trabalhistas, apesar de tudo indicar que seria a Procuradoria-Geral da Fazenda Nacional a responsável por tal atividade. Inclusive o art. 14 da MP n. 258/05 até chegou a dispor sobre a atribuição da Procuradoria-Geral da Fazenda Nacional para esses casos, como explica Luciano Athayde Chaves[8], quando afirma que, conquanto não convertido em lei, esse diploma normativo produziu efeitos durante seu prazo de vigência, razão pela qual se observou a inadequação da deslocalização da representação judicial da União pela PGFN junto à Justiça do Trabalho. Na verdade, o embasamento legal para que a Procuradoria-Geral Federal represente a União na Justiça do Trabalho em execuções de contribuições sociais está no inciso II do § 3º do art. 16 da Lei n. 11.457/07:

> § 3º Compete à Procuradoria-Geral Federal representar judicial e extrajudicialmente:
>
> [...]
>
> II — a União, nos processos da Justiça do Trabalho relacionados com a cobrança de contribuições previdenciárias, de imposto de renda retido na fonte e de multas impostas aos empregadores pelos órgãos de fiscalização das relações do trabalho, mediante

---

(7) CHAVES, Luciano Athayde. *Estudos de direito processual do trabalho.* São Paulo: LTr, 2009. p. 83.
(8) *Op. cit.*, p. 89.

delegação da Procuradoria-Geral da Fazenda Nacional.

É importante notar que a referida competência foi delegada à Procuradoria-Geral Federal — PGF nos termos da Portaria PGF/PGF n. 433/07:

> PORTARIA N. 433, DE 25.4.2007. PROCURADORIA GERAL DA FAZENDA NACIONAL PROCURADORIA-GERAL FEDERAL — PGFN/PGF. "Delega à Procuradoria-Geral Federal — PGF a representação judicial e extrajudicial da União nos processos perante a Justiça do Trabalho relacionados com a cobrança de contribuições previdenciárias e de imposto de renda retido na fonte".

4. Da prescrição e da decadência na execução das contribuições previdenciárias

De acordo com o revogado art. 46 da Lei n. 8.212/91, o direito de cobrar os créditos da Seguridade Social prescreve em 10 (dez) anos. Por tratar-se de lei ordinária, muito se questionou sobre a validade desse dispositivo legal quando estava em vigor, já que as normas gerais de direito tributário devem vir dispostas em lei complementar — contribuição social é uma espécie de tributo segundo posicionamento do STF.

Na época em que tal dispositivo estava em vigor, a questão foi dirimida por meio da Súmula Vinculante n. 8, aprovada na sessão plenária de 12 de junho de 2008, segundo a qual "são inconstitucionais o parágrafo único do art. 5º do Decreto-lei n. 1.569/77 e os arts. 45 e 46 da Lei n. 8.212/91, que tratam de prescrição e decadência de crédito tributário". O Supremo declarou a inconstitucionalidade, com efeitos *ex nunc*, salvo para as ações judiciais propostas até 11 de junho de 2008[9], e vem ratificando esse entendimento desde então, como se depreende do seguinte trecho de julgado emitido em 2012 pela Corte:

> Em síntese, a parte-agravante sustenta que o debate acerca da regra prescricional aplicável é constitucional, na medida em que esta Suprema Corte declarou a inconstitucionalidade dos arts. 45 e 46 da Lei n. 8.212/91, modulando temporalmente os efeitos de tal decisão. [...] Sem razão a parte-agravante. A decisão agravada está em conformidade com o entendimento firmado neste Tribunal, no sentido de que as questões relativas ao critério de repetição do indébito e da compensação encontram-se no âmbito infraconstitucional. Nesse sentido, confira-se o RE 476.218-AgR. (rel. min. Gilmar Mendes, DJ 2.6.2006) (STF — AI 617.806 AgR. Relator Ministro Joaquim Barbosa. DJe 22.6.2012)

Como dito, a Súmula Vinculante n. 8 foi aprovada em junho de 2008. Todavia, em 19 de dezembro de 2008 foi publicada a Lei Complementar n. 128, cujo art. 13 revogou expressamente os arts. 45 e 46 da Lei n. 8.212, razão pela qual não há mais que se falar em aplicação da Súmula Vinculante n. 8 para as causas ajuizadas após 19 de dezembro de 2008, mas, sim, na simples incidência do prazo prescricional previsto no Código Tributário Nacional, porque não existe outra norma em vigor que verse especificamente sobre o prazo prescricional para cobrança das contribuições previdenciárias, aplicando-se, portanto, a regra geral.

Vale destacar que o Tribunal Superior do Trabalho noticiou[10], no dia 22 de outubro de 2012, que a Subseção I Especializada em Dissídios Individuais decidiu por maioria que a prescrição a ser aplicada nas ações de cobrança de contribuição previdenciária é a quinquenal, sendo que a decisão seguiu o disposto na Súmula Vinculante n. 8 do Supremo Tribunal Federal (STF), que declarou a inconstitucionalidade dos arts. 45 e 46 da Lei n. 8.212/91 que fixava a prescrição decenal para cobrança de créditos da Seguridade Social[11]. Como consta na notícia, o caso trata de reclamação trabalhista ajuizada em 19 de fevereiro de 2006, o que nos leva a concluir que o TST aplica o prazo quinquenal em qualquer hipótese, ou seja, mesmo que a ação tenha sido ajuizada antes da data do dia 11 de junho de 2008.

No que tange ao momento do início e fim do prazo quinquenal para que o Estado cobre as contribuições previdenciárias, é preciso deixar claro que, em se tratando de direito tributário, deve-se deixar claro se o debate diz respeito ao prazo decadencial para o Fisco lançar o tributo (constituir o crédito tributário), ou ao prazo prescricional para se cobrar o tributo depois que este é constituído. Essa diferença mostra-se fundamental para dirimir as questões ora avençadas, principalmente quando consideramos a "execução *ex officio*" das contribuições previdenciárias na Justiça do Trabalho ser procedimento predominantemente administrativo de lançamento fiscal. Segundo Paulo de Barros Carvalho,

> Lançamento tributário é o ato jurídico administrativo, da categoria do simples, constitutivos e vinculados, mediante o qual se insere na ordem

---

(9) STF — RE 559.943. Relator(a): Ministra Cármen Lúcia — Tribunal Pleno. DJe 26.9.2008.

(10) Disponível em: <http://www.tst.jus.br/en/noticias/-/asset_publisher/89Dk/content/id/2877993>. Acesso em: 22.11.2013.

jurídica brasileira uma norma individual e concreta, que tem como antecedente o fato jurídico tributário e, como consequente, a formalização do vínculo obrigacional, pela individualização dos sujeitos ativo e passivo, a determinação do objeto da prestação, formado pela base de cálculo e correspondente alíquota, bem como pelo estabelecimento dos termos espaço-temporais em que o crédito há de ser exigido.[12]

No sistema tributário nacional existem três modalidades de lançamento tributário, previstas nos arts. 147, 149 e 150 do Código Tributário Nacional, que consistem, respectivamente, nos lançamentos: por declaração, de ofício e por homologação. A diferença entre eles está diretamente relacionada à participação do contribuinte para constituição do crédito tributário, sendo que no primeiro modelo ele não tem qualquer participação no lançamento, no segundo ele apenas informa a ocorrência do fato gerador para o Fisco e no último ele informa o fato gerador como também já paga a cobrança que considera devida, estando esta sujeita à apreciação estatal. Por essa razão, Paulo de Barros Carvalho afirma que:

> A fonte inspiradora da tricotomia reside no índice de colaboração do administrado, com vistas à celebração do ato. Na primeira hipótese, a participação seria inexistente, uma vez que as providências preparatórias são feitas no cancelo da Administração. Na segunda, colaboram ambas as partes, visando aos resultados finais do lançamento. Na última, quase todo o trabalho é cometido ao súdito, limitando-se o Fisco a homologar os atos por ele praticados.[13]

Identificar qual o tipo de lançamento tributário que deve se operar no caso concreto mostra-se de suma importância para definir o *dies a quo* do prazo decadencial para constituição do crédito, principalmente quando já mencionamos que a sentença trabalhista da qual decorre contribuição previdenciária consiste em verdadeiro lançamento tributário realizado de ofício pelo juiz do trabalho, investido em função preponderantemente administrativa. O inciso I do art. 173 do CTN fala em prazo decadencial ao dispor que o direito de a Fazenda Pública constituir o crédito tributário extingue-se após 5 (cinco) anos, contados do primeiro dia do exercício seguinte àquele em que o lançamento poderia ter sido efetuado. Porém, o § 4º do art. 150 do CTN, ao tratar do lançamento por homologação, estabelece que, se a lei não fixar prazo para a homologação, será ele de cinco anos, a contar da ocorrência do fato gerador; expirado esse prazo sem que a Fazenda Pública se tenha pronunciado, considera-se homologado o lançamento e definitivamente extinto o crédito, salvo se comprovada a ocorrência de dolo, fraude ou simulação.

Mas, afinal, no caso das contribuições sociais reconhecidas nas sentenças trabalhistas, qual seria o *dies a quo* do prazo decadencial para lançamento do crédito tributário: a data do fato gerador ou o primeiro dia do exercício seguinte àquele em que o lançamento poderia ter sido efetuado? Em outros termos, quando um juiz do trabalho reconhece o vínculo empregatício e condena o reclamado a pagar determinadas verbas salariais ao reclamante, a partir de quando se contaria o prazo decadencial de cinco anos referente às parcelas previdenciárias devidas?

Essa indagação vem sendo feita há muito tempo, e tem se tentado buscar respostas de maneira muito simplista, o que impede a consolidação de um entendimento satisfatório capaz de convencer os operadores do direito, razão pela qual tal assunto gera tanta violação aos princípios constitucionais da igualdade, da segurança jurídica e do devido processo legal. Inviável resolver tal celeuma sem recorrer aos institutos básicos de direito tributário, já que todo microssistema jurídico, por menor que seja, precisa contar com a fixação de premissas básicas capazes de fornecer embasamento válido para seu funcionamento.

Por tal razão, a temática da "execução *ex officio*" da contribuição social na Justiça do Trabalho imprescinde de uma abordagem que busque a harmonia entre os sistemas tributário e processual trabalhista, principalmente quando lidamos com uma sentença com indisfarçável aparência de ato administrativo fiscal, representando, portanto, modalidade de ato *sui generis* no ordenamento jurídico brasileiro.

Nesse passo, necessário trazer três situações que podem ocorrer em sentença proferida na Justiça do Trabalho da qual decorram contribuições sociais. Antes, contudo, destaca-se que trataremos somente da sentença trabalhista condenatória em pecúnia ou do acordo homologado que obrigue o pagamento de valores que integrem o salário de contribuição, por-

---

(11) Disponível em: <http://www.tst.jus.br/en/noticias/-/asset_publisher/89Dk/content/id/2877993>. Acesso em: 22.11.2013.
(12) CARVALHO, Paulo de Barros. *Curso de direito tributário*. 23. ed. São Paulo: Saraiva, 2011. p. 464.
(13) *Op. cit.*, p. 502.

que, como já visto, a jurisprudência do STF e do TST não admitem a execução de tributo previdenciário referente à sentença trabalhista que apenas declara o vínculo empregatício, como também da que versa sobre salários já pagos durante o período contratual reconhecido.

A primeira situação possível seria o caso de a sentença, ou o acordo, versarem sobre caso em que o contribuinte não declarou nem pagou o tributo. Não havendo, portanto, o que homologar, o Fisco teria o prazo decadencial de cinco anos para lançar o tributo, contado a partir do primeiro dia do exercício seguinte àquele em que o lançamento poderia ter sido efetuado (art. 173, I, CTN). Logo, entre a data do fato gerador e da prolação da sentença poderia se operar lapso temporal superior a cinco anos, o que provocaria outra discussão: se os créditos laborais já foram alcançados pela prescrição quinquenal trabalhista, seria possível a incidência de contribuição previdenciária sobre tais valores prescritos? A resposta para tal indagação é negativa, pois a contribuição previdenciária só pode incidir sobre as verbas trabalhistas efetivamente devidas na Justiça Laboral, ou seja, se o magistrado não pode determinar o pagamento de um crédito prescrito, logo, a contribuição previdenciária referente a tal crédito não pode ser exigida na execução trabalhista.

Como segunda situação possível, podemos mencionar o caso de o responsável tributário já ter realizado o pagamento antes da prolação da sentença, quando se aplicaria o § 4º do art. 150 do CTN, conferido à Fazenda Pública o prazo de cinco anos, contado da data do fato gerador, para homologar a conduta o contribuinte ou realizar eventual lançamento suplementar de ofício se o tributo foi pago a menor. Nesse caso, se, por exemplo, o empregador recolheu as contribuições previdenciárias, mas o fez a menor, a União poderia executar a diferença, desde que entre a data do trânsito em julgado sentença que discrimina as verbas previdenciárias e o fato gerador não se tenha configurado lapso temporal superior a cinco anos.

A terceira e última situação ocorre na hipótese de o tributo ser declarado e não pago. Nesse caso, o lançamento considera-se realizado desde o momento da declaração do fato gerador pelo contribuinte, por se tratar de confissão de débito com efeito constitutivo de crédito tributário, conforme entendimento do STJ previsto na Súmula n. 436: "a entrega de declaração pelo contribuinte reconhecendo débito fiscal constitui o crédito tributário, dispensada qualquer outra providência por parte do fisco". A partir desse momento, portanto, começa a correr o prazo prescricional do art. 174 do CTN.

A partir do que foi até agora explanado, verifica-se que a tarefa do aplicador do direito não é fácil quando se trata da decadência ou da prescrição referentes às contribuições previdenciárias executadas de ofício na Justiça do Trabalho. Grande parte da doutrina e jurisprudência tem confundido os dois institutos quando lidam com o assunto, o que não é desejável, ainda mais porque cada um deles apresenta peculiaridades que podem levar a decisões diferentes na prática se um for adotado no lugar do outro. Porém, alguns já atentaram para isso, como pode ser depreendido da seguinte jurisprudência do Tribunal Regional do Trabalho da 17ª Região:

> CONTRIBUIÇÃO PREVIDENCIÁRIA. PRAZO DECADENCIAL. A cobrança das contribuições previdenciárias devidas no curso do contrato de trabalho tem prazo decadencial previsto no art. 173, I, do CTN e tem como termo a quo o primeiro dia do exercício seguinte àquele em que o lançamento deveria ter sido feito. [...]. (TRT 17ª R., 0029000-90.2012.5.17.0013, Rel. Desembargador Carlos Henrique Bezerra Leite, DEJT 28.6.2013)

5. Do momento de incidência de juros e multa moratória

Quanto ao momento de incidência dos juros e da multa moratória, dispõe o art. 276 do Decreto n. 3.048 que, nas ações trabalhistas de que resultar o pagamento de direitos sujeitos à incidência de contribuição previdenciária, o recolhimento das importâncias devidas à Seguridade Social será feito no dia dois do mês seguinte ao da liquidação da sentença.

Invocando a referida regra, o TST manifestou recentemente o entendimento de que "os juros de mora e a multa deverão incidir apenas a partir do dia dois do mês seguinte ao da liquidação de sentença", como se depreende dos seguintes julgados:

> [...] PREVIDENCIÁRIAS. FATO GERADOR. INCIDÊNCIA DE JUROS E DE MULTA MORATÓRIA. O fato gerador das contribuições previdenciárias são os rendimentos do trabalho pagos ou creditados ao trabalhador, a partir de quando se tornam devidos os juros de mora e a multa. Assim, nas ações trabalhistas que resultarem o pagamento de parcelas sujeitas à incidência de contribuição previdenciária, os juros de mora e a multa deverão incidir apenas a partir do dia

dois do mês seguinte ao da liquidação de sentença, *ex vi* da regra inserta no caput do art. 276 do Decreto n. 3.048/99. Precedentes da SDI-1. Recurso de revista conhecido e provido. (TST — RR 9821220115030069. Relator(a): Aloysio Corrêa da Veiga. Órgão Julgador: 6ª Turma. DEJT 10.5.2013)

RECURSO DE REVISTA. EXECUÇÃO. CONTRIBUIÇÃO PREVIDENCIÁRIA — FATO GERADOR — INCIDÊNCIA DE MULTA E JUROS DE MORA. CONTRIBUIÇÃO PREVIDENCIÁRIA — FATO GERADOR — INCIDÊNCIA DE MULTA E JUROS DE MORA. O TST consolidou sua jurisprudência no sentido de que o fato gerador da contribuição previdenciária é o pagamento do crédito devido ao trabalhador e que, no caso de decisão judicial trabalhista, somente será cabível a incidência de multa e juros de mora após o dia dois do mês subsequente ao trânsito em julgado da decisão que põe fim à discussão acerca dos cálculos de liquidação, nos termos do art. 276, *caput,* do Decreto n. 3.048/99. Ocorre que a MP n. 449/08, convertida na Lei n. 11.941/09, modificou o art. 43 da Lei n. 8.212, o qual passou a determinar, em seus §§ 2º e 3º, que as contribuições sociais apuradas em virtude de sentença judicial ou acordo homologado judicialmente são devidas a partir da data de prestação do serviço. Por outro lado, considerando-se que a publicação da MP n. 449 ocorreu em 4.12.2008, o marco de incidência do novo dispositivo legal é 5.3.2009, em atenção aos princípios da anterioridade tributária e nonagesimal, insculpidos nos arts. 150, III, *a,* e 195, § 6º da Constituição Federal. Na espécie, tendo em vista a data de ajuizamento da ação trabalhista, não há como se aplicar o novo regramento, sob pena de aplicação retroativa da lei tributária. Recurso de revista conhecido e provido. (TST — RR 3355850420055120035. Relator(a): Renato de Lacerda Paiva. Julgamento: 8.5.2013. Órgão Julgador: 2ª Turma. DEJT: 17.5.2013)

Ambos os julgados afirmam que o momento para iniciar a incidência dos juros e multa moratória é a data do trânsito em julgado do ato que julga a liquidação — e, por óbvio, válido o raciocínio que admite a incidência a partir do trânsito em julgado da sentença líquida, pois nesse caso não haverá liquidação. Esse entendimento só corrobora o raciocínio até agora defendido de que a sentença da qual decorra contribuição previdenciária é verdadeiro ato de lançamento tributário realizado de ofício pela Justiça do Trabalho, razão pela qual os encargos moratórios só podem incidir depois de a decisão estar devidamente acobertada pelo manto da coisa julgada material.

6. Conclusão

Procuramos esclarecer por meio deste artigo a questão referente à execução *ex officio* das contribuições sociais pelos órgãos da Justiça do Trabalho. A tarefa é bastante árdua, pois a legislação não está em perfeita sintonia, de modo que determinadas incoerências, como vimos, podem comprometer a compreensão de toda a sistemática procedimental.

Além disso, lidamos com questões tipicamente tributárias para tratar de um assunto ligado ao direito processual trabalhista, quando inexistem posições jurídicas sedimentadas para embasar uma argumentação sólida e convincente. Todavia, nos arriscamos a trazer alguns apontamentos que consideramos mais adequados para dirimir discussões que há muito vêm ocorrendo e, infelizmente, têm gerado situações de violação aos princípios da igualdade, da segurança jurídica e do devido processo legal.

Esperamos que nossas análises tenham respondido algumas indagações relacionadas ao tema da presente pesquisa, como também instigado o leitor a se aprofundar no estudo das questões apresentadas para que também possa contribuir na produção de doutrina e jurisprudência referentes à execução, de ofício, das contribuições previdenciárias decorrentes das sentenças proferidas na Justiça do Trabalho.

Referências

CARVALHO, Paulo de Barros. *Curso de direito tributário.* 23. ed. São Paulo: Saraiva, 2011.

CHAVES, Luciano Athayde. *Estudos de direito processual do trabalho.* São Paulo: LTr, 2009.

FELICIANO, Guilherme Guimarães. Execuções especiais na justiça do trabalho: contribuições sociais e imposto de renda. *In:* CHAVES, Luciano Athayde (org.). *Curso de processo do trabalho.* 2. ed. São Paulo: LTr, 2012.

LEITE, Carlos Henrique Bezerra. *Curso de direito processual do trabalho.* 11. ed. São Paulo: LTr, 2013.

SCHIAVI, Mauro. *Execução no processo do trabalho.* 5. ed. São Paulo: LTr, 2013.

SILVA, Bruno Freire e. *A aplicação do CPC reformado às execuções trabalhista e fiscal.* São Paulo: LTr, 2008.

Capítulo 28

A Proteção do Crédito Trabalhista na Lei de Falências e Recuperação Judicial: Alguns Pontos Polêmicos

Amanda Tirapelli[*]

1. Delineamentos históricos

Este artigo tem como ponto de partida os postulados da Lei de Falências n. 11.101, em vigor desde 2005. Ainda que essa lei tenha se popularizado na doutrina como "nova", a liquidez dos tempos pós-modernos, sugerida por Zygmunt Bauman[1], e a percepção relativa do espaço-tempo confundem nossos sentidos, ao ponto de não sabermos ao certo se algo de 2005 é realmente "novo".

A "quebra" empresarial ou "bancarrota" ("bancarotta" do italiano, traduzido como "banca quebrada") refletem etimologicamente a crise financeira dos incipientes comerciantes medievos. Isto porque, na Baixa Idade Média, os burgueses expunham seu dinheiro sobre um banco de madeira (daí o nome 'banqueiro') e alugavam esse dinheiro para quem precisasse em troca da cobrança da usura. Mas se algum deles não honrasse com suas dívidas, seu banco de madeira era destruído em pedaços e aquele era impedido de exercer essa atividade[2].

Ainda que a gênese da bancarrota tenha ligação com os banqueiros, no decorrer dos tempos, ela passou a ser empregada a todos aqueles que exercessem a atividade financeira e comercial, como empresários, pessoas jurídicas de direito privado ou mesmo pessoas jurídicas de Direito Público ligadas às finalidades indiretas do Estado, como as empresas públicas e sociedades de economia mista. A recente economia globalizada não exclui nem mesmo os Estados de possível bancarrota, como recentemente se observou nos telejornais sobre as crises econômicas em Portugal, Grécia e Ilha de Chipre[3]. Assim, a vida continua imitando a arte, como em *Bancarrota Blues*, onde o músico Chico Buarque e o compositor Edu Lobo apresentam nessa canção (de 1987) a antevisão do balcão de negócios em que um país recém neoliberalizado se transformou, ao expressar no refrão da música: "Mas posso vender [...] Quanto você dá?".

Leciona o Prof. Dr. José Cândido Sampaio de Lacerda, em sua indispensável obra sobre direito

---

(*) Analista judiciária, lotada na 17ª Vara do Trabalho de Curitiba — Tribunal Regional do Trabalho da 9ª Região. Bacharel em Ciências Jurídicas pela Pontifícia Universidade Católica de Campinas, especialista em Direito do Trabalho e Processo do Trabalho pela Universidade Presbiteriana Mackenzie e especialista em Sociologia Política pela Universidade Federal do Paraná — UFPR.
(1) BAUMAN, Zygmunt, *Tempos líquidos*. Rio de Janeiro: Jorge Zahar, 2007.
(2) DOBB, Maurice; HILL, Christopher; HILTON, Rodne; HOBSBAWN, Eric; LEFEBVRE, Georges; MERRINGTON, John; PROCACCI, Giuliano; SWEEZY, Paul M.; TAKAHASHI, H. K. *Transição do feudalismo para o capitalismo*: um debate. São Paulo: Paz e Terra, 2004. p. 53-78.
(3) Disponível em: <http://www.dw.de/chipre-amea%C3%A7a-bancarrota-e-deixa-ue-em-situa%C3%A7%C3%A3o-delicada/a-16473970>. Acesso em: 29.7.2013.

falimentar, que no direito romano era a pessoa do devedor a garantia do cumprimento da obrigação e não seu patrimônio. Segundo esse autor, esse procedimento era coerente com o regime econômico escravocrata então predominante[4].

A execução coletiva (vários credores) e a execução singular (um único credor) sobre o corpo do devedor não se limitaram ao direito romano, mas permearam a história e o universo teatral, como ilustrado pelo agiota judeu Shylock, que pede uma libra da carne do coração de Antônio na peça *O Mercador de Veneza*, de William Shakespeare.

A bancarrota na Idade Média, como visto anteriormente, inaugura o processo coletivo de execução, ainda que de forma informal e decorrente dos usos e costumes. A execução coletiva (vários credores) e a execução singular (um único credor) inicialmente eram feitas sobre o próprio corpo do devedor, como visto anteriormente e ilustrado por William Shakespeare.

Ainda que Veneza seja lembrada pelas possíveis gotas de sangue e tintas de Shakespeare, essa cidade, ao lado de outras cidades italianas do norte, como Florença, Milão e Gênova, exerceu forte influência no direito francês, em razão do intenso comércio realizado entre essas cidades e as cidades francesas.

Após a Revolução Francesa, um dos maiores mitos da França e do mundo corporificou as normas no *Code Civil*, posteriormente chamado de *Code Napoléon*. O Código Civil francês é de 1804 e influenciou na promulgação do Código Comercial francês de 1808. Esse Código Comercial transpunha as reminiscências comerciais históricas[5].

A Revolução Francesa, fortemente influenciada pelos ideais Iluministas e da independência norte-americana (1776), aboliu a escravidão e direitos feudais. A frase de Jean-Jacques Rousseau (*Liberté, Egalité, Fraternité*) bem expressou os princípios norteadores dessa Revolução e a memorou. Contudo, o período que sucede, especialmente em decorrência da lei, é marcado pela extrema liberdade para o trabalho e igualdade entre as partes, ainda que do outro lado seja um humilde camponês.

É nesse cenário que o Código Comercial francês de 1808 é escrito.

José Xavier Carvalho de Mendonça, em sua memorável obra, reconhece a grandiosidade do texto legislativo e afirma que "com a edição do diploma francês, abriu-se a fase mais poderosa da legislação do século XIX"[6]. Afirma também o autor que Napoleão Bonaparte teve papel destacado na introdução do instituto da falência no código. Muitos foram os países que basearam sua legislação pátria no Código Comercial e Civil francês em razão da expansão das conquistas do Imperador.

Como o poder de Napoleão Bonaparte não se expressou apenas em códigos e leis, mas sim pela força da espada e das baionetas, para aumentar ainda mais seu poder e dominar quase a totalidade das nações da Europa, Napoleão direciona suas tropas, lideradas pelo General Junot, para invadir Portugal. A saída encontrada pelos portugueses, com a ajuda dos ingleses, foi a fuga da Corte, em comitiva, para a "Terra de Santa Cruz", em novembro de 1807. É nesse momento que os dois mundos (colônia e metrópole) se encontram, trazendo novos ares para a história do povo brasileiro[7].

Por certo que, enquanto colônia, o Brasil era sujeito à legislação portuguesa quanto à matéria de falência. De forma bastante resumida, Manoel Justino Bezerra Filho aponta em sua obra que:

O exame histórico do direito brasileiro inicia-se com as Ordenações Afonsinas que, promulgadas em 1446, estavam vigendo quando da descoberta do Brasil, em 1500; as Afonsinas foram substituídas pelas Ordenações Manuelinas, em 1521, e, posteriormente, pelas Filipinas, em 1603. No entanto, o primeiro diploma que cuidou de matéria falimentar foi a Lei de 8 de março de 1595, promulgada por Filipe II, que veio a influenciar as Ordenações Filipinas, pro-

---

(4) Quanto aos suplícios e imolações executórias, imagino muito se aproximar a descrição de Michel Foucault, no primeiro capítulo de seu livro *Vigiar e punir*, intitulado como *O corpo dos condenados*. Nesse capítulo Foucault descreve às minúcias as barbáries executórias de um tempo não muito longínquo. Destaco o primeiro parágrafo: "[Damiens fora condenado, a 2 de março de 1757], a pedir perdão publicamente diante da porta principal da Igreja de Paris [aonde deveria ser] levado e acompanhado numa carroça, nu, de camisola, carregando uma tocha de cera acesa de duas *ibras* [em seguida], na dita carroça, na praça de Greve, e sobre um patíbulo que ali era erguido, atenazado nos mamilos, braços, coxas e barriga das pernas, sua mão direita segurando a faca com que cometeu o dito parricídio, queimada com fogo de enxofre, e as partes em que será atenazado se aplicarão chumbo derretido conjuntamente, e a seguir seu corpo será puxado e desmembrado por quatro cavalos e seus membros e corpo consumidos ao fogo, reduzidos a cinzas, e suas cinzas lançadas ao vento".
(5) BEZERRA FILHO, Manoel Justino. *Lei de recuperação de empresas e falências comentada*. São Paulo: RT, 2006. p. 35.
(6) MENDONÇA, José Xavier Carvalho de. *Tratado de direito comercial brasileiro*. Campinas: Russell, 2006. v. I, p. 61.
(7) GOMES, Laurentino. *1808*. São Paulo: Planeta, 2007.

mulgadas oito anos depois, em 1603. Em 1756, o Marquês de Pombal outorga o Alvará de 13 de dezembro, tratando do processo de falência. Após 7 de setembro de 1822, com a proclamação da independência do Brasil, continuaram vigendo as leis portuguesas, como sempre ocorre em qualquer ruptura institucional. Apesar de estabelecida nova situação política, há uma fase e "vazio" legislativo, durante o qual permanecem as leis do sistema anterior, que aos poucos vão sendo adaptadas à nova ordem. Assim é que, em 25.6.1850, a Parte III do Código Comercial, arts. 797 a 913, passa a cuidar "Das Quebras", com o regulamento processual do Decreto n. 738, de 25.11.1850. [...]. Finalmente, nos últimos meses da ditadura de Getúlio Vargas, em 21.6.1945, foi promulgado o Decreto-Lei 7.661, que era a nossa Lei de Falências, substituída agora pela Lei n. 11.101, de 9 de fevereiro de 2005.[8]

O Código Comercial previa a figura da concordata, hoje não mais existente. Para sua aprovação, era necessário o voto da maioria dos credores e de dois terços dos créditos sujeitos à concordata[9]. Os arts. 898 e seguintes, por sua vez, regulavam a moratória, que tinha o efeito imediato de sustar as execuções contra o devedor até que fosse julgado o mérito. O quórum de aprovação da moratória era o mesmo necessário à concordata.

Assim, o instituto, marcadamente de ordem coletiva, ganhou corpo no direito brasileiro e bem se adaptou aos postulados constitucionais por assegurar na execução coletiva a máxima igualdade dos credores de mesma classe, como se verá adiante.

O Decreto-lei n. 7.661/45, que vigorou de 1º de novembro de 1945 a 8 de janeiro de 2005, tratava sobre a regulação da crise da empresa sob dois regimes jurídicos: a) a falência, como execução concursal e regime universal para pagamento de todos os credores; e b) a concordata, como regime de recuperação para empresários em dificuldades.

Esse decreto-lei, mais um fruto da Era Vargas, refletia a percepção da sociedade daquele momento, em que "o insucesso de qualquer empreendimento econômico era sinônimo de falha de caráter do empresário"[10]. Já a Lei de Falências e Recuperação Judicial (Lei n. 11.101/05) veio instaurar novos valores e paradigmas.

Há, ainda, autores como Eduardo Gabriel Saad, José Eduardo Duarte Saad e Ana Maria Saad Castello Branco que apontam a forte participação norte-americana na produção legislativa desse instituto[11]. Segundo tais autores, a grande depressão pela qual passaram os Estados Unidos da América logo após o *crack* de 1929 fez com que o país editasse novas leis que reorganizassem as empresas através de um plano aprovado pelos credores e homologado pelo juiz. Em 1978 destaca-se o *Bankruptcy Code*, um novo sistema falimentar destinado também à recuperação e reorganização empresarial, segundo o qual, se as empresas fossem economicamente viáveis, estas seriam preservadas, consoante uma restauração também aprovada pelos credores e homologada pelo juiz.

Na visão de Marcelo Papaléo de Souza:

O Decreto-Lei n. 7.661/45 foi concebido sob um modelo de empresa do capitalismo vigente, a partir da Conferência de Bretton Woods, que instalou a ordem mundial pós-guerra e vigeu inalterado até o início dos anos 70. O crédito era desvinculado dos entraves causados pela insolvência do devedor, considerado simplesmente como espécie de relação organizacional, sem qualquer inter-relação com as repercussões em face da sociedade.

Por certo que a legislação datada de 1945, com alterações posteriores, não mais representava os anseios da sociedade, pois muitas vezes era rigorosa ao analisar devedores com dificuldades econômicas momentâneas, que eram viáveis como negócio, retirando-os do comércio por meio da decretação da falência. Com base nesse paradigma, ou seja, fornecer aos devedores viáveis a possibilidade de recuperação de seus negócios, a maioria dos países passou a adotar tratamento alternativo ao da extinção, criando a hipótese da recuperação judicial, visando à manutenção da atividade produtiva.

Por iniciativa do então Presidente da República, Itamar Franco, foi apresentado à Câmara dos Deputados o Projeto de Lei que regulamentava a recuperação judicial, a extrajudicial e a falên-

---

(8) BEZERRA FILHO, Manoel Justino. *Lei de recuperação de empresas e falências comentada*. São Paulo: RT, 2006. p. 35-36.
(9) BRASIL. *Lei n. 556, de 25 de junho de 1850*. Disponível em: <http://www.planalto.gov.br/CCivil_03/Leis/L0556-1850.htm>. Acesso em: 3.7.2013. A norma em questão se encontra no art. 847.
(10) FLORIANO NETO, Alex. *Atuação do juiz na recuperação judicial*. Belo Horizonte: Arraes, 2012. p. 29.
(11) SAAD, Eduardo Gabriel; SAAD, José Eduardo Duarte; BRANCO, Ana Maria Saad Castello. *Curso de direito processual do trabalho*. São Paulo: LTr, 2007. p. 898.

cia de devedores pessoas físicas e jurídicas que exerciam atividade regida pelas leis comerciais, no ano de 1993. Esse projeto tramitou sob o n. 4.376, de 1993, tendo várias emendas e cinco substitutivos, demorando 10 anos até ser aprovado no plenário. Aprovado pela Câmara de Deputados, foi encaminhado ao Senado Federal que aprovou Substitutivo apresentado pelo Relator Senador Ramirez Tebet, o qual recebeu a denominação de Projeto de Lei da Câmara n. 71, de 2003. Após análise e aprovação no Senado, retornou à Câmara dos Deputados, obtendo, novamente, aprovação, tendo sido promulgada a Lei n. 11.101/05.[12]

No Brasil, a Lei n. 11.101/05 tratou sobre a possibilidade de reorganizar uma empresa de forma a mantê-la viva como fator de produção e manutenção dos postos de trabalho, conforme se verá. No entanto, esse novo regime jurídico, representado pela Lei n. 11.101/05, apresenta várias dúvidas quanto à compatibilização dos institutos, em especial aos do direito do trabalho e processo do trabalho.

2. Do óbito ao renascimento empresarial

Não havia no Decreto-lei n. 7.661/45 a previsão expressa da recuperação judicial, mas sim da concordata, que delineava de forma preventiva ou suspensiva a continuação do negócio do insolvente. Foi, sim, com a Lei n. 11.101/05 que o instituto da recuperação judicial ganhou expressão diante da possibilidade desse novo instrumento judicial de prevenir a falência.

Antes de 2005 não havia na legislação qualquer previsão que possibilitasse a preservação da atividade econômica e a manutenção dos empregos. Ao contrário, não havia incentivos à participação dos credores na forma de se gerenciar e planejar a recuperação empresarial. Apontam os autores a inexistência de uma norma principiológica que orientasse e encorajasse a continuação da atividade empresarial, como destaca Ricardo Negrão[13].

A alteração legislativa, embora acompanhada de elevadas críticas dos operadores do Direito, foi elaborada sob o argumento das elevadas exigências da economia globalizada na qual o Brasil está inserido.

De forma direta, os objetivos da recuperação judicial estão dispostos no art. 47 da Lei n. 11.101/05, *in verbis*:

> Art. 47. A recuperação judicial tem por objetivo viabilizar a superação da situação de crise econômico-financeira do devedor, a fim de permitir a manutenção da fonte produtora, do emprego dos trabalhadores e dos interesses dos credores, promovendo, assim, a preservação da empresa, sua função social e o estímulo à atividade econômica.

Leciona Fábio Ulhoa Coelho que a função da recuperação judicial é servir de alerta para que uma empresa, antevendo dificuldades, adote providências de forma a evitar ou atenuar a crise[14].

Nesse sentido, a recuperação judicial autoriza soluções não tão engessadas pelo texto da lei, permitindo que os credores renegociem seus créditos com o devedor de forma a criar um plano de pagamento a ser cumprido. Para tanto há, contudo, disposições legais mínimas a serem observadas, de forma que uma classe de devedores não monopolize os créditos ou os recursos do devedor em detrimento de outros.

Assim, quando o texto legal dispõe que se deve "permitir a manutenção da fonte produtora", de forma sucinta, pode-se afirmar que a recuperação judicial tem por objetivo permitir às empresas em insolvência o retorno à competitividade e à produção na economia[15].

Como consequência desse padrão e da lógica do capitalismo em que está inserida, a lei apresenta como objetivo social a manutenção do emprego dos trabalhadores, já que está na empresa a fonte produtora e geradora de riquezas[16].

---

(12) SOUZA, Marcelo Papaléo. *A nova lei de recuperação e falências e suas consequências no direito e no processo do trabalho*. 2. ed. São Paulo: LTr, 2006. p. 23-24.
(13) NEGRÃO, Ricardo. *A eficiência do processo judicial na recuperação de empresa*. São Paulo: Saraiva, 2010. p. 36-37.
(14) COELHO, Fábio Ulhoa. *Comentários à lei de falências e de recuperação de empresas*. 3. ed. São Paulo: Saraiva, 2005. p. 112.
(15) OLIVEIRA, Celso Marcelo de. *Comentários à nova lei de falências*. São Paulo: IOB Thomson, 2005. p. 234.
(16) "Cumpre aqui frisar que países que aderiram à globalização adotando a estratégia da desregulamentação apresentam alto grau de vulnerabilidade, preocupantes níveis de desemprego, elevada taxas de rotatividade de mão-de-obra e aumento de trabalhadores informais ou por tempo parcial. Os indivíduos, pressionados pelo desemprego, pelas inseguranças e descrentes de um Estado que, empiricamente, perde seu potencial regulador, apresentam-se destituídos do princípio da esperança e da capacidade de organização coletiva, criando-se ambiente para que uma onda conservadora tome conta do imaginário popular" (OLIVEIRA, Franciso. Neoliberalismo à brasileira. *In*: SADER, Emir; GENTILI, Pablo. *Pós-neoliberalismo*: as políticas sociais e o estado democrático. 3. ed. Rio de Janeiro: Paz e Terra, 1996. p. 24).

Esse novo paradigma interpretativo tem como fundamento de validade os preceitos introduzidos pela Constituição da República de 1988, em especial o art. 5º, inciso XXIII e art. 170, inciso III. Isso porque adere-se ao *status* constitucional a função social da propriedade privada. A livre-iniciativa, portanto, se legitima quando voltada a realizar "o desenvolvimento nacional, assegurando a existência digna de todos, conforme os ditames da justiça social e à efetiva consecução desses fundamentos, fins e valores da ordem econômica"[17].

O impacto principiológico da função social pode ser vividamente sentido no Código Civil de 2002, com clara previsão em seu art. 421 ao tratar sobre a liberdade de contratar, que deverá ser "exercida em razão e nos limites da função social do contrato". Na visão de Miguel Reale, arquiteto e idealizador do Código Civil, "a realização da função social da propriedade somente se dará se igual princípio for estendido aos contratos, cuja conclusão e exercício não interessa somente às partes contratantes, mas a toda a coletividade"[18].

É nesse novo cenário que se apresenta a Lei n. 11.101/05, como se observa da nota explicativa da Comissão de Estudos do Anteprojeto da Lei de Falências:

> Cabe aqui consignar que a atual Lei de Falências, de 1945, está a merecer profundas alterações. Fruto de uma época já ultrapassada, terá que ser substituída por um modelo legal que contemple as reais transformações da sociedade e as novidades institucionais deste final de século.
>
> É preciso repensar o sistema falimentar herdado, comtemplando-se não o capitalismo selvagem, senão o capitalismo democrático, com a liberação da economia — uma economia vigilante e de mercado.
>
> A falência, no direito medieval italiano, como fonte do direito romano, calcava-se, substancialmente, na constrição da vontade do devedor, para pagamento dos credores, e as penas eram severíssimas.
>
> Várias são as fases, que podemos discernir, na evolução do direito falimentar, segundo a doutrina.
>
> Após a II Grande Guerra, vislumbra-se, no horizonte, uma réstia de luz, com a preocupação da continuidade da empresa, mas ainda de forma empírica, sem considerar o interesse coletivo, é o caso da lei espanhola de 1942, da alemã de 1935, da norte-americana (USA) de 1938, da inglesa e da francesa.
>
> Se a primeira fase se voltava só para o lado individual da propriedade, a fase seguinte assenta-se tão só no interesse coletivo, sucedendo a época dos chamados procedimentos concursais.[19]

Buscou o legislador pátrio, portanto, trazer novas diretrizes interpretativas para a recuperação judicial, baseada nos objetivos de manter a fonte produtora, do emprego dos trabalhadores e dos interesses dos credores, como forma de estímulo à atividade econômica, à preservação da empresa e de sua função social.

Observa-se que o legislador se preocupou em evitar que a crise econômica do devedor acarrete sua falência.

Há autores, como Carlos Eduardo Quadros Domingos, que apresentam os objetivos como princípios jurídicos "que devem servir de base fundamental para a compreensão e interpretação da ordem positiva"[20]. São eles:

a) Princípio da preservação da empresa, segundo o qual, antes de se decretar a falência, deve-se possibilitar ao insolvente, se preenchidos os pressupostos legais, a chance de retomar a atividade.

b) Princípio da função social, que, segundo esse autor, é expressa pela manutenção dos postos de trabalho e da continuidade na produção de riquezas, influenciando diretamente na vida cultural, econômica e social do país.

c) Princípio da participação ativa dos credores. Segundo o art. 47 da referida lei, cumpre à recuperação judicial também a manutenção dos interesses dos credores, que buscam a satisfação de seus créditos de forma mais satisfatória possível.

d) Princípio do *par conditio creditorum*, que se fundamenta no conceito de equidade dos credores com títulos de similar natureza. Segundo Waldo Fazzio Júnior, "cada crédito deve observar o sítio que a lei lhe reserva na classificação geral, assegurando-se, de modo decisivo, que a

---

(17) SILVA, José Afonso da. *Curso de direito constitucional positivo.* São Paulo: Malheiros, 1986. p. 77.
(18) REALE, Miguel. *Função social do contrato.* Disponível em: <http://www.miguelreale.com.br/artigos/funsoccont.htm>. Acesso em: 30.7.2013.
(19) BRASIL. Ministério da Justiça. Anteprojeto de lei sobre falências e concordatas elaborado pelo Grupo de Trabalho instituído pela Portaria n. 233, de 9 de maio de 1991. *Diário Oficial*, Brasília, p. 3972-3974, 27.3.1992. Seção I.
(20) DOMINGOS, Carlos Eduardo Quadros. *As fases da recuperação judicial.* Curitiba: J. M. Livraria, 2009. p. 77-86.

índole preferencial de alguns seja efetivamente observada"[21].

e) Princípio da proteção do trabalhador. Em razão do caráter alimentar e humanístico do crédito decorrente da legislação trabalhista, a legislação concede um tratamento diferenciado a esses créditos, em especial quanto à preferência em seu recebimento.

f) Princípio da publicidade. À primeira vista, tendo em mente que a recuperação judicial é um processo judicial, os atos do processo devem ser públicos. Mas a publicidade que se busca vai um pouco mais além. Isso porque o processo de recuperação judicial envolve os interesses individuais dos credores, bem como do próprio devedor, e a publicidade dos atos mostra-se como vedação às manobras fraudulentas que possa envolver a recuperação judicial.[22]

3. Os direitos dos empregados no plano de recuperação

A Lei n. 11.101/05 concebeu um complexo sistema de recuperação da empresa em juízo, descrevendo o trâmite e os meios de reabilitação empresarial (Lei n. 11.101/05, art. 50) franqueados ao devedor em dificuldades econômico-financeiras, sem restrição quanto às possibilidades de acordo privado entre o devedor e seus credores (Lei n. 11.101/05, art. 167).

Verificada a impontualidade a dificuldade econômico-financeira imperiosa, os interessados na propositura da recuperação judicial (Lei n. 11.101/05, art. 48), iniciará o processo judicial de recuperação por meio da petição inicial, assinada por advogado, que deverá conter, além dos pressupostos processuais e condições comuns a todos os processos, a exposição das causas concretas que levaram à situação de crise econômico-financeira (Lei n. 11.101/05, art. 51).

Estando presentes os documentos descritos no art. 51 da referida lei, o juiz deferirá o processamento da recuperação judicial e, no mesmo ato, nomeará o administrador judicial, ordenará a suspensão das ações ou execuções contra o devedor (Lei n. 11.101/05, art. 6º), ordenará a intimação do Ministério Público, determinará a dispensa da apresentação de certidões negativas para que o devedor exerça suas atividades, exceto para a contratação com o Poder Público ou para recebimento de benefícios ou incentivos fiscais ou creditícios, além de outros comandos previstos no art. 52 da lei.

Nesse momento o magistrado faz apenas um exame formal do pedido de recuperação diante dos documentos apresentados. Após a publicação dessa decisão de processamento (Lei n. 11.101/05, art. 52), inicia-se o prazo de 15 dias para as habilitações dos créditos. Esta fase é denominada de verificação e habilitação de créditos (Lei n. 11.101/05, art. 7º e parágrafos).

Verificado quem são os credores, o débito, os bens o ativo do devedor, será apresentado o plano de recuperação judicial (Lei n. 11.101/05, art. 53), no qual constará a discriminação pormenorizada dos meios a serem empregados para a superação da crise econômica (ações e estratégias a serem empregadas), a demonstração de sua viabilidade econômica e o laudo econômico-financeiro e de avaliação dos bens e ativos do devedor.

Os direitos dos empregados no plano de recuperação judicial estão previstos no art. 54 da lei, segundo o qual o plano de recuperação judicial não poderá prever prazo superior a um ano para pagamento dos **créditos derivados da legislação do trabalho ou decorrentes de acidentes de trabalho** vencidos até a data do pedido de recuperação judicial (Lei n. 11.101/05, art. 54, *caput*).

Como dispõe o art. 59 da Lei de Falências, o plano de recuperação judicial implica em novação dos créditos anteriores ao pedido e obriga o devedor e todos os credores a ele sujeitos. Dessa forma, se no que tange aos créditos trabalhistas o plano for aprovado pela maioria dos empregados credores, todos se submetem às condições nele estabelecidas.

Há, ainda, outra baliza legal no parágrafo único do art. 54 da lei: o plano não poderá, ainda, prever prazo superior a 30 (trinta) dias para o pagamento,

---

(21) FAZZIO JÚNIOR, Waldo. *Nova lei de falência e recuperação de empresas*. São Paulo: Atlas, 2005. p. 34.
(22) Muitos argumentaram que a perda de direitos passa agora a ser legitimada pela lei. Mesmo antes do ingresso da Lei n. 11.101 no ordenamento, Grijalbo Fernandes Coutinho, então presidente da Associação Nacional dos Magistrados da Justiça do Trabalho (Anamatra), faz a seguinte afirmação: "Além de surpreendente, a atitude do governo Lula em patrocinar um projeto que reduz o patamar de garantias do trabalhador e eleva o grau de segurança do recebimento de créditos pelos bancos e pelo conjunto do sistema financeiro, deve ser lamentada pela classe trabalhadora brasileira e por todos que ainda têm algum compromisso social com o trabalho, valor da República Federativa do Brasil que alguns insistem em tê-lo como mero componente do processo de produção gerador de lucros". Disponível em: <http://www.conjur.com.br/2004-jul-07/anamatra_critica_projeto_aprovado_senado_nesta_terca>. Acesso em: 30.7.2013.

até o limite de 5 (cinco) salários mínimos por trabalhador, dos **créditos de natureza estritamente salarial** vencidos nos 3 (três) meses anteriores ao pedido de recuperação judicial.

Cumpre aqui esclarecer alguns pontos acerca do art. 54 em comento.

A legislação falimentar utilizou no caput a expressão "créditos derivados da legislação do trabalho", e no parágrafo único, "créditos de natureza estritamente salarial". Eis aqui mais uma atribuição ao intérprete e à jurisprudência.

A expressão "créditos derivados da legislação do trabalho" comporta interpretação ampliativa após a Emenda Constitucional n. 45/04. Isso porque a nova redação do art. 114 da Constituição da República ampliou a competência trabalhista para as controvérsias que decorram da relação de trabalho *lato sensu*, e não mais unicamente celetista.

Em que pese esse pensamento, ensina Amador Paes de Almeida que:

> Observe-se que a expressão créditos derivados da legislação do trabalho não tem sentido amplo, não envolvendo, por conseguinte, outras relações de trabalho abrangidas pela nova competência material da Justiça do Trabalho, por força da Emenda Constitucional n. 45/04. Tem, sim, sentido restrito, para abranger, exclusivamente, os direitos devidos aos empregados celetistas. O *caput* do dispositivo sob comento (art. 54), fala em direitos, sem qualquer restrição, envolvendo, por conseguinte, verbas salariais e indenizatórias. Já o parágrafo único do dispositivo legal nominado, estabelece restrição aos créditos trabalhistas que deram, em recuperação judicial ser pagos em trinta dias.
>
> Em tais condições, na recuperação judicial, o devedor deverá pagar, no prazo de um ano, as verbas salariais e indenizatórias porventura devidas a seus empregados, e, até trinta dias, para o pagamento de verbas estritamente salariais, vencidas nos três meses anteriores ao pedido de recuperação judicial — observado o limite de cinco salários mínimos por trabalhador.
>
> O trabalhador não é, obviamente, obrigado a tolerar o atraso no pagamento de seus salários (o salários, como se sabe, tem natureza alimentar), podendo pleitear, perante a Justiça do Trabalho, a rescisão do seu contrato laboral (art. 483, *d*, da CLT), com os valores decorrentes da rescisão por culpa do empregador. Note-se que a recuperação judicial, tal como ocorria com a concordata, não pode ser vista como força-maior ou caso fortuito, constituindo-se em mero risco da atividade econômico-empresarial.[23]

O tratamento diferenciado ao crédito trabalhista no concurso de credores decorre da natureza alimentar dos salários do empregado, que deve atender às necessidades básicas de subsistência do trabalhador e de sua família. É por essa razão que a Lei n. 11.101/05 dispôs sobre a necessidade de tratamento privilegiado dos créditos trabalhistas como forma de proteção dos salários.

No Brasil, a Lei n. 6.449, de 14 de outubro de 1977, introduziu o parágrafo primeiro no art. 449 da CLT, com a seguinte redação: "Na falência, constituirão créditos privilegiados a totalidade dos salários devidos ao empregado e a totalidade das indenizações a que tiver direito". Nesse mesmo sentido prevê o Código Tributário Nacional, em seu art. 186, segundo o qual "o crédito tributário prefere a qualquer outro, seja qual for a natureza e o tempo de constituição deste, ressalvados os créditos decorrentes da legislação do trabalho".

Por certo que para no preceito da CLT, a preferência era direcionada à totalidade dos salários, aqui compreendidos como remuneração, que envolve a totalidade de seus vencimentos. O termo "indenizações", mencionado no mesmo parágrafo, deve ser entendido como todas as parcelas rescisórias decorrentes da extinção do contrato de trabalho.

Pautado nesses dispositivos legais e nas Convenções Internacionais da OIT, o crédito trabalhista atingiu proteção em grau máximo na hierarquia vertical de satisfação, conhecido como "superprivilégio".

No entanto, a doutrina não é pacífica quanto às consequências em razão do descumprimento dos prazos previstos no art. 54 da LF.

Há autores que entendem que o prazo previsto no mencionado art. 54 seria um mero indicativo de preferência dos créditos trabalhistas, mas que poderia deixar de ser exigido pelos trabalhadores quando aprovassem o plano de recuperação judicial diante da assembleia-geral de credores.

---

(23) *Os direitos trabalhistas na recuperação judicial e na falência do empregador.* Disponível em: <http://www.mackenzie.br/fileadmin/Graduacao/FDir/Artigos/amador.pdf>. Acesso em: 3.8.2013.

Para ilustrar a tese favorável à possibilidade de elastecimento do prazo legal, Manoel de Queiroz Pereira Calças[24], Desembargador do Tribunal de Justiça de São Paulo, destaca o caso concreto da recuperação judicial da VASP S.A., em que o plano de recuperação judicial apresentado não atendia aos prazos dispostos no art. 54 e parágrafos da Lei n. 11.101/05, mas que foi aprovado pela unanimidade da classe dos trabalhadores.

Nesse sentido sustenta o professor Fábio Ulhoa Coelho:

> O plano de recuperação pode alterar ou novar os créditos trabalhistas ou por indenização por acidente de trabalho. Se nesse particular for aprovado pela maioria dos empregados credores, todos se submetem às condições nele estabelecidas.
>
> Há, porém, duas balizas legais a considerar, relativamente ao passivo existente na data da distribuição do pedido: 1ª) o plano não pode prever prazo superior a um ano para pagamento desses créditos fundados na legislação do trabalho ou derivados de acidente de trabalho; 2ª) em relação aos salários em atraso até 3 meses, o plano pode prever o pagamento em no prazo máximo de 30 dias de 5 salários mínimos por trabalhador.
>
> O plano pode estabelecer quaisquer condições para as obrigações trabalhistas que se vencerem após a distribuição do pedido de recuperação, mesmo desconsideradas as balizas acima. Se forem aprovadas pelas instâncias da Assembleia dos Credores, elas valem como se integrassem o contrato de trabalho.[25]

Em sentido contrário, há autores sustentando a tese restritiva quanto ao prazo para pagamento dos credores trabalhistas. Essa corrente se pauta na visão diferenciada que recebe o credor trabalhista e da impossibilidade de se transferir o risco do empreendimento ao trabalhador, como dispõe a Consolidação das Leis do Trabalho.

Pensam esses autores que, mesmo integrando a assembleia geral de credores, os credores trabalhistas têm pouca capacidade de negociação quando confrontados com os interesses das outras classes de créditos, como os das instituições financeiras, por exemplo.

Partindo então da premissa de impossibilidade de elastecimento do prazo previsto no art. 54, a doutrina e jurisprudência buscam argumentos para saber o tipo de vício do ato jurídico que decorre da violação do mencionado artigo.

Uma leitura inicial pode nos levar a entender que a violação da norma cogente implicará na sua invalidade, nos termos do art. 166 do Código Civil — é nulo o negócio jurídico quando: [...] VI — tiver por objetivo fraudar lei imperativa.

Para Marcelo Papaléo de Souza[26], essa invalidade não acarreta a nulidade de todo o plano de recuperação judicial, mas somente dessa estipulação, como determina o art. 184 do Código Civil[27].

A discussão certamente ingressará os quadros do Poder Judiciário, que analisará tais implicações, uma vez que o prazo para pagamento dos credores trabalhistas tem sérias implicações no processo trabalhista, pois esse poderá ser o fundamento para o prosseguimento dos atos expropriatórios da execução trabalhista em face do descumprimento do plano de recuperação judicial.

4. A participação do credor trabalhista na assembleia geral de credores

As bases principiológicas da Lei n. 11.101/05 estão intimamente ligadas ao Direito do Trabalho. Isto porque preservar a empresa repercute na pretensão de proteger os trabalhadores. Afirmou o Senador Tebet, relator do parecer da Comissão de Assuntos Econômicos do Senado Federal, quando do trâmite do projeto de lei que:

> os trabalhadores, por terem como único ou principal bem sua força de trabalho, devem ser protegidos, não só com precedência no recebimento de seus créditos na falência e na recuperação judicial, mas, com instrumentos que, por

---

(24) CALÇAS, Manoel de Queiroz Pereira. A nova lei de recuperação de empresas e falências: repercussão no direito do trabalho (Lei n. 11.101, de 9 de fevereiro de 2005). *Revista do Tribunal Superior do Trabalho*, Brasília, v. 73, n. 3, p. 37-52, p. 41, jul./set. 2007.
(25) COELHO, Fábio Ulhoa. *Op. cit.*, p. 163.
(26) SOUZA, Marcelo Papaléo de. *A lei de recuperação e falência e as suas consequências no direito e no processo do trabalho*. 3. ed. São Paulo: LTr, 2009. p. 376.
(27) Art. 184. Respeitada a intenção das partes, a invalidade parcial de um negócio jurídico não o prejudicará na parte válida, se esta for separável; a invalidade da obrigação principal implica a das obrigações acessórias, mas a destas não induz a da obrigação principal.

preservarem a empresa, preservem também seus empregos e criem oportunidades para a grande massa de desempregados.[28]

Para que os direitos dos credores, entre eles o trabalhista, sejam respeitados na recuperação judicial, é fundamental sua participação ativa como forma de buscar o recebimento de seus créditos de maneira mais satisfatória possível, aliado à busca dos melhores resultados advindos do processo. Autores como Carlos Eduardo Quadros Domingos chegam a elevar à categoria de princípio da recuperação judicial a participação ativa dos credores[29].

Para que os interesses convergentes e divergentes dos credores se neutralizem ou direcionem para o andamento do processo, a lei dispôs no art. 35 sobre a assembleia geral de credores e sua competência[30].

É na assembleia-geral de credores que o complexo emaranhado de interesses começa a atuar no sentido de identificar uma solução que melhor atenda aos credores. Para tanto, os credores são divididos em "classes" e serão chamados para na assembleia se reunir e manifestar seus interesses.

A assembleia geral de credores é, portanto, um órgão da falência ou da recuperação judicial em que as mais importantes questões são discutidas, sendo sua existência um dos requisitos básicos na recuperação judicial.

Além da assembleia geral de credores, a Lei n. 11.101/05 também inovou no que tange a participação e atuação dos trabalhadores. Isso porque a partir dessa lei, os sindicatos dos trabalhadores poderão representar os interesses de seus associados, titulares de créditos derivados da legislação do trabalho ou decorrentes de acidente de trabalho, que não comparecerem, pessoalmente ou por procurador, à assembleia.

Nesse sentido, dispõe o art. 37 da referida lei[31].

É na assembleia geral que o credor expressará sua opinião. Caso o credor não possa comparecer à assembleia, a lei traz a condição peculiar de que o credor se faça então representado por mandatário ou representante legal, na forma do § 4º do artigo anteriormente em destaque.

Quanto aos credores trabalhistas, a lei de recuperação judicial trouxe a possibilidade da representação coletiva na assembleia geral de credores através do sindicato representante da categoria, podendo representar seus associados titulares de créditos trabalhistas ou decorrentes de acidentes de trabalho que não puderem comparecer pessoalmente (§ 5º).

Por certo que a representação sindical ampla prevista no art. 8º, III, da Constituição da República[32] não pode substituir a representação do art. 37, §§ 4º, 5º e 6º.

Cumpre frisar que a participação do sindicato na assembleia geral não poderá implicar em renúncia a direitos, sob pena de contrariar as normas de proteção mínima do trabalhador. Nesse sentido bem explana Marcelo Papaléo de Souza:

> Na situação específica da recuperação judicial, na proposta submetida aos credores, poderá o devedor propor situações novas em relação aos trabalhadores, como renúncia e transação de direitos. Como referido anteriormente, acreditamos ser possível a transação entre as partes, mas não a renúncia. As verbas que não se configurem duvidosas — *res dubia* — (*v. g.* salários atrasados, férias, 13º salário, verbas rescisórias etc.) não poderão sofrer renúncia por parte do trabalhador, sob pena de contrariar as normas de proteção mínima a ele. No entanto, em se

---

(28) SAAD, Eduardo Gabriel; SAAD, José Eduardo Duarte; BRANCO, Ana Maria Saad Castello. *Curso de direito processual do trabalho*. São Paulo: LTr, 2007. p. 899-900.
(29) DOMINGOS, Carlos Eduardo Quadros. *Op. cit.*, p. 81.
(30) Art. 35. A assembleia geral de credores terá por atribuições deliberar sobre: I — na recuperação judicial: Aprovação, rejeição ou modificação do plano de recuperação judicial apresentado pelo devedor; A constituição do Comitê de Credores, a escolha de seus membros e sua substituição; (vetado); O pedido de desistência do devedor, nos termos do § 4º do art. 52 desta Lei; O nome do gestor judicial, quando do afastamento do devedor; Qualquer outra matéria que possa afetar os interesses dos credores; [...].
(31) Art. 37. A assembleia será presidida pelo administrador judicial, que designará 1 (um) secretário dentre os credores presentes: [...] § 4º O credor poderá ser representado na assembleia-geral por mandatário ou representante legal, desde que entregue ao administrador judicial, até 24 (vinte e quatro) horas antes da data prevista no aviso de convocação, documento hábil que comprove seus poderes ou a indicação das folhas dos autos do processo em que se encontre o documento. § 5º Os sindicatos de trabalhadores poderão representar seus associados titulares de créditos derivados da legislação do trabalho ou decorrentes do acidente de trabalho que não comparecerem, pessoalmente ou por procurador, à assembleia. § 6º Para exercer a prerrogativa prevista no § 5º deste artigo, o sindicato terá: I — apresentar ao administrador judicial, até 10 (dez) dias antes da assembleia, a relação dos associados que pretenda representar, e o trabalhador que conste da relação de mais de um sindicato deverá esclarecer, até 24 (vinte e quatro) horas antes da assembleia, qual sindicato o representa, sob pena de não ser representado em assembleia por nenhum deles; e II — (vetado).
(32) Art. 8º, CF. É livre a associação profissional ou sindical, observado o seguinte: [...] III — ao sindicato cabe a defesa dos direitos e interesses coletivos ou individuais da categoria, inclusive em questões judiciais e administrativas. [...].

tratando de parcelas trabalhistas em que haja discussão a respeito (*v. g.* horas extras, adicionais etc.), poderão ser transacionadas. Nessa situação, além da possibilidade da participação do sindicato, no sentido de assessorar os trabalhadores a respeito do processo de recuperação, entendemos importante o acompanhamento do Ministério Público do Trabalho, que fiscalizará a aplicação da lei. Com relação à participação do sindicato na assembleia geral dos credores, conforme previsão do art. 37, § 5º, da LRF, fazemos a ressalva de que esse não pode renunciar os direitos dos trabalhadores, salvo nas hipóteses expressamente previstas na Constituição Federal (art. 7º, VI e XIII — redução salarial, compensação de horário e redução da jornada). Nas demais situações, não poderá o sindicato renunciar ou transacionar os direitos dos trabalhadores, apenas assisti-los. O direito material pertence aos trabalhadores, não cabendo a um terceiro (no caso o sindicato) aceitar acordo que os diminua ou os restrinja (salvo nas hipóteses expressamente mencionadas na CF).[33]

Nesse sentido, a eficácia das transações está subordinada à condição de verem-se cumpridas as obrigações previstas no plano de recuperação.

Bem sintetiza o Desembargador Manoel de Queiroz Pereira Calças que, "descumprida qualquer obrigação prevista no plano (inadimplido o plano), a novação se resolve, com a consequente resolução da extinção da extinção da obrigação primitiva, surgindo obrigação nova, exatamente igual à anteriormente extinta"[34].

Entretanto, nova indagação pode ser feita quanto à participação do sindicato na assembleia geral de credores, qual seja, qual sindicato irá representar os trabalhadores em caso de empresas com várias categorias ou categorias diferenciadas.

A título de exemplo, imagine-se uma empresa cujo ramo de atividade preponderante seja a metalurgia. Por certo que, em razão da atividade preponderante da empresa, o sindicato representativo é o sindicato dos metalúrgicos. No entanto, caso essa empresa tenha também trabalhadores motoristas responsáveis pelas entregas e deslocamento das mercadorias, observa-se aqui a existência de uma categoria profissional diferenciada, a qual terá seu sindicato representante, em concomitância com o sindicato dos metalúrgicos.

No que tange à elaboração e aplicação das normas coletivas, cada categoria de trabalhadores será abrangido por sua respectiva norma coletiva. Contudo, quanto à representação dos trabalhadores na assembleia geral de credores, será necessário eleger qual desses sindicatos terá a representação da classe trabalhadora.

Quanto à existência de vários sindicatos representativos, afirma Rénan Kfuri Lopes:

[...] como existem várias entidades representativas da categoria de um determinado credor, necessário que ele opte por qual sindicato irá efetivamente lhe representar na AGC.

Positiva a participação dos Sindicatos, mais preparados que o trabalhador individual, na sua maioria pessoas de menor compreensão jurídica. Cabe alertar, que a atuação do sindicato nas assembleias não pode afastar do princípio maior empreendido na legislação em estudo, que clama em sua essência para a recuperação do empreendimento, ecoando na mantença do emprego. Não se pode fazer do processo de recuperação judicial um palanque político-sindical. Há de preservar com equilíbrio e sobriedade o espírito coletivo, pois a LREF convoca a todos os credores, sem qualquer distinção, para o debate sério de uma proposta apresentada em juízo pelo devedor.

Comparecendo pessoalmente o credor trabalhista na assembleia, desaparece a representação sindical.

Mas para que o Sindicato participe da AGC, terá o mister de apresentar ao administrador judicial, até 10 (dez) dias antes da assembleia, a relação dos associados que pretende representar. E se o trabalhador for relacionado em mais de um sindicato, caberá ao próprio trabalhador, esclarecer qual sindicato o representa, sob pena de não ser representado por nenhum deles (art. 37, § 6º, I).[35]

---

(33) SOUZA, Marcelo Papaléo de. Repensando a sucessão trabalhista na recuperação judicial e falência. *Revista do Tribunal Superior do Trabalho*, Brasília, v. 75, n. 4, p. 101, out./dez. 2009.
(34) CALÇAS, Manoel de Queiroz Pereira. A nova lei de recuperação de empresas e falências: repercussão no direito do trabalho (Lei n. 11.101, de 9 de fevereiro de 2005). *Revista do Tribunal Superior do Trabalho*, Brasília, v. 73, n. 3, p. 45, jul./set. 2007.
(35) LOPES, Rénan Kfuri. *Assembleia geral de credores*. Disponível em: <http://www.rkladvocacia.com/arquivos/artigos/art_srt_arquivo20130701110839.pdf>. Acesso em: 13.8.2013.

Em sentido contrário é a lição de Marcelo José Ladeira Mauad, para o qual será possível a participação de mais de um sindicato representativo dos trabalhadores na assembleia geral de credores. Isso porque a lei prestou-se às minúcias de entender que caso o empregado figure em listas de mais de um sindicato, deverá fazer a opção por um deles, sob pena de ser eliminado das listas (art. 37, § 2º):

> Esta situação fica bastante evidente quando se trata da atuação do sindicato de categoria profissional preponderante (art. 511, § 2º, da CLT) que, como regra geral, representa os interesses gerais dos trabalhadores que compõem a categoria profissional, considerando-se o paralelo simétrico com a categoria econômica, esta reunindo empresas e demais empregadores a ela correspondentes.
>
> Mas há também o caso do sindicato de categoria profissional diferenciada (art. 511, § 3º, da CLT), que agrega empregados que exerçam profissões ou funções diferenciadas por força de estatuto profissional especial ou em consequência de condições de vida singulares. Os trabalhadores que, excepcionalmente, pretendam se fazer substituir por esta entidade devem assim se manifestar previamente perante o administrador judicial. Os demais serão defendidos pelo sindicato da categoria profissional preponderante. É a maneira mais razoável para se atender ao quanto dispõe a Constituição e, no que com ela não colide a LRF.[36]

O que se observa é que a lei veda a representação múltipla e, na visão de Célio Horst Waldraff, "opta pelo mal maior — talvez para enxotar o hóspede indesejado..."[37].

No entanto, tanto na recuperação judicial como na falência, o sindicato atuará na defesa dos interesses dos trabalhadores quando em realização da assembleia geral de credores. Em conclusão a esse ponto, o sindicato profissional está autorizado pela Constituição da República a atuar na defesa dos interesses metaindividuais dos integrantes da categoria profissional como substituto processual, e isso não seria diferente quanto à defesa dos interesses e direitos dos trabalhadores quando submetidos à recuperação judicial.

5. A participação do credor trabalhista no comitê de credores

O comitê de credores é um órgão facultativo tanto na falência quanto na recuperação judicial. Sua previsão normativa encontra-se no art. 26 e seguintes da Lei n. 11.101/05[38].

Assim como a assembleia geral de credores, o comitê de credores é também uma novidade trazida pela Lei n. 11.101/05. No entanto, ao contrário daquela, sua existência não é obrigatória. Ele deve existir nos processos em que a atividade econômica em crise terá condições de absorver as despesas de sua existência.

Sua atuação é fiscalizatória e não se confunde com as atribuições do administrador, a quem cabe a cogestão da empresa em recuperação ou falida, ao lado do empresário.

Destaca Fábio Ulhoa Coelho que

> Não sendo a empresa de vulto (seja pelo indicador da dimensão do ativo, seja pelo do passivo) e não havendo nenhuma especificidade que justifique a formação da instância de consulta, o Comitê representará apenas burocracia e perda de tempo, sem proveito algum para o processo falimentar ou de recuperação.[39]

O comitê de credores, assim como a assembleia geral de credores, tem como objetivo a participação ativa dos credores, nos processos de recuperação judicial e falência. Nele está espelhada a importância do crédito trabalhista, o qual participa ativamente de suas decisões e atribuições, as quais estão previstas no art. 27 da Lei n. 11.101/05[40].

---

(36) MAUAD, Marcelo José Ladeira. Os direitos dos trabalhadores na lei de recuperação e de falência de empresas. São Paulo: LTr, 2007. p. 176.
(37) WALDRAFF, Célio Horst. A nova lei de falência e o direito do trabalho. Aspectos práticos. Curitiba: Genesis, 2005. p. 89.
(38) Art. 26. O Comitê de Credores será constituído por deliberação de qualquer das classes de credores na assembleia geral e terá a seguinte composição: I — **1 (um) representante indicado pela classe de credores trabalhistas, com 2 (dois) suplentes**; (g. n.) II — 1 (um) representante indicado pela classe de credores com direitos reais de garantia ou privilégios especiais, com 2 (dois) suplentes; III — 1 (um) representante indicado pela classe de credores quirografários e com privilégios gerais, com 2 (dois) suplentes. § 1º A falta de indicação de representante por quaisquer das classes não prejudicará a constituição do Comitê, que poderá funcionar com número inferior ao previsto no caput deste artigo. § 2º O juiz determinará, mediante requerimento subscrito por credores que representem a maioria dos créditos de uma classe, independentemente da realização da assembleia:
I — a nomeação do representante e dos suplentes da respectiva classe ainda não representada no Comitê; ou II — a substituição do representante ou dos suplentes da respectiva classe. § 3º Caberá aos próprios membros do Comitê indicar, entre eles, quem irá presidi-lo.
(39) COELHO, Fábio Ulhoa. Op. cit., p. 71.
(40) Art. 27. O Comitê de Credores terá as seguintes atribuições, além de outras previstas nesta Lei:

Caso não exista o comitê de credores, cumprirá ao administrador judicial ou ao juiz exercer as atribuições dispostas na lei (Lei n. 11.101/05, art. 28).

Por certo que, para autorizar a participação do trabalhador no comitê de crédito, faz-se necessário a existência de tal crédito. Assim, a mera participação do sindicato dos trabalhadores em defesa destes não autoriza sua participação do comitê de credores, se não comprovado o crédito.

Em breve síntese, ao comitê de credores cumpre fiscalizar e acompanhar a execução do plano de recuperação judicial (art. 27, I, "a"), impondo ao novo procedimento uma maior atuação participativa dos credores, em especial os trabalhistas.

6. Conclusão: a sensibilidade que nos falta

Cabe aqui um esforço histórico, pois nunca é demais relembrar [...].

A civilização do século XIX ruiu quando seus destinos foram dirigidos pelo mercado liberal, despojados da proteção de suas instituições, sucumbindo ao assalto de "moinhos satânicos"[41]. A crescente industrialização, baseada nas indústrias de bens de capital, no carvão, no ferro e no aço, criava e oferecia a expansão dos mercados[42].

A Revolução Industrial alterou substancialmente as condições de vida das pessoas em sociedade, antes agrária. Tornando supérflua a força muscular pela consequente introdução da maquinaria, mulheres e crianças foram introduzidas no chão das fábricas. Em um processo de progressiva dominação da produção mecanizada, ao lado de condições precárias de trabalho e excessivo contingente populacional, os trabalhadores fragilizavam-se diante das inseguranças quanto à renda, jornada e condições de trabalho.

Em meio à exploração das forças de trabalho e a acumulação do capital, conflitos e tensões sociais passaram a impulsionar a luta por direitos. Os trabalhadores e suas organizações reagiram contra as condições desumanas e precárias. Formaram-se partidos políticos. Iniciaram-se as lutas intermediadas pelos sindicatos. São marcos desse momento o Manifesto Comunista (1848) e a Comuna de Paris (1871).

Os movimentos da classe operária paulatinamente provocaram a modificação e reforma da legislação, bem como o modelo estatal para a incorporação de suas reivindicações, culminando, a partir do final da década de 1920, no modelo do Bem-Estar Social ou *Welfare State*. A Constituição Mexicana de 1917, a Constituição de Weimar de 1919 na Alemanha, a criação da Organização Internacional do Trabalho em 1919, e mais tarde o modelo estadunidense idealizado por John Maynard Keynes e aplicado por Franklin Delano Roosevelt são marcos históricos da intervenção do Estado no domínio econômico e regulamentação direta das relações de trabalho como medida social e de estímulo ao desenvolvimento econômico[43].

O trabalho é da essência do Estado de Bem-Estar Social, o qual é visto como principal instrumento para se alcançar melhores níveis sociais humanos. Isso porque no trabalho estava o "círculo virtuoso" que permitia a aquisição de renda e inserção no mercado de consumo, estimulando, por conseguinte, a produção. Para Harold Wilensky, "a essência do Estado do Bem-Estar Social reside na proteção oferecida pelo governo na forma de padrões mínimos de renda, alimentação, saúde, habitação e educação, assegurados a todos como direito político, não como caridade"[44].

Nasce o Direito do Trabalho, embebido do sentido altamente social, dotado de fisionomia e princípios próprios, emerge como reação ao processo de

---

I — na recuperação judicial e na falência: fiscalizar as atividades e examinar as contas do administrador judicial; zelar pelo bom andamento do processo e pelo cumprimento da lei; comunicar ao juiz, caso detecte violação dos direitos ou prejuízo aos interesses dos credores; apurar e emitir parecer sobre quaisquer reclamações dos interessados; requerer ao juiz a convocação da assembleia geral de credores; manifestar-se nas hipóteses previstas nesta Lei; II — na recuperação judicial: fiscalizar a administração das atividades do devedor, apresentando, a cada 30 (trinta) dias, relatório de sua situação; fiscalizar a execução do plano de recuperação judicial; submeter á autorização do juiz, quando ocorrer o afastamento do devedor nas hipóteses previstas nesta Lei, a alienação de bens do ativo permanente, a constituição de ônus reais e outras garantias, bem como atos de endividamento necessários á continuação da atividade empresarial durante o período que antecede a aprovação do plano de recuperação judicial. § 1º As decisões do Comitê, tomadas por maioria, serão consignadas em livro de atas, rubricado pelo juízo, que ficará á disposição do administrador judicial, dos credores e do devedor. § 2º Caso não seja possível a obtenção de maioria em deliberação do Comitê, o impasse será resolvido pelo administrador judicial ou, na incompatibilidade deste, pelo juiz.

(41) Numa referência a Polanyi (POLANYI, Karl. *A grande transformação*. 3. ed. Rio de Janeiro: Campos, 1980).

(42) HOBSBAWM, Eric. *Da revolução industrial inglesa ao imperialismo*. 4. ed. Rio de Janeiro: Forense Universitária, 1986. p. 33-51.

(43) TELLES, Vera da Silva. *Direitos sociais*: afinal do que se trata? Belo Horizonte: UFMG, 1999. p. 143.

(44) WILENSKY, Harold L. *The welfare state and equality*. Berkeley: University of California, 1975. p. 1 *apud* FARIA, Carlos Aurélio Pimenta de. Uma genealogia das teorias e tipologias do estado do bem-estar social. *In*: DELGADO, Mauricio Godinho; PORTO, Lorena Vasconcelos (coords.). *Estado de bem-estar social no século XXI*. São Paulo: LTr, 2007. p. 32.

acumulação capitalista. Os intérpretes e operadores do Direito do Trabalho ampliavam o espectro de proteção dos trabalhadores através do vetor interpretativo *in dubio pro misero*, elevado à categoria de princípio.

Contudo, com o decorrer dos anos, o mundo mudou novamente.

A crise do petróleo deflagrou um processo inflacionário de níveis globais, comprometendo o consumo energético. Com a recessão e a escassez, os postos de trabalho decaíram, e com eles o Estado de Bem-Estar Social.

Cresce o novo capitalismo financeiro calcado no mercado especulativo de ganhos vultosos. A revolução da robótica e da informática devoram profissões e postos de trabalho[45]. O modelo de produção toyotista expande fórmulas atípicas de trabalho, sendo a terceirização sua figura mais emblemática.

A dissolução da União Soviética com a queda do muro de Berlim em 1989 desponta uma ordem mundial unipolar. Os principais países capitalistas centrais adotam a flexibilidade no campo ideológico ao passo com a ideia de "Estado Mínimo" (prestígio à ideia de retração da intervenção do Estado no domínio econômico e nas relações privadas).

Inverte-se, pois, a lógica originária do Direito do Trabalho. Postula-se agora a substituição da imperatividade das normas justrabalhistas pelas disposições negociais coletivas. No Brasil, a adoção do regime do FGTS em substituição à estabilidade ganha destaque. Ao passo pode-se destacar a Lei n. 9.601/98, que permitiu a contratação a prazo determinado fora das tradicionais hipóteses previstas na CLT. Destaca-se, ainda, a criação do regime de trabalho por tempo parcial (CLT, art. 58-A). E não se pode esquecer a permissão legislativa e dos tribunais quanto à fragmentação do trabalho por meio da terceirização.

Merece destaque, neste momento, a introdução da Lei n. 11.101/05. Indubitável a catástrofe do impacto dessa lei no Direito do Trabalho. Debate inicial travou-se acerca do limite do crédito trabalhista e acidentários até 150 salários mínimos e posteriormente à sucessão trabalhista. O processo flexibilizatório ganhou tamanha força, e de nada valeram as conquistas sociais frente à preservação da atividade empresarial. Preferiu-se manter vivas "empresas zumbis" sob o argumento da manutenção dos postos de trabalho e parcelamento dos créditos trabalhistas novados no plano de recuperação judicial.

Nunca é demais relembrar, pois é do humano esquecer.

O princípio da vedação ao retrocesso social enuncia serem insusceptíveis de rebaixamento os níveis sociais já alcançados e protegidos pela ordem jurídica, seja por meio de normas supervenientes, seja por intermédio interpretativo.

Referências

ANTUNES, Ricardo. *Adeus ao trabalho? Ensaios sobre as metamorfoses e a centralidade do mundo do trabalho*. São Paulo: Cortez, 1994.

BAUMAN, Zygmunt. *Tempos líquidos*. Rio de Janeiro: Jorge Zahar, 2007.

BEZERRA FILHO, Manoel Justino. *Lei de recuperação de empresas e falências comentada*. São Paulo: RT, 2006.

BRASIL. *Lei n. 556, de 25 de junho de 1850*. A norma em questão se encontra no art. 847. Disponível em: <http://www.planalto.gov.br/CCivil_03/Leis/L0556-1850.htm>. Acesso em: 3.7.2013.

_____. Ministério da Justiça. *Anteprojeto de lei sobre falências e concordatas elaborado pelo Grupo de Trabalho instituído pela Portaria n. 233, de 9 de maio de 1991*. Diário Oficial. Brasília, p. 3972-3974, 27.3.1992. Seção I.

CALÇAS, Manoel de Queiroz Pereira. A nova lei de recuperação de empresas e falências: repercussão no direito do trabalho (Lei n. 11.101, de 9 de fevereiro de 2005). *Revista do Tribunal Superior do Trabalho*, Brasília, v. 73, n. 3, p. 37-52, jul./set. 2007.

COELHO, Fábio Ulhoa. *Comentários à lei de falências e de recuperação de empresas*. 3. ed. São Paulo: Saraiva, 2005.

DOBB, Maurice; HILL, Christopher; HILTON, Rodne; HOBSBAWN, Eric; LEFEBVRE, Georges; MERRINGTON, John; PROCACCI, Giuliano; SWEEZY, Paul M.; TAKAHASHI, H. K. *Transição do feudalismo para o capitalismo: um debate*. São Paulo: Paz e Terra, 2004.

DOMINGOS, Carlos Eduardo Quadros. *As fases da recuperação judicial*. Curitiba: J. M. Livraria Jurídica, 2009.

FAZZIO JÚNIOR, Waldo. *Nova lei de falência e recuperação de empresas*. São Paulo: Atlas, 2005.

FLORIANO NETO, Alex. *Atuação do juiz na recuperação judicial*. Belo Horizonte: Arraes, 2012.

GOMES, Laurentino. *1808*. São Paulo: Planeta, 2007.

LOPES, Rénan Kfuri. *Assembleia geral de credores*. Disponível em: <http://www.rkladvocacia.com/arquivos/

---

[45] ANTUNES, Ricardo. *Adeus ao trabalho? Ensaios sobre as metamorfoses e a centralidade do mundo do trabalho*. São Paulo: Cortez, 1994. p. 33.

artigos/art_srt_arquivo20130701110839.pdf>. Acesso em: 13.8.2013.

NEGRÃO, Ricardo. *A eficiência do processo judicial na recuperação de empresa.* São Paulo: Saraiva, 2010.

OLIVEIRA, Celso Marcelo de. *Comentários à nova lei de falências.* São Paulo: IOB Thomson, 2005.

REALE, Miguel. *Função social do contrato.* Disponível em: <http://www.miguelreale.com.br/artigos/funsoccont.htm>. Acesso em: 30.7.2013.

SAAD, Eduardo Gabriel; SAAD, José Eduardo Duarte; BRANCO, Ana Maria Saad Castello. *Curso de direito processual do trabalho.* São Paulo: LTr, 2007.

SOUZA, Marcelo Papaléo. *A nova lei de recuperação e falências e suas consequências no direito e no processo do trabalho.* 2. ed. São Paulo: LTr, 2006.

TELLES, Vera da Silva. *Direitos sociais:* afinal do que se trata? Belo Horizonte: UFMG, 1999.

WALDRAFF, Célio Horst. *A nova lei de falência e o direito do trabalho. Aspectos práticos.* Curitiba: Genesis. 2005.

WILENSKY, Harold L. *The welfare state and equality.* Berkeley: University of California, 1975. *apud* FARIA, Carlos Aurélio Pimenta de. Uma genealogia das teorias e tipologias do estado do bem-estar social. *In:* DELGADO, Mauricio Godinho; PORTO, Lorena Vasconcelos (coords.). *Estado de bem-estar social no século XXI.* São Paulo: LTr, 2007.

CAPÍTULO 29

HIPOTECA JUDICIÁRIA: A (RE)DESCOBERTA DO INSTITUTO DIANTE DA SÚMULA N. 375 DO STJ — EXECUÇÃO EFETIVA E ATUALIDADE DA HIPOTECA JUDICIÁRIA

BEN-HUR SILVEIRA CLAUS[*]

A hipoteca judiciária é plus — cria vínculo real, de modo que, na execução imediata ou mediata, está o vencedor munido de direito de sequela, que não tinha. Daí resulta que os bens gravados por ela podem ser executados como se a dívida fosse coisa certa, ainda se em poder de terceiro, que os haja adquirido sem fraude à execução. Não há boa-fé em tal aquisição, porque a hipoteca judiciária opera como qualquer outra hipoteca. [...] O exequente tem o direito de prosseguir na execução da sentença contra os adquirentes dos bens do condenado.

Pontes de Miranda

1. Introdução

Instituto previsto no art. 466 do Código de Processo Civil[1], a hipoteca judiciária não tem sido utilizada por magistrados e advogados, em que pese sua utilidade para a efetividade da execução. O advento da Súmula n. 375 do Superior Tribunal de Justiça — STJ, entretanto, veio a resgatar a atualidade desse instituto esquecido pela prática judiciária[2].

A afirmação de que o advento da Súmula n. 375 do STJ veio a resgatar a atualidade do instituto da hipoteca judiciária reclama explicação. É o que tento fazer a seguir.

(*) Juiz do Trabalho da Vara do Trabalho de Carazinho — RS (4ª Região) e mestre em direito pela Unisinos.
(1) PONTES DE MIRANDA. *Comentários ao código de processo civil*. Rio de Janeiro: Forense, 1974. t. V, p. 112: "Fundamento da hipoteca judiciária, no direito brasileiro, é permitir-se que o vencedor da ação não vá, desde logo, às medidas constritivas cautelares ou de execução (arresto, penhora), alarmando os credores do condenado ou diminuindo-lhes, com tais medidas judiciais, o crédito. Aguarda-se melhor momento para a execução. Por outro lado, pode munir de garantia o vencedor, antes de se julgar em último grau a ação, e o arresto não impediria que o condenado contraísse outras dívidas. Ressalta, assim, a função econômica e jurídica da hipoteca judiciária".
(2) Súmula n. 375 do STJ: "O reconhecimento da fraude à execução depende do registro da penhora do bem alienado ou da prova da má-fé do terceiro adquirente". A Súmula n. 375 do STJ foi editada em 30.3.2009.

2. A Súmula n. 375 do STJ: proteção ao terceiro de boa-fé

A Súmula n. 375 do STJ assenta o entendimento de que "[...] o reconhecimento da fraude à execução depende do registro da penhora do bem alienado ou da prova de má-fé do terceiro adquirente"[3].

A leitura do verbete revela que a Súmula n. 375 do STJ visa a proteger o terceiro que adquiriu de boa-fé o bem do executado. Há uma clara opção pela segurança jurídica do negócio celebrado entre o executado e o terceiro adquirente de boa-fé.

Editada em 30.3.2009, a Súmula n. 375 do STJ teve inspiração no art. 240 da Lei dos Registros Públicos (LRP) e no art. 659, § 4º, do Código de Processo Civil.

O art. 240 da Lei Registros Públicos estabelece: "Art. 240. O registro da penhora faz prova quanto à fraude de qualquer transação posterior".

Já o § 4º do art. 659 do Código de Processo Civil atribui ao credor o ônus de registrar a penhora no cartório de registro de imóveis. Isso para que se estabeleça presunção absoluta de conhecimento por terceiros da existência da penhora. A atual redação do § 4º do art. 659 do CPC foi dada pela Lei n. 11.382, de 6.12.2006: "§ 4º A penhora de bens imóveis realizar-se-á mediante auto ou termo de penhora, cabendo ao exequente, sem prejuízo da imediata intimação do executado (art. 652, § 4º), providenciar, para presunção absoluta de conhecimento por terceiros, a respectiva averbação no ofício imobiliário, mediante a apresentação de certidão de inteiro teor do ato, independentemente de mandado judicial".

Como é de intuitiva percepção, é muito difícil para o credor prejudicado provar que o terceiro adquirente agiu de má-fé ao adquirir o bem do executado. De acordo com inteligência da súmula, cabe ao credor prejudicado provar que o terceiro adquirente tinha conhecimento da existência da ação movida contra o executado-alienante. A má-fé do executado caracteriza-se pela prova de que ele tinha ciência da existência de demanda contra o executado por ocasião da aquisição do bem. Esse ônus de prova é atribuído ao credor.

A comprovação do conhecimento da existência da ação caracteriza a má-fé do terceiro adquirente. Não havendo tal comprovação, a diretriz da súmula é a de não reconhecer fraude à execução, preservando-se a eficácia do negócio realizado entre o executado e o terceiro adquirente de boa-fé — em detrimento do interesse do credor prejudicado pela alienação do imóvel do executado.

3. A hipoteca judiciária como remédio contra os males da Súmula n. 375 do STJ

Contudo, se, por ocasião da sentença, o juiz tomar a iniciativa de determinar o registro da hipoteca judiciária na matrícula dos imóveis da empresa reclamada, a existência desse gravame será considerada de conhecimento geral, pois o cartório de registro de imóveis é um registro público, que pode ser consultado por todas as pessoas. A iniciativa do juiz de determinar o registro da hipoteca judiciária é providência expressamente prevista no art. 466 do CPC[4], a ser realizada de ofício.

Feito o registro da hipoteca judiciária, o terceiro adquirente já não mais poderá alegar a condição de adquirente de boa-fé, pois tinha acesso à informação[5] da existência de ação judicial contra a empresa alienante (a futura executada), situação em que o terceiro adquirente passa a ser considerado adquirente de má-fé[6]. Em outras palavras, o registro da hipoteca judiciária esvazia a alegação de ter o terceiro adquirido o imóvel de boa-fé e atua para fazer caracterizar fraude à execução no negócio celebrado entre a empresa reclamada e o terceiro adquirente.

A teoria jurídica identifica a hipoteca judiciária como efeito anexo imediato da sentença condenatória[7]. Tal identificação decorre de expressa previsão legal (CPC, art. 466). Na lição de Luiz Guilherme Marinoni e de Daniel Mitidiero, "a eficácia anexa é aquela que advém da lei, sem necessidade de pedi-

---

(3) CPC: "Art. 466. A sentença que condenar o réu no pagamento de uma prestação, consistente em dinheiro ou coisa, valerá como título constitutivo de hipoteca judiciária, cuja inscrição será ordenada pelo juiz na forma prescrita na Lei de Registros Públicos".

(4) Com o registro da hipoteca judiciária, o terceiro passa a ter a possibilidade de informar-se, junto ao Cartório do Registro de Imóveis, da existência de ação judicial contra o executado.

(5) PONTES DE MIRANDA. *Comentários ao código de processo civil*. Rio de Janeiro: Forense, 1974. t. V, p. 111.

(6) SILVA, Antônio Álvares da. *Execução provisória trabalhista depois da reforma do CPC*. São Paulo: LTr, 2007. p. 104: "A hipoteca judiciária é automática e será ordenada pelo juiz, como determina o art. 466 do CPC".

(7) MARINONI, Luiz Guilherme; MITIDIERO, Daniel. *Código de processo civil*: comentado artigo por artigo. 4. ed. São Paulo: RT, 2012. p. 445.

do"[8]. A previsão legal é a de que a sentença condenatória "[...] valerá como título constitutivo de hipoteca judiciária" (*caput*). A previsão legal é completada pela afirmação de que "A sentença condenatória *produz* a hipoteca judiciária" (parágrafo único). É dizer, a simples publicação da sentença condenatória produz a hipoteca judiciária.

Publicada, a sentença condenatória produz a hipoteca judiciária, cuja eficácia é imediata quanto ao réu, que é parte no processo.

Entretanto, a eficácia da hipoteca judiciária quanto a terceiros — que não são parte no processo — depende do respectivo registro no cartório imobiliário no qual estão registrados os imóveis da empresa reclamada. Realizado tal registro, presume-se em fraude à execução a alienação superveniente do imóvel hipotecado judiciariamente.

A pessoa que adquire o imóvel da empresa reclamada é considerada terceiro; trata-se do terceiro adquirente.

Apesar das virtudes da hipoteca judiciária[9] para a efetividade da execução, registra-se grande timidez dos magistrados trabalhistas na utilização dessa útil ferramenta. Observação semelhante é feita por Carlos Zangrando: "Não compreendemos a razão pela qual a garantia da hipoteca judiciária não é utilizada na prática, tanto no Processo do Trabalho quanto no Processo Civil. Talvez a resposta esteja no seu desconhecimento; ou talvez na vã concepção de que se possa alegar 'fraude à execução', se o réu se desfizer dos seus bens após demandado (CPC, art. 593, II). Infelizmente, a prática nos ensinou que, quando o processo chega a um estágio em que é necessário ao credor tentar anular a venda dos bens de devedor, tudo indica que a situação já se deteriorou a tal ponto que os riscos de frustração na execução aumentaram exponencialmente"[10].

Nada obstante a jurisprudência do TST já estar pacificada a respeito da licitude da aplicação de ofício da hipoteca judiciária ao processo do trabalho[11], ainda é bastante restrita a utilização dessa medida pelos juízes.

O advento da Súmula n. 375 do STJ, porém, opera como um importante estímulo à (re)descoberta da hipoteca judiciária. Isso porque os prejuízos que a Súmula n. 375 do STJ acarreta à efetividade da execução podem ser atenuados pela virtude do instituto da hipoteca judiciária.

4. As sete virtudes capitais da hipoteca judiciária

A timidez dos juízes do trabalho na utilização desse instituto jurídico pode ser mais facilmente vencida na medida em que sejam percebidas as virtudes da hipoteca judiciária para a efetividade da execução trabalhista, virtudes a seguir resumidas.

4.1. A primeira virtude: a publicação da sentença constitui a hipoteca judiciária

A primeira virtude do instituto está na circunstância de que a hipoteca judiciária é *constituída* pela simples publicação da sentença condenatória.

A hipoteca judiciária é *efeito anexo imediato* da sentença estabelecido em lei: a mera publicação da sentença condenatória *constitui* a hipoteca judiciária, por força de previsão legal. A previsão legal está no *caput* do art. 466 do CPC: "Art. 466. A sentença que condenar o réu no pagamento de uma prestação, consistente em dinheiro ou em coisa, valerá como *título constitutivo* de hipoteca judiciária, cuja inscrição será ordenada pelo juiz na forma prescrita na Lei de Registros Públicos". Segundo a doutrina de Luiz Guilherme Marinoni e de Daniel Mitidiero, "exemplo típico de eficácia anexa é a produção de hipoteca judiciária (art. 466, CPC)"[12].

Ratificando a previsão de que a sentença condenatória *constitui* hipoteca judiciária, o parágrafo único do art. 466 do CPC explicita tal *efeito anexo imediato* da sentença, ao estabelecer que "A sentença condenatória *produz* a hipoteca judiciária". O verbo *produz* está para *efeito anexo imediato*, como a metáfora está

---

(8) TEIXEIRA FILHO, Manoel Antonio. *Curso de direito processual do trabalho*. São Paulo: LTr, 2009. v. II, p. 1291: "Este é, sem dúvida, um dos mais expressivos efeitos secundários da sentença condenatória e sua compatibilidade com o processo do trabalho parece-nos incontestável".
(9) *Processo do trabalho* — processo de conhecimento. São Paulo: LTr, 2009. v. 2, p. 1240.
(10) Os seguintes acórdãos da Subseção Especializada em Dissídios Individuais n. 1 do Tribunal Superior do Trabalho são representativos da posição hoje pacificada sobre a matéria no âmbito da SBDI-1 do TST, favorável à aplicação da hipoteca judiciária de ofício ao direito processual do trabalho: TST-SBDI-1-E-RR 98600-73.2006.5.03.0087; TST- SBDI-1-E-ED-RR 24800-64.2007.5.03.0026.
(11) MARINONI, Luiz Guilherme; MITIDIERO, Daniel. *Código de processo civil*: comentado artigo por artigo. 4. ed. São Paulo: RT, 2012. p. 445.
(12) *Comentários ao código de processo civil*. Rio de Janeiro: Forense, 1988. v. IV, p. 426.

para a poesia. Daí a assertiva categórica de Moacyr Amaral Santos: "Do só fato de haver sentença de efeito condenatório resulta, por força de lei, hipoteca judiciária sobre os imóveis do condenado, e, assim, o poder do autor de fazer inscrevê-la mediante simples mandado do juiz"[13].

Portanto, a *constituição* da hipoteca judiciária decorre do mero advento da sentença condenatória, embora seja necessário o respectivo registro na matrícula dos imóveis da empresa reclamada no Cartório do Registro de Imóveis, a fim de valer contra terceiros — vale dizer, a fim de valer contra o terceiro adquirente[14].

4.2. A segunda virtude: a implementação de ofício

A segunda virtude da hipoteca judiciária é sua implementação de ofício, pelo juiz.

Com efeito, o *caput* do art. 466 do CPC atribui ao magistrado a iniciativa para o ato, ao estabelecer que a inscrição da hipoteca judiciária "[...] *será ordenada pelo juiz* na forma prescrita na Lei de Registros Públicos". Ao comentar o instituto da hipoteca judiciária, Pontes de Miranda identifica a inscrição da hipoteca judiciária como um *dever do juiz* estabelecido pela lei processual quando se tratar de sentença condenatória: "O elemento mandamental da sentença de condenação é tornado bastante, pelo art. 466, parágrafo único, para a inscrição. Há dever do juiz"[15].

A implementação da hipoteca judiciária é realizada de ofício pelo juiz, dispensando pedido da parte beneficiária da condenação. A doutrina de Antônio Álvares da Silva é precisa a respeito: "A hipoteca judiciária é automática e será ordenada pelo juiz, como determina o art. 466 do CPC. Portanto independe de requerimento da parte. É uma consequência da sentença"[16]. No mesmo sentido alinha-se a doutrina de Luiz Guilherme Marinoni e de Daniel Mitidiero: "Exemplo típico de eficácia anexa é a produção de hipoteca judiciária (art. 466, CPC). A constituição de hipoteca judiciária independe de pedido da parte. A sentença de procedência produz a hipoteca judiciária ainda que a condenação seja genérica, pendente arresto de bens de devedor ou quando o credor possa promover a execução provisória da sentença (art. 466, parágrafo único, CPC)"[17].

A jurisprudência do TST é pacífica[18] a respeito: não é necessário requerimento da parte para o registro da hipoteca judiciária[19]. A iniciativa é do juiz: basta expedir o mandado de registro da hipoteca judiciária; se os imóveis da empresa reclamada estão localizados fora da área de jurisdição da Vara do Trabalho, expede-se carta precatória de registro da hipoteca judiciária. Alguns cartórios de imóveis aceitam registrar a hipoteca judiciária por simples ofício expedido pelo juízo, o que simplifica ainda mais o procedimento. A determinação de expedição de mandado de registro da hipoteca judiciária deve constar da sentença.

4.3. A terceira virtude: confere direito de sequela sobre os imóveis gravados

A terceira virtude da hipoteca judiciária é conferir ao credor direito de sequela sobre os imóveis gravados pela hipoteca judiciária.

Ao conferir ao credor direito de sequela sobre os imóveis gravados pela hipoteca judiciária, o instituto previsto no art. 466 do CPC potencializa o cumprimento da sentença. Isso porque, na lição de Francisco Antonio de Oliveira acerca da hipoteca judiciária, o credor poderá "[...] opô-la a terceiros e sujeitar à execução, com direito de sequela, os bens do devedor que restarem vinculados ao julgado"[20]. Logo se percebe a potencialidade que o instituto da hipoteca judiciária pode aportar à concretização da garantia constitucional da efetividade da jurisdição (CF, art. 5º, XXXV) e à realização da garantia constitucional da razoável duração do processo (CF, art. 5º, LXXVIII).

---

(13) Nesse sentido é o magistério de SANTOS, Moacyr Amaral. *Comentários ao código de processo civil*. Rio de Janeiro: Forense, 1988. v. IV, p. 426 e de TEIXEIRA FILHO, Manoel Antonio. *Curso de direito processual do trabalho*. São Paulo: LTr, 2009. v. II, p. 1291: "c) para que produza efeitos com relação a terceiros, é indispensável que a hipoteca judiciária seja inscrita no registro competente, nos termos da Lei de Registros Públicos".
(14) *Comentários ao código de processo civil*. Rio de Janeiro: Forense, 1974. t. V, p. 111.
(15) *Execução provisória trabalhista depois da reforma do CPC*. São Paulo: LTr, 2007. p. 104. No mesmo sentido alinha-se o magistério de Luciano Athayde Chaves: "A hipoteca judiciária constitui, à vista desse dispositivo legal, uma eficácia anexa ou secundária da sentença, porquanto independe de pedido da parte" (Ferramentas eletrônicas na execução trabalhista. *In*: CHAVES, Luciano Athayde (org.). *Curso de processo do trabalho*. São Paulo: LTr, 2009. p. 969).
(16) MARINONI, Luiz Guilherme; MITIDIERO, Daniel. *Código de processo civil*: comentado artigo por artigo. 4. ed. São Paulo: RT, 2012. p. 445.

O gravame da propriedade imobiliária da empresa reclamada estimula ao cumprimento da sentença e desestimula recursos protelatórios[21], além de potencializar a perspectiva de uma execução exitosa mediante o gravame prévio de bens imóveis que ficarão legalmente vinculados ao cumprimento da respectiva sentença. Com efeito, "a hipoteca judiciária — a ponderação é de criterioso pesquisador do tema da efetividade da jurisdição trabalhista — se constitui em mais uma ferramenta auxiliar à difícil tarefa de imprimir efetividade às resoluções judiciais. Mais do que isso, ainda na fase de pronunciamento do direito — que é a sentença —, reconhece-se a necessidade de sujeição do demandado, agora potencial devedor, aos termos da decisão, assinalando o dever de cumprir com as ordens emanadas do Poder Judiciário"[22].

Identificada por Ovídio A. Baptista da Silva como o caso mais comum de efeito anexo da sentença, a hipoteca judiciária produz uma eficácia — a doutrina denomina essa eficácia de direito de sequela — da qual não se poderão desvencilhar nem partes nem terceiros. Tal ocorre em razão de que é a própria lei a fonte produtora do efeito anexo da sentença representado pela hipoteca judiciária: "[...] o efeito anexo é previamente determinado pela lei, e, como tal, ocorre necessariamente pela simples verificação da sentença. Ao contrário da eficácia reflexa, o efeito anexo é invulnerável quer pelas partes, quer por terceiros"[23].

A potencialidade que o instituto da hipoteca judiciária pode aportar à efetividade da execução decorre da circunstância de que a hipoteca judiciária confere ao autor da ação direito de sequela sobre os bens gravados. Vale dizer, o autor da ação poderá fazer penhorar os bens que foram gravados com a hipoteca judiciária, obtendo mais efetividade na execução, na medida em que os imóveis gravados com a hipoteca judiciária responderão pela execução da sentença, *ainda que tenham sido transferidos a terceiros*. Essa é a consequência jurídica do direito de sequela que a hipoteca judiciária confere ao credor enquanto efeito anexo da sentença condenatória[24].

No dizer de Pontes de Miranda, a hipoteca judiciária "[...] cria vínculo *real*, de modo que, na execução imediata ou mediata, está o vencedor munido de direito de sequela, que não tinha. Daí resulta que os bens gravados por ela podem ser executados como se a dívida fosse coisa certa, ainda se em poder de terceiro, que os haja adquirido sem fraude à execução. Não há boa-fé em tal aquisição, porque a hipoteca judiciária opera como qualquer outra hipoteca. [...] O exequente tem o direito de prosseguir na execução da sentença contra os adquirentes dos bens do condenado"[25].

No mesmo sentido alinha-se o magistério de Moacyr Amaral Santos. Ao definir a natureza do instituto da hipoteca judiciária, o autor esclarece que o direito de sequela então criado em favor do vencedor da demanda permite-lhe levar à praça o bem gravado pela hipoteca judiciária mesmo quando o bem tenha sido adquirido por terceiro: "Como *hipoteca judiciária* se entende a produzida pela sentença condenatória, autorizando o credor a perseguir o bem imóvel do condenado onde se encontre"[26].

---

(17) Devemos a Antônio Álvares da Silva a redescoberta da hipoteca judiciária no âmbito da jurisdição trabalhista. Na condição de desembargador relator de recursos ordinários, Antônio Álvares da Silva passou a determinar, de ofício, a expedição de mandado de registro da hipoteca judiciária. Os acórdãos respectivos passam a ser objeto de Recurso de Revista. Inicialmente majoritário, hoje já se tornou unânime na SBDI-1 do TST o entendimento pela compatibilidade da hipoteca judiciária com o direito processual do trabalho (CLT, art. 769). A alegação recursal de julgamento *extra petita* é rejeitada pela SBDI-1 sob o fundamento de que a hipoteca judiciária é efeito anexo imediato da sentença e pode ser determinada de ofício pelo juiz, conforme a expressa previsão do art. 466 do CPC. A título de ilustração, confiram-se os seguintes acórdãos da Subseção Especializada em Dissídios Individuais n. 1 do Tribunal Superior do Trabalho: TST-SBDI-1-E-RR 98600-73.2006.5.03.0087; TST-SBDI-1-E-ED-RR 24800-64.2007.5.03.0026.
(18) Como é evidente, a parte poderá requerer a providência caso o juiz não tenha tomado a iniciativa de mandar registrar a hipoteca judiciária constituída pela sentença condenatória.
(19) OLIVEIRA, Francisco Antonio de. *Execução na justiça do trabalho*. 6. ed. São Paulo: RT, 2008. p 161.
(20) A hipoteca judiciária atua no sentido de distribuir equitativamente, entre as partes, o tempo do processo judicial. A arguta observação é do magistrado CAVALARO NETO, Arlindo. A sentença trabalhista como título constitutivo de hipoteca judiciária. *In*: SANTOS, José Aparecido dos (coord.). *Execução trabalhista*. 2. ed. São Paulo: LTr, 2010. p. 495: "É necessário distribuir equitativamente o ônus da demora do processo, e o registro da sentença como hipoteca judiciária também alcança esse desiderato, pois parcela do patrimônio do vencido será objeto de ônus real, assim que publicada a sentença condenatória, até que haja o pagamento do credor".
(21) CHAVES, Luciano Athayde. Ferramentas eletrônicas na execução trabalhista. *In*: CHAVES, Luciano Athayde (org.). *Curso de processo do trabalho*. São Paulo: LTr, 2009. p. 972.
(22) *Sentença e coisa julgada*. 2. ed. Porto Alegre: Sergio Antonio Fabris, 1988. p. 113.
(23) ZANGRANDO, Carlos. *Processo do trabalho* — processo de conhecimento. São Paulo: LTr, 2009. v. 2, p. 1240. Para o autor, a hipoteca judiciária confere ao credor também direito de preferência.
(24) *Comentários ao código de processo civil*. Rio de Janeiro: Forense, 1974. t. V, p. 111-112.
(25) SANTOS, Moacyr Amaral. *Comentários ao código de processo civil*. Rio de Janeiro: Forense, 1988. v. IV, p. 426.
(26) O terceiro adquirente terá direito regressivo contra o alienante nessa hipótese (CC, art. 346, II).

Ainda que a alienação do imóvel não tenha caracterizado fraude à execução por não ter produzido a insolvência do alienante, ainda assim o bem imóvel gravado pela hipoteca judiciária responderá pela execução; significa dizer, o terceiro adquirente não terá êxito nos embargos de terceiro. Porque a aquisição do imóvel ocorreu de má-fé. A alternativa do terceiro adquirente será remir o bem pelo valor da avaliação, para não perder o bem imóvel adquirido sob hipoteca judiciária[27].

4.4. A quarta virtude: inibir fraude à execução

A **quarta virtude** da hipoteca judiciária é a sua potencialidade para inibir fraude à execução.

A doutrina identifica a hipoteca judiciária como instituto jurídico que atua como *meio preventivo contra a fraude*[28]. Isso porque o registro da hipoteca judiciária sobre os imóveis da empresa reclamada estabelece presunção de que o terceiro adquirente tem conhecimento da existência da ação trabalhista, o que esvazia a alegação de boa-fé do terceiro adquirente e atua para fazer caracterizar a fraude à execução. Pontes de Miranda utiliza essas palavras para definir a eficácia produzida pela hipoteca judiciária: "A inscrição determina restrição ao *poder de dispor*, por parte do dono do imóvel, de modo que o adquirente não pode alegar boa-fé"[29].

Se a hipoteca judiciária já cumpria importante papel no combate à fraude patrimonial, com o advento da Súmula n. 375 do STJ o instituto adquiriu importância para coibir a fraude à execução em particular[30].

Em artigo elaborado antes do advento da Súmula n. 375 do STJ, Luciano Athayde Chaves assim identificava essa virtude da hipoteca judiciária: "[...] o registro da hipoteca tem o mérito de reduzir os casos de fraudes à execução, consubstanciados na alienação ou oneração de bens do devedor durante o curso da ação, situações de grande embaraço e retardamento dos feitos judiciais"[31]. Inibir a fraude à execução é o principal objetivo da hipoteca judiciária, de acordo com a doutrina de Fredie Didier Jr., Paula Sarno Braga e Rafael Oliveira[32].

As consequências jurídicas decorrentes da Súmula n. 375 do STJ revelam essa quarta virtude da hipoteca judiciária de forma mais evidente quando o tema da fraude à execução é contextualizado sob o influxo do elemento cronológico. Trata-se do tempo de tramitação do processo. Explico. Desde a publicação da sentença até o advento da penhora e seu registro, costuma decorrer o tempo de alguns anos. A alienação de imóvel que a empresa reclamada faça nesse interregno de tempo estará a salvo da ineficácia jurídica inerente à fraude à execução, de

---

(27) SANTOS, Moacyr Amaral. *Comentários ao código de processo civil*. Rio de Janeiro: Forense, 1988. v. IV, p. 427. ZANGRANDO, Carlos. *Processo do trabalho* — processo de conhecimento. São Paulo: LTr, 2009. v. 2, p. 1240.
(28) *Comentários ao código de processo civil*. Rio de Janeiro: Forense, 1974. t. V, p. 118. O entendimento de Pontes de Miranda é compartilhado pela doutrina de Fredie Didiier Jr., Paula Sarno Braga e Rafael Oliveira (*Curso de direito processual civil*. 7. ed. Salvador: Juspodivm, 2012. p. 373): "Seu principal objetivo é prevenir a fraude à execução, autorizando o credor a perseguir o bem onde quer que se encontre (direito de sequela)".
(29) Com a superveniência da Súmula n. 375 do STJ, de 30.3.2009, que exige prévio registro da penhora para caracterizar-se fraude à execução, perde atualidade a observação de Manoel Antonio Teixeira Filho no sentido de que a hipoteca judiciária é "de pouca utilidade", na medida em que o credor pode invocar medida mais eficaz — a ocorrência de fraude à execução (TEIXEIRA FILHO, Manoel Antonio. *Curso de direito processual do trabalho*. São Paulo: LTr, 2009. v. II, p. 1292). Formulada em obra publicada no início de 2009, a observação do autor é *anterior* ao advento da Súmula n. 375 do STJ e tem por fundamento o argumento de que o credor dispõe do instituto da fraude à execução para coibir a fraude patrimonial. O argumento, contudo, restou afetado pela superveniência do verbete sumular do STJ. Daí nossa afirmação de ter a S-375-STJ resgatado a utilidade do instituto da hipoteca judiciária para a efetividade da execução, instituto jurídico a ser redescoberto pela magistratura. Contudo, na 11ª edição da obra *Execução no processo do trabalho*, publicada em 2013, o autor sustenta a necessidade de valorizar-se a hipoteca judiciária diante dos termos da S-375-STJ. Antes, porém, opina pela inaplicabilidade da Súmula n. 375 do STJ ao processo do trabalho, por incompatibilidade (*Execução no processo do trabalho*. 11 ed. São Paulo: LTr, 2013. p. 201-2). A necessidade de valorização da hipoteca judiciária é apresentada pelo jurista na seguinte passagem: "Considerando que o nosso entendimento quanto à inaplicabilidade da Súmula n. 375 do STJ, ao processo do trabalho possa não vir a ser aceito, seria o caso de valorizar-se a hipoteca judiciária de que trata o art. 466 do CPC" (p. 202).
(30) CHAVES, Luciano Athayde. Ferramentas eletrônicas na execução trabalhista. *In*: CHAVES, Luciano Athayde (org.). *Curso de processo do trabalho*. São Paulo: LTr, 2009. p. 972.
(31) *Curso de direito processual civil*. 7. ed. Salvador: Juspodivm, 2012. p. 373.
(32) Tanto a hipoteca judiciária quanto a *averbação premonitória* prevista no art. 615-A previnem fraude patrimonial. Tratando-se de processo de conhecimento, a hipoteca judiciária é mais eficaz, pois permite o registro do gravame na matrícula do imóvel logo após a sentença (CPC, art. 466), ao passo que a *averbação premonitória* do art. 615-A do CPC pressupõe a existência de processo em fase de execução. Portanto, a hipoteca judiciária atua *antes* da *averbação premonitória* do art. 615-A do CPC. O mesmo se pode dizer quanto à medida de *indisponibilidade de bens* do devedor prevista no art. 185-A do Código Tributário Nacional. Aplicável ao processo do trabalho por força da previsão do art. 889 da CLT, a *indisponibilidade de bens* é medida útil à execução trabalhista e pode ser combinada com a hipoteca judiciária. Contudo, sua implementação também pressupõe estar o processo na fase de execução, porquanto a previsão do art. 185-A do CTN estabelece que a indisponibilidade de bens tem lugar quando o devedor, citado, deixa de pagar ou de apresentar bens à penhora.

acordo com a orientação adotada na Súmula n. 375 do STJ[33].

Admita-se que esse interregno de tempo na tramitação do processo seja de dois (2) anos. Durante esses dois (2) anos, a alienação de bem imóvel pela empresa reclamada não caracterizará fraude à execução[34], por ter ocorrido *antes* do registro da penhora. Esse prazo pode variar para mais ou para menos; geralmente, para mais.

Contudo, se, por ocasião da publicação da sentença, o juiz determinar o registro da hipoteca judiciária na matrícula dos imóveis da empresa reclamada, o terceiro adquirente já não mais poderá alegar a condição de adquirente de boa-fé e ter-se-á por caracterizada fraude à execução, de modo a esterilizar — em parte — o efeito prejudicial que a aplicação da Súmula n. 375 do STJ acarreta ao credor. Em parte, porque a alienação realizada *antes* do registro da hipoteca judiciária — a ser ordenada na sentença — não caracteriza fraude à execução, de acordo com a orientação da Súmula n. 375 do STJ.

4.5. A quinta virtude: é instituto de ordem pública

A quinta virtude da hipoteca judiciária está em ser instituto de ordem pública concebido em favor da autoridade da sentença e na tutela do credor.

Essa virtude da hipoteca judiciária pode ser haurida com maior profundidade pela jurisdição trabalhista a partir da consideração da circunstância histórico-teórica de que se trata de instituto do processo comum, concebido para valorizar a sentença da Justiça Comum e para tutelar o credor não privilegiado.

Se tal intervenção na esfera patrimonial do réu foi outorgada pelo legislador em favor da autoridade da sentença da Justiça Comum e na tutela de credor não privilegiado, é intuitiva a conclusão de que a efetividade da jurisdição cível lá pretendida pela atuação do art. 466 do CPC de ofício encontra nos fundamentos do direito processual do trabalho o substrato axiológico mediante o qual se faz imediata a positiva resposta pela compatibilidade do instituto de ordem pública da hipoteca judiciária com o direito processual trabalhista (CLT, art. 769)[35].

A imediata resposta positiva pela compatibilidade do instituto de ordem pública da hipoteca judiciária com o processo do trabalho é potencializada pela contemporânea hermenêutica constitucional que atribui aos direitos do trabalho a hierarquia de direitos fundamentais sociais (CF, art. 7º, *caput*)[36].

É digno de anotação o registro histórico de que a razoável duração do processo somente viria a ser elevada à condição de garantia constitucional trinta (30) anos depois de atribuir-se à sentença condenatória o efeito de hipoteca judiciária[37].

O registro histórico permite aquilatar a profundidade da intervenção judicial — outorgada pelo legislador nos idos de 1973 — realizada na esfera patrimonial do réu mediante a utilização da hipoteca judiciária de ofício em favor da efetividade da jurisdição comum e em favor de credor não privilegiado. Isso numa época em que ainda estava por se afirmar o entendimento de que a garantia constitucional de

---

(33) A afirmação tem como pressuposto a aplicabilidade da diretriz da Súmula n. 375 do STJ: "O reconhecimento da fraude à execução depende do registro da penhora do bem alienado ou da prova da má-fé do terceiro adquirente". É bem verdade que não é uniforme a jurisprudência a esse respeito. Contudo, no TST predomina o entendimento pela aplicação da Súmula n. 375 do STJ à execução trabalhista. No âmbito da Seção Especializada em Execução do TRT da 4ª Região, também é predominante o entendimento pela aplicabilidade da S-375-STJ ao processo do trabalho.
(34) A autonomia científica do direito processual do trabalho inspira-se à assimilação dos institutos do processo comum capazes de instrumentalizar sua ontológica vocação de processo de resultados.
(35) A compatibilidade da hipoteca judiciária com o direito processual do trabalho é praticamente pacífica na doutrina. A título de ilustração, confira-se a posição de CHAVES, Luciano Athayde. Ferramentas eletrônicas na execução trabalhista. *In*: CHAVES, Luciano Athayde (org.). *Curso de processo do trabalho*. São Paulo: LTr, 2009. p. 970: "A hipoteca judiciária não encontra previsão expressa no Direito Processual do Trabalho, mas sua aplicação aqui é possível por força da cláusula geral de supletividade (art. 769), já se constitui medida de inteira pertinência teleológica com a tutela adjetiva trabalhista; portanto, não apresenta, dessa forma, qualquer atrito ou incompatibilidade". A mesma orientação encontra-se no ensaio de CAVALARO NETO, Arlindo. A sentença trabalhista como título constitutivo de hipoteca judiciária. *In*: SANTOS, José Aparecido dos (coord.). *Execução trabalhista*. 2. ed. São Paulo: LTr, 2010. p. 494: "Em síntese, o instituto da hipoteca judiciária mostra-se compatível com o Processo do Trabalho, pois visa garantir o sucesso da execução, prevenir a fraude à execução, impor direito de preferência ao credor na excussão do bem hipotecado, além de conferir o direito de sequela". Em sentido contrário à compatibilidade está o artigo de Fábio Luiz Pereira da Silva (Necessária revisão da aplicabilidade da hipoteca judiciária no processo judiciário do trabalho. *Revista LTr*, São Paulo, v. 75, n. 8, p. 959-962, ago. 2011).
(36) A hipoteca judiciária foi instituída pelo Código de Processo Civil de 1973. A garantia constitucional da razoável duração do processo foi instituída pela Emenda Constitucional n. 45, de dezembro de 2004.
(37) TEIXEIRA FILHO, Manoel Antonio. *Curso de direito processual do trabalho*. São Paulo: LTr, 2009. v. II, p. 1292; SANTOS, Moacyr Amaral. *Comentários ao código de processo civil*. Rio de Janeiro: Forense, 1988. v. IV, p. 428: "[...] a produção da hipoteca judiciária não depende do trânsito em julgado da sentença...".

acesso à justiça deveria evoluir de uma concepção meramente formal de acesso à jurisdição para uma concepção de real acesso à jurisdição efetiva.

4.6. A sexta virtude: o recurso não suspende sua eficácia imediata

A sexta virtude da hipoteca judiciária radica na circunstância de que sua imediata eficácia não se suspende pela interposição de recurso.

A imediata eficácia da sentença condenatória enquanto título constitutivo de hipoteca judiciária não é paralisada pela interposição de recurso. Isso porque da dicção do parágrafo único do art. 466 do CPC — "a sentença condenatória *produz* a hipoteca judiciária" — decorre a interpretação de que esse efeito imediato da sentença não é atingido pelo recurso interposto contra a sentença. Não se exige trânsito em julgado para que a sentença produza tal efeito. Basta a sua publicação[38].

Ainda que o recurso interposto seja dotado de efeito suspensivo, o que não ocorre com o recurso ordinário previsto no art. 895 da CLT (CLT, art. 899), tal efeito suspensivo não neutraliza a imediata eficácia jurídica que o art. 466 do CPC confere à sentença condenatória enquanto título constitutivo de hipoteca judiciária. Na interpretação do art. 466 do CPC, a jurisprudência já consolidou o entendimento de que o efeito suspensivo do recurso não impede a imediata eficácia jurídica da sentença condenatória enquanto título constitutivo de hipoteca judiciária, conforme revela a seguinte ementa: "Hipoteca judiciária. Recurso pendente. O efeito da condenação a que alude o CPC, art. 466, não se suspende com o advento do recurso" (RT 511/125)[39].

A interposição de recurso não suspende a imediata eficácia da sentença condenatória enquanto título constitutivo de hipoteca judiciária porque o instituto da hipoteca judiciária foi concebido pelo legislador como instituto de ordem pública de natureza acautelatória do direito do credor, com a finalidade de proporcionar *imediata* garantia ao credor da sentença condenatória. Essa garantia é realizada tanto por assegurar-se a futura execução mediante o direito de sequela, que se forma sobre os bens gravados pela hipoteca judiciária, quanto pela inibição à fraude à execução prevenida pelo gravame da hipoteca judiciária registrada na matrícula do imóvel do réu.

A questão foi abordada de forma didática por Fredie Didier Jr., Paula Sarno Braga e Rafael Oliveira: "O efeito suspensivo atribuído ao recurso não impede a produção da hipoteca judiciária porque ele apenas suspende os efeitos principais da decisão recorrida, isto é, aqueles que decorrem do seu conteúdo. Não suspende os efeitos anexos, porque esses decorrem, como já se viu, da simples existência da decisão judicial"[40].

Se a interposição de recurso suspendesse tal eficácia, a garantia do credor não seria *imediata* conforme a concebera o legislador, com o que retardar-se-ia a pronta operatividade do efeito anexo da sentença previsto no art. 466 do CPC, efeito que a doutrina qualifica como *automático*[41], mera consequência da publicação da sentença condenatória[42].

Luiz Guilherme Marinoni e Daniel Mitidiero são categóricos acerca da matéria, assentando o entendimento de que "o recebimento do recurso de apelação com efeito suspensivo (art. 520, CPC) não impede a inscrição da hipoteca judiciária no registro competente (STJ, 3ª Turma, REsp 715.451/SP, rel. Min. Nancy Andrighi, j. em 6.4.2006, DJ 2.5.2006, p. 310)"[43].

É o que restou assentado na ementa do acórdão publicado na *Revista dos Tribunais* n. 596/99: "Hipoteca judiciária. Inscrição com recurso pendente. A hipoteca judiciária, que tem natureza acautelatória do direito do credor, pode ser inscrita, desde que ajuste às disposições legais, independentemente da pendência ou não de recurso, pois é resultante de um efeito imediato da decisão, que surge com ela,

---

(38) A ementa é citada por Nelson Nery Junior e Rosa Maria de Andrade Nery nos comentários ao art. 466 do CPC, na obra *Código de processo civil comentado*. 10. ed. São Paulo: RT, 2007. p. 677.
(39) *Curso de direito processual civil*. 7. ed. Salvador: Juspodivm, 2012. p. 377.
(40) SILVA, Antônio Álvares da. *Execução provisória trabalhista depois da reforma do CPC*. São Paulo: LTr, 2007. p. 104: "A hipoteca judiciária é automática e será ordenada pelo juiz, como determina o art. 466 do CPC. Portanto independe de requerimento da parte. É uma consequência da sentença".
(41) SANTOS, Moacyr Amaral. *Comentários ao código de processo civil*. Rio de Janeiro: Forense, 1988. v. IV, p. 426: "Do só fato de haver sentença de efeito condenatório resulta, por força de lei, hipoteca judiciária sobre os imóveis do condenado, e, assim, o poder do autor de fazer inscrevê-la mediante simples mandado do juiz".
(42) MARINONI, Luiz Guilherme; MITIDIERO, Daniel. *Código de processo civil*: comentado artigo por artigo. 4. ed. São Paulo: RT, 2012. p. 445.
(43) A ementa é citada por Nelson Nery Junior e Rosa Maria de Andrade Nery, nos comentários ao art. 466 do CPC, na obra *Código de processo civil comentado*. 10. ed. São Paulo: RT, 2007. p. 677.

para oferecer pronta garantia à disponibilidade do credor"[44].

4.7. A sétima virtude: uma garantia que não exclui outras

A **sétima virtude** da hipoteca judiciária repousa na sobreposição das garantias previstas no parágrafo único do art. 466 do CPC.

A expressiva intervenção que o instituto da hipoteca judiciária produz na esfera patrimonial do réu revela-se mais eficaz pela lícita sobreposição às demais garantias previstas no parágrafo único do art. 466 do CPC em favor do vencedor da demanda condenatória[45]. Isso porque o registro da hipoteca judiciária constituída pela sentença condenatória não exclui outras garantias que a ordem jurídica outorga ao vencedor da demanda; portanto, a hipoteca judiciária acumula-se com medida cautelar de arresto e com execução provisória, sem que resulte *bis in idem* dessa sobreposição de garantias que a ordem jurídica outorga ao vencedor da demanda[46]. É nesse sentido o magistério de Fredie Didier Jr., Paula Sarno Braga e Rafael Oliveira: "A hipoteca judiciária pode ser efetivada ainda que a condenação contida na sentença seja ilíquida e careça de posterior liquidação (art. 466, parágrafo único, I, CPC). Deve ser efetivada também ainda que haja outros bens arrestados em garantia do mesmo crédito (art. 466, parágrafo único, II, CPC)"[47].

A conclusão não se altera pelo fato de o processo do trabalho exigir depósito recursal como pressuposto objetivo de admissibilidade dos recursos do empregador na fase de conhecimento (CLT, art. 899, §§ 1º e 2º)[48]. A garantia do depósito recursal soma-se às demais garantias previstas no parágrafo único do art. 466 do CPC. Estabelecida em lei, a exigência de depósito recursal corresponde à assimetria da relação de emprego e justifica-se em face da natureza alimentar do crédito trabalhista reconhecido na sentença condenatória[49], crédito representativo de direito fundamental social (CF, art. 7º).

Em outras palavras, o vencedor da demanda condenatória pode se valer, simultaneamente, de hipoteca judiciária, de arresto e de execução provisória (CPC, art. 466, parágrafo único, II e III), ainda que a condenação seja genérica (I), hipótese em que se observará o valor arbitrado à condenação para efeito de registro da hipoteca judiciária[50]. Os emolumentos cartorários ficam "[...] por conta de devedor condenado", conforme o magistério de Pontes de Miranda[51].

5. Conclusão

A hipoteca judiciária pode contribuir para combater o principal problema do sistema judicial: a falta de efetividade da jurisdição. A falta de efetividade da

---

(44) Na doutrina, há autores que sustentam a aplicação da hipoteca judiciária mesmo quando a demanda não seja condenatória. É o caso de Luiz Guilherme Marinoni e Daniel Mitidiero. Para esses autores, o fato de a demanda mandamental poder vir a ser resolvida mediante indenização justifica o entendimento pela aplicabilidade da hipoteca Judiciária também nessa espécie de demanda. Vale conferir o que dizem os referidos autores, que se caracterizam por uma concepção teórica dirigida a outorgar a jurisdição a máxima eficácia possível: "Na realidade, havendo possibilidade de resolver-se a obrigação originária em perdas e danos, a sentença de procedência produz a constituição de hipoteca judiciária. Daí a razão pela qual não só a sentença condenatória ao pagamento de quantia tem por eficácia anexa a constituição de hipoteca judiciária, mas também a sentença mandamental que impõe um fazer ou não fazer (art. 461, CPC) e a sentença executivo *lato sensu* que tem por objeto a tutela do direito à coisa (art. 461-A, CPC), porque em todos esses casos a tutela específica pode acabar se tornando de impossível obtenção, não restando ao demandante outra saída que não a obtenção de tutela pelo equivalente monetário (arts. 461, § 1º, e 461-A, § 3º, CPC)" (MARINONI, Luiz Guilherme; MITIDIERO, Daniel. *Código de processo civil*: comentado artigo por artigo. 4. ed. São Paulo: RT, 2012. p. 445).
(45) ZANGRANDO, Carlos. *Processo do trabalho* — processo de conhecimento. São Paulo: LTr, 2009. v. 2, p. 1240.
(46) *Curso de direito processual civil*. 7. ed. Salvador: Juspodivm, 2012. p. 376.
(47) Não há exclusão de garantias. As garantias previstas no parágrafo único do art. 466 do CPC combinam-se em favor do credor. Como preleciona Antônio Álvares da Silva, "Essas duas providências — depósito e hipoteca judiciária — nada têm a ver com a penhora proveniente de execução provisória, pois cada uma das três medidas tem uma proveniência jurídica diversa e se superpõem sem nenhum *bis in idem*". (*Execução provisória trabalhista depois da reforma do CPC*. São Paulo: LTr, 2007. p. 104).
(48) A exigência de depósito recursal constitui traço identificador da autonomia científica do direito processual do trabalho.
(49) SANTOS, Moacyr Amaral. *Comentários ao código de processo civil*. Rio de Janeiro: Forense, 1988. v. IV, p. 427: "[...] mesmo no caso de condenação genérica, portanto, ilíquida, a sentença produz hipoteca judiciária (art. 466, parágrafo único, n. I), valendo o valor da causa para os efeitos da inscrição".
(50) PONTES DE MIRANDA. *Comentários ao código de processo civil*. Rio de Janeiro: Forense, 1974. t. V, p. 118: "As custas de inscrição são por conta do devedor condenado". No mesmo sentido, CAVALARO NETO, Arlindo. A sentença trabalhista como título constitutivo de hipoteca judiciária. In: SANTOS, José Aparecido dos (coord.). *Execução trabalhista*. 2. ed. São Paulo: LTr, 2010. p. 496: "As despesas com o registro da sentença como hipoteca judiciária serão computadas na conta geral do crédito exequendo e cobradas do executado".
(51) Os dados divulgados pelo TST revelam que no ano de 2011 tramitavam 2.926.413 processos na fase de execução no país. Desses, 2.118.325 processos permaneceram tramitando, enquanto que 808.088 processos foram arquivados com dívida no ano de 2011. As estatísticas dos anos anteriores guardam a mesma proporção entre o número de processos em tramitação e o número de processos arquivados com dívida. Esses números indicam a baixa efetividade da jurisdição.

jurisdição aparece de forma incontornável no expressivo número de processos trabalhistas arquivados com dívida na fase de execução[52].

Se é certo que fatores metajurídicos[53] contribuem para conformar o quadro falta de efetividade da jurisdição, também é certo que as potencialidades do direito positivo devem ser otimizadas — e redescobertas — para melhorar a *performance* da jurisdição trabalhista.

Para tanto, é necessário combinar todas as medidas legais capazes de dotar a jurisdição de maior poder de coercibilidade, na fase de execução. Entre as medidas previstas no direito positivo para aumentar efetividade da execução está a hipoteca judiciária prevista no art. 466 do CPC. Mas a hipoteca judiciária não deve ser considerada de forma isolada. Aplicar apenas a hipoteca judiciária é insuficiente à efetividade da execução. A efetividade da execução reclama a aplicação articulada das diversas medidas de coerção previstas em lei para fazer cumprir as decisões judiciais. Em outras palavras, é necessário aplicar a hipoteca judiciária, ao lado de outras medidas previstas no direito positivo, para tornar a execução mais efetiva.

Combinada com outras medidas legais como a remoção imediata dos bens móveis penhorados (CPC, art. 666, II), a atribuição de efeito não suspensivo aos embargos à execução (CPC, arts. 475-M e 739-A), a alienação antecipada de bens (CPC, arts. 670 e 1.113), o redirecionamento da execução contra os sócios mediante a desconsideração da personalidade jurídica de ofício (CC, arts. 50; CPC, 592, II e 596; CDC, 28, *caput* e § 5º), o protesto extrajudicial da sentença (Lei n. 9.492/97, art. 1º) e a pesquisa de ofício de bens por meio de ferramentas eletrônicas (CLT, arts. 765 e 878), a hipoteca judiciária contribui para melhorar a *performance* da execução trabalhista. São ferramentas a serem utilizadas de forma combinada, para reforçar a capacidade de coerção própria à execução forçada, a qual se impõe em face da recusa do réu em cumprir a obrigação de forma espontânea.

A preeminência que a ordem jurídica confere aos créditos trabalhistas (CF, arts. 100, § 1º; CTN, 186; CLT, 449, § 1º) implica uma hermenêutica que extraia a máxima eficácia da norma do art. 612 do CPC, aplicável subsidiariamente ao processo do trabalho (CLT, art. 769). Se no âmbito do processo comum está positivada, na condição de regra geral, a norma de que *a execução realiza-se no interesse do credor* (CPC, art. 612), não pode haver dúvida de que essa regra geral deve operar com maior profundidade no âmbito do processo trabalho, de modo a produzir uma clara opção pelo princípio da execução mais eficaz, em detrimento da exceção da execução menos gravosa (CPC, art. 620)[54]. É nesse contexto hermenêutico que a hipoteca judiciária pode emergir como instrumento de efetividade da jurisdição trabalhista.

Se nos faltava motivo para (re)descobrir o instituto da hipoteca judiciária, já não falta mais: as consequências jurídicas decorrentes da Súmula n. 375 do STJ exigem o resgate da hipoteca judiciária como medida legal voltada a inibir a fraude à execução, fraude que agora tende a generalizar-se. Essa é apenas uma das virtudes do instituto, quase tão importante quanto o direito de sequela que a hipoteca judiciária cria para o vencedor da demanda, permitindo-lhe executar o bem hipotecado judiciariamente ainda que já tenha sido transferido para terceiro (nesse caso, terceiro adquirente de má-fé).

Referências

BAPTISTA DA SILVA, Ovídio A. *Sentença e coisa julgada*. 2. ed. Porto Alegre: Sergio Antonio Fabris, 1988.

CAVALARO NETO, Arlindo. A sentença trabalhista como título constitutivo de hipoteca judiciária. *In*: SANTOS, José Aparecido dos (coord.). *Execução trabalhista*. 2. ed. São Paulo: LTr, 2010.

CHAVES, Luciano Athayde. Ferramentas eletrônicas na execução trabalhista. *In*: CHAVES, Luciano Athayde (org.). *Curso de processo do trabalho*. São Paulo: LTr, 2009.

CLAUS, Ben-Hur Silveira. A execução trabalhista não se submete ao princípio da execução menos gravosa — um olhar contemporâneo para a execução trabalhista efetiva. *Revista do Tribunal Regional do Trabalho da 4ª Região*, n. 39, Porto Alegre: HS, 2011.

DIDIER JR., Fredie; BRAGA, Paula Sarno; OLIVEIRA, Rafael. *Curso de direito processual civil*. 7. ed. Salvador: Juspodivm, 2012.

OLIVEIRA, Francisco Antonio de. *Execução na justiça do trabalho*. 6. ed. São Paulo: RT, 2008.

MARINONI, Luiz Guilherme; MITIDIERO, Daniel. *Código de processo civil*: comentado artigo por artigo. 4. ed. São Paulo: RT, 2012.

---

(52) Entre os fatores metajurídicos, estão os fatores de macroeconomia, a legislação, a terceirização de serviços e outros.

(53) CLAUS, Ben-Hur Silveira. A execução trabalhista não se submete ao princípio da execução menos gravosa — um olhar contemporâneo para a execução trabalhista efetiva. *Revista do Tribunal Regional do Trabalho da 4ª Região*, n. 39, Porto Alegre: HS, p. 101, 2011.

NERY JUNIOR, Nelson; NERY, Rosa Maria de Andrade. *Código de processo civil comentado*. 10. ed. São Paulo: RT, 2007.

PONTES DE MIRANDA, Francisco Cavalcanti. *Comentários ao código de processo civil*. Rio de Janeiro: Forense, 1974. t. V.

SANTOS, Moacyr Amaral. *Comentários ao código de processo civil*. Rio de Janeiro: Forense, 1988. v. IV.

SILVA, Antônio Álvares da. *Execução provisória trabalhista depois da reforma do CPC*. São Paulo: LTr, 2007.

SILVA, Fábio Luiz Pereira da. Necessária revisão da aplicabilidade da hipoteca judiciária no processo judiciário do trabalho. *Revista LTr*, São Paulo, v. 75, n, 8, p. 959-962, ago. 2011.

TEIXEIRA FILHO, Manoel Antonio. *Curso de direito processual do trabalho*. São Paulo: LTr, 2009. v. II.

_____ . *Execução no processo do trabalho*. 11. ed. São Paulo: LTr, 2013.

ZANGRANDO, Carlos. *Processo do trabalho — processo de conhecimento*. São Paulo: LTr, 2009. v. 2.

CAPÍTULO 30

A AÇÃO DE CONSIGNAÇÃO EM PAGAMENTO NO PROCESSO DO TRABALHO

TIAGO FIGUEIREDO GONÇALVES[*]

1. Introdução[1]

A etimologia do verbo obrigar está em *obrigare*, que vem a significar "atar com laço, submeter, forçar"[2]. Obrigação, de sua feita, dize-o Caio Mário da Silva Pereira, deriva de *ob + ligatio*, que "contém uma ideia de vinculação, de liame, de cerceamento da liberdade de ação, em benefício de pessoa determinada ou determinável"[3].

É clássica na doutrina a noção que se extrai de obrigação como *vínculo jurídico*. Cuida-se, pois, de "vínculo jurídico em virtude do qual uma pessoa pode exigir de outra prestação economicamente apreciável"[4].

Releva aqui destacar a noção de transitoriedade, indossiciavelmente ligada à ideia de obrigação. O vínculo jurídico que se estabelece entre os sujeitos da obrigação pressupõe que em um determinado momento ele venha a se extinguir, comumente através do cumprimento da prestação. Assim, é de rigor que a extinção decorra de conduta voluntária do devedor. Com a entrega da prestação dá-se a *solutio* ou o pagamento; e a partir desse instante o liame até então existente é considerado extinto, salvo, eventualmente, obrigações e encargos acessórios, que podem permanecer atando os sujeitos inclusive para responsabilizações futuras[5].

Porque a obrigação cria para o devedor um vínculo jurídico de sujeição; e porque este liame tem ínsito em si a ideia de temporariedade; sempre se considerou que pagar, cumprir a obrigação, mais do que um dever, é, igualmente, um direito do devedor[6]. Pois, como adverte Cunha Gonçalves: "ao devedor

---

(*) Advogado. Mestre e Doutor em Direito pela PUC-SP. Professor do Centro Universitário do Espírito Santo — UNESC, da Faculdade Castelo Branco — FUNCAB, e da Rede de Ensino Doctum.
(1) *Vide*: GONÇALVES, Tiago Figueiredo. *Consignação em pagamento*: aspectos de direito processual e material (com notas e remissões ao projeto de novo código de processo civil). Curitiba: Juruá, 2013.
(2) MOURA, Geraldo de. *Radicais gregos e latinos do português*. Vitória: EDUFES, 2007. p. 536.
(3) PEREIRA, Caio Mário da Silva. *Instituições de direito civil*. 20. ed. rev. e atual. Rio de Janeiro: Forense, 2004. p. 4. v. II: Teoria geral das obrigações. No mesmo sentido: MAZEUD, Henri et Léon; MAZEUD, Jean. *Leçons de droit civil*. Paris: Montchrestien, 1956. t. 12, p. 7.
(4) PEREIRA, Caio Mário da Silva. *Instituições de direito civil*. 20. ed. rev. e atual. Rio de Janeiro: Forense, 2004. p. 7. v. II: Teoria geral das obrigações.
(5) TRABUCCHI, Alberto. *Istituzioni di diritto civile*. 5. ed. Padova: Cedam, 1950. p. 479.
(6) Esta se mostra a vertente teórica encampada pelo Código Civil de 2002, que no parágrafo único do art. 304 se refere ao pagamento como um direito não só de qualquer interessado como de terceiro não interessado, nessa última hipótese com condicionantes.
Art. 304. Qualquer interessado na extinção da dívida pode pagá-la, usando, se o credor se opuser, dos meios conducentes à exoneração do devedor.
Parágrafo único. *Igual direito* cabe ao terceiro não interessado, se o fizer em nome e à conta do devedor, salvo oposição deste.

não convém ficar, indefinidamente, na incerteza do momento em que o credor virá fazer-lhe a respectiva exigência, momento que pode não ser propício, seja porque a cousa a entregar pode subir de valor, seja porque poderá não estar disponível, mais tarde, o dinheiro necessário para o pagamento, se a obrigação for de natureza pecuniária. Além disto, as pessoas de boas contas e de carácter probo não gostam de ficar a dever"[7].

Enquanto que *obligatio* deriva de *ligare (ob + ligatio)*, *solutio* tem origem em *solvere*[8]. Pagar, de sua feita, no étimo, significa "ficar em paz" com o credor[9]. O vínculo obrigacional, de seu turno, cuja extinção normal se dá pelo pagamento, já se o disse, é *essencialmente transeunte*[10]; e, portanto, quem o estabelece tem, por óbvio, o firme propósito de vê-lo normalmente extinto.

Sucede que, na maior parte das vezes, não obstante perfeita a oblação do devedor, seu aperfeiçoamento ao ponto de extinguir a obrigação resta condicionada ao concurso voluntarioso do credor[11]. Por isso, ao devedor que quer pagar ("ficar em paz"), objetivando ver-se livre da obrigação (extinguir o vínculo transitório), mas que, ou por desídia do credor (mora), ou por existir dúvida quanto à titularidade ativa da relação jurídica obrigacional (incogunição), fica impossibilitado de fazê-lo, a lei confere a faculdade[12], no primeiro caso, e o ônus, no segundo, de promover o pagamento de uma maneira indireta, independentemente da vontade do credor[13], consistente no *depósito em pagamento*[14] do objeto material da obrigação.

Esse modo indireto de o devedor liberar-se da obrigação é chamado de pagamento em consignação.

A palavra *consignar* corresponde à junção de *cum + signare*, que vem a significar "pôr selo, selar"[15]. É, ainda utilizada como sinônimo de *obsignatio (obsignare)*, que vem a ser "pôr seu selo em"[16]. É que no antigo direito romano, o devedor, ao levar o pagamento ao credor, o fazia em uma sacola lacrada com um sinete que badalava dando sinal de sua chegada[17].

Assim é que o pagamento em consignação se dá através do depósito do objeto da obrigação, em Juízo ou em instituição financeira, a partir de quando fica disponibilizado para o credor, querendo, levantá-lo. Uma vez que, por ele, o devedor não presta a obrigação diretamente ao credor, reitere-se, corresponde a um modo indireto de extingui-la. O fato é que o depósito para pagamento libera o devedor da obrigação, sendo essa a finalidade que busca alcançar ao exercê-lo.

Pela ação de consignação em pagamento o devedor ou um terceiro exerce em Juízo a pretensão de liberar-se da obrigação, cuja prestação será efetivada através de depósito realizado no curso do

---

(7) CUNHA GONÇALVES, Luiz da. *Tratado de direito civil em comentários ao código civil português*. 2. ed. atual. e aum. e 1. ed. brasileira. Adapt.: Orozimbo Nonato, Laudo de Camargo e Vicente Ráo. Anotado por Jayme Landim. São Paulo: Max Limonad, s/d. v. IV, t. II, p. 1032.

Reforçam a ideia, no âmbito das obrigações tributárias, as sucessivas sanções a que se subordina o sujeito passivo no caso de inadimplemento. Cleide Previtalli Cais relembra "a lavratura de autuação fiscal, a inclusão do nome no CADIN, a negativa de expedição de certidões de regularidade fiscal etc.". CAIS, Cleide Previtalli. *O processo tributário*. 5. ed. rev. ampl. e atual. São Paulo: RT, 2007. p. 533.

(8) TRABUCCHI, Alberto. *Istituzioni di diritto civile*. 5. ed. Padova: Cedam, 1950. p. 429.
(9) D'ORS, J. A. *Elementos de derecho privado romano*. 3. ed. ref. Pamplona: EUNSA, 1992. p. 115.
(10) DANTAS, San Tiago. *Programa de direito civil II*: aulas proferidas na Faculdade Nacional de Direito fim de 1943-1945. Rio de Janeiro: Rio, 1978. p. 54.
(11) ESPÍNOLA, Eduardo. *Garantia e extinção das obrigações*: obrigações solidárias e indivisíveis. Atualizado por: Francisco José Galvão Bueno. Campinas: Bookseller, 2005. p. 23.
(12) PROCESSUAL CIVIL. CONSIGNAÇÃO EM PAGAMENTO. FACULDADE DO DEVEDOR, MESMO QUE SE ENCONTRE EM MORA. O DEVEDOR NÃO ESTA OBRIGADO A CONSIGNAR A QUANTIA DEVIDA, PODENDO AJUIZAR OU NÃO A AÇÃO. OCORRIDA A MORA DO DEVEDOR, IRRELEVANTE A QUESTÃO DO TEMPO, PELA PERMANENCIA DA RECUSA. STJ, Segunda Turma, REsp 38.204/RJ, Rel. Min. Hélio Mosimann, data do julgamento 9.5.1996, DJU. 27.5.1996.
(13) VAN WETTER, P. *Pandectes*. 2. ed. Paris: Droit et de Jurisprudence, 1910. p. 31. t III: les obligations
(14) Lacerda de Almeida, em comentários ao Código Civil de 1916, adverte que o termo depósito – não obstante ser mais comum na praxe forense do que o termo consignação, a ponto de o próprio legislador civil chamar a consignação de depósito –, para efetivamente exprimir a ideia de consignação deve ser acompanhado do complemento "em pagamento". ALMEIDA, Lacerda de. *Manual do código civil brasileiro*. Rio de Janeiro: Freitas Bastos, 1934. p. 200. v. XI: Effeitos das obrigações (arts. 928-1.078).
(15) MOURA, Geraldo de. *Radicais gregos e latinos do português*. Vitória: EDUFES, 2007. p. 198.
(16) LIMA, Domingos Sávio Brandão. Consignação em pagamento (origens romanas). *In:* FRANÇA, R. Limongi (coord.). *Enciclopédia Saraiva do direito*. São Paulo: Saraiva, 1977. p. 263. v. 18: confissão-contencioso.
(17) OLIVEIRA, J. M. Lopes de. *Novo código civil anotado (arts. 233 a 420)*. 3. ed. rev. e atual. Rio de Janeiro: Lumen Juris, 2006. p. 157. SANTOS, João Manuel de Carvalho. *Código civil brasileiro interpretado*: direito das obrigações (arts. 972-1036). 10. ed. Rio de Janeiro: Freitas Bastos, 1977. v. XIII, p. 5. SANTOS, José Manuel de Carvalho. *Código de processo civil interpretado*. 5. ed. São Paulo: Freitas Bastos, 1958. p. 293, v. IV: arts. 263 a 353.. LIMA, Domingos Sávio Brandão. Consignação em pagamento (origens romanas). FRANÇA, R. Limongi (coord.). *Enciclopédia Saraiva do direito*. São Paulo: Saraiva, 1977. p. 266. v. 18: confissão-contencioso.

procedimento, ou através de depósito promovido extrajudicialmente, em estabelecimento bancário, previamente à instauração do processo.

Sendo indubitável que da relação de trabalho resultam obrigações recíprocas para empregador e empregado, cuja impossibilidade de adimplemento de forma direta enseja o pagamento em consignação, cumpre, então, analisar o fenômeno, a partir das regras materiais e processuais que o norteiam, no âmbito trabalhista.

2. Aplicação subsidiária do CPC no âmbito do processo do trabalho

A Consolidação das Leis do Trabalho — CLT, aprovada pelo Decreto-Lei n. 5.452, de 1º de maio de 1943, é composta por 922 artigos. A partir do art. 643, que inaugura o Capítulo I do Título VIII, passa a tratar da "Justiça do Trabalho"; e do art. 763 em diante, já em seu Título X, regula o Processo Judiciário do Trabalho. A tais disposições próprias do processo trabalhista aplicam-se subsidiariamente as regras do "direito processual comum", tal como prescreve o art. 769 da CLT.

Considerando que o procedimento em Juízo da consignação em pagamento não tem disciplina específica na legislação trabalhista[18], deve-se recorrer à regulação do Código de Processo Civil no que toca à matéria, com as devidas adequações e adaptações do procedimento às peculiaridades do Processo do Trabalho.

3. Causa de pedir

Os fatos que, em decorrência da relação jurídica empregatícia existente entre os sujeitos parciais do processo, servem de substrato, ou seja, atuam como causa de pedir, para a dedução de pretensão consignatória no âmbito da Justiça do Trabalho, podem, de modo geral, ser enquadrados naquelas hipóteses normativas abstratas dispostas no art. 335[19] do Código Civil[20].

Citam-se, a título ilustrativo, algumas situações comuns que podem dar e dão ensejo à propositura da ação de consignação perante os órgãos jurisdicionais trabalhistas. Assim: a) a ação de consignação das verbas rescisórias, *proposta pelo empregador*, quando o empregado se recusa (art. 335, I, do CC/02) ou não comparece (art. 335, II, do CC/02) para recebê-las, de maneira a afastar a incidência de multas pelo atraso no pagamento (art. 477, § 8º)[21]; b) a ação de consignação da parte incontroversa das verbas rescisórias, *proposta pelo empregador*, quando o empregado, comparecendo à Justiça do Trabalho, recusa-se (art. 335, I, do CC/02) a recebê-las, visando a afastar para o empregador a multa de cinquenta por cento pelo pagamento a destempo[22]; c) a ação de consignação proposta pelo empregador em dúvida, quando havida morte ou ausência do empregado, o qual não deixa herdeiros (art. 335, III, do CC/02), ou sobre cuja sucessão paira indefinição (art. 335, IV, do CC/02); d) a ação de consignação *proposta pelo empregador*, quando o empregado se recusa (art. 335, I, do CC/02) a receber ou a dar quitação de valores que teriam sido estabelecidos a título de comissão pactuada, e cujo não pagamento pode caracterizar rescisão indireta[23]; e) a ação de consignação proposta pelo empregador quando o empregado se torna incapaz (art. 335, III, do CC/02)[24]; f) a ação de consignação da contribuição confederativa que a sociedade empresária quer pagar, e que dois sindicatos reivindicam para si

---

(18) LEITE, Carlos Henrique Bezerra. *Curso de direito processual do trabalho*. 8. ed. São Paulo: LTr, 2010. p. 1224.
(19) Art. 335. A consignação tem lugar:
I — se o credor não puder, ou, sem justa causa, recusar receber o pagamento, ou dar quitação na devida forma;
II — se o credor não for, nem mandar receber a coisa no lugar, tempo e condição devidos;
III — se o credor for incapaz de receber, for desconhecido, declarado ausente, ou residir em lugar incerto ou de acesso perigoso ou difícil;
IV — se ocorrer dúvida sobre quem deva legitimamente receber o objeto do pagamento;
V — se pender litígio sobre o objeto do pagamento.
(20) No mesmo sentido: SARAIVA, Renato. *Curso de direito processual do trabalho*. 7. ed. rev. e atual. São Paulo: Método, 2010. p. 754.
(21) "Art. 477. § 8º A inobservância do disposto no § 6º deste artigo sujeitará o infrator à multa de 160 BTN, por trabalhador, bem assim ao pagamento da multa a favor do empregado, em valor equivalente ao seu salário, devidamente corrigido pelo índice de variação do BTN, salvo quando, comprovadamente, o trabalhador der causa à mora".
(22) "Art. 467. Em caso de rescisão de contrato de trabalho, havendo controvérsia sobre o montante das verbas rescisórias, o empregador é obrigado a pagar ao trabalhador, à data do comparecimento à Justiça do Trabalho, a parte incontroversa dessas verbas, sob pena de pagá-las acrescidas de cinquenta por cento."
(23) LEITE, Carlos Henrique Bezerra. *Curso de direito processual do trabalho*. 6. ed. São Paulo: LTr, 2008. p. 1177.
(24) SAAD, Eduardo Gabriel; SAAD, José Eduardo Duarte; CASTELLO BRANCO, Ana Maria Saad. *Curso de direito processual do trabalho*. 5. ed. rev. atual. e ampl. São Paulo: LTr, 2007. p. 1052.

(art. 335, IV, do CC/02)[25]; g) a ação de consignação proposta pelo empregador quando o empregado se ausenta do serviço por período longo de tempo, e não dá informação sobre seu paradeiro[26]; h) a ação de consignação proposta pelo empregador quando a esposa e a concubina disputam o crédito[27]; i) a ação de consignação proposta pelo trabalhador rural que, ao se despedir, sem poder entregar ao dono da propriedade rural as ferramentas agrícolas que tinha como *detentor*, deposita-as em pagamento, a fim de que o Estado-juiz exerça sobre elas a guarda e a conservação[28].

4. Consignação extrajudicial

A possibilidade de o devedor, em se tratando de *obrigação em dinheiro*, proceder ao depósito extrajudicial da quantia devida foi inovação introduzida no Código de Processo Civil pela Lei n. 8.951/94, que acrescentou ao art. 890 os §§ 1º, 2º, 3º, e 4º[29].

Não cuidava, é certo, já àquele tempo, de uma novidade para o sistema jurídico pátrio, em seu todo considerado, na medida em que a Lei n. 6.766/79, em seus arts. 33 e 38, § 1º, continha previsão de consignação extrajudicial, para a específica hipótese de obrigação decorrente de compromisso de compra e venda de lote urbano[30].

O Código Civil de 2002 tratou de adequar-se a essa nova realidade decorrente da Lei n. 8.951/94, passando também a admitir, pela redação do art. 334, a consignação extrajudicial, em estabelecimento bancário, *da coisa devida*.

Trata-se de um desapego do legislador do Código de Processo Civil e do legislador do Código Civil em relação às fontes do Direito Romano e do Direito Comum, nos quais só se podia proceder à consignação em Juízo[31].

Desapego que, ademais, de há muito já era observado nas mais variadas legislações civis da Europa Ocidental, mormente no direito francês, no direito alemão e no direito italiano, nos quais, a par da consignação em Juízo, também se admite a consignação extrajudicial perante Oficial Público[32].

4.1. Facultatividade

Da prevista na Lei n. 6.766/79, a consignação extrajudicial nos moldes como regulada nos §§ 1º a 4º do art. 890 do Cód. de Pr. Civil difere-se por ser facultativa. Não há ofensa, pois, à garantia constitucional do acesso à Jurisdição (art. 5º, XXXV, CRFB/88), configurando, antes, modo alternativo de resolução de conflito[33].

Enquanto que o devedor em compromisso de compra e venda de lote urbano, para se ver liberado da obrigação por meio do pagamento em consignação, deve necessariamente fazer uso da via extrajudicial, a consignação extrajudicial, tal como regulada no art. 890 do Cód. de Pr. Civil, constitui faculdade para o devedor.

Ainda que o objeto material da prestação a que está obrigado seja quantia em dinheiro ou coisa móvel passível de depósito em instituição financeira, e todos os demais requisitos para a consignação extrajudicial se façam presentes no caso concreto, o devedor pode, se preferir, valer-se, desde logo, da ação de consignação em pagamento.

---

(25) NASCIMENTO, Amauri Mascaro. *Curso de direito processual do trabalho*. 22. ed. rev. e atual. São Paulo: Saraiva, 2007. p. 765.
(26) SAAD, Eduardo Gabriel; SAAD, José Eduardo Duarte; CASTELLO BRANCO, Ana Maria Saad. *Curso de direito processual do trabalho*. 5. ed. rev. atual. e ampl. São Paulo: LTr, 2007. p. 1051.
(27) SAAD, Eduardo Gabriel; SAAD, José Eduardo Duarte; CASTELLO BRANCO, Ana Maria Saad. *Curso de direito processual do trabalho*. 5. ed. rev. atual. e ampl. São Paulo: LTr, 2007. p. 1052.
(28) PONTES DE MIRANDA. *Tratado de direito privado* — parte especial. Rio de Janeiro: Borsoi, 1959. t. XXIV, p. 204.
No mesmo sentido, ao fornecer exemplo de consignatória proposta pelo empregado, Carlos Henrique Bezerra Leite aduz: "Exemplo de consignatória ajuizada pelo empregado — o que não é trivial — poderá ocorrer quando este necessitar devolver ferramentas de trabalho à empresa, encontrando nisso alguma dificuldade que o torne inadimplente em sua obrigação". E complementa: "Um exemplo do empregado como devedor ocorre quando ele é vendedor externo que, pretendendo romper o vínculo empregatício, encontra resistência do empregador em receber de volta os mostruários de seus produtos". LEITE, Carlos Henrique Bezerra. *Curso de direito processual do trabalho*. 8. ed. São Paulo: LTr, 2010. p. 1226.
(29) *Vide* art. 524 do Projeto de Lei n. 8.046/10 da Câmara dos Deputados.
(30) MARCATO, Antônio Carlos. *Ação de consignação em pagamento*. 6. ed. rev. São Paulo: Malheiros, 2001. p. 41.
(31) PONTES DE MIRANDA. *Comentários ao código de processo civil*. Rio de Janeiro: Forense, 1976. t. XIII: arts. 890-981, p. 16. PONTES DE MIRANDA. *Tratado das ações*. Atualizado por Vilson Rodrigues Alves. Campinas: Bookseller, 1998. t. 2: ações declarativas, p. 170-171.
(32) ALMEIDA, Lacerda de. *Manual do código civil brasileiro*. Rio de Janeiro: Freitas Bastos, 1934. p. 200-201. v. XI: Efeitos das obrigações (arts. 928-1.078).
(33) ANDRIGHI, Fátima Nancy. Consignação em pagamento. *In:* TEIXEIRA, Sálvio de Figueiredo (coord.). *Reforma do código de processo civil*. São Paulo: Saraiva, 1996. p. 462.

4.2. Consignação extrajudicial de valores ou coisas devidas em virtude de relação de trabalho

Existem vozes autorizadas na doutrina que não aceitam a consignação extrajudicial quando a prestação do devedor tem substrato em relação jurídica trabalhista[34].

Não há, contudo, qualquer óbice a que se proceda à consignação extrajudicial no âmbito do Direito do Trabalho. Nada impede, por exemplo, que o empregado promova, via consignação extrajudicial, o depósito das ferramentas de trabalho que estão sob sua detenção. Ainda, se o empregado credor recebe o valor depositado em pagamento em sua conta salário ou em conta vinculada ao FGTS sem manifestar-se expressamente pela recusa dentro do prazo de 10 (dez) dias após cientificado da consignação, a obrigação se extingue, ficando o empregador dispensado da propositura da ação de consignação[35].

É induvidosa a necessidade de que a quitação de rescisão firmada por empregado com mais de um ano de serviço conte com "a assistência do respectivo Sindicato ou perante a autoridade do Ministério do Trabalho e Previdência Social", bem como que o instrumento de rescisão ou recibo de quitação tenha especificada "a natureza de cada parcela paga ao empregado e discriminado seu valor", a teor da dicção dos §§ 1º e 2º do art. 477 da CLT.

Mesmo para esses casos a possibilidade de utilização da consignação extrajudicial não pode ser de antemão e abstratamente excluída[36]. Se o empregado se faz acompanhar de representante do Sindicato, e não manifesta recusa ao valor depositado em pagamento extrajudicialmente, tem-se por atendida a exigência legal, e, consequentemente, fica o empregador liberado da obrigação[37]. Caso o empregado, contudo, sem estar acompanhado de representante do Sindicato, levanta a quantia depositada extrajudicialmente, não se opera para o empregador o efeito liberatório a que alude o CPC, razão pela qual se lhe impõe, nesses casos, a propositura da ação de consignação em seguida. É o que sustenta, com acerto, Amauri Mascaro[38]; tendo sido esse, também, o entendimento manifestado pelo TST quando do julgamento do Recurso de Revista TST-RR-924/2005-026-05-00.4[39].

5. Competência

A competência para o processamento e o julgamento da ação de consignação em pagamento perante órgãos jurisdicionais trabalhistas é determinada pela regra extraída do art. 651 da CLT, e não por aquilo que dispõe o art. 891 do CPC. Por tal razão, a ação deve ser proposta não no foro do pagamento, sim no foro em que por último se deu a prestação de serviço pelo trabalhador[40].

6. Procedimento

6.1. Petição inicial. Depósito. Audiência de conciliação

Se a ação de consignação em pagamento tem por objeto a prestação de quantia referente à indenização

---

(34) GIGLIO, Wagner D. *Direito processual do trabalho*. 10. ed. rev. e ampl. São Paulo: Saraiva, 1997. p. 282. LEITE, Carlos Henrique Bezerra. *Curso de direito processual do trabalho*. 8. ed. São Paulo: LTr, 2010. p. 1225.
(35) No mesmo sentido: MARTINS, Sergio Pinto. *Direito processual do trabalho:* doutrina e prática forense; modelos de petições, recursos, sentenças e outros. 27. ed. 2. reimpr. São Paulo: Atlas, 2007. p. 513. MEIRELES, Edilton; BORGES, Leonardo Dias. *Primeiras linhas de processo do trabalho*. São Paulo: LTr, 2009. p. 584. SAAD, Eduardo Gabriel; SAAD, José Eduardo Duarte; CASTELLO BRANCO, Ana Maria Saad. *Curso de direito processual do trabalho*. 5. ed. rev. atual. e ampl. São Paulo: LTr, 2007. p. 1054.
(36) Admitindo a consignação extrajudicial: TST, RR-542116-84.1999.5.04.5555, Quinta Turma, Rel. Min. Rider de Brito, data do julgamento 30.4.2002, DJ. 21.6.2002.
Em sentido contrário: TST, RR-599554-78.1999.5.18.5555, Primeira Turma, Rel. Min. João Oreste Dalazen, data do julgamento 11.10.2000, DJ 2.2.2001.
(37) No mesmo sentido: SAAD, Eduardo Gabriel; SAAD, José Eduardo Duarte; CASTELLO BRANCO, Ana Maria Saad. *Curso de direito processual do trabalho*. 5. ed. rev. atual. e ampl. São Paulo: LTr, 2007. p. 1053.
(38) NASCIMENTO, Amauri Mascaro. *Curso de direito processual do trabalho*. 22. ed. rev. e atual. São Paulo: Saraiva, 2007. p. 766.
(39) TST, RR-924/2005-026-05-00.4, Sexta Turma, Rel. Min. Aloysio Corrêa da Veiga, data do julgamento 25.3.2009.
No sentido de que o levantamento da quantia consignada extrajudicialmente opera irrestritamente para o empregador o efeito liberatório a que alude o art. 890, § 2º, do CPC: TST, RR-423084-32.1998.5.18.5555, Quinta Turma, Rel. Min. Rider de Brito, data do julgamento 12.6.2002, DJ 2.8.2002.
(40) MARTINS, Sergio Pinto. *Direito processual do trabalho:* doutrina e prática forense; modelos de petições, recursos, sentenças e outros. 27. ed. 2. reimpr. São Paulo: Atlas, 2007. p. 514. LEITE, Carlos Henrique Bezerra. *Curso de direito processual do trabalho*. 6. ed. São Paulo: LTr, 2008. p. 1175. MEIRELES, Edilton; BORGES, Leonardo Dias. *Primeiras linhas de processo do trabalho*. São Paulo: LTr, 2009. p. 585. SAAD, Eduardo Gabriel; SAAD, José Eduardo Duarte; CASTELLO BRANCO, Ana Maria Saad. *Curso de direito processual do trabalho*. 5. ed. rev. atual. e ampl. São Paulo: LTr, 2007. p. 1052. SAAD, Eduardo Gabriel; SAAD, José Eduardo Duarte; CASTELLO BRANCO, Ana Maria Saad. *Curso de direito processual do trabalho*. 5. ed. rev. atual. e ampl. São Paulo: LTr, 2007. p. 1051.

prevista no art. 477 da CLT, é preciso que sua *propositura* se dê dentro dos prazos estabelecidos no § 6º do aludido artigo, sob pena de incidência da multa rescisória de que cuida o § 8º[41].

O art. 893 do CPC dispõe que o autor deve, na petição inicial, requerer o depósito da quantia ou coisa devida, a ser efetivado no prazo de 5 dias contados do deferimento (inc. I), e "a citação do réu para levantar o depósito ou oferecer resposta" (inc. II).

Em atenção ao princípio da conciliação, e tendo em conta o disposto no art. 765 da CLT, Carlos Henrique Bezerra Leite sugere, contudo, que seja designada "audiência de conciliação" entre empregado e empregador antes de se proceder ao depósito em pagamento. Admitida a audiência de oblação, na qual exercida tentativa de conciliação, sem que esta venha a ser bem sucedida, aplicar-se-ia o art. 847 da CLT, pelo que caberia ao réu apresentar resposta oral, oportunidade em que o autor procederia ao depósito em pagamento da quantia que julga devida[42].

É, contudo, perfeitamente possível voltar-se atenção ao princípio da conciliação sem prejuízo da regra prescrita pelo art. 893, I, do Cód. de Pr. Civil. Basta, então, adequar a regra do inciso II do art. 893 do Cód. de Processo à sistemática da CLT, para que o autor, na inicial, requeira, sim, o depósito em pagamento, a ser efetivado dentro de 5 dias contados do deferimento, devendo, contudo, a citação do réu ser destinada a levá-lo a levantar o bem ou a quantia depositada ou para que apresente defesa em audiência, na qual, antes, se procede à tentativa de conciliação[43].

Não existe espaço, na ação de consignação, para querer o autor ver reconhecida, com autoridade de coisa julgada, a justa causa por si aplicada ao empregado[44], ou exercer pretensão voltada à desconstituição de relação jurídica de empregado estabilitário[45]. A pretensão do autor é única e exclusivamente no sentido de se ver liberado da obrigação. Por certo que o autor, para determinar a quantia a ser depositada em pagamento, pautará o cálculo em fato jurídico que repute legítimo (assim, por exemplo, a dispensa com justa causa). Caso o réu controverta quanto a inexistência de justa causa para sua dispensa, tal fato será objeto de conhecimento do órgão jurisdicional única e exclusivamente para fins de aferir se

---

(41) Nesse sentido: TST, ROAR-738.120/2001.8, SBDI 2, Rel. Min. Maria Cristina Irigoyen Peduzzi, data do julgamento 11.12.2001. TST, RR-172.713, Ac. n. 10.409, Primeira Turma, Rel. Min. João Oreste Dalazen data do julgamento 22.10.1997. TST, RR-1.355/2001-050-01-00.6, Quinta Turma, Rel. Min. João Batista Brito Pereira data do julgamento 12.8.2009. TST, RR-5515/2000-662-09-00.0, Oitava Turma, Rel. Min. Maria Cristina Irigoyen Peduzzi, DJ 22.5.2009. TST, RR-120919/2004-900-01-00.6, Quarta Turma, Rel. Min. Barros Levenhagen, DJ 30.6.2006. TST, RR-27170/2002-900-06-00, Quarta Turma, Rel. Min. Vieira de Mello Filho, DJ 6.8.2004. TST, RR-586.273/1999, Quarta Turma, Rel. Min. Vieira de Mello Filho, DJ 8.10.2004. "AGRAVO DE INSTRUMENTO MULTA DO ART. 477, § 8º, DA CLT RECUSA DO EMPREGADO EM RECEBER O PAGAMENTO DAS VERBAS RESCISÓRIAS AÇÃO DE CONSIGNAÇÃO EM PAGAMENTO Há entendimento firmado nesta Eg. Corte no sentido da necessidade de ajuizamento de ação de consignação, se houver recusa do empregado em receber o pagamento das verbas rescisórias, dentro do prazo do art. 477, § 6º, da CLT para que o empregador libere-se do pagamento da multa do § 8º do mesmo artigo. Precedentes: E-RR-636.449/2000.8; RR-120919/2004-900-01-00.6; RR-27170/2002-900-06-00; RR-586.273/99. Agravo de Instrumento ao qual se nega provimento". TST, AIRR-602/2005-010-10-40, Terceira Turma, Rel. Min. Maria Cristina Irigoyen Peduzzi, DJ 2.2.2007.
"MULTA DO ART. 477, § 8º, DA CLT — AJUIZAMENTO DE AÇÃO DE CONSIGNAÇÃO EM PAGAMENTO O art. 477, § 6º, da CLT dispõe que o pagamento das verbas rescisórias deverá ser efetuado conforme os prazos ali estabelecidos. Havendo recusa por parte do empregado ao recebimento das verbas rescisórias, cumpre ao empregador promover a ação de consignação em pagamento, plenamente aplicável ao Processo do Trabalho, sob pena de sujeitar-se ao pagamento da multa rescisória a que alude o § 8º, do citado artigo. É certo que o ajuizamento da ação de consignação em pagamento 50 (cinquenta) dias após a dispensa da Reclamante não observou o prazo legal". TST, ROAR-738.120/2001, SBDI-2, Rel. Min. Maria Cristina Irigoyen Peduzzi, DJ 8.2.2002.
"MULTA PREVISTA NO § 8º DO ART. 477 DA CLT. RECUSA DO EMPREGADO EM RECEBER O PAGAMENTO DAS VERBAS RESCISÓRIAS. AÇÃO DE CONSIGNAÇÃO EM PAGAMENTO. Para que o empregador se exima do pagamento da multa do art. 477, § 8º, da CLT, deve ajuizar ação de consignação dentro do prazo do § 6º do mesmo dispositivo. Embargos não conhecidos" TST, E-RR-636.449/2000.8, SDI-1, Rel. Min. Aloysio Corrêa da Veiga, DJ 5.8.2005.
(42) LEITE, Carlos Henrique Bezerra. *Curso de direito processual do trabalho*. 6. ed. São Paulo: LTr, 2008. p. 1178-1179.
(43) Neste sentido: MARTINS, Sergio Pinto. *Direito processual do trabalho*: doutrina e prática forense; modelos de petições, recursos, sentenças e outros. 27. ed. 2. reimpr. São Paulo: Atlas, 2007. p. 515. MEIRELES, Edilton; BORGES, Leonardo Dias. *Primeiras linhas de processo do trabalho*. São Paulo: LTr, 2009. p. 586.
(44) AÇÃO DE CONSIGNAÇÃO EM PAGAMENTO LIMITAÇÃO. As pretensões da autora no sentido do reconhecimento da justa causa aplicada, bem como de condenação da ré ao ressarcimento dos prejuízos supostamente causados, devem ser deduzidas em processo ordinário pertinente. A ação de consignação em pagamento constitui procedimento estrito em que não se podem discutir controvérsias acerca da causa da extinção do contrato de trabalho, bem como de ressarcimento de prejuízos supostamente causados pelo obreiro. TRT, RO-16883/99. 1ª Turma, Rel. Juiz Bolívar Viegas Peixoto, publ. MG 2.6.2000.
(45) "Não é meio hábil para funcionar como processo destinado a desconstituir relação jurídica de empregado estabilitário, e, se viesse a ser admitida com esse fim, bastaria ao empregador consignar em juízo as verbas rescisórias, e o inquérito judicial para apuração de falta grave, meio adequado para o mencionado fim, perderia toda a sua eficácia de instrumento de garantia da proteção ao trabalhador". NASCIMENTO, Amauri Mascaro. *Curso de direito processual do trabalho*. 22. ed. rev. e atual. São Paulo: Saraiva, 2007. p. 765.

o depósito em pagamento liberou ou não o autor de sua obrigação[46].

6.2. Matérias de defesa

O art. 896 do CPC traz, em quatro incisos, matérias de defesa que podem ser aduzidas no bojo da consignatória. Pode-se, por exemplo, com fundamento no inciso II ("foi justa a recusa") do art. 896 do CPC, sustentar que o não recebimento de verba rescisória ocorreu em virtude de dispensa sem justa causa durante gozo de auxílio-doença.

Atualmente, é pacífico não apenas o entendimento de que o âmbito de cognição na ação de consignação em pagamento é o mais amplo possível[47], como o de que as matérias passíveis de serem alegadas em contestação não se restringem àquelas enumeradas nos incisos do art. 896 do CPC. A par das questões de ordem processual, enumeradas no art. 301 do CPC, pode-se, no mérito, alegar, exemplificativamente, "a falsidade das afirmações do autor no sentido de estar em lugar incerto ou inacessível, ou então que fosse ignorado por aquele quem seja o legítimo credor"[48].

Entre as matérias de defesa que podem ser suscitadas está a insuficiência do depósito (art. 896, IV, do CPC). O parágrafo único do art. 896 do CPC, contudo, condiciona a alegação dessa matéria de defesa à indicação, na contestação, do montante que seria efetivamente devido. Considerando, contudo, que para a determinação do valor devido existe comumente a necessidade de produção de prova, muito especialmente de prova pericial, é de se afastar a aplicação da regra do parágrafo único do art. 896 do CPC no âmbito da consignatória trabalhista. Anota Bezerra Leite que: "nem sempre é possível precisar o montante dos créditos a que o trabalhador faz jus, mormente quando há a necessidade de prova pericial, testemunhal etc."[49].

Referências

ALMEIDA, Lacerda de. *Manual do código civil brasileiro*. Rio de Janeiro: Freitas Bastos, 1934. v. XI: Effeitos das obrigações (arts. 928-1.078).

ANDRIGHI, Fátima Nancy. Consignação em pagamento. In: TEIXEIRA, Sálvio de Figueiredo (coord.). *Reforma do código de processo civil*. São Paulo: Saraiva, 1996.

BORGES, Leonardo Dias; MEIRELES, Edilton. *Primeiras linhas de processo do trabalho*. São Paulo: LTr, 2009.

CAIS, Cleide Previtalli. *O processo tributário*. 5. ed. rev. ampl. e atual. São Paulo: RT, 2007.

CASTELLO BRANCO, Ana Maria Saad; SAAD, Eduardo Gabriel; SAAD, José Eduardo Duarte. *Curso de direito processual do trabalho*. 5. ed. rev. atual. e ampl. São Paulo: LTr, 2007.

CUNHA GONÇALVES, Luiz da. *Tratado de direito civil em comentários ao código civil português*. 2. ed. atual. e aum. e 1. ed. brasileira. Adapt.: Orozimbo Nonato, Laudo de Camargo e Vicente Ráo. Anotado por Jayme Landim. São Paulo: Max Limonad, s/d., v. IV, t. II.

DANTAS, San Tiago. *Programa de direito civil II*: aulas proferidas na Faculdade Nacional de Direito fim de 1943-1945. Rio de Janeiro: Rio, 1978.

D'ORS, J. A. *Elementos de derecho privado romano*. 3. ed. ref. Pamplona: EUNSA, 1992.

ESPÍNOLA, Eduardo. *Garantia e extinção das obrigações*: obrigações solidárias e indivisíveis. Atualizado por: Francisco José Galvão Bueno. Campinas: Bookseller, 2005.

GIGLIO, Wagner D. *Direito processual do trabalho*. 10. ed. rev. e ampl. São Paulo: Saraiva, 1997.

GONÇALVES, Tiago Figueiredo. *Consignação em pagamento*: aspectos de direito processual e material (com notas e remissões ao projeto de novo código de processo civil). Curitiba: Juruá, 2013.

LEITE, Carlos Henrique Bezerra. *Curso de direito processual do trabalho*. 8. ed. São Paulo: LTr, 2010.

---

(46) Nessa mesma linha de raciocínio, aduzem Edilton Meireles e Leonardo Dias: "Assim, por exemplo, se a empresa alega a despedida por justa causa e a recusa do empregado despedido em receber as verbas rescisórias pertinentes, ainda que o juiz conclua que a recusa foi injustificada, os efeitos da eventual coisa julgada decorrente da decisão de procedência da ação de consignação não açambarcará a alegação do motivo da extinção do contrato. Isso porque, neste caso, a causa de pedir é a alegação de recusa em receber e não a despedida motivada". MEIRELES, Edilton; BORGES, Leonardo Dias. *Primeiras linhas de processo do trabalho*. São Paulo: LTr, 2009.
(47) PROCESSO CIVIL. AÇÃO DE CONSIGNAÇÃO EM PAGAMENTO. ABRANGÊNCIA. A ação de **consignação em pagamento** admite discussão ampla sobre a liberação do devedor, mas é limitada a esse objeto, que não exige mais do que uma sentença de natureza **declaratória**; consequentemente, nela é possível decidir a respeito da interpretação de cláusulas contratuais, mas não acerca da respectiva invalidade, que supõe sentença com carga constitutivo-negativa. Recurso especial não conhecido. STJ, REsp, 438.999/DF, Terceira Turma, Rel. Min. Ari Pargendler, data do julgamento 12.11.2002, DJ. 28.4.2003.
(48) MARCATO, Antônio Carlos. *Ação de consignação em pagamento*. 6. ed. rev. São Paulo: Malheiros, 2001. p. 108.
(49) LEITE, Carlos Henrique Bezerra. *Curso de direito processual do trabalho*. 8. ed. São Paulo: LTr, 2010. p. 1179. SAAD, Eduardo Gabriel; SAAD, José Eduardo Duarte; CASTELLO BRANCO, Ana Maria Saad. *Curso de direito processual do trabalho*. 5. ed. rev. atual. e ampl. São Paulo: LTr, 2007. p. 1052.

LIMA, Domingos Sávio Brandão. Consignação em pagamento (origens romanas). *In:* FRANÇA, R. Limongi (coord.). *Enciclopédia Saraiva do direito*. São Paulo: Saraiva, 1977. v. 18: confissão-contencioso.

MARCATO, Antônio Carlos. *Ação de consignação em pagamento*. 6. ed. rev. São Paulo: Malheiros, 2001.

MAZEUD, Henri et Léon; MAZEUD, Jean. *Leçons de droit civil*. Paris: Montchrestien, 1956. t. II.

MEIRELES, Edilton; BORGES, Leonardo Dias. *Primeiras linhas de processo do trabalho*. São Paulo: LTr, 2009.

MOURA, Geraldo de. *Radicais gregos e latinos do português*. Vitória: EDUFES, 2007.

NASCIMENTO, Amauri Mascaro. *Curso de direito processual do trabalho*. 22. ed. rev. e atual. São Paulo: Saraiva, 2007.

OLIVEIRA, J. M. Lopes de. *Novo código civil anotado (arts. 233 a 420)*. 3. ed. rev. e atual. Rio de Janeiro: Lumen Juris, 2006.

PEREIRA, Caio Mário da Silva. *Instituições de direito civil*. 20. ed. rev. e atual. Rio de Janeiro: Forense, 2004. v. II: Teoria geral das obrigações.

PONTES DE MIRANDA, Francisco Cavalcanti. *Tratado de direito privado* — parte especial. Rio de Janeiro: Borsoi, 1959. t. XXIV.

_____. *Comentários ao código de processo civil*. Rio de Janeiro: Forense, 1976. t. XIII: arts. 890-981.

_____. *Tratado das ações*. Atualizado por Vilson Rodrigues Alves. Campinas: Bookseller, 1998. t 2: ações declarativas.

SAAD, Eduardo Gabriel; SAAD, José Eduardo Duarte; CASTELLO BRANCO, Ana Maria Saad. *Curso de direito processual do trabalho*. 5. ed. rev. atual. e ampl. São Paulo: LTr, 2007.

SANTOS, João Manuel de Carvalho. *Código civil brasileiro interpretado:* direito das obrigações (arts. 972-1.036). 10. ed. Rio de Janeiro: Freitas Bastos, 1977. v. XIII.

_____. *Código de processo civil interpretado*. 5. ed. Rio de Janeiro: Freitas Bastos, 1958. v. IV: arts. 263 a 353.

SARAIVA, Renato. *Curso de direito processual do trabalho*. 7. ed. rev. e atual. São Paulo: Método, 2010.

TRABUCCHI, Alberto. *Istituzioni di diritto civile*. 5 ed. Padova: Cedam, 1950.

VAN WETTER, P. *Pandectes, tome troisième (les obligations)*. 2. ed. Paris: Droit et de Jurisprudence, 1910.

CAPÍTULO 31

O Recurso de Agravo de Petição nas Execuções Trabalhistas: Cabimento, Prazo e Preparo, Pressupostos Específicos, Efeitos e Processamento

João Humberto Cesário[*]

1. Cabimento

O art. 893, IV, da CLT, genericamente falando, indica o agravo como um dos recursos cabíveis na processualística laboral. Em complemento, o art. 897, "a", da CLT assevera caber agravo de petição, no prazo de oito dias, das decisões que o juiz prolatar nas execuções.

A redação dos anteditos preceitos, como se vê, é demasiadamente lacônica. Tal deficiência acabou por criar alguma cizânia doutrinária e jurisprudencial sobre a natureza jurídica das decisões que empolgariam censura por via de agravo de petição.

É fato que sobre as sentenças, tanto terminativas (sem resolução do mérito) quanto definitivas (com desafio do mérito), proferidas em ações cognitivas ajuizadas incidentalmente no curso da execução, como os embargos do devedor (cuja natureza jurídica será melhor analisada adiante), os embargos à adjudicação, os embargos à arrematação e os embargos de terceiro, nunca houve grande dissenso acerca do uso de agravo de petição para objurgá-las[1].

Do mesmo modo, não resta dúvida que as sentenças que extinguem a execução (arts. 794 e 795 do CPC), igualmente clamam enfrentamento por via do recurso ora analisado.

Todavia, a redação excessivamente aberta do art. 897, "a", da CLT, a dizer que caberá agravo de petição das decisões (sem esclarecer quais) que o juiz prolatar nas execuções, acabou por gerar, historica-

---

[*] Mestre em Direito Agroambiental pela Universidade Federal de Mato Grosso (Técnica Processual e Tutela Coletiva de Interesses Ambientais Trabalhistas). Coordenador da Pós-graduação em Direito e Processo do Trabalho da Escola Superior da Magistratura do Trabalho da 23ª Região. Professor de Teoria Geral do Processo, Direito Processual do Trabalho e Direito Ambiental do Trabalho em cursos de pós-graduação *lato sensu*. Juiz Titular de Vara no Tribunal Regional do Trabalho da 23ª Região. Autor de livros jurídicos. Os termos mais frequentes na sua produção acadêmica são: Redução dos Riscos Inerentes ao Trabalho, Tutelas de Urgência, Tutela Inibitória, Tutela de Remoção do Ilícito e Tutela Ressarcitória na Forma Específica.
(1) Usei a expressão "nunca houve grande dissenso", já que o processualista Wagner D. Giglio, grande homenageado da presente obra, assevera no seu livro *Direito processual do trabalho* (10. ed. São Paulo: Saraiva, 1997. p. 512), que parte da doutrina sustenta, especialmente quanto aos embargos de terceiro, que o recurso cabível seria o ordinário, e não o agravo de petição, "posto que os embargos constituem ação incidente na execução, e contra o primeiro julgamento proferido em ação seria cabível o mais amplo dos recursos, para revisão de toda a matéria de fato e de direito". Na sequência, todavia, o aludido professor rechaça com brilhantismo a aludida tese minoritária, sob o fundamento de que "a legislação trabalhista específica, prevendo o cabimento do agravo para quaisquer decisões proferidas na fase de execução, afasta a possibilidade de argumentar com base na doutrina processual civil. Acresce que esse recurso [referindo-se ao agravo de petição] assegura, na prática, a mesma ampla possibilidade de revisão do julgado ensejada pelo recurso ordinário e até, sendo discutida matéria constitucional, o direito ao recurso de revista".

mente, uma palpável desarmonia sobre o cabimento ou não do recurso em questão para a hostilização imediata de decisões interlocutórias em que magistrado, no curso da execução, tenha resolvido questões incidentes.

Ainda que minoritária, a corrente que pugna pela possibilidade possui alguma força, não sendo a aludida hipótese completamente descartada pela doutrina. É de se ver, a propósito, as palavras de Renato Saraiva:

> Embora polêmico, parte da doutrina e jurisprudência também aceita a interposição de agravo de petição em face das decisões interlocutórias, se terminativas em relação ao objeto da pretensão, como nos casos de decisão que torna se efeito a penhora, que determina o levantamento de depósito em dinheiro feito pelo executado etc.[2]

Penso, acerca do tema, que uma posição intermediária entre os dois ângulos de visada seja a mais acertada.

Há de se notar, inicialmente, que a abreviada redação do art. 897, "a", da CLT clama por interpretação sistemática, devendo ser compreendida à luz do § 1º do art. 893 da CLT, que traz no seu bojo o princípio processual juslaboral da irrecorribilidade imediata das decisões interlocutórias, ao ditar que "os incidentes do processo serão resolvidos pelo próprio Juízo ou Tribunal, admitindo-se a apreciação do merecimento das decisões interlocutórias somente em recurso da decisão definitiva".

Creio, assim, que o agravo de petição deva, em regra, ser restritivamente manejado, com utilização cingida à objurgação de sentenças típicas, sejam de extinção do procedimento executivo ou resolutivas de ações incidentes à execução.

Mas se por um lado é certo que pelo menos na perspectiva histórica essa é a conclusão que melhor se amolda às singularidades do Processo do Trabalho, por outro não é menos correto que a questão ganhou contornos um tanto mais intrincados hodiernamente.

Ocorre que pelo menos no atual estágio do Processo Civil, os embargos do devedor perderam o *status* de ação, já que a Lei n. 11.232/05 inseriu no CPC o art. 475-L, que trata os antigos embargos sob o título de impugnação, relegando-os a um papel de mero incidente executivo.

A partir daí a decisão que soluciona os embargos (*rectius*: impugnação) assumiu certa natureza híbrida, como de resto já acontecia nas objeções de pré-executividade.

Excepcionalmente, assim, se a pretensão veiculada na impugnação for acolhida e a execução em decorrência for extinta, a decisão ostentará inequívoca natureza sentencial. Em regra, contudo, se a pretensão aviventada na impugnação for rejeitada, ou mesmo acolhida sem conduzir à extinção da execução, a decisão adquirirá inelutável feição interlocutória.

Tanto é assim, que o § 3º do art. 475-M do CPC (também inserido no CPC por força da Lei n. 11.232/05) estatui que a decisão que resolver a impugnação é recorrível mediante agravo de instrumento, salvo quando importar extinção da execução, hipótese em que caberá apelação.

Como se sabe, a natureza jurídica dos embargos nunca foi bem equacionada no âmbito da processualística laboral, limitando-se a doutrina e a jurisprudência trabalhista a alardear, com fulcro nas lições do Processo Civil, que esta seria de ação.

Na prática, todavia, os embargos sempre tiveram tratamento de reles incidente executivo, na medida em que sequer eram autuados e apensados ao processo principal, sendo meramente encartados e processados nos próprios autos do cumprimento de sentença.

Antedita prática (de encartar e processar os embargos nos próprios autos do cumprimento de sentença), aliás, acabou sendo parcialmente absorvida pelo Processo Civil com o advento da Lei n. 11.232/05, na medida em que, atualmente, o art. 475-M, § 2º, do CPC estabelece que, uma vez deferido efeito suspensivo à impugnação[3], esta será instruída e decidida nos próprios autos.

Assim, diante da precariedade da legislação trabalhista acerca do tema, e da iniludível similaridade entre os embargos do Processo do Trabalho e a impugnação do Processo Civil, não me parece nenhuma heresia jurídica considerar que, também na processualística juslaboral, os embargos do devedor mereçam tratamento de mero incidente executivo, desprovidos, portanto, do antigo *status* de ação.

Dessarte, não há como se concluir de modo diferente, a não ser para compreender que a decisão

---

(2) SARAIVA, Renato. *Curso de direito processual do trabalho*. 4. ed. São Paulo: LTr, 2010. p. 476.
(3) A regra geral, prevista no *caput* do art. 475-M do CPC, é da não suspensividade.

que acolher os embargos e extinguir a execução terá natureza de sentença, enquanto que a decisão que rejeitá-los ou que acolhê-los sem induzir à extinção do procedimento executivo possuirá matiz interlocutório.

Consoante já se pode intuir, a discussão não se restringe ao mero interesse acadêmico, possuindo, a bem da verdade, indisfarçável importância prática, pois, como é palmar, as interlocutórias não são recorríveis de plano no Processo do Trabalho.

O que fazer, então, quando a decisão rejeitar a pretensão aviada nos embargos? Não me parece saudável, nesses casos, que a interposição de agravo de petição seja pura e simplesmente repelida.

Creio, com efeito, que em atenção à proporcionalidade das garantias processuais colidentes, o princípio juslaboral da irrecorribilidade imediata das interlocutórias deva ser excepcionalmente mitigado, já que tal solução, ao mesmo tempo em que, por exemplo, garantirá ao devedor o postulado fundamental da ampla defesa com os meios e recursos a ela inerentes (art. 5º, LV, da CRFB), em nada prejudicará o direito do exequente trabalhista a um devido processo sem dilações temporais indevidas (art. 5º, LXXVIII, da CRFB), pois a regra geral da não suspensividade dos embargos (art. 475-M, *caput*, ab *initio*, do CPC) permitir-lhe-á que a execução siga seu curso até os ulteriores termos, inclusive com liberação de dinheiro, se for o caso.

Observe-se que se por acaso o dinheiro for liberado ao exequente antes do julgamento do agravo de petição interposto pelo devedor, a questão, em sendo necessário, será solucionada à luz do disposto no § 2º do art. 694 do CPC, por via da chamada execução invertida, quando o executado eventualmente terá direito a haver do exequente o valor por este recebido como produto da arrematação

2. Prazo e preparo

Seguindo a regra geral dos prazos recursais trabalhistas (art. 6º da Lei n. 5.584/70), o prazo para a interposição de agravo de petição, especificamente previsto no art. 897 da CLT, é de oito dias, contados, obviamente, da cientificação da decisão agravável.

Quanto ao preparo, porém, a matéria é um tanto mais complexa, pois se de um lado é correto sustentar que o art. 40 da Lei n. 8.177/91 estabelece que o depósito recursal somente é exigível no caso de recurso ordinário, recurso de revista, embargos infringentes e recursos extraordinários, por outra vertente não é menos exato asseverar que, pelo menos para o executado, o antecedente lógico da recorribilidade no agravo de petição será uma decisão que lhe seja total ou parcialmente desfavorável no âmbito dos embargos à execução, cujo pressuposto lógico de manejamento é a garantia do juízo (art. 884, *caput*, da CLT).

Com efeito, muito embora no sentido técnico do termo o agravo de petição não reclame preparo para ser interposto, o fato é que o inciso II, da Súmula n. 128 do TST, esclarece, que garantido o juízo na fase executória, a exigência de depósito para recorrer de qualquer decisão viola os incisos II e LV do art. 5º da CF/88, mas que se por acaso houver elevação do valor do débito (em função, por exemplo, do acolhimento de impugnação à sentença de liquidação aviada pelo exequente), exigir-se-á, por parte do recorrente-devedor, a complementação da garantia do juízo.

Somada à dicção sumular, a IN n. 3/93 do TST estabelece, nas alíneas "c" e "d" do seu item IV, que uma vez garantida integralmente a execução nos embargos, só haverá exigência de depósito em qualquer recurso subsequente do devedor se tiver havido elevação do valor do débito, hipótese em que o depósito recursal corresponderá ao valor do acréscimo, sem qualquer limite, sendo efetivado mediante guia de depósito judicial expedida pela Secretaria Judiciária, à disposição do Juízo da Execução.

Já quanto à custas, é previsto o pagamento de R$ 44,26 no caso da interposição de agravo de petição (art. 789-A, IV, da CLT). Tais custas, no entanto, são sempre de responsabilidade do executado e somente são pagas ao final da execução (art. 789-A, *caput*, *in fine*, da CLT), não podendo ser consideradas, portanto, como inseridas no âmbito do preparo recursal.

3. Pressupostos específicos

Como não poderia deixar de ser, uma vez interposto o agravo de petição, o juiz perquirirá sobre a presença dos seus pressupostos intrínsecos (legitimidade para recorrer, interesse recursal, cabimento do recurso) e extrínsecos (tempestividade, regularidade formal, preparo e não ocorrência de fato extintivo ou impeditivo do direito de recorrer).

Mas o fato é que, além desses pressupostos genéricos, o agravo de petição ainda possui pressupostos específicos que são imprescindíveis para o seu conhecimento, consistentes na **delimitação justificada das matérias e valores impugnados (§ 1º do art. 897 da CLT)**.

Tais pressupostos, obviamente, homenageiam o princípio da dialeticidade, que uma vez previsto no art. 514 do CPC e referendado pela Súmula n. 422 do TST, exige, até mesmo para a aferição do cabimento do apelo manejado, que o recorrente evidencie com fôlego as concretas razões do seu inconformismo contra a decisão hostilizada em sede recursal.

Na delimitação da matéria, com efeito, o recorrente deverá satisfazer a parêmia *tantum devolutum quantum apelatum*. Já na demarcação dos valores, o interessado se rebelará em face do montante devido.

Vale realçar, no que diz respeito à impugnação justificada de valores, que de modo oposto ao que se possa imaginar, o puro e simples oferecimento de novos cálculos não atende ao pressuposto legal. Assim, para não tumultuar a execução, o interessado deverá investir, minudentemente, contra cada um dos pontos que queira rechaçar da conta homologada, sob censura de não ver o seu agravo de petição conhecido[4].

Verdadeiro truísmo que sobre os pontos não impugnados a coisa julgada se formará, de modo a permitir, imediatamente, a liberação definitiva ao exequente de eventual numerário constrito. Justamente por isso é que a parte final do § 1º do art. 897 da CLT permite a execução da parte remanescente (não impugnada) até o final, nos próprios autos ou por carta de sentença.

Corroborando o que foi asseverado no parágrafo anterior, a Súmula n. 416 do TST vaticina que "devendo o agravo de petição delimitar justificadamente a matéria e os valores objeto da discordância, não fere direito líquido e certo o prosseguimento da execução quanto aos tópicos e valores não especificados no agravo".

4. Efeitos

A rigor da disciplina legal, uma vez interposto o apelo, o juiz deverá declarar os efeitos em que o recebe (art. 518 do CPC). Tal regramento, todavia, não se mostra tão preponderante no Processo do Trabalho, pois, em regra, os recursos trabalhistas, entre eles o agravo de petição, são somente dotados de efeito devolutivo (art. 899 da CLT).

A questão da suspensividade, entretanto, poderá gerar alguma dúvida nos domínios do agravo de petição. Ocorre que a parte final do § 1º do art. 897 da CLT, ao permitir a execução imediata da parte remanescente até o final, estaria, *a contrario sensu*, a impregnar a parte impugnada (matéria do agravo de petição) de efeito suspensivo.

Evidente que tal entendimento não pode prevalecer, pois, como é trivial, a consequência básica do efeito suspensivo é a de impedir que a decisão produza efeitos até que o recurso seja julgado, inviabilizando, portanto, a execução provisória da sentença (*vide*, a propósito, o § 1º do art. 475-I do CPC).

Ora, na maioria esmagadora das vezes o agravo de petição será manejado em um contexto no qual a decisão que lastreia a execução (sentença cognitiva) já transitou em julgado, sendo definitivo, portanto, o procedimento executivo (*vide*, mais uma vez, o § 1º do art. 475-I do CPC). Por corolário lógico, não haverá cabimento em se falar na concessão ao agravo de petição de efeito suspensivo, cuja nótula emblemática, como já ressaltado, é a de impedir a execução provisória da sentença.

Para se compreender corretamente a questão, será fundamental observar que o art. 897, § 1º, da CLT foi construído à luz do antigo regramento do Código de Processo Civil, que impregnava os embargos do devedor de efeito suspensivo (*vide*, a propósito, a redação do § 1º do antigo art. 739 do CPC, com a redação que lhe outorgava a Lei n. 8.953/94).

Como não poderia deixar de ser, se os embargos tinham efeito suspensivo e se o agravo de petição é o recurso que se maneja contra a rejeição dos temas neles veiculados, revelava-se óbvio que não seria legítimo executar, até os ulteriores termos, as matérias e valores impugnados.

O art. 897, § 1º, da CLT não carregava consigo, assim, mais do que uma obviedade.

Hoje, todavia, diante da regra geral da não suspensividade dos embargos (art. 475-M, *caput*, do CPC), que ilumina o Processo do Trabalho à luz da omissão celetista, o art. 897, § 1º, da CLT deve ganhar nova leitura, para ter-se em mente que sendo a execução definitiva, nada obstará que a execução atinja integralmente o seu cume[5].

Caso o devedor obtenha êxito no agravo de petição, restar-lhe-á o remédio da execução invertida,

---

(4) *Vide*, nesse sentido, CARRION, Valentin. *Comentários à consolidação das leis do trabalho*. 33. ed. São Paulo: Saraiva, 2008. p. 800.
(5) Em determinados contextos, aliás, até mesmo a execução provisória poderá redundar na expropriação de bens e liberação de dinheiro, independentemente da oferta de caução (*vide*, a propósito, o § 2º, I e II, do art. 475-O do CPC).

que atualmente está expressamente consagrado no § 2º do art. 694 do CPC.

Pensar o contrário seria distribuir, de modo absolutamente perverso, o ônus do tempo no processo, para se atribuir ao exequente de créditos de natureza alimentícia todos os percalços processuais, fechando os olhos para o fato de o seu direito ter sido reconhecido em sentença transitada em julgado.

5. Processamento

De um modo geral, é lícito dizer que o agravo de petição cumpre, na execução, a mesma função que o recurso ordinário desempenha no processo de cognição. Quanto ao processamento, contudo, cada um deles possui características próprias. Relativamente a tais peculiaridades, uma clama por atenção especial, na medida em que intimamente ligada à efetividade do procedimento executivo.

Ocorre que, como já realçado anteriormente, os embargos à execução, que no caso do devedor constituem-se em verdadeiro antecedente lógico da interposição do agravo de petição, não mais possuem, em regra, efeito suspensivo (art. 475-M, *caput*, 1ª parte, do CPC).

Tal fato, associado ao efeito meramente devolutivo que é inerente aos recursos trabalhistas (art. 899, *caput*, parte final, da CLT), conduz atualmente à inelutável conclusão que a execução galgará os seus ulteriores termos, ainda que na pendência da análise de eventual recurso interposto.

Daí a importância que o magistrado, em não concedendo efeito suspensivo aos embargos, esclareça ao interessado, no caso de autos analógicos, que eventual agravo de petição será processado em instrumento autônomo (*vide*, a propósito, a parte final do § 3º do art. 897 da CLT, bem como o § 8º do mesmo preceito legal), motivo pelo qual deverão ser apresentadas à Secretaria, em tempo hábil e devidamente autenticadas, as cópias das peças processuais necessárias à instrução do recurso[6], permanecendo os autos principais no piso, para a consumação dos atos de expropriação.

Vale pontuar, entretanto, que com a definitiva adoção do Processo Judicial Eletrônico na Justiça do Trabalho, a antedita dificuldade restará superada, bastando enxergar, no pertinente, o indicativo inserido no art. 25 da Resolução n. 94 do Conselho Superior da Justiça do Trabalho, que preconiza, a partir da implantação do PJe, a dispensa da formação de autos suplementares em casos como de agravo de instrumento, precatórios, agravos regimentais e execução provisória.

6. Sínteses conclusivas

Finalmente, revela-se oportuna, principalmente no que diz respeito aos aspectos mais atuais e polêmicos do agravo de petição, a apresentação de algumas sínteses conclusivas:

— De acordo com o art. 897, "a", da CLT, cabe agravo de petição, no prazo de oito dias, das decisões que o juiz prolatar nas execuções;

— Na regra geral, as decisões que desafiam a interposição de agravo de petição são aquelas realtivas à extinção do procedimento executivo (arts. 794 e 795 do CPC), bem como as resolutivas de ações cognitivas incidentes à execução;

— Atualmente, contudo, existe suficiente espaço para que se recorra imediatamente contra decisões interlocutórias proferidas no curso da execução, principalmente depois que em face da Lei n. 11.232/05 os embargos do devedor perderam o *status* de ação;

— Uma vez garantido o juízo na fase executória, a exigência de depósito para recorrer de qualquer decisão viola o princípio da ampla defesa, mas, em ocorrendo elevação do valor do débito, exigir-se-á, por parte do recorrente-devedor, a complementação da garantia do juízo;

— O agravo de petição possui pressupostos específicos que são imprescindíveis para o seu conhecimento, consistentes na delimitação justificada das matérias e valores impugnados (§ 1º do art. 897 da CLT);

— Diante da regra geral da não suspensividade dos embargos (art. 475-M, *caput*, do CPC), que ilumina o Processo do Trabalho à luz da omissão celetista, o art. 897, § 1º, da CLT deve ganhar nova leitura, para ter-se em mente que sendo a execução definitiva, nada obstará que ela atinja integralmente o seu cume;

— Nos autos analógicos deverão ser apresentadas à Secretaria, em tempo hábil e devidamente autenticadas, as cópias das peças processuais necessárias à instrução do recurso, remanescendo os autos principais no piso, para a realização dos atos de expropriação;

— Com a adoção do Processo Judicial Eletrônico na Justiça do Trabalho a formalidade indicada no parágrafo anterior restará superada.

---

[6] No Processo Civil, a solução será diferente, já que por força do § 2º do art. 475-M do CPC, os embargos (*rectius*: impugnação) desprovidos de efeitos suspensivo serão instruídos e decididos em autos apartados.

Referências

CARRION, Valentin. *Comentários à consolidação das leis do trabalho*. 33. ed. São Paulo: Saraiva, 2008.

GIGLIO, Wagner D. *Direito processual do trabalho*. 10. ed. São Paulo: Saraiva, 1997.

SARAIVA, Renato. *Curso de direito processual do trabalho*. 4. ed. São Paulo: LTr, 2010.

CAPÍTULO 32

SOBRE O (NÃO) DEVER DE DELIMITAÇÃO DOS VALORES, PELO RECORRENTE, NO AGRAVO DE PETIÇÃO

RODOLFO PAMPLONA FILHO[*]
TÉRCIO ROBERTO PEIXOTO SOUZA[**]

1. Introdução

Em primeiro lugar se deve felicitar a iniciativa dos Coordenadores de homenagear o Professor Wagner Giglio. Enquanto discípulos daquele Mestre de Gerações, ficamos muito honrados em colaborar com o presente ensaio para essa magnífica coletânea.

Para tanto, trazemos a lume questão, a nosso modesto sentir ainda não tão debatida, e que merece ao menos algumas ponderações. Trata-se da exigência prevista no art. 897, § 1º, da CLT e a sua aplicação irrestrita, em desfavor do recorrente. Com efeito, antes de adentrar em qualquer discussão acerca do assunto, é preciso que se explicite não ser possível negar a relevância sistêmica que possui o aludido § 1º do art. 897 do texto consolidado.

Como veremos adiante, segundo aquele dispositivo, é um dos pressupostos do agravo de petição, recurso específico do processo executivo justamente a delimitação, por parte do recorrente, dos valores impugnados. Esse expediente pretende permitir a execução imediata do valor remanescente até o final, nos próprios autos ou por carta de sentença.

Enquanto efeito prático daquela previsão normativa, tem-se que a exigência legal toma por vista dois aspectos absolutamente relevantes. O primeiro deles é que se exige do recorrente a apresentação de cálculos que espelhem o teor das impugnações realizadas, juntamente com a peça recursal.

O segundo efeito, por seu tempo, é que justamente a partir da "liquidação da irresignação" se possa precisamente delimitar o conteúdo quantitativo daquilo o que se discute na peça recursal, tudo a fim de viabilizar, notadamente em favor do recorrido-credor, a satisfação imediata da sua pretensão, eis que não precisará aguardar o trânsito em julgado da decisão para definitivamente fruir da parte incontroversa da decisão.

(*) Juiz Titular da 1ª Vara do Trabalho de Salvador/BA. Coordenador do Curso de Especialização em Direito Civil e em Direito e Processo do Trabalho da Faculdade Baiana de Direito. Mestre e Doutor em Direito das Relações Sociais pela PUC-SP — Pontifícia Universidade Católica de São Paulo. Máster em Estudios en Derechos Sociales para Magistrados de Trabajo de Brasil pela UCLM — Universidad de Castilla-La Mancha/Espanha. Especialista em Direito Civil pela Fundação Faculdade de Direito da Bahia. Professor Adjunto da graduação e pós-graduação (Mestrado e Doutorado) em Direito da UFBA — Universidade Federal da Bahia. Professor Titular de Direito Civil e Direito Processual do Trabalho da UNIFACS — Universidade Salvador. Membro da Academia Nacional de Direito do Trabalho, da Academia de Letras Jurídicas da Bahia e da Academia Brasileira de Direito Civil.

(**) Procurador do Município do Salvador. Advogado. Sócio de MSampaio & Souza Advogados. Pós-Graduado em Direito pela UNIFACS — Universidade Salvador e Mestre em Direito pela UFBA — Universidade Federal da Bahia.

Em outras palavras, a finalidade daquela exigência é justamente permitir àquele que é o usual credor no âmbito do processo laboral, o trabalhador-reclamante, que possa satisfazer-se do bem da vida pretendido, ao menos naquilo que for incontroverso, imediatamente, independente de ter havido ou não recurso por parte do seu ex-adverso.

Todavia, há questão que parece relevante, e que será o objeto da nossa análise nesse ensaio, qual seja, a necessidade do sopesamento do aludido pressuposto recursal em face da condição pessoal de cada um dos litigantes.

De fato, em um primeiro momento parece ser possível a exoneração daquele pressuposto recursal àquele que justamente pretende ver ampliado o seu crédito por meio da reforma da decisão de embargos à execução (o reclamante-exequente), assim como parece ser possível a dispensa da aludida delimitação em face da Fazenda Pública, dada a previsão Constitucional dos pagamentos que lhe são exigidos.

É o que veremos adiante.

2. Da delimitação de valores. A previsão do art. 897, § 1º, da CLT

Como já referimos, entre os pressupostos recursais há um exclusivo do agravo de petição, qual seja, a delimitação, justificadamente, das matérias e dos valores impugnados, na forma do art. 897, § 1º, da CLT. Segundo aquela previsão:

Art. 897. Cabe agravo, no prazo de 8 (oito) dias:

a) de petição, das decisões do Juiz ou Presidente, nas execuções;

§ 1º O agravo de petição só será recebido quando o agravante delimitar, justificadamente, as matérias e os valores impugnados, permitida a execução imediata da parte remanescente até o final, nos próprios autos ou por carta de sentença.

Dada a literalidade do dispositivo, como já se mencionou anteriormente, sob pena de não conhecimento da irresignação recursal, exige-se do recorrente a apresentação de cálculos que espelhem o teor das impugnações realizadas, juntamente com a peça recursal.

À guisa de interpretação do dispositivo, segundo Mauro Schiavi[1], "o agravante deve declinar na petição do agravo as matérias que impugna expressamente, bem como os valores incontroversos, a fim de possibilitar a execução da parte não impugnada, que será definitiva".

Nesse mesmo sentido, note-se que em diversas oportunidades o Judiciário Trabalhista já se pronunciou no sentido de tornar inviável o conhecimento do recurso na hipótese de não atendido o aludido pressuposto processual, independente da posição daquele que maneja o instrumento recursal.

Por exemplo, os julgados a seguir mencionados, exarados inclusive pelo E. TST, evidenciam a exigência do preenchimento do mencionado pressuposto recursal independente da condição de quaisquer das partes da demanda. Vejamos:

AGRAVO DE INSTRUMENTO EM RECUSO DE REVISTA — EXECUÇÃO — DELIMITAÇÃO DE VALORES AUSÊNCIA — *A delimitação justificada dos valores impugnados é requisito de admissibilidade do agravo de petição, a teor do art. 897, § 1º, da CLT, ônus processual do qual não se excetuou a Fazenda Pública. Desse contexto, a ausência de apresentação dos valores que o Município reclamado entende serem devidos ao reclamante enseja o não conhecimento do agravo de petição, não havendo se falar em cerceamento de defesa. Ademais, para a sua constatação, primeiro seria necessário interpretar-se a legislação ordinária (art. 897, § 1º, da CLT), a fim de concluir-se pela alegada violação do dispositivo constitucional apontado. Incólume o art. 5º, XXXV e LV, da Constituição Federal. Precedentes. Agravo de instrumento não provido.* (TST — AIRR 195800-79.2007.5.09.0022 — Relª Minª Maria das Graças Silvany Dourado Laranjeira — DJe 26.3.2013 — p. 1235)

AGRAVO DE PETIÇÃO — EXEQUENTE — NECESSIDADE DE DELIMITAÇÃO DE VALORES — Por força da disposição contida no art. 897, § 1º, da CLT, o agravante deve delimitar, justificadamente, a matéria e os valores impugnados, o que possibilita o conhecimento do recurso de agravo de petição. *A regra não faz distinções, pelo que se pode afirmar que o autor da ação está obrigado a cumprir essa exigência. Recurso não conhecido.* (TRT 8ª R. — AP 0123600-63.2009.5.08.0012 — Rel. Des. Fed. Luis Jose de Jesus Ribeiro — DJe 26.7.2011 — p. 19)

Todavia, não parece ser esse o entendimento mais adequado. É que, como já dissemos, visando impor alguma racionalidade ao sistema recursal, o legislador apontou determinados itens que devam ser preenchidos, enquanto questões consideradas antecedentes de outras no recurso.

---

(1) SCHIAVI, Mauro. *Manual de direito processual do trabalho.* 3. ed. São Paulo: LTr, 2010. p. 778.

Os pressupostos recursais são denominados requisitos de admissibilidade recursal, pois constituem requisitos prévios que o recorrente deve preencher para que seu apelo seja conhecido e julgado pelo Tribunal.

Tais pressupostos, verdadeiras exigências para o conhecimento da pretensão recursal, todavia, não podem ser desarrazoados, sob pena de verdadeira afronta ao contraditório e à inafastabilidade do Poder Judiciário.

Desse modo, parece certo que devemos considerar a condição pessoal daquele que exerce o manejo do expediente recursal, não devendo ser, desse modo, a interpretação daquele pressuposto recursal tão restritivo, a ponto de inviabilizar a própria pretensão recursal.

3. Da condição pessoal da parte como necessário instrumento da interpretação processual

O processo democrático encontra finalidade no próprio sujeito de direito que se sujeita à jurisdição. Não foi outra a razão que fez com que o Constituinte tenha explicitado o conteúdo dos princípios do devido processo legal, e do contraditório e ampla defesa, plasmados no art. 5º, incs. LIV e LV, da CF/88.

> LIV — ninguém será privado da liberdade ou de seus bens sem o devido processo legal;
>
> LV — aos litigantes, em processo judicial ou administrativo, e aos acusados em geral são assegurados o contraditório e ampla defesa, com os meios e recursos a ela inerentes.

De outro lado, como já dissemos, é possível identificar que o princípio do devido processo legal possui um sentido formal e um sentido substancial. No sentido formal, significa o direito a um processo cujo procedimento obedeça às regras previamente estabelecidas em lei; portanto, que cada passo do procedimento esteja nesta última pautado.

Em um sentido substancial, o devido processo legal apresenta-se como o direito a um processo cujas decisões judiciais sejam corretas, justas e razoáveis. Tal preceito tem por escopo precípuo limitar a atuação do Juiz (representante do Estado), para que este não se exceda no exercício de sua atividade e que não cometa arbitrariedades que venham a atingir o patrimônio, a vida e a liberdade alheios.

Tal qual apresentado por André Cordeiro Leal, a racionalidade das decisões judiciais vincula-se à própria racionalidade do Direito, e por isso, como indica Habermas[2], podemos falar em contraditório na perspectiva de que a decisão judicial será proferida com base em argumentos relevantes e não arbitrários.

Os direitos processuais garantem a cada sujeito de direito a pretensão a um processo equitativo, ou seja, uma clarificação discursiva das respectivas questões de direito e de fato; desse modo, os atingidos podem ter a segurança de que, no processo, serão decisivos para a sentença judicial argumentos relevantes e não arbitrários.

A partir daquelas ponderações, podemos afirmar, sem medo de errar, que o processo deve servir, enquanto instrumento assecuratório, às partes, do acesso pleno à jurisdição, o que implica, inclusive, na adequação da atuação estatal à condição pessoal da parte.

Tal premissa não é estranha ao Processo do Trabalho. Nas questões atinentes à distribuição dinâmica do ônus da prova, ou teoria das cargas dinâmicas, que tem como precursor o processualista argentino Jorge Walter Peyrano[3], tem-se como ideia central a apuração da aptidão para a produção da prova, levando em consideração justamente tal condição pessoal.

No caso, deve suportar o encargo de provar aquele que estiver em melhores condições, fáticas, técnicas, econômicas e jurídicas, de produzi-la, à luz das circunstâncias do caso concreto, sendo tais premissas aplicáveis aos conflitos sujeitos à jurisdição laboral. Nesse sentido, o TST já se pronunciou:

> RECURSO DE REVISTA — 1. VALE-TRANSPORTE — INDENIZAÇÃO — ÔNUS DA PROVA — Este colendo Tribunal Superior do Trabalho, por meio da Orientação Jurisprudencial n. 215 da SBDI-1, entendia ser ônus do empregado provar o preenchimento dos requisitos indispensáveis à obtenção do vale-transporte. Contudo, revendo seu posicionamento, referida Orientação foi cancelada. *Desse modo, pela própria teoria da distribuição dinâmica do ônus da prova, é notório que se apresenta mais propício ao empregador comprovar que o empregado não satisfez os requisitos para a concessão do vale-transporte que ao*

---

(2) *Apud* LEAL, André Cordeiro. *O contraditório e a fundamentação das decisões no direito processual democrático.* Belo Horizonte: Mandamentos, 2002. p. 77.

(3) ZANETI, Paulo Rogerio. *Flexibilização das regras sobre ônus da prova.* São Paulo: Malheiros, 2011. p. 116.

trabalhador provar que o satisfez. Nesse contexto, incumbe à reclamada a prova de que a reclamante não satisfazia os requisitos para concessão dos vales-transportes, ônus do qual não se desincumbiu. Recurso de revista não conhecido. (TST — RR 49400-09.2009.5.04.0332 — Rel. Min. Guilherme Augusto Caputo Bastos — DJe 19.12.2012 — p. 764)

Tal premissa é relevante porque não se pode ignorar a necessária adequação dos preceitos procedimentais à condição de cada um dos sujeitos envolvidos com a demanda. E é justamente o que se defende no presente texto.

3.1. Da condição pessoal do credor-autor. Da desnecessidade da delimitação de valores

A condição pessoal da parte deverá ser levada em consideração para fins da aferição do valor "justiça" quanto à exigência do preenchimento do aludido requisito, qual seja, a delimitação dos valores impugnados, quando do agravo de petição.

Com efeito, não obstante não tenha o legislador explicitado, no art. 897, § 1º qualquer exceção quanto ao mesmo requisito, não parece razoável exigir, por exemplo, ao exequente-credor, a aludida delimitação dos valores impugnados, no agravo de petição.

Tomando-se o que é usual ocorrer, tem-se que o trabalhador-autor é, normalmente, o exequente-credor nas demandas sujeitas à jurisdição trabalhista. De outro lado, é sabido ainda que, ao iniciar o processo executivo, o Autor-credor poderá ter a sua pretensão executiva limitada através de quaisquer dos instrumentos previstos em lei ou decorrentes da construção jurisprudencial (embargos à execução, embargos à penhora, exceção de pré-executividade etc.).

Através daqueles mecanismos, é possível existir uma limitação da pretensão executiva, desde que sejam acolhidas pelo Juízo de piso as razões suscitadas pelo executado. E contra a decisão proferida em sede de embargos à execução, embargos à penhora, exceção de pré-executividade etc., em que são limitados os termos da execução, seria cabível justamente o recurso de Agravo de Petição para o Regional respectivo, precisamente na forma do art. 897, "a", da CLT, pelo Credor-Autor.

Em tal hipótese se evidencia o manifesto descabimento da aludida exigência da delimitação dos valores impugnados em desfavor do Credor-Autor, porquanto tal pressuposto recursal, como já dito, possui por escopo justamente beneficiar o credor, permitindo-lhe a execução imediata e satisfação da sua pretensão, na parte não controversa da demanda.

Se o Juízo de piso limita os termos da execução promovida pelo Credor, e há recurso apenas por parte deste, obviamente tal limitação torna certa a existência do crédito em favor do Recorrente, que visará, através do agravo de petição mencionado, por certo, ampliar, por meio da pretensão recursal, os termos do procedimento executivo.

Daí não fazer qualquer sentido a imposição do aludido pressuposto recursal. É justamente nesse sentido que diversos Regionais têm se manifestado, reconhecendo a necessidade de uma interpretação teleológica ao mencionado dispositivo legal. Vejamos:

AGRAVO DE PETIÇÃO DO EXEQUENTE — ADMISSIBILIDADE — DELIMITAÇÃO DE VALORES — No tocante à exigência legal de delimitação de valores pelo agravante de petição, deve ser levado em consideração que essa determinação legal objetiva, essencialmente, à liberação imediata dos valores incontroversos ao exequente. Se o exequente é o agravante, essa delimitação, via de regra, deve ser relevada, em atenção à interpretação teleológica do dispositivo legal. (TRT 3ª R. — AP 104/2010-052-03-00.7 — Rel. Juiz Conv. Carlos Roberto Barbosa — DJe 2.8.2012 — p. 244)

PRELIMINARMENTE — NÃO CONHECIMENTO DO AGRAVO DE PETIÇÃO DO EXEQUENTE — AUSÊNCIA DE DELIMITAÇÃO DE VALORES — A exigência contida no art. 897, § 1º, da CLT é destinada, exclusivamente, à parte executada, tendo em vista que sua finalidade é evitar a interposição de agravos meramente protelatórios, proporcionando a execução imediata da parte incontroversa. Em decorrência, é somente exigível da executada. Rejeito. (TRT 4ª R. — AP 0144400-75.1999.5.04.0012 — S.Esp. — Relª Desª Maria da Graça Ribeiro Centeno — DJe 3.9.2012)

AGRAVO DE PETIÇÃO INTERPOSTO PELO EXEQUENTE — DELIMITAÇÃO DE VALORES — DESNECESSIDADE — A delimitação justificada dos valores impugnados, de acordo com a interpretação sistemática e teleológica do art. 897, § 1º, da CLT, constitui encargo exclusivo do executado, considerando que o escopo da determinação legal consiste em permitir o levantamento imediato, pelo exequente, da parte incontroversa do crédito em execução (OJ EX SE 13, I). (TRT 9ª R. — AP 81600-62.2001.5.09.0089 — Rel. Luiz Celso Napp — DJe 18.5.2012 — p. 311)

AGRAVO DE PETIÇÃO — DELIMITAÇÃO JUSTIFICADA — EXEQUENTE — DESNECESSIDADE — Se a agravante é a própria exequente, desnecessária a exigência de delimitação de valores. A norma contida no § 1º do art. 897 da CLT é dirigida exclusivamente à parte executada, já que seu único objetivo é o de permitir a imediata execução da parte remanescente, sendo a exequente a maior interessada no prosseguimento célere da causa. (TRT 5ª R. — AP 0042400-58.2008.5.05.0010 — 5ª T. — Rel. Des. Paulino Couto — DJe 2.12.2011)

O entendimento apresentado pelos Regionais indicados parece ser o mais acertado, no particular. Não nos parece adequado se exigir daquele que seria o evidente beneficiário da exigência de delimitação de valores prevista no art. 897, § 1º, da CLT, quem seja, o credor-autor, justamente a delimitação dos valores que pretende majorar no agravo de petição, já que o único objetivo da disposição normativa é o de permitir a imediata execução da parte remanescente

3.2. Da condição pessoal do devedor. Da Fazenda Pública e do modo constitucional de satisfação dos seus débitos

Como já dito, em mais de uma oportunidade o E. TST já se manifestou no sentido da inviabilidade do conhecimento do recurso de agravo de petição nas hipóteses em que ausente a "conta de liquidação", independente daquele que interpõe a pretensão recursal. Como já vimos, tal entendimento parece inadequado, dado que não leva em consideração a condição pessoal da parte que exerce a pretensão recursal.

No tocante à Fazenda Pública (União, Estados e Municípios, sujeitos à jurisdição trabalhista (art. 114, I, CF/88)), por igual, se tem exigido o cumprimento do aludido art. 897, § 1º, da CLT, sendo justamente o que se depreende do seguinte julgado:

AGRAVO DE INSTRUMENTO EM RECURSO DE REVISTA — EXECUÇÃO — AGRAVO DE PETIÇÃO NÃO CONHECIDO — AUSÊNCIA DE DELIMITAÇÃO DOS VALORES — ART. 5º, XXXV E LV, DA CF — OFENSA NÃO CONFIGURADA — O art. 897, § 1º, da CLT, ao dispor sobre um pressuposto objetivo específico de admissibilidade do agravo de petição, não excetuou a Fazenda Pública, tal como o fez o art. 467, parágrafo único, também da CLT, da aplicabilidade da multa de que trata o *caput* deste artigo. Logo, não há previsão legal para que se exclua a Fazenda Pública da exigência de satisfazer o comando normativo inserto no § 1º acima referido. Ademais, embora a finalidade precípua da delimitação de valores seja propiciar a execução imediata da parte incontroversa, pelo exequente, outro objetivo é evitar que as partes não utilizem o agravo de petição como instrumento para protelar a execução, alegando, aleatoriamente, excessos ou erros cometidos na conta de liquidação, sem apontar específica e detalhadamente quais seriam os supostos erros. Assim, alegando a Fazenda Pública excesso nos cálculos, como qualquer outro executado, deve apontar especificamente em qual ponto ele teria ocorrido. Ileso, portanto, o art. 5º, XXXV e LV, da Constituição Federal. Precedentes. Agravo de instrumento conhecido e não provido. (TST — AIRR 148600-15.2008.5.09.0322 — Relª Minª Dora Maria da Costa — DJe 22.2.2013 — p. 3289)

Esse entendimento também não nos parece adequado. É o que demonstraremos.

Com efeito, já tivemos a oportunidade de indicar[4] que, do ponto de vista ontológico, não há distinção entre os mecanismos de defesa contra a demanda executiva da Fazenda Pública e dos demais executados.

Assim, o Estado, quando assume uma relação contratual empregatícia, é considerado como particular, sendo-lhe aplicada a CLT e, consequentemente, a atuação da Justiça do Trabalho. Isso ocorreu desde 1943. Com a CF/67, afastou-se a competência da Justiça do Trabalho dizendo-se que essa matéria, ainda que tivesse sido redigida pela CLT, teria que ser decidida pela Justiça Comum, seja a Federal, seja a Estadual. Isso perdurou até a CF/88, quando remeteu-se de volta a competência da Justiça do Trabalho para apreciar esse processo. Claro que posteriormente afastou-se novamente a atuação, mas não por causa da pessoa do Estado *lato sensu*, mas sim por causa da matéria, pois instituiu-se na maior parte dos Estados e da União regimes jurídicos únicos estatutários.

De fato, hoje, a Justiça do Trabalho é competente para apreciar reclamações trabalhistas contra a União, Estados membros, Municípios e Distrito Federal, desde que a relação jurídica seja celetista, seja trabalhista contratual. Esta seria uma peculiaridade quanto à cognição.

Para a execução, todavia, há uma peculiaridade que é a premissa da impenhorabilidade dos bens públicos. Não se pode citar o Estado para pagar uma dívida sob pena de penhora, pois poderá haver a penhora de seus bens, afinal, eles estão fora do comércio. Então, no processo do trabalho, assim como ocorre no processo civil, cita-se o Estado para ter ciência e, querendo, embargar.

Em face justamente do fato de que os bens da Fazenda Pública são impenhoráveis pela indisponi-

---

(4) PAMPLONA FILHO, Rodolfo; SOUZA, Tercio. *Curso de direito processual do trabalho*. São Paulo: Marcial Pons, 2014.

bilidade e interesse público que lhe são inerentes, há peculiaridades no que toca ao procedimento executivo contra a Administração, que não podem ser descurados pelo intérprete.

Isso porque devemos interpretar os dispositivos legais aplicados no processo executivo de acordo com os mandamentos constitucionais, o que impõe seja a execução em face dos órgãos públicos da Administração fundada em preceitos diferenciados, em relação ao devedor privado, seja no tocante ao procedimento, seja no tocante à estipulação dos pressupostos recursais, no processo executivo.

Para tanto, faz-se necessária breve digressão sobre o procedimento de pagamentos das execuções movidas em face da Administração Pública.

Uma vez manejada a pretensão em face da Administração e transitada em julgado a decisão ou não sendo opostos embargos à execução, podemos indicar que caberá ao Juiz requisitar o pagamento por intermédio do Presidente do Tribunal correspondente (art. 730, I, CPC) ou expedir a notificação para a inclusão no orçamento das entidades de direito público, para o ano seguinte, da verba necessária ao pagamento dos precatórios apresentados até 1º de julho (art. 100, *caput*, da CF/88).

Nesse sentido, a própria regra constitucional indica que o pagamento será realizado por ordem cronológica (art. 100, *caput*, da CF/88), seguindo a rigorosa ordem de apresentação do precatório (art. 730, II, do CPC).

Todavia, há uma série de questões a serem discutidas. Vejamos.

A primeira delas é justamente a *aplicabilidade do regime de precatórios* previsto na Constituição Federal (art. 100, *caput*, da CF/88) ao processo do trabalho. Com efeito, a Lei n. 9.469/97, dispôs, em consonância com o art. 100 da CF/88, nos seguintes termos:

> Art. 6º Os pagamentos devidos pela Fazenda Pública federal, estadual ou municipal e pelas autarquias e fundações públicas, em virtude de sentença judiciária, far-se-ão, exclusivamente, na ordem cronológica da apresentação dos precatórios judiciários e à conta do respectivo crédito.
>
> Parágrafo único. É assegurado o direito de preferência aos credores de obrigação de natureza alimentícia, obedecida, entre eles, a ordem cronológica de apresentação dos respectivos precatórios judiciários.

Ou seja, assegurando, por outro lado, "o direito de preferência aos credores de obrigação de natureza alimentícia, obedecida, entre eles, a ordem cronológica de apresentação dos respectivos precatórios judiciários", numa interpretação ligeira, nos leva a crer que os "créditos de natureza alimentícia" não estão excluídos dos precatórios, mas sim da ordem de apresentação em relação aos créditos de outra natureza.

Dito isso, cumpre evidenciar que, no caso de dívida de natureza alimentar, haverá também precatório, sendo conformada duas "filas", uma dos débitos de natureza alimentar e outra de natureza não alimentar. Tratando-se de crédito de natureza alimentar, não estará configurado a preterição se, porventura, aquele é pago antes do crédito não alimentar. As dívidas contra o Estado têm de seguir a ordem cronológica de adimplemento, entre as duas sequências, respeitadas as naturezas dos débitos.

No que toca aos *requisitos formais* do precatório, o TST editou a IN n. 32/07, que, no tocante aos aspectos relevantes para a presente discussão, assim dispõe:

> Instrução Normativa n. 32/07
>
> Uniformiza procedimentos para a expedição de Precatórios e Requisições de Pequeno Valor no âmbito da Justiça do Trabalho e dá outras providências.
>
> Art. 1º Os pagamentos devidos pelas Fazendas Públicas Federal, Estadual, Distrital ou Municipal, em virtude de sentença judicial transitada em julgado, serão realizados exclusivamente na ordem de apresentação dos precatórios e à conta dos créditos respectivos, na forma da lei.
>
> Parágrafo único. Não estão sujeitos à expedição de precatórios os pagamentos de obrigações definidas em lei como de pequeno valor.
>
> [...]
>
> Art. 8º É vedado requisitar pagamento em execução provisória.
>
> [...]

Em síntese, a partir daquela redação podemos dizer que, uma vez concluída a apuração do crédito exequendo, expedir-se-á a ordem de pagamento contra a Administração Pública. Tal ordem encontra previsão justamente no art. 100 da CF/88, bem como nas demais previsões sobre o tema.

Uma vez transitada em julgado a parte da execução quanto à quantificação não há penhora, e o valor torna-se incontroverso. Aqui, deve-se mais uma vez lembrar da premissa da impenhorabilidade dos bens públicos. Então a execução contra a Fazenda ocorre, tradicionalmente, pela via do precatório.

O precatório é um processo de natureza administrativa para a requisição de verba suficiente para o pagamento de uma dívida judicial, incluindo-o no orçamento. O art. 100 da CF diz que deve ser formado esse processo administrativo para a formalização do requerimento de verba necessária para o adimplemento.

Não se trata de uma ordem para pagar, como já dito, mas, sim, de uma solicitação ao Presidente do Tribunal para que se encaminhe o precatório a fim de que este seja incluído no orçamento do ano seguinte, ou melhor, seja destinada a verba necessária para o pagamento.

Desde o advento da EC n. 30, houve a previsão de que, relativamente à expedição de precatórios, não se aplica tal expediente aos pagamentos de obrigações definidas em lei como sendo de pequeno valor — RPV, que a Fazenda Federal, Estadual, Distrital ou Municipal deva fazer em virtude de sentença judicial transitada em julgado.

Assim, não sendo caso de expedir-se o precatório, a execução será realizada diretamente. Todavia, as normas que tratam do assunto são de uma pobreza franciscana. Só a lei dos Juizados Especiais Federais regula de algum modo a matéria. A omissão é flagrante.

No âmbito dos Tribunais Regionais do Trabalho, foram editados vários atos cuja pretensão seja justamente o de regulamentar a matéria, como fez o TRT da 5ª Região, por meio do Provimento GP/CR TRT5 n. 3/11.

Em apertada síntese, podemos dizer que, fixado o valor do débito, sendo a hipótese de expedição de RPV — Requisição de Pequeno Valor, o juiz intima o ente público para que, no prazo de 60 dias, pague o débito, sob pena de, não o fazendo, ser comunicado o fato à Presidência do Tribunal, para que se proceda ao sequestro do valor correspondente.

Explicitada as premissas lógicas para o pagamento por parte da administração, cumpre-nos reafirmar que são diversos os dispositivos aplicáveis a essa espécie de execução. O art. 100 e seus parágrafos, todos da CF/88, assim cuidam do tema e nos orientam acerca das premissas do processo executivo em face da Fazenda Pública:

> Art. 100. Os pagamentos devidos pelas Fazendas Públicas Federal, Estaduais, Distrital e Municipais, em virtude de sentença judiciária, far-se-ão exclusivamente na ordem cronológica de apresentação dos precatórios e à conta dos créditos respectivos, proibida a designação de casos ou de pessoas nas dotações orçamentárias e nos créditos adicionais abertos para este fim. (Redação dada pela EC n. 62/09). (*Vide* EC n. 62/09)
>
> § 1º Os débitos de natureza alimentícia compreendem aqueles decorrentes de salários, vencimentos, proventos, pensões e suas complementações, benefícios previdenciários e indenizações por morte ou por invalidez, fundadas em responsabilidade civil, em virtude de sentença judicial transitada em julgado, e serão pagos com preferência sobre todos os demais débitos, exceto sobre aqueles referidos no § 2º deste artigo. (Redação dada pela EC n. 62/09)
>
> § 2º Os débitos de natureza alimentícia cujos titulares tenham 60 (sessenta) anos de idade ou mais na data de expedição do precatório, ou sejam portadores de doença grave, definidos na forma da lei, serão pagos com preferência sobre todos os demais débitos, até o valor equivalente ao triplo do fixado em lei para os fins do disposto no § 3º deste artigo, admitido o fracionamento para essa finalidade, sendo que o restante será pago na ordem cronológica de apresentação do precatório. (Redação dada pela EC n. 62/09)
>
> § 3º O disposto no *caput* deste artigo relativamente à expedição de precatórios não se aplica aos pagamentos de obrigações definidas em leis como de pequeno valor que as Fazendas referidas devam fazer em virtude de sentença judicial transitada em julgado. (EC n. 62/09)
>
> § 4º Para os fins do disposto no § 3º, poderão ser fixados, por leis próprias, valores distintos às entidades de direito público, segundo as diferentes capacidades econômicas, sendo o mínimo igual ao valor do maior benefício do regime geral de previdência social. (Redação dada pela EC n. 62/09)
>
> § 5º É obrigatória a inclusão, no orçamento das entidades de direito público, de verba necessária ao pagamento de seus débitos, oriundos de sentenças transitadas em julgado, constantes de precatórios judiciários apresentados até 1º de julho, fazendo-se o pagamento até o final do exercício seguinte, quando terão seus valores atualizados monetariamente. (Redação dada pela EC n. 62/09)
>
> § 6º As dotações orçamentárias e os créditos abertos serão consignados diretamente ao Poder Judiciário, cabendo ao Presidente do Tribunal que proferir a decisão exequenda determinar o pagamento integral e autorizar, a requerimento do credor e exclusivamente para os casos de preterimento de seu direito de precedência ou de não alocação orçamentária do valor necessário à satisfação do seu débito, o sequestro da quantia respectiva. (EC n. 62/09)
>
> [...]
>
> § 8º É vedada a expedição de precatórios complementares ou suplementares de valor pago, bem como

o fracionamento, repartição ou quebra do valor da execução para fins de enquadramento de parcela do total ao que dispõe o § 3º deste artigo. (Incluído pela EC n. 62/09)

[...]

Pois bem, diante do procedimento diferenciado para o pagamento, estipulado pelo próprio Constituinte em favor da Coletividade, na pessoa da Fazenda Pública, notadamente em face da regra da indivisibilidade dos valores exequendos, fica claro que, do ponto de vista estritamente Constitucional, a execução em face da Fazenda Pública é sempre única, não havendo a possibilidade de verdadeiro parcelamento do débito, com a satisfação fracionada das obrigações oponíveis em face do ente público, a depender da extensão da sua impugnação.

Aliás, tal possibilidade faria ruir, inclusive, a lógica do precatório prevista no art. 100 da CF/88 anteriormente indicado. Bastaria a impugnação parcial para permitir a emissão de ordem de pagamento igualmente parcial. Isso não nos parece possível. Para tanto, basta se identificar que não seria possível a emissão de duas requisições de pequeno valor (a primeira quando da impugnação parcial, e a segunda ao final demanda), sob pena de verdadeira burla ao sistema de pagamentos do precatório e verdadeira desordem da(s) filas de pagamentos. Afinal, em relação a um mesmo processo, existiriam créditos em posições diferentes da fila de pagamentos (um precatório/RPV correspondente a uma parte da condenação e outro precatório/RPV correspondente a uma outra parte).

Daí por que não parece fazer sentido a exigência da delimitação dos valores impugnados em face da Fazenda Pública, quando maneja o recurso de agravo de petição, sendo tal exigência desconforme à previsão constitucional de pagamentos devidos pela fazenda pública, já que não seria sequer possível ao credor a satisfação imediata de qualquer parte do seu crédito, ainda que incontroverso.

A fim de manter alguma honestidade intelectual é preciso, de outro lado, indicar que o alguns Tribunais[5] já se pronunciaram no sentido de compatibilizar o art. 100 da CF/88 com a possibilidade de execução de parcela incontroversa, desde que o pagamento antecipado daqueles valores relativos à parte incontroversa se faça através do mesmo instrumento (Precatório ou RPV) que a parte principal. Tal posição, todavia, não nos parece ser a mais adequada à sistemática constitucional de pagamentos imposta à Fazenda Pública, na medida em que é expressa, na regulamentação constitucional da matéria, a vedação à expedição de precatórios complementares ou suplementares de valor pago (o que envolveria inclusive o "complemento" da parte incontroversa), bem como o fracionamento, repartição ou quebra do valor da execução, como literalmente previsto no § 8º do art. 100 da CF/88.

Assim, dada a peculiar forma de satisfação das suas obrigações, de sede constitucional, portanto, incompatível com a satisfação imediata e parcial imposta aos demais devedores privados, parece ser possível à Fazenda Pública ter conhecido o seu recurso de agravo de petição em hipóteses em que ausente a mesma conta, não obstante apresentados todos os demais elementos necessários à adequada compreensão da impugnação.

4. Considerações finais

Como já mencionado, na aplicação da lei processual incumbe ao intérprete adequar o procedimento às necessidades inerentes às partes envolvidas na demanda. Assim, parece certa a necessidade de alguma reflexão acerca da exigência do pressuposto processual previsto no art. 897, § 1º, da CLT, tudo para que se possa ter um processo verdadeiramente adequado à necessidade de cada uma das partes envolvidas no litígio.

Nesse contexto, nos parece ser possível a exoneração daquele pressuposto recursal àquele que justamente pretende ver ampliado o seu crédito por meio da reforma da decisão de embargos à execução (o reclamante-exequente), assim como parece ser igualmente possível a dispensa da aludida delimitação em face da Fazenda Pública, dada a previsão Constitucional dos pagamentos que lhe são exigidos.

São essas apenas algumas questões que, no nosso sentir, merecem uma detida reflexão por parte daqueles que pretendem praticar uma verdadeira justiça.

Referências

LEAL, André Cordeiro. *O contraditório e a fundamentação das decisões no direito processual democrático*. Belo Horizonte: Mandamentos, 2002.

---

(5) TRF-5-AGTR: 67182/RN 2006.05.00.008370-0, Relator: Desembargador Federal Frederico Pinto de Azevedo (Substituto), Data de Julgamento: 15.5.2008, Primeira Turma, Data de Publicação: Fonte: *Diário da Justiça*, 13.6.2008, p. 640, n. 112, ano 2008.

PAMPLONA FILHO, Rodolfo; SOUZA, Tercio. *Curso de direito processual do trabalho*. São Paulo: Marcial Pons, 2014.

PEYRANO, Jorge Walter. *Cargas probatórias dinâmicas*. Buenos Aires: Rubinzal-Culsoni, 2004.

SCHIAVI, Mauro. *Manual de direito processual do trabalho*. 3. ed. São Paulo: LTr, 2010.

ZANETI, Paulo Rogerio. *Flexibilização das regras sobre ônus da prova*. São Paulo: Malheiros, 2011.

CAPÍTULO 33

A Arrematação na Justiça do Trabalho: Necessidade de um Debate Maior em Razão da Alegada "Indústria" e suas Consequências Sociais e Econômicas

Luiz Alberto Pereira Ribeiro[*]
Marco Antônio César Villatore[**]

1. Introdução

Em decorrência da possibilidade de realizarem lances por valores inferiores à avaliação (como ocorre na Justiça do Trabalho), a arrematação tem sido utilizada por muitos imobiliaristas, bem como por toda a sociedade, para adquirir bens e negociá-los, almejando lucros que podem ultrapassar o dobro do valor arrematado.

No entanto, entendemos necessário analisar o instituto da arrematação de forma mais profunda, principalmente em relação aos problemas que podem surgir no transcorrer desta, como o que se deve entender por preço vil para fins do desfazimento da arrematação. Se há necessidade de exibir o preço pelo credor/exequente. Se a arrematação extingue a hipoteca. Se o arrematante será responsável pelos ônus existentes sobre o bem arrematado.

O objetivo do presente trabalho será enfrentar os problemas levantados e buscar se posicionar a respeito, almejando atender, pelo menos de forma satisfatória, aos anseios do leitor.

Para tanto, inicialmente serão abordados o conceito, a origem histórica e a natureza jurídica da arrematação, conhecimento este indispensável para que se compreenda a questão de forma adequada.

Posteriormente, trataremos sobre o procedimento da arrematação na Justiça do Trabalho, inclusive quanto à possibilidade de parcelamento do valor lançado, aplicando subsidiariamente a normatização processual civil.

(*) Doutorando em Direito pela Pontifícia Universidade Católica do Paraná (PUC-PR) e Mestre em Direito pela Universidade Estadual de Londrina (UEL). Coordenador da Especialização em Direito do Trabalho e de Processo do Trabalho da PUC-PR, campus Londrina. Professor Adjunto da PUC-PR. Professor da UEL. Advogado.
(**) Pós-Doutorando em Direito pela Universidade de Roma II, "Tor Vergata", Doutor pela Universidade de Roma I, "La Sapienza", revalidado pela Universidade Federal de Santa Catarina (UFSC) e Mestre pela PUC-SP. Professor Adjunto da UFSC, do UNINTER e Titular do Curso de Mestrado e de Doutorado em Direito da Pontifícia Universidade Católica do Paraná. Coordenador da Especialização em Direito do Trabalho e de Processo do Trabalho da PUC-PR, campus Curitiba. Líder do Grupo de Pesquisa "Desregulamentação do Direito, do Estado e Atividade Econômica: Enfoque Laboral". Advogado (disponível em: <http://www.villatore.com.br>).

Finalmente, discutiremos os pontos principais do trabalho, respectivamente em relação ao que se deve entender por preço vil e qual é a posição jurisprudência a respeito; a possibilidade de o credor/exequente arrematar sem exibir o preço; se a arrematação extingue a hipoteca; e se o arrematante responde pelos ônus existentes sobre o bem, como, por exemplo, o Imposto Predial Territorial Urbano (IPTU).

2. Noções fundamentais

É importante para podermos entender o instituto da arrematação na Justiça do Trabalho, bem como traçar os principais pontos divergentes a respeito, discorrermos sobre conceitos fundamentais inerentes a referido instituto.

Para tanto, discorreremos sobre a conceituação e a sua origem, bem como sua natureza jurídica.

2.1. Conceito e noção histórica

Ao se buscar conceituar a arrematação, objetivamos traduzir o que ela é, bem como para que serve.

Inicialmente a palavra arrematar significava "ato de dar por vendidos os bens que iam à hasta pública", passando a ser entendida como "último o lanço que se fez".

A arrematação também pode ser denominada como alienação judicial (ou alienação em hasta pública) e pode ser conceituada, conforme Carlos Henrique Bezerra Leite, como "[...] um ato processual que implica a transferência coercitiva dos bens penhorados do devedor a um terceiro"[1].

Humberto Teodoro Júnior, em uma concepção jurídica, conceitua *hasta pública* "como uma alienação de bens em pregão (isto é, em oferta pública) promovida pelo Poder Público [...]", diferenciando da arrematação, que seria o "ato com que se conclui o pregão, adjudicando[2] os bens ao licitante que formulou o melhor lanço"[3].

De Plácido e Silva fazia a distinção entre hasta pública e arrematação destacando que a arrematação deveria ser entendida como uma "compra e venda que se faz no leilão ou na hasta pública, venda esta que se efetiva ao ofertante ou licitante do *maior lanço*. Daí sua designação em venda em *almoeda*, que quer dizer a quem mais der. Tem a equivalência de *licitação*"[4].

Bráulio Gabriel Gusmão explica que:

As inovações trazidas pela Lei n. 11.382, de 6.12.2006, instituindo novas regras e ampliando o conceito de adjudicação, com as devidas ressalvas, devem ser aproveitadas para a execução trabalhista, como medida de efetividade do processo, assegurando-lhe razoável duração.

Nos termos atualmente propostos, a adjudicação permite ao credor atuação como protagonista da execução, oferecendo-lhe a oportunidade de contribuir para a satisfação do seu crédito.[5]

Realmente, para nós, não há que se confundir *hasta pública* com arrematação, sendo esta uma das formas de expropriação[6] de bens penhorados a quem oferecer o maior lanço.

Pontes de Miranda, em comentários ao Código de Processo Civil de 1939, antes de conceituar a arrematação, esclarece que "arrematar é pôr o remate, o termo, o ponto-final"[7]. A partir dessa definição etimológica da expressão arrematar, o jurista conceitua arrematação no sentido de "movimento processual" e no sentido de estática processual, sendo aquela "a submissão do bem penhorado ao procedimento da alienação ao púbico", e esta como "a assinação do bem, que foi pôsto em hasta pública, ao lançador que ofereceu o maior lanço — que arrematou, que pôs remate à hasta pública"[8].

---

(1) BEZERRA LEITE, Carlos Henrique. *Curso de direito processual do trabalho*. 11. ed. São Paulo: LTr, 2013. p. 1214.
(2) Aqui a palavra empregada adjudicação não está relacionada com a transferência *in natura* do bem para o patrimônio do credor, mas, sim, na concepção de escolha da proposta mais favorável.
(3) THEODORO JÚNIOR, Humberto. *Curso de direito processual civil* — processo de execução e cumprimento da sentença, processo cautelar e tutela de urgência. Rio de Janeiro: Forense, 2012. v. II, p. 351.
(4) DE PLÁCIDO E SILVA. *Vocábulo jurídico*. 2. ed. Rio de Janeiro: Forense, 1967. v. I, p. 156.
(5) GUSMÃO, Bráulio Gabriel. A Lei n. 11.382/06 e a adjudicação na execução trabalhista. *In:* SANTOS, José Aparecido dos (coord.). *Execução trabalhista* — homenagem aos 30 anos Amatra IX. São Paulo: LTr, 2008. p. 429.
(6) É importante destacar que, de acordo com a CLT, além da arrematação, teríamos a adjudicação como outra forma de expropriação de bens penhorados. No entanto, o CPC prevê outras duas formas de expropriação, a alienação por iniciativa particular e o usufruto executivo, formas estas perfeitamente aplicáveis na execução trabalhista a luz do art. 769 do CPC.
(7) PONTES DE MIRANDA. *Comentários ao código de processo civil*. 2. ed. Rio de Janeiro: Forense, 1961. t. XIII: arts. 882-991, p. 347.
(8) PONTES DE MIRANDA. *Comentários ao código de processo civil*. 2. ed. Rio de Janeiro: Forense, 1961. t. XIII: arts. 882-991, p. 339.

Podemos estabelecer a origem da arrematação no Direito Romano, na contextualização do nosso sistema processual. Carvalho Santos, discorrendo sobre a história da arrematação em Roma, destacava que:

> Em Roma, as vendas judiciais eram feitas na praça pública, ao pé de uma lança (hasta) fixada no chão, lança esta que era o símbolo da fortaleza com que a lei defendia e conservava a sua autoridade (*jus imperii*), e disso provém a expressão "hasta pública".
>
> Usavam também os romanos um ramo simbólico, que era entregue ao arrematante em sinal da arrematação. E, ainda hoje, se diz no auto de arrematação, que foi entregue o ramo ao arrematante.[9]

Em decorrência do *postulatio*, o Magistrado determinava o sequestro dos bens do devedor, facultando a este dois meses para o pagamento da dívida. Caso isso não viesse a ocorrer, era facultada a venda dos bens e adjudicada[10] a quem apresentasse o "maior preço, por meio de oficiais públicos, não mais de um *magister* ou de um *curador bonorum*"[11].

A partir da Constituição Imperial de Antonino Pio foi introduzido à execução *pignus in causa iudicati captum*, execução esta que limitava a um ou dois credores. O magistrado, depois do *postulatio* do credor, ordenava aos *apparitores* que penhorassem os bens do devedor (bens suficientes), possibilitando ao devedor que realizasse o pagamento das dívidas. Caso não efetuasse o pagamento, os *apparitores* procediam à venda do bem em hasta pública[12].

Nas Ordenações Filipinas, a arrematação estava estabelecida de forma expressa, objetivando, acima de tudo, a publicidade do ato e, por conseguinte, a possibilidade da alienação pelo maior preço[13]. Não podemos deixar de destacar que no Brasil, até 1822, o sistema jurídico foi estabelecido de acordo com as Ordenações Filipinas[14].

Desta feita, podemos afirmar que a arrematação surgiu no Direito Romano, sendo que no Brasil teve origem com as Ordenações Filipinas, estando presente tanto no CPC (1939 e 1973), bem como na lei de execução fiscal (Lei n. 6.8030/80), estas fontes supletivas do Direito Processual do Trabalho, bem como na própria CLT.

Após apresentadas essas considerações, passamos a analisar a natureza jurídica da arrematação, haja vista ser imprescindível para a análise dos efeitos da arrematação para o arrematante, conforme trataremos posteriormente.

2.2. Natureza jurídica

A importância da natureza jurídica de um instituto deve ser considerada para que se possa de forma clara e objetiva entendê-lo, a partir dos seus elementos essenciais.

Pontes de Miranda, nos comentários ao Código de Processo Civil de 1939, já destacava o debate sobre a natureza jurídica da arrematação, afirmando que "tem sido assaz discutida, mas, à semelhança do que se passa nas outras ciências, cada dia de investigação científica clareia mais, e aponta as fraquezas de velhas ou novas atitudes e construções"[15]. Da mesma forma, Araken de Assis considera a natureza jurídica da arrematação um dos problemas mais difíceis dentro da tutela executiva, principalmente pelo fato da existência de "concepções desarmônicas de teoria geral do processo, de execução e de penhora"[16].

Dentro desse contexto, passamos a analisar as principais posições doutrinarias a respeito da natureza jurídica da arrematação.

Na concepção de Pontes de Miranda, a "verdadeira" teoria da natureza jurídica da arrematação "é a que atende à relação de direito público entre o juiz (Estado) e o arrematante, aliás entre o juiz e os lançadores e entre o juiz e o lançador-arrematante, como ato processual no processo de execução"[17]. Quem

---

(9) CARVALHO SANTOS, J. M. de. *Repertório enciclopédico do direito brasileiro*. Rio de Janeiro: Borsoi, 1947. p. 177.
(10) Essa expressão era utilizada não no sentido de adjudicação, como uma forma de expropriação, como ocorre atualmente.
(11) OTHON SIDOU, J. M. *Processo civil comparado (histórico e contemporâneo) a luz do código de processo civil brasileiro, modificado até 1996*. Rio de Janeiro: Forense Universitária, 1997. p. 55.
(12) FIUZA, César. *Direito processual na história*. Coord.: César Fiuza; colaboração Allan Helber de Oliveira *et al*. Belo Horizonte: Mandamentos, 2002. p. 44.
(13) DE ALMEIDA, Fernando H. Mendes. *Ordenações Filipinas*: ordenações e leis do reino de Portugal recopiladas por mandato d´el Rei D. Felipe, o Primeiro. São Paulo: Saraiva, 1966. p. 320-321.
(14) NASCIMENTO, Walter Vieira do. *Lições de história do direito*. 8. ed. Rio de Janeiro: Forense, 1996. p. 56.
(15) PONTES DE MIRANDA. *Comentários ao código de processo civil*. 2. ed. Rio de Janeiro: Forense, 1961. t. XIII: arts. 882-991, p. 341.
(16) ASSIS, Araken de. *Manual da execução*. 15. ed. rev. e atual. São Paulo: Revista dos Tribunais, 2013. p. 816.
(17) PONTES DE MIRANDA. *Comentários ao código de processo civil*. 2. ed. Rio de Janeiro: Forense, 1961. t. XIII: arts. 882-991, p. 345.

tem o poder de dispor é o Estado, e não o exequente ou o administrador da massa concursal, motivo pelo qual se trata de "um ato jurisdicional, que cobre o negócio jurídico bilateral em que são figurantes o Estado e o arrematante ou o adjudicatário"[18].

Gabriel José Rodrigues de Rezende Filho, ao discorrer sobre o assunto, inclusive em relação às teorias existentes, afirmava que a arrematação "trata-se do exercício normal do poder jurisdicional, pelo qual se faz a modificação jurídica necessária para obter o que falta à satisfação executivo do credor, isto é, o dinheiro", isto é, "por força do poder jurisdicional do Estado", tratando, na verdade, de ato processual executivo[19].

Para Araken de Assis, a vontade do Estado (ao prestar a tutela jurídica ao credor) e do adquirente (movido por interesse próprio e privado) é inegável na arrematação, tratando-se, na verdade, de verdadeiro negócio jurídico entre o Estado (que tem o poder de dispor) e o adquirente[20].

Em contrapartida, Manoel Antonio Teixeira Filho entende que a arrematação não pode ser considerada um negócio jurídico judicial, haja vista constituir um ato "cuja prática está a cargo do Estado — que o faz por intermédio do juiz —, há de ser, doravante e para sempre, reconhecida como ato público, ato de império, a representar algo como uma culminância do vínculo de direito público que nasce entre o devedor e o Estado, no instante em que este apreende bens daquele"[21].

Em que pesem as posições contrárias fundamentadas nas teorias apresentadas, entendemos que a arrematação é um negócio jurídico judicial bilateral onde o Estado autorizará a negócio jurídico a quem oferecer a melhor proposta. O Estado tem o dever/poder de agir e deferirá a arrematação a quem oferecer a melhor proposta, por isso o caráter bilateral desse negócio jurídico judicial.

3. A arrematação na justiça do trabalho

É importante ressaltar que trataremos nesse momento apenas sobre alguns pontos principais do procedimento da arrematação na Justiça do Trabalho, sem adentrarmos nas questões preliminares da arrematação.

A arrematação está prevista na CLT no art. 888, aplicando subsidiariamente as disposições previstas na lei de execução fiscal (Lei n. 6.830/80), conforme art. 899 da CLT, bem como as disposições previstas no CPC (art. 769 da CLT).

Wagner D. Giglio e Claudia Giglio Veltri Corrêa ensinam que:

A arrematação será feita pelo maior lance, garantindo com sinal correspondente a 20% de seu valor (CLT, art. 888, §§ 1º e 2º).

[...]

Dentro de vinte e quatro horas, a contar da realização da hasta pública, o arrematante deverá completar o lance, depositando os restantes 80%, pela mesma forma e no mesmo estabelecimento de crédito, sob pena de perder o sinal dado em favor da execução, realizando-se nova praça (CLT, art. 888, § 4º).[22]

Como observamos, não houve previsão da existência de dois leilões, apenas uma única hasta pública[23], sendo permitida a imediata arrematação do bem penhorado pelo "maior lance".

Neide Consolata Folador ensina que

A terminologia utilizada para a designação dos atos expropriatórios gerava certa polêmica. Hasta pública, praça, leilão eram utilizados sem muita técnica e até mesmo a doutrina vacilava em especificar a diferença entre uma e outra palavra ou expressão. Em face do disposto no art. 686, § 2º, do CPC, muitos entendiam que praça era a denominação utilizada para atos ex-

---

(18) PONTES DE MIRANDA. *Comentários ao código de processo civil*. 2. ed. rev. e aum. atualização legislativa de Sérgio Bermudês. Rio de Janeiro: Forense, 2002. t. X: arts. 612-735, p. 265.
(19) REZENDE FILHO, Gabriel José Rodrigues de. *Curso de direito processual civil*. 8. ed. anotada, corrigida e atualizada por Benvindo Aires. São Paulo: Saraiva, 1968. v. III, p. 242.
(20) REZENDE FILHO, Gabriel José Rodrigues de. *Op. cit.*, p. 819.
(21) TEIXEIRA FILHO, Manoel Antonio. *Curso de direito processual do trabalho*. São Paulo: LTr, 2009. v. III, p. 2.196.
(22) GIGLIO, Wagner D.; CORRÊA, Claudia Giglio Veltri. *Direito processual do trabalho*. 16. ed. São Paulo: Saraiva. 2007. p. 602.
(23) Existem três formas de hasta pública: praça, leilão e venda em bolsa de valores. De acordo com o entendimento doutrinário e de acordo com o CPC, praça é para bens imóveis e leilão é para bens móveis. No entanto, a CLT, no seu art. 888, § 3º, prevê que "não havendo licitante, e não requerendo o exequente a adjudicação dos bens penhorados, poderão os mesmos ser vendidos por leiloeiro nomeado pelo juiz ou presidente". Como se vê, não se fala em praça, mas apenas em leiloeiro, o que se concluiu que exista somente leilão. Ademais, o art. 23 da lei de execução fiscal (Lei n. 6.830/80), aplicável subsidiariamente à execução trabalhista, prevê que "a alienação de quaisquer bens penhorados será feita em leilão público [...]". Assim, na execução trabalhista, não há que se falar em praça.

proprietários realizados no fórum e leilão para aqueles realizados em outro lugar (depósito do Leiloeiro ou local por este escolhido).

No entanto, a Lei n. 11.382, de 6.12.2006, dando nova e mais explícita redação ao inciso IV do art. 686 do CPC, repetiu que, em se tratando de **bens móveis**, serão vendidos em **leilão** e, em se tratando de **imóveis**, será designada **praça**.

Como o termo "leilão" é muito mais usual, não existe nada que impeça sua utilização quando é realizada, simultaneamente, venda judicial de bens móveis e imóveis. Hasta pública é gênero, dos quais podem considerar-espécies a praça e o leilão.[24] (destaques no original)

Questão importante a ser levantada diz respeito à possibilidade de arrematação de forma parcelada, aplicando subsidiariamente a disposição prevista no art. 690, § 1º, do CPC.

Mauro Schiavi destaca que o parcelamento, em relação à arrematação de bens imóveis, deveria ser deferido pelo Juiz, principalmente se considerar as dificuldades de se arrematar, bem como o próprio valor, fundamentando a sua posição em decorrência da ausência de disposição legal prevista na CLT quanto aos bens imóveis[25].

No mesmo sentido, Marcelo Papaléo de Souza sustenta que no Processo do Trabalho pode ser utilizada a sistemática do art. 690, § 1º, do CPC, inclusive por valor inferior à avaliação, "cabendo ao juiz julgar a conveniência da proposta ou do lance apresentado"[26].

Pode-se afirmar que os Tribunais Regionais do Trabalho têm permitido a possibilidade de arrematação de forma parcelada, existindo divergências em relação à possibilidade de parcelamento inclusive em lance abaixo do valor da avaliação, se estaria restrito a bens imóveis.

Por exemplo, o Tribunal Regional do Trabalho da 7ª Região firmou entendimento de que o parcelamento é possível, desde que seja realizado o pagamento de 30% no prazo de 24 horas e o restante em 12 parcelas, pelo valor mínimo da avaliação e somente bens imóveis[27].

Em contrapartida, o Tribunal Regional do Trabalho da 9ª Região estabeleceu a possibilidade de parcelamento do lanço ofertado, seja em relação aos bens móveis ou imóveis, inclusive em relação a valor abaixo ao preço da avaliação, através do provimento sob n. 1/05 do Corregedor:

> Recomendar aos Excelentíssimos Srs. Juízes do Trabalho de 1º Grau que observem os seguintes procedimentos, em caso de arrematação de bens mediante pagamento a prazo;
>
> I — A critério do Juízo da execução e com anuência do credor, os bens penhorados poderão ser arrematados de forma parcelada, mediante proposta do interessado ao Juiz Titular, observado o imediato depósito do sinal de, no mínimo, quarenta por cento (40%) do valor da alienação deferida pela autoridade judicial, e o restante (60%), a prazo, garantido pela penhora incidente sobre o mesmo bem.[28][29]

Não obstante, considerando a natureza alimentar do crédito trabalhista, bem como os princípios da primazia do credor trabalhista[30], da efetividade[31], da função social da execução trabalhista[32], do impulso oficial[33] e do princípio da nulidade[34], seria perfeitamente possível admitir o parcelamento do lance

---

(24) FOLADOR, Neide Consolata. Arrematação — aspectos práticos e questões polêmicas. *In*: SANTOS, José Aparecido dos (coord.). *Execução trabalhista* — homenagem aos 30 anos Amatra IX. São Paulo: LTr, 2008. p. 403 e 404.

(25) SCHIAVI, Mauro. *Manual de direito processual do trabalho*. 3. ed. São Paulo: LTr, 2010. p. 1003.

(26) SOUZA, Marcelo Papaléo de. Procedimentos expropriatórios na execução. *In*: CHAVES, Luciano Athayde (coord.). *Curso de processo do trabalho*. São Paulo: LTr, 2009. p. 1090.

(27) Disponível em: <http://www.trt7.jus.br/files/publicacoes_e_midia/cartilha_do_arrematante.pdf>. Acesso em: 25.9.2013.

(28) Disponível em: <http://www.trt9.jus.br/internet_base/paginadownloadcon.do?evento=F9-Pesquisar&tipo=122>. Acesso em: 25.9.2013.

(29) No mesmo sentido: O Tribunal Regional do Trabalho da 23ª Região através do Provimento n. 12/04. 2013. Disponível em: <http://www.trt23.gov.br/conhecaotrt/SECOR/provimentos/2004/Prov1204.pdf.> Acesso em: 25.9.2013.

(30) Trata-se, na verdade, de um princípio que norteia não somente a execução trabalhista. "[...] a execução trabalhista se processa no interesse do credor, visto que o crédito é de natureza alimentar. [...]" (JORGE NETO, Francisco Ferreira; CAVALCANTE, Jouberto de Quadros Pessoa. *Direito processual do trabalho*. 6. ed. São Paulo: Atlas, 2013. p. 957).

(31) Um dos principais princípios com vistas à garantia do acesso à Justiça. "[...] Há efetividade da execução trabalhista quando ela é capaz de materializar a obrigação consagrada no título que tem força executiva, entregando, no menor prazo possível, o bem da vida ao credor, ou materializando a obrigação consagrada no título [...]." (SHIAVI. *Op. cit.*, p. 818-819).

(32) Por se tratar de um direito social o direito trabalhista reconhecido ou estabelecido, o juiz deverá "[...] direcionar a execução no sentido de que o exequente, efetivamente, receba o bem da vida pretendido de forma célere e justa [...]" (SCHIAVI. *Op. cit.*, p. 820).

(33) "[...] Decorre do aspecto social que envolve a satisfação do crédito trabalhista, a hipossuficiência do trabalhador e a existência do *jus postulandi* no processo do trabalho [...]" (SCHIAVI. *Op. cit.*, p. 822).

(34) Somente haverá nulidade se houver prejuízo.

ofertado, seja em relação a bens móveis ou imóveis, não se limitando ao valor da avaliação.

Com a assinatura do auto de arrematação, esta torna-se perfeita, acabada e irretratável, somente podendo ser desfeita nas hipóteses previstas no § 1º do art. 694 do CPC.

É importante ressaltar que o auto de arrematação deverá ser assinado no momento em que se praticar o ato[35], não existindo a necessidade de intimação do executado do seu deferimento. No entanto, se o auto de arrematação for assinado após o prazo para a apresentação dos embargos, ou seja, após o prazo de 5 dias, o executado deverá ser intimado da assinatura do auto[36], sendo que a expedição da carta somente ocorrerá em caso de bem imóvel, pois há necessidade de fazer a transcrição no cartório de registro de imóveis.

Sobre a Carta de Arrematação, é importante citar os ensinamentos de Manoel Antônio Teixeira Filho:

> Quando o juiz assina o *auto* de arrematação, está, implicitamente, declarando-a perfeita, acabada e irretratável (CPC, art. 694); há, aqui, nítida *decisão*, que, em face disso, pode ser impugnada por intermédio de agravo de petição (CLT, art. 897, *a*).[37] (destaques no original)

Com essa análise da carta de arrematação podemos verificar que um dos problemas que mais preocupa é o risco de caracterização de preço vil, que se analisará a seguir.

4. Do preço vil na arrematação

Um dos temas mais discutidos em relação à arrematação diz respeito à possibilidade de arrematação por valor inferior à avaliação, desde que não seja preço vil.

Aliás, a possibilidade de arrematação por preço inferior à avaliação é o que justifica a opção da maioria dos exequentes em requerer que se proceda à alienação judicial através de leilão, haja vista a grande procura e interesse das pessoas em arrematar bens em leilões.

Como já destacado anteriormente, a arrematação deverá ser deferida a quem ofereça o maior lanço, ressaltando que o art. 888, § 1º, é claro nesse sentido, não existindo qualquer limitação em relação ao valor da avaliação.

A limitação, não em termos de valor, em que pese a necessidade de análise de valor, está prevista no art. 692 do CPC[38], que estabelece a impossibilidade de arrematar por preço vil, respeitando, nesse caso, o princípio da execução menos gravosa ao devedor, ambos aplicados subsidiariamente ao Processo do Trabalho.

Não há que se falar que no Processo de Trabalho admite-se a hipótese de arrematação por preço vil, haja vista a ausência de disposição na CLT, conforme afirma Estêvão Mallet:

> Depois de todo o exposto é possível afirmar, com segurança, não se admitir, mesmo no processo do trabalho, arrematação fundada em lanço vil. O procedimento estabelecido pela CLT para alienação dos bens penhorados não impede a aplicação subsidiária da regra do art. 692 do CPC.[39]

Há muita dificuldade de definir o que seja preço vil, principalmente em decorrência da sua condição de conceito jurídico indeterminado, inexistindo critério econômico apriorístico do que seja a referida expressão[40].

Não obstante, Humberto Piragibe Magalhães e Critovão Piragibe Tostes Malta definem preço vil como sendo "aquele consistente em soma irrisória em contrapartida da coisa"[41].

---

(35) O eventual não pagamento gerará o desfazimento da arrematação, motivo pelo qual a assinatura do auto independente da comprovação de pagamento.

(36) Nesse sentido, transcrevemos a Orientação Jurisprudencial da Seção Especializada de Execução n. 3 do TRT da 9ª Região:
"[...] VIII — Embargos à arrematação. Prazo. Marco Inicial. Intimação do executado. O prazo para oposição de embargos à arrematação é de cinco dias contados da assinatura do respectivo auto, que deverá ocorrer no dia da arrematação. Ultrapassada essa data, sem que o auto tenha sido assinado, caberá intimação das partes, a partir do que passará a fluir o prazo para oposição dos embargos à arrematação." Disponível em: <http://www.trt9.jus.br/internet_base/paginadownloadcon.do?evento=F9-Pesquisar&tipo=601#>. Acesso em: 10.9.2013.

(37) TEIXEIRA FILHO, Manoel Antônio. *Execução no processo do trabalho*. 11. ed. São Paulo: LTr, 2013. p. 448.

(38) Art. 692. Não será aceito lanço que, em segunda praça ou leilão, ofereça preço vil.

(39) MALLET, Estêvão. *Preço vil e processo do trabalho*. 2013. Disponível em: <http://www.trt9.jus.br/apej/artigos_doutrina_emallet_08.asp>. Acesso em: 10.9.2013.

(40) ASSIS, Araken de. *Manual da execução*. 15. ed. rev. e atual. São Paulo: Revista dos Tribunais, 2013. p. 873.

(41) MAGALHÃES, Humberto Piragibe; MALTA, Cristovão Piragibe Tostes. *Dicionário jurídico*. 2. ed. Rio de Janeiro: Edições Trabalhistas, s./d., v. II, p. 734.

Inegavelmente, o legislador perdeu a grande possibilidade de estabelecer o que deveria ser considerado preço vil, considerando o valor lançado e o valor da avaliação, como existia na lei de execução fiscal revogada[42][43].

Por conseguinte, a falta de parâmetros no ordenamento jurídico transfere a responsabilidade para o Juiz, cabendo a este decidir, caso a caso, e de acordo com as circunstâncias existentes, se o preço é vil ou não[44][45].

Nesse contexto, a jurisprudência, majoritariamente, tem entendido que o conceito de preço vil resulta da comparação entre o valor de mercado do bem penhora e o valor lançado, presumindo-se vil, o lance inferior "a 50% do valor da avaliação"[46], em relação a bens imóveis[47].

Em relação aos bens móveis tem-se admitindo o deferimento abaixo dessa percentagem[48], cabendo ao Magistrado analisar a situação do caso concreto.

Manoel Antonio Teixeira Filho explica que:

Melhor teria sido que legislador aludisse a preço *ínfimo*, como sinônimo de irrisório; o adjetivo *vil* significa, dentre outras coisas, que algo ou alguém é reles, abjeto, desprezível, sem dignidade, sendo, assim, polissêmico.[49] (destaques no original)

Francisco Ferreira Jorge Neto e Jouberto de Quadros Pessoa Cavalcante afirmam quem o deferimento da arrematação por valor abaixo da avaliação (muito abaixo) incentiva a "proliferação da indústria dos arrematantes"[50], tornando a arrematação uma "grande negócio" para imobiliaristas, conforme temos verificado atualmente.

No entanto, reiteramos o posicionamento de que, em decorrência da ausência de legislação estabelecendo o valor a ser considerado como preço vil, caberá ao Magistrado ponderar e analisar o caso concreto, buscando, acima de tudo, o princípio da execução equilibrada, ou seja, que a execução se realize de forma mais útil ao credor, mas ao mesmo tempo em que seja menos onerosa ao devedor.

5. Da necessidade de exibição do preço pelo exequente/arrematante

Tema que nos tem intrigado muito é se será possível o credor/exequente requer a arrematação, sem a exibição do preço, quando existam penhoras sobre o mesmo bem, penhoras estas decorrentes de créditos privilegiados ou que possuem preferência.

Inicialmente é oportuno esclarecer o que se deve entender por privilégio e o que se deve entender por preferência.

---

(42) Art. 37. A Fazenda poderá requerer a adjudicação dos bens levados á praça, após o último pregão, caso não encontrem licitantes. A adjudicação será feita pelo preço do maior lance, ou pelo da avaliação, com o abatimento de 40%, quando, na segunda praça, não tiver havido licitantes.
(43) CÂMARA, Alexandre Freitas. *Lições de direito processual civil*. 22. ed. São Paulo: Atlas, 2013. p. 337.
(44) CÂMARA, Alexandre Freitas. *Lineamentos do novo processo civil*. 2. ed. Belo Horizonte: Del Rey, 1996. p. 173.
(45) Orientação Jurisprudencial de Execução da Seção Especializada do Tribunal Regional do Trabalho da 9ª Região n. 3. ARREMATAÇÃO [...]
VI — Lanço vil. Ausente percentual legal mínimo para o lanço, deve o juiz considerar um valor razoável em observância ao preceito proibitivo do preço irrisório, observando, em qualquer hipótese, a soma do valor da arrematação com as despesas de remoção e transporte do bem, caso estas sejam assumidas pelo arrematante. Inteligência dos artigos 888, § 1º, da CLT e 692 do CPC. Disponível em: <http://www.trt9.jus.br/internet_base/paginadownloadcon.do?evento=F9-Pesquisar&tipo=601#>. Acesso em: 10.9.2013.
(46) MARINONI, Luiz Guilherme; MITIDIERO, Daniel. *Código de processo civil comentado artigo por artigo*. São Paulo: Revista dos Tribunais, 2008. p. 676.
(47) ARREMATAÇÃO. PREÇO VIL. Em arrematação cujo lance atingiu 50% (cinquenta por cento) do valor da avaliação, não há que se falar em caracterização de preço vil. (TRT 17ª R., AP 0003100-57.2010.5.17.0181, Rel. Desembargador Jailson Pereira da Silva, DEJT 31.7.2013). Disponível em: <http://www.trtes.jus.br/sij/sijproc/Acordao/paginainicial.aspx?id=6586>. Acesso em: 10.9.2013.
(48) ARREMATAÇÃO — PREÇO VIL. Inexistindo em nosso ordenamento jurídico um critério objetivo para aferição do lanço ofertado, a fim de se caracterizar a ocorrência ou não de preço vil, há de se atentar à observância do preceito legal que determina a celeridade e a satisfação do direito de crédito, notadamente o crédito trabalhista. Assim, além de sopesar o meio menos gravoso pelo qual a execução deva ser processada, não se deve afastar do princípio da celeridade para satisfação do crédito trabalhista do exequente. No caso em tela não foi arrematado bens móveis (semoventes) por lanço vil, posto que o licitante arrematou o bem por 30% do valor da avaliação e aproximadamente 30% da dívida, o que é suficiente para satisfazer parte considerável da importância devida. (TRT-PR-11157-2001-002-09-00-3-ACO-28068-2012 — SEÇÃO ESPECIALIZADA. Relator: Luiz Celso Napp. Publicado no DEJT 26.6.2012). Disponível em: <https://www.trt9.jus.br/internet_base/jurisprudenciasel.do?evento=portlet&pIdPlc=juri sprudenciaselNav&acao=navega&pAcIniNavjurisprudenciaselNav=1#${item.linkEdicaoPlc}>. Acesso em: 10.9.2013.
De acordo com o Tribunal Regional do Trabalho da 7ª Região, tem-se admitido a arrematação de veículos pelo lance mínimo de 40%, e de outros bens móveis por lance de até 35%. Disponível em: <http://www.trt7.jus.br/files/publicacoes_e_midia/cartilha_do_arrematante.pdf>. Acesso em: 25.9.2013.
(49) TEIXEIRA FILHO, Manoel Antonio. *Execução no processo do trabalho*. 11. ed. São Paulo: LTr, 2013. p. 450.
(50) JORGE NETO, Francisco Ferreira; CAVALCANTE, Jouberto de Quadros Pessoa. *Direito processual do trabalho*. 6. ed. São Paulo: Atlas, 2013. p. 1055.

Privilégio tem relação com a natureza do crédito. Assim, o crédito trabalhista, a luz do art. 186 do CTN[51], é privilegiado em relação, aos demais créditos, sendo denominado crédito superprivilegiado[52].

Preferência tem relação à anterioridade da penhora, ou seja, em créditos de mesma natureza em a preferência será daquele que realizou a penhora em primeiro lugar, independente do registro desta em caso de bem imóvel.

Inegavelmente, além daqueles que estejam na livre administração dos seus bens, salvo as hipóteses previstas em lei[53], ao exequente (e demais credores que tenham penhora sobre o mesmo bem) é garantida a oportunidade de, em igualdade de condições, arrematar os bens penhorados, ficando dispensado de exibir o preço, salvo em caso de diferença existente entre o seu crédito e o lance ofertado, cabendo, neste caso, pagar a diferença[54].

No entanto, a questão é saber se no caso do credor/exequente ao arrematar os bens penhorados, existindo outros credores com penhoras anteriores e/ou com créditos privilegiados, se, mesmo assim, estaria dispensado de exibir o preço.

Para nós, não. Explicamos.

Em primeiro lugar, é perfeitamente possível na Justiça do Trabalho a arrematação do bem penhorado pelo próprio credor/exequente, utilizando o próprio crédito, aplicando, subsidiariamente (art. 769 da CLT), o Código de Processo Civil. Nesse sentido, Carlos Henrique Bezerra Leite ensina que:

É facultado ao credor oferecer lanço. Neste caso, não estará obrigado a exibir o preço. Caso o valor dos bens exceda o seu crédito, o credor deverá depositar a diferença em três dias, sob pena de desfazer-se a arrematação, cabendo-lhe arcar com as despesas para a realização de nova hasta pública. Se o credor desejar arrematar os bens, deverá adquiri-los pelo preço da avaliação.[55]

Da mesma forma, Manoel Antonio Teixeira filho destaca que é perfeitamente possível a arrematação pelo credor, sendo obrigado a depositar a diferença, caso exista, não "entre o *valor dos bens* e o do seu *crédito*, e sim entre o *seu crédito* e o valor do *maior lanço* (vencedor)"[56].

Como constatamos, a posição jurisprudencial majoritária tem admitido a possibilidade de arrematação pelo credor/exequente por preço inferior à arrematação utilizando o próprio crédito, sem a necessidade de exibição do preço, haja vista o art. 690-A, parágrafo único, do CPC não ter restringido a possibilidade de arrematação pelo credor/exequente pelo preço mínimo da avaliação[57].

Em segundo lugar, existindo créditos privilegiados em que se realizou a penhora sobre o mesmo bem e/ou com penhoras anteriores (dentro da mesma natureza de crédito), entendemos que caso o credor/exequente queira arrematar, deverá exibir o preço, o que ocasionará, na prática, a ausência de interesse em arrematar o bem pelo credor/exequente que não tenha privilégio ou preferência.

---

(51) Art. 186. O crédito tributário prefere a qualquer outro, seja qual for sua natureza ou o tempo de sua constituição, ressalvados os créditos decorrentes da legislação do trabalho ou do acidente de trabalho. Disponível em: <http://www.planalto.gov.br/ccivil_03/leis/I5172.htm>. Acesso em: 25.9.2013.
(52) Orientação Jurisprudencial de Execução da Seção Especializada do TRT 9ª Região n. 3: ARREMATAÇÃO
I — *Preferência do crédito trabalhista*. A preferência do crédito trabalhista, por força do que dispõem os arts. 449, § 1º, da CLT e 186 do CTN, só cede lugar ao crédito acidentário e à cédula de crédito industrial constituída por bem objeto de alienação fiduciária. Disponível em: <http://www.trt9.jus.br/internet_base/paginadownloadcon.do?evento=F9-Pesquisar&tipo=601#>. Acesso em: 10.9.2013.
(53) Art. 690-A. É admitido a lançar todo aquele que estiver na livre administração de seus bens, com exceção: I — dos tutores, curadores, testamenteiros, administradores, síndicos ou liquidantes, quanto aos bens confiados a sua guarda e responsabilidade;
II — dos mandatários, quanto aos bens de cuja administração ou alienação estejam encarregados;
III — do juiz, membro do Ministério Público e da Defensoria Pública, escrivão e demais servidores e auxiliares da Justiça.
(54) [...]
Parágrafo único. O exequente, se vier a arrematar os bens, não estará obrigado a exibir o preço; mas, se o valor dos bens exceder o seu crédito, depositará, dentro de 3 (três) dias, a diferença, sob pena de ser tornada sem efeito a arrematação e, neste caso, os bens serão levados a nova praça ou leilão à custa do exequente.
(55) BEZERRA LEITE, Carlos Henrique. *Op. cit.*, p. 1061.
(56) TEIXEIRA FILHO, Manoel Antonio. *Curso...*, cit., p. 2206.
(57) ARREMATAÇÃO PELO EXEQUENTE — LANCE INFERIOR AO VALOR DA AVALIAÇÃO — POSSIBILIDADE — Não há óbice ao credor para que proceda à arrematação de bens levados à praça, por valor inferior ao constante no edital, ainda que não tenha havido concorrência de licitantes, quando os bens, por sua natureza, não possuem fácil comercialização e resultaram frustradas as tentativas de satisfazer o crédito, com sucessivos resultados negativos dos leilões realizados. Agravo de Petição a que se nega provimento para manter a decisão que reconheceu válida a arrematação pelo exequente. TRT-PR-03656-2003-020-09-00-0-ACO-33535-2009 — Seção Especializada. Relator: Marlene T. Fuverki Suguimatsu. Publicado no DJPR 6.10.2009. Disponível em: <https://www.trt9.jus.br/internet_base/jurisprudenciasel.do?evento=x&fwPlc=s#${item.linkEdicaoPlc}>. Acesso em: 15.9.2013.

Tal conclusão se deve aos seguintes argumentos.

Ao se proceder a arrematação (por terceiros não credores) de um bem penhorado, tem-se que todas as penhoras sobre o bem serão transferidas para o valor lançado e pago (serão transferidas para o produto da arrematação), estabelecendo, neste caso, o concurso singular de credores a fim de verificar quem terá direito ao recebimento do valor (produto da arrematação), conforme análise sistêmica do CPC.

Manoel Antônio Teixeira Filho afirma que:

> A concorrência, de que estamos a nos ocupar, não traduz nenhum conflito de interesses entre os diversos credores e o devedor comum, se não que entre eles próprios; daí a afirmativa legal de que a cinca em que se encontram envolvidos resumir-se-á ao direito de preferência e à anterioridade da penhora (CPC, art. 712).[58]

Sem entrar em discussão se será reatado o valor em relação aos credores privilegiados e, caso não exista credores privilegiados, se será entregue ao credor que penhorou em primeiro lugar[59][60], observamos que ao deferir a arrematação ao credor/exequente sem a necessidade de exibição do preço, sem analisar a natureza do seu crédito e a preferência da anterioridade da penhora (caso os créditos sejam da mesma natureza), estar-se-ia desrespeitando o crédito privilegiado, bem como a preferência estabelecida pela anterioridade da penhora.

Ora, imaginamos uma situação em que dois credores trabalhistas tenham penhorado o mesmo bem (bem imóvel, sendo que as penhoras foram devidamente registradas no cartório de registro de imóveis), sendo que um (penhorou em segundo lugar) dos credores tenha crédito superior ao valor dos bens penhorados, e o outro não. Nesse caso, se ambos comparecessem ao leilão e o credor que possui o crédito maior efetuasse o maior lançamento, a arrematação seria deferida a este.

Assim, na hipótese apresentada se estaria desrespeitando a preferência do credor que penhorou antes, pois não haveria a transferência para o produto da arrematação. Ressaltamos que se um terceiro arrematasse e efetuasse o pagamento do lanço, as penhoras seriam transferidas ao produto da arrematação e, neste caso, inegavelmente, o credor que penhorou antes teria direito ao recebimento, seja de forma parcial ou integral.

Poderíamos pensar em outra situação. Imaginamos que existam duas penhoras sobre um imóvel. Um credor quirografário e um credor trabalhista (inclusive que penhorou em 1º lugar). O bem está sendo levado a hasta pública na Justiça do Trabalho. O credor quirografário, como possuiu um crédito superior e acima do valor do bem penhorado, comparece ao leilão e apresenta uma proposta superior ao credor trabalhista, requerendo que seja utilizado o seu próprio crédito, sem exigir o preço. Nesse caso, a pergunta seria: a arrematação seria deferida? Ao nosso modo de ver, não, pois estaria a desrespeito a natureza superprivilegiada do crédito trabalhista.

Assim, entendemos que caso existam credores privilegiados e/ou preferenciais (antiguidade da penhora), o credor/exequente que quiser arrematar, mas não é privilegiado ou não possuiu preferência, deverá exibir o preço, sob pena de ofensa à natureza superprivilegiada do crédito trabalhista ou do direito de preferência adquirido pela anterioridade da penhora (caso os créditos sejam da mesma natureza)[61].

---

(58) TEIXEIRA FILHO, Manoel Antonio. *Curso...*, cit., p. 2.217.
(59) ARAKEN DE ASSIS. *Op. cit.*, p. 912-913.
(60) Orientação Jurisprudencial de Execução da Seção Especializada do Tribunal Regional do Trabalho da 9ª Região: ARREMATAÇÃO
[...]
II — *Créditos de mesma natureza. Ordem das penhoras. Devedor solvente.* Na hipótese de créditos de mesma natureza e hierarquia, o produto da expropriação de um mesmo bem penhorado deve observar a ordem das penhoras e não dos registros destas ou do ingresso da execução, por aplicação da parte final do art. 711 do CPC. Disponível em: <https://www.trt9.jus.br/internet_base/paginadownloadcon.do?evento=F9-Pesquisar&tipo=601#>. Acesso em: 25.9.2013.
(61) [...] O arrematante, apesar de credor hipotecário, somente está desobrigado de exibir o preço do lanço na hipótese da execução ser promovida no seu exclusivo interesse ou se não houver outro credor com preferência no produto da arrematação. [...] (Recurso Especial n. 818.009-RS (2006/0028912-3) Relator: Ministro Paulo de Tarso Sanseverino, DJ 28.2.2011) Disponível em: <https://ww2.stj.jus.br/processo/jsp/revista/abreDocumento.jsp?componente=MON&sequencial=14078557&formato=PDF>. Acesso em: 15.9.2013.
TRT-PR-28-05-2004 ARREMATAÇÃO REPRESENTADA PELO CRÉDITO— INEFICÁCIA — CONCURSO DE CREDORES PRIVILEGIADOS — ART. 711 DO CPC. Demonstrando, o exequente, seu interesse na arrematação de imóvel, sobre o qual incidem outras penhoras de natureza trabalhista, e que foram realizadas num mesmo momento, urge a exibição do preço, em cumprimento ao que dispõe o art. 711 do CPC. Neste contexto, é ineficaz a arrematação representada pelo valor do seu crédito, em detrimento dos demais credores com igual privilégio. 890322001665900 PR 89032-2001-665-9-0-0 — Relatora: Rosalie Michaele Bacila Batista. Publicação: 28.5.2004. Disponível em: <https://www.trt9.jus.br/internet_base/processoman.do?evento=Editar&chPlc=AAAS5SABaAACxm3AAF.> Acesso em: 15.9.2013.

6. Dos efeitos da arrematação para o arrematante: ônus existentes sobre o bem

A discussão que ora se apresenta decorre, também, da própria natureza jurídica da arrematação, tendo importância para toda a sociedade, principalmente pela intenção, cada vez maior, de participação dos membros desta em leilões judiciais, oportunizando a "aquisição" de bens por preços inferiores à avaliação.

A questão a ser debatida é: em caso de arrematação, o bem virá livre de quaisquer ônus?

Araken de Assis aduz que:

> Aqueles autores que, sem hesitação maior, equiparam a alienação forçada à compra e venda oferecem ao quesito resposta tranquila: cuida-se de aquisição derivada.
>
> [...]
>
> Em contrapartida, os adeptos de primeira hora da teoria publicista, a exemplo de Zanzucchi, radicalizando a ideia de que o Estado substitui o proprietário, cindindo a continuidade da cadeia de transmissões, estimam originária a aquisição.[62]

Para Enrico Tullio Liebman, a arrematação ou alienação judicial é uma forma de alienação coativa que implica na aquisição derivada da propriedade[63].

Silvio de Salvo Venosa, entendendo que a arrematação é uma forma originária de propriedade, ensina que:

> Para a corrente dominante, a qual corretamente leva em conta as consequências jurídicas dessa categoria jurídica, é originária toda aquisição que não guarda qualquer relação com titulares precedentes, ainda que estes possam ter efetivamente existido.[64]

Em que pesem posições em sentido oposto, os nossos Tribunais Regionais do Trabalho[65] e inclusive o próprio Tribunal Superior do Trabalho[66] posicionam-se em reconhecer a arrematação como uma forma originária de propriedade.

Seja em favor da posição que reconheça ser uma aquisição originária de propriedade ou uma aquisição derivada, é indiscutível que as penhoras existentes sobre o bem arrematado serão transferidas para o produto da arrematação[67].

No entanto, quanto aos ônus decorrentes da hipoteca e das dívidas fiscais originárias sobre o bem, é necessário traçar algumas considerações.

Em relação à hipoteca existente sobre o bem, o art. 1.499 do CC de 2002[68] estabelece que a arrematação gerará a extinção daquela.

Humberto Theodoro Júnior enfatiza que:

> A extinção, *in casu*, ocorre, desde que a execução tenha sido promovida pelo próprio credor hipotecário ou, caso contrário, quando tenha ocorrido sua intimação na forma dos arts. 615, no. II, 619 e 698. A omissão dessa intimação, na execução promovida por terceiro, acarreta a *ineficácia relativa* da arrematação perante o titular do direito real e lhe dá, ainda, a opção de privar de efeitos a transferência forçada do imóvel hipotecado [...].[69]

Como observamos, a hipoteca será extinta com a arrematação, sendo que a garantia real será trans-

---

(62) ARAKEN DE ASSIS. *Op. cit.*, p. 820.
(63) LIEBMAN, Enrico Tullio. *Processo de execução*. 4. ed. São Paulo: Saraiva, 1980. p. 119.
(64) VENOSA, Silvio de Salvo. *Direito civil*. 3. ed. São Paulo: Atlas, 2003. v. 5, p. 174.
(65) MANDADO DE SEGURANÇA. DECISÃO JUDICIAL QUE ORDENOU AO MUNICÍPIO DE CHAPADA DOS GUIMARÃES 'BAIXAR' OS DÉBITOS DE IPTU SOBRE O IMÓVEL ARREMATADO EM HASTA PÚBLICA. ATO JUDICIAL LEGAL POR SE TRATAR DE AQUISIÇÃO ORIGINÁRIA DA PROPRIEDADE. A SUBRROGAÇÃO DO CRÉDITO TRIBUTÁRIO INCIDE SOBRE O VALOR DA ARREMATAÇÃO E NÃO SOBRE O BEM IMÓVEL EM SI. INEXISTÊNCIA, NO CASO CONCRETO, DE VIOLAÇÃO A DIREITO LÍQUIDO E CERTO DA MUNICIPALIDADE. SEGURANÇA DENEGADA. (TRT-23 — MS: 164201000023001 MT 00164.2010.000.23.00-1, Relator: DESEMBARGADOR EDSON BUENO, Data de Julgamento: 29.11.2010, Tribunal Pleno, Data de Publicação: 1º.12.2010) Disponível em: <http://trt-23.jusbrasil.com.br/jurisprudencia/20759438/mandado-de-seguranca-ms-164201000023001-mt-0016420100002300-1-trt-23>. Acesso em: 10.9.2013.
(66) "[...] 3. Isso porque na arrematação, o bem é transferido livre e desembaraçado de qualquer ônus, inclusive tributário, considerando-se, inclusive, como hipótese de aquisição originária da propriedade". ReeNec e RO 126005620095090909 12600-56.2009.5.09.0909, Guilherme Augusto Caputo Bastos, Subseção II Especializada em Dissídios Individuais, DEJT 10.6.2011. Disponível em: <http://tst.jusbrasil.com.br/jurisprudencia/19647149/recurso-ordinario-trabalhista-reenec-e-ro-126005620095090909-12600-5620095090909>. Acesso em: 10.9.2013.
(67) "[...] f) Transfere para o preço depositado pelo arrematante o vínculo da penhora [...]". (THEODORO JUNIOR, Humberto. *Op. cit.*, p. 368); "[...] e) desloca, para o preço depositado pelo arrematante, o vínculo da penhora [...]" (TEIXEIRA FILHO, Manoel Antonio. *Curso...*, cit., p. 2.214);
(68) "Art. 1.499. A hipoteca extingue-se:
[...] VI — pela arrematação ou adjudicação."
(69) THEODORO JUNIOR, Humberto. *Op. cit.*, p. 368.

ferida para o produto da arrematação. É importante destacar a necessidade de intimação do "senhorio direto, o credor com garantia real ou com penhora anteriormente averbada, que não seja de qualquer modo parte na execução" (art. 698 do CPC), sob pena de ineficácia da arrematação (direito de sequela) ou desfazimento desta.

Flávio Tartuce e José Fernando Simão destacam que:

> Sendo o credor hipotecário notificado da hasta pública, deverá exercer seu direito de preferência. Se não o fizer e o bem for arrematado ou adjudicado por outrem, surge uma forma originária de aquisição de propriedade, e a hipoteca se extinguirá, pois o direito não socorre aos que dormem.[70]

Nessa mesma linha de raciocínio, Araken de Assis afirma que "[...] cumpridas às formalidades dos arts. 615, II, e 698, a alienação forçada transfere a coisa livre e desembaraçada ao adquirente, 'purgada' dos direitos reais de garantia, que se sub-rogam no preço"[71].

Não podemos deixar de trazer os ensinamentos de Maria Helena Diniz, que aduz:

> [...] O ônus real extingue-se, portanto, com o praceamento, no executivo hipotecário, do imóvel gravado, e quem o adquirir recebe-o livre e desimpedido; se citado o credor hipotecário para a arrematação promovida por outro credor, o seu comparecimento para exercer o direito de prelação valida a arrematação, como se fosse executivo hipotecário por ele mesmo promovido.[72]

Em relação aos demais ônus decorrentes de dívidas do próprio bem, o parágrafo único do art. 130 do CTN estabelece, de forma expressa, que "[...] No caso de arrematação em hasta pública, a sub-rogação ocorre sobre o respectivo preço".

Hugo de Brito Machado destaca que "[...] a não ser assim, ninguém arremataria bens em hasta pública, pois estaria sempre sujeito a perder o bem arrematado, não obstante tivesse pagado o preço respectivo"[73], posição também defendida por Eduardo Gabriel Saad, que afirma "[...] Estatui o Código Tributário Nacional, no art. 130, que os impostos devidos pelo Executado não são exigíveis do arrematante; sub-rogam-se no preço da arrematação"[74].

No mesmo sentido, Araken de Assis afirma que "[...] Os créditos tributários cujo fato gerador seja a propriedade, bem assim a taxas pela prestação de serviços referentes a tais bens, sub-rogam-se no preço, a teor do art. 130, parágrafo único, do CTN"[75], sendo de responsabilidade do arrematante os tributos "[...] que tenham por fato gerador a transmissão do domínio (art. 35, I, do CTN) [...]"[76]. Essa posição também prevalecente nos nossos tribunais[77].

Ressalta-se que o arrematante não é responsável tributário, conforme estabelece o parágrafo único do art. 130 do CTN, mesmo "[...] quando o preço é insuficiente para cobrir o débito tributário [...]"[78], pois os débitos "[...] existentes devem ser quitados com o produto da arrematação [...]"[79].

---

(70) TARTUCE, Flávio; SIMÃO, José Fernando. *Direito das coisas*. 5. ed. São Paulo: Método, 2013. p. 501.
(71) ARAKEN DE ASSIS. *Op. cit.*, p. 833.
(72) DINIZ, Maria Helena. *Curso de direito civil brasileiro*. 28. ed. São Paulo: Saraiva, 2013. v. 4, p. 628.
(73) MACHADO, Hugo de Brito. *Curso de direito tributário*. 34. ed. São Paulo: Malheiros, 2013. p. 156.
(74) SAAD, Eduardo Gabriel. *Curso de direito processual do trabalho*. 6. ed. rev. atual. e ampl. por José Eduardo Saad e Ana Maria Saad Castello Branco. São Paulo: LTr, 2008. p. 1076.
(75) ARAKEN DE ASSIS. *Op. cit.*, p. 822.
(76) ARAKEN DE ASSIS. *Op. cit.*, p. 823.
(77) TRT-PR-25-01-2013 HASTA PÚBLICA. ARREMATAÇÃO. TRIBUTOS. RESPONSABILIDADE. SUB-ROGAÇÃO. A arrematação de imóvel em leilão realizado na fase de execução na Justiça do Trabalho tem o efeito de extinguir os ônus que incidem sobre o bem imóvel arrematado, passando este ao arrematante livre e desembaraçado dos encargos tributários, nos termos do parágrafo único do art. 130 do CTN. Em sendo assim, o Agravante não se responsabiliza pelo IPTU incidente no imóvel arrematado em hasta pública, recebendo o imóvel livre de qualquer ônus tributário. Recurso a que se dá provimento. TRT-PR-00961-2008-089-09-00-6-ACO-01933-2013 — Seção Especializada. Relator: Luiz Celso Napp. Publicado no DEJT em 25.1.2013. Disponível em: <http://www.trt9.jus.br/internet_base/jurisprudenciaseI.do?evento=portlet&pIdPlc=jurisprudenciaseINav&acao=navega&pAcIniNavjurisprudenciaseINav=1#${item.linkEdicaoPlc}>. Acesso em: 10.9.2013.
ARREMATAÇÃO DE IMÓVEL EM HASTA PÚBLICA. AQUISIÇÃO ORIGINÁRIA. RESSARCIMENTO PELO SEGUNDO ARREMATANTE DE IPTU E ITBI PAGOS PELO PRIMEIRO ARREMATANTE. Entendo que a arrematação trata-se de aquisição originária, não havendo relação jurídica entre o arrematante e o anterior proprietário do bem, de forma que os débitos tributários anteriores à arrematação sub-rogam-se no preço da hasta. Desta forma, não há como atribuir ao BANDES a responsabilidade de ressarcir ao anterior arrematante, cuja arrematação foi desconstituída pelo Juízo de origem, os valores que ele pagou a título de pagamento de IPTUs atrasados e ITBI. (TRT 17ª R., AP 0013700-74.1996.5.17.0005, 1ª Turma, Rel. Desembargador José Luiz Serafini, DEJT 8.7.2011). Disponível em: <http://www.trtes.jus.br/sij/sijproc/Acordao/paginainicial.aspx?id=6586>. Acesso em: 10.9.2013.
(78) SABBAG, Eduardo. *Manual de direito tributário*. 5. ed. São Paulo: Saraiva, 2013. p. 731.
(79) SABBAG, Eduardo. *Manual de direito tributário*. 5. ed. São Paulo: Saraiva, 2013.

Em suma, caso existam ônus decorrentes do próprio bem, a arrematação transferirá para o seu produto destes, sub-rogando no preço, caso contrário não existiria interesse algum dos licitantes em arrematar bens em hasta pública (tornando a tutela jurisdicional executiva infrutífera), buscando, por conseguinte, assegurar a efetividade e a utilidade da execução para o credor, garantindo, assim, verdadeiramente, o acesso à Justiça.

7. Considerações finais

A "indústria" da arrematação na Justiça do Trabalho (e em todo o Poder Judiciário) fortalece a necessidade de discutir de forma mais incisiva o referido instituto, situação esta que não temos observado na academia.

Não há, dentro da doutrina, uma unanimidade quanto à natureza jurídica da arrematação, existindo várias teorias. Não obstante, indiscutivelmente, a uniformidade está em reconhecer que não se trata de um negócio jurídico de natureza privada.

A existência de regras específicas estabelecidas na CLT a respeito da arrematação não afasta a possibilidade de aplicação das regras estabelecidas no CPC, como o parcelamento do lance ofertado.

Dentro da proposta estabelecida no presente trabalho, discutimos três temas principais, e, por conseguinte, após análise, tanto legislativa, doutrinária e jurisprudencial, chegamos às seguintes considerações:

1. que caberá ao Magistrado, em decorrência da ausência de lei estabelecendo o valor a ser considerado como preço vil, ponderar e analisar o caso concreto, buscando, acima de tudo, privilegiar o princípio da execução equilibrada;

2. caso existam credores privilegiados e/ou preferenciais, o credor/exequente que quiser arrematar, mas não é privilegiado ou não possuiu preferência, deverá exibir o preço;

3. que a arrematação é causa de extinção da hipoteca, desde que o credor hipotecário seja intimado com antecedência para exercer o direito que lhe cabe;

4. que os ônus existentes sobre bem arrematado, inclusive penhoras, deverão ser transferidos para o produto da arrematação.

Finalmente, ressaltamos que não se objetivou, com este trabalho, exaurir toda a discussão, mas pelo contrário. Indiscutivelmente, entendemos que o tema deve ser discutido com maior profundidade e, nesse sentido, entendemos que este trabalho poderá contribuir.

Referências

ASSIS, Araken de. *Manual da execução*. 15. ed. rev. e atual. São Paulo: Revista dos Tribunais, 2013.

BEZERRA LEITE, Carlos Henrique. *Curso de direito processual do trabalho*. 11. ed. São Paulo: LTr, 2013.

CÂMARA, Alexandre Freitas. *Lições de direito processual civil*. 22. ed. São Paulo: Atlas, 2013.

_____. *Lineamentos do novo processo civil*. 2. ed. Belo Horizonte: Del Rey, 1996.

CARVALHO SANTO, J. M. de. *Repertório enciclopédico do direito brasileiro*. Rio de Janeiro: Borsoi, 1947.

DE ALMEIDA, Fernando H. Mendes. *Ordenações Gilipinas:* ordenações e leis do reino de Portugal recopiladas por mandato d'el Rei D. Felipe, o Primeiro. São Paulo: Saraiva, 1966.

DE PLÁCIDO E SILVA. *Vocábulo jurídico*. 2. ed. Rio de Janeiro: Forense, 1967. v. I.

DINIZ, Maria Helena. *Curso de direito civil brasileiro*. 28. ed. São Paulo: Saraiva, 2013. v. 4.

FIUZA, César. *Direito processual na história*. Coord.: César Fiuza; colaboração Allan Helber de Oliveira *et al*. Belo Horizonte: Mandamentos, 2002.

FOLADOR, Neide Consolata. Arrematação — aspectos práticos e questões polêmicas. *In:* SANTOS, José Aparecido dos (coord.). *Execução trabalhista* — homenagem aos 30 anos Amatra IX. São Paulo: LTr, 2008.

GIGLIO, Wagner D.; CORRÊA, Claudia Giglio Veltri. *Direito processual do trabalho*. 16. ed. São Paulo: Saraiva, 2007.

GUSMÃO, Bráulio Gabriel. A Lei n. 11.382/06 e a adjudicação na execução trabalhista. *In:* SANTOS, José Aparecido dos (coord.). *Execução trabalhista* — homenagem aos 30 anos Amatra IX. São Paulo: LTr, 2008..

JORGE NETO, Francisco Ferreira; CAVALCANTE, Jouberto de Quadros Pessoa. *Direito processual do trabalho*. 6. ed. São Paulo: Atlas, 2013.

LIEBMAN, Enrico Tullio. *Processo de execução*. 4. ed. São Paulo: Saraiva, 1980.

MACHADO, Hugo de Brito. *Curso de direito tributário*. 34. ed. São Paulo: Malheiros, 2013.

MAGALHÃES, Humberto Piragibe; MALTA, Cristovão Piragibe Tostes. *Dicionário jurídico*. 2. ed. Rio de Janeiro: Edições Trabalhistas, s./d., v. II.

MALLET, Estêvão. *Preço vil e processo do trabalho*. 2013. Disponível em: <http://www.trt9.jus.br/apej/artigos_doutrina_emallet_08.asp>.

MARINONI, Luiz Guilherme; MITIDIERO, Daniel. *Código de processo civil comentado artigo por artigo*. São Paulo: Revista dos Tribunais, 2008.

NASCIMENTO, Walter Vieira do. *Lições de história do direito*. 8. ed. Rio de Janeiro: Forense, 1996.

OTHON SIDOU, J. M. *Processo civil comparado (histórico e contemporâneo) à luz do código de processo civil brasileiro, modificado até 1996*. Rio de Janeiro: Forense Universitária, 1997.

PONTES DE MIRANDA. *Comentários ao código de processo civil*. 2. ed. rev. e aum. atualização legislativa de Sérgio Bermudes. Rio de Janeiro: Forense, 2002. t. X: arts. 612-735.

_____. *Comentários ao código de processo civil*. 2. ed. Rio de Janeiro: Forense, 1961. t. XIII: arts. 882-991.

REZENDE FILHO, Gabriel José Rodrigues de. *Curso de direito processual civil*. 8. ed. anotada, corrigida e atualizada por Benvindo Aires. São Paulo: Saraiva, 1968. v. III.

SAAD, Eduardo Gabriel. *Curso de direito processual do trabalho*. 6. ed. rev. atual. e ampl. por José Eduardo Saad e Ana Maria Saad Castello Branco. São Paulo: LTr, 2008.

SABBAG, Eduardo. *Manual de direito tributário*. 5. ed. São Paulo: Saraiva, 2013.

SCHIAVI, Mauro. *Manual de direito processual do trabalho*. 3. ed. São Paulo: LTr, 2010.

SOUZA, Marcelo Papaléo de. Procedimentos expropriatórios na execução. *In:* CHAVES, Luciano Athayde (coord.). *Curso de processo do trabalho*. São Paulo: LTr, 2009.

TARTUCE, Flávio; SIMÃO, José Fernando. *Direito das coisas*. 5. ed. São Paulo: Método, 2013.

TEIXEIRA FILHO, Manoel Antonio. *Curso de direito processual do trabalho*. São Paulo: LTr, 2009. v. III.

_____. *Execução no processo do trabalho*. 11. ed. São Paulo: LTr, 2013.

THEODORO JÚNIOR, Humberto. *Curso de direito processual civil* — processo de execução e cumprimento da sentença, processo cautelar e tutela de urgência. Rio de Janeiro: Forense, 2012. v. II.

VENOSA, Silvio de Salvo. *Direito civil*. 3. ed. São Paulo: Atlas, 2003. v. 5.

CAPÍTULO 34

A PENHORA ON-LINE E A SUA (IN)CONSTITUCIONALIDADE

MANUEL MARTÍN PINO ESTRADA[(*)]

1. Introdução

O presente trabalho visa discutir a constitucionalidade da penhora *on-line*, mas previamente tratando sobre como surgiu e os problemas pelos quais passou para manter-se no plano jurídico, sofrendo investidas legais para que seja extinta e até sendo criadas emendas aos projetos do novo código civil alegando a sua inconstitucionalidade, justamente para que os seus efeitos sejam apagados e, desta forma, os devedores continuem livrando-se dos encargos legais trabalhistas, pois a fama destes é de não querer pagar ao trabalhador para que este fique submisso, afrontando os princípios trabalhistas existentes.

Tratam-se também de decisões de Tribunais a respeito deste tema e de discussão no próprio Congresso Nacional, pois uma parte defende a sua manutenção do jeito que está, ou seja, nas mãos dos Magistrados sem prévio aviso aos devedores, e o outro lado mais radical defende a tese da sua extinção, mesmo assim, há outra parte que fica no meio termo, alegando a sua manutenção, porém, quando a condenação transita em julgado, tendo estes posicionamentos a serem discutidos, mas salientando que a penhora *on-line* é atacada por várias frentes, sendo a mais forte a do empresariado, porém, a Carta Magna brasileira dá as ferramentas para defender-se.

2. A função jurisdicional do estado

Um dos fins fundamentais do Estado é a preservação da ordem na sociedade, realizada através de suas funções jurídicas, a legislativa e a jurisdicional, ou simplesmente jurisdição[(1)].

A primeira delas consiste no estabelecimento do direito material (objetivo), isto é, na fixação de normas gerais às quais todos os componentes da sociedade, inclusive e principalmente o próprio Estado, devem ajustar suas condutas. Quando no exercício dessa função, se diz Estado-Legislador. A par da atividade legislativa, também com fito de preservação da ordem, tem-se a função jurisdicional, que consiste na aplicação do direito legislado ao caso concreto.

Quando no exercício da função jurisdicional, se diz Estado-Juiz. Ao lado das funções legislativa e jurisdicional, a função executiva tem por objeto a administração da coisa pública. Enquanto a função legislativa estabelece preceitos normativos genéricos e abstratos, a função jurisdicional pratica atos de conteúdo concreto, posto que, em vista do Estado-Juiz,

---

(*) Formado em Direito pela Universidade de São Paulo (USP), Mestre em Direito pela Universidade Federal do Rio Grande do Sul (UFRGS), Doutorando em Direito pela Faculdade Autônoma de Direito de São Paulo (FADISP).
(1) ARAUJO, L. A. D.; NUNES JÚNIOR, V. S. *Curso de direito constitucional*. 3. ed. São Paulo: Saraiva, 1999. p. 227-228.

delineia-se uma controvérsia a ser dirimida. Nesse caso, o Estado-Juiz deverá dizer qual das pretensões em conflito está amparada pelo direito material; daí afirmar-se que a expressão jurisdição significa ação de dizer o direito, do latim *jurisdictio*. Mediante sua função jurisdicional, o Estado chamou para si o monopólio de distribuir a justiça, substituindo a atividade das partes que ficaram tolhidas de exercer seus direitos, de modo coativo, pelas próprias forças. Proibiu-se, dessa forma, a "autotutela" ou a "justiça privada" A propósito da proibição da autodefesa, estas são as palavras do renomado jurista italiano Calamandrei: "No momento, pode afirmar-se este princípio elementar: que se o direito subjetivo significa preferência dada pela lei ao interesse individual, isto não quer dizer que quem está investido daquele possa colocar em prática a própria força privada para fazer valer, a cargo do obrigado, tal preferência. Formando a base dos conceitos de jurisdição e de ação se encontram, no Estado moderno a premissa fundamental da proibição da autodefesa: direito subjetivo significa interesse individual protegido pela força do Estado, não direito de empregar a força privada em defesa do interesse individual"[2].

De certo modo, ainda existem, no ordenamento jurídico pátrio, alguns resquícios

> da autotutela: autoexecutoriedade dos atos administrativos[3], legítima defesa da posse[4], direito de retenção de bens[5], apossamento de bens no penhor legal, legítima defesa etc. É o chamado delito de exercício arbitrário das próprias razões. Estado, que também se submete à jurisdição. Assim, ao Poder Judiciário, através de seus órgãos, tribunais e juízes, foi atribuída a elevada missão de exercer a função jurisdicional do Estado.

3. A penhora on-line e a sua legalidade

Na busca de instrumentos eficazes de concretização dos direitos, notadamente aqueles consistentes na satisfação de quantia certa representada por título executivo judicial ou extrajudicial, tem-se a penhora *on-line*, podendo ser adotada no processo civil sem a necessidade de modificação legislativa. Trata-se de um meio tecnológico operacional, que efetiva a penhora de numerário, que é o primeiro na ordem preferencial estabelecida no art. 655, I, do Código de Processo Civil e art. 11 da Lei n. 6.830/80 — de forma célere e menos onerosa para as partes, uma vez que o cumprimento da ordem judicial de penhora é efetuado através do Sistema Bacen Jud, eletronicamente, sem necessidade quer da expedição de ofício aos Bancos, da expedição de Carta Precatória, quer da intervenção de Oficial de Justiça, significando um verdadeiro avanço como implementação de meio para o exercício do direito fundamental à efetiva tutela jurisdicional[6].

Essa forma satisfatória de prestação da jurisdição celebrizou-se com o Tribunal Superior do Trabalho firmando, em 5 de maio de 2002, um "Convênio de cooperação técnico-institucional com o Banco Central do Brasil, para fins de acesso ao Sistema Bacen Jud". Esse convênio permitiu ao Tribunal Superior do Trabalho e os Tribunais Regionais do Trabalho o acesso, via Internet, através do Sistema de Solicitações do Poder Judiciário ao Banco Central do Brasil a contas-correntes e demais aplicações financeiras depositadas em nome de executados:

> *CLAÚSULA PRIMEIRA* [...]
>
> PARÁGRAFO ÚNICO. Por intermédio do Sistema Bacen Jud, o TST e os Tribunais signatários de Termo de Adesão, poderão, dentro de suas áreas de competência, encaminhar às instituições financeiras e demais instituições autorizadas a funcionar pelo Bacen ofícios eletrônicos contendo solicitações de informações sobre a existência de contas correntes e aplicações financeiras, determinações de bloqueio e desbloqueio de contas envolvendo pessoas físicas e jurídicas clientes do Sistema Financeiro Nacional, bem como outras solicitações que vierem a ser definidas pelas partes.

Tratando-se de uma inovação tecnológica, que alcançou resultados práticos efetivos, o sistema da penhora *on-line* tem sido atacado processualmente sob o fundamento de sua inconstitucionalidade, por ausência de previsão legal e a invocação do princípio da tipicidade dos atos executivos. A constitucionalidade da medida tem sido bem fundamentada pelos Tribunais, conforme ementas a seguir transcritas:

---

(2) CALAMANDREI, P. *Direito processual civil*. Campinas: Bookseller, 1999. v. 1, p. 180.
(3) MEIRELLES, H. L. *Direito administrativo brasileiro*. 21. ed. São Paulo: Saraiva, 1996. p. 144
(4) Art. 502 do CC — Lei n. 3.071/16; art. 1.210, § 1º, CC novo — Lei n. 10.406/02.
(5) Arts. 516, 1.199 e outros, do CC — Lei n. 3.071/16; arts.1.219 e outros do CC novo — Lei n. 10.406/02.
(6) LIMA, Vanderlei Ferreira de. A penhora *on-line*: instrumento de efetividade da tutela jurisdicional nas execuções por quantia certa. *Revista do Instituto de Pesquisas e Estudos da Instituição Toledo de Ensino de Bauru*, n. 43, Bauru, 2005.

BLOQUEIO ON-LINE — POSSIBILIDADE — NOMEAÇÃO DE BENS À PENHORA — À luz do art. 882 da CLT, a parte executada tem a faculdade de nomear bens à penhora, todavia restrita à ordem preferencial fixada no art. 655 do CPC. Se há numerário a garantir toda a execução, não se pode olvidar tal montante e privilegiar bem nomeado em ordem preferencial inferior, recusado pelo exequente. Ademais, o bloqueio *on-line* mostra-se como medida eficaz e constitucionalmente adequada à devida prestação jurisdicional, a qual evidencia o princípio da celeridade. [...] (TRT 22ª R. — AP 01640-2000-003-22-00-4 — Rel. Manoel Edilson Cardoso — DJT/PI 11.12.2008)

RECURSO DE AGRAVO DE INSTRUMENTO — EXECUÇÃO FISCAL — PENHORA ON-LINE — OFENSA DA MENOR ONEROSIDADE E PROPORCIONALIDADE — INOCORRÊNCIA — PENHORA DE NUMERÁRIO EM CONTA CORRENTE — ORDEM DE GRADAÇÃO — PREVISÃO LEGAL — ART. 11 DA LEI N. 6.830/80 DECISÃO MANTIDA — RECURSO IMPROVIDO — É perfeitamente admissível a penhora de dinheiro em conta corrente do devedor por meio de bloqueio eletrônico, vez que atende a gradação prevista na legislação especial e no art. 655 do CPC. (TJMT — AI 18843/2009 — Rel. Des. José Tadeu Cury — DJe 24.9.2009 — p. 14)

MANDADO DE SEGURANÇA — BLOQUEIO DE NUMERÁRIO — POSSIBILIDADE — A constrição judicial em dinheiro ocorrida em sede de execução provisória, quando não nomeados outros bens à penhora, como no caso concreto, não fere direito líquido e certo da parte, posto que atendida a gradação legal prevista no art. 655 do CPC e o disposto na Súmula n. 417, item III, do TST. Entretanto, o bloqueio dos valores decorrentes da atividade empresarial deve ser efetivado com a máxima cautela, inclusive em observância ao princípio da razoabilidade, de modo a não inviabilizar o funcionamento da executada. Segurança concedida parcialmente. (TRT 13ª R. — MS 00074.2008.000.13.00-0 — Rel. Juiz Afrânio Neves de Melo — J. 24.7.2008)

MANDADO DE SEGURANÇA — PENHORA ON-LINE — EXECUÇÃO DEFINITIVA — Ausência de ilegalidade no ato judicial que determina o bloqueio de numerário existente em conta corrente da reclamada. Em verdade, a referida decisão se amolda ao entendimento do C. TST, formulado na Orientação Jurisprudencial n. 60 da SDI-2, segundo a qual não fere direito líquido e certo do impetrante o ato judicial que determina penhora em dinheiro de banco, em execução definitiva, para garantir crédito exequendo, uma vez que obedece à gradação prevista no art. 655 do CPC. Segurança denegada. (TRT 2ª R. — MS 12220-2004-000-02-00 — 2005014980 — SDI — Relatora Juíza Wilma Nogueira de Araujo Vaz da Silva — DOESP 17.6.2005)

Portanto, de acordo com o art. 655 do CPC, incumbe ao devedor fazer a nomeação de bens à penhora, observando a ordem ali descrita. Quando, por vários meios, o credor puder promover a execução, o juiz mandará que se faça pelo menos gravoso para o devedor. Essa regra do art. 620 do CPC não exime o devedor do cumprimento das normas estabelecidas na execução (e, em particular, a nomeação à penhora). A nomeação de bens pelo devedor deverá obedecer à ordem legal estabelecida no art. 655 do CPC.

Assim, o art. 620 do CPC não confere ao devedor direito potestativo de escolha dos bens que devam ser indicados à penhora para garantia de execução[7].

4. O sistema Bacen-Jud

4.1 Suas principais denominações

Tão logo posto em prática pelos tribunais pátrios, o sistema *Bacen Jud* recebeu algumas denominações que, até os dias hoje, vêm sendo adotadas, aqui e acolá, tanto pela doutrina como pela jurisprudência.

Dentre elas, podemos citar: penhora *on-line*, penhora virtual e penhora eletrônica. Por isso, entende-se que o ato processual levado a efeito através do referido *sistema* deve ser chamado simplesmente de "penhora", que fora instrumentalizada por meio eletrônico. Nada mais que isso.

Com efeito, não é acertado falar-se na existência de "penhora *on-line*", "penhora virtual" ou "penhora eletrônica", como se o ato de constrição judicial regrado nos arts. 659 e seguintes, do CPC, pudesse assumir várias roupagens no ordenamento jurídico pátrio.

Não é bem assim que o assunto deve ser visto. Penhora será sempre penhora, como "ato executivo que afeta determinado bem à execução, permitindo sua ulterior expropriação, e torna os atos de disposição do seu proprietário ineficazes em face do processo. O que variará, conforme o caso, será, apenas, o *meio* pelo qual ela poderá ser efetivada. E, em se tratando da penhora realizada através do Bacen Jud, esse *meio* será o eletrônico ou virtual.

---

(7) *Tribunal Regional do Trabalho da 6ª Região*, Estado de Pernambuco. Disponível em: <http://www1.trt6.jus.br/consultaAcordaos/acordao_inteiroteor.php?COD_DOCUMENTO=847842011>. Acesso em: 7.9.2014.

Por outro lado, se considerarmos que a penhora possa ser *on-line*, virtual ou eletrônica, aí, sim, estaríamos criando um *novo* instituto de constrição judicial ou, como pensam alguns outros estudiosos da matéria, um *novo* procedimento em matéria processual; o que, diga-se de passagem, não poderia ocorrer por via de um mero ato de disposição normativa havido entre o Banco Central e os tribunais, como é o caso do Bacen Jud.

É que, como sabido, o procedimento em matéria processual é tema que somente a União, os Estados e o próprio Distrito Federal têm competência para legislar, a teor do art. 24, IX, da Constituição da República.

Logo, acaso levássemos em conta que a penhora poderia ser *on-line*, virtual ou *eletrônica*, estaríamos, induvidosamente, diante de uma manifesta inconstitucionalidade do *sistema*; o que não é certo.

Na verdade, eletrônica não é a penhora. Eletrônico é, tão somente, o *meio de comunicação* que é utilizado pelo Juiz para fins de obter informações a respeito da existência de eventual saldo bancário em nome de algum devedor sobre o qual recairá a penhora.

Tanto é assim que os tribunais, de forma acertada, vêm decidindo pela legalidade da penhora de saldo bancário realizada com respaldo no *Bacen Jud*, chancelando, dessa forma, a utilização do referido sistema como meio de se obter uma constrição eficaz, em reverência ao princípio da efetividade processual.

4.2. Natureza jurídica

Por outro lado, em se tratando de bloqueio efetuado em contas de *pessoa física*, não resta dúvida de que o referido ato de constrição judicial configurará uma autêntica penhora em dinheiro (CPC, art. 655, I).

No entanto, quando o impedimento recair sobre conta-corrente titulada por uma pessoa jurídica, estaremos diante de uma penhora de estabelecimento comercial, e assim deve ser tratada, de modo que o Juiz só possa efetivá-la em casos excepcionais.

E assim pensamos porque compartilhamos do entendimento no sentido de que:

> [...] permitir-se a penhora dos saldos bancários de uma empresa é o mesmo que decretar a sua asfixia, porque tal determinação não respeita os reais limites que deve ter todo credor: atendimento prioritário aos fornecedores, para possibilitar a continuidade de aquisição de matéria-prima, pagamento aos empregados, prioridade absoluta pelo caráter alimentar dos salários. Superior Tribunal de Justiça. Recurso Especial n. 578.824/RN (2003/0142763-7). Recorrente: Domus Edificações Ltda. Recorrido: Município de Janduís. Relatora: Ministra Eliana Calmon. Brasília, 21 de junho de 2005[8]

4.3. Objetivo

Criado pelo Banco Central do Brasil com o propósito de que os órgãos do Poder Judiciário tenham acesso direto e em tempo real, via *internet*, ao Sistema de Informações Banco Central — SISBACEN, o sistema *Bacen Jud*:

> [...] permite que os Juízes, dentro de suas áreas de competências, possam rastrear, bloquear e desbloquear, por meio eletrônico, no curso do processo de execução, contas e valores em nomes de devedores, clientes do Sistema Financeiro Nacional, quer sejam pessoas físicas quer sejam pessoas jurídicas, obtendo, inclusive, os seus extratos e endereços, além de poder comunicar os decretos e as extinções de suas eventuais falências.[9]

4.4. Forma de adesão e procedimento operacional

E esse acesso dá-se da seguinte forma: o tribunal interessado adere ao *sistema*, através de convênio de cooperação técnico-institucional, cuja minuta se encontra anexa à Circular Bacen 2.717, de 3 de setembro de 1996, permitindo que os Juízes que o integram sejam previamente cadastrados e obtenham uma senha do gestor, a qual que lhes dará acesso ao Sistema de Informações Banco Central — Sisbacen.

Com tal senha em mãos, os cadastrados podem entrar no referido sistema de informações sigilosas do Banco Central e dele obter não apenas informações acerca da existência de eventuais ativos financeiros em nome de quaisquer das partes de um processo, como, também, ordenar-lhes, de imediato, a penhora ou o arresto, sem a necessidade de expedição do vetusto mandado judicial a ser cumprido por oficial de justiça (CPC, art. 659), expediente este que os próprios tribunais já vêm reconhecendo como um meio

---

(8) *Superior Tribunal de Justiça*. Disponível em: <www.stj.jus.br>. Acesso em: 16.5.2014.
(9) *Banco Central do Brasil*. Disponível em: <www.bcb.gov.br>. Acesso em: 14.5.2014.

ineficiente de constrição e, pois, de recuperação de crédito, em tempos de plena *tecnologia digital*.

Uma vez bloqueado o valor, a título de *penhora* ou *arresto*, o Juiz *deverá* determinar a sua transferência para uma conta judicial com remuneração diária, nomeando depositário fiel e determinando a lavratura de termo nos autos do processo respectivo, sendo o devedor, então, intimado para os fins previstos no art. 669 do CPC; ou seja, para opor embargos à execução, no prazo de dez (10) dias.

De se registrar, por oportuno, que o *sistema*, em sua recente versão denominada Bacen Jud 2, cuja vigência, anote-se, se deu a partir de 30 de setembro de 2005, tem permitido aos Juízes (a) a transferência de valores bloqueados para contas judiciais em até 48 horas; (b) o acesso ao "cadastro de clientes", possibilitando saber onde e que tipos de contas o devedor possui, enviando a ordem de bloqueio específica a determinados bancos; (c) o trâmite automatizado das informações, permitindo, assim, um maior controle da verificação do cumprimento das ordens judiciais por parte dos bancos; além de (d) ter criado um módulo específico para controle gerencial por parte das corregedorias dos tribunais.

5. (In)constitucionalidade do sistema

Discute-se muito sobre a constitucionalidade do Bacen Jud, estando atualmente em curso, inclusive, duas ações diretas de inconstitucionalidade, cujos fundamentos de fato e de direito são os mais variados. A primeira delas (ADIn 3.091), ajuizada pelo Partido da Frente Liberal — PFL, em 17 de dezembro de 2003; e a segunda e última (ADIn 3.203), pela Confederação Nacional dos Transportes — CNT, em 15 de maio de 2004[10].

Em fundamentado parecer acerca de tais questionamentos, o Ministério Público Federal, nos autos da ADI n. 3.091, manifestou-se contrariamente ao pedido, aduzindo, em resumo, que "O convênio concedeu ao Poder Judiciário autorização, mediante a observância de regras de segurança pré-determinadas, para utilização de um programa de computador (ou um meio eletrônico organizado e controlado, denominado *Bacen Jud*) que permite acesso restritivo ao sistema financeiro nacional, para o encaminhamento de solicitações de informações e ordens de penhora às instituições financeiras. [...] O aludido convênio é despido de conteúdo normativo, não possuindo a autonomia generalizada e abstração necessárias para se submeter a processo objetivo de controle de constitucionalidade"[11].

No caso do Bacen Jud, não existem normas gerais e abstratas possíveis de ser submetidas ao processo de controle de constitucionalidade, mas, tão somente, regras que permitem o acesso direto dos Juízes ao Sistema de Informações Banco Central — Sisbacen, durante o curso de ações executivas, para fins de penhora de valores depositados em contas bancárias de devedores. E só.

Não bastasse isso a demonstrar claramente a legalidade do sistema, pensa-se, ainda, ao contrário do que foi argumentado nas ações diretas de inconstitucionalidades mencionadas, que ele não infringe o sigilo bancário, porquanto as únicas informações acessadas pelos Juízes, através do referido meio eletrônico, são as que dizem respeito à identificação das contas em nome do devedor e à existência de créditos disponíveis para saldar a dívida exequenda.

E mesmo que houvesse acesso a tais informações consideradas pela lei como confidenciais, pensa-se que o bloqueio eletrônico de contas bancárias, na forma estabelecida no referido sistema de informática, em nenhum momento feriria o sigilo bancário, pois, como sabido, é prerrogativa do Juízo a quebra dessa restrição, conforme prescrito na legislação infraconstitucional e na própria Constituição da República.

Nesse sentido, inclusive, têm se manifestado os tribunais pátrios, a exemplo do v. acórdão cuja ementa vai adiante transcrita, *verbis*:

EMENTA RECURSO ESPECIAL. VIOLAÇÃO DO ART. 535 DO CPC. INOCORRÊNCIA. EXECUÇÃO FISCAL. SIGILO BANCÁRIO. SISTEMA BACEN JUD. [...] o sistema Bacen Jud agiliza a consecução dos fins da execução fiscal, porquanto permite ao juiz ter acesso à existência de dados do devedor, viabilizando a constrição patrimonial do art. 11 da Lei n. 6.830/80. Deveras é uma forma de diligenciar acerca dos bens do devedor, sendo certo que, atividade empreendida pelo juízo, e que, por si só, torna despiciendo imaginar-se um prévio pedido de quebra de sigilo, não só porque a medida é limitada, mas também porque é o próprio juízo que, em ativismo desejável, colabora para a rápida prestação da justiça. [...] Destarte, a iniciativa judicial, *in casu*,

---

(10) *Supremo Tribunal Federal*. Disponível em: <www.stf.gov.br>. Acesso em 18.5.2014.
(11) *Supremo Tribunal Federal*. Disponível em: <www.stf.gov.br>. Acesso em 17.5.2014.

conspira a favor da *ratio essendido* do convênio. Acaso a constrição implique em impenhorabilidade, caberá ao executado opor-se pela via própria em juízo.[12]

De se registrar, também, por oportuno, que os Juízes, em reverência ao princípio da efetividade, podem e devem determinar o bloqueio de conta bancária existente em qualquer lugar do país, uma vez que esse seu proceder jurisdicional, aos nossos olhos, *não* ofende o princípio constitucional da competência territorial, de vez que o contrato de abertura de conta é celebrado entre o banco e ele, executado, e não entre este a agência bancária onde o saldo foi localizado e bloqueado.

Realmente, é possível sim o bloqueio de conta bancária, para fins de penhora, quando o bem indicado para o propósito (no caso, a conta bancária) esteja localizado em outra comarca, que não a da execução, conforme demonstra o excerto que adiante se segue transcrito, *verbis*:

> A penhora pelo sistema eletrônico do Bacen Jud, ainda que feita sobre conta corrente de agência localizada em outra comarca, não ofende o princípio constitucional da competência territorial, pois o contrato de abertura de conta é celebrado entre o banco e o correntista e não entre este e a agência, disse. No caso, o depósito feito na agência de Barueri está sob a jurisdição do juízo da Vara do Trabalho de Belo Horizonte, "por ser a referida agência mero departamento da instituição bancário-financeira que, por sua vez, tem filial no juízo de origem". A penhora "podia e pode mesmo ser feita por simples ofício dirigido ao Banco Central ou por mero comando eletrônico, como autoriza o convênio Bacen Jud, sem que isso sacrifique a defesa da executada.

5.1. O art. 185-A do Código Tributário Nacional

Com o propósito de acabar de uma vez por todas com a discussão acerca da pretensa inconstitucionalidade do Bacen Jud, o legislador constitucional pátrio derivado, através da Lei Complementar n. 118, de 9 de fevereiro de 2005, acrescentou ao Código Tributário Nacional a norma estabelecida no art. 185-A, cujo objetivo é a constrição judicial de bens em nome do devedor que, regularmente citado, não efetuou o pagamento da dívida e tampouco nomeou bens à penhora, em manifesto descaso para com o credor, e, sobretudo, o Poder Judiciário.

Dita indisponibilidade, aliás, antes da entrada em vigor do referida norma, era levada a efeito através de medida cautelar fiscal, como medida de caráter incidental à execução, na forma disciplinada pela Lei n. 8.397, de 6 de janeiro de 1992. Atualmente, porém, dela se utilizam os credores apenas quando pretendem resguardar direito a ser objeto de posterior execução fiscal.

Todavia, há que se ter presente que a norma contida no art. 185-A, ora em pauta, não deve ser aplicada indiscriminadamente pelos Juízes. Faz-se necessário, para tanto, a presença dos seguintes requisitos: (a) citação do devedor; (b) o não pagamento; (c) o não oferecimento de bens à penhora; e (d) a não localização de bens penhoráveis.

É que, conforme tem ensinado a doutrina pátria, "[...] o bloqueio de numerário existente em contas bancárias, para fins de execução, desafia entendimento até então dominante no direito pretoriano, que o vem tratando como medida reservada a *casos excepcionais*, pelas graves consequências que pode gerar, especialmente em se tratando o executado de uma empresa".

E assim deve ser para que não se pratique afronta ao princípio *da menor onerosidade da execução* disposto no art. 620 do CPC. De se notar, inclusive, que, bem recentemente, ampliando o rol de hipóteses de utilização dos *meios eletrônicos* para a prática de atos processuais, a Lei n. 11.280, de 16 de fevereiro de 2006, que já se encontra em vigência, acrescentou o parágrafo único ao art. 154 do CPC, com a seguinte redação, *verbis*:

> Parágrafo único. Os tribunais, no âmbito da respectiva jurisdição, poderão disciplinar a prática e a comunicação oficial dos atos processuais por meios eletrônicos, atendidos os requisitos de autenticidade, integridade, validade jurídica e interoperabilidade da Infraestrutura de Chaves Públicas Brasileira — ICP — Brasil.

5.2. A emenda ao novo CPC sobre penhora *on-line*

O Plenário da Câmara dos Deputados aprovou em 11 de fevereiro de 2014, por 279 votos a 102 e 3 abstenções, emenda que impede o bloqueio de contas e investimentos bancários em caráter provisório. Só será autorizado o confisco de contas depois de o acusado ter sido condenado. O texto da emenda, de autoria do deputado Nelson Marquezelli (PTB-SP),

---

(12) *Superior Tribunal de Justiça*. Disponível em: <www.stj.gov.br>. Acesso em 17.5.2014.

altera o projeto do novo Código de Processo Civil (CPC, PL n. 8.046/10).

A norma atual e o projeto do relator, deputado Paulo Teixeira (PT-SP), autorizam o juiz a bloquear as contas do réu já no início da ação, antes de ouvir a parte, para garantir o pagamento da dívida e impedir, por exemplo, que o devedor se desfaça dos bens. O bloqueio também é permitido no curso do processo, antes da sentença. Essas hipóteses ficam proibidas pela emenda aprovada.

O relator, Paulo Teixeira, criticou a decisão do Plenário. Ele disse que vai tentar reverter a decisão no Senado e, se isso não for possível, o governo pode apelar para o veto. "Essa emenda impede uma ação rápida para o bloqueio do dinheiro, dando possibilidade à fraude. Espero que o Senado retire isso do texto", afirmou.

Para o governo, a medida vai prestigiar o devedor. O entendimento é que, ao inviabilizar a penhora por liminar, dá-se tempo para que o devedor se desfaça dos bens. "Se for esperar transitar em julgado, quem estiver mal-intencionado vai dilapidar o patrimônio antes de fazer as contas", ressaltou o vice-líder do governo Henrique Fontana (PT-RS). O líder do governo, deputado Arlindo Chinaglia (PT-SP), disse que a medida pode até afastar o investimento estrangeiro. "Imagine se algum investidor vai colocar dinheiro no Brasil quando não há segurança jurídica", disse[13].

A justificativa está em que, segundo o autor do projeto, a penhora *on-line* é uma medida extrema que deve ser usada, em caráter subsidiário a outras medidas de excussão patrimonial, com parcimônia e responsabilidade, a fim de evitar graves prejuízos e mesmo a quebra de empresas que atendem à função social da empresa na geração de empregos e renda. À luz do princípio da proporcionalidade, que, no processo de execução, é traduzido na máxima segundo a qual o devedor não deve sofrer constrições patrimoniais excedentes daquelas estritamente necessárias ao pagamento da dívida, o mais razoável seria que o credor tivesse que demonstrar que buscou, sem sucesso, bens imóveis e veículos antes de requerer o bloqueio e penhora *on-line*[14].

6. Conclusão

A penhora *on-line* é constitucional, devido ao princípio da proteção ao trabalhador e ao princípio da efetividade, podem e devem determinar o bloqueio de conta bancária existente em qualquer lugar do país, uma vez que esse seu proceder jurisdicional, aos olhos dos juízes, *não* ofende o princípio constitucional da competência territorial, de vez que o contrato de abertura de conta é celebrado entre o banco e ele, executado, e não entre este e a agência bancária onde o saldo foi localizado e bloqueado. Além disso, o princípio da razoabilidade é usado, de modo a não inviabilizar o funcionamento da executada e evidenciar o princípio da celeridade.

Há demonstração clara à legalidade do sistema, pois pensa-se, ainda, ao contrário do que foi argumentado nas ações diretas de inconstitucionalidade já propostas, que a penhora *on-line* não infringe o sigilo bancário, porquanto as únicas informações acessadas pelos Juízes, através do referido meio eletrônico, são as que dizem respeito à identificação das contas em nome do devedor e à existência de créditos disponíveis para saldar a dívida exequenda.

Referências

ARAUJO, L. A. D.; NUNES JÚNIOR, V. S. *Curso de direito constitucional*. 3. ed. São Paulo: Saraiva, 1999.

BRASIL. *Banco Central do Brasil*. Disponível em: <www.bcb.gov.br>.

_____. *Câmara dos Deputados*. Disponível em: <http://www2.camara.leg.br>.

_____. *Superior Tribunal de Justiça*. Disponível em: <www.stj.jus.br>.

_____. *Supremo Tribunal Federal*. Disponível em: <www.stf.jus.br>.

_____. *Tribunal Regional do Trabalho da 6ª Região*, Estado de Pernambuco. Disponível em: <http://www1.trt6.jus.br/consultaAcordaos/acordao_inteiroteor.php?COD_DOCUMENTO=847842011>.

CALAMANDREI, P. *Direito processual civil*. Campinas: Bookseller, 1999. v. 1.

LIMA, Vanderlei Ferreira de. A penhora *on-line*: instrumento de efetividade da tutela jurisdicional nas execuções por quantia certa. *Revista do Instituto de Pesquisas e Estudos da Instituição Toledo de Ensino de Bauru*, n. 43, Bauru, 2005.

MEIRELLES, H. L. *Direito administrativo brasileiro*. 21. ed. São Paulo: Saraiva, 1996.

---

(13) *Câmara dos Deputados*. Disponível em: <http://www2.camara.leg.br/camaranoticias/noticias/DIREITO-E-JUSTICA/461870-CAMARA-APROVAEMENDA-AO-NOVO-CPC-E-LIMITA-BLOQUEIO-DE-CONTAS-EM-ACOES-CIVEIS.html>. Acesso em: 7.9.2014.
(14) *Câmara dos Deputados*. Disponível em: <http://www.camara.gov.br/proposicoesWeb/prop_mostrarintegra?codteor=953617&filename=EMC+614/2011+PL602505+%3D%3E+PL+8046/2010>. Acesso em: 12.2014